# Die Rechtsprechung

des

# Königlichen Ober-Tribunals

und des Königlichen

# Ober-Appellations-Gerichts

in

# Straf-Sachen

herausgegeben

von

**Dr. F. C. Oppenhoff,**
Ober-Staats-Anwalt beim Königl. Ober-Tribunal.

---

## Elfter Band.

---

Berlin, 1870.
Druck und Verlag von Georg Reimer.

# 1870.

1. Antrag. — Vertheidiger.
2. Beweisantrag. — Berücksichtigung.

1. Es ist nicht erforderlich, den Vertheidiger des Angeklagten über einen von dem letzteren selbst gestellten Antrag zu einer Aeußerung zu veranlassen.

Ges. v. 3. Mai 1852 Art. 21 [n. 28]

2. Die Nichtberücksichtigung eines lediglich an den Vorsitzenden gerichteten Beweisantrags kann nicht als Nichtigkeit gerügt werden, wenn es verabsäumt worden ist, auf die Entscheidung des Gerichtshofs selbst anzutragen.

Vdn. v. 3 Jan. 1849 § 52 [n. 7].

Erk. (Z. I.) v. 5. Jan 1870 c Ilginnis (74. I. Cr.). [28.—8.]

---

## Beweisaufnahme, kommissarische. — Verlesung. — Motivirung.

Ist eine kommissarische Beweisaufnahme unter Abgabe der Gründe beschlossen und demnächst ausgeführt worden, so bedarf es nicht eines neuen motivirten Beschlusses, um die Verlesung der betr. Verhandlung in der Sitzung zu rechtfertigen, und ebensowenig einer Belehrung der Geschworenen über diesen Punkt.

Vdn. v. 3. Jan. 1849 § 21 [n. 3. 6]. Vgl RdOTr. 7. S. 228; 8. S. 284; 10 S 714 und unten S. 7

Erk. (Z. I.) v. 5 Jan. 1870 c. Kreutziger (103 I Cr.).

Vor dem Beginne der schwurgerichtlichen Verhandlung hatte der Angeklagte einen Entlastungszeugen in Vorschlag gebracht, und der

SH. „wegen der weiten Entfernung" die kommissarische Vernehmung desselben durch das Gericht seines Wohnorts beschlossen, auch zu diesem Ende den bereits anstehenden Sitzungstermin aufgehoben; von beidem war dem Angeklagten Kenntniß gegeben worden. — Das Protokoll über jene kommissarische Vernehmung wurde sodann in der späteren Hauptverhandlung ohne erneuerten Gerichtsbeschluß verlesen. Das rügte die NB. des K: „es gehe aus dem betr. Protokollsvermerke nicht hervor, ob jene Verlesung zum Zwecke des Beweises oder zum Zwecke der Aufklärung der Sache erfolgt sei; es konstire nicht, ob und aus welchen Gründen die Maßnahme vom SH. beschlossen, und ob vorher StA. und Vertheidigung darüber gehört worden seien." — Zurückweisung. Die Gründe erwägen:

daß es zweckmäßig gewesen sei, im Audienzprotokolle den Hergang der Sache näher zu konstatiren; die Anträge und die darauf ergangene erste Verfügung des SH.'s ließen indessen genügend ersehen, daß es sich um eine Zeugenvernehmung zum Zwecke der Beweisaufnahme gehandelt habe; sei aber die kommissarische Vernehmung zum gedachten Zwecke erfolgt, so habe es einer weiteren Belehrung der Geschworenen nicht bedurft; dem Angeklagten und dem StA. sei es dagegen unbenommen gewesen, ihre Bedenken gegen die Verlesung in der Sitzung geltend zu machen; der Fall liege hier wesentlich anders, wie in der dem B. (I, 1185) v. 17. Nov. 1869 c. Horwitz (RdOT. 10. S. 714) zu Grunde liegenden Sache.

Antr. d. OStA.: gleichl. [20.—8.]

---

## Diebstahl. — Vollendung.

### Die Vollendung eines Diebstahls ist nicht nothwendig durch die Wegschaffung der weggenommenen Sachen aus den Räumen des Deprädaten bedingt.

StGB. § 215 [n. 44].

Erk. (Z. I.) v. 5. Jan. 1870 c. Niemczyk (1210. I Cr.).

Die rc. N. war im Hause ihrer Dienstherrschaft dabei betroffen worden, als sie mehrere Sachen der letzteren unter ihren Kleidern versteckt bei sich trug; dabei stand sie vor einem unter der Treppe liegenden Pack, welches sie auf Befragen als das ihrige bezeichnete, welches aber ebenfalls Sachen der Dienstherrschaft enthielt. Deshalb wegen „Diebstahls" bestraft, rügte sie Verletzung des angewendeten § 215, weil sie die Sachen noch nicht aus den Räumen, und somit noch nicht aus der Gewahrsam der Herrschaft entfernt, also nicht „weggenommen“ habe. — Zurückweisung aus dem im Rubrum angegebenen Grunde. [30.—8.]

---

## Zeugniß, falsches. — Jüdischer Zeuge.

**Der jüdische Zeuge, welcher in einem zwischen Juden geführten Rechtsstreite nach vorgängiger Verwarnung ein falsches Zeugniß ohne Eid oder Betheuerungsformel abgelegt hat, verwirkt weder die Strafe des § 128 Nr. 1 noch die des § 129 des StGB.s, sollte er auch unter Handschlag die Versicherung abgegeben haben, die Wahrheit zu sagen.**

StGB. §§ 128 Nr. 1 [n. 1a]; 129 [n. 5a]; AGO. I, 10. § 343.

Beschl. (I.) v. 5. Jan. 1870 c. Spieldoch (360 B. I. Cr.).

Der § 343 I. 10 der AGO. bestimmt ausdrücklich, daß in Sachen der Juden gegen Juden es bei jüdischen Zeugen keines Eides bedarf, vielmehr die bloße Admonition, die Wahrheit zu sagen, welche von dem Rabbiner oder Gelehrten ausgeht, genügt. Danach liegt weder die Ableistung eines förmlichen Eides, wie der § 126 des StGB.'s voraussetzt, noch eine Erklärung des jüdischen Zeugen unter einer Betheuerungsformel seiner Religionsgesellschaft im Sinne des § 128 Nr. 1 l. c., noch auch eine an Eidesstatt einer öffentlichen Behörde abgegebene Versicherung, wie sie der § 129 l. c. verlangt, vor, da der jüdische Zeuge in den angegebenen Fällen nach der Bestimmung des § 343 I. 10 der AGO. eine derartige Erklärung gar nicht abzugeben hat. Wenn es dabei in der vorliegenden Sache vorgekommen ist, daß der damalige Zeuge Sp. dennoch die Versicherung, die Wahrheit zu sagen, mittelst Handschlags abgegeben hat, so ist dieser Umstand ein nicht in Betracht zu ziehender, weil er gegen die klare Vorschrift des Gesetzes herbeigeführt worden ist.

Antr. d. GStA.: entg. [20.—8.]

---

## Beweisantrag. — Beweismittel. — Aenderung.

**Das Gericht, welches eine unter Beweis gestellte Thatsache für erheblich erachtet, kann statt der in Vorschlag gebrachten eine andere Art der Beweisführung wählen.**

Vdn. v 3. Jan 1849 § 52 [n. 9]

**Erk. (Z. I.) v. 5. Jan. 1870 c. v. Zastrow** (83. I. Cr.).

Um sein Alibi darzuthun, hatte v. Z. im Hauptverfahren den Antrag gestellt: „durch Exploration des Untersuchungsrichters feststellen zu lassen, in welcher Zeit man durch eine Droschke, welche auch im Galopp fahren könnte, von der P.-Straße Nr. — bis zum —Platze gelangen könne, auch den Omnibuskondukteur L zu hören, wie viel Zeit der betr. Omnibus zu derselben Fahrt gebrauche" Der Schw.-GH. beschloß darauf: „daß, da der Antrag an und für sich erheblich sei, das vorgeschlagene Beweismittel aber keineswegs geeignet erscheine, das thema probandum sicher und zuverlässig festzustellen, den Polizei-Hauptmann D. als Kommissar des öffentlichen Fuhrwesens über die Entfernung zwischen den gedachten Punkten nach mittlerer Droschenfahrzeit zu hören." — Das rügte die NB.: es sei Sache der Geschwornen, nicht des GH's, die Bedeutung eines beantragten Beweises zu prüfen; vielweniger konne der GH. über die Resultatlosigkeit des angetretenen Beweises entscheiden; auch lasse der obige Beschluß nicht erkennen, ob das vorgeschlagene Beweismittel aus thatsächlichen oder rechtlichen Gründen für „nicht geeignet" erachtet sei. — Zurückweisung. Gründe:

Es ist unzweifelhaft, daß in Schwurgerichtssachen die Führung der Untersuchung bei der Hauptverhandlung vor den Geschwornen dem Gerichtshofe unter Leitung des Vorsitzenden gebührt, und ebenso mit Rücksicht auf § 52 der Vdn. v. 3. Jan. 1849 die Entscheidung uber die Statthaftigkeit der gestellten Beweisantrage. Die Geschwornen haben demnächst bei ihrer Berathung zu prüfen, ob und inwieweit das ihnen vorgelegte Beweisergebniß zu einer Schuldig- oder Nichtschuldig-Erklärung des Angeklagten zu führen geeignet ist. Aus dieser Berechtigung des GH.'s folgt dann seine Befugniß von selbst, Beweisanträge von vorne herein, unter Beobachtung der vorgeschriebenen gesetzlichen Förmlichkeiten zurückzuweisen, wenn ihm dieselben bei vorangegangener pflichtmäßigen Prüfung unstatthaft oder unerheblich zu sein scheinen. —

An und für sich ist der [hier fragliche] Antrag als erheblich erkannt worden; nur die Art der Beweisführung wurde als nicht zweckentsprechend erachtet und eine andere, nach der Ansicht des GH.'s passendere, substituirt. Stand es aber, wie erwähnt, in der Macht des GH.'s, den gesammten Beweisantrag zu verwerfen, so war er auch in der Lage, Modifikationen eintreten zu lassen. Sein diesfälliger Grund ist hierbei ein thatsächlicher gewesen 2c.

[20.—8.]

---

1. Geschwornenspruch. — Abstimmung. — Gemeinschaftlichkeit. — Tödtung.
2. Obduktionsbericht. — Nothwendigkeit.
3. Verlesung. — Aussage eines verstorbenen Zeugen.
4. Zeugen. — Trennung. — Schuld des Gerichts.

1. Bei der Tödtung ist die Gemeinschaftlichkeit des Handelns mit einem Andern kein „begleitender" Umstand, im Sinne des

Ges. v. 3. Mai 1852 Art 91 [n. 21]. Vgl. ibid. Art. 81 [n. 19]; StGB. Thl. I. Tit. 3 [S 108 n. 7]; § 175 [n. 13].

2. Die Erstattung eines besonderen Obduktionsberichts durch die obduzirenden Sachverständigen ist nicht eine wesentliche Förmlichkeit des Verfahrens.

Cr.-Ordn. § 169; Vdn. v. 3. Jan. 1849 § 43 [n. 16a]. Vgl. RdOTr. 2. S. 460.

3. Die in der Voruntersuchung protokollirte Aussage eines inzwischen verstorbenen Zeugen kann im Hauptverfahren verlesen werden, ohne daß dabei den Geschwornen bemerklich zu machen wäre, daß diese Aussage ein „Beweismittel" sei.

Vdn. v. 3. Jan. 1849 § 21 [n. 3]. Vgl. oben S. 3.

4. Es begründet keine Nichtigkeit, wenn ohne Verschulden des Gerichts einzelne noch nicht vernom-

**mene Zeugen der Vernehmung anderer Zeugen beiwohnen.**

Cr.-Ordn. § 318; Vdn. v. 22. Jan. 1849 § 3 [n. 46]. Vgl. RdOTr. 6. S. 181; 8 S. 314; 10. S. 318.

-Erk. (Z. II.) v. 6. Jan 1870 c. Eichhorn. (78. II. Cr.).

[1.] Die Gemeinschaftlichkeit des Handelns mit einem Dritten kommt bei dem Verbrechen der Tödtung nur als ein die konkrete Gestalt der That charakterisirendes Moment, nicht als ein begleitender Umstand im gesetzlichen Sinne in Betracht. Es findet daher auch die Vorschrift des cit. Art. 91 nach welcher über dergleichen Umstände eine gesonderte Abstimmung erfolgen und dies in dem Ausspruche erkennbar gemacht werden muß, darauf nicht Anwendung.

[2.] Der Bestimmung des § 169 der Cr.-O., daß bei gerichtlichen Obduktionen die Sachverständigen einen besonderen Obduktionsbericht erstatten sollen, kann die Bedeutung einer wesentlichen Vorschrift des Verfahrens nach dem gegenwärtigen Standpunkte der Gesetzgebung nicht beigemessen werden, welchem zufolge der Richter nicht mehr auf das durch die Voruntersuchung gewonnene Material seine Entscheidung zu gründen hat, da der Schwerpunkt des Verfahrens in die mündliche Verhandlung verlegt ist, und der Richter die Thatfrage nach seiner freien aus derselben geschöpften Ueberzeugung beurtheilen soll. Traten in der mündlichen Verhandlung in Betreff der die Entscheidung der Hauptsache bedingenden technischen Fragen Bedenken hervor, so stand dem Angeklagten frei, durch seine Anträge auf deren Lösung hinzuwirken und nach Befinden der Umstände Behufs einer gründlicheren wissenschaftlichen Erörterung eine Vertagung der Sache zu beantragen. Daß in dieser Richtung Anträge gestellt und solche nicht berücksichtigt worden seien, behauptet die NB. nicht.

[3.] Die Verlesung der Aussage des verstorbenen Zeugen St. entsprach der Bestimmung des § 21 der Vdn. v. 3. Jan. 1849. Eine Vorschrift, nach welcher den Geschworenen hätte besonders bemerklich gemacht werden müssen, daß diese Aussage ein Beweismittel bilde, existirt nicht. Die Nothwendigkeit einer solchen Eröffnung läßt sich auch aus Art. 25 des Ges. v. 3. Mai 1852 nicht herleiten, der den ganz besonderen Fall vor Augen hat, wo die der Regel nach unzulässige Verlesung eines Schriftstücks ausnahmsweise kraft besonderen richterlichen Beschlusses zur Aufklärung der Sache erfolgt.

[4.] Die Vorschrift der Cr.-O. (§ 318) über die gesonderte Vernehmung der Zeugen kann nicht die Wirkung haben, daß das ohne Verschulden des Gerichts erfolgte Eindringen einzelner Zeugen in den Zuhörerraum eine Nichtigkeit des Verfahrens begründen könnte. Die von der NB. daran geknüpfte Rüge verdient daher umsoweniger Berücksichtigung, als feststeht, daß auf die Anzeige des Vertheidigers die Entfernung der im Zuhörerraum anwesenden Zeugen sofort angeordnet worden ist.

Antr. d. OStA.: gleichl. [29.—3.]

---

## Chausseegelddefraude. — Administratives Verfahren.

**Wird eine Chausseegelddefraude nicht im Wege des vorläufigen Submissionsverfahrens erledigt, so tritt sofort die gerichtliche Zuständigkeit ein; das administrative Resolutverfahren ist hier beseitigt.**

Regul. v. 7. Juni 1844 §§ 10. 15—17; Vdn. v. 2. Jan. 1849 § 1; Vdn. v. 3. Jan. 1849 §§ 4. 27. 161 fgg. 181; Einf.-Ges. z. StGB. Art. XIII.; Ges. v. 3 Mai 1852 Art. 136 [n. 13].

Erk. (Z. II.) v. 6. Jan. 1870 c. Sulldorf (2. II. Cr.).

S. und Gen. hatten die W—er Kreis-Chaussee (für welche der Chausseegeld-Tarif v. 29. Febr. 1840 nebst den zusätzlichen die Erhebung betreffenden Vorschriften anwendbar erklärt ist) befahren, aber bei einer Hebestelle nicht angehalten, vielmehr ohne zu zahlen ihre Fahrt fortgesetzt. Demzufolge wurden sie unter der Anklage der Chausseegelddefraude vor den Pol.-Richter gestellt. In 2. Instanz erachtete der OStA. die Strafverfolgung zur Zeit für unstatthaft, weil das in dem Regul. v. 7. Juni 1844 §§ 10. 17 vorgeschriebene administrative Resolutverfahren noch nicht stattgefunden, und der zuständige Landrath auf sein bezügliches Recht noch nicht verzichtet habe. — Das AG. hielt diesen Einwand nicht für durchgreifend, weil — abgesehen von den auf frischer That eintretenden Submissionsverfahren, dessen Voraussetzungen hier nicht vorlägen, — bei Chausseegeld-Defrauden auf Kreis-Chausseen eine administrative Untersuchung nicht weiter stattfinde, und das in den citt. §§ des Regul. v 1844 vorgeschriebene Resolutverfahren, wie ein Min.-Rescr v. 3. Mai 1850 (JMBl. S. 172) anerkenne, durch die neuere Gesetzgebung aufgehoben und die ausschließliche gerichtliche Zuständigkeit begründet sei. — NB des OStA., welcher namentlich hervorhob, daß der [nach dem cit. Rescr. v. 3. Mai 1850 verkündete] Art. 136 des Ges. v. 3 Mai, das administrative Verfahren für alle Fiskalvergehen aufrechterhalten habe. — Zurückweisung Gründe:

Die Ansicht des OStA.'s tritt in direkten Widerspruch mit der allgemeinen Verfügung, welche das Justiz-Ministerium in Gemeinschaft mit den drei Verwaltungs-Ministerien der einschlagenden Ressorts unter dem 3. Mai 1850 (JMBl. S. 172) erlassen hat und sucht diesen Widerspruch mit dem Bemerken zu rechtfertigen, daß ein Verwaltungsrescript das mit Gesetzeskraft bestehende Regulativ v. 7. Juni 1844 beziehungsweise die §§ 10 u. 17 das. nicht habe aufheben können. So richtig dieser Satz im Allgemeinen ist, so übelangebracht erscheint derselbe im vorliegenden Falle. Die gedachte allgemeine Verfügung ist ihrem Eingange gemäß zur Beseitigung der Zweifel ergangen, welche die Verordnungen v. 2. u. 3. Jan. 1849 über das Verfahren in Untersuchungen wegen Chaussee-Polizei- und Chausseegeld Contraventionen, insbesondere bei den Kgl. Regierungen angeregt hatten, und erklärte den Einfluß jener Verordnungen auf die Bestimmungen des Regulativs v. 7. Juni 1844 u. A. dahin, daß die Untersuchung und Entscheidung über

1) Chaussee-Polizei-Vergehungen durchweg nach den Vorschriften des V. Abschn. der Vdn. v. 3. Jan. 1849 in I. Instanz durch die Polizeirichter,
2) über Chausseegeld-Contraventionen (wenn die Sache im Wege des vorläufigen Submissionsverfahrens nicht erledigt worden, was im gegenwärtigen Falle nicht geschehen) in den Landestheilen der AGO.

a. bei Staatschausseen nach wie vor durch die Hauptsteuerämter,

b. bei Provinzial- und Kreischausseen ꝛc. durch die Polizeigerichte

zu erfolgen habe. Die Vorschriften unter 1. und 2.b., welche hier allein in Frage kommen, waren in der That nichts als nothwendige Folgerungen des Ueberganges der Polizeigerichtsbarkeit auf die Polizeigerichte mit Ausschluß der Verwaltungsbehörden, der durch § 1 der Vdn. v. 2. Jan. 1849 die §§ 4. 27 und 161 ff., 181 der Vdn. v. 3. Jan. 1849 bewirkt worden war. Die Strafbefugniß, welche den Landräthen und städtischen Ortspolizeibehörden nach den §§ 10 u. 17 des Regulativ's zugestanden, hatte damit auf Grund der Verfassung ihr Ende erreicht. Die gedachte Ministerial-Verfügung v. 3. Mai 1850 enthielt nur diese spezielle Anwendung des allgemeinen Grundsatzes der ausschließlichen Strafgewalt der Gerichte und machte es jenen untergeordneten Verwaltungsbehörden vollends unmöglich, aus einem angeblichen anderen Verständnisse der Vdn. v. 2 und 3. Jan. 1849 sich der Kognition der fraglichen Chaussee-Polizei- und Geld-Contraventionen zu unterziehen. Dabei blieb es nach Art. XIII. des Einf.-Ges. z. StGB. v. 14. April 1851. Das administrative Strafverfahren nach den cit. §§ 10 u. 17 war daher bei dem Erscheinen des Ges. v. 3. Mai 1852 nicht mehr zulässig und ist durch Artt. 136 das. nicht wieder eingeführt worden. Die Landräthe und städtischen Polizeibehörden sind auch keine zur Verwaltung der Chausseegelder von Provinzial-, Bezirks-, Gemeinde-, Actien- und Privatstraßen, welche Gelder den Hebeberechtigten sammt den Strafgeldern zufallen (cit. Ministerial-Verfügung), bestellte Behörden und schon deshalb Artt. 138 ff. des Mai-Ges.'s darauf nicht anwendbar. Eine für die NB. unerhebliche Aenderung in jener Gesetzgebung trat nur durch das Ges. v. 14. Mai 1852 über die vorläufige Straffestsetzung wegen Uebertretungen ein, die nach § 9 das prinzipale Einschreiten des Polizeianwalts nicht hindert. Der § 11 das. trifft nach Obigem ebensowenig, wie die Artt. 135ff. des Ges. v. 3. Mai 1852, den gegenwärtigen Fall, von welchem auch derjenige sich wesentlich unterschied, worauf sich das in Goltd. Arch. III. S. 404 unvollständig mitgetheilte Erkenntniß des OTr.s c. Rudolph v. 16. Febr. 1855 bezieht. Damals war ohne Widerspruch gerichtlich verhandelt und nur zu erörtern, ob die NB. gegen das zweite Erkenntniß zulässig sei, was mit besonderer Rücksicht auf die vor 1849 erfolgte Allerhöchste Genehmigung der fraglichen Chaussee, welche noch eine Verweisung auf das Regulativ von 1844 enthielt, bejaht worden ist. In den neueren Allerhöchsten Erlassen über die Verleihung der fiskalischen Vorrechte für Gemeinde- und andere Chausseen wird aber dieses Regulativ in Folge der oben dargelegten Veränderung der Gesetzgebung nicht mehr angeführt.

Antr d. GStA.: entg. [23—3.]

---

## Fragstellung. — Unzüchtige Handlung. — Auflösung.

**Der Begriff einer „unzüchtigen Handlung" (StGB. § 144) ist in der schwurgerichtlichen Fragstellung nicht aufzulösen.**

Ges v 3 Mai 1852 Art. 82 [n. 8]

**Erk. (Z. 1) v. 7 Jan 1870 c. Fr.** (111. I Cr.).

Der wegen „Vornahme unzüchtiger Handlungen" mit einem eilfjährigen Mädchen aus § 144 Nr 3 des StrGB s verurtheilte Fr. rügte im Wege der NB., daß der Schw-GH. seinen Antrag: in der Fragstellung den Ausdruck „— unzüchtige Handlungen vorgenommen zu haben" durch die Worte:

„in wollüstiger Richtung eine das Scham- und Sittlichkeitsgefühl in grober Weise verletzende Handlung vorgenommen zu haben"

zu ersetzen — abgelehnt habe. Zurückweisung,

„weil das Wort: „unzüchtig", um welches es sich nur handeln konnte, kein Rechtsbegriff, sondern ein dem gemeinen Leben angehöriger Ausdruck ist, es also lediglich dem Urtheil der Geschwornen anheimfiel, ob die Handlungsweise des Angeklagten mit diesem Ausdruck zu bezeichnen sei." [28.—6.]

---

## Stempel. — Punktation. — Unterschrift.

**Eine Punktation, welche von einem der Kontrahenten nicht selbst unterzeichnet worden, ist nicht stempelpflichtig, sollte die betr. Namensunterschrift auch durch einen Andern [dazu mündlich Bevollmächtigten] hinzugefügt worden sein.**

Stemp.-Ges. v. 7. März 1821 § 21; AKO. v. 19. Juni 1834. — Vgl. RdOTr 2 S. 409 und die dortigen Citate; 9. S. 212.

**Erk.** (Z. I.) v. 7. Jan. 1870 c **Kleinschmidt.** (1277. I. Cr.).

Zwischen den Eheleuten Kl. und dem 2c. G. war eine schriftliche Punktation über den Verkauf eines Grundstücks in der Weise zu Stande gekommen, daß die Namensunterschrift der (angeblich schreibensunerfahrenen) Ehefrau Kl. in ihrem mündlichen Auftrage durch einen Dritten hinzugefügt worden war. Wegen mangelnder Stempelverwendung zu dieser Urkunde ward gegen die inzwischen verwittwete Kl. im Administrativwege eine Stempelstrafe festgestellt, sie provozirte auf gerichtliches Gehör und erwirkte in 2. Instanz ihre Freisprechung, weil eine Punktation, deren Unterschrift nicht von dem Kontrahenten selbst, sondern von einem nicht gehörig bevollmächtigten Dritten bewirkt worden, für jenen Kontrahenten unverbindlich sei und somit keine Klage begründe. — NB. des Prov.-Steuerdirektors. — Zurückweisung. Gründe:

Es ist thatsächlich vom vorigen Richter festgestellt, daß die Unterschrift „K. Frau" unter der Punktation v. 2c. nicht von der Angeklagten, sondern von dem Zeugen E. geschrieben ist. Unter diesen Umständen ist der Vertrag aber gar nicht perfekt gewesen, und es konnte auf Erfüllung desselben nicht geklagt werden. Daraus folgt, daß die Punktation nach der AKO. v. 19. Juni 1834 auch nicht stempelpflichtig gewesen ist. Zwar muß der vom OTr. in vielfachen Entscheidungen ausgesprochene Grundsatz, ungeachtet der unzutreffenden Gegenausführung des App.-Richters, aufrecht erhalten werden, daß es bei der Frage, ob eine Schrift stempelpflichtig ist, nur auf ihren äußerlich erkennbaren Inhalt ankommt, dies setzt jedoch immer voraus, daß die

Schrift wirklich von Demjenigen herrührt, welcher als Aussteller derselben darin bezeichnet ist, was hier in Betreff der Angeklagten nicht der Fall, obgleich die Punktation anscheinend auch mit ihrer Unterschrift versehen ist.

Antr d. GStA.: entg. [18.—6.]

---

**Nichtigkeitsbeschwerde. — Staatsanwalt, welcher?**

Wenn die Berufung von einem Obergerichte an ein anderes gebracht wird, so kann nur der bei dem letzteren fungirende Staatsanwalt die ergangene Entscheidung zweiter Instanz durch Nichtigkeits-Beschwerde anfechten.

StPO. § 365.

**Beschl. v. 7. Jan. 1870 c. Kleinschmidt (OAG. II, 73).**

Gegen K. hatte in 1. Instanz das Obergericht zu Nienburg, in 2. Instanz das Obergericht zu Hannover erkannt; die gegen das Urtheil des letzteren vom StA. zu Nienburg ergriffene NB. ward durch Beschluß zurückgewiesen,

„weil nach § 365 cit. das Rechtsmittel nur dem StA. bei demjenigen Gerichte, dessen Entscheidung angefochten werde, zustehe."

[64.—6.]

---

**Beweisantrag. — App.-Richter. — Prüfung. — Substantiirung.**

1. Der App.-Richter kann die Ablehnung eines auf die Bekämpfung der erstrichterlichen Feststellung abzielenden Beweisantrags nicht durch die entgegenstehende Ueberzeugung des ersten Richters rechtfertigen.

Ges. v. 3 Mai 1852 Art. 101 [n 59].

2. Der Antrag: über eine behauptete sinnlose Trunkenheit Zeugen zu hören, kann nicht aus dem Grunde abgelehnt werden, weil keine besondere Thatsachen angeführt seien, aus welchen jener Zustand zu schließen wäre.

Vdn v. 3. Jan. 1849 § 22 [n. 57]; § 52 [n. 40] Vgl. RdOTr. 3. S. 66; 8. S. 109. 314. 548. 757; 9. S. 15; 10. S. 440 621. 660.

**Erk. (Z. I.) v. 7. Jan. 1870 c. Pochat (1259. I. Cr.).**

P. hatte in 2. Instanz behufs Anfechtung der erstrichterlichen Feststellung einen Zeugenbeweis darüber angetreten, daß er „bei dem in Rede stehenden Vorfalle sinnlos betrunken gewesen sei“, das AG. aber diesen Antrag aus dem Grunde zurückgewiesen, „weil der 1. Richter bereits mehrere Zeugen über die Trunkenheit vernommen und dadurch die Ueberzeugung von der Negative gewonnen habe, weil ferner der Angeklagte nicht besondere Thatsachen, aus denen der Zustand hoher Trunkenheit zu schließen, in die Wissenschaft des jetzt vorgeschlagenen Zeugen gestellt habe.“ — Vernichtung. Gründe:

[1.] Es ist bei der Stellung des App.-Richters zu dem angegriffenen Urtheil 1. Instanz unstatthaft, neue Beweisanträge durch die entgegenstehende Ueberzeugung des 1. Richters über die in Rede stehende Thatsache abzulehnen, da eben der Angriff bezweckt, die selbstständige Ueberzeugung des App.-Richters herbeizuführen.

[2.] Sodann aber schreibt der § 320 der Crim.-Ord. vor, daß der den Zeugen vernehmende Richter denselben über den Grund seiner Wissenschaft befragen solle, also, in der vorliegenden Beziehung über die Thatsachen, aus denen er die sinnlose Trunkenheit geschlossen habe und endlich ist es nach § 324 ibid. nicht ausgeschlossen, Zeugen über ihre Ansicht in Betreff bestimmter Umstände resp. über den Eindruck, welchen spezielle Thatsachen auf sie gemacht haben, zu vernehmen. [15.—6.]

---

1. **Geschworne. — Unfähigkeit. — Befragung.**
2. **Zeuge. — Eidesmündigkeit. — Neuvorpommern.**
3. **Ehrenrechte. — Untersagung. — Dauer.**
4. **Schwurgericht. — Spruch. — Verlesung.**
5. **Sitzungsprotokoll. — Aenderung. — Registratur.**

**1. Es ist nicht erforderlich, die einzelnen Geschwornen vor dem Beginne einer schwurgerichtlichen Verhandlung darüber zu befragen, ob bei ihnen ein Grund obwalte, welcher sie an der Mitwirkung in der betr. Sache verhindere.**

Vdn. v. 3 Jan. 1849 § 95 [n. 25]

**2. Nach gemeinem Rechte ist ein Zeuge eidesmündig, wenn er vierzehn Jahre alt und eingesegnet ist.**

Vdn. v. 3 Jan. 1849 § 22 [n 41]. Vgl. RbOTr. 10. S. 716.

**3. Die in einem Urtheile ausgesprochene Untersagung der Ausübung der bürgerlichen Ehrenrechte ist gänzlich unwirksam, wenn es verabsäumt worden ist, die Zeit zu bestimmen, für welche jene Strafe wirksam werden soll.**

StGB. § 21 [n 3a].

**4. Nichtigkeit tritt ein, wenn nicht aus dem schwurgerichtlichen Sitzungsprotokolle hervorgeht, daß dem Angklagten nicht nur der mit 7 gegen 5 Stimmen gefundene Geschwornenspruch, sondern auch der ergänzende Spruch des Gerichtshofs verkündet worden ist.**

Ges. v. 3. Mai 1852. Art. 98. 100 [n. 2].

**[5.] Ist ein Mangel des Verfahrens im Wege der Nicht.-Beschwerde gerügt worden, so kann er durch eine nachträgliche dem Sitzungs-Protokolle zugefügte Registratur nicht mehr geheilt werden.**

Ebendas. Art. 78 [n 52. 60]. Vgl. RbOTr. 1. S. 510. 570; 7. S. 162. 455; 10. S. 562.

**Erk. (Z.B. I.) v. 12. Jan. 1870 c. Bernhardt u. Knaak** (114. I. Cr.) spricht die obigen Grundsätze aus. Es verweist:

[zu 2] auf Heffters Lehrb. § 36 Note 2 und erwägt gleichzeitig: „es müsse angenommen werden, daß der Schw.-GH. bei der Vereidung den betr. Zeugen nur dem besonderen Gerichtsgebrauche der dortigen Gerichte [in Neuvorpommern] gefolgt sei".

[3.] Die NB. der Angeklagten hatte es gerügt, daß ein Belastungszeuge, welcher am 27. März 1867 wegen einfachen Diebstahls (StGB. § 216) rechtskräftig zu 3monatlichem Gefängniß und „Untersagung der Ehrenrechte" verurtheilt worden war, vom Schw.-GH. vereidet worden sei, weil es in jenem Erkenntnisse an der Bestimmung der Zeit fehle, für welche ihm die Ausübung der Ehrenrechte untersagt werde, weshalb „zu dessen Gunsten das Minimum der gesetzlichen Dauer zur Untersagung, d. h. ein Jahr anzunehmen," hiernach aber die betr Frist bereits abgelaufen sei — Diesen Grund mißbilligte das OTr., weil

„dem Schw.-GH. in dieser Beziehung eine Auslegung solcher Art nach einer bestimmten Zeitdauer nicht zugestanden, er zu Gunsten des Zeugen Nichts auszulegen gehabt habe."

Gleichwohl ward die betr. Beschwerde für ungerechtfertigt erachtet, weil

„die Annahme, daß in Ermangelung einer von dem früheren Gerichtshofe im gedachten Erkenntnisse ausgesprochenen bestimmten Zeitdauer, derselbe entweder auf die gesammten im § 21 des StGB.s gedachten 10 Jahre auszudehnen, oder aber überhaupt für fortlaufend zu erachten sei, ungesetzlich, und ebendeshalb die im Erkenntnisse ausgesprochene Untersagung als überhaupt wirkungslos, mithin als gar nicht verhängt zu erachten sei; der Zeuge sonach mit dem Eide belegt werden konnte."

[4.] Dagegen ward in Betreff des Angeklagten K. das Erkenntniß ꝛc. v. 22. Nov. vernichtet, weil das Sitzungsprotokoll zwar die stattgehabte Verkündung des (mit 7 gegen 5 Stimmen) Geschwornenspruchs an den Angeklagten, nicht aber die Verkündung des ergänzenden Spruchs des GH.'s beurkundete. — Es heißt sodann weiter:

[5.] Nun findet sich zwar eine nachträgliche Registratur des Vorsitzenden und des Gerichtsschreibers vom 16. Dez., durch welche bescheinigt wird, daß auch der Ausspruch des Gerichtshofs dem Angeklagten verkündet sei. Allein diese Registratur hatte, nachdem die jenen Mangel rügende NB. des Angeklagten bereits am 11. Dez. zu den Akten eingegangen war, keine Wirkung mehr, da die Entscheidung über die Beschwerde nur das Sachverhältniß ins Auge fassen kann, wie dasselbe zur Zeit ihrer Erhebung vorlag.

Antr. d. GStA: gleichl. [15.—8.]

---

## Vorbehalt. — Anklage. — Erschöpfung.

Der Instanzrichter kann die Verfolgung der inkriminirten Handlung nach der ihr in der Anklage beigelegten rechtlichen Qualifizirung einem andern Verfahren vorbehalten, wenn er findet, daß diese Qualifizirung von einem andern thatsächlichen Gesichtspunkte aus und unter Berücksichtigung anderer Nebenumstände zutreffen könnte. Er darf dann aber

**nicht von der Anklage nach jener Qualifizirung freisprechen.**

Ges. v. 3. Mai 1852 Art. 30 [n 38].

Erk. (Z. I.) v. 12. Jan. 1870 c. Jahde (1257. I Cr. v. 1869).

Nach einer gegen die Eheleute J. „wegen Betrugs“ geführten Voruntersuchung war die Eröffnung der Untersuchung gegen beide wegen „Betrugsversuchs“ erfolgt. Die dem betr. Beschlusse zum Grunde liegende Anklageschrift des StA.'s führte aus, daß die Beschuldigten nach einem erlittenen Brandschaden, unter der falschen Behauptung, daß eine Menge (geretteter) Mobiliargegenstände verbrannt sei, von der betr. Feuerversicherungsgesellschaft die Berichtigung der entsprechenden Versicherungssummen begehrt hätten. — Der erste Richter erachtete es für erwiesen, daß die Angeklagten „die Beamten der Versicherungsgesellschaft durch unwahre Angaben über den Umfang des Brandschadens in gewinnsüchtiger Absicht getäuscht und es versucht hätten, eine größere Versicherungssumme, als sie rechtlich beanspruchen durften, zu erlangen,“ und verurtheilte, indem er schließlich den Thatbestand eines Betrugsversuchs mit den Worten der §§ 241 und 31 des StGB.s feststellte. Das App.-Gericht hielt es dagegen für nicht dargethan, daß die Angeklagten (wie die Anklage aufstelle):

> „gerettete versicherte Gegenstände als verbrannt liquidirt hätten,“

erklärte demzufolge beide „des versuchten Betrugs nicht schuldig und sprach sie von Strafe und Kosten frei,“ hielt jedoch für den Fall, daß die Angeklagten für Sachen, welche sie nicht besessen oder, welche nicht versichert waren, Entschädigung liquidirt hätten, die Erhebung anderweiter Anklage bevor.

Die NB. des OStA.'s fand hierin eine Verletzung des Art. 30 des Ges. v. 3. Mai 1852; sie führte aus: nur Anschuldigungspunkte, nicht Thatsachen könnten einem neuen Verfahren vorbehalten werden; das AG. habe sonach den strafrechtlichen Gesichtspunkt, von welchem die StA.-schaft von Neuem einschreiten dürfe, bezeichnen müssen; dazu komme, daß die vorbehaltenen Thatsachen nicht einmal nothwendig eine strafbare Handlung enthielten, aus dem angeführten Urtheile sei nicht zu ersehen, ob die Anklage wegen Betrugsversuchs oder wegen zu hoher Schadensliquidation (Ges. v. 8. Mai 1837 § 28) vorbehalten sei; habe das AG., wie anzunehmen, versuchten Betrug im Sinne gehabt, so sei Art. 30 des Ges. v. 3. Mai 1852 verletzt, weil es sich in dem neuen Verfahren genau um dieselbe Anschuldigung wegen desselben Thuens, wie jetzt zur Sprache gebracht worden, handeln, und die Verschiedenheit lediglich in den Beweisgründen und den Beweismitteln liegen würde. —

Das OTr. hat das angefochtene Erkenntniß vernichtet, „insoweit dasselbe die Angeklagten im Allgemeinen wegen Betrugs freispreche", und seinerseits die letzteren nur „von der Anschuldigung eines dadurch versuchten Betruges, daß sie bei der rc. Feuerversicherungsanstalt versicherte und gerettete Gegenstände als verbrannt zum Schadensersatz in Anrechnung gebracht haben" — freigesprochen; im Uebrigen aber die NB. zurückgewiesen. Gründe:

Die im Gesetz [v. 8. Mai 1837 § 28] bezeichnete Aufstellung einer zu hohen Entschädigungsforderung kann in verschiedener Weise erfolgen: entweder, daß gerettete Sachen, oder daß nicht versicherte oder gar nicht besessene, als verbrannt angegeben werden, oder daß die wirklich versicherten und verbrannten Gegenstände mit einem zu hohen Werthe angesetzt worden sind, u. s. w. Jeder dieser besonderen Fälle kann Gegenstand der Anklage sein, und jeder von ihnen fällt unter die obige Strafbestimmung. Findet nun der erkennende Richter, daß die von der Anklage behauptete Handlungsweise des Versicherers nicht dargethan, wohl aber Verdacht vorhanden sei, daß eine andere vorgekommen, die aber nicht Gegenstand der eingeleiteten Untersuchung ist, so wird er nicht behindert, wegen der jetzt zur Sprache gebrachten freizusprechen, jedoch wegen anderer, gleichfalls unter das Strafgesetz fallender, die nachträgliche Verfolgung auszusprechen. Um aber die Grenzen derselben zu fixiren, bleibt ihm nichts übrig, als diejenigen anderen Handlungsweisen des Angeklagten zu bezeichnen, aus denen hervorgeht, daß er gegen den cit. § 28 resp. die Strafbestimmungen der §§ 241 ff. des StGB.s gefehlt haben soll, und dadurch ist der erforderliche Gesichtspunkt für die Anklagebehörde von selbst gegeben. In dieser Weise ist nun der App.-Richter verfahren. Er hat festgestellt, daß die Behauptung der Anklage, es seien gerettete versicherte Gegenstände als verbrannt liquidirt worden, nicht erwiesen sei, er findet aber, daß Veranlassung zu der Annahme vorliege, „daß die Angeklagten für Sachen, welche sie nicht besessen, oder welche nicht versichert waren, Entschädigung liquidirt haben," und behält hierfür eine neue Verfolgung vor. Ob es nun in der That möglich sein wird, hiernach vorzugehen, ist eine unerhebliche Frage. Denn wenn dies nicht der Fall sein sollte, so folgt daraus nur, daß eine neue Anklage unterbleiben muß. Ob Grund vorliegt, wegen vollendeten oder versuchten Betruges einzuschreiten, hängt von den unter Anklage zu stellenden Thatsachen ab, und endlich ist es unrichtig, daß, wie die NB. behauptet, es sich in dem neuen Verfahren, genau um dieselbe Anschuldigung wegen derselben Handlungen, wie jetzt fragen würde. Denn es sind andere Umstände, welche das App.-Urtel der anderweitigen Verfolgung zugewiesen hat, und daß diese dieselbe strafbare That darstellen, wie sie in dem jetzigen Verfahren behauptet worden, ist ohne Gewicht, wie aus dem Art. 30 des Ges. v. 3. Mai 1852 deutlich hervorgeht. Der App.-Richter hat allerdings darin gefehlt, daß er die Angeklagten von der Anschuldigung des versuchten Betruges freisprach, währenddem er doch gleich darauf ihre gleichartige Verfolgung einem neuen Verfahren vorbehielt. Indeß ergiebt sich hieraus keine Nichtigkeit der Entscheidung, weil ihr eigentlicher Sinn im Zusammenhange mit den nachfolgenden Gründen deutlich erhellt.

Antr. d. OStA. entg. [20.—8.]

---

1. Strafantrag. — Frist. — Mittelsperson.
2. Beleidigung — Konkrete Beurtheilung.
3. Oeffentlichkeit. — Anwesenheit Dritter. — Kenntniß.

1. Die Frist zur Stellung eines Strafantrags ist gewahrt, wenn dieser von dem Beleidigten zunächst nur an seinen Dienstvorgesetzten gerichtet und von dem letzteren rechtzeitig an den Staatsanwalt abgegeben worden ist.

StGB. § 50 [n. 14]. Vgl. RbOTr. 4. S. 76.

2. Eine Aeußerung, welche nach den obwaltenden Umständen, sich als Ausdruck der Geringschätzung

darstellt, ist ohne Rücksicht auf ihren objektiven Inhalt, eine Beleidigung.

StGB. Thl. II. Tit. 13 [S. 285. n. 17]. Vgl. RbOTr. 10. S. 496.

3. Eine an einem öffentlichen Orte einem Andern zugefügte Beleidigung ist nicht „öffentlich verübt," wenn der Thäter von der Anwesenheit eines Dritten, welcher sie wahrnehmen konnte, keine Kenntniß hatte.

StGB. § 152 [n. 2]

Erk. (Z. B. I.) v. 12. Jan. 1870 c. Kloß (1306. I. Cr.).

Kl. war, weil er in seiner Wirthsstube den Hauptmann G. mit Ausübung seines Hausrechts bedroht hatte, wegen öffentlicher Beleidigung aus § 152 des StGB.s verurtheilt worden. Seine NB. rügte:

1. daß die Strafverfolgung ohne den erforderlichen vom Verletzten an den StA. gerichteten Strafantrag stattgefunden habe; es genüge nicht, daß ein solcher Strafantrag von G. an die ihm vorgesetzte Dienstbehörde gerichtet und von dieser (rechtzeitig) an den StA. abgegeben worden sei;

2. die Ankündigung der eventuellen Ausübung eines anerkannten Rechts dürfe nicht als Beleidigung angesehen werden;

3. zur Annahme einer „öffentlichen Beleidigung" genüge die Oeffentlichkeit des Orts (Wirthsstube) nicht, wenn, wie hier der Fall, an demselben Beleidiger und Beleidigter allein gewesen seien; mit Unrecht lege das angefochtene Urtheil darauf Gewicht, daß der vor der Thüre des Zimmers auf dem Hausflur sich aufhaltende Feldwebel J. jene Aeußerung ebenfalls gehört habe, obgleich er, der Angeklagte, eingewendet habe, daß ihm von der Nähe des rc. J. nichts „bekannt gewesen sei."

Das OTr. hat die beiden ersten Angriffe für verfehlt, den dritten aber für begründet erachtet Die Gründe sprechen zunächst den obigen Grundsatz

[1.] aus, erwägen sodann

[2.] daß wenn auch in der Regel die Erklärung von seinem Hausrechte Gebrauch machen zu wollen, an und für sich noch nichts Beleidigendes enthalte, doch unbedenklich in ihr, wie bei allen Aeußerungen, welche an sich nach dem gewöhnlichen Verlaufe der Dinge betrachtet, ebenfalls nichts Ehrverletzendes enthalten, unter den in jedem Einzelfalle obwaltenden Umständen, sehr wohl eine Geringschätzung dessen, dem gegenüber sie gethan worden, und somit eine Beleidigung liegen kann.

Sodann heißt es weiter:

[3.] Der App.-Richter nimmt die Oeffentlichkeit als Beleidigung schon um deshalb an, weil die Aeußerung in der Gaststube des Angeklagten, einem Jedermann zugänglichen Orte, geschehen, und die Möglichkeit obwaltete, daß hinzutretende dritte Personen die Drohung allenfalls vernehmen konnten. Es leuchtet aber von selbst ein, daß die Oeffentlichkeit des Ortes allein, die Beleidigung noch nicht zu einer öffentlichen macht, sofern sie nur dem Beleidigten gegenüber erfolgt, ohne daß andere Personen sie vernehmen. Der App.-Richter stellt zwar auch fest, daß der Feldwebel J. die mehrerwähnte Aeußerung gehört habe, hält indeß die in der App.-Beantwortung hervorgehobene Behauptung, daß die Begegnung mit dem Hauptmann unter vier Augen erfolgte, ingleichen, daß dem Angeklagten es unbekannt gewesen, daß die Begleitung des Hauptmanns vor der Stubenthür gestanden, ohne rechtliche Bedeutung. Dies ist jedoch irrig; denn konnte angenommen werden, daß der Angeklagte mit dem G. sich allein in dem Zimmer, in welchem der Vorfall sich ereignete, befunden, und daß er nach den dabei obwaltenden Umständen nicht annehmen konnte, daß andere im Hausflur etwa stehende Personen, das Gespräch hören würden, so möchte ihm die Bestimmung des § 44 des StGB.s zur Seite stehen, und es würde sich fragen, ob ihm dennoch die Absicht zu beleidigen mit dem Bewußtsein der Veröffentlichung derselben beigewohnt habe. Der App.-Richter hätte daher den gedachten Einwand nicht als rechtlich unerheblich ansehen, sondern seiner Prüfung unterwerfen sollen.

Antr. d. GStA.: entg. [20—8.]

---

## Widersetzlichkeit. — Forstbeamter. — Beschädigung.

Die gewaltthätige Widersetzlichkeit gegen einen Forstbeamten zieht nur dann, wenn dem Letzteren dabei vorsätzlich eine körperliche Beschädigung zugefügt worden ist, die strengere Strafe nach sich aus:

Ges. v. 31 März 1837 § 4. Vgl RbOTr. 7. S. 7; 8. S. 527.

Beschl. (I) v. 12. Jan 1870 c Krause. (22 B I. Cr.). [W.—3.]

---

Schlägerei. — Mildernde Umstände.

Die Strafe desjenigen, welcher bei einer Schlägerei etc. betheiligt einem Andern eine erhebliche Körperverletzung zugefügt hat, kann nicht wegen obwaltender mildernder Umstände unter das Maass der durch jene Betheiligung allein verwirkten dreimonatlichen Gefängnissstrafe ermässigt werden.

StGB. § 195 [n. 23. 32].

Erk. (V.) v. 12. Jan. 1870 c. Lietz & Burgdorf (OAG II. 17).

Zunächst wird durch den § 195 Abs. 1 des StGB.'s die bloße Betheiligung an einer Schlägerei als ein selbstständiges Vergehen hingestellt und die Strafminderung insofern ausgeschlossen, als eben schon die Betheiligung ohne Rücksicht darauf, ob bei der Schlägerei eine Tödtung oder eine schwere oder erhebliche Körperverletzung erfolgt und ob bezüglich derselben die Urheberschaft oder Theilnahme im Sinne des StGB.'s § 34 ermittelt ist, mit Gefängniß nicht unter 3 Monaten gestraft und nur für den Fall einer unverschuldeten Verwickelung in die Schlägerei entschuldigt werden soll. —

Sodann gestattet der § 196 l. c. wegen mildernder Umstände die Strafermäßigung nach seinem ausdrücklichen Inhalte nur zu Gunsten des Thäters bei einer Mißhandlung oder Körperverletzung, nicht aber zu Gunsten desjenigen, welcher sich im Sinne des § 195 Abs. 1 an der Schlägerei nur betheiligt hat. Auch würde im vorliegenden Falle selbst dann, wenn die drei Angeklagten in Bezug auf die erhebliche Körperverletzung des rc. F. als Thäter angesehen worden wären, die Strafe nicht nach Maßgabe des § 196 auf vier Wochen herabzusetzen gewesen sein, weil ihnen gleichzeitig die Betheiligung an der Schlägerei im Sinne des § 195 Abs. 1 zur Last fällt und nach § 55 die dafür festgesetzte härtere Strafe von 3 Monaten Gefängniß in Anwendung gebracht werden muß.

Antr. d. GStA.: gleichl. [65—6.]

---

**Beweismittel, sachliches. — Vorlegung.**

**Ein sachliches Beweismittel (Ueberführungsstück) kann (den Geschwornen) auch ohne vorgängigen Antrag und ohne einen die Maßregel anordnenden und rechtfertigenden Gerichtsbeschlusses vorgelegt werden.**

Vdn. v. 3 Jan 1849 §§ 22 [n 3], 14 [n 45].

**Erk (Z. I.) v. 12. Jan. 1870 c. Pfeil** (62. I. Cr.).

Zurückweisung der NB. des (wegen vorsätzlicher Brandstiftung) verurtheilten Pf., welche es rügte, daß den Geschwornen in Beschlag genommene Torfstücke ohne Antrag einer der Parteien und ohne einen die Maßregel anordnenden und rechtfertigenden Gerichtsbeschluß vorgelegt worden seien. [18.—8.]

---

**Urkundenfälschung. — Dolus. — Urkunde.**

**Der zum Thatbestande der Urkundenfälschung erforderliche ursachliche Zusammenhang zwischen dem gefälschten Schriftstücke und dem beabsichtigten rechtswidrigen Erfolge ist vorhanden, wenn jenes als Mittel zu der bezweckten rechtswidrigen Täuschung erscheint.**

**Der Charakter einer Schrift als Urkunde ist objektiv nach ihrem Inhalte zu beurtheilen.**

StGB § 247 [n. 15. 57]. Vgl RbOTr. 10 S 809.

**Erk. (Z.) v. 12. Jan. 1870 c. Stöcken** (OAG. II 14).

Stöcken war schuldig befunden worden: „— einen „Sola-Wechsel", in welchem S. Halberstadt verspricht ꝛc. an die Ordre des H Stöckel 300 Thlr. zu zahlen, fälschlich angefertigt, und davon zum Zwecke der Täuschung des ꝛc. G Gebrauch gemacht zu haben, indem er diesem das Schriftstück zur Sicherheit wegen einer demselben gegen ihn (Stöcken) zustehenden Forderung übergeben habe. Das ihn dieserhalb aus § 251 Nr. 5 des StGB.s verurtheilende Erkenntniß focht er mit der NB. an: „der GH habe mit Unrecht das erwähnte Schriftstück für eine Urkunde erachtet, da eines Theils ein Indossament des Wechsels an G. nicht vorliege, dieser also keinesfalls davon habe Gebrauch machen können, — andern Theils aber als Remittent „H. Stöckel", nicht aber er selbst (Stöcken) bezeichnet sei, weshalb weder Stöcken noch G. Rechte aus dem Wechsel hätten geltend machen können." Zurückweisung, weil

[zwar nach § 247 des StGB.s bei der Urkundenfälschung] ein ursächlicher Zusammenhang zwischen dem gefälschten Schriftstücke und dem beabsichtigten rechtswidrigen Erfolge bestehen muß, dergestalt, daß die gefälschte Urkunde als Mittel zu dem zu erreichenden Zwecke — nämlich zu der rechtswidrigen Täuschung — erscheint; dagegen nicht als ein Erforderniß sich darstellt, daß diese Täuschung gerade dem in der Urkunde als Verpflichteten oder Berechtigten Bezeichneten gegenüber geschieht; vielmehr es zureicht, daß die falsche Urkunde zum Zwecke der Täuschung in der vom Gesetze angegebenen Absicht — gleichviel gegen wen — gebraucht wird; und, was den im Schlußsatz des angeführten § festgestellten Begriff einer Urkunde betrifft, es genügt, wenn die Urkunde nur objektiv von solcher Beschaffenheit ist, daß sie als Beweismittel von Rechten oder Rechtsverhältnissen dienlich ist, für diese Frage aber die Identität des Namens des Remittenten mit dem Namen dessen, der von dem Schriftstück irgend einem Dritten gegenüber Gebrauch macht, völlig gleichgiltig ist.

Antr. d. GStA.: gleichl. [63.—6.]

---

**Vermögensbeschädigung. — Schädliches Thier. — Abwehr.**

Die Tödtung eines fremden schädlichen Thiers zur Abwendung einer dem Eigenthume drohenden Gefahr ist nicht rechtswidrig bewirkt, wenn es an einem andern Mittel zur Erreichung jenes Zweckes fehlte.

StGB. § 281 [n 6a].

Erk. (Z.) v. 12. Jan. 1870 c. Wahlstab (OAG II. 16)

Nach der instanzrichterlichen Feststellung hatte W. auf seinem Grundstücke die Katze seines Nachbarn durch einen Schuß getödtet, als sie im Begriffe stand eins seiner Küchen zu fangen. Deshalb der

Vermögensbeschädigung angeklagt, ward er in beiden Instanzen freigesprochen, weil Jeder befugt sei, die durch ein fremdes schädliches Thier ihm hinsichtlich seines Eigenthums drohende Gefahr durch Tödtung des Thiers zu beseitigen, falls es dazu an einem andern gesetzlichen Mittel fehle; letzteres sei hier anzunehmen 2c. — NB. Zurückweisung. Die Gründe führen aus, daß

„die Frage, ob ein das Moment der Rechtswidrigkeit ausschließender Nothstand bei Vornahme einer Zerstörung 2c. fremder Sachen obliege, sich zwar danach bestimme, ob diese Zerstörung 2c. das alleinige Mittel war, die Verletzung des eignen Rechts abzuwehren, also dieser Erfolg auch nicht durch andere glimpflichere Mittel erreicht werden konnte;" — diese Voraussetzung sei aber hier von dem Instanzrichter als vorhanden festgestellt [64.—6.]

---

1. Fragstellung, eventuelle. — Theilnahme.
2. Vernichtung. — Formverstoß. — Befassung.

**1. Bei einer die Thäterschaft betreffenden Anklage kann den Geschwornen eine die Theilnahme an dem betr. Verbrechen (z. B. die Anstiftung) betreffende Eventualfrage selbst dann vorgelegt werden, wenn diese Theilnahme in andern konkreten Handlungen gefunden wird, als denjenigen, welche die Anklage als „Thäterschaft" charakterisirt hatte.**

Ges. v. 3. Mai 1852 Art 86 [n 6]; Einf.-Ges z. StGB. Art. XXV [n 4]. Vgl. RbOTr. 6. S 131; 7 S 288; 9 S. 395; 10 S 384; v Kräwel Abh. in d D. Strafrechtszeitung 1869 S 207

**2. Ist ein Erkenntniß wegen Formverstoßes vernichtet und zur erneuerten Verhandlung 2c. an das Instanzgericht zurückverwiesen worden, so wird das letztere dadurch in dieselbe Lage zurückversetzt, in welcher es sich vorher der Anklage gegenüber befunden hatte; es kann daher im schwurgerichtlichen Verfahren eine Eventualfrage gestellt werden, welche bei der früheren Verhandlung nicht gestellt worden war.**

Ges. v. 3. Mai 1852 Art. 117 n. 9. Vgl. RbOTr. 2. S. 448.

Erk (Z I.) v 12 Jan. 1870 c. Wolff (85. I. Cr.).

In der Band 10. S. 349 bereits erwähnten Sache war bei der neuen schwurgerichtlichen Verhandlung außer der dem Anklagebeschlusse entsprechenden einen eigenen Brandstiftungsversuch des W. betreffenden Hauptfrage den Geschwornen für den Fall der Verneinung jener noch die Eventualfrage vorgelegt worden, — ob W schuldig sei „diejenige Person, welche die gedachte Brandstiftung versucht hat, zur Begehung dieser durch Ueberredung angereizt zu haben". Die Geschwornen hatten die erste Frage verneint, die zweite bejaht. Die NB. des W. fand in jener Verfahrungsweise eine Verletzung des cit. Art. 86, weil eine Eventualfrage sich nur auf die zum Gegenstande der Anklage gemachte konkrete Handlung beziehen dürfe, also auch auf die Theilnahme an dem unter Anklage gestellten Verbrechen (Einf.-Ges. z. StGB. Art. XXV.) nur dann, wenn diese in demselben Thun gefunden werde, welches die Anklage als Thäterschaft charakterisirt hatte; auch sei durch das frühere vernichtende Erkenntniß des OTr.'s die Sache nur zur anderweiten Verhandlung ꝛc. über das gedachte Verbrechen (des Brandstiftungsversuchs) an den Schw.-GH. zurückverwiesen worden. Zurückweisung. Gründe:

[1.] Die Anklage behauptete die Thäterschaft des Angeklagten in der versuchten Brandstiftung des ꝛc. Wohngebäudes am 10. Febr. 1868. Im Sinne des cit. Art. 86 bildeten also diese That und die Betheiligung des Angeklagten an derselben die Grenzen der Ermittelung und der Feststellung durch die schwurgerichtliche Verhandlung. Was insbesondere diese Betheiligung des Angeklagten betrifft, so umfaßt sie im Sinne jener Vorschrift alle diejenigen Formen, welche das Gesetz mit Strafe bedroht, also vor Allem, außer der unmittelbaren Thäterschaft oder Mitthäterschaft, die Theilnahme durch Anstiftung oder Hülfsleistung; sie sind Gesichtspunkte, wie das Gesetz sagt, welche die That nach einer andern Richtung, als unter welchen die Anklage sie gebracht hat, strafbar erscheinen lassen. Deshalb hat denn der Art. XXV. des Einf.-Ges. z. StGB. auch die Theilnahme als eine solche Betheiligung an der That bezeichnet, zu deren Verfolgung und Feststellung eventuelle Fragen zu stellen sind.

[2.] Nachdem das OTr. durch das B. I. v. 26. Mai 1869 (RdOTr. 10. S. 349) die Vernichtung des Urtels v. 11. März 1869, welches dem Angeklagten wegen der Mitthäterschaft an der versuchten Brandstiftung v 10. Febr.

1868 verurtheilt hatte, ausgesprochen und die Sache zur anderweiten Verhandlung und Entscheidung an das Schwurgericht zurückgewiesen hatte, war der Schwurgerichtshof in dieselbe Lage versetzt, in welcher er sich von vorn herein der Anklage gegenüber befand. Er hatte also jenes Verbrechen für sich allein oder in Verbindung mit allen den Richtungen, aus denen dasselbe strafbar erschien, festzustellen, also auch innerhalb der Grenzen der Ausdehnung der Anklage, welche der Art. 86 bestimmt.

Antr. d OStA.: gleichl. [15.—8]

---

## Hazardspiel. — Zufall. — Geschicklichkeit.

**Ein Spiel, bei welchem Gewinn und Verlust vom Zufall abhängen, verliert den Charakter eines Hazardspiels nicht dadurch, daß es zugleich sich dazu eignet und benutzt wird, den Ausgang, dem Gesetze des Spieles entgegen, durch Manipulationen herbeizuführen.**

StGB. § 266 [n 1] Vgl RdOTr. 10. S. 16. 442.

**Erk. (Z. II.) v 13 Jan 1870 c. Benkwitz u. Gen. (15 II. Cr.).**

Die NB. der wegen gewerbsmäßigen Hazardspiels verurtheilten Angeklagten rügte, daß das betr Spiel (Kümmelblättchen, vgl. RdOTr. 10. S 16. 442) mit Unrecht für ein „Zufalls- (Hazard-) Spiel erachtet worden sei, da bei demselben der gewandte Spieler sehr wohl wissen könne, wo das zu errathende Blatt liege; es sei somit ein „Geschicklichkeitsspiel, welches sogar in das Gebiet der Kunst gehöre." — Zurückweisung. Gründe

Die vorigen Richter haben festgestellt, daß nach der Regel des Spiels, von welchem ein Gewerbe gemacht zu haben die Angeklagten beschuldigt sind, Gewinn und Verlust lediglich vom Zufalle — dem Auffinden einer Karte des s. g. Treffers abhängig ist. Hierdurch ist das Spiel als ein Hazardspiel charakterisirt. Es verliert diesen seinen Charakter dadurch nicht, daß dasselbe zugleich sich dazu eignet und benutzt wird, den Ausgang durch Manipulationen, dem Gesetze des Spiels entgegen, herbeizuführen, zumal wenn die erforderliche Geschicklichkeit der Manipulation nur auf der einen Seite vorhanden ist und gegen einen derselben Unkundigen ausgeübt ist.

Antr. d. GStA.: gleichl. [29 3.]

---

1. 2. Zeuge. — Amtseid.
3. Zeuge. — Voruntersuchung. — Vereidung.
4. Offizialvertheidiger. — Schwerhörigkeit.
5. Geschworner. — Entlassung. — Angeklagter.

1. Wenn ein Beamter, welcher über, seine Amtsgeschäfte unmittelbar berührende, Thatsachen als Zeuge vernommen, nebenbei solche Thatsachen bekundet, welche nur bei Gelegenheit seiner Amtsführung zu seiner Kenntniß gelangt sind, so unterliegt es dem instanzrichterlichen Ermessen, ob eine Versicherung auf den Diensteid die förmliche Beeidigung ersetzen könne.

Vdn. v. 3. Jan. 1849 § 55 [n. 37]; Cr.-Ordn. § 355 Nr. 2.
Vgl. RdOTr 10. S. 771.

2. Versichert ein als Zeuge vernommener (ausländischer) Beamter die Richtigkeit seiner Aussage auf seinen Amtseid, so bedarf es nicht der besonderen Feststellung im Sitzungsprotokolle, daß er einen Amtseid geleistet habe.

Ebendas [n 32].

3. Es begründet keine Nichtigkeit, wenn ein schon in der Voruntersuchung eidlich vernommener Zeuge in der Hauptverhandlung nochmals den Zeugeneid leistet.

Ebendas. [n. 42]

4. Ein körperlicher Mangel des Offizial-Vertheidigers (z. B. Schwerhörigkeit) kann nicht als Beschränkung der Vertheidigung im Wege der Nicht.-Beschwerde geltend gemacht werden, wenn in dieser Beziehung nicht ein förmlicher Antrag an das befaßte Instanzgericht gerichtet worden war.

Ges v 3. Mai 1852 Art 21 [n. 11 b.].

**5. Der Angeklagte kann die gerichtsseitig erfolgte Entbindung eines Geschwornen von der Mitwirkung in einer bestimmten Sache nicht durch Nicht.-Beschwerde gegen das wider ihn ergangene Urtheil rügen.**

Ges. v. 3. Mai 1852 Art. 60 [n. 8]. Vgl RdOTr. 10. S. 177. 437

**Erk. (Z. II.) v. 13. Jan. 1870 c. Böhme (41. II Cr).**

[1.] Nach § 335 Nr. 2 der Cr.-O. ist bei der Vernehmung von Personen, die in Eid und Pflicht stehen, als Zeugen die Verweisung auf ihren Amtseid hinreichend. Diese Ausnahme von der sonst erforderlichen Vereidigung der Zeugen findet allerdings dann nicht statt, wenn dergleichen Personen über Vorfälle abgehört werden, welche ihre Amtsgeschäfte nicht unmittelbar betreffen, wenn sie auch bei Gelegenheit der Ausrichtung derselben Kenntniß davon erlangt haben. Diese Beschränkung der Ausnahme kann indessen nicht dahin aufgefaßt werden, daß in Fällen, in denen die Vernehmung einer in Eid und Pflicht stehenden Person in der Hauptsache solche Thatsachen betrifft, welche ihre Amtsgeschäfte unmittelbar berühren, dabei aber nebenbei auch Thatsachen zur Sprache kommen, von denen der Zeuge nur bei Gelegenheit der Amtsführung Kenntniß erlangt hat, die Vereidigung des Zeugen erforderlich wäre, da eine so enge Auffassung die ganze Vorschrift fast immer unanwendbar machen würde. Denn bei der Vernehmung eines Beamten über Vorgänge, welche seine Amtsgeschäfte unmittelbar berühren, werden in der Regel Wahrnehmungen des Beamten, auf welche dieses Criterium im strengen Sinne desselben nicht paßt, zu erwähnen sein. Ueberdies ist die Grenze zwischen Thatsachen, welche sich auf die Amtsgeschäfte unmittelbar beziehen, und solchen, welche nur bei Gelegenheit der Amtsführung wahrgenommen sind, oft schwer zu erkennen und jedenfalls nur bei voller thatsächlicher Würdigung des Falles zu bestimmen. Hieraus ergiebt sich, daß es bei der Vernehmung von Beamten über Vorgänge, welche in der Hauptsache ihre Amtsgeschäfte unmittelbar betreffen, dem Ermessen des verhandelnden Richters überlassen bleiben muß, darüber zu befinden, ob das Berühren von Thatsachen, die nur bei Gelegenheit der Amtsführung wahrgenommen sind, nur nebensächlich geblieben oder den Charakter der Aussage alterirt habe; vgl. Z. (I. 895) v. 8. Octbr. 1858 c. Schmidt (GA. 6. S. 828).

Sodann sprechen die Gründe die Grundsätze zu 2. 3 u. 4 aus:

[5.] Daß bei der Bildung des Schwurgerichts der RA. P. rc. von der Theilnahme an der Verhandlung der vorliegenden Sache als Geschworner entbunden ist, kann von dem Angeklagten mit der Nicht.-Beschwerde nicht angefochten werden, weil nach § 72 der Verordnung v. 3. Jan. 1849 und Art. 60 des Ges. v. 3. Mai 1852 über die Entlassung oder Beurlaubung von Geschwornen der Gerichtshof nach Anhörung der StA.-schaft aber ohne Mitwirkung des Angeklagten oder seines Vertheidigers, definitiv entscheidet, und dies auch für die Entlassung eines nach § 95 der cit. Verordnung zur Mitwirkung in einer bestimmten Sache nicht befugten Geschwornen gilt.

Antr. d. GStA.: gleichl. [35.—3.]

---

1. Nichtigkeitsbeschwerde. — Uebergebene Schrift.
2. Kirchengebrauch. — Verspottung. — Gegenstand.
3. Vernichtung. — Aufrechthaltung der Feststellung.

1. Eine unlegalisirte Schrift, welche der [nicht verhaftete] seine Nichtigkeitsbeschwerde rechtfertigende Angeklagte zu gerichtlichem Protokolle mit der Erklärung übergiebt, „er wiederhole deren Inhalt" kann eine Berücksichtigung nicht finden.

Ges. v. 3. Mai 1852 Art. 110 [n 47]. Vgl. RdOTr 2 S. 84; 8. S 640; 10. S. 607

2. Die Verspottung eines kirchlichen Gebrauchs oder einer kirchlichen Einrichtung setzt voraus, daß jener Gebrauch rc. als solcher zum Gegenstande des Spottes gemacht sei; die Verspottung der Art und Weise, in welcher im Einzelfalle der Gebrauch rc. ge-

handhabt wird (z. B. des Inhalts einer gehaltenen Predigt), fällt nicht unter

StGB. § 135 [n. 14a]

3. Wird ein wegen zweier in realer Konkurrenz verübter Vergehen nur eine Gesammtstrafe verhängendes Erkenntniß deshalb vernichtet, weil bei der Beurtheilung des einen Falles das materielle Gesetz verletzt worden ist, so kann das OTr. unter Aufrechthaltung der in Betreff des andern Falles erfolgten (nicht schwurgerichtlichen) Feststellung die Sache zur nochmaligen Verhandlung &c. an das Instanzgericht zurückverweisen.

Ges. v. 3. Mai 1852 Art 116 [n 7].

**Erk. (B. II.) v. 13. Jan. 1870 c. Hadler (25. II Cr.).**

H. hatte in mehreren veröffentlichen Zeitungsartikeln eine vom Pastor Dr. K. gehaltene Leichenrede in verletzender Weise besprochen und war deshalb von den Instanzgerichten

1) wegen öffentlicher Beleidigung eines Religionsdieners in Beziehung auf dessen Beruf, und
2) wegen öffentlicher Verspottung eines Gebrauchs und einer Einrichtung der evangelischen Kirche

aus den §§ 102. 135 und 56 des StGB s verurtheilt worden Dieses Urtheil hat das OTr. vernichtet, weil

[2.] „aus den Erwägungen des AG.s hervorgehe, daß es den § 135 cit auch auf den Fall für anwendbar erachtet habe, wo ein einzelner evangelischer Geistlicher in Beziehung auf eine einzelne den Gebräuchen der christlichen Religion entsprechende Amtshandlung verspottet sei, wenn auch der betreffende Gebrauch als solcher unangefochten geblieben sein sollte; es gehöre aber zu den Erfordernissen der strafbaren Religionsverspottung, daß kirchliche Einrichtungen oder Gebräuche als solche verspottet seien, und nicht blos eine einzelne Amtshandlung eines Geistlichen in der besonderen Art ihrer Ausführung;

[3.] dagegen sei ohne Rechtsirrthum der Thatbestand der öffentlichen Beleidigung eines Religionsdieners in Beziehung auf dessen Beruf festgestellt; es müsse daher die Vernichtung des angefochtenen Erkenntnisses lediglich in Betreff der Bestrafung wegen Religionsverspottung, und wegen des Gesammtstrafmaßes erfolgen, da das letztere wegen beider Vergehen ungetrennt verhängt worden sei." [35.—3.]

## Restitution. — Zuständigkeit.

**Ueber ein Restitutionsgesuch hat selbst dann, wenn es sich von einem reformatorischen Erkenntnisse zweiter Instanz handelt, der Richter erster Instanz zu entscheiden.**

Vdn. v. 3. Jan. 1849 § 152 [n. 1]. Vgl. RbOTr. 2. S. 349; 10. S. 542.

**Beschl. (I.) v. 13. Jan. 1870 c. Slopnik** (362 B I. Cr v. 1869) spricht den obigen Grundsatz unter Hinverweisung auf Beschl. (I 98 B.) v. 11. Apr. 1862 c. Keßler (RbOTr 2. S. 349) aus. [20.—3.]

---

## Verlesung. — Schriftstück. — Motivirung.

**Die Verlesung eines Schriftstücks zieht die Nichtigkeit des Hauptverfahrens nach sich, wenn sie ohne einen sie anordnenden Gerichtsbeschluß erfolgt ist, welcher bestimmt ausspricht, ob die Vernehmung zum Zwecke der Beweisaufnahme oder nur zur Aufklärung der Sache erfolgt.**

Ges v. 3. Mai 1852 Art. 25 [n. 6]. Vgl RbOTr. 2. S. 121; 4. S. 325, 9. S. 280; 10. S. 716.

**Erk. (B. I) v. 14. Jan. 1869 c. Brandt** (120 I. Cr.).

In der schwurgerichtlichen Verhandlung gegen den der Nothzucht angeklagten Br. hatte der Vorsitzende diesem zwei angeblich von seiner Frau herrührende Briefe vorgezeigt, und sodann beide verlesen, obgleich der Angeklagte die Echtheit des einen (nicht unterzeichneten) Briefs bezweifelt hatte. Dieserhalb erfolgte Vernichtung:

„da B den zweiten Brief nicht recognoscirte, so sei die Vernehmung der Ehefrau wenigstens darüber, ob der Brief von ihr herrühre, angezeigt gewesen; habe der Vorsitzende dieses mit Rücksicht auf § 357 der Crim.-Ordn. nicht für zuträglich erachtet, so sei auch die Verlesung nicht zuträglich gewesen; — jedenfalls aber hätte das Motiv des eingeschlagenen Verfahrens klar dargelegt und ev. bestimmt ausgesprochen werden müssen, ob eine Verlesung zum Zwecke der Beweisaufnahme oder zur nähern Aufklärung der Sache erfolge. [20.—8.]

---

**Chaussee. — Radfelgenbreite. — Gewerbsfuhrwerk. Das Fuhrwerk, welches ein Landwirth beim Betriebe einer Brennerei zur Fortschaffung schwerer Lasten benutzt; ist ein „gewerbsmäßig betriebenes Frachtfuhrwerk" im Sinne der**

Vdn v 17. März 1839 § 1; AKO. v 12. Apr. 1840.

Erk. (V. l.) v. 14. Jan. 1870 c. Fischer (1136. I. Cr. v 1869.

F. hatte für seinen Herrn, den Gutsbesitzer K. von dessen Gut auf der Chaussee drei Wagen geführt, von welchen jeder eine mehr als 20 Centner wiegende Ladung (Spiritus, welchen K. auf dem gedachten Gute selbst gewonnen hatte) trug. Da die Räder eines dieser Wagen nur mit dreizölligen Radfelgen versehen waren, wurde F. der Chaussee-Polizei-Uebertretung aus der Vdn. v. 17. März 1839 § 1 und der AKO. v. 12. Apr. 1840 angeklagt, aber in beiden Instanzen freigesprochen, weil beide citt. Gesetze „gewerbsmäßig betriebenes Frachtfuhrwerk" voraussetzten, zu welchen die von den Landwirthen mit dem Wirthschaftsgespann unternommenen Fuhren nicht gehörten; auch sei der Betrieb einer mit einem Landgute verbundenen Brennerei nicht als ein für sich bestehender selbstständiger Betrieb, sondern nur als ein Mittel zur Hebung der Landwirthschaft und als ein integrirender Theil derselben zu betrachten; hier werden aber auch gar nicht behauptet, daß die von F geführten Fuhrwerke mit der Brennerei des K. gradezu in Verbindung ständen und speziell für diese und deren Fabrikat beschafft worden seien; dieselben seien daher gar nicht als „Lastfuhrwerke von Gewerbtreibenden" anzusehen. — Vernichtung und Zurückverweisung der Sache in die Rekursinstanz. Gründe:

Im vorliegenden Falle hat das Gewicht der Ladung auf jedem Wagen mehr als 20 Centner Spiritus betragen; es kann daher nicht bezweifelt werden, daß es sich hier um Lastfuhren oder Frachtfuhren im Sinne der citt. Gesetze handelte. Die gegenwärtige Entscheidung hängt daher von der Frage ab: ob die hier in Rede stehenden Fuhren zum gewerbsmäßig betriebenen Frachtfuhrwerke gehören. Dies muß bejaht werden, da der Betrieb einer Brennerei, wenn er auch auf einem Landgute stattfindet, nichtsdestoweniger den Betrieb eines Gewerbes bildet, mag man ihn als ein Nebengewerbe auffassen, oder nicht. Die citt. Gesetze beziehen sich aber auf jedes gewerbsmäßig betriebene Frachtfuhrwerk.

Dies wird auch durch die Vorschrift des § 7 der Vdn. v. 17. März 1839 bestätigt, welcher vorschreibt:

daß ausnahmsweise von der Regel des § 1 beim Verfahren von Stein- oder Braunkohlen und von Getreide auch dasjenige Fuhrwerk, welches nicht zu dem gewerbsmäßig betriebenen Frachtfuhrwerk gehört, unter gewissen Umständen auf allen Kunststraßen ohne Unterschied, mit wenigstens 4 Zoll breiten Radfelgen versehen sein soll.

Es beruht daher auf einem Rechtsirrthum, wenn der vorige Richter den Angeklagten von der ihm zur Last gelegten Chaussee-Polizei-Contravention deshalb freispricht, weil der Betrieb einer Brennerei auf einem Landgute nicht als ein Gewerbebetrieb angesehen werden könne.

Antr. d. OStA.: entg. [18.—8.]

---

1. Urkunde. — Quittung auf den Inhaber.
2. Urkundenfälschung. — Anfertigung. — Thäter. — Theilnehmer.

1. Eine Quittung ist selbst dann, wenn sie nur auf den „Inhaber" lautet, eine „Urkunde."

StGB. § 247 [n. 135].

2. Als Urheber einer durch „fälschliche Anfertigung rc." verübten Urkundenfälschung kann nicht nur derjenige angesehen werden, welcher unbefugter Weise die falsche Unterschrift schrieb, sondern unter Umständen auch derjenige, welcher bei der fälschlichen Herstellung des ganzen Schriftstücks in anderer Weise mitwirkte.

Ebendas. [n. 25]. — Mehrere bewußter Weise zur Herstellung einer falschen Urkunde Mitwirkende sind gemeinschaftliche Anfertiger; hat aber demnächst nur Einer von ihnen die gefälschte Schrift benutzt, so ist er allein Thäter des Verbrechens im Ganzen, die andern sind nur „Theilnehmer" an seiner That.

Erk. (Z. I) v. 14. Jan. 1870 c. Schneider (Michalsky u. Gen. 1175. I Cr).

Die Hütte zu R. bezog ihren Kohlenbedarf von der demselben Eigenthümer gehörenden Antonsglückgrube in der Art, daß die Fuhrleute auf der Grube die Kohlen zu einem bestimmten Preise selbst ankauften, und dieselben dann auf der Hütte unter Vorlegung des ihnen auf der Grube ertheilten Ladescheins gegen Erstattung desselben Kaufpreises und gegen Vergütung der bedungenen Fracht wieder ablieferten. Im J. 1868 erhöhte die Grubenverwaltung den Preis der Tonne Kohlen für die Fuhrleute der Hütte von 13 auf 17 Sgr., welche demnächst auf der Hütte in der hergebrachten Weise wieder erstattet wurden. Diese Einrichtung ward von mehreren Fuhrleuten in der Weise benutzt, daß sie anderweitig die Kohlen zu geringeren Preisen ankauften und dann unter Vorlegung gefälschter Ladescheine auf der Hütte gegen Erstattung des vollen Preises von 17 Sgr. p. Tonne ablieferten Insbesondere wurde Sch. schuldig befunden:

„— — zu mehreren Malen Ladescheine des Inhalts:

„Nr Antonsglück-Grube

„„Drei Tonnen Stückkohlen hat Vorzeiger dieses mit 17 Sgr. die Tonne bezahlt

— den . . . . . .

Jäckel“ “

in der Absicht sich Gewinn zu verschaffen durch Einrückung der Tagesziffer fälschlich angefertigt und von denselben zum Zwecke der Täuschung Gebrauch gemacht zu haben,

und deshalb aus §§ 247. 249 des StGB.s verurtheilt. — Seine NB. rügte:

1, daß die betr. Ladescheine für Urkunden erachtet, und

2., daß der obige Spruch der Verurtheilung zum Grunde gelegt worden sei, obgleich derselbe einen innern Widerspruch enthalte: wer in ein bereits fertig gestelltes, mit einer Namensunterschrift versehenes Schriftstück nur die Tagesziffer einrücke, könne unmöglich als „Anfertiger“ der Urkunde angesehen werden, vielmehr sei in der Regel nur derjenige der Anfertiger gefälschter Urkunden, welcher der Schrift die Unterschrift des angeblichen Ausstellers ohne dessen Einwilligung hinzufüge (:Z. II. v. 3. Febr. 1853 c. Kampfhenkel: G. Arch. 2. S. 264); nur in seltenen hier nicht vorliegenden Fällen seien Ausnahmen von dieser Regel anzuerkennen. — Zurückweisung. Die Gründe heben zur Widerlegung des ersten Angriffs

[1.] hervor, daß die hier fraglichen Ladescheine eine Quittung über die erfolgte Bezahlung einer Quantität Kohlen enthalten, und sprechen den obigen Grundsatz (1) aus Sodann heißt es weiter

[2.] Der Ausführung [zu 2] steht das dafür in Bezug genommene Urtheil des OTr.s nicht zur Seite. Denn dort handelte es sich nicht um die Frage, wer als Urheber und wer als Theilnehmer an dem Verbrechen einer Urkundenfälschung, sondern wer als Anfertiger einer falschen Urkunde anzusehen sei. Hiervon ist die Frage wer als

Thäter und wer als Urheber zu erachten sei, unabhängig, indem die Beantwortung der letzteren vielmehr davon abhängt, wer das Verbrechen schließlich zur Ausführung gebracht hat und in wessen Interesse es verübt ist. Es enthält daher weder einen Rechtsirrthum noch einen Widerspruch wenn dem Angeklagten M., welcher die Formulare zu den fraglichen Ladescheinen besorgt und sie, mit alleiniger Ausnahme des Datums ausgefüllt, dem Angeklagten Sch. zur Erreichung der Zwecke des Letzteren geliefert hat, dem Spruche der Geschwornen gemäß nur Theilnahme, dem Sch. hingegen, welcher sie dann durch Hinzufügung des Datums vervollständigt und dadurch erst zu seinen Zwecken brauchbar gemacht hat, die Urheberschaft an dem Verbrechen der Urkundenfälschung zur Last gelegt worden ist. Es ist dieses Verhältniß auch in der Frage Nr. 14, so wie sie gefaßt worden genügend ausgedrückt, indem die Worte: „durch Einrückung der Tagesziffer fälschlich angefertigt" deutlich erkennen lassen, daß im Uebrigen die fraglichen Formulare schon ausgefüllt gewesen seien.

Antr. d. GStA.: gleichl. [28.—8.]

---

1. Nichtigkeitsbeschwerde. — Ausfertigung. — Abschrift.

2. Unterschlagung. — Veräußerung. — Ermächtigung.

1. Die Instruktion der Nichtigkeitsbeschwerde ist nicht deshalb für ungenügend zu erachten, weil dem Imploranten statt einer Ausfertigung nur eine Abschrift des angefochtenen Erkenntnisses behändigt worden ist.

Ges. v 3. Mai 1852 Art. 110 [n. 11]; Vdn. v. 3. Jan. 1849 Abschn IV. (S. 458 n. 45). Contra: Beschl. (I. 75 Cr.) v. 22. Jan. 1862 c Kowalska.

2. Auch derjenige, welcher zur Veräußerung einer fremden Sache ermächtigt ist, kann sich durch eine auftragswidrige Veräußerung einer Unterschlagung schuldig machen. In einem solchen Falle bedarf es

**aber der ausdrücklichen Feststellung, daß er die Sache in böser Absicht „bei Seite geschafft" habe.**

StGB. § 225 [n. 6]. — In einem solchen Falle dürfte die Feststellung: „daß die Veräußerung zum Nachtheil des Auftraggebers 2c. geschehen sei," genügend andeuten, daß dieselbe auftragswidrig und somit unberechtigter Weise stattgefunden habe.

Erk. (B. I) v. 19. Jan. 1870 c. Amthor (1198. I. Cr.).

A. war unter der Anklage: „einen ihm nicht gehörigen Wechsel, dessen Gewahrsam er mit der Verpflichtung der Verwaltung erlangt hatte, zum Nachtheile des Inhabers Kr. bei Seite geschafft zu haben" — vor Gericht gestellt, und von beiden Instanzgerichten verurtheilt worden, weil er jenen Wechsel „ohne hierzu berechtigt zu sein, einem seiner Gläubiger in Zahlung gegeben, mithin zum Nachtheile des Kr. veräußert habe." Die NB. desselben rügte Gesetzesverletzung, weil er, nach den eignen Ausführungen der Instanzrichter den Wechsel „zum Zwecke des Verkaufs und zur Ablieferung der Valuta an die Kommittenten" bekommen habe, er somit zur „Veräußerung" berechtigt gewesen sei und durch eine solche nicht eine Unterschlagung habe begehen können.

Das OTr. hat zunächst das Bedenken beseitigt, daß dem Imploranten nicht eine Ausfertigung, sondern nur eine Abschrift des angefochtenen Erkenntnisses behändigt worden war, und dann das letztere vernichtet. Gründe:

[1.] Zunächst ist davon abzusehen, daß dem Imploranten nur eine beglaubigte Abschrift des Urtheils 2. Instanz behändigt worden ist, weil eine solche einer im Art. 110 des Ges.s v. 3. Mai 1852 vorgeschriebenen förmlichen Ausfertigung im Wesentlichen gleichsteht, da beide einer genauen Kontrolle ihres Inhaltes unterworfen sind und daher dieselbe Gewähr für die Richtigkeit geben.

[2.] Die (von den Instanzrichtern getroffene) thatsächliche Feststellung erschöpft die Anklage nicht und erscheint auch in rechtlicher Beziehung nicht nach den gegebenen Richtungen hin als zutreffend. Denn wenngleich einzuräumen ist, daß die Wegbegebung des Wechsels an Zahlungsstatt als eine Veräußerung angesehen werden kann, so folgt daraus doch noch nicht in dem vorliegenden Falle das Vergehen der Unterschlagung dieses Wechsels weil der Angeklagte grade mit der Veräußerung desselben beauftragt und sonach zu dieser berechtigt, er deshalb an und für sich nicht behindert war, ihn für sich selbst eigenthümlich zu erwerben, sofern er nur sonst dem eigentlichen Inhaber zur gehörigen Zeit gerecht wurde. Dies hat auch die Anklage richtig erkannt und deshalb aus den sonstigen ihr vorliegenden Umständen gefolgert, „daß die Handlungsweise des Imploranten ein in böser Absicht erfolgtes Beiseiteschaffen des Wechsels enthält." Die Vorderrichter hätten daher ihrerseits ebenfalls den angedeuteten Gesichtspunkt auffassen und ihm gemäß, eventuell nach den etwa erforderlichen Ermittelungen, ihre thatsächlichen Feststellungen einrichten sollen. Dies ist nicht geschehen und in Folge dessen rechtsirrthümlich weder die Anklage erledigt noch auch den Anforderungen des cit. § 225 genügt.

Antr. d. GStA.: gleichl. [20.—8.]

---

**1. Beamter. — Postillon. — Neuer Landestheil.**
**2. Nothwehr. — Amtshandlung.**

**1. Auch in den neuen Landestheilen ist der Postdienst verrichtende Postillion ein „Beamter".**

StGB. § 331 [n. 24].

**2. Gegen Thätlichkeiten, welche ein Postillion im Dienste ausübt, ist grundsätzlich eine Nothwehr nicht unstatthaft.**

StGB. § 41 [n. 5].

**Erk. (Z. V.) v. 19. Jan. 1870 c. Borrmann** (OAG. II. 253).

[1.] Wenn Angeklagter meint, daß es sich mit den Postillons in der Provinz Hannover anders verhalte, als in den alten Preußischen Provinzen, und daß dieselben jedenfalls dort nicht, insoweit und so lange sie Postdienst verrichten, für öffentliche Beamte angesehen werden könnten, so befindet er sich im Irrthum. Das schon vorher im vormaligen Königreiche Hannover als unveräußertes Regal landesherrlich betriebene Postwesen ist bereits durch Allerh. Erlaß v. 19. Dez. 1866 mit dem Postwesen in den alten Preußischen Landestheilen vereinigt und auf gleichen Fuß gesetzt, auch hat die Verfassung des Norddeutschen Bundes bei Erhebung des Postwesens zu einer einheitlichen Staats-Verkehrs-Anstalt für das gesammte Gebiet des Norddeutschen Bundes, in Ansehung der Anstellung der untergeordneten und lokalen Verwaltungsbehörden des Postwesens so wenig etwas geändert, als das Bundesges. v. 2. Nov. 1867. Der Umstand, daß der Postillon im privatrechtlichen Lohnverhältnisse zum Posthalter steht, behindert nicht die Annahme, daß der Postillon insoweit und so lange er Postdienst verrichtet, als öffentlicher Beamter anzusehen sei, da dessen Verwendung zum Postdienst auf Verstattung von Seiten der Postbehörden gegründet ist, demnach von der Ober-Post-Direktion untersagt werden kann, und dem Postillon beim Führen der Post nicht allein zufolge der vom Kgl. Gen.-Postamte unterm 28. Febr. 1854 erlassenen Dienstinstruktion unmittelbare Verpflichtungen in Beziehung auf die staatliche Postanstalt auferlegt sind, sondern auch demselben die äußere Legitimation zur Geltendmachung von Auctoritätsrechten dem Publikum gegenüber verliehen ist, wie solches namentlich aus den §§ 16. 19. 21. 23 des Bundesges.s v. 2. Nov. 1867 erhellt.

[2.] Begründet dagegen ist die NB. insofern sie die gänzliche Außerachtlassung des § 41 des StGB.s durch das Gericht zweiter Instanz gerügt hat. Hätte der Angeklagte sich blos darauf berufen, daß er Gleiches mit Gleichem vergolten habe, so würde die Erwägung, daß in dem Anfang der Thätlichkeiten durch den Postillon Sch. ein zu Gunsten des Angeklagten zu berücksichtigendes Moment der Strafzumessung befunden worden sei, genügt haben. Allein der Angeklagte hatte, wenngleich unter Abläugnen des Schlagens, zunächst das Recht der Selbstvertheidigung, auch in seiner Beantwortung der Berufungsschrift, geltend gemacht, und da einem Postillon Vollstreckungsgewalt gegen Kontravenienten nicht beigelegt ist, mithin die Möglichkeit der Nothwehr oder entschuldbaren Excesses in der Nothwehr auf Grund des § 41 zugegeben werden muß, so hätte es einer thatsächlichen Feststellung darüber bedurft, ob der Angeklagte zur Zeit des von ihm verübten Schlages noch mit weiterer Gewaltthat von Seiten des Postillons Sch. bedroht war, oder doch nur aus Bestürzung, Furcht oder Schrecken über die Grenzen der Vertheidigung hinausgegangen ist.

Antr. d. GStA.: gleichl. [62.—6.]

---

### Chausseegeld. — Brennmaterialfuhre. — Ziegelei.

**Fuhren mit Brennmaterialien zum Betriebe eines (mit der Landwirthschaft verbundenen) Ziegeleigewerbes sind nicht von der Zahlung des Chausseegeldes befreit.**

Chauss.-Geld-Tarif v. 29. Febr. 1840 Befreiungen Nr. 7c.

Erk. (B I) v. 19. Jan. 1870 c. Gebauer (1238. I Cr.)

Nach Nr. 7c. l. c. sind zwar allerdings von der Zahlung des Chausseegeldes bei den Hebestellen in der Gutsfeldmark befreit „Fuhren mit Brennmaterialien zum eignen Heizungs- und gewöhnlichen landwirthschaftlichen Bedarf, einschließlich desjenigen für die mit der Landwirthschaft verbundenen Brau- und Brennereien, insofern sie mit eigenem Gespann verrichtet werden." Es kann hieraus aber nicht ohne Weiteres gefolgert werden, daß dies auch von einer mit einer Landwirthschaft verbundenen Ziegelei gelten muß, mag sie zum Betriebe des Ziegeleigewerbes dienen oder nicht. Denn abgesehen von den ausdrücklich nur erwähnten Brauereien und Brennereien spricht Nr. 7c. cit. allein von Fuhren mit Brennmaterialien zum eigenen Heizungs- und gewöhnlichen landwirthschaftlichen Bedarf, wohin Fuhren mit Brennmaterialien zum Betriebe des Ziegeleigewerbes nicht gehören.

Nun hat aber der Angeklagte behauptet und Beweis darüber angetreten, „daß er nur für seinen eigenen Bedarf nicht auch zum Verkauf an Andere, Ziegel gebrannt habe", was der vorige Richter rücksichtlich der Anwendbarkeit der cit. Nr. 7c. für unerheblich erklärt. Hierin kann ihm jedoch nicht beigetreten werden. Denn wenn diese Behauptung des Angeklagten richtig ist, so hat er auch das Ziegeleigewerbe nicht betrieben, und es würde dann noch zu erörtern und festzustellen sein, ob nach den obwaltenden Verhältnissen die in Rede stehenden Fuhren mit Brennmaterialien für die Ziegelei des Angeklagten nicht für Fuhren zum eigenen Heizungs- und gewöhnlichen landwirthschaftlichen Bedarf zu erachten sind und ob nicht aus diesem Grunde seine Freisprechung erfolgen muß.

Antr. d. OStA.: entg. [18.—8]

**Berechtigungseinrede. — Civilverfahren.**

Nichtigkeit tritt ein, wenn der Instanzrichter es verabsaumt, die vorgeschützte Einrede einer [dinglichen] Berechtigung zu der inkriminirten Handlung zum Civilverfahren zu verweisen.

StPO § 486; Vgl. Oppenh Strafverf. § 22 n. 78.

**Erk. (V.) v. 19 Jan. 1870 c. Hunning** (OAG. II. 21). [67.—6.]

---

**1. Privatverklagter. — Kostenhinterlegung.**
**2. Beschluss, bindend? — Beweisaufnahme.**

1. Der ein Rechtsmittel einlegende Privatverklagte ist zur Hinterlegung eines Kostenvorschusses nicht verpflichtet.

StPO. § 492. — Vgl RdOTr. 10 n. 660.

2. Der Berufungsrichter ist bei Beurtheilung der Sache an seine früheren Beschlüsse nicht gebunden; er kann daher trotz eines solchen die Beweisaufnahme wiederaufnehmen und demzufolge von der erstrichterlichen Feststellung abweichen.

StPO. §§ 260. 380 388

**Erk. (Z.) v. 19. Jan 1870 Beinhorn c. Jungblut** (OAG II. 70) [65.—6.]

---

**1. Berufung. — Nichtigkeit — Rechtfertigungsfrist.**
**2. Feststellung. — Motivirung im Einzelnen.**

1. Derjenige, welcher seine Berufung nicht auf die in der Rechtfertigungschrift hervorgehobenen Beschwerden beschränkt hat, kann eine Nichtigkeit des erstinstanzlichen Urtheils auch noch nach dem Ablauf der Rechtfertigungsfrist rügen.

StPO. §§ 374. 376. 370.

2. Nichtigkeit tritt ein, wenn der Instanzrichter nicht bei jedem einzelnen, für sich selbstständigen, Thatumstande seiner Feststellung angiebt, durch welche einzelne namhaft zu machenden Beweismittel derselbe erwiesen sei.

StPO § 353

**Erk. (V.) v. 19. Jan 1870 c. Midding** (OAG II. 19). [63.—6.]

---

**Vertheidiger. — Rechtsmittel.**

Der Vertheidiger kann nicht aus eignem Rechte gegen den ausgesprochenen Willen des Angeklagten ein Rechtsmittel ergreifen; seine desfallige Erklärung ist unwirksam, sollte ihr der Angeklagte auch nach dem Ablaufe der Rechtsmittelfrist beigetreten sein.

Vdn. v. 3. Jan. 1849 Abschn IV. (S. 453 n 19. 22). Vgl. RdOTr. 5. S. 277. 399

**Beschl. (I) v 19. Jan. 1869 c. Petter** (115. I Cr.). [18—3]

---

**Schuldbekenntniß. — Mildernde Umstände.**

Legt der Angeklagte ein erschöpfendes Schuldbekenntniß ab, so ist die Beobachtung des im Art. 75 Abs. 4 des Ges.s v. 3. Mai 1852 vorgeschriebenen Verfahrens in Betreff der vom Gesetz zugelassenen „mildernden Umstände“ nur dann unerläßlich, wenn die Annahme solcher Umstände vom Angeklagten angeregt worden ist.

Ges v. 3. Mai 1852 Art. 75 [n. 19]

Erk. (Z. I.) v 19. Jan. 1870 c. Schakinnis (130 I. Cr.). [30.—8.]

---

### Feststellung. — Angabe der Beweise.

**Der Berufungsrichter, welcher (auf Grund einer neuen Beweisaufnahme) in Betreff des Dolus des Angeklagten eine von der erstrichterlichen abweichende Feststellung trifft, motivirt diese Entscheidung genügend, wenn er sich allgemein auf das „von den Zeugen in zweiter Instanz Bekundete" bezieht; es ist dann die detaillirte Angabe des Inhalts der einzelnen Aussagen nicht unerlässlich.**

StPO. §§ 377. 353. Vgl. RdOTr. 9. S. 296. 418. 739; 10 S. 191. 367.

Erk. (Z. OTr.) v. 20. Jan. 1870 c. Kramig (11 II. Cr.).

K. war in 1. Instanz von der Anklage der Hehlerei freigesprochen worden, weil seine Wissenschaft der strafbaren „Erlangung" der von ihm angekauften Sache nicht erwiesen sei; dagegen verurtheilte das AG. indem es „auf Grund des von den Zeugen in zweiter Instanz Bekundeten" jene Wissenschaft des Angeklagten feststellte. Seine NB. rügte, daß der App.-Richter nicht in Gemäßheit der §§ 353. 377 der StPO. „die Thatsachen und Beweismittel, auf welche sich jene abweisende Feststellung stütze, einzeln angebe." Zurückweisung. Das OTr führte aus:

„es habe sich im vorliegenden Falle nur darum gehandelt, aus an sich feststehenden Thatsachen auf das factum internum, des bei K vorhandenen Bewußtseins zu schließen, die Aufgabe des Richters habe also nicht so sehr in der Aufzählung einzelner Thatsachen und Beweismittel, als vielmehr darin bestanden, aus dieser Thatsache die geeigneten Schlußfolgerungen zu ziehen, und deren Richtigkeit nachzuweisen; derselbe habe also mit Recht sagen können, daß die aus der ganzen Sachlage sich ergebenden Vermuthungen ihm die Ueberzeugung von jenem Bewußtsein des Angeklagten gewährt hätten, bei der Einfachheit der von den Zeugen bekundeten Thatsachen habe es einer Hinverweisung auf dieselben und einer detaillirten Wiedergabe ihres Inhalts nicht bedurft.

Antr. d. GStA.: Zurückweisung. [14.—3.]

---

**1. App.-Richter. — Feststellung. — Bedenken.**

**2. Freiheitsberaubung. — Beamter. — Sistirung.**

**1. Der App.-Richter, welcher die erstinstanzliche Feststellung als unbedenklich beibehält, ist nicht verpflichtet, die vom Appellanten angeregten Bedenken einzeln anzuführen und zu widerlegen.**

Ges. v. 3. Mai 1852 Art. 101 [n. 35].

**2. Jede durch einen Beamten (in amtlicher Eigenschaft) mit Vorsatz vorgenommene rechtswidrige Haftnahme, insbesondere auch eine polizeiliche Vorführung (Sistirung) ist strafbar aus**

StGB. § 317 [n. 5. 6].

**Erk. (Z. II.) v. 20. Jan. 1870 c. Krause** (422. II. Cr.).

Kr. war in beiden Instanzen, weil er: „— als Polizeisergeant den rc. Dr. mit Vorsatz rechtswidrig verhaftet habe" aus § 317 des StGB.s verurtheilt worden; dabei hatte das AG den Einwand des Angeklagten: „er habe den Dr. nur der Polizeibehörde vorführen wollen," als bedeutungslos beseitigt, weil „auch eine s. g. Sistirung oder zwangsweise polizeiliche Vorführung unbedenklich als eine Ergreifung im Sinne des cit. § 317 anzusehen sei"; übrigens könne unter den obwaltenden Umständen nur angenommen werden, daß Kr. nicht aus einer amtlichen Veranlassung, sondern lediglich zur Erreichung von Privatzwecken den Dr festgenommen habe. — Die NB. rügte u. A. Verletzung des angewendeten § 317, des Ges.s v 12. Febr. 1850 §§ 1 fgg und des Pol.-Ges.s v. 11 März 1850 § 20: mit Unrecht betrachte das AG. die s. g Sistirung oder zwangsweise polizeiliche Vorführung als eine „Ergreifung" (§ 317); nur die kriminalpolizeiliche Vorführung gehöre hieher, nicht der im § 20 des Pol.-Ges.s anerkannte Polizeizwang. — Zurückweisung. Die Gründe sprechen zunächst

[1.] den unter Nr. 1 hervorgehobenen prozessualischen Grundsatz aus; sodann heißt es weiter

[2.] Der Implorant unterscheidet zwischen kriminalpolizeilicher Sistirung und dem „Polizeizwang," d. h. der nach § 20 des Ges.s v. 11. März 1850 den Polizeibehörden behufs Durchführung ihrer polizeilichen Verfügungen zustehenden Sistirung und behauptet, der § 317 wolle mit dem Ausdrucke „vorläufige Ergreifung und Festnahme" nur die erste Art der Sistirung bezeichnen. Für eine solche Unterscheidung giebt aber weder der Wortlaut des cit. § 317 noch die ratio legis Anlaß. Der § 317 stellt die vorläufige Ergreifung und Festnahme der Verhaftung gegenüber und will damit bezeichnen, daß die Strafvorschrift sich sowohl auf die Fälle der nach den Formen des Ges.s von der zuständigen Behörde beschlossenen als auch die sonstigen Fälle der durch eine Amtshandlung erfolgenden Entziehung der Freiheit beziehe. Der Umstand, daß der Ausdruck „vorläufige Ergreifung und Festnahme" sich auch in dem Gesetze zum Schutze der persönlichen Freiheit v. 12. Febr. 1850 §§ 2. 3. u. 5 vorfindet und zwar ebenfalls im Gegensatze zu der förmlichen gerichtlichen Verhaftung, und daß dort jener Ausdruck sich nur auf die Festnahme strafrechtlich verdächtiger Personen bezieht, beweist nicht, daß er auch in dem § 317 in dieser Beschränkung verstanden sei. Eine derartig beschränkte Interpretation des § 317 würde nicht nur die Fälle des Polizeizwanges, sondern folgerecht auch bei den Verhaftungsfällen die Vollstreckung der Personalexekution in Civilsachen ausschließen, ohne daß sich ein gesetzgeberischer Grund dafür angeben ließe.

Antr. d. GStA.: gleich! [35.—3]

---

## Stempel. — Anweisung.

**Die den Wechsel-Stempel betreffenden gesetzlichen Vorschriften gelten auch für kaufmännische Anweisungen, sollte darin der Zahlungsauftrag auch nur „für den Benutzungsfall" ertheilt sein.**

Ges. v. 26. Mai 1852; AKO. v 4 Sept 1823 Vgl Bund.-Wechs.-Stempel-Ges. v. 10 Juni 1869 § 24.

**Erk. (Z. II.) v. 20. Jan. 1870 c. Moos** (36. II. Cr.).

M. hatte einen an L. Sp.-E. in Frankfurt addressirten Schein ausgestellt, dahin lautend:

„Ich erlaube mir hierdurch, bei Ihnen die Summe von 2714 Thlr. den 28. Febr. 1869 zur Verfügung des H. A. B. zu stellen und ersuche Sie im Benutzungsfalle obigen Betrag gegen Quittung für meine Rechnung zu zahlen und mich laut Bericht dafür zu belasten;"

und denselben ungestempelt dem A. B. ausgehändigt — Deshalb der Stempeldefraude angeklagt, ward er in erster Instanz freigesprochen, weil das Schriftstück kein Wechsel, sondern nur einen Dispositionsschein im Sinne der (diese derselben Stempelabgabe wie Schuldscheine unterwerfenden) AKO. v. 4. Sept. 1823 sei, welcher nur „im Benutzungsfalle," wirksam werden sollte, und daher auch erst im Augenblicke der Benutzung stempelpflichtig werde. Das AG. qualifizirte dagegen jene Schrift als eine „Anweisung" (Assignation), welche nach dem Ges. v. 26. Mai 1852 ebenso zu bestempeln sei, wie gezogene Wechsel. Es bestrafte daher mit dem 25fachen des defraudirten Wechselstempels. — Die Gesetzesverletzung rügende NB. suchte auszuführen, daß jene Schrift dem Begriffe einer Assignation nur dann entsprechen würde, wenn der Zahlungs-Auftrag an L. Sp.-E. ohne alle Einschränkung gegeben wäre; hier sei aber nur für den „Benutzungsfall" um Zahlung an A. B. ersucht worden; es sei also nicht sofort ein Forderungsrecht übertragen worden; vielmehr stelle das Geschäft nur eine „Stellung zur Verfügung" dar; es sei daher ein „Dispositionsschein" (AKO. v. 4 Sept. 1823) und stehe einem Creditbriefe (Akkreditirung) gleich. — Zurückweisung.

Die Gründe heben zunächst hervor: daß das Papier ein „kaufmännisches" sei, werde nicht in Zweifel gezogen und ergebe sich auch ohne Weiteres aus der festgestellten Thatsache, daß es von einem Bankier in C. an einen Bankier in Fr. addressirt sei. — Sodann heißt es weiter:

Es ist nicht erfindlich, wie die Anweisung, welche M. dem Sp. E. ertheilt, dem A. B. die demselben zur Disposition gestellte Summe zu bezahlen, dadurch ihre Eigenschaft als Anweisung verlieren soll, daß sie nicht unbedingt, sondern auf den Fall der Benutzung lautet, zumal jede kaufmännische Anweisung, auch wenn sie die Worte „im Benutzungsfalle" nicht enthält, nach der Natur der Sache nur dann wirksam wird, wenn der Inhaber davon Gebrauch macht und nicht etwa sie den Aussteller unbenutzt zurückgiebt. Unter einem Dispositionsschein, wie ihn die AKO. v. 4. Sept. 1823 im Auge hat, ist ein Papier verstanden, in welchem der Aussteller sich selbst direkt haftbar macht, bei sich selbst Geld oder Waaren einem Andern zur Disposition stellt, also das, was Art. 301 des D. HGB.s einen Verpflichtungsschein nennt. Ein solcher Schein wurde den Schuldverschreibungen gleichgestellt in der Besteuerung, da er sich von denselben nur durch die mangelnde Angabe der causa debendi unterschied. Es kann daher ununtersucht bleiben, ob die gedachte AKO. seit dem Erlaß des Ges.s v. 26. Mai 1852, welches auch die früher ebenfalls nur wie Schuldverschreibungen versteuerten eigenen Wechsel, sowie „Promessen" und „Handelsbillets" derselben Steuer wie gezogene Wechsel unterwirft, überhaupt noch Anwendung finden könne; auf den vorliegenden Fall findet sie keinenfalls Anwendung.

Antr d. GStA.: gleichl [35.—3]

---

**Beweisantrag. — Ablehnung. — Grund.**

**1. Die Instanzgerichte können einen Antrag auf Beweiserhebung auch dann ablehnen, wenn sie zwar die zu beweisende Thatsache für erheblich („wesentlich"), das vorgeschlagene Beweismittel aber thatsächlich für nicht geeignet erachten.**

Vdn. v. 3 Jan. 1849 § 52 [n. 27. 49] Vgl RbOTr. 3. S. 491.
Contra: D. StRZeitung 1864 S 365

**2. Ein entschuldbarer Exceß der Nothwehr kann nur dann Straflosigkeit zur Folge haben, wenn es sich von der Abwehr eines gegenwärtigen rechtswidrigen Angriffs handelte.**

StGB. § 41 [n 12].

Erk. (Z. II.) v. 20. Jan. 1869 c. Pöche (52. II. Cr.).

[1.] Nach § 52 der Vdn. v. 3. Jan. 1849 sind Zeugen, deren Vorladung der Angeklagte verlangt, vorzuladen, insofern das Gericht die Umstände, über welche die Abhörung der Zeugen verlangt wird, wesentlich findet. Es tritt hier also ein Ermessen des Gerichts ein, dem die gesammte Sachlage, einschließlich des schriftlichen Akteninhaltes, zur

Grundlage dient, da nach dieser Richtung die Gesetze eine Beschränkung nirgends aussprechen. Die Gründe, welche das gerichtliche Ermessen bestimmt haben, können mit der NB. nur dann mit Erfolg angefochten werden, wenn sie einen Rechtsirrthum enthalten. — Daß die Vorschrift des § 52 nicht blos auf die Erheblichkeit der Thatsachen, welche bewiesen werden sollen, sondern auch auf die Erheblichkeit des Beweismittels zu beziehen sei, liegt in der Natur der Sache, wie dies bereits in mehrfachen Entscheidungen des OTr.s ausgesprochen ist.

[2.] Der § 41 des StGB.s bestimmt zunächst, daß eine durch Nothwehr gebotene That ein Verbrechen oder Vergehen nicht sei, und definirt sodann die Nothwehr als diejenige Vertheidigung, welche erforderlich ist, um einen gegenwärtigen rechtswidrigen Angriff von sich selbst oder von Andern abzuwenden. Da man aber nach der Erfahrung, wenn man einen Angriff erleidet und zur Vertheidigung genöthigt wird, in der Aufregung des Augenblicks das Maaß des zur Abwehr des Angriffs Erforderlichen leicht überschätzt, so soll es nach dem Schlußsatz des § 41 der Nothwehr gleich gelten, wenn der Thäter nur aus Bestürzung, Furcht oder Schrecken über die Grenzen der Vertheidigung hinausgegangen ist, also mehr gethan hat, als zur Abwehr des Angriffs durchaus erforderlich war. Die hierin liegende Milderung der vorhergehenden Vorschrift bezieht sich also nur auf das Moment des zur Abwehr Erforderlichseins, aber nicht auf den Angriff, gegen den die Vertheidigung gerichtet ist, und der auch in dem Schlußsatze als ein gegenwärtiger und rechtswidriger aus dem vorhergehenden Satze subintelligirt wird.

Antr d. GStA gleichl. [35.—3.]

1. Schriftstück. - Vorlegung.
2. App.-Richter. — Abweichende Feststellung. — Grundlage.
3. Staatsanwalt. — Beweisantrag. -- Angeklagter.

1. Die bloße Vorlegung eines Schriftstücks

statt der Verlesung desselben ist statthaft, wenn es sich nicht von dem Inhalte desselben sondern lediglich von der Beaugenscheinung seiner äußern Beschaffenheit handelt.

Vdn. v. 3. Jan. 1849 § 14 [n. 45]. 22 [n. 3] Vgl. oben S. 24.

2. Der App.-Richter kann bei der Herleitung einer von der erstrichterlichen abweichenden Feststellung aus den Ergebnissen der vor ihm bewirkten Beweisaufnahme auch auf solche Beweise Bezug nehmen, welche nur in erster Instanz aufgenommen sind, insofern er aus denselben keine anderen Momente entnimmt, als der erste Richter daraus entnommen hatte.

Ges. v. 3. Mai 1852 Art. 101 [n. 101]. Vgl. RbOTr. 3 S 343 8. S. 56 283.

3. Der Angeklagte kann sich über die Nichtberücksichtigung eines vom Staatsanwalt gestellten Beweisantrags nicht beschweren, wenn er denselben nicht auch zu dem seinigen gemacht hatte.

Vdn. v. 3 Jan. 1849 § 52 [n. 24]. Vgl. RbOTr. 1 S. 125

**Erk. (Z. II.) v. 20. Jan. 1870 c. Spiegel (29. II. Cr).**

Sp. war in 1. Instanz von der Anklage eines Betrugsversuchs wegen ungenügenden Beweises freigesprochen worden; insbesondere hielt das KG. es für nicht dargethan, daß er Kenntniß davon gehabt habe, daß ein von ihm zum Betrage von 18 Thlrn in Zahlung gegebener Dividendenschein, welcher auch die schriftliche Notiz: „18 Thaler" trug, in Wahrheit nur eine Geltung für 8 Thaler gehabt habe Der App.-Richter ließ zum Zwecke der Beweisaufnahme jenen Dividendenschein „vorlegen" und einen in den Akten befindlichen Brief des Angeklagten verlesen, stellte dann den Thatbestand des Betrugsversuchs gegen Sp. fest und verurtheilte aus § 242 des StGB.s. In den Gründen erklärte er zunächst die negative Feststellung des ersten Richters für nicht gerechtfertigt; zählte dann aus dem Ergebnisse der erstrichterlichen Beweisaufnahme eine Reihe, auch vom ersten Richter für dargethan erachteter Indizien auf, ging dann auf den Inhalt des in 2. Instanz verlesenen Briefs ein, und hob hervor, daß auf dem „vorgelegten" Dividendenschein in dem geschriebenen Vermerke: „18 Thaler" die Ziffer 1 augenscheinlich mit blasserer Dinte geschrieben sei, als der Rest des Vermerks, und gelangte schließlich zu der Schlußfolgerung, daß Sp. den Minderwerth des Scheines gekannt und mittelst desselben den RA. Kr. zu betrügen versucht habe. — Die NB. rügte u. A

1., die bloße **Vorlegung** des Dividendenscheins sei unzuläßig gewesen, es habe der **Verlesung** des Inhalts desselben als einer Urkunde bedurft;

2., der App.-Richter habe seine abweichende Feststellung in unzuläßiger Weise nicht blos auf das Ergebniß der vor ihm bewirkten neuen Beweisaufnahme, sondern vorzugsweise auch auf solche Momente gegründet, welche nur in 1. Instanz Gegenstand der Beweiserhebung gewesen seien;

3., der App.-Richter habe die vom StA. vorgebrachten neuen Thatsachen und Beweismittel nicht vollständig angegeben und nicht einzeln beurtheilt.

**Zurückweisung.** Die Gründe sprechen die oben hervorgehobenen Grundsätze aus.

Antr. d. OStA.: gleichl. [35—3.]

---

## Vermögensbeschädigung. — Wegeverschönerung. — Rechtswidrigkeit.

**Die Strafbarkeit der Zerstörung ꝛc. einer zur Verschönerung eines Wegs ꝛc. dienenden Sache ist nicht unbedingt durch die Rechtswidrigkeit dieser Handlung bedingt.** StGB § 282 [n. 1]

Erk. (Z. 1) v. 21. Jan. 1870 c. Krause (21 I Cr.)

K. war in 1. Instanz von der Anklage „einen zur Verschönerung eines Weges dienenden Weidenbaum abgehauen zu haben" deshalb freigesprochen worden, weil jene Handlung von ihm nicht rechtswidrig begangen worden sei: der Baum habe auf der durch seinen Vater zu unterhaltenden Wegestrecke gestanden, und habe durch seine weitgreifenden Wurzeln das Grundstück des letzteren beschädigt, die Behörde hätte daher die Erlaubniß zu seiner Wegnahme ertheilen müssen; endlich habe Kr. denselben auch durch einen anderen ersetzt. — Der App.-Richter verurtheilte dagegen, weil die Kulturschädlichkeit des im Staatseigenthum stehenden Baumes den Kr. zur eigenmächtigen Wegnahme selbst dann nicht berechtigt haben würde, wenn auch die Behörde auf Nachsuchen dieselbe hätte gestatten müssen; Kr. habe eine Selbsthülfe ausgeübt, die zwar nicht als solche, wohl aber als unbefugte Zerstörung einer fremden Sache strafbar sei. — Die NB. rügte

Gesetzesverletzung, weil „der zur Wegepflanzung Verpflichtete, welcher einen der Agrikultur schädlichen Baum fälle und durch einen andern ersetze, nicht rechtswidrig handle." Zurückweisung:

„weil die vom Angeklagten bestrittene Rechtswidrigkeit seiner Handlung nicht unbedingt zu den Erfordernissen des § 282 cit gehöre, die in demselben vorausgesetzte strafbare Absicht des Angeklagten aber vom App.-Richter genügend festgestellt sei.

Antr. d. GStA.: Zurückweisung. [18.—6.]

---

## Mahlsteuer. — Haftbarkeit.

### In Betreff der Vertretungsverbindlichkeit des Dienstherrn ꝛc. ist bei Mahl- und Schlachtsteuer-defrauden das Ges. v. 21. Sept. 1860, nicht aber das Bundesgesetz v. 8. Juli 1868 maaßgebend.

Erk. (Z. I. v. 21. Jan. 1870 c. Levy (47. I Cr.).

Der in Diensten des Mehlhändlers L. stehende Kutscher Sch hatte in Ausübung dieses seines Dienstes 20. Ctr. Weizenmehl in die mahlsteuerpflichtige Stadt K. unversteuert und ohne Anzeige bei der Ankunft der Waare für den Mehlhandel des gewerbebetreibenden L eingebracht und war deshalb zu einer Geldbuße verurtheilt, L. selbst aber für diese subsidiarisch haftbar erklärt worden Die NB. des letzteren rügte Gesetzesverletzung, weil die Instanzgerichte das Ges v. 21. Sept 1860 § 2 hier für maaßgebend, die beiden Bundesgesetze v 8. Juli 1868 aber für unanwendbar erachtet hätten. — Zurückweisung. Gründe:

[Nach § 17 b. des Mahl- u. Schl. St.-Ges.s v. 30. Mai 1820] fand § 83 der Steuer-Ordn. v. 8. Feb. 1819 seit Emanation jenes Ges.s auch auf diejenigen Gewerbtreibenden Anwendung, welche die Mahl- und Schlachtsteuer zu entrichten schuldig sind. Durch § 1 des Ges.s v. 21. Sept. 1860 wurde nun zwar der cit. § 83 aufgehoben; an dessen Stelle trat jedoch § 2 des cit. Ges.s v. 21. Sept. 1860. In diesem sind nun zwar diejenigen Gewerbtreibenden, welche die Mahl- und Schlachtsteuer zu zahlen schuldig sind, nicht erwähnt. Es schreibt aber § 4 ibid. vor, daß insoweit in Gesetzen über Abgaben in Ansehung der Vertretungsverbindlichkeit keine besonderen Anordnungen getroffen, vielmehr statt dessen die Bestimmungen des § 83 der St.-O. v. 8. Febr. 1819 und der Declaration v. 6. Oktbr. 1821 für anwendbar erklärt sind, fortan die Vorschriften der §§ 2 und 3 des Ges.s v. 21. Sept. 1860 an die Stelle des cit. § 83 und der cit. Declaration treten sollen. Im § 17b. des Mahl- und Schlachtsteuerges.s v. 30. Mai 1820 ist aber der § 83 l. c. ausdrücklich auch für diejenigen Gewerbetreibenden, welche die Mahl- u. Schlachtsteuer zu entrichten verbunden sind, als anwendbar erklärt, und es ergiebt sich hieraus unzweifelhaft, daß § 2 des Ges.s v. 21. Sept. 1860 hinsichtlich der Vertretungsverbindlichkeit auch für Zuwiderhandlungen gegen das Mahl- und Schlachtsteuerges. v. 30. Mai 1820 maaßgebend ist. Hierin ist nun durch die beiden Gesetze des Norddeutschen Bundes v. 8. Juli 1868 nichts geändert. Denn sie betreffen nur die subsidiarische Haftung des Brauerei-Unternehmers für Zuwiderhandlungen gegen die Braumalzsteuergesetze resp. des Brennerei Unternehmers für Zuwiderhandlungen gegen die Branntweinsteuergesetze, und beziehen sich gar nicht auf die Mahl- und Schlachtsteuergesetze. Weder diese Gesetze selbst, noch ihre Entstehungsgeschichte enthalten die geringste Andeutung, daß sie eine weitere Anwendung, als darin ausdrücklich ausgesprochen ist, erleiden sollen. Die Mahl- und Schlachtsteuer-Gesetzgebung gehört aber auch gar nicht zur Competenz des Norddeutschen Bundes, da die Verfassung desselben im Art. 4 Nr. 2 der Gesetzgebung des Norddeutschen Bundes nur die für Bundeszwecke zu verwendenden Steuern unterwirft, wohin nach Art. 35 allein die Gesetze über die Besteuerung des Verbrauchs von einheimischem Zucker, Branntwein, Salz, Bier und Tabak, aber nicht die Mahl- und Schlachtsteuergesetze, gehören.

Antr. d. GStA.: gleich! [18.—6.]

---

**Berufungsrichter. — Uebertretung — Zurückweisung. — Beschluss.**

Der Berufungsrichter, welcher in einer fiskalischen Uebertretungssache die Berufung (unter Verkennung des § 485 Abs. 3 der StPO.) durch Beschluss zurückweist, verletzt den wesentlichen Grundsatz des Verfahrens, dass nach eröffnetem Hauptverfahren die Untersuchung nur durch Erkenntniss beendigt werden kann.

StPO. § 381. 485. 20. 259. 388

Erk. (V) v. 26 Jan 1870 c. Bostelmann (OAG II 3) [66.—6.]

---

### Widerstand. — Amtshandlung. — Revier.

Der Widerstand gegen einen an sich zur Vollstreckung der Verordnungen ꝛc. eines Gerichts berufenen Exekutor ist deshalb nicht straflos, weil derselbe außerhalb des ihm speziell zugewiesenen Reviers amtlich thätig war.

StGB. § 89 [n. 14]

Erk. (Z. I.) v. 26. Jan 1870 c Danziger (32 I Cr.). [30 —8.]

---

### Gerichtsstand. — Militär-Beurlaubter. — Vorladung.

Ein Militär-Beurlaubter kann während der Zeit, in welcher er zu einer größeren Uebung einberufen ist, nicht als Angeklagter vor ein Civilgericht vorgeladen werden, sollte der zur Verhandlung angesetzte Termin auch nicht mehr in jene Uebungszeit fallen.

Mil.-Str.-Ger.-Ordn v. 3. Apr. 1845 § 7. 13

Erk. (B. I.) v. 26. Jan. 1870 c. Engelhardt (22. I. Cr.).

Obgleich E E und W. E. zu den Akten der gegen sie geführten Untersuchung angezeigt hatten, daß sie für die Monate August und September zu einer größeren militärischen Uebung einberufen seien, hatte das AG. ihre Vorladung zu dem auf den 7. Okt angesetzten Sitzungstermine während jener Zeit veranlaßt, und auf die Meldung des Boten, daß sie „zum Militär eingezogen seien" die Vorladung durch Aushang an der Gerichtsstelle bewirken lassen, auch ein von ihnen demnächst eingereichtes Vertagungsgesuch verworfen. Sie erschienen nicht. Das demzufolge ergangene Kontumazialurtheil ward vernichtet Gründe·

Nach den citt. §§ 7 und 13 der MStrGO. waren beide Angeklagte für die Dauer der Uebung dem Militärgerichtsstande unterworfen und es mußte, da sie nicht verhaftet waren, die bei dem Civilgericht gegen sie eingeleitete Untersuchunge für die Dauer dieser Dienstleistung suspendirt bleiben. Der App.-Richter war demnach auch nicht befugt, während der Zeit die Vorladung derselben auf dem im Art. 50 des Ges.s v. 3. Mai 1852 vorgeschriebenen Wege durch Aushang an der Gerichtsstelle bewirken zu lassen, und da er es dennoch gethan und ihr darauf gestütztes Prorogationsgesuch verworfen hat, hat er die angeführten wesentlichen Vorschriften des Verfahrens im Sinne des Art. 108 Nr 2 l. c. verletzt.

Antr. d. GStA.: gleichl. [30—8]

---

**Fragstellung. — Zurechnungsfähigkeit:**

**Es ist statthaft, die Frage nach der Zurechnungsfähigkeit" des Angeklagten allgemein zu fassen, ohne Hervorhebung derjenigen Thatsache, durch welche die freie Willensbestimmung ausgeschlossen sein sollte.**

StPO § 319; StGB. § 40 [n. 8].

**Erk. (Z.) v. 26. Jan. 1870 c. Gaedecke** (OAG. II. 35).

Es ist jene allgemeine Fassung der Frage nicht ungesetzlich, da die Bedeutung des Zustandes vorhandener oder nicht vorhandener Zurechnungsfähigkeit, wenngleich darin ein Rechtsbegriff liegt, doch auch nach dem Sprachgebrauche des gemeinen Lebens unzweideutig und Jedermann verständlich ist. Dies nimmt auch die StPO. im § 319 an, wie daraus hervorgeht, daß darin die Feststellung des Mangels der Zurechnungsfähigkeit mit der Feststellung anderer Thatsachen, welche das Vorhandensein einer strafbaren Handlung ausschließen, unter gleichem Gesichtspunkte betrachtet wird.

Antr. d GStA : gleichl [62.—6]

---

**Nichtigkeitsbeschwerde. — Rechtfertigung. — Bezugnahme.**

Die Nichtigkeitsbeschwerde kann nicht durch eine blosse Bezugnahme „auf die Akten und die Berufungsschrift“ gerechtfertigt werden

StPO. § 393 Vgl. unten Z. 9. März 1870 c Sachau

Erk. (Z.) v. 26 Jan. 1870 c. Goebel (OAG. II 38). [65.—6]

---

**Majestätsbeleidigung. — Ehrverletzung? — Dolus**

Die Ehrfurchtsverletzung gegen den König setzt nicht eine Ehrverletzung voraus.

Als Dolus genügt das Bewusstsein von dem ehrfurchtverletzenden Charakter der Kundgebung; der Feststellung desselben bedarf es nur dann, wenn es bestritten worden ist.

StGB. § 75 [n. 1 6]

Erk. (Z.) v. 26. Jan. 1870 c. Greite (OAG II. 37) [63.—6]

---

**Esswaaren. — Entwendung**

Die Entwendung von Esswaaren ist nur dann, wenn diese ohne weitere Zubereitung zum Genusse diensam sind, mit der geringeren Strafe zu belegen, welche angedroht ist im

StGB. § 349 Nr. 3 [n 13]

Erk. (V.) v 26 Jan 1870 c. Gruber (OAG. II, 30) [63.—6.]

---

**Gericht. — Perhorrescenz. — Gutachten.**

Der Umstand, daß der Angeklagte auf das sachverständige Gutachten der Mitglieder des zuständigen Gerichts sich berufen hat, giebt keinen Grund ab, die betr. Sache einem andern Gerichte zu übertragen.

Ges. v. 26 Apr. 1851 Art. V 2a; Cr.-Ordn. § 47; AGO. I. 2 § 143. Vgl Oppenh. Strafverf S. 57 n. 23, RdOTr. 7. S. 605.

Beschl. (I.) v. 26. Jan. 1870 c. Marquardt (31 B I Cr.

Weil M. sich „auf das sachverständige Gutachten der Mitglieder des Criminalsenats des befaßten AG.s" berufen hatte, beantragte dieses beim Kgl. OTr. die Verweisung an ein anderes AG. — Ablehnung. Gründe:

„Der § 143 I. 2 der AGO (Cr.-Ordn. § 47) schreiben eine solche Substituirung nur vor, wenn die Mitglieder des Gerichtshofs „zu Zeugen" aufgestellt werden sollen. Auf den Fall, daß die Mitglieder eines GHs von einer Partei als Sachverständige vorgeschlagen werden, können jene Vorschriften nicht bezogen werden, weil die richterlichen Beamten die Abgabe sachverständiger Gutachten ablehnen müssen, wenn sie dadurch an der Wahrnehmung ihres Amtes gehindert werden.

Antr d. GStA.: Ablehnung [28 — 8.]

---

## 1. 2. Gewerbepolizeivergehen. — Steuervergehen. — Verjährung.
## 3. Nichtigkeitsbeschwerde. — Rekurs-Entscheidung.

**1. Gewerbepolizeivergehen verjähren in drei Jahren.**

StGB. § 46; Einf.-Ges z. StGB. Art. XX [n. 12].

**2. Ist ein Gewerbepolizeivergehen verjährt, so kann nicht wegen des ideell konkurrirenden (als solchen nicht verjährten) Steuervergehens gestraft werden.**

Gew.-Ordn. v. 17. Jan 1845 § 177. (BGew.-Ordn. v. 21. Juli 1869 § 147; Vgl. RbOTr 10. S 750

**3. Gegen eine im Rekursverfahren ergangene Entscheidung steht dem Angeklagten die Nichtigkeitsbeschwerde nur insoweit zu, als er geltend macht, daß über das gegen das Urtheil erster Instanz ergriffene Rechtsmittel im Appellationsverfahren hätte entschieden werden müssen.**

Ges. v. 3, Mai 1852 Art 106 [n. 10]. Vgl RbOTr. 10 S. 93.

**Erk. (Z. I) v. 26 Jan 1870 c. Rest (1251. I Cr.).**

R war unter der Anklage der Zuwiderhandlung gegen die §§ 50 und 177 der Gew.-Ordn v 17. Jan. 1845, also wegen Gewerbepolizei-Contravention vor den Pol.-Richter gestellt, von diesem aber wegen Ablaufs der dreimonatlichen Verjährungsfrist des § 339 des StGBs freigesprochen worden. Auf den Rekurs des PAnws nahm das Rekursgericht in den Gründen des Erkenntnisses auch an, daß die gerügte (und festgestellte) Gewerbepolizeicontravention verjährt sei, erwähnte ihrer aber im Tenor seines Urtheils nicht, sondern verurtheilte wegen Gewerbesteuervergehens zu einer Geldbuße von 72 Thlrn. — Die NB. des Angeklagten ward zurückgewiesen. Die Gründe führen aus:

1, daß Gewerbepolizeikontraventionen, wenn auch nach Art. XX des Einf.-Ges. v. 14. April 1851 zur Kompetenz des Polizeirichters gehörend, doch nach der Höhe der angedrohten Strafen „Vergehen" seien und daher nach § 46 des StGB. nur der dreijährigen Verjährung unterliegen;

2, mit Unrecht habe der Rekursrichter sich mit der Frage befaßt, ob ein Gewerbesteuervergehen vorliege, da das letztere hier überhaupt nur dann beim Strafmaaße habe in Betracht kommen können, wenn der Angeklagte wegen der Gewerbepolizeikontravention zu bestrafen gewesen wäre, nicht also dann, wenn, — wie das Rekursgericht annahm — das letztere bereits verjährt war. — Gleichwohl könne nicht auf Vernichtung erkannt werden, weil es sich

3., hier nur um ein Gewerbepolizei-, nicht um ein Steuervergehen als solches handelte; es sei daher in 1 Instanz der Polizei-Richter zuständig gewesen, weshalb das AG. mit Recht im Rekursverfahren entschieden habe; ein in diesem Verfahren erlassenes Urtheil könne der Angeklagte nur insoweit anfechten, als er auszuführen vermöge, daß das Rechtsmittel als Appellation zu behandeln gewesen wäre; da letzteres nicht der Fall, sei die NB. zurückzuweisen.

Antr. d. GStA.: gleichl. [18.—8.]

---

## Zeugen-Vereidung, mangelhafte. — Nichtigkeit. — Rüge. — Deckung.

**Die durch mangelhafte (nur diensteidlich bewirkte) Vereidung eines Zeugen begründete Nichtigkeit des Verfahrens erster Instanz, welche nicht in der Berufung gerügt worden, kann in der Nichtigkeitsinstanz nicht mehr geltend gemacht werden.**

StPO. § 390.

Erk (Z.) v. 26 Jan 1870 c Schmidt (OAG. II 29). [65—6.]

## Geschwornenspruch. — Kumulirte Fragen.

**Ein Geschwornenspruch, welcher eine mehrere konkrete Straffälle umfassende Frage, dahin beantwortet, daß der Angeklagte nur eines jener Fälle schuldig sei, kann einer Verurtheilung nicht zum Grunde gelegt werden.**

Ges. v. 3. Mai 1852 Art 80 [n. 11]. Vgl. unten Z. 10 März 1870 c. Böwe.

Erk. (B. I.) v. 26. Jan. 1870 c Schröder (52 I Cr.).

Die Geschwornen hatten die ihnen vorgelegte Frage: ob Schr. schuldig sei: „— Anfangs März 1867 zu C. dem rc. M. etwa einen Wispel Kartoffeln und einige Tage später demselben etwa einen halben Wispel Kartoffeln rc. (gestohlen) zu haben" — dahin beantwortet: „Ja mit allen in der Frage enthaltenen Umständen, jedoch ist nur ein Diebstahl angenommen." Das auf Grund dieses Spruchs ergangene verurtheilende Erkenntniß ward vernichtet. Gründe:

Der Wahrspruch mußte eine bestimmte Antwort über die Schuld des Angeklagten hinsichtlich jedes der beiden bezeichneten Diebstähle enthalten. Die vorerwähnte Antwort giebt jedoch keinen Aufschluß darüber, hinsichtlich welches der beiden Diebstähle die Schuld des Angeklagten angenommen worden, da die Worte derselben vollständig im Unklaren lassen, welcher der beiden Diebstähle für erwiesen und welcher für nicht erwiesen angenommen ist.

Antr. d. GASt.: entg. [34.—8.]

---

## Zeuge. — Vereidung. — Generalia.

**Die Nichtvereidung eines auch nur ad generalia vernommenen Zeugen hat die Nichtigkeit des Verfahrens zur Folge.**

Vdn v. 3. Jan. 1849 § 55 [n. 23].

Erk. (B. II) v. 26. Jan. 1870 c. Krackrügge (39. II Cr.)

In der schwurgerichtlichen Verhandlung gegen K. war nach dem Sitzungsprotokolle ein Zeuge Sch. „ad generalia" vernommen, hatte dabei aber auch noch einige Thatsachen bekundet, welche sich, soviel ersichtlich, nicht unmittelbar auf die Generalfragen bezogen Demnächst hieß es an einer weiteren Stelle des Protokolls· „die Vernehmung des bisher nur ad generalia vernommenen Zeugen Sch ward von keiner Seite beantragt" Eine Vereidung des Sch. hat nicht stattgefunden. — Vernichtung Die Gründe heben zunächst hervor: daß die Vereidung der Zeugen nach § 22 der Vdn, und § 332 der Crim.-Ordn auf einer wesentlichen Vorschrift des Verfahrens beruhe; die protokollarische Bezeichnung der Vernehmung des Sch. als einer „ad generalia" bewirkten rechtfertige die Verletzung jene. Vorschrift keineswegs, da der vorliegende Inhalt der Bekundungen mehrere besondere Thatsachen zum Gegenstande habe, deren näherer oder entfernterer Zusammenhang mit der Hauptsache von dem Nichtigkeitsrichter nicht ermittelt werden konne; — auch müsse sich die vorschriftsmäßige Beeidigung der Zeugen nicht weniger auf deren Angaben ad generalia wie ad specialia beziehen.

Antr d. GStA.: gleich! [23—3.]

## Betrug. — Gewinnsucht. — Schadensabwendung. — Vermögensbeschädigung. — Ersatz.

1. Die Absicht einen erlittenen Schaden zu ersetzen auf Kosten eines dazu nicht Verpflichteten, ist eine gewinnsüchtige.

2. Die zum Thatbestande des Betrugs gehörende Vermögensbeschädigung wird dadurch nicht ausgeschlossen, daß der Angeklagte zum Ersatze im Stande ist.

3. Das „Vorbringen falscher Thatsachen" kann nicht blos durch Worte sondern auch stillschweigend durch Handlungen geschehen.

StGB. § 241 [n 6 30 49].

**Erk. (Z. II.) v. 27. Jan 1870 c. Sternberg** (61. II. Cr)

St. war wegen Betrugs aus § 212 des StGB's bestraft worden, weil er „in gewinnsüchtiger Absicht das Vermögen des ꝛc. W. dadurch beschädigt habe, daß er durch das Vorbringen einer falschen Thatsache, nämlich durch Hingabe eines werthlosen Räucherpapiers statt einer echten Kassenanweisung an Zahlungsstatt, bei ihm einen Irrthum erregte." — Seine NB. rügte Gesetzesverletzung: Gewinnsucht liege nicht vor, weil nicht feststehe, daß er das Räucherpapier nicht ebenfalls statt eines echten Thalerscheins erhalten; eine Vermögensbeschädigung sei nicht herbeigeführt, weil er jederzeit zur Ersatzleistung im Stande sei;

endlich könne in der stillschweigenden Hingabe des Papiers nicht das „Vorbringen" einer falschen Thatsache gefunden werden. — Zurückweisung. Die Gründe sprechen die obigen Grundsätze aus; insbesondere heißt es

zu 1.: nicht darauf komme es an, was St für das betr. Papier [selbst] gegeben, sondern nur darauf, ob er ein Stück Papier, dessen Werthlosigkeit er kannte, in der Absicht ausgegeben hat, Gegenstände von Werth zu erhalten, die er bei redlichem Verhalten nicht dafür erhalten haben würde.

Antr d. GStA: gleich! [35.—3.]

---

1. Sachverständige. — Ermessen.
2. Bankerutt, einfacher. — Differenzhandel.
3. Ausland. — Ausländisches Gesetz. — Nichtigkeitsrichter.

1. Es unterliegt lediglich dem Ermessen des Instanzrichters, inwieweit er zu seiner Aufklärung das Gutachten von Sachverständigen vernehmen will.

Vou. v. 3 Jan. 1849 § 52 [n 52] Vgl. RbOTr 2 S. 52, 10. S 398

2. Der Thatbestand des einfachen Bankerutts kann durch die Abschließung eines einzigen Differenzgeschäfts hergestellt werden.

StGB. § 261 Nr 1 [n. 12]

3. Ob eine im Auslande verübte Strafthat nach den dort geltenden Gesetzen strafbar sei, ist für den Preußischen Richter eine thatsächliche Frage; ihre Lösung kann nicht Gegenstand der Nichtigkeitsbeschwerde sein.

StGB. § 4 Nr. 3 [n 31].

Erk. (Z. II.) v 27. Jan 1870 c Ziegert (54. II. Cr.)

spricht zunächst den obigen Grundsatz (1) aus Dann heißt es weiter

[2.] Die Fassung des § 261 Nr. 1 des StGB.s schließt zunächst seine Anwendung unbedenklich in einem Falle nicht aus, wo, wie hier, nur der Abschluß eines einzigen Differenzgeschäfts konstatirt ist, sofern nur übrigens der dem Handelsmann daraus erwachsene Verlust als ein übermäßiger betrachtet werden muß. Auch die Natur der Sache spricht der vom Angeklagten vertretenen Auslegung das Wort nicht, da die Höhe des Risiko und folglich die Gefahr für die Interessen der Gläubiger nicht durch die Zahl der eingegangenen Differenzgeschäfte bedingt wird.

[3.] Nach § 4 Nr. 3 l. c. bildet die Strafbarkeit der [im Auslande verübten] Handlung nach dem Gesetze des Ortes der That eine Voraussetzung, eine Vorbedingung für die Anwendung des Preuß. Gesetzes, welche im einzelnen Falle der Feststellung durch den Preußischen Richter bedarf. Diese Feststellung ist alsdann aber eine thatsächliche, da es sich hierbei nicht um die Rechtsfindung und die Anwendung von Gesetzen sondern um die Konstatirung des Vorhandenseins einer für die Anwendbarkeit des Preuß. Gesetzes nothwendigen thatsächlichen Voraussetzung handelt, das ausländische Gesetz überhaupt für den inländischen Richter wesentlich die Bedeutung einer Thatsache hat, welche nöthigenfalls durch Beweisaufnahme aufzuklaren ist (AGO. I. 10 § 53; Oppenhoff Strafverf. Art. 107 n. 21; RdOTr. 5. S. 475). Der Antrag über die Auslegung eines ausländischen Gesetzes die gutachtliche Aeußerung eines fremden Gerichts einzuholen, ist daher als Antrag auf Aufnahme eines Beweises über Thatsachen aufzufassen. Der App.-Richter hat daher die Vertheidigung des Z. nicht beschränkt, wenn er dessen Antrag auf Einholung eines Gutachtens des AG.s zu Eisenach in Betracht gezogen, aber abgelehnt hat, weil ihm der betr. Art. 244 des Thür. StGB.s jetzt schon klar, folglich das beantragte Gutachten bedeutungslos sei.

Antr. d. GStA.: gleichl.*) [32.—3.]

---

*) Im Uebrigen hatte die GStA.-schaft auszuführen gesucht, daß der vorliegende Fall, ob ein inländischer Kaufmann nach erfolgter Zahlungseinstellung im Auslande einen Gläubiger zum Nachtheile der übrigen befriedigt habe, ohne Rücksicht auf die Strafbarkeit der That im Auslande aus § 308 der Konk.-Ordn. zu bestrafen sei, weil eine solche Zahlung das (inländische) Vermögen mindere und dieserhalb so anzusehen sei, als wenn sie auch im Inlande verübt wäre.

**Amtshandlung, unbefugte. — Bewußtsein.**

**Die unbefugte Vornahme solcher Handlungen, welche nur kraft eines öffentlichen Amtes vorgenommen werden dürfen, ist nur dann strafbar, wenn sie mit dem Bewußtsein geschieht, daß dadurch eine nicht zustehende Amtshandlung vorgenommen werde. Ist dieses Bewußtsein bestritten, so bedarf es der ausdrücklichen Feststellung desselben.**

StGB. § 104 [n. 10].

**Erk. (S. I.) v. 28. Jan. 1870 c. Grewatsch** (87. I. Cr.).

Die Ehefrau des Schulzen Gr. zu Z. hatte eine sich als amtliche Bescheinigung des „Schulzenamts" darstellende Schrift mit dem Namen: „Grewatsch" unterschrieben, auch das Schulzensiegel herbeigeholt und zum Behufe der Beidrückung geschwärzt. Hieraus folgerten die Instanzgerichte, daß sie

„— sich unbefugt mit der Ausübung eines öffentlichen Amtes befaßt und solche Handlungen vorgenommen habe, welche nur kraft eines öffentlichen Amtes vorgenommen werden können,"

und strafen aus § 104. Vernichtung und Zurückverweisung der Sache an das AG. Gründe:

Alle jene Handlungen der Angeklagten müssen in ihrem Zusammenhange und nicht vereinzelt aufgefaßt werden. Damit sie aber als unter den Thatbestand des cit. § 104 fallend angesehen werden können, hätte festgestellt werden müssen, daß die Implorantin das Bewußtsein gehabt, daß sie eine ihr nicht zustehende Amtshandlung vornehme. Hierüber verbreitet sich indeß der App.-Richter gar nicht, obschon in der Appellationsschrift der dolus ausdrücklich bestritten war. Soweit das Sachverhältniß bis jetzt festgestellt, ist nicht zu ersehen, in welcher Absicht die Implorantin die ihr zur Last gelegten Handlungen vorgenommen, ob sie nicht etwa aus Uebereilung oder Unverstand geschehen sind.

Antr. d. GStA: entg. [20. - 8.]

---

**Beweis. — Beweisregel, ältere.**

1. Das Nassausche Gesetz v. 6. Jan. 1860,

nach welchem Feldschützen, wegen wissentlich unterlassener oder unrichtiger Anzeigen rechtskräftig verurtheilt, für spatere Anzeigen keinen öffentlichen Glauben haben sollen, — ist jetzt bei der Beurtheilung der Wirkungen der erhobenen Beweise nicht mehr maassgebend.

StPO § 7, Nass Ges v 6 Jan 1860

2. Es ist nicht unerlasslich, dass der Berufungsrichter dem Angeklagten vor dem Sitzungstermine den Beschluss mittheile, durch welchen eine von jenem beantragte Beweiserhebung abgelehnt worden ist.

StPO § 382.

3. Der Berufungsrichter muss die gestellten Beweisanträge sachlich prüfen und dass dieses geschehen sei, in seiner Entscheidung erkennbar machen.

4. Der Berufungsrichter darf einen über die Unglaubwürdigkeit eines (in erster Instanz vernommenen) Zeugen angetretenen Beweis nicht aus dem Grunde ablehnen, weil ein Antrag: jenen Zeugen nicht zuzulassen (in erster Instanz) nicht gestellt worden sei.

StPO § 387

**Erk. (V.) v. 2. Febr. 1870 c. Allendorf (OAG II 6).**

Der Angeklagte hatte zur Rechtfertigung seiner Berufung geltend gemacht, daß der in 1 Instanz als Belastungszeuge vernommene Feldhüter M dienstliche Anzeigen theils unrichtig, theils mit Vorbedacht gar nicht erstattet und selbst Forstfrevel verübt habe; er beantragte Sistirung der wider ihn schwebenden Untersuchung bis nach rechtskräftiger Entscheidung über die Dienstvergehen des Feldhüters, eventuell Beweiserhebung in Betreff der behaupteten Thatsachen Das Berufungsgericht beschloß die Nichterhebung dieses Beweises. In der Sitzung rügte der Vertheidiger, daß dem Angeklagten von jenem Beschlusse nicht vorher Kenntniß gegeben und er dadurch in die Unmöglichkeit versetzt worden sei, die betr. Zeugen selbst zu sistiren; gleichzeitig wiederholte er jenen Beweisantrag. Das Gericht verwarf indessen die Berufung ohne Beweisaufnahme, indem es erwog: „es sei zwar ein Antrag: eine Person überhaupt nicht als Zeuge zuzulassen, statthaft, die Frage aber, ob einem Zeugen Glauben zu schenken sei, nur Sache des Gerichts; ein Antrag den Feldhüter M. nicht zu vernehmen, sei dagegen in dieser Untersuchung nicht gestellt worden. — Die NB. rügte Verletzung des Nass. Ges.s v. 6. Jan. 1860, nach welchem Feldhüter, welche Anzeigen wissentlich falsch oder gar nicht erstatten, keinen öffentlichen Glauben hätten; sodann die Nichtvorladung der in Betreff der Glaubwürdigkeit des 2c. M. in Vorschlag gebrachten Zeugen, deren Sistirung dem Angeklagten dadurch unmöglich gemacht worden sei, daß er nicht vor der Sitzung Kenntniß von der erfolgten Ablehnung erhalten habe. — Das OAG. hat das angefochtene Erkenntniß vernichtet, indem es zunächst die oben unter 1 und 2 hervorgehobenen Grundsätze aussprach, und dann erwog:

[3.] Die Rüge, daß dem in der mündlichen Verhandlung wiederholten Antrage auf Wiederaufnahme des Beweisverfahrens durch Vernehmung von Zeugen [über die Unglaubwürdigkeit des 2c. M.] nicht genügt worden sei, ist insofern begründet, als der Berufungsrichter, wie sich aus seinem Erkenntnisse ergiebt, sich nicht einer sachlichen Prüfung der betreffenden neuen Anführungen des Angeklagten in der Berufungsschrift unterzogen hat. Zwar hat der Berufungsrichter nach der Strafprez.-Ordn. § 387 die Ablehnung neuer Beweisanträge nicht näher auszuführen und zu begründen, sondern in seinem Urtheil nur ersichtlich zu machen, daß er die neuen Anführungen bei seiner Entschließung in Betracht gezogen habe. Diese Erwägung muß aber nach dem unzweideutigen Inhalte der mit einander zusammenhängenden §§ 377 und 387 der StPO. mit Rücksicht auf die thatsächliche Feststellung des ersten Urtheils erfolgen, also die Ablehnung der Wiederaufnahme des Beweisverfahrens eben sachlich dadurch rechtfertigen, daß die neuen Anführungen nicht geeignet seien, erhebliche Zweifel gegen die Richtigkeit der im ersten Urtheil enthaltenen Feststellung der Thatsachen hervorzurufen. Nur aus zutreffenden Rechtsgründen hätte nach § 380 l. c. der Berufungsrichter von einer solchen sachlichen Inbetrachtziehung der neuen Anführungen absehen können. Er hat sie indeß im vorliegenden Falle aus dem der Strafprozeß-Ordn. unbekannten und daher rechtsirrthümlichen Grunde unterlassen, daß ein Antrag, den ꝛc. M. nicht als Zeugen zuzulassen, nicht gestellt worden sei. Es bleibt also bestehen, daß der Berufungsrichter nicht in Gemäßheit der im Sinne des § 390 Nr. 3 l. c. als wesentlich anzusehenden Prozeßvorschrift des § 387 ibid. in seinem Urtheil ersichtlich gemacht hat, daß er die neuen Anführungen des Angeklagten mit Rücksicht auf die erstinstanzliche Feststellung, also sachlich, bei seiner Entschließung in Betracht gezogen hat.

Antr. d. GStA.: gleichl. [20—8.]

---

## Legalisation. — Beamter, entsetzter.

**Ein seines Amtes entsetzter (richterlicher) Beamter kann auch in einer gegen ihn selbst geführten Untersuchung eine Schrift nicht wirksam legalisiren.**

Ges. v. 3. Mai 1852 Art. 110 [n. 32. 33] Vgl. RdOTr. 1. S. 123; 2. S. 454; 5. S. 360; 7. S. 302.

Beschl. (I.) v. 2. Febr. 1870 c. Buchholtz. [15.—8.]

---

## Bankerutt. — Bei-Seite-Schaffen. — Dolus.

**1. Der Kaufmann, welcher seine Zahlungen eingestellt hat, macht sich des betrüglichen Bankerutts schuldig, wenn er aus der Masse Gelder entnimmt, um dadurch die Mittel zur Flucht ins Ausland zu erlangen.**

**2. Zum Thatbestande des betrüglichen Bankerutts durch Bei-Seite-Schaffung von Vermögensstücken genügt als Dolus das Bewußtsein der Benachtheiligung der Gläubiger.**

StGB. § 259 Nr. 1 [n. 40. 26].

Erk. (Z. I.) v. 2. Febr. 1870 c. Dück (56. I Cr.).

Der Kaufmann D., welcher seine Zahlungen eingestellt, seine sämmtlichen Waarenbestände versilbert und sich dann unter Mitnahme des ganzen Erlöses ins Ausland begeben hatte, war unter der Anklage des betrüglichen Bankerutts (StGB. § 259 Nr. 1) vor den Schw.-GH. gestellt worden. Die den Geschwornen vorgelegten (von diesen bejahten) Fragen lauteten dahin.

1. Ist D. schuldig, — — als Besitzer eines Cigarrengeschäfts, welches gewerbsmäßig Rohtaback einkaufte, um denselben theils in Natur, theils nach erfolgter Verarbeitung zu veräußern, seine Zahlungen eingestellt und sein Vermögen bei Seite geschafft zu haben?

2. Hat D. bei Begehung der That ad 1 mit dem Bewußtsein gehandelt, daß er seine Gläubiger benachtheiligte?

Dagegen hatte der GH. es abgelehnt, dem Antrage der Vertheidigung gemäß den Schluß der 1. Frage dahin zu fassen:

„— und sein Vermögen für sich bei Seite geschafft zu haben" oder eventuell dahin:

„— und sein Vermögen seinen Gläubigern entzogen zu haben."

Ebenso hatte er es abgelehnt, eine vom Vertheidiger beantragte Zusatzfrage dahin zu stellen:

„Ist festgestellt, daß D. bei Verübung der That zu 1 ohne rechtswidrige (betrügerische) Absicht gehandelt habe?"

Die NB. rügte Verletzung von Rechtsgrundsätzen und wesentlichen Vorschriften des Verfahrens, deren sich der GH. durch Ablehnung der die Fragstellung betreffenden Anträge der Vertheidigung schuldig gemacht habe:

1. der Angeklagte habe es bestritten, daß die von ihm zugestandene Mitnahme der vorhandenen Baarbestände als ein „Bei-Seite-Schaffen" anzusehen sei, und darin nur einen „übermäßigen Verbrauch" im Sinne des § 261 Nr. 1 gefunden; die Lösung dieser somit streitig gewordenen Rechtsfrage habe nicht den Geschwornen überlassen werden dürfen; es habe daher der Auflösung jenes Rechtsbegriffs nach Anleitung des gestellten Antrags bedurft;

2. mit Unrecht sei die Zusatzfrage abgelehnt worden, weil das Fehlen der rechtswidrigen Absicht die Anwendbarkeit des § 259 ausschließe; jedenfalls aber

3. erschöpfe die vom GH. gestellte Zusatzfrage (2) nicht den Antrag der Vertheidigung, weil, — selbst wenn es auf die Absicht nicht ankomme, — doch beim Angeklagten nothwendig das Bewußtsein von der Rechtswidrigkeit seiner Handlungsweise vorausgesetzt werden müsse; es hätte also jene Frage mit den Worten: „— daß er seine Gläubiger rechtswidrig benachtheilige" schließen müssen.

Zurückweisung. Gründe:

[1.] Die gestellte Hauptfrage entspricht, was die dagegen erhobenen Angriffe betrifft, vollkommen dem gesetzlichen Thatbestande des § 259 Nr. 1 des StGB.s. Der Begriff des „bei Seite-Schaffens" ist kein reiner Rechtsbegriff, wie ihn der Art. 82 des Ges.s v. 3. Mai 1852 vor Augen hat, welcher also, sobald derselbe streitig geworden, aufzulösen gewesen sein würde. Derselbe ist vielmehr ein überwiegend thatsächlicher, für welchen ihn der StA. und der GH. auch erachtet haben. Wollte man aber auch auf die Gründe eingehen, aus welchen der Angeklagte nach seiner NB. die Auflösung in der näher bezeichneten Art gefordert hat, so sind dieselben offenbar rechtsirrthümliche. Der Angeklagte soll nach der Anklage bei seiner Flucht im Besitze einer bedeutenden Summe gewesen sein, und seinen Gläubigern gar keine Deckungsmittel zurückgelassen haben. Es ist nun unter solchen Umständen eine völlige Verkennung der Sachlage und des Rechtsverhältnisses, wenn die Mitnahme des Geldes zur Flucht und zur Uebersiedelung nach Amerika, und zwar nach erfolgter Zahlungseinstellung, als eine den Gläubigern gegenüber befugte, weil zum persönlichen Gebrauch dienende und dazu bestimmte, Verwendung betrachtet wird. Die Konkurs-Ordn. giebt die Grenzen solcher Verwendung und die Formen ihrer Gestattung an. Auch die Hinweisung auf den § 261 Nr. 1 des StGB.s ist verfehlt. Das Gesetz setzt bei der Anwendung des § 261 ein fahrlässiges Handeln voraus, während hier die Absicht der Benachtheiligung der Gläubiger festgestellt ist; es setzt ferner die Verschuldung des Vermögensverfalls wenigstens mitwirkend durch die unter Nr. 1 des § 261 gedachten Handlungen voraus, so daß die etwa nach der Zahlungseinstellung mit jener Absicht verübten Handlungen möglicherweise auch den Thatbestand des § 259 Nr. 1 bilden würden, während die hier gedachte Beiseiteschaffung auch vor der Zahlungseinstellung verübt sein kann.

[2.] Sodann ist das festgestellte Bewußtsein der Benachtheiligung der Gläubiger zur Feststellung des strafrechtlichen Dolus vollkommen hinreichend. Der gesetzliche Thatbestand besteht in der Absicht dieser Benachtheiligung und dazu genügt das Bewußtsein des Erfolges der Handlung; die Rechtswidrigkeit liegt in dieser selbst, nur die nicht bewußte also nur fahrlässige Handlung könnte den Thatbestand ausschließen.

Antr. d. GStA.: Zurückweisung. [15.—8.]

---

**Gewerbsunzucht. — Strafbarkeit.**

**Die Gewerbsunzucht ist, soweit sie nicht ausnahmsweise von der Polizeibehörde gestattet ist, strafbar aus**

StGB. § 146 [n. 1]. Vgl. RdOTr. 10. S. 340.

Erk. (V.) v. 2. Febr. 1870 c. Höcken (OAG. II. 45)

Die Entstehungsgeschichte der jetzigen Fassung des § 146 weist, wie auch im Reskripte des Justizministers v. 7. April 1853 (Goltd. Arch. 2. S. 210) angeführt ist, darauf hin, daß es allerdings die Absicht war und daher auch die Auslegung in dem Sinne zu erfolgen hat, daß die gewerbsmäßige Unzucht überhaupt unter Strafe stehe, soweit sie nicht etwa ausnahmsweise von der Polizeibehörde gestattet werde, und daß folglich eine strafbare Handlung nicht nur dann vorliege, wenn die bei Ertheilung der Erlaubniß getroffenen polizeilichen Anordnungen übertreten werden, sondern auch wo eine polizeiliche Erlaubniß überhaupt nicht ertheilt ist. Die allerdings dunkle Fassung des § 146 cit. ist in Hinblick auf die zur Zeit der Entstehung dieser Bestimmung stattgefundenen faktischen Verhältnisse einfach dahin zu erklären, daß nur die gewerbsmäßige Unzucht der polizeilich beaufsichtigten öffentlichen Mädchen für straflos hat erklärt werden sollen.

Antr. d. GStA. gleichl. [67.—6]

---

**Pressvergehen. — Gewerbebetrieb. — Untersagung.**

**Derjenige, welcher eine Schrift strafbaren Inhalts in Druck und Verlag übernimmt, macht sich einer „mittelst der Presse verübten" Straf-**

**that schuldig und verwirkt daher eventuell den Verlust der Befugniss zum Gewerbebetriebe**

Preßges. v 12 Mai 1851 § 54

**Erk.** (**Z.** v **2 Febr. 1870** c **Jakob** (OAG II 41). [64—6]

---

**Zusammenrottung. — Fragstellung. — Auflösung**

**Dem Antrage: in der schwurgerichtlichen Fragstellung den Begriff des „Zusammenrottens" aufzulösen, muß bei Nichtigkeitsstrafe stattgegeben werden.**

StGB. § 91 [n. 4] 96. Vgl RdOTr. 10. S 347 und unten Z. 9. März 1870 c Picard.

**Erk. (Z I.) v. 2. Febr. 1870 c. Klingner u. Gen.** (1124. I Cr.).

K. u. Gen. waren unter der Anklage: „— — sich als Gefangene in der gerichtlichen Gefangenanstalt zu L. zusammengerottet und einen gewaltsamen Ausbruch auszuführen versucht zu haben, und zwar mit Gewaltthätigkeiten gegen Sachen," — vor den Schw.-GH. gestellt worden. Hier beantragte der StA.: den einen Rechtsbegriff enthaltenden Ausdruck „Zusammenrotten in Gemäßheit des Art. 62 des Ges.s v. 3. Mai 1852 in die thatsächlichen Merkmale aufzulösen Der GH. lehnte aber diesen Antrag ab, „weil der Ausdruck Zusammenrotten einen Rechtsbegriff nicht bezeichne" Die demzufolge in der Fassung des Anklagebeschlusses gestellte Frage ward von den Geschworenen verneint. Auf die NB. des StA s ward das freisprechende Erkenntniß vernichtet und die Sache an den Schw-GH zurückverwiesen. Gründe:

Der Begriff des „Zusammenrottens" ist allerdings wesentlich ein Rechtsbegriff, wie das OTr. bereits in vielfachen Entscheidungen erkannt hat; vgl. die in Oppenhoff's Commentar [6. Ausg.: § 91 n. 2—4] allegirten Entscheidungen. Der GH. hat also den Antrag des StA.s aus einem unrichtigen Rechtsgrunde abgelehnt. Das Zusammenrotten ist aber auch kein Rechtsbegriff, welcher eine allgemein bekannte Bedeutung hat, und der Gerichtshof war um so mehr verpflichtet, dem Antrage des StA.s zu entsprechen, als Art. 82 des Ges.s v. 3. Mai 1852 die Auflösung vorschreibt, sobald der Rechtsbegriff nicht eine allgemein bekannte, und in dem gegebenen Falle unbestrittene Bedeutung hat, von einer unbestrittenen Bedeutung des

Rechtsbegriffs aber nicht die Rede sein kann, wenn, wie hier, der StA. die Auflösung verlangt, und der Vertheidiger dagegen protestirt.

Antr. d GStA. gleichl. [18.—8.]

### Schmähung. — Verhöhnung. — Dolus.

**1. Eine die Einrichtungen des Staats oder die Anordnungen der Obrigkeit dem Hasse oder der Verachtung aussetzende Aeusserung ist eine „Schmähung“ oder „Verhöhnung“, insofern sie nicht unter den Begriff einer Verleumdung fällt.**

**2. Zum Thatbestande des betr. Vergehens genügt als Dolus das Bewusstsein, dass der Aeusserung jene Eigenschaft (Nr. 1) beiwohne.**

StGB. § 101 [n. 5 6. 19].

Erk (Z.) v. 2. Febr. 1870 c Schnell (OAG II 31).

Zum Dolus des Vergehens aus § 101 des StGB.s gehört mehr nicht als das festgestellte Bewußtsein, daß die betreffende Aeußerung geeignet sei, die Einrichtungen des Staates oder die Anordnungen der Obrigkeit dem Hasse oder der Verachtung auszusetzen. Unter der Voraussetzung, daß eine Aeußerung über Einrichtungen des Staates oder Anordnungen der Obrigkeit objektiv geeignet ist, dieselben dem Haß oder der Verachtung auszusetzen, ist sie, wenn sie nicht die Behauptung unwahrer Thatsachen, also eine verleumderische ist, eine Schmähung oder Verhöhnung. Ein tadelndes Urtheil kann wohl Mißbilligung der kritisirten Handlung hervorrufen, dem Haß und der Verachtung aber kann sie nur ausgesetzt werden durch eine die Grenzen erlaubter Kritik überschreitende, den Charakter der Schmähung oder Verhöhnung annehmende Besprechung. Das Bewußtsein der Möglichkeit jenes Erfolges enthält daher ohne Weiteres das Bewußtsein dieses Charakters der Aeußerung, und ein Bestreiten des letztern würde nur auf einen Irrthum über die Bedeutung und Tragweite des Strafgesetzes hinauslaufen. Der § 101 faßt die beiden Arten,

Haß oder Verachtung zu erregen, welche Personen gegenüber die §§ 152 und 156 als Ehrverletzungen und Verleumdungen trennen, der Staats-Organisation und Regierungsweise gegenüber zusammen, und hat zum Gegenstande neben den Behauptungen unwahrer Thatsachen, welche Haß oder Verachtung hervorrufen können, Schmähungen und Verhöhnungen, d. h. solche Angriffe gegen Staatseinrichtungen und Regierungsmaßnahmen bei deren Besprechung, welche dieselben dem Haß oder der Verachtung aussetzen. Wie aber zur Begriffsbestimmung verläumderischer Aeußerungen nicht das Bewußtsein ihrer Unwahrheit gehört, und das Vergehen der Ehrverletzung in dem Bewußtsein, daß die betreffende Handlung der Verachtung aussetze, zugleich das von ihrer Natur als Ehrverletzung enthält, so bedarf es auch nicht bei dem Thatbestand des Vergehens aus § 101 einer besondern Feststellung des Bewußtseins der Eigenschaft einer Aeußerung als Schmähung, wenn das Bewußtsein, daß sie geeignet ist, Haß oder Verachtung zu erregen, festgestellt ist.

Antr. d. GStA.: gleichl. [66.—6.]

---

**Strafantrag. — Nichtigkeitsrichter.**

**Der Nichtigkeitsrichter kann nach den Akten selbstständig feststellen, dass der erforderliche Strafantrag vorliege.**

StGB. § 50 [n. 28 25].

**Erk. (Z.) v. 2. Febr. 1870 c. Schüssler** (OAG. II. 26).

Sch. war unter der Anklage: „— durch eine an das Landrathsamt gerichtete Eingabe die Ortseinschätzungskommission in Beziehung auf ihren Beruf beleidigt zu haben (StGB. § 102)“ vor Gericht gestellt, vom AG. aber nur aus § 152 verurtheilt worden, weil die Schrift nicht eine Beleidigung jener Kommission als solcher, wohl aber der sämmtlichen einzelnen Mitglieder derselben enthalte. Die NB., welche es rügte, daß der nach StGB. § 160 (StPO. § 488) erforderliche Strafantrag von jenen Mitgliedern nicht gestellt worden sei, ward zurückgewiesen:

der Angeklagte könne jenen vermeintlichen Mangel nicht in der

NB. geltend machen, da sich die Stellung des Antrags aus der von jenen Mitgliedern unterschriebenen an den PA. gerichteten Eingabe v. 2c. ergebe.

Antr. d. GStA: Zurückweisung. [65.—6.]

---

## Sitzungsprotokoll. — Gegenbeweis.

**Das Ober-Tribunal kann (nach seinem Ermessen) in Betreff einzelner angeblicher Vorkommnisse in der Sitzung, über welche das Sitzungsprotokoll schweigt, eine Beweisaufnahme veranlassen.**

Ges. v. 3. Mai 1852 Art. 78 [n. 61].

**Beschl. (I.) v. 2. Febr. 1870 c Schulze u. Gen (210 B. I. Cr.).**

Die NB. der Angeklagten machte geltend, daß einer der Geschworenen sich während des Schlußvortrags des Vorsitzenden ohne Erlaubniß auf längere Zeit aus dem Saale entfernt habe, ohne daß deshalb jener Vortrag unterbrochen worden wäre; gleichwohl sei der Vorsitzende selbst über das lange Ausbleiben des Geschwornen erstaunt gewesen, und habe die neben ihm sitzenden Mitglieder des Gerichtshofs darauf aufmerksam gemacht. — Das OTr. hat vor Entscheidung der Sache „resolvirt," daß von dem Vorsitzenden und den erwähnten beiden Beisitzern des GH.s ein amtlicher Bericht über die Wahrheit der obigen Behauptungen der Angeklagten zu erfordern sei. [33.—8.]

---

## Kommunikationsabgabe. — Tarifüberschreitung.

**Eine strafbare Tarifüberschreitung bei Erhebung von Kommunikationsabgaben liegt auch da vor, wo eine Abgabe eingefordert oder erhoben worden ist, zu welcher eine gesetzliche Verpflichtung überhaupt nicht vorhanden war.**

Ges. v. 20. März 1837 § 1.

**Erk. (S. II.) v. 3. Febr. 1870 c. Meessen (35. II. Cr.).**

M. (Pächter des Chausseegeldes auf einer Bezirksstraße) hatte von den Fuhren mit Bau-Materialien zur Herstellung eines benachbarten Kommunalwegs Chausseegeld erhoben, weil nach seiner Aufstellung die im Chaussee-Geld-Tarif v. 29. Febr. 1840 den „Fuhrwerken mit Chaussee-Bau-Materialien" gewährte „Befreiung" (Nr. 9) sich auf die Materialien zur Herstellung eines Kommunalwegs nicht mit beziehe. Deshalb der „Tarifüberschreitung" aus § 1 des Ges.s v. 20 März 1837 beschuldigt, ward er in 2. Instanz freigesprochen, weil das cit. Gesetz nur denjenigen mit Strafe bedrohe, welcher „mehr einfordere oder erhebe" als verschuldet sei, also nur die Ueberschreitung des Hebesatzes, während es sich hier von der Nichtanerkennung einer angeblichen gänzlichen Befreiung also um eine reine Civilfrage handle Vernichtung und Zurückverweisung der Sache an ein anderes Pol.-Gericht. Das OTr. erwog:

daß entsprechend dem Zwecke des Ges.s v. 20. März 1837, der dahin geht, das Publikum gegen Bedrückungen bei Kommunikationsabgaben, d. h. gegen gesetzwidrige Erhebungen nicht verschuldeter Abgaben zu schützen, die im § 1 desselben bedrohte strafbare Handlung nicht blos dann vorhanden ist, wenn die in den Tarifs und Reglements festgesetzten Abgabensätze ihrer Höhe nach überschritten werden, sondern auch dann, wenn Kommunikationsabgaben, wozu eine gesetzliche Verpflichtung berhaupt nicht vorhanden ist, eingefordert oder erhoben worden;

daß es sich im vorliegenden Falle um die Erhebung einer Abgabe handelt, von der behauptet wird, daß die betr. Fuhren nach den bestehenden gesetzlichen Bestimmungen davon befreit, der Kass.-Verklagte sie also zu erheben nicht berechtigt gewesen sei;

daß mithin der vorige Richter, wenn er ohne auf eine Prüfung der nach Lage der Sache die Voraussetzung der Strafbarkeit bildenden Frage: „ob die behauptete Befreiung vorhanden war oder nicht", sich einzulassen, den Kass.-Verklagten lediglich aus dem Grunde freigesprochen hat, daß demselben nicht eine Ueberschreitung festgesetzter Hebesätze zur Last gelegt wird, die §§ 1. 4. 10 des bezogenen Gesetzes unrichtig angewendet und verletzt hat; ꝛc. — [29—3.]

---

## App.-Richter. — Verspäteter Beweisantrag.

Der App.-Richter thut genug, wenn er zur Rechtfertigung der Ablehnung eines verspäteten Beweisantrags erwägt, daß es an besondern Gründen für die Zulassung fehle.

Ges. v. 3 Mai 1852 Art. 104 [n 5]

Erk. (Z II.) v 3 Febr 1870 c. Rehm 415. II Cr v. 1869).

Grund: weil nicht die Ablehnung verspäteter Appellationsgründe, sondern die Zulassung derselben von besondern Gründen abhängig gemacht ist. [23.—3]

---

Eid. — Verwarnung. — Generalfragen.

Die Verwarnung der Zeugen vor dem Meineide ist keine wesentliche Vorschrift des Verfahrens; noch weniger bedarf es der Belehrung, daß der Eid sich auch auf die Generalfragen mit beziehe.

Crim. Ordn § 317. 338; Vdn. v. 3. Jan. 1849 § 55 [n. 6. 7]. Vgl. RdOTr 1. S 504

Erk (Z. I.) v. 4. Febr. 1870 c. Bielandt (209. I. Cr) [15—6]

Antr. d. GStA.: gleich.

---

Betrug. — Kausalzusammenhang. — Cession.

1. Nichtigkeit tritt ein, wenn die den Thatbestand des Betrugs umfassende Feststellung nicht erkennen läßt, in welcher Weise die Vermögensbeschädigung durch die Täuschung herbeigeführt worden sei.

2. Im Geltungsbereiche des ALR.s wird der Cedent, welcher den Cessionar getäuscht hat, nicht von der Betrugsstrafe betroffen, wenn der letztere soviel erstattet erhalten hat, als die gezahlte Cessionsvaluta betrug.

StGB. § 241 [n. 33. 30]; ALR. I. 11 § 424 425 — Dagegen kann auch in einem solchen Falle die den Thatbestand des Betrugs erfüllende Vermögensbeschädigung darin gefunden werden, daß der Cessionar statt eines gesicherten einen gefährdeten Anspruch erworben hat, die erst später erfolgende Erstattung der Cessionsvaluta kann dann den früher vollendeten Betrug nicht straflos machen; vgl § 241 n 30; und oben S 60

Erk. (B. I) v. 4. Febr 1870 c. Kellner (4 I Cr)

Die K., welcher durch die Erben Br. eine Rente in Monatsraten von 6 Thlrn. zu leisten war, hatte im Mai und Juli (August) 1867 durch Notarialakte dem B. die Rentbeträge pro Dez. 1867 und Jan. 1868 und der rc. Fr. die Rentbeträge für die Monate Mai bis Juli 1868, sodann aber dieselben Beträge im Sept. und Dez. 1867 dem Handelsmann X. abermals notariell cedirt. Hierin fanden die Instanzrichter einen wiederholten Betrug, indem sie feststellten, daß die K.: „— zu zwei verschiedenen Malen durch verschiedene selbstständige Handlungen in gewinnsüchtiger Absicht: 1., das Vermögen des rc B. resp. des rc X, 2, das Vermögen der Fr. dadurch beschädigt habe, daß sie durch Unterdrückung der wahren Thatsache, daß die dem rc. X. am 12. Sept 1867 cedirten Rentbeträge pro Nov. und Dez. 1867 und Jan. 1868 und die ihm am 28. Dez. 1867 cedirten Rentbeträge pro Mai und Juni 1868 bereits durch die Cessionen v. 13. Mai 1867 und v. 15. Juli 1867 bzw. dem rc. B. und der rc. Fr. cedirt seien, — bei dem X. einen Irrthum erregte." Die Vermögensbeschädigung des B. fand der erste Richter darin, daß er für ein gegebenes Darlehen von mindestens 13 Thlr. 10 Sgr. (statt der ihm zu diesem Ende cedirten 3monatlichen Rente von 18 Thlrn.) nur 12 Thlr. und zwar zum Theil erst im Jahr 1869 in Folge eines gegen die K angestrengten Prozesses zurückerhalten habe; davon abgesehen genüge als „Vermögensbenachtheiligung im Sinne des § 241 auch schon die bloße Gefährdung eines Vermögensrechts durch die Erlangung eines unsichern Schuldners;" die Vermögensbeschädigung des X. fand der 1. Richter darin, daß jener statt der cedirten 18 Thlr. nur 14 Thlr. und zwar 2 Thlr. von der Angeklagten selbst und 12 Thlr. von zwei Br—schen Erben erhalten habe, während die Zahlung Seitens des dritten Erben an B. geleistet worden sei; endlich sei die Fr. an ihrem Vermögen beschädigt worden, weil sie bisher weder eine Rückzahlung der gezahlten Cessionsvaluta noch eine Zahlung aus der Cession erlangt habe, indem diese letztere wenigstens theilweise an X. bewirkt worden sei. — In zweiter Instanz wiederholte die K. den schon in 1. Instanz unter Beweis gestellten Einwand, daß die angeblich betrogenen Personen von ihr die gezahlte Cessions-Valuta vollständig zurückerhalten hätten; das AG. bestätigte aber das erste Erkenntniß. — Vernichtung. Gründe:

[1.] Der Kausalzusammenhang zwischen der Irrthumserregung des X. als letzten Cessionars und der Vermögensbeschädigung des B. und der F. als ersten (früheren) Cessionaren wird von der Angeklagten in Abrede gestellt und in der That ermangelt es in dieser Beziehung an einer genügenden Erörterung resp. Beurtheilung des Sachverhältnisses in den Erkenntnissen beider Instanzen. Allerdings ist die Identität der Person des Getäuschten und derjenigen des Beschädigten kein gesetzliches Erforderniß, wohl aber muß der Causalzusammenhang in dieser Beziehung erwiesen sein. Richtig ist es also zwar, daß der B. und die F. bei der Eingehung ihrer Cessionsverträge nicht durch die späteren Cessionsverträge über dieselben Forderungen mit dem X. getäuscht sein konnten; aber es genügte wenn diese letzteren Cessionsverträge mit X. die alleinige Ursache waren, daß B. und die F. ihre Befriedigung nicht erhalten konnten. An einer präcisen Feststellung hierüber fehlt es aber gegenüber den Angriffen gegen das erste Urtel in dem App.-Erkenntniß.

[2.] Der Beweisantritt (der Angeklagten) ist durch den Inhalt des App.-Urtels nicht erschöpfend gewürdigt. Der erste Richter erledigt jeden Einwand in dieser Beziehung durch die Bemerkung, daß es bei der Bestimmung des erlittenen Schadens auf den Betrag der Cessions Valuta überhaupt nicht ankomme. Dieser Grundsatz unterliegt jedoch im Hinblick auf die §§ 420ff., insbesondere § 425 11. I. des ALR.s Bedenken, insofern es sich um einen Anspruch aus dem Fundament der Gewährsleistung für die Richtigkeit der cedirten Forderung handelt. Denn selbst in dem Falle des Betruges soll der Cessionar nur den Anspruch auf die Erstattung der gegebenen Cessionsvaluta haben, und nach der Entscheidung des OTr.s v. 16. Juli 1859 (Präj. Nr. 2708: Entsch. 41 S. 103) ist die Vorschrift des gedachten § 425 ein Prohibitiv-Gesetz, mithin auch für den Strafrichter bei der Begriffsbestimmung des Schadens in solchem Falle bindend. Es handelt sich also um die Erörterung der Frage, ob die Handlung der Angeklagten in Beziehung auf die hier in Rede stehenden 3 Cessionare B., Fr. und X. als eine betrügliche in Hinsicht auf den Anspruch der letzteren auf die Richtigkeit der cedirten Forderungen zu betrachten sei oder nicht. Von der Beantwortung derselben ist sodann die Frage über die Existenz und eventuell über die Höhe des Schadens im Hinblick auf den cit. § 425 abhängig.

Antr. d. GStA.: Vernichtung. [15—6]

---

## Fahrlässigkeit. — Unterlassung.

### Ein Fahrlässigkeitsvergehen kann auch durch kulpose Verabsäumung einer Pflicht begangen werden.

StGB Thl. I Tit 3 [S. 113 n. 26a]

Erk. (Z. I.) v. 4. Febr. 1870 c. Mascos (125. I Cr.).

Während die Hebeamme M. der von ihr entbundenen Ehefrau T Beistand leistete, wurde sie darauf aufmerksam gemacht, daß das neugeborne Kind von einer Augenentzündung befallen sei Sie verordnete dieserhalb die Anwendung verschiedener Mittel, widerrieth aber (der ausdrücklichen Vorschrift der Hebeammen-Instruktion zuwider) die Zuziehung eines Arztes. Als diese nach längerer Zeit endlich erfolgte, ergab es sich, daß das Kind auf einem Auge erblindet sei. Deshalb der fahrlässigen Körperverletzung angeklagt, ward die M. in 1. Instanz freigesprochen; das Gericht erachtete es zwar für erwiesen, daß sie sich einer groben Verletzung ihrer Berufspflichten schuldig gemacht habe, hielt es aber für nicht dargethan, daß durch die rechtzeitige Beschaffung einer ärztlichen Hülfe die Erblindnng habe abgewendet werden können. Dagegen verurtheilte das AG. aus § 198 des StGB.s, indem es annahm: daß die M. von der Erkrankung des Kindes frühzeitig Kenntniß erlangt habe, um noch mit Erfolg ärztliche Hülfe beschaffen zu können, es sei daher für festgestellt zu erachten, daß dieselbe „durch Fahrlässigkeit die Gesundheit des Kindes beschädigt habe und zwar indem sie die ihr durch ihren Beruf auferlegten Pflichten übertrat." — Die NB. rügte Gesetzesverletzung, weil das AG. von der irrigen Rechtsansicht ausgehe, „daß die regelmäßig in abstracto vorhergesehenen Folgen der Fahrlässigkeit vertreten werden müssen, der Kausalzusammenhang also im konkreten Falle zu vermuthen sei" Zurückweisung. Gründe:

Es ist allerdings richtig, daß die strafrechtlichen Regeln über den Kausalzusammenhang gleichmäßig sowohl bei positivem Handeln wie bei Unterlassungen, wenn wie hier eine ausdrückliche Pflicht zum Handeln vorhanden war, eintreten müssen. Dies hat aber der App.-Richter auch nicht verkannt; er stützt seine Entscheidung auf den von ihm referirten Satz der von ihm erhobenen sachverständigen Gutachten, daß im vorliegenden Falle die Heilung des Kindes zu erwarten gewesen wäre, wenn die Angeklagte binnen 24 Stunden das Kind gesehen und einen Arzt hätte herbeirufen lassen. Hiervon ausgehend nimmt der App.-Richter den Kausalzusammenhang mit Recht an; denn derselbe liegt positiv bei Unterlassungen dann vor, wenn ein Schaden eingetreten und derselbe von Demjenigen, welchem die Pflicht der Vorbeugung oder Abwendung obliegt, nicht abgewendet ist, obwohl er, wie der App.-Richter annimmt, im vorliegenden Falle abgewendet werden konnte. —

Von einer Rückanwendung der Gew.-Ordn. f. d. Norddeutschen Bund v. 21. Juni 1869 auf den vorliegenden Fall kann keine Rede sein.

Antr. d. GStA.: Zurückweisung [15.—6.]

---

**Nichtigkeitsrichter — Zurückverweisung, wohin? — Bindende Kraft.**

**Der Nichtigkeitsrichter kann nach Vernichtung eines instanzgerichtlichen Erkenntnisses die Sache nur an dasselbe oder an ein diesem gleichstehendes Gericht, nicht also eine vorher vor dem Schwurgerichte verhandelte Sache an die Strafkammer verweisen.**

**Beruhte aber in einem solchen Falle die Zuständigkeit des Schwurgerichts nur auf dem inzwischen weggefallenen Zusammenhang mit einer anderen Sache, so ist die Anklagekammer befugt, nunmehr die Verweisung der Sache vor die Strafkammer auszusprechen.**

StPO. § 399. 57. 50

**Beschl v 9 Febr. 1870 c Friis** (OAG II 46).

In der Band 10 S. 803. erwähnten Sache hatte das OAG. das schwurgerichtliche Erkenntniß gegen den noch nicht 16jährigen Fr. vernichtet, und die Sache vor den Schw.-GH zurückverwiesen Da indessen das frühere Erkenntniß gegen den strafmündigen Mitangeklagten des Fr. rechtskräftig geworden und somit der Grund weggefallen war, welcher früher die Mitverweisung des Fr. vor den Schw.-GH. veranlaßt hatte, so beantragte nunmehr der OStA. bei der Anklagekammer die Verweisung der Sache vor die Str.-K. Jene lehnte indessen diesen Antrag ab, weil das Erkenntniß des OAG.s in Ermanglung einer neuen Sachlage eine unabänderliche Entscheidung über die Zuständigkeit darstelle. Auf die NB. des OStA.s hat das OAG. diesen Beschluß vernichtet und nunmehr die Sache vor die StrK. verwiesen. Gründe:

Da nicht, wie in Art. 117 des Ges.s v. 3. Mai 1852 statuirt worden ist, die Bezeichnung des für die anderweite Verhandlung zu bestimmenden Gerichts freigegeben war, sondern die Vorschrift des § 399 der StPO. die Verweisung an ein anderes Gericht als die Vorinstanz oder ein derselben gleichstehendes Gericht ausschloß und der § 57 der StPO. nicht zur Anwendung kommen konnte, weil die Vereinigung der Anklagen gegen die beiden Beschuldigten nicht von hier aus stattgefunden hatte, so konnte diesseits nur an dasjenige Gericht die Verweisung erfolgen, welches bis dahin mit der Sache befaßt gewesen war. Hierdurch ist nun die letztere in Bezug auf den Angeklagten wieder in die Lage gebracht worden, in welcher sie sich nach Erlaß des Verweisungsbeschlusses v. rc. befand und, da nun in dieser Beziehung die Verweisung der Sache vor das Schwurgericht nur auf dem Zusammenhange der Anklagen (§ 50 Abs. 2 der StPO.) gegen die beiden Angeklagten beruhte, dermalen aber dieser Grund nicht mehr besteht, so hätte die Anklagekammer auf Grund des § 57 der StPO. dem Antrage des OStA.s statt geben müssen.

Antr. d. GStA.: gleichl. [64.—6]

---

**Körperverletzung. — Verstümmelung. — Gehörsverlust.**

**1. Nur ein äusserlich sichtbarer, eine körperliche Verunstaltung herbeiführender Verlust am Körper kann als „Verstümmelung" angesehen werden.**

**2. Eine „Beraubung des Gehörs" (Gesichts)**

**liegt nur da vor, wo das Hör- (Seh-) Vermögen auf beiden Ohren (Augen) verloren ist.**

StGB. § 193 [n. 5 16]. Vgl. RbOTr. 8. S. 54; 9. S. 709.

Beschl. v. 9. Febr. 1870 c. Haas (OAG. II. 40).

Die Strafkammer, vor welche J. und F. H. unter der Anklage der erheblichen Körperverletzung gestellt worden waren, hatte sich für unzuständig erachtet und die Sache vor das Schwurgericht verwiesen, weil der Mißhandelte durch die ihm zugefügten Thätlichkeiten eine Zerstörung des Felsenbeins und Trommelfells und demzufolge des Gehörs auf einem Ohre also eine „Verstümmelung" erlitten habe (StGB. § 193). NB. des OStA s. — Die Gen.-St.-Anwaltschaft sprach sich für die Zurückweisung derselben aus, weil die Zerstörung eines (wenn auch äußerlich nicht sichtbaren) wesentlichen Körpertheils unbedenklich eine „Verstümmelung" darstelle; davon abgesehen treffe aber §193 hier schon deshalb zu, weil der Verletzte durch die Mißhandlung des „Gehörs" d. h. des Hörvermögens auf einem Ohre beraubt worden sei. — Das OAG. hat vernichtet und die Sache vor die StrK zurückverwiesen, weil nur eine erhebliche Verletzung vorliege. Gründe:

Eine Verstümmelung wird nicht durch jeden materiellen Verlust am Körper, am wenigsten aber durch eine jede Verletzung eines Organs bewirkt; sondern setzt nothwendig voraus, theils daß sie äußerlich sichtbar sei, theils daß durch sie eine körperliche Verunstaltung eintrete, mindestens insoweit, daß der Körper nicht mehr als ein unversehrtes Ganze erscheint. Wenn nun der Beschädigte mit dem linken Ohre in Folge der Verletzung nicht mehr hört, dieses aber dadurch nach der Meinung der Sachverständigen verursacht wurde, daß das Felsenbein und Trommelfell zerstört ward, so sind dies lediglich innere, der sinnlichen Wahrnehmung ohne künstliche Mittel völlig unerkennbare Körpertheile, an denen eine Verstümmelung nicht vorkommen kann. Eine bloße Verletzung ist aber nicht der letzteren gleichzusetzen; eine äußere Mißgestaltung dagegen ist nicht eingetreten. —

Unter Gehör und Gesicht kann in § 193 nichts anderes gemeint und verstanden werden, als der Begriff des gemeinen Lebens damit umfaßt; mithin der Gehörsinn und der Gesichtssinn in seiner Totalität. Nur auch in diesem

Sinne ist es möglich, daß das Gesetz davon spricht, daß der Verletzte des Gehörs oder Gesichts beraubt werde, was offenbar auf eine bloße Schwächung des Organs oder auf einen theilweisen Verlust nicht paßt. Diese Auslegung findet auch darin eine weitere Unterstützung, daß in dem cit. § 193 neben der Verstümmelung die Beraubung der Sprache, des Gesichts, des Gehörs oder der Zeugungsfähigkeit erwähnt werden; letzteres aber, wenn man die beschränkende Auslegung der GStA.-schaft billigen wollte, etwas Ueberflüssiges wäre. Es ist jedoch nicht anzunehmen, daß das Gesetz in dieser Weise fehlerhaft abgefaßt sei.

[62.—9.]

---

**Widerstand. — Forstbeamter. — Revier.**

**Der Widerstand gegen einen Forstbeamten ist auch dann, wenn er stattfand, nachdem der Förster den im Walde bei einem Holzdiebstahl betroffenen Angeklagten eine Strecke über die Grenzen des Forstes hinaus verfolgt hatte, zu bestrafen aus dem**

Ges. v. 31 März 1837, vgl. StGB § 89 [n. 48].

Erk. (Z. I.) v 9. Febr. 1870 c. Jung (1242. I. Cr. v. 1869).

[28.—8.]

---

**Medizinalpfuscherei. — Bundes-Gewerbe-Ordnung.**

**Die Ausübung der Heilkunde (ohne Annahme eines Titels) ist seit Verkündung der Bundes-Gew.-Ordn. freigegeben, es bleibt daher jetzt selbst derjenige straflos, welcher vor jener Einführung eine Heilung ohne vorgängige Approbation unternommen hat.**

StGB. § 199 [n. 3]; Einf.-Ges. Art. IV [n. 3]; Bund-Gew.-Ordn. v. 21. Juni 1869 § 29. 147 Nr. 3. Vgl. unten S. 85.

Erk. (B. I.) v. 9. Febr. 1870 c. Kaul (1280 I. Cr. v. 1869.)

Aus § 29 der Bund.-Gew.-Ordn. v. 21. Juni 1869 geht deutlich hervor, daß nur derjenige, welcher sich als Arzt ꝛc. bezeichnet, einer vorherigen Approbation bedarf, außerdem aber Jeder die Heilung einer äußern oder innern Krankheit unternehmen kann, wobei er selbstredend für die etwa dadurch entstandenen nachtheiligen Folgen verantwortlich bleibt. Es erhellt dies auch aus § 147 Nr. 3 l. c., nach welchem derjenige gestraft wird, der, ohne hierzu approbirt zu sein, sich als Arzt ꝛc. bezeichnet, und jeder etwaige Zweifel schwindet durch Rücksichtnahme auf die Entstehungsgeschichte der allegirten gesetzlichen Vorschrift.

Die entsprechende Regierungsvorlage hatte an der betreffenden Stelle folgende Fassung:

„Aerzte, Zahnärzte und Apotheker bedürfen einer Approbation, welche auf Grund eines Nachweises der Befähigung ertheilt wird."

Im dritten Absatze wurde bestimmt:

daß den Landesbehörden vorbehalten bleibe, anzuordnen, in wie weit die bezüglichen Verrichtungen auch von ungeprüften Personen ausgeübt werden dürfen.

Hiergegen wurde in den Sitzungen des Norddeutschen Reichstages v. 12. April und 25. Mai 1869 angekämpft und durchgesetzt: daß die Heilung von Krankheiten sowie geburtshilfliche Handlungen ꝛc. fortan keiner vorherigen Approbation unterworfen werden sollen, da die Bestimmungen über die Medicinal-Pfuscherei nicht mehr an der Zeit seien. Hiernach erhielt der Eingang des § 29 l. c. die bereits erwähnte Fassung und in Folge dessen hat auch der neue Entwurf zum StGB. die Bestimmung des jetzigen § 199 in Wegfall gebracht, wie die diesfälligen Motive S. 160, 161 besonders hervorheben.

Daraus folgt aber mit Bezug auf Art. IV des Einf.-Ges.s z. StGB., die Freisprechung des Angeklagten. Denn diese Vorschrift hat den Sinn, daß, sobald der Gesetzgeber die Ueberzeugung gewinnt, daß eine Handlung, die bisher für strafbar gehalten wurde, dies fernerhin nicht ist, es Unrecht sein würde, die hieraus fließende Wohlthat nicht unverzüglich auch in der Art wirksam werden zu lassen, daß frühere, unter dem vormaligen Strafgesetz begangene Handlungen, über die noch nicht rechtskräftig entschieden worden, davon betroffen werden. In gleicher Weise hat bereits das Kgl. OTr. durch B. II. v. 18. Febr. 1869 (RdOTr. 10. S. 98) erkannt. Nun beruht aber die Strafvorschrift des cit. § 199 auf dem bisherigen Verbote, Heilungen innerer oder äußerer Krankheiten, ohne dazu vorschriftsmäßig approbirt zu sein, zu unternehmen. Dieses Verbot hat die Norddeutsche Gewerbeordnung, welche nach Art. 2 der Norddeutschen Verfassung den Vorzug vor den Landesgesetzen der einzelnen Bundesstaaten hat, aufgehoben, und die diesfälligen Handlungen freigegeben. Damit hat der § 199 seine nothwendige Unterlage und Wirksamkeit gänzlich verloren, und es liegt sonach recht eigentlich der Fall vor, daß die Gesetzgebung ihre frühere Anschauung verlassen und an ihre Stelle ein entgegengesetztes Prinzip gesetzt hat. Es muß daher die jetzt geltende Straflosigkeit ihre rückwirkende Kraft ausüben.

Antr. d. GStA.: gleichl. [20.—8.]

---

## Richter. — Unfähigkeit. — Ermittlungen

**Nichtigkeit tritt ein, wenn das Berufungsgericht die Ablehnung der beantragten Wiederaufnahme des Beweisverfahrens auf Ermittlungen gründet, welche durch einen unfähigen Richter aufgenommen worden sind.**

StPO § 378. 24. 30.

**Erk. (V.) v. 9. Febr. 1870 c. Meincke (OAG. II. 15).**

Das Berufungsgericht hatte die vom Angeklagten in Vorschlag gebrachten neuen Zeugen durch einen Amtsrichter vernehmen lassen, welcher in 1. Instanz den Pol.-Anwalt als Ankläger vertreten hatte. Mit Rücksicht auf das Ergebniß dieser Vernehmung erfolgte sodann die Ablehnung der beantragten Wiederaufnahme des Beweisverfahrens und die Verwerfung der Berufung. Hierin fand das OAG. eine Nichtigkeit des Verfahrens. [62.—6.]

---

## Hebeamme. — Prüfungszeugniß.

**Die Vornahme geburtshülflicher Handlungen ist freigegeben; der Mangel des für „Hebeammen" vorgeschriebenen Prüfungszeugnisses macht eine derartige Handlungen vornehmende Person [weiblichen Geschlechts] nicht strafbar. Zuwiderhandlungen gegen § 199 des StGB.s aus der Zeit vor Einführung der BGew.-Ordn. bleiben jetzt straffrei, sollte auch einer der im § 148 der cit. Gew.-Ordn. vorgesehenen Fälle vorliegen.**

StGB. § 199 [n. 2], BGew.-Ordn. v. 21. Juni 1869 § 29. 30. 147. 148. Vgl. S 82.

**Erk. (Z. I.) v. 9. Febr. 1870 c. Moderow** (1261. I. Cr. v. 1869).

Die Wittwe M. war von der Anklage: „— in den Jahren 1867—1869 in zehn verschiedenen Fällen, ohne vorschriftsmäßig approbirt zu sein, und einem besonderen an sie erlassenen polizeilichen Verbote zuwider, geburtshilfliche Handlungen vorgenommen zu haben," — in 2. Instanz freigesprochen worden, weil die inzwischen verkündete BGew.-Ordn. v. 21. Juni 1869 die Ausübung der Geburtshilfe freigegeben habe. Dagegen hatte das AG. dem StA. die Strafverfolgung aus § 148 Nr. 1 der cit. BGew.-Ordn. (wegen Nichtanzeige des betriebenen Gewerbes) vorbehalten. Die NB. des OStA.s focht jenen Grund der Freisprechung als rechtsirrthümlich an, und hob dabei besonders hervor, daß nach § 30 Abs. 2 l. c. „Hebeammen" auch jetzt noch eines „Prüfungs-Zeugnisses," also einer „Approbation" im Sinne des § 199 des StGB.s bedürfen, daß also für sie alle Voraussetzungen des cit. § nach wie vor zuträfen; ꝛc. —

Das OTr. hat unter Wiederholung der im B. I. v. 9. Febr. 1870 c. Kaul (oben S. 82) entwickelten Gründe die Vornahme geburtshülflicher Handlungen durch eine Frauensperson auch ohne Prüfungszeugniß für freigegeben und selbst dann für straflos erklärt, wenn dieselbe in die Zeit vor Einführung der BGew.-Ordn. fiel. Es hat sodann aber auch den vom AG. ausgesprochenen Vorbehalt einer Strafverfolgung aus § 148 der cit. Gew.-Ordn als unstatthaft aufgehoben:

„denn da die zur Sprache gebrachten Handlungen der Angeklagten aus den Jahren 1867, 1868 bzw. dem Anfange des J 1869 herrühren, also aus einer Zeit, in welcher die BGew.-Ordn. v 21. Juni 1869 noch nicht einmal emanirt war, so konnte die Angeklagte unmöglich den Anforderungen des § 148 derselben entsprechen mithin auch gegenwärtig wegen unterlassener diesfälliger Beachtung nicht strafbar werden

Antr. d. GStA.: gleichl. [20.—8.]

---

1. Beamter. — Uebertragung. — Dauer.

2. Amtsunterschlagung. — Dienstwidrige Annahme.

1. Auch durch eine nur vorübergehende Uebertragung von Funktionen des öffentlichen Dienstes Seitens der dazu berechtigten Behörde wird die Beamtenqualität begründet, sollte der Betreffende auch weder vereidet sein noch eine Dienstkleidung tragen. Auszunehmen ist nur der Fall, wo es sich lediglich um ein einzelnes bestimmtes Geschäft handelt.

StGB. § 331 [n. 2]

2. Der Exekutor, welcher Gelder unterschlägt, die er in dieser seiner Eigenschaft mit der Pflicht der Wiederablieferung empfangen hatte, verwirkt selbst dann, wenn er zur Empfangnahme der Gelder nicht berechtigt war, die Strafe des

StGB.s § 324 [n 10].

Erk. (Z. I) v. 9. Febr. 1870 c. Stürmer (1302 I Cr. v 1869)

Der vom Magistrate zu L als Hilfs-Exekutor gegen ein tägliches Gehalt von 12 Sgr. 6 Pf angenommene St hatte Gelder, welche er (unbefugter Weise) von den Debenten zur Ablieferung an die Kasse angenommen hatte, unterschlagen. Deshalb aus § 324 des StGB.s bestraft, rügte er im Wege der NB. Gesetzesverletzung, weil mit Unrecht er selbst als Beamter, und jene Empfangnahme als eine „amtliche" angesehen worden seien, obgleich er zu dieser Empfangnahme nach seiner Instruktion gar nicht befugt gewesen, vielmehr die Debenten zur unmittelbaren Einzahlung an die Kasse hätte verweisen müssen. Das zurückweisende Erkenntniß des OTr.s spricht die obigen Grundsätze aus, den ersten mit der Maßgabe:

„sobald es sich nicht blos um irgend ein bestimmtes Geschäft handelt, die Verrichtung also nur den Charakter eines auf dieses einzelne Geschäft sich beziehenden Auftrags hatte. [15.—8.]

---

**Beschlagnahme. — Entziehung. — Dritteigenthümer.**

**1. Ein Exekutor, welcher in der Wohnung des Exequendus Sachen eines Dritten ebenfalls dort Wohnenden in Beschlag nimmt, handelt deshalb nicht „unzuständiger" Weise.**

**2. Der Dritt-Eigenthümer einer gegen einen Andern gepfändeten Sache verwirkt durch eigenmächtige Wegnahme der letzteren die Strafe des**

**StGB.s § 272 [n. 9. 3]**

**Erk. (Z. II.) v. 10. Febr. 1870 c. Geisemeier (26. II. Cr.).**

Die rc. G. hatte eine Doppelflinte, welche in ihrer Wohnung gegen ihren bei ihr wohnenden Schwiegersohn durch einen Exekutor in Beschlag genommen war, eigenmächtiger Weise bei Seite geschafft, weil sie behauptete: die Flinte gehöre ihr und sei vom Exekutor „unzuständiger Weise" in der Schlafkammer ihres ältesten Sohnes mit Beschlag belegt worden. — Aus denselben Gründen focht sie das sie aus § 272 des StGB.s verurtheilende Erkenntniß 2. Instanz durch NB. an. Zurückweisung. Gründe:

Auch der nicht ausgepfändete Eigenthümer der einmal gepfändeten Sache darf dieselbe eigenmächtig nicht wegnehmen und der Pfändung entziehen, er kann vielmehr seine Rechte nur im Wege der Beschwerde oder des Prozesses zur Geltung bringen, wie dies sowohl die §§ 75. 76. I. 24 der AGO. als auch die §§ 19 und 21 der Exek.-Ordn. v. 30. Juli 1853 bestimmen. Allerdings soll sodann zwar der Executor nur die im Besitz des Exequendus befindlichen Sachen abpfänden (§ 11 der cit. Ex.-Ordn.). Wenn aber der Exequendus bei einem Dritten wohnt, und nun der Executor in dieser Wohnung eine Sache als dem Exequendus gehörig abpfändet, während sie sich in Wirklichkeit im Besitz des Dritten befindet, so wird durch einen solchen Mißgriff die Zuständigkeit des Exekutors zur Vornahme der Pfändung keineswegs, wie dies die NB. behauptet, beseitigt, da gesetzlich nur die Zuständigkeit des Beamten in abstracto (im Allgemeinen) in Frage steht, und selbst eine an sich nicht bösliche Ueberschreitung der Befugnisse die amtliche Qualification desselben nicht aufhebt.

Antr d. GStA: gleichl [27.—3.]

## Konkurrenz, reale. — Geldbuße.

Im Falle einer realen Konkurrenz ist auf die Summe der durch die Einzelhandlungen verwirkten Geldbußen zu erkennen.

StGB. § 56 [n. 24]. Vgl RdOTr 10 S 584

Erk. (B. II.) v. 10. Febr. 1870 c. Jato (36. II. Cr.).

---

## Wiedereinsetzung. — Zuständigkeit.

Ist eine Nichtigkeitsbeschwerde vom Gerichte erster Instanz als verspätet zurückgewiesen worden, so hat dasselbe wenigstens vorläufig auch über ein Gesuch um Wiedereinsetzung in den vorigen Stand gegen die Fristversäumniß zu befinden.

Ges. v. 3. Mai 1852 Art. 130 [n. 12]. Vgl. RdOTr 9. S. 342.

Beschl (II.) v. 10. Febr. 1870 c. Neuhaus (6 B II. Cr.)

Argumento Art. 112 des cit. Ges.s ist es das mit der Instruktion des Rechtsmittels der Nicht.-Beschwerde beauftragte Gericht erster Instanz, welches zunächst berufen erscheint, wenigstens vorläufig über ein Gesuch um Wiedereinsetzung in den vorigen Stand gegen Ablauf der Präklusivfrist des Art. 110 l. c. zu befinden, wenn wie hier die zurückweisende Verfügung von diesem Gerichte und nicht vom Kgl. OTr. ausgegangen ist.

Antr d. GStA.: gleichl [27.—3.]

---

## Ehrverletzung. — Vertheidigung. — Veranlassung.

Wendet derjenige, welcher angeklagt ist, in einer an eine Behörde gerichteten Eingabe einen Andern beleidigt (verleumdet) zu haben, ein: er habe in Vertheidigung einer Gerechtsame gehandelt, so kann der Instanzrichter die Anwendbarkeit des § 154 des

StGB.s nicht lediglich aus dem Grunde verneinen, weil der Angeklagte keine Veranlassung gehabt habe, die Thätigkeit des rc. einer verleumderischen Kritik zu unterziehen.

StGB. § 154 [n. 10]

Erk. (B. II) v. 10. Febr. 1870 c. Schwabe (73 II. Cr.). [32.—3]

---

Amtsanmaaßung. — Vertretung im Prozeß.

Nicht die Anfertigung von Schriften in Rechtssachen, wohl aber die gesammte Vertretung einer Partei im Prozesse ist eine Handlung, welche nur kraft des Amtes eines Rechtsanwalts vorgenommen werden darf. Ein Dritter macht sich durch eine solche Thätigkeit strafbar aus

StGB. § 104 [n. 6].

Erk. (Z. II.) v. 10. Febr. 1870 c. Weidle (52. II. Cr.).

Der polizeilich zur „gewerblichen Abfassung schriftlicher Aufsätze für Andere" konzessionirte W. hatte sich in acht Prozeßsachen von einer der Parteien „Vollmachten" ausstellen lassen, in welcher er beauftragt wurde: „alle in der betr. Sache erforderlichen außergerichtlichen oder dem Gerichte einzureichenden Schriftsätze zu fertigen und die Unterschrift des Vollmachtgebers darunter zu setzen, auch, wenn es später erforderlich sein sollte, einem Rechtsanwalt Vollmacht zu ertheilen und diese Vollmacht mit der Namensunterschrift des Vollmachtgebers zu versehen, — gleichzeitig auch alle in der fr Sache ergehenden Verfügungen, Vorladungen und Erkenntnißausfertigungen in Empfang zu nehmen und darüber zu quittiren." — Von den ihm so ertheilten Befugnissen hatte er in vollem Maaße Gebrauch gemacht, den Prozeß betrieben, Klagen, Klagebeantwortungen rc. zu den Akten eingereicht, Rechtsmittel eingelegt, die in der Exekutionsinstanz nöthigen Anträge gestellt und die Schriften mit den Namen seiner Mandanten unterzeichnet. — Deshalb der „Vornahme solcher Handlungen" angeklagt, welche nur kraft des öffentlichen Amtes eines Rechtsanwalts vorgenommen werden dürfen," ward er in 1. Instanz freigesprochen, in der 2. aber aus § 104 verurtheilt, weil aus dem Gesammtinhalte der ertheilten und zur Ausführung gebrachten Vollmachten hervorgehe, daß dem Angeklagten „die Stellvertretung im Prozesse mit Ausnahme der Wahrnehmung der Termine vor Gericht übertragen werden sollte und übertragen worden sei; zu einer solchen Vertretung seien gesetzlich nur die

Rechtsanwalte berufen, wenn es auch statthaft sei, daß eine Partei ihre Prozeßschriften durch jeden Andern anfertigen lassen könne. — NB Zurückweisung. Gründe:

Die Gewerbeordnung für den Norddeutschen Bund v. 21. Juni 1869 findet nach ihrem § 6 auf die advokatorische Praxis keine Anwendung. Ebensowenig steht die Preuß. Gesetzgebung dem Imploranten zur Seite. Er beruft sich auf § 49 der Gew.-Ordn. v. 17. Jan. 1845, wonach diejenigen, welche aus dem Abfassen schriftlicher Aufsätze für Andere ein Gewerbe machen wollen, nur einer polizeilichen Conzession bedürfen. Der App.-Richter hat aber das Strafbare der Handlungsweise des Angeklagten nicht in der gewerbemäßigen Abfassung schriftlicher Aufsätze für Andere, insbesondere nicht in der bloßen Abfassung prozessualischer Schriften gefunden, es vielmehr ausdrücklich für zulässig erklärt, Prozeßschriften durch eine Privatperson anfertigen zu lassen. Die berufmäßige Vertretung von Parteien in Prozessen wird aber durch keine Bestimmung der cit. Gew.-Ordn. für ein freies Gewerbe erklärt und bildet im Geltungsgebiete der AGO. ein öffentliches Amt. Im Thl. III. Tit. 7 der AGO., welcher von dem Amte der Justizkommissarien und Notarien handelt, werden die Justizkommissarien (seit der Vdn. v. 2. Jan. 1849 Rechtsanwalte genannt) im § 2 als Personen bezeichnet, welche dazu bestimmt und autorisirt sind, den Einwohnern und Unterthanen sowohl in ihren Prozessen als Rechtsbeistände oder Bevollmächtigte zu dienen, als ihnen in ihren, keinen Prozeß betreffenden Angelegenheiten mit ihrem Rath und Beistande auf Verlangen an die Hand zu gehen. Nach Anh. § 462 zu § 3 h. t. sind die Justizcommissarien als wirkliche Staatsdiener anzusehen. Der § 4 h. t. schreibt vor:

> Inwiefern bei Prozessen auch Andere als Justiz-Commissarien zu Rechtsbeiständen oder Bevollmächtigten der Parteien zugelassen werden können, ist im Thl. I Tit. 3 §§ 14. 22ff. verordnet. Zu den übrigen § 1 bezeichneten Geschäften sind sie dergestalt ausschließlich befugt, daß außer ihnen in der Regel niemand dergleichen Geschäfte als ein Gewerbe betreiben darf.

Das Nebeneinanderstellen der Parteien-Vertretung in Prozessen und der Besorgung sonstiger Rechtsangelegenheiten ergiebt, daß man auch die Vorschriften im Thl. I. Tit. 3 im Sinne einer ausschließenden Befugniß aufgefaßt hat, von welcher Ausnahmen nur so weit gelten, als sie vom Gesetze ausdrücklich zugelassen sind. Der § 22 in dem zuletzt cit. Titel stellt aber als Regel auf:

> Wenn eine Partei die Instruktion ihres Prozesses nicht persönlich abwarten kann, oder sonst davon dispensirt ist, so muß sie aus den bei dem Gericht zur Prozeßpraxis bestellten Justiz-Commissarien einen Bevollmächtigten wählen.

Man würde diese Vorschrift zu eng interpretiren, wenn man sie nur auf die Abwartung der gerichtlichen Termine beziehen wollte, bei der damaligen Instruktionsweise, die fast ausschließlich auf der Instruirung zu richterlichem Protokoll beruhte, umfaßte die Abwartung der Instruktionstermine nahezu den ganzen Betrieb der Sache. Daß der § 22 in der That den letzteren und nicht blos die Abwartung der Instruktionstermine im Sinne hat, ergiebt § 24 h. t., nach welchem die Partei zwar dem bevollmächtigten Justiz-Commissarius noch andere Personen als Beistände zuordnen kann, jedoch mit der Einschränkung, daß „der Betrieb der Sache dem eigentlichen Bevollmächtigten hauptsächlich obliegt und er dem Gerichte dafür verantwortlich ist." Die Ausnahmen von der Regel des § 22 sind in den §§ 25 und 26 h. t. aufgestellt. Danach können auch diejenigen Personen, welche nach Vorschrift der Gesetze (ALR. I. 13 § 119 ff.) in den Angelegenheiten gewisser anderer Personen die Vermuthung einer Vollmacht für sich haben, als Bevollmächtigte zugelassen werden, andere Personen aber nur soweit es sich um die Abwendung einer Gefahr im Verzuge handelt und sie für die nachzubringende Genehmigung der Partei Kaution bestellen. Weder diese letzte, auf einzelne Prozeßhandlungen beschränkte Vorschrift des § 26 noch die des § 25 berührt die berufmäßige Vertretung von Parteien in Prozessen, welche sich nach der Feststellung des App.-Richters der Angeklagte angemaßt hat, und die nach dem Vorstehenden die ausschließliche Amtsbefugniß der Rechtsanwalte bildet. Die von dem Angeklagten als verletzt bezeichneten Vorschriften im § 1 Tit. 4 und § 1 Tit. 5 Thl. I. der AGO. betreffen die Anmeldung der Klage und die Aufnahme derselben, jene kann mündlich und schriftlich erfolgen, bei dieser kann der Kläger persönlich oder durch einen Bevollmächtigten thätig sein. Gegen diese Vorschriften verstoßen die Erwägungen des App.-Richters nirgends. Ebensowenig ist ersichtlich, daß irgend eine Vorschrift der Vdn. v. 1. Juni 1833 und 21. Juli 1846, welche in Pausch und Bogen als verletzt bezeichnet sind, von dem App.-Richter verkannt oder unrichtig angewendet wäre. Die Aenderungen, welche diese Gesetze an dem System der AGO. herbeigeführt haben, betreffen nur die Art der Prozeßführung, die zum Theil in ein schriftliches Verfahren verwandelt ist, und berühren die ausschließlichen Amtsrechte der Rechtsanwalte nur insoweit, als die Annehmbarkeit gewisser Prozeßschriften von der Abfassung oder Unterzeichnung derselben durch einen Rechtsanwalt abhängig gemacht wird. Alles dies hat mit der berufsmäßigen Vertretung der Parteien im Prozesse nichts zu schaffen. Jene Verordnungen haben bewirkt, daß es jetzt mehr Prozeßschriften giebt und sie geben dadurch mehr Gelegenheit, Prozeßschriften durch eine Privatperson abfassen zu lassen, sie gestatten aber mit keinem Worte einer Privatperson — abgesehen von den Ausnahmefällen der §§ 25 u. 26 I. 3 der AGO. — in Vertretung der Parteien, als Bevollmächtigte derselben, einen Prozeß zu betreiben. Dieser Auffassung entsprechen mehrfache Entscheidungen des OTrib.s. So stellt das Z I. v. 11. Jan. 1861 c. Ruhwedel (RdOTr. 1. S. 201) den Satz auf: „daß die Vertretung der Parteien in Prozessen vor Gericht in der Regel und wo nicht ausdrückliche Ausnahmen entgegenstehen, ein ausschließliches Recht der Rechtsanwälte ist." Und daß mit dem Ausdruck „vor Gericht" nicht nur die Wahrnehmung der Termine, sondern auch der sonstige Betrieb der Sache bezeichnet werde, ergiebt das Z. II. v.

18. Sept. 1862 c. Grohmann (RdOTr. 3. S. 10), welches den § 104 des StGB.s auf die Feststellung anwendbar erklärt, daß der Angeklagte zwei ihm nur zum Schein cedirte Forderungen des F. eingeklagt und da er sich als Vertreter des F. in einem Prozesse gerirt, auf diese Weise unbefugt Handlungen vorgenommen habe, welche nur kraft des öffentlichen Amtes eines Rechtsanwalts vorgenommen werden durften; — ferner das Z. I. v. 19. Nov. 1862 c. Fischer (G. A. 11. S. 55), das einen Fall betrifft, in welchem der fingirte Cessionar in den Terminen nicht persönlich erschienen war und nur schriftliche Anträge von ihm vorlagen. Auch das gegen den jetzigen Imploranten ergangene Z. II. v. 5. März 1868 (RdOTr. 9. S. 177) erachtete ganz allgemein das Auftreten des Angeklagten als Prozeßbevollmächtigter vor Gericht für einen Eingriff in das Amt der Rechtsanwälte.

Antr. d. OStA.: entg. [35.—3.]

---

**Beweisantrag. — Nichtwiederholung. — Verhafteter.**

**Die nicht erschöpfende Berücksichtigung eines von dem verhafteten Angeklagten gestellten Beweisantrages hat Nichtigkeit zur Folge, sollte auch der für jenen in der Sitzung 2. Instanz erschienene Official-Vertheidiger die Wiederholung jenes Antrags verabsäumt haben.**

Vdn. v. 3. Jan. 1849 § 52 [n. 18]. 126 [n. 47]. Vgl. RdOTr. 2. S. 122; 6. S. 483; 7. S. 398 Contra: Z. (I 182) 5. Febr. 1869 c. Willems: G. A. 17. S 382.

Erk. (V I) v. 11. Febr. 1870 c. Braunsdorf (235 I Cr.)

Der dem Angeklagten zugeordnete Vertheidiger hat zwar im Audienztermine zweiter Instanz den Beweisantrag nicht wiederholt, indeß kommt es hierauf nicht an, weil der Implorant verhaftet ist, der App.-Richter auch auf Prüfung des Entlastungsbeweises, jedoch nicht in erschöpfender Weise sich eingelassen hat. [20—8.]

---

**Diebstahl. — Raub. — Eßwaaren.**

**Der an Eßwaaren rc. von unbedeutendem Werthe rc. verübte Raub ist aus § 231 des StGB.s zu bestrafen und nicht aus**

StGB. § 349 Nr. 3 [n. 21a]. — [§ 231 n 1].

Beschl. (I) v 11. Febr. 1870 c. Richter (41 B. I Cr.). [28—8]

---

**Versteigerung. — Abhalten vom Mitbieten. — Dolus. — Schadenszufügung.**

**Zum Thatbestande des strafbaren Abhaltens vom Mitbieten bei einer Versteigerung gehört weder eine gewinnsüchtige Absicht noch die Zufügung eines Schadens.**

StGB. § 270 [n. 14. 15]

Erk. (Z. I.) v. 11. Febr. 1870 c. Samuel 147. I Cr.).

Der § 270 des StGB.s ist nicht verletzt. Seinem Wortlaut nach enthält derselbe das Erforderniß der gewinnsüchtigen Absicht und der Schadenszufügung nicht. Aus der Stellung unter dem Titel vom „strafbaren Eigennutz" folgt das erstere Erforderniß nicht von selbst, da die Entstehungsgeschichte dieses Titels ergiebt, daß unter denselben verschiedene Vorschriften nur deshalb gestellt worden sind, weil das Gesetzbuch eine andere passendere Stellung nicht darbot. Die Quellen — die Vdn. v 14. Juli 1797 und der Art. 412 des Code pénal — ergeben aber deutlich, daß man hierbei vorwiegend die Verletzung der öffentlichen Ordnung, die Hinderung des Rechtsweges u. s. w. im Auge gehabt hat. Daß der Schade eines Dritten dabei die gewöhnliche Folge sei, und in den meisten Fällen eine gewinnsüchtige Absicht in der That obgewaltet habe, ist, auch wenn beide nicht ausdrücklich gefordert sind, nach der Natur der Handlung vorausgesetzt.

Antr. d. GStA.: gleichl. [15.—8]

## Gerichtsstand. — Prävention. — Verweisung.

**Besteht in Betreff der Frage, bei welchem von zwei an sich zuständigen Gerichten der Gerichtsstand durch Prävention fixirt sei, zwischen den betr. Staatsanwalten eine Meinungsverschiedenheit, so kann das höhere Gericht diesen Streit lösen und die Sache an das zuerst befaßte Gericht verweisen.**

Ges. v. 3. Mai 1852 Art 4 [n. 7a]

**Beschl. (I.) v. 11. Febr. 1870 c. Schulz** (58 B. I. Cr.).

Wegen eines am 1 Juli in K. verübten schweren Diebstahls hatte der StA. zu Krossen bei dem dortigen Kreisgerichte als dem Gerichte der begangenen That am 13. Oktober die Feststellung des objektiven Thatbestandes und Ermittlungen in Betreff der Person des unbekannten Thäters in Antrag gebracht, welche indessen nicht zu einem Resultate und nicht zur Erhebung einer Anklage führten. Demnächst wurde im Dezbr in Grüneberg der Arbeiter Sch. wegen Führung eines falschen Namens verhaftet und im Besitze eines von jenem Diebstahle herrührenden Notizbuchs gefunden. Demzufolge wurden die Akten zur weiteren Verfolgung vom KG. in Gr. an den StA. zu Kr. abgegeben, welcher indessen die Uebernahme der Sache ablehnte, weil mit derselben das als forum deprehensionis zuständige KG. in Gr. bereits befaßt sei. — Demzufolge beantragte der StA. zu Gr. beim OTr. die Verweisung der Sache an das KG. zu Kr aus Zweckmäßigkeitsrücksichten. — Die Gen.-Staats-Anwaltschaft beantragte Zurückweisung dieses Antrags: „zwar seien an sich beide Gerichte zuständig; bei dem zu Kr. sei aber durch Prävention der Gerichtsstand fixirt, dieses sei also auch von Gesetzeswegen — und ohne Mitwirkung des höhern Gerichts — berufen, die Sache weiter zu verfolgen; hier handle es sich nicht sowohl von einer Ueberweisung der Sache von dem zunächst berufenen Gerichte an ein anderes, als von der Weigerung des StA.s zu Kr., seinerseits gegen Sch Anklage zu erheben; diese sei aber im Wege einer Beschwerde bei dem vorgesetzten OStA. zum Austrage zu bringen."

Das OTr. hat die Sache an das Kreisgericht zu Kr. gelangen lassen, „mit der Anweisung, sich der weiteren Untersuchung durch die Bezüchtigung des rc. Sch. zu unterziehen." Gründe:

Abgesehen davon, ob die bisherigen bei dem KG. zu Gr. gepflogenen Verhandlungen im gesetzlichen Sinne als ein strafrechtliches Einschreiten auch in Bezug auf den gedachten Cunersdorfer Diebstahl zu betrachten sind, so findet auch hier jedenfalls der Abs. 1 des Art. 4 des Ges.s v. 3. Mai 1852 Anwendung, indem durch das Einschreiten des Kgl. StA.s die Untersuchung dort bereits früher anhängig geworden ist.

[15 —8]

---

**Zeuge. — Nicht-Vereidung. — Berücksichtigung.**

**Nichtigkeit tritt ein, wenn der Instanzrichter ein nicht beeidigtes Zeugniß als ein „beeidigtes" berücksichtigt.**

Vdn. v. 3. Jan. 1849 § 22 [n. 70]. 55 [n. 23].

Erk. (B. I.) v. 16. Febr. 1870 c. Becker (2 I. Cr.).

Der App.-Richter hatte die erstrichterliche Feststellung beibehalten und zur Begründung derselben auch noch die Aussage des nur im Vorverfahren uneidlich vernommenen Bruders des Angeklagten herbeigezogen, indem er diese Aussage eine „eidliche" nannte. — Vernichtung:

„da der App.-Richter einer nicht beeidigten Aussage die Eigenschaft eines eidlichen Zeugnisses beigelegt, und sie als ein solches seinen thatsächlichen Erwägungen zum Grunde gelegt, dadurch aber gegen die Vorschrift des § 22 der Vdn. v. 3. Jan 1849 und § 332 der Crim.-Ordn verstoßen hat.

Antr. d. GStA.: entg. [30.—8]

---

**Nothwehr. — Excess. — Fahrlässigkeit.**

**Der Zustand der Vertheidigung, welcher erforderlich ist, um einen gegenwärtigen rechtswidrigen Angriff etc. abzuwenden, schliesst es nicht aus, dass dabei aus Fahrlässigkeit über die Grenzen der statthaften Vertheidigung hinausgegangen werde. Ein in dieser Weise begangenes Fahrlässigkeits-Vergehen ist straflos, wenn jenes Hinausgehen nur die Folge der Bestürzung etc. war. —**

StGB. § 41 [n. 11a]. 184 [n. 5]. Das OAG. nahm sonach an, daß die Feststellung der „Fahrlässigkeit" und des entschuldbaren Excesses keinen Widerspruch in sich schließe.

# Die Rechtsprechung

des

# Königlichen Ober-Tribunals

und des Königlichen

# Ober-Appellations-Gerichts

in

## Straf-Sachen

herausgegeben

von

**Dr. F. C. Oppenhoff,**
Ober-Staats-Anwalt beim Königl. Ober-Tribunal.

---

Elften Bandes drittes Heft.

Berlin, 1870.
Druck und Verlag von Georg Reimer.

# Inhalt.

**Erk. (Z.) v. 16. Febr. 1870 c. Fabra** (OAG. II. 258 v. 1869).

Der Oekonom F. war, weil er mehrere junge Bursche, welche seinen (des F.) Dienstmägden einen nächtlichen Besuch abstatten wollten, durch sein Hinzukommen verscheucht und einen derselben R. durch einen nachgesendeten Schuß tödtlich verletzt hatte, unter der Anklage der vorsätzlichen tödtlichen Körperverletzung (StGB. § 194) vor den Schw.-GH. gestellt worden. Hier wurde den Geschwornen (ohne Widerspruch des StA.s) zunächst eine Frage (2) in Gemäßheit des § 194 vorgelegt; sodann eine Eventualfrage:

(3) „Hat F. durch einen Schuß fahrlässiger Weise den Tod des rc. R. herbeigeführt?"

dann folgte eine Frage (4) nach den Voraussetzungen der Nothwehr und schließlich eine Frage:

(5) „Ist F. bei der durch Frage 3 festgestellten That über die Grenzen derjenigen Vertheidigung, welche erforderlich war, um einen gegenwärtigen rechtswidrigen Angriff von sich selbst oder Andern abzuwenden, nur aus Bestürzung, Furcht oder Schrecken hinausgegangen?"

Die Geschwornen verneinten die zweite und vierte, bejahten dagegen die dritte und fünfte Frage, worauf der GH. unter Bezugnahme auf § 41 des StGB.s freisprach. NB. des StA.s. Derselbe suchte auszuführen, daß die Verhandlung für die Annahme „eines gegenwärtigen rechtswidrigen Angriffs", welcher eine Abwehr erforderlich gemacht hätte, keine thatsächliche Grundlage geboten habe; jedenfalls aber sei die Stellung einer die Nothwehr oder den Exceß der Nothwehr betreffenden Frage nur in Beziehung auf die angeschuldigte vorsätzliche Strafthat, (Fr. 1 und 2) nicht aber in Beziehung auf die „fahrlässige Tödtung" statthaft gewesen, weil eine fahrlässige Nothwehr begriffswidrig sei; Nothwehr setze eine vorsätzliche Reaktion voraus, nicht eine kulpose Handlung; ohne das Vorhandensein des Zustandes der Nothwehr könne auch der Exceß des letzteren nicht straffrei machen (vgl. Oppenh. StGB. z. § 41 n. 12). — Zurückweisung. Gründe:

Auf die zunächst angeregten Zweifel darüber, ob durch die Hauptverhandlung genügende Veranlassung zu einer aus StGB. § 41 zu stellenden Nebenfrage dargeboten gewesen sei, braucht schon darum nicht eingegangen zu werden, weil der desfällige Antrag des Vertheidigers nach der StPO. § 319 gar nicht abgelehnt werden durfte.

Formell stellt sich der Wahrspruch der Geschworenen, da derselbe auf Fragen, welche die Anklage erschöpfen und von allen Betheiligten genehmigt worden waren, erfolgt ist, als ein regelrecht abgegebener dar, und es kann daher jetzt nur noch darauf ankommen, ob die Antworten ihrem Inhalte nach einen, Nichtigkeit bewirkenden, Fehler enthalten. Daß dies der Fall sei, liegt in den, freilich zunächst gegen die Fassung der Fragen gerichteten Rügen der erhobenen NB.; es soll nach derselben, wenn man von richtigen Rechtsbegriffen ausgehe, ohne logischen Widerspruch nicht möglich sein, die beiden Fragen (3) und (5) neben einander zu bejahen. In diesem Sinne wird ausgeführt, daß die Annahme einer fahrlässigen Nothwehr begriffswidrig sei, Nothwehr setze eine vorsätzliche Reaktion voraus, und nach Bejahung der fahrlässigen Tödtung zu Frage (3) könne von Entschuldbarkeit dieser That aus § 41 cit. nicht mehr die Rede sein, da dieser § auch in seinem 2. Theile eine zum Zwecke der Vertheidigung, also vorsätzlich vorgenommene Handlung, nicht eine fahrlässige Handlung, voraussetze. Richtig ist es, daß Nothwehr begriffsmäßig nicht ohne Absichtlichkeit der Reaktion gedacht werden kann. Allein Absichtlichkeit der Vertheidigung ist nicht durch die Verneinung einer absichtlichen Strafthat ausgeschlossen, es ist vielmehr vollkommen denkbar, daß der Angeklagte eine vor dem Strafgesetz indifferente Handlung gewollt, bei deren Ausführung aber die erforderliche Vorsicht außer Acht gelassen hat, und es enthält daher keinen Widerspruch, wenn die Frage (5) den Angeklagten in Betreff der aus Fahrlässigkeit bei der Vertheidigung begangenen Gesetzwidrigkeit wegen der bei ihm obwaltenden Bestürzung, Furcht oder Schrecken für nicht verantwortlich erklärt. Daß endlich der § 41 des StGB.s in seinem zweiten Theile, wenn er vorsätzliche Ausschreitungen bei der Vertheidigung gegen widerrechtlichen Angriff aus mächtiger Erregung der Affekte entschuldigt, um so mehr auf eine dabei unter gleichen Umständen vorgekommene Fahrlässigkeit zur Anwendung gebracht werden müsse, folgt aus der Unzulässigkeit restriktiver Auslegung des Gesetzes, wenn ein auf die Einschränkung gerichteter Wille des Gesetzgebers sich nicht nachweisen läßt, ja im Hinblick auf das richtige Verhältniß vom Mehr zum Minder nicht einmal als wahrscheinlich gedacht werden kann.

Antr. d. GASt.: entg. [62.—6.]

---

**1. Bankerutt. — Konkurrenz.**
**2. Setzen ausser Verfolgung. — Strafkammer.**

**1. Durch die wegen „Bankerutts" erhobene Anklage wird der Richter mit dem ganzen Verhalten des Angeschuldigten, insoweit dasselbe unter die §§ 259 oder 261 des StGB s fallen kann befasst. Hat die Rathskammer dieserhalb ausser Verfolgung gesetzt, so findet ein neues Verfahren wegen Bankerutts nur dann statt, wenn sich neue erhebliche Thatsachen oder neue Beweismittel ermitteln, sollte die neue Anklage auch einen andern Fall der citt. §§ [und ein anderes konkretes Thuen oder Unterlassen] zum Gegenstande haben.**

StGB. § 259 [n. 33 31]. Vgl. unten B. (II. 66) v 24. Febr. 1869 c. Seulen

**2. Findet die mit einer Sache befasste Strafkammer, dass das eingeleitete Strafverfahren mit Rücksicht auf einen früheren den Angeschuldigten ausser Verfolgung setzenden Beschluss unstatthaft sei, so darf sie nicht auf „Freisprechung" erkennen.**

StPO. § 418. Die Strafkammer muss sich dann darauf beschränken, das erneuerte Verfahren „zur Zeit fur unstatthaft zu erklären"

Erk. (Z.) v. 16. Febr. 1870 c. Hartwig (OAG. II. 43).

Nachdem gegen H. die Voruntersuchung wegen betrüglichen Bankerutts (Bei-Seite-Schaffens eines Theils seines Vermögens: StGB. § 259 Nr. 1) geführt worden war, ward er von der Anklage-Kammer außer Verfolgung gesetzt, weil diese den zu jenem Verbrechen erforderlichen „rechtswidrigen Vorsatz" für nicht erwiesen erachtete. Darauf erhob der StA. eine neue Anklage wegen einfachen Bankerutts aus § 261 Nr. 2 und 3 (unordentlicher Buchführung und unterlassener

Bilanzziehung). Beide Instanzgerichte erachteten indessen die erneuerte Strafverfolgung nach §§ 4 und 418 der StPO. für unzulässig, indem sie ausführten: „die beiden dem Angeklagten zur Last gelegten Handlungen (Unterlassungen) seien bei der früheren Untersuchung schon zur Sprache gekommen, und auch im Entwurfe der Anklageschrift (StPO § 78) bereits erwähnt worden, obgleich die Anklage selbst und die Anklageformel nur auf betrüglichen Bankerutt gerichtet waren; demgemäß sei die Rathskammer nach § 4 1 c in der Lage gewesen, die That des Angeklagten aus dem jetzt neuerdings geltend gemachten Gesichtspunkte zu prüfen; somit sei durch die endgültig erfolgte Setzung außer Verfolgung auch die jetzt versuchte neue Verfolgung ausgeschlossen (§ 418), da neu ermittelte Thatsachen oder Beweismittel nicht vorlägen. — Die vom StA. gegen das freisprechende Erkenntniß wegen unrichtiger Anwendung der citt. §§ 4 und 418 ergriffene NB. ward zurückgewiesen. Gründe:

[1.] Der Bankerutt, welcher im 24. Titel des StGB.s unter Strafe gestellt worden, ist nicht ein gemeinsamer Name, unter dem verschiedene selbstständige Begehungen oder Unterlassungen, die für einen falliten Kaufmann Strafthaten bilden, zusammengefaßt werden, wie der § 243 eine Reihe der verschiedenartigsten Thatbestände unter den Begriff des — qualificirten — Betrugs subsumirt, sondern er ist die durch Zahlungseinstellung herbeigeführte Benachtheiligung der Gläubiger, welche für Kaufleute wegen der Gefährdung des öffentlichen Kredits unter Strafe gestellt ist, falls sie betrüglich (§ 259) oder leichtfertiger Weise (§ 261) veranlaßt worden ist. Daß dies geschehen, soll beim Vorhandensein eines der in den §§ 259 und 261 unter je 4 Nummern aufgeführten Hergänge angenommen werden, es bilden dieselben nicht selbstständige Verbrechensthatbestände (§ 56), sondern sie enthalten die vom Gesetze fixirten Voraussetzungen, unter denen die für den Thatbestand der Strafthat erforderliche Willensrichtung des Thäters vom Richter angenommen, die eingetretene Benachtheiligung der Gläubiger als dolose oder culpose dem handeltreibenden Kridar imputirt werden soll. Durch die Anklage wegen Bankerutts wird daher das gesammte Verhalten des Angeklagten, welches nach den Aufstellungen der §§ 259 und 261 für die

Beurtheilung der Zurechnung zur Schuld von Bedeutung ist, der richterlichen Prüfung unterstellt, und dem Richter ist es nach Vorschrift des § 4 der StPO. unbenommen, wenn er die von der StA.-schaft angeführten Momente nicht für indicirt hält, andere durch die Untersuchung hervorgetretene, vom Gesetze als schlüssig anerkannte Vorkommnisse zu berücksichtigen, welche die angeschuldigte That, den Bankerutt, als eine, die dem Angeklagten zur Strafe zugerechnet werden kann, außer Zweifel stellt. Nach Einstellung des Verfahrens wegen Bankerutts aber durch die Raths- oder Anklagekammer ist die Möglichkeit einer wiederholten Anklage wegen — betrüglichen oder einfachen — Bankerutts auf Grund derselben Zahlungseinstellung und dadurch verursachten Beschädigung der Kreditoren nach § 418 der StPO. ausgeschlossen, sofern nicht neue Thatsache geltend gemacht worden.

[2.] Die Frage, ob in einem andern der als Präsumtionsgründe der Verschuldung des Bankerutts sich darstellenden Hergänge der §§ 259 und 261 des StGB.s sich ein neues Beweismittel für die Imputabilität der That ergiebt, ressortirt allerdings der Rathskammer, und die Strafkammer war sohin nicht sowohl in der Lage, den nunmehr wegen einfachen Bankerutts verfolgten Angeklagten freizusprechen, als vielmehr die Entscheidung über Wiederaufnahme des Verfahrens der Rathskammer zu überlassen; es ist jedoch die Nichtigkeit nicht in diesem prozessualischen Verstoß, sondern in der aus unrichtigem Verständniß der §§ 259 und 261 des StGB.s unterbliebenen Verurtheilung durch die Strafkammer, beziehungsweise Zurückweisung der auf reformatorische Verurtheilung in zweiter Instanz abzielenden Berufung gefunden worden, und aus der Entscheidung über die Neuheit der Thatsachen aus Nr. 2 und 3 des § 261 ein Angriffsmoment gegen das Berufungsurtheil nicht entlehnt.

Antr. d. GStA.: entg [66.—6.]

---

**Wohnung, fremde. — Eindringen. — Recht. — Miether.**

Das Eindringen in eine fremde Wohnung gegen den ausgesprochenen Willen des Hausbesitzers ist strafbar, selbst wenn der Angeklagte beabsichtigte, den Miether eines Theiles des betr. Hauses zu besuchen, sobald dieses letztere geschehen sollte, um eine die Rechte des Hausbesitzers verletzende Handlung vorzunehmen.

StGB. § 346 Nr. 1 [n 3a].

**Erk. (Z. I.) v. 16. Febr. 1870 c. Minzlaff** (108. I Cr.).

X. hatte in Erfahrung gebracht, daß der Restaurateur R., welchem er den oberen Stock seines Hauses vermiethet hatte, heimlich und ohne Zahlung der rückständigen Miethe mit seinen Mobilien auszuziehen beabsichtige. Er verbot daher den zu diesem Zwecke von R. bestellten Arbeitern ꝛc. den Eintritt in sein Haus. Gleichwohl drang Einer der letzteren: M. in die Wohnung ein, und ward deshalb aus § 346 Nr. 1 des StGB.s bestraft. Seine NB. rügte Verletzung dieser Gesetzesstelle sowie des § 536 I, 20 und des § 395 I, 21 des ALR.s: „sein Eindringen in jenes Haus sei kein widerrechtliches gewesen, da er nur das vom Miether desselben (R.) dort gehaltene öffentliche Schanklokal habe besuchen wollen." — Zurückweisung, weil

„der App.-Richter thatsächlich festgestellt habe, daß M. und seine Genossen nicht als Gäste in das Haus gekommen sind, sondern um dem ꝛc. R. bei seinem heimlichen Auszuge zu helfen und zwar mittels gewaltsamen Aufdrängens der Hausthüre, bzw. Zurückdrängens des Damnifikaten, demnach habe der App.-Richter rechtlich zutreffend ein „widerrechtliches" Eindringen angenommen und es für unerheblich erachtet, ob im Exmissionsprozesse der ꝛc. R. schließlich ein obsiegliches Urtheil erstritten habe."

Antr. d. GStA.: Zurückweisung. [30.—8.]

---

**Untreue. — Vormund. — Proxeneticum. — Theilnahme.**

Der Vormund, welcher beim Verkaufe eines Mündelguts sich für sich selbst ein Proxeneticum versprechen läßt, macht sich der Untreue, und der das Letztere Versprechende und Zahlende der Theilnahme an jenen Vergehen schuldig.

StGB. § 246 [n. 10a]; ALR. I, 13 §§ 62. 63; I, 18 § 235.

**Erk. (Z. I.) v. 16. Febr. 1870 c. Tötzke u. Barnett** (143. I. Cr.).

T. hatte als Vormund der Minorennen J. R. ein dieser letzteren gemeinschaftlich mit ihrer Mutter gehöriges Grundstück unter Mitwirkung der letztern an B. für 4000 Thlr. verkauft und sich dabei für angeblich gehabte Mühwaltungen von dem Käufer noch außerdem ein Honorar von 50 Thlrn. versprechen und zahlen lassen; B. hatte diese Summe versprochen und gezahlt, „damit T. die Wittwe R., welche ursprünglich ein höheres Kaufgeld verlangt hatte, zur Einwilligung in den Vertrag bestimmen möge," — obgleich ihm die Eigenschaft des T. als Vormund der J R. bekannt war. — Hierin fanden die Instanzrichter eine „Untreue" des T., und eine Theilnahme des B, weil „T. verpflichtet gewesen sei, Alles was er mit Rücksicht auf den geschlossenen Vertrag von B. erhalten, insbesondere als auch jene 50 Thlr. seiner Curandin zuzuwenden; er sei daher zur Stipulirung eines Proxeneticums" für sich nicht berechtigt gewesen. — NB, welche Verletzung des angewendeten § 246 und der §§ 1 und 33 des StGB s in Verbindung mit den §§ 550 II, 18 des ALR.s rügte. Zurückweisung. Gründe:

[In den Ausführungen der Instanzrichter] liegt ein Rechtsirrthum nicht, da denselben die klaren gesetzlichen Vorschriften in den §§ 62. 63 I, 13 und § 235 II, 13 des ALR.s zur Seite stehen. Ebensowenig liegt ein Rechtsirrthum darin, daß, wie der App. - Richter hinzufügt durch die Zahlung der 50 Thlr. das Kaufgeld von 4000 Thlrn. um so viel erhöht wurde und daß wenn diese 50 Thlr. den beiden Verkäuferinnen antheilsweise also auch der Curandin gebührten, die letztere dadurch, daß sie der Vormund für sich erhob, statt sie ohne Weiteres dem Kaufgelde hinzuzufügen, in einen „Nachtheil" versetzt wurde. Es ist dabei nicht verkannt worden, daß das dem französischen „préjudice" entsprechende Wort „Nachtheil", welches an mehreren Stellen des StGB.s, sowie in den §§ 225. 243 (Nr. 7. 8) 246 vorkommt, nicht gleichbedeutend mit „Schaden" ist, sondern zunächst nur eine minder günstige Position bedeutet, aus welcher ein Schaden dermaleinst entstehen kann, wenn auch nicht nothwendig entstehen muß; vgl. G. Arch. 3 S. 586 ff.; RdOTr. 7. S. 331. Einen solchen Nachtheil konnten die Vorderrichter, sowie sie gethan, füglich darin finden, daß der Angeklagte T. die 50 Thlr. für sich behalten hatte statt sie dem Kaufgelde zurechnen zu lassen. Hält man diesen Gesichtspunkt fest, so liegt auch ein Rechtsirrthum darin nicht, wenn die Vorderrichter kein Gewicht darauf legen, daß der Kaufcontract über das Nachlaßgrundstück während der Minderjährigkeit der J. R. die obervormundschaftliche Bestätigung nicht erhalten hatte, folglich nicht perfect geworden war, seine Perfection vielmehr erst nach erfolgter Entlassung der Pflegebefohlenen aus der vormundschaftlichen Gewalt durch deren Genehmigung eintrat. Denn wenn der „Nachtheil" im Sinne des Gesetzes schon in der Möglichkeit eines künftigen Schadens nicht in einer bereits wirklich vollendeten Benachtheiligung besteht, so war derselbe selbstverständlich schon mit der Abschließung des Vertrages durch den Vormund eingetreten, damit also schon damals, wie die Vorderrichter zutreffend ausführen, von dem Vormunde zum Nachtheile der Pflegebefohlenen gehandelt und also das Vergehen der Untreue vollendet worden. Ist hiernach aber in Bezug auf den Hauptangeklagten T. von den Vorderrichtern ein Rechtsirrthum nicht begangen worden, so liegt ein solcher auch nicht gegen den Mitangeklagten B. vor, da dieser mit genügender Kenntniß von der Sachlage die Handlung des T. nicht blos unterstützt, sondern sogar erst möglich gemacht hat.

Antr. d. GStA.: Zurückweisung. [28.—8.]

---

## Rheinisches Recht. — Mobilarverkauf. — Verbot.

**Die Rheinischen Gesetze, nach welchen öffentliche Mobiliarversteigerungen nur durch die vom Gesetz dazu berufenen Beamten abgehalten werden durften, sind aufgehoben.**

(Rh.) Ges. v. 22. pluv. VII Artt. 1 7; [Berg. Dekr. v. 28 Jan. 1813 Artt. 19. 26,] Bund.-Gew.-Ordn. v. 21. Juni 1869 §§ 1. 36.

Erk. (Z. II.) v. 17. Febr. 1870 c Esser (46. II. Cr.).

E. hatte nach der instanzrichterlichen Feststellung „— ohne Zuziehung eines dazu gesetzlich berechtigten öffentlichen Beamten einen öffentlichen Verkauf [Versteigerung] seines Grasaufwuchses abgehalten, — nachdem denselben eine öffentliche Bekanntmachung vorhergegangen war." Der erste Richter strafte wegen Zuwiderhandlung gegen Art. 7 des (Rh) Ges.s v. 22 pluv. VII.; der zweite Richter sprach dagegen frei, weil er (im Widerspruche gegen den ersten) annahm: jenes Rh. Gesetz sei durch § 36 der BGew.-Ordn. v 21. Juni 1869 aufgehoben. Der Kass.-Rekurs des Ober-Prokurators war darauf gestützt, daß das Gesetz v. J. VII zum Gewerbewesen in gar keiner Beziehung stehe, jede Einzelhandlung der fraglichen Art verbiete und namentlich auch denjenigen getroffen habe, welcher seine eignen Sachen versteigere; dasselbe sei nach der feststehenden Praxis des frühern Kass.-Hofes und des Kgl. OTr.s weder durch die Aufhebung der französischen Enregistrementsgesetze noch durch die Gew.-Ordn v 17. Jan. 1845 beseitigt worden; die BGew.-Ordn. habe nur das Gewerbe der Auktionatoren als solches von der bis dahin erforderlichen Konzessionirung (Gew.-Ordn. v 1845 § 51) befreit, nicht aber die für jede Einzelhandlung bestehenden gesetzlichen Beschränkungen beseitigt; früher habe auch der vorschriftsmäßig konzessionirte „Auktionator" wie jeder Andere in der Rheinprovinz eine Versteigerung nur unter Zuziehung eines Gerichtsvollziehers ꝛc. abhalten dürfen; durch die Beseitigung der für den gedachten Gewerbebetrieb früher erforderten polizeilichen Gestattung konne sonach die auf jede Einzelhandlung bezügliche Verbotsbestimmung des Ges.s v. J. VII. nicht beseitigt sein. Verwerfung. Das OTr. erwog:

daß das Verbot des öffentlichen Verkaufs von Mobilien in Art. 1 und 7 des Ges.s v. 20. Febr. 1799 (22. pluv. VII.) zwar nicht allein den gewerbemäßigen Betrieb solcher Verkäufe, sondern jeden derartigen Verkauf durch andere Personen, als die dazu berufenen Beamten, untersagte,

daß dieses Verbot auch dadurch allein, daß der Grund, aus welchem es erlaßen worden — die Sicherung der Enregistrementsgebühren — wegfiel, nicht außer Kraft getreten ist und das entsprechende Verbot des Art. 19 des für das Großherzogthum Berg erlassenen Decretes v. 28. Januar 1813 durch die General-Gouvernements-Verordnung v. 31. August 1814 nur bis zum Erlasse der Justizministerial-Verfügung v. 7. Juli 1826 aufgehoben war,

daß unter der Herrschaft der Allg. Gewerbe-Ordnung

v. 17. Januar 1845 die „Geschäfte der Auktionatoren" gemäß des § 51 überhaupt nur von Personen betrieben werden durften, welche dazu von den competenten Behörden angestellt oder konzessionirt waren und aus dieser Bestimmung ein practischer Zweifel gegen die fortdauernde Anwendbarkeit des Art. 1 des Ges.s v. 20. Februar 1799 nicht entstehen konnte,

daß aber die Gewerbeordnung für den Norddeutschen Bund v. 21. Juni 1869 den Betrieb des Gewerbes der Auktionatoren seit dem 1. Oktober desselben Jahres freigegeben und den Landesgesetzen nichts weiter vorbehalten hat, als besondere Beamte für Auktionen mit der Berechtigung bestehen zu lassen, oder anzustellen, solchen Verkäufen eine besondere Glaubwürdigkeit beizulegen oder daran besondere rechtliche Wirkungen zu knüpfen,

daß die Freigebung des gewerbemäßigen Betriebes von Auktionen (ohne die eben gedachten besonderen Wirkungen) die Straflosigkeit der Vornahme einer einzelnen Auktion nothwendig in sich schließt und es mit der im § 1 der Norddeutschen Gewerbeordnung anerkannten Gewerbefreiheit nicht vereinbar sein würde, Jemanden wegen eines einzelnen Geschäftes, blos deshalb, weil er es verrichtet, auf Grund eines älteren Gesetzes, welches damit die Sicherung einer untergegangenen Abgabe bezweckte, für strafbar zu erachten, nachdem die gewerbemaßige Wiederholung solcher Geschäfte auf Grund eben jenes älteren Gesetzes nach dem klaren Wortlaute des neuen nicht mehr bestraft werden darf,

daß demnach der Art. 1 des cit. Ges.s von 1799 mit § 1 und § 36 der Gewerbe-Ordnung von 1869 insofern in Widerspruch und erstere durch letztere aufgehoben erscheint, als nach jenem Privatpersonen keine öffentlichen Verkäufe von Mobilien abhalten durften, solche aber jetzt Jedermann unverwehrt sind, der damit nicht die besonderen nur durch die Autorität eines dazu berufenen Beamten erreichbaren Wirkungen erzielen will,

in Erwägung, daß auch die vorderrichterliche Anwendung der Norddeutschen Gewerbeordnung auf den vorliegenden Fall in dem Grundsatze seine Rechtfertigung findet, welcher in Art. 4 des Einführungs-Gesetzes zum StGB. von 1851 einen Ausdruck gefunden hat.

Antr. d. GStA.: entgegen. [23.—3.]

—— ——

## Chausseehebestelle. — Umfahren. — Dolus.

**1. Derjenige, welcher eine im Scheitelpunkte zweier zusammentreffenden Landstraßen befindliche Hebestelle dadurch vermeidet, daß er vor derselben die bisher benutzte Straße verläßt, um auf einem Nebenwege die andere zu erreichen, — macht sich nicht des „Umfahrens" jener Stelle schuldig, selbst wenn die letztere für beide in Hebekombination stehende Straßen das Chausseegeld zu vereinnehmen hat.**

**2. Das „Umfahren" einer Hebestelle ist nur dann strafbar, wenn es in der Absicht geschah, sich der Zahlung des Chausseegeldes zu entziehen.**

Ch.-Geld-Tarif v. 29. Febr. 1840 Zuss Bemerkk. Nr. 5; Vgl. RdOTr. 2 S. 338; 5 S 298; 6. S. 19; 10. S. 26. 686.

**Erk. (Z. II.) v. 17. Febr. 1870 c. v. Henninger** (7. II. Cr.).

In die Halberstadt-Magdeburger Chaussee mündet bei Kroppenstädt eine von Quedlinburg und Heteborn herkommende Chaussee ein. Im Scheitelpunkte des dadurch gebildeten spitzen Winkels liegt die Hebestelle Kr, welche nach allen Seiten hin das Chausseegeld erhebt, ohne Unterschied, von welcher Seite her die Fuhrwerke ꝛc. kommen und nach welcher Richtung hin sie weiterfahren. v. H. hatte jene von Quedlinburg herkommende Landstraße von seinem Wohnorte Heteborn aus eine Strecke weit benutzt, sie aber vor der Hebestelle Kr. verlassen, um auf einem kürzeren Seitenwege die von Kroppenstädt nach Halberstadt führende Chaussee zu erreichen und auf dieser weiter zu fahren. Hierin fand die Prov.-Steuer-Direktion das „Umfahren" der Hebestelle Kr, welche für beide Chausseen das Chausseegeld erhebe; in einem solchen Falle der Hebekombination seien beide Chausseen als zusammengehörend anzusehen und ein Umfahren liege vor, wenn ohne die Hebestelle zu berühren, die eine Straße vor und die andere hinter derselben benutzt worden sei. — Beide Instanzgerichte sprachen aber frei, weil v. H 1. „als er, um von seinem Wohnorte Heteborn nach Halberstadt zu gelangen, den vor Kroppenstädt seitwärts abführenden Kommunikationsweg benutzte, zwar die Quedlinburg-Kroppenstädt-Magdeburger, nicht aber die Magdeburg-Halberstädter Chaussee, in welche er nach Befahrung des fraglichen Kommunikationswegs gelangte, benutzt habe;" und 2, weil anzunehmen sei, daß v. H. nicht beabsichtigt habe, sich der Entrichtung des Chausseegeldes zu entziehen. NB. Zurückweisung Gründe:

[1.] Die Annahme [ad 1] steht mit der betr. Gesetzesvorschrift nicht im Widerspruche und rechtfertigt für sich allein die Entscheidung; und

[2.] Auch der zweite Entscheidungsgrund verstößt nicht gegen die gesetzliche Vorschrift, da zu dem Begriffe jeder Defraudation die Absicht, sich der Abgabe zu entziehen, erforderlich, welche Absicht zwar der Regel nach dem Defraudanten nicht besonders nachgewiesen zu werden braucht, die aber dann bei Beurtheilung der Strafbarkeit der inkriminirten Handlung in Betracht kommt, wenn die Umstände des konkreten Falles klar ergeben, daß der Angeklagte eine solche Absicht nicht gehabt haben könne.

Antr. d. OStA.. entg. [29.—3.]

---

**Ausbleiben. — Beschluß.**

**Bleibt der vor die Gerichtsabtheilung geladene Angeklagte aus, oder entfernt er sich wieder vor Beendigung der Verhandlung, so wird mit der Beweiserhebung und weiteren Verhandlung in contumaciam verfahren, ohne daß es dazu eines besonderen dieses anordnenden Beschlusses bedarf.**

Von. v. 3. Jan. 1849 §§ 32. 35 [n. 5] 51 [n. 8].

**Erk. (Z. I.) v. 18. Febr. 1870 c. v. Karlowski** (181. I Cr.).

[28.—6.]

---

**Stempelpflichtigkeit. — Civilentscheidung, bindend.**

**Ist der einer Stempelhinterziehung Angeklagte vorher mit seiner in Betreff der Stempelpflichtigkeit angestellten Civilklage abgewiesen worden, so ist diese**

**Entscheidung in Betreff der Frage, ob jener zur Entrichtung der Steuer verpflichtet war, für den Strafrichter bindend.**

Ges. v. 24. Mai 1861 § 14.

Erk. (Z. 1) v. 18. Febr. 1870 c. Lindstädt (156. I. Cr.). [18 – 6.]

---

**Strafantrag. — Zurücknahme. — Minderjähriger.**

**Ein Minderjähriger kann den von ihm [durch Anstellung der Privatklage] wegen Ehrverletzung gestellten Strafantrag ohne Zustimmung des ihm für die Privatklage bestellten Rechtsbeistandes zurücknehmen.**

StPO. §§ 494; StGB § 53. 160 [n. 4]; Einf.-Ges. z. StGB. Art. XVIII. [n. 8].

Beschl v. 23. Febr. 1870 Zipp c Bücher (OAG. II 5).

Die minderjährige E. Z. hatte gegen die S. B. wegen Ehrverletzung Privatklage erhoben, und das Pol.-Gericht ihr zu diesem Ende (auf Grund des § 95 der Civ.-Proz.-Ordn. v. 24. Juni 1867) einen Rechtsanwalt als Rechtsbeistand zugeordnet. Obgleich nun die Z vor einem zur Fortsetzung der Verhandlung angesetzten Termine den Strafantrag zurücknahm, — ließ der Pol.-Richter jene Verhandlung vor sich gehen, und bestimmte einen weiteren Termin zur Beweisaufnahme. Beide Parteien beschwerten sich dieserhalb beim Berufungsgerichte; dieses verwarf aber die Beschwerde, weil der bestellte Rechtsbeistand der Z. der Zurücknahme des Strafantrags Seitens der letztern nicht zugestimmt habe. — Auf die NB. der Beklagten hat das OAG diesen letzteren Beschluß vernichtet und (durch Beschluß) das beim Amtsgerichte eingeleitete Verfahren eingestellt, indem es erwog:

daß der dem angegriffenen Kreisgerichtsbeschluß gemachte Vorwurf in einem unrichtigen Verständniß des in dem § 494 der StPO. enthaltenen Prozeßrechtsgrundsatzes gefunden wird und auch begründet ist,

da von der in dieser Gesetzesstelle enthaltenen Vorschrift über die prozessualische Vertretung eines zur selbstständigen Verfolgung seiner Rechte vor Gericht unfähigen minderjährigen Privatklägers das Recht des beleidigten Minderjährigen völlig unabhängig ist, den die Voraussetzung der gerichtlichen Verfolgung einer Ehrenkränkung bildenden Bestrafungsantrag zu stellen, welcher nach § 54 des StGB.s auch ihm, falls er das 16. Lebensjahr zurückgelegt hat, selbstständig eingeräumt ist,

und von dessen Fortdauer zufolge §§ 53. 160 des StGB.s das gerichtliche Einschreiten nach der Bestimmung des § 2 der StPO. abhängig ist, ohne daß dem lediglich zur Vertretung im Prozeß bestimmten Rechtsbeistand ein eigenes Recht zur Aufrechthaltung eines Bestrafungsantrages im Widerspruch mit dem dazu Berechtigten oder das Erforderniß einer Supplirung des materiellen Dispositionsrechtes des Minderjährigen beigelegt erscheint.

[66 — 6]

---

**Beleidigung. — Wahrheitsbeweis. — Thatsache.**

**1. Der Beweis der Wahrheit einer ehrverletzenden Behauptung ꝛc. ist nur in Betreff äußerer in die Erscheinung getretener Thatsachen zulässig.**

StGB. Thl. II. Tit. 13 [S. 287 n 27].

**2. Haben die zuständigen Behörden die in Anregung gebrachte Einleitung einer Untersuchung wegen einer angeblich verübten strafbaren Handlung abgelehnt, so kann der (wegen der Behauptung jener Thatsachen verfolgte) Denuntiant nicht die Mittheilung der Gründe jener Ablehnung verlangen.**

StGB § 159 [n 8].

**Erk. (Z. I.) v. 23. Febr. 1870 c. Hinz (208. I. Cr.).**

Antr. d. GStA.: gleichl. [34.—8.]

---

**1. Vertagungsantrag. — Ablehnung. — Gründe.**
**2. Verleumdung. — Gericht.**

**1. Nichtigkeit tritt ein, wenn der Instanzrichter nicht die Gründe angiebt, aus welchen er ein den gesetzlichen Anforderungen entsprechendes Vertagungsgesuch ablehnt.**

Vdn v 3 Jan. 1849 § 33 [n 4] Vgl. RdOTr 3 S 164

**2. Die Strafbarkeit der Verbreitung ꝛc. einer einen Andern dem Hasse aussetzenden Thatsache, z. B. der Mittheilung eines angeblich bestehenden Gerüchtes, wird nur durch den Beweis der Wahrheit ausgeschlossen.**

StGB. § 156 [n. 15. 17] 157 [n 4]

**Erk. (B. Z I.) v. 23. Febr. 1870 c. Hoffmann** (144. I. Cr.).

[1.] Nach § 33 der Vdn. v. 3. Jan. 1849 kann auf Grund bescheinigter erheblicher Hindernisse dem Antrage des Angeklagten auf Ansetzung eines neuen Termins stattgegeben werden. Wenngleich nun die diesfällige Bewilligung dem Ermessen des Richters anheimgegeben ist, so ist er doch auch andererseits verpflichtet, seine Ablehnungsgründe, sobald das Prorogationsgesuch den gesetzlichen Erfordernissen entspricht, erkennbar zu machen. Im vorliegenden Falle lag dem Antrage ein ärztliches Attest über eine, dem Imploranten kurz vor dem Termine befallene erhebliche Krankheit bei, und der App.-Richter hätte demgemäß sich darüber aussprechen sollen, weshalb er demselben keine Beachtung angedeihen lassen könne.

[2.] Der App.-Richter hat gegen die Bestimmung des § 156 des StGB.s rechtlich nicht gefehlt. Denn zum Begriffe des Thatbestandes des Vergehens der Verleumdung gehört nach der konstanten Rechtsprechung nur die Behauptung oder Verbreitung der im Gesetz näher bestimmten Thatsachen, ohne daß der Thäter die Gewißheit hat, dieselben erweisen zu können. Es hat dies bereits bei Berathung des StGB.s die Kommission der 2. Kammer bemerklich gemacht, indem sie hervorhob,

> daß demjenigen, welcher verleumderische Thatsachen behaupte, oder verbreite, die Pflicht obliege, vorher zu prüfen, ob sie wirklich wahr seien, daß, wenn er ohne eine solche Prüfung dergleichen unwahre Thatsachen behaupte oder verbreite, seine Handlung immer eine wissentliche, d. h. mit Bewußtsein der Folgen vorgenommene, und einen Angriff gegen den guten Namen des Anderen enthaltende sei, und daß es nur auf die Strafzumessung von Einfluß sein könne, ob loser Vorsatz die Ehre des

Letzteren zu kränken oder ihm sonst zu schaden, oder aber Muthwillen und Leichtsinn das Motiv der Verleumdung waren. (Verhh. der 1. u. 2. Kammer S. 131 des Sep.-Abdrucks).

Es ist deshalb im § 157 des StGB.s bestimmt, daß nur der Beweis der Wahrheit von der sonst eintretenden Bestrafung befreien kann. Einen solchen Beweis hat aber der Angeklagte H. nicht einmal vorgeschlagen, geschweige geführt und festgestellt ist, daß die inkriminirte Mittheilung unwahre Thatsachen enthält. Es ist deshalb auch gleichgiltig, ob er bei der Befragung des Mitangeklagten W. seine Indignation über das angeblich umlaufende Gerücht zu erkennen gegeben und daß er denselben nur habe über seine Wissenschaft ausforschen wollen. Nun hat er sich freilich darauf berufen, daß das bezügliche Gerücht in G. zur Zeit seiner Mittheilung verbreitet gewesen, und daß nach dem B. I. v. 20. Oktbr. 1865 Schwarzbauer contra Hoffmann (G. A. 14. S. 61) eine Verleumdung dann nicht vorhanden sei, wenn das Gerücht wirklich bereits sämmtlichen Personen, denen es mitgetheilt wurde, bekannt war. Allein der App.-Richter hat eben angenommen, daß W. bei der ihm gewordenen Mittheilung auf Befragen des H. geantwortet habe, daß er von dem Stadtgespräche noch nichts gehört, und uberhaupt nicht erwiesen sei, daß das Gerücht dem W. bei der H—schen Mittheilung bereits bekannt gewesen. Darnach ist mit Recht der in dem allegirten Urtheile aufgestellte Grundsatz als für den vorliegenden Fall nicht anwendbar erachtet worden, indem dasselbe auch ausdrücklich hervorhebt, daß das Mittheilen eines kursirenden Gerüchts an und für sich ebenfalls ein Verbreiten desselben bilden könne.

Antr. d. GStA: gleichl. [20.—8.]

---

**Richter, erkennender. — Unzuständigkeit. — Einstellung des Verfahrens.**

Das Urtheil des erkennenden Richters, durch welches er „das Verfahren einstellt,“

**weil die That des Angeklagten den Kreis seiner Zuständigkeit überschreite, — ist nichtig, wenn dasselbe nicht den Vorschriften entspricht, welche enthalten sind im Schlusssatze der**

StPO § 47. Vgl. RbOTr. 9. S. 644

**Erk. (V.) v. 23. Febr. 1870 c. Hoffmann** (OAG II. 48).

Der Pol.-Anw. hatte eine Anklage wegen Mißhandlung (§ 187 des StGB.s) gegen H. erhoben und denselben zu einem Verhandlungstermine vorladen lassen. In diesem erschien für den H. ein Vertheidiger, welcher die Unzuständigkeit des Pol.-Gerichts rügte. Ohne zu einer Beweisaufnahme zu schreiten, erließ darauf der Pol.-Richter unter Mitwirkung der Schoffen ein „Urtheil", durch welches das Verfahren eingestellt wurde, weil die im § 187 angedrohte Strafe die amtsgerichtliche Zuständigkeit übersteige. Dieses Urtheil focht der StA., an welchen demzufolge die Sache gelangte, durch NB. an, weil

1., dasselbe auf Grund eines mangelhaften Verfahrens ergangen sei, da im Termine — ausweislich des Sitzungsprotokolls, — weder die Verlesung der Anklageschrift, noch eine Vernehmung des Angeklagten, noch eine Beweisaufnahme stattgefunden habe; und weil

2., das Urtheil selbst dem § 47 der StPO. nicht entspreche, indem es weder die wesentlichen Merkmale des für vorliegend erachteten Straffalles, noch die Beweise für das Vorhandensein derselben hervorhebe, sich auch nicht darüber ausspreche, ob es das Vergehen „für erwiesen annehme," und endlich nicht den Richter bezeichne, vor welchen die That gehöre. —

Vernichtung und Zurückverweisung der Sache an das PG

Gründe:

Wenn die dem Angeklagten zur Last gelegte Handlung in sachlicher Beziehung nicht zur Kompetenz des Vorderrichters gehörte, so war dieser in der Lage, nach Maßgabe des § 89 der StPO. durch Beschluß die Einleitung des Hauptverfahrens abzulehnen oder aber nach einem, den Vorschriften des § 47 der StPO. entsprechenden, Verfahren durch ein mit thatsächlichen Feststellungen versehenes **Urtheil** seine Unzuständigkeit auszusprechen und zugleich den andern Richter zu bezeichnen, vor welchen die That gehöre. Vorliegend hat aber der Vorderrichter ohne vorangegangenes Beweisverfahren und darauf gegründete thatsächliche Feststellung blos auf den Grund des Inhalts der Anklageschrift unter Mitwirkung von Schöffen ein Urtheil erlassen, wodurch er lediglich das Verfahren wegen Unzuständigkeit einstellt. Dieses Urtheil ist deshalb mit Verletzung jener wesentlichen Vorschriften des § 47 der StPO. ergangen und war somit, sammt dem in dem Termine v. ꝛc. stattgehabten Verfahren, unter Zurückverweisung der Sache in die vorige Instanz, zu vernichten, wodurch die Sache in die Lage gelangt, worin sie sich bei Erhebung der Anklage befand.

Antr. d GStA.: Vernichtung ꝛc [64.—9]

---

**Beamter. — Bureaugehülfe. — Gehülfe des Landoberschultheiss. — Nassau.**

Die Bureaugehülfen der Amtsgerichte und die Gehülfen der Landoberschultheissen in Nassau, welchen die Führung der Stockbücher übertragen ist, sind Beamte

StGB. § 331 [n. 13] Vgl. Nass Instr. f. d. Landoberschulth § 5, JMin.-Erl v. 14 Aug 1867

**Erk (Z.) v. 23. Febr. 1870 c. Knoth (OAG. II 25).** [64 – 6.]

---

**Auswanderung. — Vermittlung. — Ort der That. — Norddeutscher.**

1. Ein schriftlicher Auswanderungsvertrag ist in Preußen abgeschlossen, wenn hier das verpflichtende Schriftstück ausgehändigt worden ist, sollte es auch außer Preußen ausgestellt sein.

2. Das Gesetz v. 7. Mai 1853, die Vermittlung von Auswanderungsverträgen betreffend, ist durch die Bundesgesetzgebung im Wesentlichen nicht geändert worden. Ein norddeutscher Nichtpreuße bedarf zu jenem Geschäfte in Preußen der Konzession durch die Preußische Behörde (Regierung); er kann dieselbe nur dann erlangen, wenn er in Preußen einen Wohnort hat.

**Erk. (Z. I.) v. 23. Febr 1870 c v. Lobedanz** (136. I. Cr.).

v. L (Hamburger) hatte, ohne eine Konzession der Preußischen Regierung zum Abschlusse von Auswanderungsverträgen zu besitzen, dem (Mit-Angeklagten) Arbeiter H, nachdem dieser ihm Auswanderungslustige bezeichnet und das von diesen eingezahlte Handgeld eingesandt, von Hamburg aus nach Preußen s. g. Haftscheine zur Aushändigung an jene Personen geschickt. Diese „Haftscheine" enthielten eine Quittung über das gezahlte Handgeld und die Bestimmung über die Zeit der Abreise, über das ganze zu zahlende Ueberfahrtsgeld, und über die Bedingungen der Ueberfahrt. Hierin fanden die Instanzrichter den Thatbestand des im Ges. v. 7. Mai 1853 § 10 vorgesehenen Vergehens (Vermittlung von Auswanderungsverträgen ohne Konzession): durch die Zahlung des Handgeldes Seitens der Auswanderer, und durch die (in Preußen und im Auftrage des v L bewirkte) Aushändigung des von ihm unterzeichneten Haftscheins, durch welchen er in Betreff der Beförderung jene bestimmten Verpflichtungen übernehme, sei ein Vertragsverhältniß begründet worden, welches die Beförderung von Auswanderern nach außerdeutschen Ländern zum Zwecke habe, ein Mehr verlange das Gesetz nicht; es komme sonach nicht darauf an, ob in jenem Haftscheine schon alle Vereinbarungen des Vertrags über die Ueberführung der Personen und Sachen enthalten oder ob die spätere Einigung vorbehalten sei; ebensowenig sei es von Erheblichkeit, ob, wie v. L. unter Beweis gestellt hatte, der eigentliche Beförderungsvertrag regelmäßig erst später bei der Ankunft der Personen in Hamburg aufgenommen worden sei. —

Die NB. rügte Gesetzesverletzung in zweifacher Beziehung:

1., v. L. sei als Hamburger zwar „Norddeutscher" im Sinne der Bundesverfassung, aber im Sinne der §§ 3 und 4 des StGB.s ein „Ausländer": die Strafe des Preuß. Gesetzes könne ihn also nur dann treffen, wenn er gegen dasselbe in Preußen verstoßen habe; dieses nehme das AG. mit Unrecht an, da nicht festgestellt sei, daß er diejenigen Handlungen, durch welche seinerseits die Verträge abgeschlossen bzw. vermittelt worden seien, in Preußen vorgenommen habe;

2., das Ges. v 7. Mai 1853 § 2) sei durch die Bundesverfassung Art. 3 insoweit geändert worden, als jetzt jeder Norddeutsche konzessionsfähig sei, nach § 1 1 c. sei zur Ertheilung der Konzession die Bezirksregierung des Wohnorts berufen, sonach müsse es genügen, wenn sie der Nicht-Preuße von der Verwaltungsbehörde seines Wohnorts erlangt habe, demgemäß habe auch er (v. L) einer weiteren Konzession, außer der ihm vom Hamburger Senat ertheilten, für Preußen nicht bedurft.

Zurückweisung Gründe

[1.] Dem Imploranten ist zwar zugegeben, daß nach

dem Art. 3 der Verfassung des Nordd. Bundes dadurch, daß für den ganzen Umfang des Bundesgebietes ein gemeinsames Indigenat gewährt worden, die Angehörigen eines einzelnen Bundesstaates noch nicht im Sinne des § 3 des StGB.s „Preußen“ geworden, sondern diesem Strafgesetz gegenüber „Ausländer“ geblieben sind, und auf sie die Bestimmungen des § 4 des StGB.s Anwendung finden. Allein daraus folgt in dem vorliegenden Falle zu Gunsten des Imploranten Nichts. Denn nach § 3 l. c finden die Preuß. Strafgesetze auf alle in Preußen begangenen Verbrechen, Vergehen und Uebertretungen Anwendung, auch wenn der Thäter ein Ausländer ist. Nun haben aber beide Vorderrichter, ohne in einen Rechtsirrthum zu verfallen, angenommen, daß die zur Sprache gebrachten strafbaren Handlungen in Preußen vollendet worden sind. Die Begründung ist eine überall rechtlich zutreffende. Die sogenannten Haftscheine sind von dem Imploranten unterzeichnet, und er kann, nachdem sie, wie festgestellt, von den bezüglichen Auswanderern in Empfang genommen worden, auch nach den Vorschriften des ALR.s I, 5 § 116 ff., welche strenger sind als die des gemeinrechtlichen Civilrechts, seinerseits von dem solchergestalt perfekt gewordenen Vertrage nicht wieder abgehen. Durch den Haftschein hat er sich aber zur Beförderung des jedesmaligen Auswanderers nach Brasilien, also nach einem außerdeutschen Lande verpflichtet, und es ist somit die Anforderung des § 1 Ges. v. 7. Mai 1853 eingetreten. Ebenso unzweifelhaft erscheint es, daß der in Rede stehende Vertrag in Preußen perfekt geworden, da der Implorant denselben von Hamburg aus, den resp. in Preußen befindlichen Unterhändlern zum Behufe der Aushändigung an die Auswanderer gesandt hat, was auch geschehen ist. Es bedarf in dieser Beziehung nicht einmal des Hinweises darauf, daß auch bei einem bloßen Briefwechsel, derjenige Ort, an welchem der entscheidende Brief zur Kenntniß der Betheiligten gekommen, als der Ort der That zu betrachten ist, weil in den vorliegenden Fällen festgestelltermaßen der

Implorant die jedesmaligen Haftscheine durch Dritte in Preußen, an Preuß. Unterthanen hat aushändigen lassen, sich daher dieser Mittelspersonen als bloße Werkzeuge bedient hat, und daher nach allgemeinen strafrechtlichen Grundsätzen als Thäter und so anzusehen ist, als habe er selbst persönlich in Preußen die entscheidende strafbare Handlung begangen.

[2.] Das hier maßgebende Gesetz v. 7. Mai 1853 hat durch die Verfassung des Nordd. Bundes bis jetzt im Wesentlichen keine Veränderung erlitten. Allerdings bestimmt der, ein gemeinsames Indigenat einführende Art. 3 derselben, daß der Angehörige eines jeden Bundesstaates in jedem andern Bundesstaate, als Inländer zu behandeln und demgemäß auch zum Gewerbebetrieb, jedoch nur unter denselben Voraussetzungen, wie der Einheimische, zuzulassen ist. Dabei wurden im Art. 4 sub 1. l. c. der Bundesgesetzgebung die Bestimmungen über die Auswanderung nach außerdeutschen Ländern ausdrücklich vorbehalten, so daß es bis dahin, bei den geltenden Vorschriften jedes einzelnen Bundesstaates verblieben ist. Dies erhellt außerdem noch speciell aus dem § 6 der Nordd. Gew. Ordn. v. 21. Juni 1869, in welcher ausgesprochen ist, daß diese auf den Gewerbebetrieb der Auswanderungsunternehmer und Agenten keine Anwendung findet. Hieraus folgt aber, daß zwar der Angehörige eines Bundesstaates in Preußen das Gewerbe der Auswanderungsvermittelung an und für sich, ohne daß ihm in dieser Beziehung seine Eigenschaft als Nicht-Preuße entgegengestellt werden darf, betreiben kann, indeß doch nur unter denjenigen Bedingungen, welche das in Kraft gebliebene Gesetz v. 7. Mai 1853 aufstellt. Dazu gehört, daß der Betreffende in Preußen einen Wohnort hat, und daß ihm von der Preuß. Bezirks-Regierung dieses Wohnorts die entsprechende Conzession ertheilt worden ist. Es ergeben dies die §§ 1. 2. l. c. unzweifelhaft und erkennt der Implorant es selbst an. Es steht aber thatsächlich fest, daß derselbe in Preußen keinen Wohnort hat, und daß er sich im Besitz einer Preuß.

Regierungs-Concession nicht befindet. Die dem Imploranten Seitens des Bundesstaates Hamburg ertheilte Concession ist somit für Preußen indifferent und genügt deshalb auch nicht, um als ein Unterstützungsgrund für die Straflosigkeit der inkriminirten Handlung zu gelten, weil ihr eben die gesetzliche Qualifikation für Preußen fehlt

Antr. d. GStA: gleichl. [20—8.]

---

**Urkunde, fremde. — Vernichtung. — Dolus.**

**Die Vernichtung einer fremden Urkunde wird dadurch nicht straflos, daß der Thäter zur Ausstellung derselben durch Täuschung widerrechtlich veranlaßt worden war.**

StGB § 243 Nr. 8 [n 49 52]. Vgl. RbOTr. 9. S. 314; 10 S. 399.

**Erk. (Z. I.) v. 23. Febr. 1870 c. Müller** (88 I. Cr.).

M., in 1. Instanz aus § 243 Nr. 8 des StGB.s verurtheilt, weil er „einen von ihm ausgestellten Schuldschein, welcher ihm nicht gehörte, zum Nachtheile des rc. G. vernichtet habe," — stellte in 2. Instanz unter Beweis, daß er zur Unterzeichnung jenes Schuldscheins ohne Kenntniß des Inhalts lediglich durch eine Täuschung des G. veranlaßt worden sei, und daß er der von G. erhobenen Klage den Einwand, daß das betr. Rechtsgeschäft nicht abgeschlossen worden, entgegengesetzt und hierüber dem G den Eid zugeschoben habe, welchen dieser nicht geleistet, vielmehr die Klage zurückgenommen habe. Das AG. lehnte indessen die Beweiserhebung ab, weil es zur Anwendung der cit. Nr. 8 genüge, daß der Angeklagte „bei seiner Handlung sich bewußt gewesen sei, daß der Schein jetzt nicht ihm, sondern dem G gehöre und daß er in dessen Händen diesem zum Vortheil, ihm aber zum Nachtheile gereiche; auch werde die Strafbarkeit dadurch nicht ausgeschlossen, daß M sich aus dem von ihm angeführten Grunde zur Vernichtung des Scheins berechtigt gehalten habe" — Das OTr. hat diese Erwägungen für „nicht rechtsirrthümlich" erachtet, weil zum Thatbestande des cit § ein weiterer Dolus des Thäters nicht erfordert werde, „als das Bewußtsein, das die vernichtete Urkunde ihm nicht gehöre und daß er einen Andern durch seine Handlung in eine nachtheilige Lage in Beziehung auf die Geltendmachung seiner Rechte versetze, was offenbar durch Entziehung eines Beweismittels geschehe"

Antr d GStA: gleichl. [33—8.]

**1. Urkunde. — Unterschrift, wessen?**
**2. Urkundenfälschung. — Gebrauch. — Täuschung, worüber?**

**1. Ein Schriftstück, in welchem es erkennbar gemacht ist, daß die darunter befindliche Namensschrift nicht von demjenigen herrühre, dessen Namen sie wiedergiebt, ist keine Urkunde.**

**2. Eine „Urkundenfälschung" liegt nur da vor, wo das gefälschte Schriftstück zu dem Zwecke gebraucht ist, um über die Existenz oder die Bedeutung des durch dieselbe zu beweisenden Rechtsverhältnisses zu täuschen, nicht also da, wo eine Täuschung nur in Betreff der Identität des Schriftstücks selbst bezweckt wurde.**

StGB. § 247 [n. 72. 15. 34. 38].

**Beschl. (I.) v. 23. Febr. 1870 c. Schacht** (50 B. I. Cr.).

Der Gastwirth Kl. war im Besitze mehrerer dem ꝛc. Sch. gehöriger Dokumente, welche er nur gegen Zurückgabe einer in den Besitz des letztern gelangten löschungsfähigen (notariellen) Quittung herausgeben wollte. Sch. übergab ihm darauf ein Schriftstück, welches er als jene notarielle Quittung bezeichnete, das aber in Wahrheit nur eine von ihm selbst angefertigte und mit der Unterschrift: „Herm. N. Justizrath und Notar" versehene Abschrift derselben war; der hierdurch getäuschte Kl. gab hierauf die gewünschten Dokumente heraus. — Hierin hatte die Anklage einen Betrug des Sch. gefunden; die Gerichtsabtheilung erachtete dagegen den Thatbestand der Urkundenfälschung für vorliegend und erklärte sich inkompetent. In Folge eines die Eröffnung der Untersuchung „wegen Betrugs" wiedereröffnenden Beschlusses des AG s gelangte die Sache zur Hebung des negativen Kompetenzkonflikts an das OTr., welches das Unzuständigkeitsurtheil des KG.s aufhob und die Sache an das letztere zurückverwies, indem es erwog:

daß der Gastwirth Kl. sich im Besitze mehrerer von dem Angeklagten in dessen Gasthofe zurückgelassener Dokumente befand und deren Herausgabe an den Angeklagten nur gegen Zurückgabe der in den Besitz desselben gelangten löschungsfähigen Quittung v. 14 Juni 1866, welche der Kl über eine für ihn auf dem Grundstücke des Angeklagten eingetragenen Hypothek von 4000 Thlrn. auf Verlangen des Angeklagten ausgestellt hatte, leisten wollte;

daß das Interesse des Kl. an dieser Quittung, obwohl er für die auf seinen Namen eingetragene Hypothek keinerlei Valuta gegeben hatte, theils in den von ihm verauslagten Kosten für den Notariatsakt, deren Ersatz ihm zustand, theils aber in seinem Verhältniß als Cedent der gedachten Hypothek an den Sch., welche Cession lediglich auf Verlangen und im Interesse des Angeklagten erfolgt war, bestand;

daß nun der Angeklagte dieses Uebereinkommen durch Uebergabe des hier in Rede stehenden Schriftstücks, welches er als die von dem Angeklagten ausgestellte Quittung v. 14. Juni 1866 bezeichnete, an den Kl. erfüllt und von diesem dagegen die in Rede stehenden Werthpapiere erhalten hat;

daß jedoch das übergebene Schriftstück ein fälschlich von dem Angeklagten unter Benutzung einer durch ihn veranlaßten Abschrift der Original-Quittung gefertigtes ist;

daß in dieser Handlung nicht wie in dem Erkenntnisse des Kgl. KG.s zu E. v. 2c. angenommen worden, der Thatbestand der Urkundenfälschung nach § 247 des StGB.s, sondern nur derjenige des Betrugs nach § 241 ibid. liegt;

daß nämlich zum Thatbestande der Urkundenfälschung durch fälschliche Herstellung eines Schriftstücks auf den Namen eines Anderen die fingirte Unterschrift des letzteren gehört, während unter dem vorliegenden Schriftstück, welches die von dem Notar R. aufgenommene Quittung v. 14. Juni 1866 darstellen soll, sich statt des Namens des R. der Vermerk befindet:

„(gez.) Herm. R. Justizrath und Notar"

durch diesen Vermerk sich also das Schriftstück mit Einschluß dieser Unterzeichnung selbst nur als Abschrift des Original-Dokuments darstellt;

daß endlich nach dem Präjudiz des Plenums des OTr.s v. 30. Juni 1856, (G. A. 4. S. 530) „zum Begriffe der Urkundenfälschung gehört, daß die Handlung der Fälschung nach Absicht und Zweck auf dasjenige Rechtsverhältniß von Einfluß sein muß, zu dessen Beweise die Schrift nach Maaßgabe des Abs.s 2 des § 247 des StGB.s von Erheblichkeit ist;" — an diesem Erfordernisse es aber im vorliegenden Falle fehlt, weil, so viel Interesse auch der Kl. rechtlich aus den oben angeführten Gründen an der Besitzerlangung der Original-Quittung hatte, dennoch das vorliegende Uebereinkommen zwischen ihm und dem Angeklagten lediglich die Rückgabe der im Besitz des Kl. befindlichen anderweiten Dokumente gegen Rückempfang jener Quittung betraf, keineswegs also das in dieser letzteren beurkundete Rechtsverhältniß selbst berührte.

Antr. d GStA: in gleichem Sinne. [15.—8.]

---

## Mißhandlung. — Vater. — Gemeinschaft.

**Wer gemeinschaftlich mit einem Andern den Vater des letztern mißhandelt, verwirkt wie dieser die Strafe des**

StGB. § 191; [vgl. Thl. I Tit 3. S. 109 n 9].

**Erk. (Z. I.) v. 23. Febr. 1870 c. Zimmermann** (194. I. Cr.).

Z. hatte „in Gemeinschaft mit dem rc P. W. den Vater des letzteren W. W. vorsätzlich mißhandelt. Deshalb aus § 191 des StGB s bestraft, ergriff er die NB., weil die Strafe dieses § ihn nicht treffen könne, da er zu dem Mißhandelten in keinem Verwandtschaftsverhältnisse stehe. Zurückweisung, weil

die Feststellung vollständig den Thatbestand des § 191 erfüllt, auch vom zweiten Richter festgestellt ist, daß beide Angeklagten in Folge einer gemeinschaftlichen Verabredung die Mißhandlung des Vaters des Angeklagten P. W. verübt haben und hieraus mit Recht hergeleitet ist, daß der erschwerende Umstand der Mißhandlung des leiblichen Vaters des Angeklagten P. W. auch gegen den Mitangeklagten Z. zur Geltung kommt, weil derselbe Mitthäter auf Grund eines Komplotts ist, also derjenige Thatbestand maaßgebend ist, welcher nach den Verhältnissen auch nur Eines der Miturheber sich als der schwerste herausstellt.

Antr d GStA.: Zurückweisung. [34 —8 ]

---

**1. Sitzungsprotokoll. — Beweiskraft. — Zeugenaussage.**

**2. Unterschlagung. — Weglegen. — Absicht.**

**1. Das Sitzungsprotokoll ist in Betreff der darin enthaltenen Referirung der Aussagen der vernommenen Zeugen nicht ausschließlich beweisend.**

Ges. v. 3 Mai 1852 Art. 78 [n 17 54 66] Vgl. RbOTr 3. S 223; 4. S. 83.

**2. In der Annahme und dem Weglegen einer fremden Geldsumme ist ein den Thatbestand der Unterschlagung erfüllendes „Bei-Seite-Schaffen" zu finden, wenn es in der Absicht geschah, das Geld (vorbehaltlich späteren Ersatzes) für sich zu verbrauchen.**

StGB § 225 [n. 46. 41] Vgl. RbOTr 10. S 250, 9. S 501.

**Erk. (Z. II.) v 24 Febr. 1870 c. B. (49 II. Cr).**

Der KG Sekretär B. hatte Gelder, welche er in amtlicher Eigenschaft mit der Verpflichtung erhalten, sie an das KG. abzuliefern, zwei Jahre lang in seinem Hause aufbewahrt bzw. zurückbehalten. Hierin fand der erste Richter ein Bei-Seite-Schaffen, hervorgegangen aus der offenbaren Absicht das Geld, wenn auch nur vorübergehend dem Gerichte, bzw. dem Eigenthumer zu entziehen und für sich zu verwenden In zweiter Instanz focht der (wegen Amtsunterschlagung aus § 324 des StGB s) verurtheilte Angeklagte die thatsächliche Feststellung an, und hob hervor, daß die Gründe des ersten Richters von der irrigen Annahme ausgingen, ein Zeuge H. habe eidlich versichert daß ihm eine kreisgerichtliche Verfügung vom 5. Sept. 1868 nicht zugegangen sei; das Sitzungsprotokoll ergebe ausdrücklich, daß H den Empfang zweier Verfügungen v 5 Sept 1868 und Okt. 1868 bekundet habe; zwar seien im Protokolle die Worte „vom 5. Sept. 1868 und" durchstrichen, so daß jetzt der betr. Vermerk sich nur noch auf die Verfügung v. Okt 1868 beziehe; da aber diese Aenderung nicht genehmigt und nicht zu ersehen sei, wann und von wem sie bewirkt worden, so sei von ihr gänzlich abzusehen. nothigenfalls aber werde H wiederholt bekunden, daß ihm beide Verfugungen zugegangen seien. — Das AG hielt aber an der thatsächlichen Feststellung des 1. Richters fest und lehnte den Antrag auf Reexamination des Zeugen H über den Empfang der Verfügung v 5 Sept 1868 als ungerechtfertigt ab, „weil H. ausweislich des allein maaßgebenden Audienz-Protokolls erster Instanz den Empfang beider Verfügungen gradezu in Abrede gestellt habe," und Angeklagter selbst zugestehe „die Gelder ꝛc. 2 Jahre hinter sich behalten und davon seinen Vorgesetzten keine Anzeige gemacht zu haben." — In rechtlicher Beziehung sprach sich sodann das AG. in Uebereinstimmung mit dem KG. dahin aus,

„daß B. das Geld für sich zu gebrauchen beabsichtigt habe, in einer in dieser Absicht erfolgten Annahme und Weglegung des Geldes aber ein Bei-Seite-Schaffen gefunden werden müsse.

Die NB. fand in der Ablehnung der beantragten Reexamination des Zeugen H. eine Beschränkung der Vertheidigung und in der Schlußerwägung des AG.s eine Verkennung des Begriffs der Unterschlagung, welche eine den Gegenstand betreffende Handlung voraussetze, ein bloßes „Nichtabliefern," wie es hier vorliege also nicht genügen lasse.

Zurückweisung. Das OTr. erachtete es zwar

[1.] für rechtsirrthümlich, wenn der App.-Richter die Ablehnung [der Reexamination des H.] darauf stütze, „daß derselbe nach dem allein maaßgebenden Sitzungsprotokolle vom ꝛc. den Empfang der Briefe gradezu in Abrede gestellt habe", da das Sitzungsprotokoll hauptsächlich nur den Zweck habe, den gesetzlichen Gang des Verfahrens nachzuweisen und seine Beweiskraft sich auf den Inhalt der Zeugenaussagen regelmäßig nicht erstrecke, dasselbe also in dieser Hinsicht nicht allein maaßgebend sei. Gleichwohl nahm es eine Beschränkung der Vertheidigung nicht an, weil jene Ablehnung durch den zweiten thatsächlichen Grund des AG.s gerechtfertigt sei. —

Ebensowenig liege

[2.] in der rechtlichen Ausführung des AG.s ein Rechtsirrthum.

Antr. d. GStA.: gleichl. [27.—3.]

---

## Brandstiftung. — Brenn-Materialien. — Vorrath.

**Das vorsätzliche In-Brand-Setzen „fremder Brenn-Materialien" ist nur dann, wenn die Masse der letzteren einen „Vorrath" bildet, strafbar im Sinne des** StGB.s § 286 [n. 2. 3a].

Erk. (S. II.) v. 24. Febr. 1870 c. Hendricks (90. II. Cr.).

H. war unter der Anklage: „— — Brennmaterialien, welche Eigenthum des ꝛc. W. und vermöge ihrer Beschaffenheit und Lage geeignet waren, das Feuer bewohnten Gebäuden mitzutheilen, in Brand gesteckt zu haben: Verbrechen vorgesehen durch die §§ 286. 287. 285 des StGB.s —" vor den (Rh.) Schw.-GH. gestellt worden. Die Geschwornen erklärten denselben auf die der Anklage wörtlich entsprechende Frage „schuldig“ jedoch unter Ausschließung des Umstandes „daß die Brennmaterialien rc geeignet gewesen seien, das Feuer bewohnten Gebäuden mitzutheilen“ Demzufolge verurtheilte der GH. aus § 286 des StGB.s. — Das OTr. hat aber dieses Erkenntniß vernichtet und die Sache an einen andern Schw.-GH verwiesen, es erwog:

daß schon die grammatikalische Auslegung des § 286 cit. es unzweifelhaft an die Hand giebt, daß der in der Strafandrohung gebrauchte Ausdruck „Vorräthe“ nicht allein auf „landwirthschaftliche Erzeugnisse,“ sondern auch auf die dort genannten „Bau- und Brennmaterialien“ zu beziehen ist;

daß dies aber noch bestimmter aus der unzweifelhaften Absicht des Gesetzgebers, welcher durch den Ausdruck „Vorräthe“ eine größere, erheblichere Quantität der dort bezeichneten Gegenstände andeutete, hervorgeht, indem er als den Strafgrund die Erheblichkeit des durch die Brandstiftung angerichteten oder beabsichtigten Schadens dadurch klar zu erkennen gab, daß er die „Vorräthe von landwirthschaftlichen Erzeugnissen, sowie von Bau- und Brennmaterialien“ den übrigen im § genannten, an sich schon werthvollen Gegenständen gleichstellte;

daß endlich die legislativen Vorverhandlungen über das StGB. und namentlich der Kommissions-Bericht der 2. Kammer (S. 147) über den hier entwickelten Sinn des cit. § keinem Zweifel Raum geben;

daß mithin, da in Folge der Fragestellung durch das Verdikt der Geschwornen neben den andern Requisiten des § 286 cit. nicht auch festgestellt worden ist, daß das Objekt der Brandstiftung in einem „Vorrath von Brennmaterialien“ bestanden hat, eine Verurtheilung des Angeklagten auf Grund dieses § nicht ausgesprochen werden konnte, folglich das Urtheil des Assisenhofs wegen Verletzung des angewendeten Strafgesetzes zu cassiren ist;

in Erwägung zur Sache selbst, daß, wenn auch das Verdikt der Geschwornen, insoweit dasselbe die Voraussetzung des § 287 a. a. O. verneint und in dieser Beziehung aufrecht erhalten werden muß, dennoch die Anklage durch die Fragestellung nicht erschöpft worden ist, da in dem Anklage-

Akt das Objekt der Brandstiftung als in 800 Stück Schanzen bestehend bezeichnet ist, also in einer so großen Quantität, daß sie als ein „Vorrath von Brennmaterialien" im Sinne des Gesetzes sehr füglich aufgefaßt werden kann, und da im Anklageakt das dem Angeklagten zur Last gelegte Verbrechen zunächst als unter den § 286 a. a. O. fallend bezeichnet wird, so daß unverkennbar auch das in diesem § vorgesehene Verbrechen auch für sich allein und abgesehen von der Strafandrohung im § 287 ibid. dem Angeklagten zur Last gelegt worden ist;

daß daher der Assisenhof verpflichtet war, die Frage an die Geschwornen so zu stellen, daß sie sämmtlichen in § 286 aufgestellten Requisiten entsprach, oder daß die Anklage wenigstens durch eine Eventualfrage ihre schließliche Erledigung in dieser Richtung fand;

daß, da dies nicht geschehen, die Sache zur anderweiten Verhandlung und Entscheidung von dem hier angedeuteten Gesichtspunkte aus an einen andern Assisenhof zu verweisen ist.

Antr. d. OStA.: gleichl. [14—3]

---

## Jagd. — Hund. — Herzogthum Berg.

**Im Bereiche des ehemaligen Herzogthums Berg ist das Mitnehmen eines unangebundenen Hundes in ein fremdes Jagdrevier selbst dann, wenn der Hund immer in der Nähe seines Begleiters verbleibt, strafbar aus der**

Berg. Brüchten-Ordn v 2 Nov. 1802 Sect. B. n. 14. — Vgl. Rh. Kass.-H v 7. März 1842 c. Braun (Volkm. S 389), B. II v 16. Febr. 1854 c. Fekelsberg; B. II. v. 14 Dez. 1854 c. v. Oven; B. (II 149) v. 4 Febr 1858 c. Gladbach (Rh Arch. 49 2A. S 79; 50 2A S 47, 53. 2A. S. 76).

**Erk. (B. II.) v. 24 Febr. 1870 c. Pfeiffer** (38. II. Cr.).

In Erwägung, daß die Bestimmung der Berg. Brüchten-Ordnung v. 1802:

> Wer mit einem unangebundenen Hunde sich auf der Wildbahn betreten läßt, wird mit einer Ge'dbuße von zehn Reichsthalern bestraft,

einen jagdpolizeilichen Charakter und deren Anwendung lediglich die thatsächliche Voraussetzung hat, daß sich Jemand mit einem unangebundenen Hunde auf fremdem Jagdgebiet betreten läßt, der Hund sich also unangebunden bei seinem anwesenden Begleiter befinde;

in Erwägung, daß nach der thatsächlichen Annahme des Polizeirichters der Beschuldigte am 13. Juni 1869 zwar mit einem Hunde über Felder und durch den Busch gegangen ist, daß er aber den Hund fortwährend in seiner Nähe und nur einige Schritten von sich in seiner Begleitung gehabt haben soll;

daß der Polizeirichter nicht verneint, daß der Hund sich unangebunden in der Begleitung des Beschuldigten befunden habe, daß er seine Freisprechung vielmehr darauf gründet, daß die hier in Betracht kommenden Bestimmungen der Bergischen Jagd- und Forstsatzung v. 8. Mai 1761 §§ 9 und 11 und die Jülich-Bergische Brüchten-Ordnung von 1802 nur gegen das freie Umherlaufen der Hunde gerichtet seien, ein freies Umherlaufen aber nicht vorliege, wenn wie hier, der Hund stets in der Nähe seines Begleiters bleibe;

daß indessen das freie Umherlaufen eines ungeknüppelten Hundes ohne Beisein eines Begleiters der mildern Strafbestimmung der §§ 9 und 11 der Jagd- und Forstsatzung unterliegt, die Befreiung eines unangebundenen Hundes dagegen den Begleiter desselben der strengern, offenbar auf die in dieser Unterstellung nahe liegende leichtere Verübung eines Jagdfrevels gegründeten Ahndung aus der Brüchteordnung unterwirft;

daß mithin der Polizeirichter in die Bestimmung dieses letztern Gesetzes eine Voraussetzung hineingetragen hat, welche in derselben nicht liegt, sein Urtheil daher wegen unrichtiger Auslegung dieses Gesetzes der Kassation nicht entgehen kann; 2c..

Antr. d. GStA. gleichl [27—3]

**Bankerutt. — Konkurrenz. — Rechtskraft, relative.**

**Die im Gesetz aufgezählten verschiedenen Fälle des einfachen Bankerutts sind verschiedene selbstständige Handlungen. Umfaßt eine Anklage mehrere solche Fälle, so ist über jeden derselben eine besondere Entscheidung zu fällen, welche für den betr. Fall die (relative) Rechtskraft erlangen kann.**

StGB. §§ 259 [n. 33 34]. 261. Vgl. oben S 99

**Erk. (B. II) v. 24. Febr. 1870 c. Seulen** (66. II. Cr.).

Gegen die Handelsfrau S., welche ihre Zahlungen eingestellt hatte, war die Untersuchung wegen „einfachen Bankerutts" eröffnet worden, weil sie:

1., „— ihre Handelsbücher, zu deren Führung sie gesetzlich und nach der Beschaffenheit ihres Geschäfts verpflichtet war, so unordentlich geführt habe, daß dieselben keine Uebersicht des Vermögenszustandes gewährten" (StGB. § 261 Nr 2), und weil sie

2., „es unterlassen habe, die Bilanz ihres Vermögens jährlich zu ziehen" (ib. Nr 3).

Das KG. verurtheilte sie im Tenor seines Erkenntnisses „wegen einfachen Bankerutts" zu einer 14tägigen Gefängnißstrafe, indem es in den Gründen den ersten Anklagepunkt für erwiesen erklärte, in Betreff des zweiten aber ausführte: es sei „mit Rücksicht darauf, daß das Geschäft der S. nicht 1½ Jahre bestanden habe und mit Rücksicht auf die widersprechenden Gutachten der Sachverständigen darüber, ob die Bilanz von ihr alle Jahre oder nur zweijährig zu ziehen sei (H.-GB. Art. 29), nicht für festgestellt zu erachten, daß sie zur jährlichen Ziehung der Bilanz verpflichtet gewesen sei" Nur die Angeklagte appellirte und suchte die vom KG. in Betreff des ersten Anklagepunktes getroffene Feststellung durch neue Thatsachen und Beweise zu bekämpfen. Ohne auf die letzteren einzugehen, bestätigte indessen das AG. das erste Urtheil, indem es auf den vom 1. Richter ausgeschiedenen zweiten Anklagepunkt zurückgriff und (auf Grund einer hierauf bezüglichen neuen Beweiserhebung) thatsächlich feststellte: die Angeklagte sei zur alljährlichen Ziehung der Bilanz gesetzlich, und nach der Beschaffenheit ihres Geschäfts verpflichtet gewesen, und habe dieser Pflicht nicht genügt; dieserhalb sei die erstrichterliche Verurtheilung zu bestätigen, selbst wenn der vom KG. festgestellte Thatbestand durch Erhebung des beantragten Beweises beseitigt würde, weshalb es dieser Beweiserhebung gar nicht bedürfe Gleichzeitig erwog das AG „die relative Rechtskraft des erstrichterlichen Urtheils stehe hier nicht entgegen, auf die in jenem beseitigte Unterlassung der Bilanzziehung nochmals einzugehen, weil die relative Rechtskraft nur die Wirkung haben könne, eine härtere Bestrafung wegen desselben Vergehens auszuschließen; die Fälle des § 261 Nr. 2 und 3 seien aber keine verschiedenen selbstständigen Vergehen, sondern nur zwei Kriterien desselben Vergehens des einfachen Bankerutts; durch die Appellation der Angeklagten sei daher der App.-Richter mit der ganzen Anklage wieder befaßt worden." — Auf die NB der S hat das OTr. dieses Erkenntniß vernichtet und die Sache an das AG zurückverwiesen, weil der erste Anklagepunkt noch nicht erledigt sei. Gründe:

Die Annahme des App.-Richters ist eine rechtsirrthümliche und sie verletzt, wie die NB. mit Recht behauptet, die Grundsätze von der relativen Rechtskraft zum Nachtheil der Angeklagten. Denn die einzelnen Fälle, welche als einfacher Bankerutt aufgeführt sind, bilden nicht Kriterien eines und desselben Vergehens, sondern verschiedene selbstständige Handlungen, unter denen der im Fallimentszustand befindliche Handelsmann als Bankeruttirer bestraft werden soll. Abgesehen davon, daß das StGB. einen Gattungsbegriff des strafbaren Bankerutts an sich nicht aufstellt, gewinnt der Rechtsbegriff des Bankerutts seine concrete Gestalt erst durch das Dasein von einem der gesetzlich hervorgehobenen Fälle, von denen jeder seinen besonderen Thatbestand hat. Diese Fälle haben nur das Gemeinsame, daß sie den Fallimentszustand des Handelsmannes — seine Zahlungseinstellung — zur Voraussetzung haben, welche an sich straflos ist, so daß dadurch auch die Annahme ausgeschlossen wird, daß die gesetzlich hervorgehobenen Fälle, welche als Bankerutt strafbar sein sollen, nur als Qualifikationen oder begleitende Umstände des in der Zahlungseinstellung liegenden schon strafbaren Kerns des Vergehens zu betrachten seien. Es sind vielmehr nur die vom Gesetze hervorgehobenen bestimmten, von einander für sich unabhängigen, ein besonderes concretes Thun in sich schließenden Handlungen, welche, die Zahlungseinstellung vorausgesetzt, die Strafbarkeit wegen Bankerutts begründen. Sie sind verschiedene concrete Gestaltungen des Bankerutts, aber nicht Merkmale eines und desselben Vergehens. Unter dem Rechtsbegriff des Bankerutts kann daher auch eine Anklage nicht eingeführt werden; sie kann sich vielmehr nur auf die vom Gesetz allein als strafbar angeführten Fälle stützen, unter denen der fallite Handelsmann zum Bankeruttirer wird. Ebenso erfolgt auch die Aburtheilung nicht über den Rechtsbegriff, sondern nur auf der Grundlage der von der Anklage aufgestellten gesetzlichen Fälle. Es folgt daraus von selbst, daß in dem Falle, wo die Anklage auf mehrere der in dem § 261 des StGB.s als strafbar bezeichneten gesetzlichen Handlungen gestützt war, und Freisprechung in Bezug auf eine dieser selbstständigen Handlungen oder Unterlassungen, dagegen aber Verurtheilung rücksichtlich eines Anderen, darin aufgeführten Thatbestandes erfolgte, bei einer alleinigen Appellation des Angeklagten der Beschuldigungspunkt, von dem er freigesprochen ist, gänzlich als Gegenstand der Beurtheilung ausscheidet, vielmehr Mangels einer desfallsigen Appellation Seitens der StA.-schaft in relative Rechtskraft übergegangen ist. Der Einwand, daß in diesem Falle, eben weil doch immerhin eine Verurtheilung wegen einfachen Bankerutts erfolgt sei, der StA. überhaupt zur Einlegung der Appellation gar nicht befugt gewesen sei, ist nicht begründet, da kein gesetzlicher Grund besteht, aus welchem der StA. behindert gewesen wäre, die Appellation seinerseits wegen des verworfenen Anschuldigungspunktes einzulegen. Das angefochtene Urtheil konnte daher, — indem der App.-Richter auf den vom 1. Richter verworfenen Beschuldigungspunkt bei der prozessualischen Lage der Sache zurückgegangen ist, und darauf die Bestrafung der Angeklagten gegründet hat, — der Vernichtung nicht entgehen. [27.—3.]

---

## Freiheitsberaubung. — Dolus.

Zum Thatbestande der widerrechtlichen Freiheitsberaubung gehört die Absicht, [der Wille] den Andern der Freiheit zu berauben.

StGB. § 210 [n. 1].

Erk. (B. I) v. 25. Febr. 1870 c. Fonrobert (173. I. Cr.).

F. war, weil er einen bei ihm zum Zweck einer vorzunehmenden Pfändung erschienenen Gerichtsboten „vorsätzlich und widerrechtlich eingesperrt habe", aus § 210 des StGB's verurtheilt worden. In 2. Instanz stellte er unter Beweis, daß er „nicht vorsätzlich, sondern nur einer Gewohnheit gemäß absichtslos die Thüre verschlossen habe." Das AG. lehnte aber diesen Beweis ab, weil „durch die gedachte Thatsache der vom ersten Richter festgestellte Thatbestand nicht alterirt und eine davon abweichende Ueberzeugung nicht bewirkt werden konne." — Vernichtung. Gründe

In dieser Motivirung fehlt es an jeder Erkennbarkeit über die thatsächliche oder rechtliche Natur der Gründe für die Ablehnung. Rechtlich aber kommt dabei in Betracht, wie es nicht wohl denkbar sein würde, den Thatbestand einer vorsätzlichen Freiheitsberaubung festzustellen, wenn die Einsperrung, also das Verschließen der Thüre „absichtslos" geschehen sein soll.

Antr. d. GStA.: Vernichtung. [15—8.]

---

## Unterschlagung. — Verborgen.

Das Verborgen fremder Gelder an einen Dritten genügt zur Herstellung des Thatbestandes der Unterschlagung.

StGB § 225 [n. 43].

Erk. (Z. I) v. 25. Febr. 1870 c. Marquardt (45. I. Cr.).

Der wegen Unterschlagung amtlich erhobener fremder Gelder verurtheilte frühere Exekutor M. rügte im Wege der NB. Beschränkung der Vertheidigung durch Ablehnung eines von ihm angetretenen Beweises: „daß er die betr. Geldsummen nur an andere Leute verborgt habe." Zurückweisung. Erwogen ward:

daß die Richter beider Instanzen ausführen, der Thatbestand der Unterschlagung und damit die Benachtheiligung derjenigen Personen, für welche die Gelder executivisch eingezogen waren und welche also deren Nutzung durch die verspätete Ablieferung entbehrt hätten, liege nach § 324 des

StGB.s auch in diesem Falle vor, daß diese Auffassung nach dem Sinne des Ges.s vollkommen begründet ist.

Antr. d. GStA.: gleichl. [15—8.]

---

## Geld, falsches. — Unterschlagung. — Verausgabung.

**Derjenige, welcher falsches Papiergeld unterschlägt und dann verausgabt, macht sich auch eines Münzverbrechens schuldig im Sinne des**

StGB.s § 122 [n. 2].

**Beschl (II.) v. 28. Febr. 1870 c. v. G. (27 B. II. Cr.).**

Der KG.-Sekretär v. G. war beschuldigt worden, falsches Papiergeld, welches in einer geführten Untersuchung in Beschlag genommen war, unterschlagen und dann verausgabt zu haben. Er ward deshalb zur Untersuchungshaft gebracht und sein Gesuch um Wiederfreilassung vom AG. unter Hinverweisung auf die §§ 208. 209. 211 der Cr.-Ordn. abgelehnt. Die dagegen ergriffene Beschwerde ward vom OTr. zurückgewiesen:

„weil in der Handlungsweise, als deren Thäter, wie der Inst.-Richter thatsächlich annehme, v G. vollständig ermittelt sei, sowohl eine Amtsunterschlagung (§ 324) als ein Münzverbrechen (Verausgabung falschen Papiergeldes, welches man an sich gebracht: § 122 des StGB.s) vorliege und schon das Münzverbrechen allein mit Zuchthaus von 5 bis 15 Jahren bedroht sei, für diesen Fall aber die citt. §§ der Cr.-Ordn. die Verhaftung des Thäters gebotsweise vorschrieben"

Antr. d. GStA.: gleichl. [35.—3.]

---

## 1. Privatklage. — Befassung des Richters.
## 2. Rechtskraft, relative. — Privatkläger.

**1. Durch eine erhobene Privatklage wird der Strafrichter mit der ganzen Sache befasst; er ist also an die Antrage der Parteien nicht gebunden.** StPO § 445.

**2. Auf ein nur vom Privatkläger ergriffenes Rechtsmittel kann die angefochtene Entscheidung zu Gunsten des Angeschuldigten abgeändert werden.**

StPO. § 504.

**Erk. (Z.) v. 2. März 1870 Jüngst c. Rehm** (OAG. II. 50).

Gegen das den Angeschuldigten R. verurtheilende Erkenntniß 1. Instanz hatte der Privatkläger J. die Berufung ergriffen. Der Angeschuldigte beantragte in 2. Instanz Aufrechthaltung des ersten Urtheils; das Berufungsgericht sprach aber gänzlich frei. Die NB. des J., welcher hierin einen Verstoß gegen Grundsätze des Verfahrens finden wollte, ward zurückgewiesen. Gründe:

[1.] Zunächst hat Implorant Verstoß gegen den Grundsatz gerügt, daß der Richter nicht erkennen dürfe, was über die Anträge der Parteien hinausgeht: der Beklagte habe in seiner Appellationsgegenerklärung nicht gänzliche Freisprechung, sondern nur Aufrechterhaltung des Erkenntnisses erster Instanz erbeten, und eine Adhäsivbeschwerde überhaupt nicht, mindestens nicht zeitig und nicht unter Genügeleistung der Vorschrift des § 492 der StPO. aufgestellt. Implorant befindet sich im Irrthum, wenn er meint, daß die auf Untersuchung und Bestrafung gerichtete Privatklage von den Prinzipien des Civilprozesses beherrscht werde, vielmehr sollen auf das durch eine solche Privatklage eröffnete Verfahren nach § 445 der StPO. die allgemeinen Vorschriften des Untersuchungsverfahrens zur Anwendung gebracht werden. Nach letzteren Vorschriften nun hat der Richter sowohl in erster als zweiter Instanz die strafrechtliche Würdigung der seiner Kognition unterbreiteten That selbstständig vorzunehmen, und kommen in dieser Hinsicht die gestellten Anträge für ihn nur als Hülfsmittel, nicht als hindernde Schranken in Betracht.

[2.] Im Verfolg dieses in der StPO. vielfach anerkannten Prinzips, (vgl. namentlich § 3 Abs. 2, § 4, § 260, § 323, § 374), bestimmt der § 368 Abs. 2, daß jedes von der StA.-schaft eingewendete Rechtsmittel die Wirkung haben soll, daß die angefochtene Entscheidung auch zu Gunsten des Beschuldigten abgeändert oder vernichtet werden kann, und ist diese Berücksichtigung der zu Gunsten des Angeklagten sprechenden Rechtsgründe von adhäsiven Anträgen desselben nicht abhängig gemacht, demnach von Amtswegen wahrzunehmen. Gilt dies schon dem öffentlichen Ankläger gegenüber, so muß es um so mehr demjenigen gegenüber gelten, welcher blos zum Zwecke individueller Genugthuung, also im einseitigen Parteiinteresse, die öffentliche Strafe beantragt, und Maßnahmen zur Sicherstellung der Unschuld dringender nöthig macht, als ein im öffentlichen Interesse auftretender Ankläger. Dies folgt dann auch aus dem § 504 Abs. 2 l. c., indem danach dem Privatkläger in Ansehung der Rechtsmittel die Befugnisse der StA.-schaft, also doch keine noch weiter gehende Befugnisse eingeräumt worden sind.

Antr. d. GStA.: gleichl. [62.—6.]

---

1. App.-Richter. — Neue Feststellung. — Erschöpfung.
2. Feld-Polizei-Ordnung. — Entwendung. — Diebstahl.

1. Der App.-Richter, welcher auf Grund einer neuen Beweisaufnahme, eine von der erstrichterlichen abweichende Feststellung trifft, muß durch dieselbe den Thatbestand erschöpfen. Nichtigkeit tritt ein, wenn er dabei ein Begriffsmerkmal lediglich als Theil der erstrichterlichen Feststellung beibehält, obgleich dasselbe für die abweichende Feststellung zweiter Instanz einen andern Gesichtspunkt darbot.

Ges. v. 3. Mai 1852 Art. 101 [n. 104].

2. Die in der FPO. erwähnten „Entwendungen" setzen den vollständigen Thatbestand des Diebstahls voraus.

FPO. v. 1. Nov. 1847 §§ 41—43; — StGB. § 215 [n. 63].

Erk. (B. I.) v. 2. März 1870 c. Schwehn (86. I. Cr.).

Schw. hatte zwei Kiefern auf einem Wege, welcher sein Grundstück von dem des benachbarten Rittergutes trennte, gefällt und sich angeeignet. Hierin fand der erste Richter einen (in gewinnsüchtiger Absicht verübten) Diebstahl, weil die Bäume nicht sein Eigenthum gewesen, und weil er selbst hierüber auch keinen Zweifel gehegt haben könne. Der App.-Richter nahm dagegen an, daß die Bäume, weil sie in dem von den beiden Adjazenten zu unterhaltenden Kommunikationswege standen, gemeinschaftliches Eigenthum beider und Schw. zu ihrer Wegnahme nicht berechtigt gewesen sei; seine Handlung falle sonach unter § 42 Nr. 3 der FPO., die Strafe aber sei aus § 45 ibid. zu verhängen, weil „der erste Richter gewinnsüchtige Absicht angenommen habe." — Vernichtung und Zurückverweisung der Sache an das AG. Gründe:

[1.] Zuvörderst entspricht es der Stellung, welche der App.-Richter zur Sache genommen, durchaus nicht, daß er sich in Beziehung auf ein subjectives Moment der vorliegenden That lediglich auf die Feststellung des ersten Richters bezieht. Nachdem er den von letzterem festgestellten objektiven Thatbestand, daß die entwendeten Bäume für den Angeklagten ganz fremde Sachen gewesen, verlassen, und anstatt dessen angenommen hatte, daß sie sich in seinem Miteigenthum befunden hätten, ergab sich mit Nothwendigkeit auch für die subjective Seite der That, den Dolus des Angeklagten, ein wesentlich abweichender Gesichtspunkt und entstand für den Appellationsrichter die Aufgabe, die letztere Seite von diesem neuen Gesichtspunkt aus selbstständig zu prüfen und festzustellen.

[2.] Um die Bestrafung der in den §§ 41 bis 43 der FPO. erwähnten Entwendungen als Diebstahl auf Grund der Bestimmungen des StGB.s zu rechtfertigen, wird der ganze Thatbestand desselben, wie er in § 215 des StGB.s aufgestellt ist, erfordert, und dazu gehört die dem Thäter bei der Wegnahme der Sache innewohnende Absicht, sie sich rechtswidrig zuzueignen, also das Bewußtsein, daß die Sache eine ganz oder zum Theil fremde und er zu deren Wegnahme nicht berechtigt sei. Daß der Angeklagte bei der Wegnahme der Bäume mit diesem Bewußtsein gehandelt habe, hat der App.-Richter aber mit nichts festgestellt. Dieses Moment ist auch in der gewinnsüchtigen Absicht in dem Sinne, wie § 45 der FPO. sie versteht, nicht enthalten, da die letztere hier als ein über die allgemein gültigen Begriffsmomente des Diebstahls hinausgehendes und dazu hinzukommendes Moment aufgefaßt ist. Da der App.-Richter hiernach die §§ 215 und 216 des StGB.s angewandt hat, ohne den dazu erforderlichen Thatbestand festzustellen, so muß sein Urtheil vernichtet werden.

Antr. d. GStA.: gleichl. [33.—8.]

---

**Beschwerde. — Frist. — Officium iudicis.**

**Ist eine Beschwerdeschrift deswegen zu spät an das zuständige Gericht gelangt, weil sie bei einem anderen Gerichte eingereicht war, und von dem letzteren erst weiter befördert werden mußte, so tritt der Verlust des Rechtsmittels selbst dann ein, wenn das zuletzt gedachte Gericht durch sofortige Weiterbeförderung die Frist hätte wahren können.**

Ges. v. 3. Mai 1852 Art. 14 [n. 4].

**Beschl. (II.) v. 3. März 1870 c. Dippe** (20 B. II. Cr).

Gegen die seine NB. zurückweisende Verfügung des KG.s hatte D. Beschwerde erhoben, diese aber am 5. Tage der Frist dem KG. eingereicht. Das letztere beförderte dieselbe an das OTr. aber so säumig, daß sie hier erst am 12. Tage der Frist also zu spät eintraf. Das OTr. hat dieselbe dieserhalb zurückgewiesen, gleichzeitig aber das KG. auf jene ungerechtfertigte Verzögerung aufmerksam gemacht.

[32.—3.]

---

**Vertagungsantrag. — Bescheinigung. — Prüfung.**

**Der Instanzrichter hat die zur Begründung eines Vertagungsantrags vorgebrachten Hinderungsgründe und den Werth der dafür beigebrachten „Bescheinigung" nach seinem, durch Nichtigkeits-Beschwerde nicht anzugreifenden, Ermessen zu prüfen.**

Vdn. v. 3. Jan. 1849 § 33 [n. 4]. Vgl. B. (I 144) v. 23. Febr. 1870 c. Hoffmann, oben S. 110.

**Erk. (3 II.) v. 3. März 1870 c. Kahlenberg** (74. II. Cr.).

K. war in dem zur Verhandlung 2. Instanz angesetzten Termine nicht erschienen, hatte aber ein schriftliches Vertagungsgesuch eingereicht und dasselbe theils auf den „Schneefall" theils auf ein beigefügtes ärztliches Attest gestützt. Das AG. verhandelte aber in contumaciam, weil das beigefügte ärztliche Attest für eine ausreichende „Bescheinigung" nicht zu erachten sei, da es nicht von einem Medizinalbeamten

(JMin.-Verf. v. 3. Febr. 1853 und v. 21. Febr. 1856: JMBl. 53. S. 65; 56. S. 58) herrühre und kein besonderer Grund vorhanden sei, ihm Glauben zu schenken. — NB. — Zurückweisung; erwogen ward:

daß die Würdigung der zur Unterstützung eines solchen Antrags vorgebrachten Hinderungsgründe lediglich dem Ermessen des Gerichts anheimgegeben ist und daher die durch Darlegung der Gründe motivirte Entscheidung des AG.s, welche die vom Angeklagten vorgeschützten Hindernisse nicht für genügend bescheinigt erachtete, dem Angriff im Wege der NB. nicht unterliegen kann. [32.—3.]

---

## Appellation. — Beantwortung. — Mittheilung. Beweismittel. — Bekanntmachung.

1. Die Appellations-Beantwortungsschrift braucht dem Appellanten nicht mitgetheilt zu werden.

Vdn. v 3 Jan. 1849 § 130 [n. 13]. Vgl. RbOTr. 7. S. 103.

2. Auch in zweiter Instanz darf ein Beweismittel deshalb nicht unberücksichtigt bleiben, weil dem Angeklagten 2c. nicht vorher Kenntniß davon gegeben ist; unterläßt der in der Sitzung persönlich oder durch einen Vertreter erschienene Angeklagte es, wegen jener Versäumniß eine Vertagung zu beantragen, so kann er dieselbe nicht in der Nichtigkeitsinstanz geltend machen.

Ges. v. 3. Mai 1852 Art. 29 [n. 9].

Erk. (Z. II.) v. 3. März 1870 c. Rusewald (95. II. Cr.).

Auf den Antrag des in 1. Instanz wegen Körperverletzung verurtheilten Angeklagten hatte das AG. die kommissarische Vernehmung mehrerer Entlastungszeugen veranlaßt, welche entschieden zu Gunsten jenes aussagten. Der OStA. sah sich dadurch veranlaßt, seinerseits nachträglich noch einige Belastungszeugen zu benennen. Das AG. beschloß diese zur Sitzung vorladen zu lassen, gab aber hiervon dem (verhafteten) Angeklagten keine Kenntniß; in der Sitzung widersprach der für den letzteren erschienene Rechtsanwalt der Vernehmung jener Zeugen nicht und beantragte ebensowenig die Vertagung der Sache. Dagegen rügte der Angeklagte die Verabsäumung der Vorschrift des § 52 der Vdn. v. 3. Jan. 1849 im Wege der NB Zurückweisung:

Die Gründe verweisen zunächst auf Art. 29 l. c.,

„welche bei ihrer Allgemeinheit auch auf das Verfahren in der App.-Instanz anwendbar sei, soweit nicht die dafür gegebenen besonderen Vorschriften eine Abweichung bedingten“ jedenfalls brauche die App.-Beantwortungsschrift, selbst wenn sie zur Aufrechthaltung des angegriffenen Urtheils neue Thatsachen und Beweismittel enthalte, dem Appellanten weiter nicht zugestellt zu werden; Art. 29 werde dann anwendbar; dem Angeklagten bleibe in einem solchen Falle nur ein Vertagungsantrag übrig, worüber dann das Gericht nach Lage der Sache zu befinden habe.

Antr. d. GStA.: gleichl. [27.—3.]

---

## Betrug. — Versprechen. — Thatsache.

### Die Uebernahme einer Verbindlichkeit, verbunden mit der geheimgehaltenen Absicht, sie nicht zu erfüllen, stellt nicht den Thatbestand des Betrugs dar.

StGB. § 241 [n. 43].

Erk. (B. II.) v. 3. März 1870 c. Wolff (58. II. Cr.).

W. hatte den Eheleuten J. ein Darlehen in Aussicht gestellt, sie aber gleichzeitig bestimmt, dieses Geschäft in die Form einzukleiden, daß sie ihr Haus an einen Dritten K. verkauften, und die Kaufpreisforderung ihm (W.) cedirten; er hatte dabei versichert: dieses Scheingeschäft solle nur zu seiner Sicherheit dienen, er werde nie den Kaufpreis von K. einfordern ꝛc. Hierin fanden die Instanzrichter einen Betrug. Vernichtung. Das OTr. erwog:

daß der Beschuldigte seinen Mitkontrahenten getäuscht und in einen Irrthum versetzt hat, wenn er entschlossen war, das was er versprach nicht zu halten und aus dem, was nur Schein sein sollte Ernst zu machen, daß dieser Irrthum jedoch nicht durch Vorbringung einer falschen oder Unterdrückung einer wahren Thatsache, sondern lediglich durch Verheißungen einer künftigen Leistung durch das unwahre Vorgeben einer bei dem Beschuldigten angeblich obwaltenden Absicht, also durch etwas blos dem Gebiete des Intellektuellen Angehöriges herbeigeführt worden ist, während anerkannten Grundsätzen gemäß zum Begriffe des Betrugs eine

Täuschung in Beziehung auf eine objectiv in die Wirklichkeit getretene Thatsache erforderlich ist; daß es demnach in dem festgestellten Thatbestande an einem wesentlichen Merkmale des Betruges gebricht. [29.—3.]

---

Nachdruck. - Bundesbeschlüsse. - Dauer. - Pseudonymität.

1. Die in Preußen verkündeten den Nachdruck betreffenden Beschlüsse des früheren deutschen Bundes sind auch jetzt noch im Verhältnisse zu den Bewohnern des ganzen früheren Bundesgebiets maaßgebend (und. entschieden).

2. Durch den die Angehörigen der verschiedenen Staaten des deutschen Bundes in Betreff des Schutzes gegen Nachdruck gleichstellenden Bundesbeschl. v. 6. Sept. 1832 wird ein in einem Bundesstaate erschienenes Werk in den übrigen Bundesstaaten nicht länger geschützt, als ihm ein solcher Schutz in dem Staate, in welchem es erschienen ist, gewährt wird.

3. Pseudonyme Werke sind solche, welche nicht den wahren Namen des Verfassers kundgeben, selbst wenn der letztere sich des falschen Namens auch im gemeinen Leben bedient haben sollte.

Erk. (Z. I.) v. 4. März 1870 c. Hempel (169. I. Cr.).

H. hatte im J. 1867 einen wörtlichen Abdruck der im Jahre 1834 bei Cotta in Stuttgart erschienenen zweiten Auflage der „Gedichte von Nikolas Lenau" herausgegeben, war aber von der dieserhalb wegen „Nachdrucks" erhobenen Anklage freigesprochen worden, weil der wahre Name des Verfassers: „Nikolas Franz Niembsch Edler von Strehlenau" gewesen, die Gedichte also pseudonym erschienen und die für solche Werke gewährte Schutzfrist bereits vor dem J. 1867 abgelaufen sei. — Die NB. des OStA s suchte auszuführen, daß jene Gedichte nicht pseudonym erschienen seien, weil der Name „Nikolas Lenau" formell die wesentlichen Bestandtheile des erwähnten wahren Namens enthalte, weil ferner in einer später im J. 1855 bei Cotta erschienenen neuen Ausgabe der Verfasser durch das Titelbild und den darunter befindlichen richtigen Namen hinreichend bezeichnet, überdies auch in der Vorrede ausdrücklich genannt werde; sodann aber sei in der zweiten Instanz unter Beweis gestellt worden, daß der Verfasser sich auch im gewöhnlichen Leben „Nikolaus Lenau" genannt habe, und unter diesem Namen seinen Zeitgenossen und überhaupt in der litterarischen Welt bekannt gewesen sei; mit Unrecht habe das AG. diesen Beweisantrag als unerheblich abgelehnt. Zurückweisung Gründe:

Die frühere Gesetzgebung der einzelnen deutschen Staaten bezüglich des unerlaubten Nachdrucks bis zum Erscheinen der Bundesbeschlüsse, hielten an dem Territorial-Systeme fest. Für Preußen bestimmten dies die §§ 1023 ff. I, 11 des ALR.s, indem der § 1033 l. c. ausdrücklich vorschrieb,

„Insofern auswärtige Staaten den Nachdruck zum Schaden hiesiger Verleger gestatten, soll letztern gegen die Verleger in jenen Staaten ein Gleiches erlaubt werden.

Ebenso verordnete der § 1294 II, 20 des ALR.s

daß Niemand Bücher, auf welche ein Königl. Unterthan das Verlagsrecht hat, nachdrucken soll,

wobei noch auf das Vorhandensein eines Privilegii im § 1295 l. c. Rücksicht genommen wurde. In Würtemberg war früher der Schutz der in- und ausländischen Schriftsteller oder derjenigen, welche an ihrer Stelle ein Buch herausgaben, von auf besonderes Ansuchen für eine Zeit zu ertheilenden Privilegien abhängig (Wächter, das Verlagsrecht S. 20). Das deutsche Bundesrecht ließ in Ansehung derjenigen Bücher, welche im Bereiche der deutschen Bundesstaaten erschienen, eine Aenderung in den bisherigen Gesetzgebungen eintreten. Schon der cit. Art. 18d. der deutschen Bundesakte v. 8. Juni 1815 bestimmte:

„Die Bundesversammlung wird sich bei ihrer ersten Zusammenkunft mit Abfassung gleichförmiger Verfügungen über die Preßfreiheit und die Sicherstellung der Rechte der Schriftsteller und Verleger gegen den Nachdruck beschäftigen"

In Folge dessen erging am 6. Sept. 1832 ein Bundesbeschluß, (Eisenlohr, Samml. S. 1), welcher den Grundsatz aufstellte:

daß bei Anwendung der gesetzlichen Vorschriften und Maßregeln wider den Nachdruck der Unterschied zwischen den eigenen Unterthanen eines Bundesstaats und jenen der übrigen, im deutschen Bunde vereinigten Staaten, gegenseitig und im ganzen Umfange des Bundes in der Art aufgehoben werden solle, daß die Schriftsteller, Herausgeber und Verleger eines Bundesstaates sich in jedem Bundesstaate des dort bestehenden Schutzes gegen den Nachdruck gleichmäßig zu erfreuen haben werden.

Dieser Bundesbeschluß wurde in Würtemberg durch Verordn. v. 4. Juli 1833 publizirt, (Wächter l. c. S. 45) in Preußen durch Patent v. 12. Febr. 1833 (GS. S. 25). Sonach ist im Gebiete des vormaligen deutschen Bundes für die Angehörigen der einzelnen Bundesstaaten die Territorialitäts-Beschränkung weggefallen, wie auch in den späteren Bundesbeschlüssen v. 2. April 1835 und 9. Nov. 1837 wiederholt anerkannt worden ist; (vgl. Publ. Patent für Preußen v. 29. Novbr. 1817 G. S. S. 161). Demgemäß steht der Cotta'schen Verlagsbuchhandlung im Allgemeinen gegen den Nachdruck der bei ihr im Jahre 1834 erschienenen Ausgabe der Lenau'schen Gedichte, das Schutzrecht auch in Preußen zu, da bis jetzt Aenderungen in der betreffenden Gesetzgebung nicht eingetreten sind. Es fragt sich nur bezüglich der hier allein interessirenden Zeitdauer dieses Schutzes, nach welchen Gesetzen dieselbe zu berechnen ist, wenn, wie in dem vorliegenden Falle, der angebliche Nachdruck in Preußen erfolgt ist, ob nach den in Preußen geltenden Vorschriften, oder nach denen desjenigen Staates, in welchem das Werk erschienen ist. Das Letztere ist unbedenklich das allein Richtige. Denn es würde der Natur der Sache geradezu widersprechen, daß ein Werk, welches in dem eigenen Lande des Berechtigten, wegen Ablaufs der dort gewährten Schutzfrist, nachgedruckt werden kann, in Preußen nicht sollte nachgedruckt werden dürfen, weil im letzteren Staate die diesfällige Zeitdauer für Druckschriften, die in demselben erschienen sind, eine längere als in dem betreffenden auswärtigen Staate ist. Der allgemeine, für den Schutz literarischer Werke rc. geltende Grundsatz ist der, daß das geistige Erzeugniß nur für eine gewisse Zeit dem Urheber ꝛc. gehören soll, nach Ablauf derselben aber, Gemeingut wird. Ist dies einmal an dem Orte seiner Veröffentlichung eingetreten, dann kann der Schutz nicht anderswo fortdauern. Dies erkennt auch die Gesetzgebung positiv an. Schon der oben mitgetheilte Bundesbeschluß v. 6. Septbr. 1832 bestimmt:

„daß die Schriftsteller ꝛc. eines Bundesstaates sich in jedem anderen Bundesstaate des dort, d. h. im letztern, bestehenden Schutzes gegen den Nachdruck zu erfreuen haben,"

und in dem § 38 des Preuß. Nachdrucksgesetzes v. 11. Juni 1837 (G. S. S. 165) heißt es:

„Auf die in einem fremden Staate erschienen Werke, soll dieses Gesetz in dem Maaße Anwendung finden, als die in demselben festgestellten Rechte den in Unsern Landen erschienenen Werken durch die Gesetze dieses Staates ebenfalls gewahrt werden."

Endlich wird in dem am 16. Jan. 1846 publizirten Bundesbeschlusse v. 19. Juni 1845 (Ges.-S. S. 149) ausdrücklich sub Nr. 3 ausgesprochen:

„Um diesen Schutz in allen deutschen Bundesstaaten in Anspruch nehmen zu können, genügt es, die Bedingungen und Förmlichkeiten erfüllt zu haben, welche dieserhalb in dem deutschen Staate, in welchem das Originalwerk erscheint, gesetzlich vorgeschrieben sind."

Nach alledem ist es unzweifelhaft, daß für den vorliegenden Fall die in Würtemberg geltenden gesetzlichen Vorschriften maaßgebend sind. Die Würtembergische Regierung hat nun außer dem bereits erwähnten Bundesbeschlusse v. 6. Sept. 1832 alle später ergangenen nicht publizirt, sondern im wesentlichen Anschlusse an dieselben eigene Verordnungen erlassen (Wächter l. c. S. 45). Zur Zeit, als die hier in Rede stehende Ausgabe der Lenau'schen Gedichte erschien, also im Jahre 1834, galt das Reskript v. 25. Febr. 1815 (Wächter l. c. S. 45 N. 46). Nach diesem mußte ein besonderes Privilegium nachgesucht werden, welches auf die Dauer von 6 Jahren oder nach Befinden für längere Zeit, ertheilt werden konnte. Ob ein solches Privilegium für die hier in Betracht kommende

Ausgabe der beregten Gedichte, und auf wie lange, ertheilt war, ist nicht festgestellt. Allein es kommt hierauf nicht an, weil das „provisorische Gesetz wider den Büchernachdruck v. 22. Juli 1836“ (Eisenlohr, Samml. &c. S. 92) bestimmte:

> daß die von den Angehörigen eines deutschen Bundesstaats verfaßten oder verlegten Schriften, ohne Unterschied, ob sie bei Verkündigung dieses Gesetzes bereits erschienen sind, oder erst künftig erscheinen, von der Zeit ihres Erscheinens an, 6 Jahre lang einen Schutz gegen den Nachdruck in gleicher Weise, wie wenn denselben nach dem Gesetze v. 25. Febr. 1815 ein besonderes Privilegium deshalb verliehen worden wäre (Art. 1 des Ges.), genießen sollen.

Danach wurden die Lenau'schen Gedichte vom Jahre 1834 bis Ende 1840 geschützt gewesen sein. Inzwischen erschien am 17. Oktober 1838 ein Gesetz gegen den Büchernachdruck (Eisenlohr l. c. S. 93), dessen Art. 1 den in einem deutschen Bundesstaate oder in Würtemberg seit dem 1. Jan. 1838 erschienenen Werke einen 10jährigen Schutz seit der Zeit seines Erscheinens zusicherte, und dann besagte:

> „den gleichen Schutz haben die v. 1. Jan. 1818 bis zum 31. Dezbr 1837 im Umfange des deutschen Bundes erschienenen Werke bis zum 31. Dezbr. 1847 zu genießen.“

Endlich erging am 24. Aug. 1845 ein neues diesfälliges Gesetz (Eisenlohr l. c. S. 96), dessen Art. 1

> denjenigen Werken, welche durch das Gesetz v. 17. Oktbr. 1838 geschützt waren, einen Schutz auf die Lebensdauer des Urhebers eines solchen Werks, und auf 30 Jahre vom Tode desselben ab, ertheilt

Dann heißt es ferner wörtlich:

> „Werke ungenannter, oder nicht mit ihrem wahren Namen genannter Verfasser . . . genießen den besagten Schutz 30 Jahre lang von dem Ablaufe des Jahres ihres Erscheinens an gerechnet “

Hiernach fragt es sich, um die Dauer des Schutzes berechnen zu können, ob die mehrfach gedachte Ausgabe der Lenau'schen Gedichte vom Jahre 1834, mit Angabe des wahren Namens ihres Verfassers erschienen ist? Es wird indeß wohl Niemand irgend einen Zweifel darüber haben können, daß dies nicht der Fall ist. Denn nach der thatsächlichen Feststellung der Vorderrichter heißt der Dichter „Nikolaus Franz Niembsch, Edler v. Strehlenau," und nicht „Nikolaus Lenau" wie in der erwähnten Gedichtsausgabe angegeben ist. Das Würtembergische Gesetz v. 24. Aug. 1845 verlangt die Kundgebung des richtigen Namens, und daß der angenommene Name formell die Bestandtheile des wahren Namens enthalten soll, wie die NB. meint, ist einestheils in seinem ganzen Umfange nicht richtig, andererseits aber auch gleichgiltig, da das Gesetz bei seiner klaren Wortfassung eine derartige Auslegung nicht verträgt. Dasselbe muß von der Behauptung der NB. gelten, daß der Dichter auch im gewöhnlichen Leben sich Nicolaus Lenau genannt habe. Denn wenn dies gleich richtig sein sollte, so würde doch immer der Name Nikolaus Lenau nicht der richtige gewesen sein. Daß der im Jahre 1855 bei Cotta erschienenen Gesammtausgabe der Lenau'schen Werke das Bildniß des Verfassers beigegeben worden, ist ebenso unerheblich, weil daraus doch jedenfalls nicht der wahre Name des Dichters erhellt, und dasselbe muß von dem Umstande angenommen werden, daß in der Vorrede zu dieser Gesammtausgabe der wahre Name genannt ist, weil es nicht auf diese, sondern auf die im Jahre 1834 erschienene Ausgabe der Gedichte ankommt, von der nicht einmal feststeht, daß sie auch, und in derselben Fassung, in jener aufgenommen sind, ein spezielles Gesetz hierüber in Würtemberg aber nicht existirt. Aus demselben Grunde ist die aufgestellte Ansicht hinfällig, daß von einem pseudonymen Werke nicht die Rede sein könne, weil die im Jahre 1834 erschienenen Gedichte mit dem Autornamen des Dichters versehen gewesen. Denn die angeführten Würtembergischen Gesetze sprechen von dem wirklichen, nicht von dem angenommenen Autornamen, und der Bundesbeschluß v. 22. April 1841, welcher allerdings eine solche Gleichstellung in seiner Nr. 2 enthält, bezieht sich nur auf die öffentliche Aufführung dramatischer oder musikalischer Werke (Ges.-S.

S. 385) und ist in Würtemberg niemals publizirt worden, und schließlich durch den Bundesbeschluß v. 12. März 1857 (G.-S. S. 426) ausdrücklich aufgehoben. Solchergestalt bleibt nichts übrig, als mit dem App.-Richter anzunehmen, daß für die in Rede stehenden Lenau'schen Gedichte in der Ausgabe vom Jahre 1834, nach dem Wurtembergischen Gesetze vom 24. Aug. 1845, die Schutzfrist mit dem Ende des Jahres 1864 abgelaufen war, und der von dem Angeklagten im Jahre 1867 veranstaltete Abdruck derselben als ein unerlaubter Nachdruck nicht angesehen werden kann. Es ist deshalb auch die von der StA.-schaft beantragte Beweisaufnahme darüber, ob die 30jährige Schutzfrist vom Tage des Erscheinens der Auflage vom Jahre 1834 oder vom Todestage des Verfassers, den 22. Aug. 1850 zu berechnen, mit Recht von dem App.-Richter abgelehnt worden, weil die einschlagende Beurtheilung lediglich der richterlichen Entscheidung gebührt.

Könnte jedoch angenommen werden, daß auf den gegenwärtigen Fall die Preuß. Gesetze Anwendung finden, so würde sich ein gleiches Resultat ergeben. Das Ges. v. 11. Juni 1837 (Ges.-S. S. 165) bestimmt zuvörderst im § 7:

„Eine Schrift, die entweder unter einem andern, als dem wahren Namen des Verfassers erschienen," ꝛc. —

und die damit in Verbindung stehende Vdn. v. 5. Juli 1844 (Ges.-S. S. 261):

„dem Verfasser einer Schrift, die entweder unter einem andern, als dessen wahren Namen erschienen," ꝛc. —

sowie endlich der am 16. Jan. 1846 publizirte Bundes-Beschluß v. 19. Juni 1845 (Ges.-S. S. 149) sub 2:

„Werke anonymer oder pseudonymer Autoren." ꝛc.

Hieraus folgt, wie oben bei Beurtheilung der Würtembergischen Gesetzgebung nachgewiesen worden, daß pseudonyme Werke solche sind, welche nicht den wahren Namen des Verfassers kundgeben, und es fallen somit auch hier alle diejenigen Behauptungen der NB., die sich bei der dortigen diesfälligen Erörterung vorfinden. Die Preuß. Gesetzgebung über den unerlaubten Nachdruck hat jedoch einen anderen Weg eingeschlagen, als die Würtembergische. In Preußen sind alle Bundesbeschlüsse über den Nachdruck publizirt worden. So der vom 9. Novbr. 1837 durch das Patent v. 29. Nov. 1837 (Ges.=S. S. 161), welcher dem Urheber eines literarischen Erzeugnisses, oder demjenigen, dem er seine Rechte an dem Originale übertragen, eine Schutzfrist von mindestens 10 Jahren gewährte, und auch diejenigen Werke einschloß, welche in den letztverflossenen 20 Jahren erschienen waren, dergestalt, daß diese 10jährige Frist v. 9. Nov. 1837 ab gerechnet werden solle. Der Bundesbeschluß v. 19. Juni 1845 (Ges.=S. S. 149) verlängerte die erwähnte Frist für Werke anonymer oder pseudonymer Autoren auf 30 Jahre von dem Erscheinen derselben an, und demgemäß lauten die einschlagenden Preuß. Gesetze. Es bestimmt das Nachdrucks-Ges. v. 11. Juni 1837 in dieser Beziehung im § 7:

„Insofern von dem eigentlichen Nachdrucke (§§ 1. 2) die Rede ist, setzt die in den §§ 5. 6 vorgeschriebene Dauer des Schutzes voraus, daß der wahre Name des Verfassers auf dem Titelblatte, oder unter der Zueignung oder Vorrede angegeben ist. Eine Schrift, die entweder unter einem andern, als dem wahren Namen des Verfassers erschienen, oder bei welcher gar kein Verfasser genannt ist, soll 15 Jahre lang, von der ersten Herausgabe derselben an gerechnet, gegen den Nachdruck geschützt sein, und zur Wahrnehmung des Rechts auf diesen Schutz der Verleger an die Stelle des unbekannten Verfassers treten. Wird innerhalb dieser 15 Jahre, der wahre Name des Verfassers von ihm selbst oder von seinen Erben vermittelst eines neuen Abdrucks, oder eines neuen Titelblatts für die vorräthigen Exemplare bekannt gemacht, so wird dadurch dem Werke der Anspruch auf die, in den §§ 5 und 6 bestimmte Dauer, — d. i. Lebenszeit des Verfassers und von da ab den Erben oder seinen Rechtsnachfolgern (§ 1 l. c.) noch 30 Jahre hindurch, — des Schutzes erworben."

Die Verordnung v. 5. Juli 1844 bestimmte ferner für die vor Publikation des Ges.s v. 11. Juni 1837 erschienenen Werke, in Erläuterung des § 38 des letztgedachten Ges.s, welcher dahin lautet:

„das gegenwärtige Gesetz soll auch zu Gunsten aller bereits gedruckten Schriften in Anwendung kommen,"

folgendes:

§ 1. „Der Schutz des Ges.s v. 11. Juni 1837 soll auch für diejenigen vor Publikation desselben im Inlande erschienenen Schriften ꝛc. stattfinden, welche durch die damals giltigen Gesetze gegen Nachdruck noch geschützt waren.

§ 2. Dieser Schutz dauert, wenn der Autor auf einer solchen Schrift u. s. w. genannt und bei Publikation des Gesetzes v. 11. Juni 1837 noch am Leben war, während seiner Lebenszeit und noch 30 Jahre nach seinem Tode, in allen anderen Fällen 30 Jahre von Publikation jenes Gesetzes an. Dem Verfasser einer Schrift u. s. w. die entweder unter einem andern, als dessen wahren Namen erschienen, oder bei welcher gar kein Verfasser genannt ist, bleiben jedoch, wenn der wahre Name des Verfassers innerhalb 15 Jahren nach Publikation des angeführten Gesetzes auf die im § 7 bezeichnete Weise bekannt gemacht wird, die in diesem § 7 bestimmten Rechte vorbehalten.

§ 3. Mit dem Ablaufe der im § 2 bestimmten Frist hört in Ansehung der vor Publikation des Ges.s v. 11. Juni 1837 erschienenen Schriften u. s. w. jedes ausschließliche Recht zur Vervielfältigung derselben auf."

Hiernach haben die §§ 2. 3 l. c. die Schutzfristen, nach denen der bis dahin ergangenen Bundesbeschlüsse regulirt, zu welchen später noch der Bundesbeschluß v. 19. Juni 1845, wie bereits bemerkt, getreten ist, dessen Nr. 2 die Frist für anonyme und pseudonyme Schriften auf 30 Jahre, von dem Jahre ihres Erscheinens an, ausdehnte. Allein der § 38 des Ges.s v. 11. Juni 1837 verordnet:

„Auf die in einem fremden Staate erschienenen Werke soll dieses Gesetz in dem Maaße Anwendung finden, als die in demselben festgestellten Rechte den in Unseren Landen erschienenen Werken durch die Gesetze dieses Staates ebenfalls gewährt werden."

Was unter einem „fremden Staate" zu verstehen ist, erläutert die Vrn. v. 5. Juli 1844. Der § 1 derselben spricht von den „im Inlande," also in Preußen, erschienenen Schriften. Der Gegensatz hiervon muß demzufolge in den nicht in Preußen herausgegebenen Werken gefunden werden. Könnte dies irgend einem Zweifel unterliegen, so würde derselbe vor dem § 4 l. c. schwinden, welcher lautet: „Auf die im Auslande erschienenen Schriften u. s. w. finden die Bestimmungen zu 1 und 2 der gegenwärtigen Verordnung nur in eben dem Maaße Anwendung, als die Gesetze des fremden Staates den in Unseren Staaten erschienenen Werken gleiche Rechte gewähren."

Hiernach ist ganz allgemein dem Inlande das Ausland entgegengesetzt, gleichviel, ob letzteres ein deutscher Bundesstaat ist, oder nicht. Demgemäß entscheidet wiederum die Würtembergische Gesetzgebung über die Schutzfrist, und nach dieser würde, wie oben ausgeführt, die im Jahre 1834 bei Cotta erschienene Ausgabe der Gedichte von Lenau mit dem Jahre 1864 den Schutz gegen Nachdruck verloren haben. Diese Annahme muß um so mehr gelten, wenn man den § 1 der Vdn. v. 5. Juli 1844 in Betracht zieht. Denn nach diesem findet der Schutz des Ges.s v. 11. Juni 1837 nur für diejenigen vor Publikation desselben erschienenen Schriften statt, welche durch die damals giltigen Gesetze gegen Nachdruck geschützt waren.

In Bezug hierauf hat aber bereits das Erkenntniß des V. Senats des Königl. OTr.s v. 22. April 1856 (Strieth. Arch. 20. S. 338) ausgeführt, daß unter dem Ausdrucke: „damals giltige Gesetze," diejenigen des älteren Rechts vor 1837, nicht aber die Bestimmungen des durch Patent v. 29. Novbr. 1837 publizirten Bundesbeschlusses v. 9. Novbr. 1837 zu verstehen sind. Vor 1837 indeß hatte in Preußen nur das ALR. und der auch in Würtemberg publizirte Bundesbeschluß v. 6. Sept. 1832 Geltung, nach welchen, wie schon im Eingange bemerkt, die in einem deutschen Bundesstaate erschienenen Werke, in Preußen blos so lange, als in jenem geschützt waren. Im Jahre 1834 aber waren in Würtemberg allein diejenigen Schriften vor Nachdruck gesichert, welche ein Privilegium besaßen. Erst die spätere dortige Gesetzgebung hat dies geändert. Aber auch nach dieser war, wie bereits oben ausgeführt, die hier in Betracht kommende Schutzfrist jedenfalls mit dem Ablaufe des Jahres 1864 verstrichen. Es ergiebt sich also auch von diesem Gesichtspunkte aus kein anderes Resultat als das von dem App.-Richter angenommene.

Antr. d. GStA.: Zurückweisung. [20.—6.]

---

## Presse. — Schriftstück eines Crim.-Prozesses. — Einstellung des Verfahrens.

**Ein die Eröffnung der Untersuchung ablehnender Gerichtsbeschluß darf nicht früher durch die Presse veröffentlicht werden, bis er rechtskräftig geworden ist.**

Preßges v. 12. Mai 1851 § 48. Vgl. RdOTr. 7. S 510; 8. S. 167; 10. S. 615.

**Erk. (V. I.) v. 4. März 1870 c. Hendeß (153. I Cr.).**

Der StA. hatte gegen H. die Anklage wegen Amtsehrverletzung erhoben, die Eröffnung der Untersuchung war aber vom KG. abgelehnt worden. Noch ehe der betr. Beschluß durch den Ablauf der Beschwerdefrist rechtskräftig geworden war, hat H. denselben in der von ihm herausgegebenen Zeitung wortgetreu abdrucken lassen. Deshalb der Zuwiderhandlung gegen § 48 des Preßges s angeklagt, ward er in 2. Instanz freigesprochen, weil durch jenen Beschluß der betr. Kriminalprozeß für die Instanz beendigt gewesen sei, und das Gesetz eine weiter gehende Beschränkung nicht gewollt habe (Z. I. v. 5. Okt. 1866 c. Hasenkamp: RdOTr 7 S. 510). Vernichtung und Zurückverweisung der Sache an das AG. Gründe:

Der § 48 des Preßges.s lautet im Abs. 3:

„Gleiche Strafe trifft denjenigen, der eine Anklageschrift oder ein anderes Schriftstück eines Kriminal-Prozesses veröffentlicht, bevor die mündliche Verhandlung stattgefunden, oder der Prozeß auf anderem Wege sein Ende erreicht hat."

Der letzte Satz war in dem Regierungs-Entwurfe nicht enthalten, und wurde erst auf den Antrag der Kommission der 2. Kammer eingeschaltet, „weil nicht immer nothwendig eine mündliche Verhandlung stattfinde, vielmehr oft das Verfahren vorher eingestellt werde, in solchen Fällen also ohne einen solchen Zusatz der Augenblick, wo die Schriftstücke des Prozesses straffrei veröffentlicht werden können, niemals erscheinen würde, was unter Umständen eine große Belästigung darstelle" (Stenogr. Berichte S. 1295.) Hiernach ist der Sinn des Gesetzes klar. Der Schwerpunkt seiner Auslegung beruht nicht sowohl auf dem Instanzenzuge, als vielmehr auf dem Umstande, ob das Kriminal-Verfahren durch eine mündliche Verhandlung, oder ohne eine solche auf anderem Wege erledigt wird. Es besagt dies der entscheidende Wortlaut des Abs. 3 cit. ganz deutlich, und jeder etwaige Zweifel schwindet bei Berücksichtigung des vorstehend angegebenen Motives der 2. Kammer. So lange also noch möglicher Weise eine mündliche Verhandlung im Allgemeinen, abgesehen von dem Instanzenzuge, der wieder besondere, hier nicht interessirende Fragen herbeiführt, eintreten kann, so lange darf keine Veröffentlichung erfolgen. Sowie aber endgiltig feststeht, daß die mündliche Verhandlung unmöglich ist, und dies kann bei der Zurückweisung einer bereits erhobenen Anklage allerdings erst dann sein, wenn der der StA.-schaft zustehende Beschwerdeweg vollständig erschöpft ist, wird mit diesem Augenblicke, nicht aber bereits früher, die Statthaftigkeit einer Veröffentlichung gegeben. Deshalb bedient sich auch das Gesetz des unzweideutigen Ausdrucks: „oder der Prozeß auf anderem Wege sein Ende erreicht hat." In dem vorliegenden Falle handelt es sich um die Bekanntmachung eines Gerichtsbeschlusses 1. Instanz, durch welchen eine Anklage zurückgewiesen worden, wogegen indeß noch der StA.-schaft die Beschwerde offen stand und auch eingelegt wurde. Der App.-Richter hat daher rechtlich geirrt, wenn er angenommen hat, daß auch in einem solchen Falle jedesmal die Beendigung der betreffenden Instanz, gleichviel, ob noch eine fernere zulässig ist, oder nicht, entscheidet. Die Bezugnahme auf die etwaige Absicht, die den Gesetzgeber bei der getroffenen Bestimmung geleitet haben mag, ist nach allgemein anerkannter Interpretations-Regel unstatthaft, wenn der klare Wortlaut des Gesetzes, wie hier, in einer oder der anderen Hinsicht jener Absicht nicht vollständig entspricht. Ebenso irrt der Angeklagte, wenn er meint, daß vor dem Erlasse eines Beschlusses über die Eröffnung der Untersuchung, von einem Krim.-Prozesse, wie der § 48 l. c. besage, nicht die Rede sein könne. Denn sowie unzweifelhaft eine Anklageschrift, welche das Gesetz ausdrücklich benennt, ein Schriftstück in einem Krim. Prozesse ist, ebenso sicher muß es ein darauf bezüglicher, wenngleich zurückweisender Beschluß des Gerichtshofes sein, und es ist offenbar, daß der Gesetzgeber sich des in Rede stehenden Ausdrucks nur bedient hat, um in der Kürze den Gegenstand des Verfahrens zu bezeichnen. Endlich steht der obigen Ausführung das cit. Z. I. v. 5. Oktbr. 1866 nicht entgegen. Einmal handelte es sich dort darum, daß eine bereits eingetretene mündliche Verhandlung noch nicht beendet war, als die Veröffentlichung erfolgte, dann aber heißt es in den Entscheidungsgründen, „daß die Gleichstellung der beiden Fälle, wenn die mündliche Verhandlung stattgefunden, oder der Prozeß auf andere Weise sein Ende erreicht hat, deutlich auf die gänzliche Beendigung der Untersuchung hinführt, mit welcher die Veröffentlichung erlaubt sein soll."

Antr. d. GStA gleichl. [20.—6.]

---

## Eventualfrage. — Brandstiftung. — Lebensgefährdung. — Unterlassene Anzeige.

**Lautete die Anklage lediglich auf Selbstverübung einer Brandstiftung, so kann den Geschwornen nicht eine Eventualfrage in Betreff der Nichtanzeige von der [durch einen Andern] beabsichtigten (lebensgefährlichen) Brandstiftung vorgelegt werden.**

Ges. v. 3. Mai 1852 Artt. 30. 86 [n 5]. Vgl. RdOTr. 6 S. 65; 8 S. 748; 9. S. 67. 395; 10. S. 348.

**Erk. (B. I.) v. 4. März 1870 c. Rotzoll** (301. I. Cr.).

Die Eheleute R. und die Eheleute X. waren unter der Anklage: „— gemeinschaftlich nach vorheriger Abrede vorsätzlich verschiebenes Brenn-Material in Brand gesetzt zu haben, welches vermöge seiner Beschaffenheit und Lage geeignet war, einem den Eheleuten X, sowie zweien den Eheleuten R. gehörigen, zur Wohnung von Menschen dienenden Gebäuden das Feuer mitzutheilen"

auf Grund der §§ 287. 285 Nr. 1 des StGB.s, und außerdem die beiden Ehemänner wegen Betrugsversuchs (Ueberliquidirung des erlittenen Brandschadens) vor den Schw.-GH. gestellt worden. Die Anklageschrift führte aus, daß in den drei erwähnten dicht aneinander stoßenden Gebäuden an verschiedenen Stellen das Feuer angelegt worden sei, mit der unzweifelhaften, auf vorheriger Verabredung beruhenden Absicht, dasselbe gleichzeitig zum Ausbruche zu bringen, und so alle Gebäude auf einmal zu zerstören. — Bei der schwurgerichtlichen Verhandlung beantragte der StA. in Betreff der Eheleute R Eventualfragen aus § 39 des StGB.s dahin zu stellen: ob dieselben schuldig seien:

„— von dem Vorhaben einer demnächst wirklich verübten, das Leben von Menschen gefährdenden Brandstiftung zu einer Zeit, zu welcher die Verhütung dieses Verbrechens möglich gewesen, glaubhafte Kenntniß erhalten und es unterlassen zu haben, der Behörde zur rechten Zeit Anzeige zu machen."

Der Vertheidiger erachtete diese Frage für „unzulässig, wenn nicht in derselben zugleich die Person desjenigen angegeben werde, welcher des Vorhabens des Verbrechens bezüchtigt werde;" der Vorsitzende befragte den Vertheidiger: „ob lediglich aus dem angegebenen Grunde gegen die Fragstellung aus § 39 cit. protestirt und ob im Uebrigen die Frage nicht bemängelt werde;" und als der Vertheidiger erwiederte „die Frage werde nur aus diesem Grunde bemängelt", wies der GH. den Protest zurück und verordnete die Stellung der Frage: „weil das Gesetz das geltend gemachte Erforderniß nicht kenne." — Die Geschwornen verneinten in Betreff beider Eheleute R. die die Brandstiftung betreffende Hauptfrage, bejahten dagegen in Betreff beider die aus § 39 des StGB.s gestellte Hülfsfrage, sowie in Betreff des Ehemannes R. die Frage in Betreff der Ueberliquidirung, worauf der GH. den R. aus den §§ 39 242. 56 des StGB.s und § 28 des Ges.s v. 8. Mai 1837 zu einer Gesammtstrafe von 2½ Jahr Gefängniß 2c., die Ehefrau R. aber aus § 39 cit. zu einjähriger Gefängnißstrafe verurtheilte.

Auf die NB. der Angeklagten hat das OTr dieses Erkenntniß insoweit **vernichtet**, als dasselbe beide Eheleute wegen Unterlassung der gesetzlichen Anzeigepflicht verurtheilt hatte, erklärte die Verfolgung der Angeklagten wegen dieses Vergehens im anhängigen Verfahren für unstatthaft, und wies die Sache in Betreff des Ehemannes R. unter Aufrechthaltung des die Ueberliquidirung betreffenden Geschwornenspruchs an den Schw.-GH. zur anderweitigen Bestimmung der durch dieses Vergehen verwirkten Strafe zurück.

Die Gründe verweisen zunächst auf die frühere Rechtsprechung des OTr.s, insbesondere auf B. (II. 337) v. 28 Nov. 1867 c. Kämmerer (RbOTr. 8. S. 748), nach welchen

> „die Anklage die demnächstige gerichtliche Verhandlung und Entscheidung in der Hauptsache dergestalt begrenze, daß sich diese auf keine andere, als die zur Anklage gestellte That erstrecken dürfe,"

und daß auch bei Anwendung der Artt. 30 und 86 des Ges.s v. 3. Mai 1852

> „immer die Identität der zur Anklage gestellten That vorausgesetzt werde."

Dann heißt es weiter:

Gegen die Eheleute R. wurde die Untersuchung wegen vorsätzlicher Brandstiftung in Gemäßheit, der §§ 285 Nr. 1 287 des StGB.s eingeleitet. Dieses Verbrechen beruhte daher auf einer positiven Handlungsweise der Imploranten, währenddem die gestellten eventuellen Fragen eine bloße Unterlassung enthielten und auf ganz anderen thatsächlichen Voraussetzungen basirten. Diese letzteren waren weder in dem Anklagebeschlusse, noch in der demnächstigen Anklage irgendwie berührt; beide setzten mindestens ein Einverständniß der Imploranten mit den das Verbrechen ausführenden Personen voraus, wogegen der Verlauf der Verhandlungen auch dies in Wegfall gebracht haben muß, weil sonst eine schwerere Strafthat, als die des § 39 l. c. existent geblieben wäre. Es handelt sich also nicht mehr um denselben Thatbestand und nicht blos, wie Art. 86 des Ges.s v. 3. Mai 1852 verlangt, um hervorgetretene nähere Umstände der von der Anklage zur Sprache gebrachten Thatsachen, von welchen dieselben begleitet waren. Demgemäß durfte der Schw.-GH. die eventuellen Fragen nicht stellen, sondern mußte es dem StA. überlassen, die Imploranten wegen des nun ermittelten Vergehens anderweitig zu verfolgen. Da hiergegen gefehlt worden, so sind wesentliche Vorschriften des Verfahrens verletzt.

Antr. d. OStA.: gleichl. [20.—6]

---

**Betrug. — Klage. — Täuschung des Richters.**

**Die Anstellung einer unbegründeten Klage stellt für sich allein nicht den Thatbestand eines Betrugsversuchs dar, sollte auch ein Zahlungsmandat auf Grund derselben erlassen sein.**

StGB. § 241 [n. 61].

**Erk. (Z. I.) v. 9. März 1870 c. Alexander (311. I Cr.).**

A. hatte, als angeblicher Cessionar eines Dritten gegen die Wittwe Z. eine in Wahrheit unbegründete Klage auf Zahlung einer Darlehnsschuld erhoben und sich zur Rechtfertigung derselben auf das Zeugniß mehrerer Personen bezogen. Der Prozeßrichter hatte demzufolge gegen die Z. ein Zahlungsmandat erlassen, gegen welches die letztere Widerspruch erhob. Später nahm A. seine Klage zurück — Hierin fand die Anklage einen Betrugsversuch; das AG. sprach aber frei, weil „die durch die Klage beim Prozeßrichter bewirkte Irrthumserregung kein geeignetes Mittel zu einer Vermögensbeschädigung sei: zu der letztern reiche der Erlaß des durch bloßen rechtzeitigen Widerspruch zu beseitigenden und deshalb für die Z. nicht nachtheiligen Zahlungsmandats nicht aus, so lange die Zeugen den Inhalt der Klage nicht bestätigt hätten; eben deshalb sei auch die Anstellung der Klage nicht eine den Anfang der Ausführung der That enthaltende Handlung." — NB. des OStA.s. — Zurückweisung,

weil die Feststellungen des AG.s thatsächlicher Natur und ein Rechtsirrthum bei denselben nicht ersichtlich sei.

Antr. d. OStA.: entg. [15.—8]

---

**Zeuge. — Mit-Angeklagter. — Freisprechung. — Mitschuldiger.**

**1. Ein rechtskräftig freigesprochener Mit-Angeklagter kann demnächst als Zeuge eidlich vernommen werden.**

**2. Ein als Zeuge Vernommener darf nicht vereidet werden, wenn er sich als Mitschuldiger der**

**That bekennt. — Ist dieses ohne Verschulden des erkennenden Richters dennoch geschehen, so darf derselbe die Bekundung des Zeugen nicht als ein vollgültiges Beweiszeugniß behandeln; er muß daher, wenn er sie berücksichtigt, erkennbar machen, daß er sie nur als die Bezüchtigung eines geständigen Mitschuldigen auffaßt.**

Vdn. v 3. Jan. 1849 § 22 [n. 22]. Vgl RbOTr. 7. S. 533; 9. S. 660; 10. S. 348.

**Erk. (V. I.) v. 9. März 1870 c. v. Bloch** (238. I. Cr.).

Der App.-Richter hatte die kommissarische Vernehmung eines in erster Instanz rechtskräftig freigesprochenen Mit-Angeklagten B. und eines bis dahin noch nicht vernommenen Zeugen, Knecht G., angeordnet. Diese ward durch den kommittirten Richter bewirkt und beide vernommene Personen vereidet, obgleich G. angegeben hatte, daß er auf Geheiß seines Brodherrn, des Angeklagten v. Bl., die inkriminirte Handlung gemeinschaftlich mit mehreren Mitknechten verübt habe. Das betreffende Protokoll ward vor dem AG. „zum Zwecke der Beweisaufnahme" verlesen. — NB. — Das OTr erachtete zwar die eidliche Vernehmung des B. für statthaft, vernichtete aber das angefochtene Erkenntniß wegen der unzulässigen Vereidung des G. Gründe:

Nach Vorschrift des § 356 Nr. 8 der Crim.-Ordn. hätte der kommittirte Richter die Vereidung des G. unterlassen sollen. Wenn er sie dennoch bewirkt hat, so ist zwar anzuerkennen, daß dieses Versehen nicht dem App.-Richter zur Last fällt, und ebenso, daß der Letztere nicht in der Lage war, dasselbe ungeschehen machen zu können. Demunerachtet hat der zweite Richter insofern gefehlt, als die Gründe seines Urtheils nicht erkennen lassen, ob er sich der Ungesetzlichkeit der erfolgten Vereidigung des rc. G. bewußt gewesen sei, indem er die Aussage desselben in einer Weise beurtheilt, die es zweifelhaft läßt, ob er sie als ein vollgültiges Beweiszeugniß oder nur wie die Bezüchtigung eines geständigen Mitschuldigen aufgefaßt habe.

Antr. d. OStA.: gleichl. [28.—8.]

**Gerichtsstand. — Soldat, hannöverscher. — Desertion.**

1. Ein hannöverscher Soldat, welcher nach der Einverleibung Hannovers in Preussen desertirte, unterliegt dem Militairgerichtsstande selbst dann, wenn die That zu einer Zeit geschah, wo er in Folge der Auflösung der hannöverschen Armee in seine Heimath entlassen war.

2. Für die Desertion, welcher sich ein hannöverscher Soldat vor der Einverleibung Hannovers in Preussen schuldig gemacht hat, sind die Civilgerichte nicht zuständig.

Pr. Mil.-StGO. v. 3. Apr. 1845 § 6; Allerh. Erl. v. 27. Nov. 1866 (GS. S. 793).

**Beschl. v. 9. März 1870 c Kleinschmidt u. Gen.** (OAG. II 24).

Nach der Schlacht bei Langensalza wurde die hannöversche Armee aufgelöst und die Soldaten in ihre Heimath entlassen. Nachdem sodann die Einverleibung Hannovers in Preußen erfolgt war, erging der Allerh. Erlaß v. 27. Nov. 1866, welcher in alle neuerworbene Landestheile die Preuß. Militärgesetze einführte und gleichzeitig aussprach, daß alle im Militärverbande stehenden nicht zum aktiven Dienste herangezogenen Personen als dem Beurlaubtenstande angehörig angesehen und behandelt werden sollten. Der demzufolge an die einzelnen Personen gerichteten Aufforderung, sich an einem bestimmten Tage behufs Einstellung in einen Preußischen Truppentheil zu stellen, haben mehrere keine Folge geleistet; ein Theil derselben hatte sich bereits vorher ins Ausland begeben, so daß ihnen die Einberufungsordre gar nicht behändigt werden konnte; andere haben sich nach dem Empfange der Ordre ins Ausland entfernt. Die Militärbehorde betrachtete sie dieserhalb als Deserteure, hielt aber dafür, daß sie nie Preußische Soldaten gewesen und daß dieserhalb die Preußischen Militärgerichte zu ihrer Aburtheilung nicht zuständig seien. — Demzufolge erhob der Kron-Anwalt zu N., an welchen die Sache abgegeben worden war, gegen K. und 39 Genossen die Anklage, daß sie

> „in der Absicht, sich dem Militärdienste zu entziehen, von dem ihnen erlaubten Aufenthaltsorte, sich eigenmächtig entfernt hätten, und in gleicher Absicht von dem Orte ihrer Bestimmung weggeblieben seien (Hann.-Militär-StGB. § 119; Pr. Mil.-StGB. § 91)."

Beide Instanzgerichte lehnten indessen die beantragte Eröffnung des Hauptverfahrens ab, weil es sich von einem rein militärischen

Vergehen handle, für welches das Militärgericht den einzigen und ordentlichen Gerichtsstand bilde; selbst wenn man daher annehmen müßte, daß an der Stelle der aufgehobenen hannöverschen Militärgerichte nicht ohne weiteres die preußischen zuständig geworden seien, daß es also zur Zeit an einem für den vorliegenden Fall zuständigen Militärgerichte fehle, so folge daraus doch nicht, daß nunmehr die für diese Gattung der Gerichtsbarkeit überall nicht zuständigen bürgerlichen Gerichte ergänzend einzutreten hätten. —

Die hiergegen ergriffene NB. erachtete der Gen.-Staats-Anwalt für unbegründet: nach der AKO. v. 27. Nov. 1866 seien die betr. Personen als „Personen des Beurlaubtenstandes" im Sinne der Preußischen Militärgesetze anzusehen und zu behandeln; demgemäß könne nach § 6 der Pr. Mil.-StGO. v. 3. Apr. 1845 nur von den Mil.-Gerichten über das ihnen zur Last gelegte Verbrechen der Desertion erkannt werden; nur diese hätten zu entscheiden, ob jene Personen schon vor der Verkündung der cit. AKO. v. 27. Nov. 1866 als Preußische Soldaten durch Entfernung aus dem Lande oder später durch Nichtbefolgung der Einberufung eine Desertion begehen konnten und begangen hätten.

Das OAG. hat die NB. zurückgewiesen. Gründe:

Nach den Anklagebehauptungen sollen die Angeklagten in der Zeit vom 1. Juli bis 31. Dez. 1866, nachdem sie in die Rollen von Abtheilungen der vormaligen Hannöverschen Armee eingetragen und zum Dienst eingestellt worden, sich in der Absicht, dem Militärdienst sich zu entziehen, von dem ihnen erlaubten Aufenthaltsorte eigenmächtig entfernt haben und in gleicher Absicht von dem Orte ihrer Bestimmung weggeblieben sein. Und zwar soll dieses bei einigen derselben nach Empfang der Ordre geschehen sein, wodurch sie auf den 10. Dez. 1866, behufs Einstellung in Preußische Truppentheile einberufen wurden, während die Uebrigen die Zustellung der gedachten Ordre durch ihre der Zeit nach nicht näher bestimmte Entfernung außer Landes vereitelt haben sollen. Das als Desertion bezeichnete Verhalten der Angeklagten fällt also nach diesen Behauptungen der Anklage theils in die Zeit vor der Einverleibung des Königreichs Hannover in den Preußischen Staat, theils in eine spätere Zeit.

**Die Entscheidung der Frage, welches Gericht zur Aburtheilung dieser Anschuldigung berufen sei, bemißt sich, nachdem durch Allerh. Erlaß v. 27. Nov. 1866 die in den einverleibten Landestheilen bis dahin gültig gewesenen, das Militärstrafrecht betreffenden Gesetze aufgehoben und an deren Stelle die entsprechenden Preußischen gesetzt worden sind, nur nach den letzteren und sind also vorliegend die Bestimmungen der Mil.-StGO. v. 3. April 1845 maaßgebend.**

Die Einverleibung des Königreichs Hannover ist aber in der Art vollzogen worden, daß die bisherigen Hannöverschen Unterthanen nach Maaßgabe der vorerst bestehen gebliebenen Hannöverschen Gesetze nunmehr dem Preußischen Staate gegenüber ihre Pflichten zu erfüllen hatten. Dies gilt insbesondere von den bis dahin hannöverschen Soldaten, welche nunmehr Preußische wurden, ohne daß es einen Unterschied macht, daß die Hannöversche Armee nicht in dem Bestande ihrer Heerkörper übernommen wurde, sondern damals die Soldaten nach Auflösung der Armee, wodurch die Leistung der Militärpflicht vorerst wegfiel, einstweilen in ihre Heimath entlassen worden waren. Denn bei dieser Auflösung blieb der Anspruch des Hannöverschen Staates auf Leistung der Militärpflicht an sich bestehen und ging in Folge der Einverleibung des Königreichs Hannover auf den Preußischen Staat über. Dieses Verhältniß hat denn auch durch den Allerh. Erlaß v. 13. Okt. 1866 Anerkennung gefunden, indem hiernach die, nach den bisher in den betreffenden Landestheilen gültig gewesenen Wehrpflichtsgesetzen zum Diensteintritt gelangten Mannschaften ihre Pflichten nach Maaßgabe dieser Gesetze erfüllen sollen.

Die so übernommenen Soldaten sind aber nicht unter die volle Militärgerichtsbarkeit gelangt, weil diese nach den Bestimmungen der Mil.-StGO. §§ 5 und 6 nur dann Platz greift, wenn die Soldaten sich im aktiven Dienste befinden und dieses Verhältniß in Folge der Auflösung der Hannöverschen Armee gerade cessirte. Sie waren zur Zeit der Einverleibung auf unbestimmte Zeit in ihre Heimath entlassen; in dieser Situation gingen sie in den Preußischen Militärverband über und erschienen darin somit als Angehörige des Beurlaubtenstandes. Der Allerh. Erlaß v. 27. Nov. 1866, welcher zur Beseitigung vorgekommener Zweifel verordnet, daß diejenigen Personen in den neuen Landestheilen, welche in irgend einer Art von Militärverband standen, ohne zum aktiven Dienst herangezogen worden zu sein, als zu den Personen des Beurlaubtenstandes gehörig betrachtet und behandelt werden sollen, hat dieses Verhältniß demnach nicht erst neu geschaffen, sondern nur in bestimmtem Ausdrucke zur Anerkennung gebracht.

Außer Zweifel ist es hiernach, daß diejenigen Angeklagten, welche nach der Einverleibung des Königreichs Hannover der Leistung der Militärpflicht sich durch Entfernung entzogen haben sollen, dieserhalb der Militärgerichtsbarkeit unterworfen sind. Denn es wird Ihnen Desertion aus dem Preußischen Militärdienste zur Last gelegt, welche je nach den Zeitverhältnissen nach §§ 91. 94 des Preußischen oder nach § 119 des Hannoverschen Mil.-St.-GB.s zu behandeln sein würde, welches letztere in der Provinz Hannover nach deren Einverleibung bis zu der Beseitigung durch den Allerh. Erlaß v. 27. Nov. 1866 als nunmehr Preußisches Landesgesetz in Gültigkeit blieb. Eine solche Desertion gehört aber nach § 6 der Mil.-StGO. bei Personen des Beurlaubtenstandes nicht zur Kompetenz der Civilgerichte.

In Bezug auf diejenigen Angeklagten aber, welche vor der Einverleibung des Königreichs Hannover, also noch aus dem Hannoverschen Militärdienste desertirt sein sollen, kann diese Bestimmung zwar keine Anwendung finden, da das Vergehen der Desertion, welches hierin gedacht wird, nur auf den Preußischen Militärdienst bezogen werden kann. Dem Vorderrichter muß aber darin beigepflichtet werden, daß durch Beseitigung der in Hannover bestandenen Vorschriften über den Militärgerichtsstand und die Militärverbrechen rc. in Bezug auf Vergehen vorliegender Art nicht ohne Weiteres die Zuständigkeit der Civilgerichte begründet worden sei.

[64.—9.]

---

**1. 2. Zusammenrottung. — Begriff. — Auflösung.**
**3. Polizeiaufsicht. — Ausländer. — Feststellung.**

1. Der Begriff der Zusammenrottung darf in der Fragstellung in die entsprechenden thatsächlichen Merkmale aufgelöst werden.

2. Die „Vereinigung und Mitwirkung zweier verhafteten Personen zu einem gemeinschaftlichen gewaltsamen Ausbruche" entspricht dem Begriffe der Zusammenrottung.

StGB. §§ 96. 91 [n. 4. 2]; StPO § 318 Vgl. RbOTr. 10. S. 347; 11. S. 70.

3. Waltet darüber ein Zweifel ob, ob ein Angeklagter ein Norddeutscher oder ein Ausländer sei, so bedarf es in dieser Beziehung einer ausdrücklichen Feststellung, um die Verhängung der Polizeiaufsicht gegen ihn zu rechtfertigen.

StGB. § 29 [n 2. 3].

Erk. (Z. V.) v. 9. März 1870 c. Picard (OAG. II 59). [65.—6]

---

**1. Privatkläger. — Rechtsmittel. — Frist.**
**2. Nichtigkeitsbeschwerde. — Anmeldung, wo?**
**3. Beschluss. — Beweiserhebung, bindend?**
**4. Nichtigkeits-Beschwerde. — Rechtfertigung. — Bezugnahme.**

1. Ist das Urtheil zweiter Instanz in Abwesenheit des Privatklägers verkündet worden, so läuft ihm die Frist für die Nichtigkeitsbe-

schwerde von der an ihn zu bewirkenden Zustellung des Urtheils an.

StPO. §§ 504. 370.

2. Die Nichtigkeitsbeschwerde ist gültig angebracht, wenn sie zwar an eine unrichtige Behörde addressirt, von dieser aber rechtzeitig an das Gericht erster Instanz befördert worden ist.

StPO. § 370

3. Der Instanzrichter kann von einer anfänglich beschlossenen Zeugenvernehmung demnächst absehen, wenn er findet, dass sie unerheblich geworden sei; § 244 der StPO. findet dann keine Anwendung.

StPO. §§ 239. 240. 244. 250. 260.

4. Eine Bezugnahme auf die Vorakten genügt nicht zur Rechtfertigung der Nichtigkeits-Beschwerde (eines Privatklägers).

StPO. § 393 Vgl oben S. 56.

Erk. (Z.) v. 9. März 1870 Drews c. Sachau (OAG. II. 55). [65.—6.]

---

**Privatkläger. — Berufung. — Kostenvorschuss. — Frist.**

Der Berufung einlegende Privatkläger muss die vorschriftsmässige Kostenhinterlegung innerhalb der für die Rechtfertigung des Rechtsmittels bestimmten Frist bewirken. — Diese Frist kann vom Vorsitzenden des Erst-Instanz-Gerichts nur auf Antrag, nicht von Amtswegen verlängert werden. — Die Möglichkeit der nachträglichen Vorbringung neuer Thatsachen etc. vor dem Berufungsgerichte macht eine nachträgliche Kostenhinterlegung nicht statthaft.

StPO. §§ 492 370. 375. 376. 504. — Vgl RdOTr. 10 S. 61 626; und unten Beschl. (II 65) v. 16. März 1870 Mondschein c. Heide.

Erk. (V.) v. 9. März 1870 Davey c. Schüler (OAG. II. 7).

Es muß anerkannt werden, daß die Wahrnehmung der im § 492 der StPO. dem Privatkläger auferlegten Verpflichtung zur Hinterlegung eines Kostenvorschusses, soweit es sich um den Kostenvorschuß für die Rechtsmittelinstanz handelt, zufolge des § 504 Abs. 2 zu den vor dem Gerichte erster Instanz zu berichtigenden Solennitäten gerechnet werden soll, durch deren zeitige Beobachtung die Zulassung des Rechtsmittels bedingt ist. Welche der beiden für diese Solennitäten in Betracht kommenden Fristen, ob die kürzere Anmeldungsfrist, oder die längere Rechtfertigungsfrist, für Hinterlegung des Kostenvorschusses maßgebend sein solle, ist dabei nicht ausdrücklich bestimmt, und in den §§ 372. 373, deren analoge Anwendung durch § 504 aufgegeben ist, wird in Ansehung des Rechtsmittels der NB. von beiden Fristen, in Ansehung des Rechtsmittels der Berufung dagegen, bei welchem die Einreichung einer Rechtfertigungsschrift nicht nothwendig, sondern blos fakultativ ist, nur von der Anmeldungsfrist gehandelt. Doch soll, wie aus dem § 376 Abs. 1 hervorgeht, auch bei dem Rechtsmittel der Berufung erst nach Eingang der Rechtfertigungsschrift oder Ablauf der hierfür bestimmten Frist, über die Zulassung des Rechtsmittels Verfügung getroffen werden. Für die Beförderung der Hauptsache erscheint es daher gleichgültig, ob auf die Berichtigung des Kostenvorschusses die Anmeldungs- oder die Rechtfertigungsfrist angewendet werde, und wenn es gleich einigen Anschein für sich hat, anzunehmen, daß im § 504 al. 2 durch die Verweisung auf §§ 372 und 373 die für beide dort besprochenen Rechtsmittel gleichmäßig in Betracht kommende Anmeldungsfrist es sei, welche für die Kostenhinterlegung habe vorgeschrieben werden sollen, so kommt doch hiergegen, außer dem erwähnten Mangel eines Interesses für die Förderung der Hauptsache, als entscheidend in Erwägung, daß der im § 492 gebrauchte Ausdruck „ein Rechtsmittel einlegt" nach dem Sprachgebrauche der Strafprozeß Ordnung (cfr. §§ 366—369. 394 seq.) sowohl die Anmeldung, als auch die Rechtfertigung des Rechtsmittels umfaßt, daß ferner in Ansehung des Rechtsmittels der NB., da rücksichtlich dieser beide Fristen im § 372 benannt sind, die Annahme einer Versäumniß, sofern die Kostenhinterlegung innerhalb der Rechtfertigungsfrist geordnet worden, auf Grund des § 504 sich nicht würde rechtfertigen lassen, und daß das Rechtsmittel der Berufung in allen sonstigen Beziehungen nach der StPO. den Betheiligten leichter zugänglich gemacht ist, als das außerordentliche Rechtsmittel der NB., mithin nicht abzusehen ist, warum im Punkte des Kostenvorschusses gerade das umgekehrte Verhältniß beabsichtigt gewesen sein sollte. Demnach muß als das richtige Verständniß des § 504 al. 2 angesehen werden, daß der Kostenvorschuß für die Rechtsmittel-Instanz, gleichmäßig bei der Berufung wie bei der NB., vor Ablauf der Rechtfertigungsfrist beschafft werden solle. —

Die im § 376 Abs. 5 der StPO. gewährte Befugniß, materielle Rechtfertigungsgründe in der mündlichen Hauptverhandlung vor dem Berufungsrichter nachzuholen, leidet auf die vor dem Gerichte erster Instanz wahrzunehmenden Formalien, durch welche die Zulässigkeit des Rechtsmittels bedingt ist, keine Anwendung, und was die unterm ꝛc. vom Amtsgerichte an den Privatkläger ergangene Aufforderung betrifft, die gesetzliche Kostenvorlage innerhalb acht Tagen an die Gerichtskasse einzuzahlen, so ist zwar durch § 375 l. c. dem Vorsitzenden des Gerichtes erster Instanz die Machtvollkommenheit gegeben, die Frist zur Rechtfertigung der Berufung bis zur doppelten Dauer derselben auf Antrag zu verlängern, welches denn eintretenden Falles zugleich die Verlängerung der Frist für die Hinterlegung des Kostenvorschusses involvirt; — es ist demselben aber nicht verstattet, wie vorliegenden Falles geschehen, von Amtswegen und ohne Antrag dergleichen Verlängerungen zu gewähren.

Antr. d. GStA.: entg. [62.—6.]

---

**Schwurgerichts-Vorsitzender. — Leitungsrecht. — Fragstellung.**

1. Der Schwurgerichts-Vorsitzende kann bei Gelegenheit der Vernehmung des Angeklagten, Akten-

stücke verlesen bzw. vorlegen, welche auf die erörterten persönlichen Verhältnisse desselben unmittelbar Bezug haben, ohne daß es dazu eines Antrags, oder eines jene Maßregel anordnenden Gerichtsbeschlusses bedürfte.

Ges. v 3. Mai 1852 Art. 76 [n. 7].

**2. Der Vorsitzende ist befugt, ohne vorgängigen Antrag und ohne Gerichtsbeschluß, eine Eventualfrage zu stellen; er ist auch nicht verpflichtet, den Angeklagten zu einer Auslassung über dieselbe aufzufordern.**

Ebendas. Art. 86 [n. 19. 20]. Vgl RbOTr. 8. S. 262.

Erk. (Z. I.) v. 9. März 1870 c. Theurich (197. I Cr).

Der Vorsitzende des Schw.-GH s, vor welchen Th. unter der Anklage der Anstiftung des Mitangeklagten St zu einem in einer Civilsache ausgeschwornen Meineide gestellt worden war, — hatte bei der Vernehmung jenes Angeklagten die Akten über die von demselben erlittenen Vorbestrafungen vorgelegt, auf die früheren Erklärungen desselben hinverwiesen, Briefe desselben vorgelesen, und über den Verlauf des gedachten Civilprozesses aus den diesen betreffenden Akten Mittheilungen gemacht, und schließlich den Geschwornen eine Eventualfrage in Betreff der Hülfeleistung (§ 34 Nr. 2 des StGB s) zu dem Meineide des St. vorgelegt, ohne daß in einer dieser Beziehungen von irgend einer Seite ein Antrag gestellt, oder ein Gerichtsbeschluß ergangen wäre. — Die NB. fand hierin Verstöße gegen die Grundsätze des Verfahrens und rügte namentlich, daß der Angeklagte nicht aufgefordert worden sei, sich über die gestellte Eventualfrage auszulassen. — Zurückweisung. Gründe:

[1.] Nach Art. 76 des Ges.s v. 3. Mai 1852 gebührt dem Vorsitzenden des Schw.-GH.s die Leitung der Hauptverhandlung vor den Geschwornen, das Verhör des Angeklagten und die Aufnahme des Beweises, ohne daß dieserhalb Anträge der Betheiligten erforderlich sind. In der vorliegenden Sache ist danach, ohne gegen eine gesetzliche Vorschrift zu verstoßen, verfahren worden. Der Vorsitzende konnte, wie er gethan, zumal nachdem der Implorant die gegen ihn früher erkannte Bestrafung anerkannt hatte, die bezüglichen Akten vorlegen. Er durfte im Laufe des Verhörs des Angeklagten auf dessen frühere, in dieser Angelegenheit gegebenen Erklärungen hinweisen, Briefe, die derselbe geschrieben, heranziehen, den Angeklagten darüber vernehmen, und sie, soweit es nöthig war, unter Vorlegung derselben vorlesen. Ebenso wenig war der Vorsitzende verhindert, den Verlauf des von dem Imploranten gegen die bezügliche Feuerversicherungs-Gesellschaft geführten Prozesses anzugeben, Unterschriften unter Schriftstücken recognosciren zu lassen, und etwaige Vorlesungen dieser, für sich bestehenden Beweisstücke, vorzunehmen. Ein Mehreres ist nach Ausweis des Audienz-Protokolles nicht geschehen, und da keiner der im § 21 der Vdn. v. 3. Jan. 1849 oder des Art. 25 des Ges.s v. 3. Mai 1852 gedachten Fälle vorlag, ist der § 14 der cit. Verordnung in keiner Weise verletzt worden.

[2.] Nach Art. 86 des Ges.s v. 3. Mai 1852 kann der Vorsitzende geeigneten Falles den Geschwornen besondere Fragen vorlegen. Ob eine Veranlassung hierzu vorhanden ist, liegt in seinem jedesmaligen Ermessen, das mit der NB. nicht angefochten werden kann. Ein Beschluß des GH.s darüber ist nur dann erforderlich, wenn von irgend einer Seite her, ein hierauf bezüglicher Antrag gestellt wird. Dies ist in der vorliegenden Sache nach Ausweis des Aud.-Protokolles nicht geschehen, dasselbe enthält vielmehr den Vermerk, daß, nachdem die StA.-schaft die Stellung der eventuellen Frage beantragt hatte, der Implorant nichts mehr anzuführen gehabt, sein Vertheidiger auch die Schutzrede gehalten hat, ohne auf die jetzigen Behauptungen einzugehen, resp. dieselben zu berühren. Es wäre ihre Sache gewesen, wenn sie es für nöthig gehalten, sich hierüber auszulassen; eine förmliche Aufforderung von Amtswegen aber war nicht erforderlich.

Antr. d. GStA.: gleichl. [20.—8.]

### Kuppelei. — Unzucht, getriebene.

**Zum Thatbestande der Kuppelei wird nicht erfordert, daß die Personen, welchen Vorschub geleistet worden, die Unzucht getrieben haben; es genügt, wenn der Kuppler Alles gethan hat, wodurch der Zweck, für welchen er seine Vermittlung eintreten ließ, erreicht werden konnte.**

StGB. § 147 [n. 10]. Vgl. RbOTr. 10. S. 541.

Erk. (Z. I.) v. 9. März 1870 c. Tzscherner (190. I. Cr.). [20.—8.]

---

### Fragstellung. — Mehrheit von Verbrechen. — Zusammenfassung.

**Es ist nicht unstatthaft, mehrere selbstständige (realiter konkurrirende), gleichartige Verbrechen in einer Frage zusammenzufassen, sobald es nur in einer Weise geschieht, welche es den Geschwornen möglich macht, für jedes einzelne Verbrechen die Frage sowohl rücksichtlich der Hauptthat als der ꝛc. Umstände besonders zu bejahen oder zu verneinen.**

Ges. v. 3. Mai 1852 Art. 80 [n. 11]. Vgl. RbOTr. 3 S. 397; 5. S 245; 7. S. 43; 11. S. 59. Vgl. unten Z. (I, 375) v. 20. März 1870 c. Richter, Z (I. 430) v. 8. Apr. 1870 c. Seehase.

Erk. (Z. II.) v. 10. März 1870 c. Böwe (105. II. Cr.).

Die Geschwornen hatten die ihnen vorgelegte Frage:

„Ist B. schuldig in der Zeit vom 12. zum 13. Okt. 1869 bei P. durch 3 verschiedene selbstständige Handlungen
1. den Müller F F.,
2. den Müller A. D.,
3. die verehelichte Müller D.
vorsätzlich und zwar mit Ueberlegung getödtet zu haben?"

dahin beantwortet: „Ja der Angeklagte ist schuldig mit allen in der Frage enthaltenen Umständen — mit mehr als 7 Stimmen." — Die NB. rügte die Form der Fragstellung resp. des darauf ergangenen Geschwornenspruchs. — Zurückweisung. Die Gründe führen aus:

Es widersprach wenigstens keiner gesetzlichen Vorschrift rücksichtlich der dem Angeklagten zur Last gelegten drei Mordthaten, den Geschwornen eine einzige Frage vorzulegen; dem cit. Art. 80 war dadurch Genüge geleistet, daß durch die Trennung der einzelnen Tödtungen nach verschiedenen Nummern und durch genügende Hervorhebung der gemeinsamen, die That rücksichtlich aller drei Getödteten begleitenden resp. dieselbe erschwerenden Umstände es den Geschwornen möglich gemacht war, die Frage bei jedem einzelnen Verbrechen, sowohl rücksichtlich der Hauptthat als der erschwerenden Umstände besonders zu bejahen oder zu verneinen.

Antr. d. GStA.: gleichl. [32.—3.]

---

### Beamter. — Amtlicher Auftrag.

Ein Polizei-Unter-Beamter, welchem in dieser seiner Eigenschaft von der ihm vorgesetzten Behörde aus polizeilichen Gründen ausschließlich der öffentliche Gassenruf übertragen worden ist, handelt bei Vornahme desselben amtlich, selbst wenn der betr. Ausruf eine Privatangelegenheit zum Gegenstande hatte. Eine ihm bei einer solchen Gelegenheit zugefügte Ehrverletzung ist strafbar aus

StGB. § 102 [n 27].

Erk. (Z. II.) v. 10. März 1870 c Trapper (101. I. Cr.). [35.—3.]

---

### Urkunde. — Unterdrückung. — Nachtheil. — Gewinnsucht.

1. Die Unterdrückung eines gerichtlichen Zahlungs-Mandats ist „zum Nachtheile" eines Andern bewirkt, wenn dieser dadurch verhindert worden ist, rechtzeitig seine Einwendungen gegen jenes Mandat vorzubringen.

StGB. § 243 Nr. 8 [n. 51].

2. Die Absicht, wenigstens vorläufig die Beitreibung einer Forderung von sich abzuwenden, kann ohne Rechtsirrthum als eine gewinnsüchtige qualifizirt werden.

StGB. § 241 [n. 3]

Erk. (Z. I.) v. 11. März 1870 c. Gebel (219. I. Cr.)

In Folge einer von dem Handelsmanne C. erhobenen Wechselklage war gegen jeden der beiden Verklagten G. und R. ein besonderes Zahlungsmandat erlassen worden. G. hat nun als der beauftragte Gerichtsbote ihm dieses Mandat insinuirte, jenen veranlaßt, ihm auch das für R. bestimmte Mandat nebst Klageabschrift „zum Zwecke der Beförderung an R." auszuhändigen, hat dasselbe aber unterdrückt. Hierin fanden die Instanzrichter den Thatbestand des § 243 Nr. 8, weil G. „— in gewinnsüchtiger Absicht und zum Nachtheile eines Andern (des R.) eine ihm nicht gehörige Urkunde unterdrückt habe." Sie fanden die Benachtheiligung des R. darin, daß diesem durch jene Handlung die Möglichkeit entzogen worden sei, innerhalb der ihm in dem unterschlagenen Mandate gestellten dreitägigen Frist seine Einwendungen gegen dasselbe anzubringen," — und die Gewinnsucht des R. darin, daß es ihm darauf angekommen sei, von sich, wenigstens vorläufig, die Beitreibung der Wechselforderung abzuwenden und den R. vorzuschieben. — Die, Gesetzesverletzung rügende, NB. des G. ward zurückgewiesen:

„[die hervorgehobene Beeinträchtigung des R.] sei jedenfalls ein positiver Nachtheil und könne es gegenwärtig nicht geprüft werden, ob R. sich des betr. Rechts hätte bedienen können, da die Entscheidung hierüber theils vom Willen des rc. R., theils von dem Civilrichter abhing, wenn der Wechselprozeß wirklich in Gang gekommen wäre;"

auch [in der Annahme der Gewinnsucht] liege kein Rechtsirrthum und ebensowenig die Verletzung einer wesentlichen Vorschrift des Verfahrens, weil es bei dem festgestellten Sachverhältnisse gar nicht darauf ankomme, ob R. in dem etwaigen Civilprozesse mit seinem Widerspruche obgesiegt haben würde, oder nicht; es genüge, daß ihm G. die Möglichkeit entzogen habe, einen solchen zu erheben.

Antr. d. GStA: Zurückweisung. [20.—8.]

---

## Mahlsteuer. — Gemischtes Mehl.

**Die Verhängung der Weizensteuerstrafe gegen denjenigen, welcher ein Gemisch von Weizen- und Roggenmehl unversteuert in eine mahlsteuerpflichtige Stadt einbringt, ist nicht gerechtfertigt, wenn sich der Instanzrichter über das Quantitäts-Verhältniß jener beiden gemischten Mehlsorten untereinander gar nicht ausspricht.**

Ges. v. 30. Mai 1820 § 5.

**Erk. (B. I.) v. 11. März 1870 c. Hoffmann** (52. I. Cr.).

Die Steuerbehörde hatte gegen H. ein Strafresolut erlassen, weil er eine „überwiegend aus Weizenmehl bestehende" Mischung aus Weizen- und Roggenmehl unversteuert in die steuerpflichtige Stadt X. eingebracht hatte. Er beantragte richterliches Gehör, worauf die Instanzgerichte die Weizensteuerstrafe gegen ihn verhängten, ohne sich aber über das Quantitätsverhältniß der beiden Mehlsorten in der eingebrachten Mischung irgendwie auszusprechen. Deshalb: Vernichtung, unter Hinverweisung auf Plen.-Präj v. 19. Dez. 1836 (Entsch. 1 S. 369); Z. (I. 1140) v. 20. Nov. 1857 c. Jarchow (G. A. 6. S. 100).

Antr. d. GStA.: entgegen. [18.—8.]

---

## 1. Verweisung vor ein anderes Gericht. — Nothwendigkeit.
## 2. Gerichtsstand. — Strafthat.

**1. Die StPO. v. 25. Juni 1867 gestattet die Verweisung einer bei einem zuständigen Gerichte anhängigen Untersuchungssache an ein anderes, nach allgemeinen Grundsatzen nicht zuständiges, Gericht, nur dann, wenn bei jenem die Erledigung der Untersuchung unstatthaft wäre, nicht also aus blossen Zweckmässigkeitsgründen.**

StPO. §§ 41. 40: Aehnlich Beschl. v. 29. Apr. 1868 c. Franke: „zur Substituirung eines örtlich unzuständigen Gerichts bedürfe es (arg. Verf. v. 31. Jan. 1850 Art. 7) dringenderer Nöthigungsgründe als der mit mehrmaligem Transporte eines Angeklagten verbundenen Schwierigkeiten.

**2. Eine Strafhaft begründet nicht den Gerichtstand des Wohnsitzes.**

StPO § 39.

**Beschl. (I.) v. 16. März 1870 c. Borchardt (88 B. I. Cr.).**

Der StA. bei dem KG. zu Berlin hatte bei dem OTr. den Antrag gestellt, „im Einvernehmen mit dem OAG." [vgl. RbOTr. 8 S. 532] eine bei jenem Gerichte (in zuständiger Weise) anhängige Untersuchungssache an das OG. zu Hameln zu verweisen, weil sich der Beschuldigte dort in Strafhaft befinde. — Ablehnung. Gründe:

Die StPO. v. 25. Juni 1867, durch deren Bestimmungen eine solche Uebertragung gleichfalls gerechtfertigt sein müßte, gestattet dieselbe nur im Falle der Konkurrenz der drei im § 39 derselben bezeichneten örtlich kompetenten Gerichtsstände (§ 40). Der § 41 unter Nr. 1 läßt dieselbe, abgesehen hiervon, zwar auch dann zu, wenn wegen irgend eines Hindernisses eine Sache bei dem an sich zuständigen Gerichte nicht erledigt werden kann; allein hier sind besondere Hindernisse bei diesem Gerichte gemeint, welche dort die Erledigung der Untersuchung unstatthaft erscheinen lassen. Da nun bei dem Ober-Gericht zu Hameln keiner der ordentlichen Gerichtsstände in dieser Sache, insbesondere durch die Strafhaft auch nicht derjenige des Wohnsitzes, begründet ist, endlich aber der Art. V Nr. 2a. des Ges.s v. 26. April 1851, welcher allgemeiner die Ueberweisung an ein anderes Gericht gestattet, in der Provinz Hannover keine gesetzliche Gültigkeit hat, so fehlt es an einem für beide Rechtsgebiete gleichmäßig wirksamen Rechtsgrunde für die beantragte Ueberweisung.

Antr. d. GStA.: gleichl. [15.—6.]

---

**Privatklage. — Kostenhinterlegung, wann?**

**Der ein Rechtsmittel einlegende Privatkläger hat die vorschriftsmässige Hinterlegung der Kosten innerhalb der Rechtfertigungsfrist (§ 370 der StPO.) zu bewirken, ohne dass es einer vorgängigen Aufforderung seitens des Gerichts oder einer Belehrung über den zu hinterlegenden Betrag bedürfte. Versäumt er dieses, so wird er seines Rechtsmittels verlustig.**

StPO. §§ 492. 504. 370. — Sic. Z. (II, 68) v. 25. März 1870 Neuschäffer c. Hotop. Vgl. S. 160.

Beschl. (OAG.) v. 16. März 1870 Mondschein c. Heide (OAG. II. 65).

Antr. d. GStA.: gleichl. [65.—6]

---

**Beschlagnahme. — Sequestration. — Ankündigung.**

Die dem Schuldner bekannt gemachte Verfügung der Einleitung der Sequestration eines Grundstücks ist anzusehen, als eine „Beschlagnahme" im Sinne des StGB.s § 272 [n. 12. 14].

**Erk. (B. I.) v. 16. März 1870 c. Kokotkiewitz** (257. I. Cr.).

Auf den Antrag eines Gläubigers hatte das KG. zu X. die Sequestration des dem K. gehörigen Mühlengrundstücks verfügt und Termin zur Einleitung auf den 14. Juli an Ort und Stelle anberaumt, auch am 11. ej zum gedachten Termine den K. vorladen lassen. Der letztere hat nichts destoweniger in der Zeit zwischen dem 11 und 14. Juli viele Zubehörungen des Guts (Früchte und Inventarienstücke) veräußert, ward aber von der aus § 272 erhobenen Anklage freigesprochen, „weil die bloße Benachrichtigung von der bevorstehenden Einleitung der Sequestration eines Grundstücks ohne gleichzeitige Untersagung der Disposition über dasselbe nicht als „Beschlagnahme“ anzusehen sei.“ — Vernichtung. Gründe:

Wenngleich die vom Imploranten angezogenen in der RdOTr. 7. S. 583 und 8. S. 548 707 abgedruckten Vorentscheidungen des OTr.s zum Theil auf anderen thatsächlichen Voraussetzungen beruhen und daher zur Beurtheilung des vorliegenden Falles nichts beitragen können, und wenn ebensowenig der Ansicht beizupflichten ist, daß die §§ 116. 117. I. 24. der AGO. lediglich reglementarischer Natur seien, so erscheint doch die Ausführung des App.-Richters aus andern Gründen nicht zutreffend. Die §§ 110. 115. a. a. O. handeln von der im Wege der Execution unter Bestellung eines Aufsehers angeordneten Beschlagnahme der Gutseinkünfte eines Schuldners, durch welche diesem die Bewirthschaftung des Gutes selbst noch nicht entzogen wird. Die folgenden §§ 116—120 beziehen sich sodann auf den Fall, daß die Beschlagnahme der Gutseinkünfte nicht zum Zwecke geführt hat und nun das Gut selbst als Exekutionsobjekt in Anspruch genommen wird. Diese Art der Exekution kann in zwiefacher Form vollstreckt werden, einmal durch einfache Immission des Gläubigers und dann durch Sequestration, in welcher die Immission als mitenthalten gedacht wird. Bei der einfachen Immission des Gläubigers, soweit dieselbe noch statthaft ist (§ 119) wird der Schuldner nicht ohne Weiteres, aus dem Besitze des Gutes gesetzt, sondern nur dem Gläubiger die Bewirthschaftung übertragen und zu diesem Zwecke nach § 116 a. a. O. „dem Schuldner alle fernere Bewirthschaftung und Disposition darüber untersagt," weil er andernfalls mit dem immittirten Gläubiger collidiren würde. Anders verhält es sich mit der Sequestration. Bei dieser wird der einzusetzende Sequester nicht blos mit der Bewirthschaftung des Gutes beauftragt, sondern es wird ihm auch das Gut selbst übergeben (§§ 122. 127. a. a. O.), damit also der Schuldner außer Besitz gesetzt und da dem letztern hierdurch die Bewirthschaftung und Disposition über das Gut von selbst entzogen ist, so kann es nicht mehr als geboten erscheinen, ihm solche nach der Vorschrift des § 116 a. a. O. noch besonders zu untersagen. Dieses vorausgesetzt, kann es im vorliegenden Falle nicht als ein Mangel der Sequestrations-Einleitungs-Verfügung v. 8. Juli 1868 erscheinen, wenn darin die nur für den Fall einer einfachen Immission vorgeschriebene Untersagung der Bewirthschaftung und Disposition nicht enthalten gewesen ist, sondern es kann nur darauf ankommen, ob die Wirkungen der Sequestration erst mit dem Augenblicke eintreten, wo das Gut dem Sequester übergeben und solchergestalt der Schuldner außer Besitz gesetzt ist, oder schon mit dem Zeitpunkte, wo er mit der verfügten Einleitung der Sequestration und dem zur Einsetzung des Sequesters anberaumten Termine amtlich bekannt gemacht worden ist. In dieser Beziehung ist zwischen gewöhnlichen wirthschaftlichen Dispositionen und solchen zu unterscheiden, durch welche die Substanz des Gutes oder dessen Pertinenzstücke zum Nachtheile des Gläubigers angegriffen werden. Zu Dispositionen der zuerst gedachten Art wird der Schuldner unbedenklich für so lange befugt erachtet werden müssen, als er selbst nicht durch die wirklich erfolgte Uebergabe des Gutes an den Sequester aus dem Besitze desselben gesetzt worden ist, weil andernfalls bis zu diesem Zeitpunkte die Bewirthschaftung des Gutes ruhen müßte, was nicht unter allen Umständen ausführbar ist. Dagegen läßt sich ein Gleiches von der zweiten Art der Disposition nicht behaupten, weil in der verfügten Einleitung der Sequestration und der Zustellung dieser Verfügung an den Schuldner jedenfalls eine Beschlagnahme der Substanz des Gutes und dessen Pertinenzien zum Vortheile des Extrahenten im Sinne des § 272 des StGB.s enthalten ist, welche den Schuldner verpflichtet, sich bis zur Uebergabe des Gutes an den Sequester aller den Gläubiger präjudicirenden Verfügungen über diese Gegenstände zu enthalten.

Antr. d. GStA.: gleichl. [23.—8.]

**1. App.=Richter. — Abweichung von der Feststellung. — Notorietät.**

**2. Bodenerzeugniß.-Diebstahl.-Unbedeutender Werth.**

1. Der App.=Richter kann eine von der erstrichterlichen abweichende thatsächliche Feststellung nicht auf die „Notorietät" einer Thatsache oder auf den „Akten=Inhalt" stützen, wenn er dem Staatsanwalt und dem Angeklagten keine Gelegenheit gegeben hat, über diese Umstände gehört zu werden.

Ges. v 3. Mai 1852 Art 101 [n. 30 101 a].

2. Der „geringe Werth" der vom Felde entwendeten Bodenerzeugnisse genügt, um die Anwendung des § 42 Nr. 2 der FPO. zu rechtfertigen; der Instanzrichter, welcher in dem „nicht erheblichen Werthe" jener Erzeugnisse nur einen mildernden Umstand erkennt, im Uebrigen aber wegen Diebstahls straft, verletzt das Gesetz wenn er nicht gleichzeitig feststellt, daß jener „nicht erhebliche" Werth dennoch kein „geringer" gewesen sei.

StGB. § 215 [n 71. 75].

**Erk. (B. I.) v. 16. März 1870 c. Kumm (175 I. Cr.).**

Der erste Richter hatte den K. wegen Diebstahls einer Quantität Kartoffeln vom Felde aus § 217 des StGB.s verurtheilt, der App.-Richter aber wegen obwaltender „mildernder Umstände" eine Strafermäßigung eintreten lassen, weil die entwendete Quantität „nicht erheblich" und der Angeklagte noch nicht bestraft sei. Er stützte diese von der erstrichterlichen abweichende Feststellung theils auf die Notorietät, theils auf den Inhalt der Akten. Auf die NB. des OStA.s hat das OTr. das Erkenntniß 2. Instanz vernichtet. Gründe:

[1.] Für den ersteren Umstand beruft sich der App.-Richter auf die Gerichtskundigkeit, für den zweiten auf den Inhalt der Akten. Allein wenn er auch auf diesem Wege zur Feststellung der erwähnten Umstände mochte gelangen, insbesondere die Gerichtskundigkeit als geeignetes Mittel zur Feststellung des unbedeutenden Werths des entwendeten Gegenstandes mochte betrachten können, so mußte doch bei diesem Verfahren der StA.-schaft so gut wie dem Angeklagten Gelegenheit gegeben werden, über beide Umstände zu Gehör zu kommen. Da dies nach dem Audienzprotokoll nicht geschehen ist, so kann die Art und Weise, wie der App.-Richter zu seiner abweichenden thatsächlichen Feststellung gelangt ist, als eine neue Beweisaufnahme überhaupt nicht angesehen werden, und hat er sich daher eines Verstoßes gegen die wesentliche Prozeßvorschrift des Art. 101 des Ges.s v. 3. Mai 1852 schuldig gemacht.

Sodann wird hervorgehoben, daß es

[2.] zur Anwendung des § 42 Nr. 2 der FPO. (unter Ausschließung der Diebstahlsstrafe) genüge, wenn die entwendeten Feldfrüchte alternative entweder von unbedeutendem Werthe oder gering an Quantität seien (vgl. RdOTr. 6. S. 456); hier habe der erste Richter die Quantität der gestohlenen Kartoffeln nicht für unbedeutend erachtet; der zweite Richter finde dagegen im „nicht erheblichen" Werthe derselben einen Milderungsgrund; — nun liege zwar kein Widerspruch darin, wenn jener Werth zwar nicht für so „unbedeutend" erachtet werde, um den cit § der FPO. anzuwenden, wohl aber für relativ so wenig hoch, um mit Rücksicht auf die ordentliche Diebstahlsstrafe das Vorhandensein mildernder Umstände zu begründen; gleichwohl sei eine Nichtigkeit anzunehmen, weil der App.-Richter es im Unklaren gelassen habe, ob er einen „nicht erheblichen" Werth nur mit der eben erwähnten Einschränkung verstanden, oder für gleichbedeutend mit einem „unbedeutendem Werthe (FPO. § 42 Nr. 2)" erachtet, und diesen letztern § nur deshalb außer Anwendung gelassen habe, weil er (rechtsirrthümlich) zur Ausschließung desselben den einen Umstand, daß die Quantität der Kartoffeln keine geringe war, für ausreichend ansah.

Antr. d. GStA.: gleichl. [33.—8.]

---

**1. Ehrverletzung. — Vertheidigung, wessen?**
**2. Privatklage. — Anwaltskosten.**

1. Eine Ehrverletzung ist auch dann, wenn die betr. Auslassung zur Wahrung eines Interesses der Gemeinde, welcher der Angeklagte angehört, gemacht wurde, straflos nach Maassgabe des

StGB.s § 154 [n. 6].

2. In dem Verfahren auf erhobene Privatklage kann der Unterliegende zum Ersatze der Anwaltskosten des Gegners nur insoweit verurtheilt werden, als die Voraussetzungen der Vdn. v. 30. Aug. 1867 § 18 vorliegen.

StPO. § 510; Vdn v. 30. Aug. 1867 § 18. Vgl. RdOTr. 9. S. 701.

Erk. (Z. V.) v. 16. März 1870 Martens c. Mosse (OAG II 49).

[1.] Die Bestimmung des § 154 des StGB.s beschränkt sich nicht auf den Fall der Vertheidigung von eigenen Gerechtsamen, sondern stellt mittelst Hervorhebung weiterer und die daran geknüpfte Gleichstellung ähnlicher Fälle eine weiter greifende Kategorie auf, deren unterscheidendes Merkmal darin zu finden ist, daß zu der betreffenden Auslassung das handelnde Individuum zur Wahrung des öffentlichen oder Privatinteresses besonderen Beruf hat. Als ein solcher Fall ist aber der vorliegende anzusehen, da nach den thatsächlichen Annahmen des angefochtenen Urtheils der Beschuldigte zur Wahrung des Interesses der Gemeinde, welcher er als Bürger und Steuerpflichtiger angehört, die beantragte Resolution der Bürgerversammlung mittelst der, die inkriminirte Aeußerung zu 1. der Beschwerdeschrift enthaltenden Besprechung der städtischen Bauverwaltung zu motiviren gesucht hat. —

[2.] Der Vorderrichter hat die Verurtheilung des Imploranten zum Ersatze der Anwaltskosten auf § 510 der StPO. gestützt. Danach sind aber nur die dem Gegner des unterliegenden Theils erwachsenen unvermeidlichen Kosten zu ersetzen und die Vdn. v. 30. August 1867 § 18 bestimmt speziell, in welchen Fällen die Erstattung der Gebühren und Auslagen des Rechtsanwalts, dessen sich die obsiegende Partei bedient hat, von dieser gefordert werden können. Es bedurfte daher einer Nachweisung des Vorhandenseins dieser Voraussetzungen und deshalbiger Feststellung, woran es gebricht. Insoweit war deshalb die Nichtigkeitsbeschwerde für begründet zu halten und danach abändernd zu erkennen.

Antr. d. GStA.: gleichl [64.—6.]

---

## Titel, ausländischer. — Königl. Genehmigung.

**Die Annahme eines von einem fremden Souverän verliehenen Titels ohne die erforderliche Königliche Genehmigung ist strafbar aus**

StGB. § 105 [n. 3].

Erk. (Z 1) v. 16. März 1870 c. Müller (195. I. Cr.). [28.—8]

---

## Beschlagnahme. — Subhastationsverfahren.

**Die Einleitung des Subhastationsverfahrens und die erfolgte Eintragung des darauf bezüglichen Vermerks in das Hypothekenbuch sind als eine „Beschlagnahme" des Grundstücks und seiner Pertinenzien anzusehen, im Sinne des**

StGB.s § 272 [n. 5. 13]; Subh.-Ordn v. 4. März 1834 § 3; [vgl. Subh.-Ordn. v. 15. März 1869 §§ 8—10]. Vgl RdOTr. 9. S. 542.

Erk. (Z. I.) v. 16. März 1870 c. Sperling (254. I. Cr.).

Auf den Antrag eines Hypothekengläubigers hatte der Prozeßrichter durch Verfügung v. 6 Mai 1868 das Grundstück der Eheleute R. zur nothwendigen Subhastation gestellt, sodann am 4. Juni die Eintragung des darauf bezüglichen Vermerkes ins Hyp.-Buch veranlaßt, und endlich am 27. Aug. unter Zuziehung der gedachten Eheleute die Subhastations-Taxe aufnehmen lassen. Am 2. Sept. erfolgte dann die förmliche Einleitung der Sequestration des Gutes Ehe es aber zu dieser kam, wurde ein Theil des Inventars durch Sp und mehrere andere Personen weggeschafft. Die Instanzrichter nahmen an, daß Sp. hierbei mit Kenntniß von den stattgehabten gerichtlichen Maßnahmen gehandelt habe und verurtheilten ihn aus § 272, weil „die objektiv erfolgte Beschlagnahme der weggeschafften Gutserzeugnisse aus der vorangegangenen Einleitung der Subhastation und der erfolgten Eintragung des betr. Vermerks ins Hyp.-Buch zu folgern sei." — NB. — Zurückweisung. Gründe:

Die Eintragung des im § 3 der Subh.-Ordn. v. 4. März 1834 vorgeschriebenen Vermerkes in das Hypothekenbuch bezweckte, die Vorschriften des Subhastations- u. des Kaufgelder-Liquidationsprozesses zu verbinden und die Wirkungen des § 5 I. 51 der AGO., nach welchen die Eröffnung des letzteren „einen Beschlag" auf das Grundstück oder dessen Kaufgeld enthielt, allgemein eintreten zu lassen, um nachtheilige Dispositionen des Schuldners für die Gläubiger zu vermeiden; vgl. d. Vdn. v. 4. März 1834 ꝛc. § 3 Note (S. 20); [RdOTr. 9. S. 542]. — Aus der Beschlagnahme eines Grundstücks folgt selbstverständlich auch die Beschlagnahme aller gesetzlichen Pertinenzstücke desselben, zu welchen, wie in den Gründen des App.-Erkenntnisses richtig ausgeführt wird, gemäß § 49 I. 2 des ALR.s auch Vorräthe von Gutserzeugnissen gehören, „welche erforderlich sind, um die Wirthschaft so lange fortzusetzen, bis dergleichen Erzeugnisse aus dem Gute selbst, nach dem gewöhnlichen Laufe der Natur wieder gewonnen werden können." Daß zu solchen Erzeugnissen aber die vom Imploranten fortgeschafften Gegenstände gehört hätten, spricht der App.-Richter genügend aus.

Antr. d. OStA.: gleichl. [28 — 8.]

---

## Unterschlagung. — Dolus.

Zum Thatbestande der Unterschlagung bedarf es nicht der Absicht der Benachtheiligung eines Andern, es genügt das Bewußtsein, daß die Handlung zum Nachtheile des Andern gereichen könne. Derselbe wird daher durch den Glauben, daß der Benachtheiligte demnächst einen Ersatz erlangen werde, nicht ausgeschlossen.

StGB. § 225 [n. 52. 53 57. 59]; § 324 [n. 18] Vgl. RdOTr. 10. S. 515. 698.

Erk. (Z II.) v. 17. März 1870 c. Meier (117. II. Cr.).

Der Angeklagte M. hatte sich vor dem Schw.-GH. „schuldig" bekannt:

„in 30 verschiedenen Fällen Gelder im Gesammtbetrage von 58¼ Thlrn., welche er in der amtlichen Eigenschaft als diätarisch beschäftigter Hülfsarbeiter bei dem Postamte zu A. und mit der Verpflichtung erlangt hatte, sie an das Postamt zu A. abzuliefern, zum Nachtheil des Eigenthümers bei Seite geschafft und verbraucht zu haben, — und zwar indem er in Beziehung auf diese Unterschlagung in 29 Fällen die zur Eintragung und Kontrolle der Einnahmen bestimmten Register und Bücher unrichtig geführt habe und in einem Fall das zur Eintragung und Kontrolle der Einnahme bestimmte Buch fälschte."

„Auf Befragen des Vertheidigers" setzte er sodann hinzu:

„Ich habe überall nicht die Absicht gehabt, dem Postfiskus einen Schaden zuzufügen, habe vielmehr geglaubt, daß die betr. Beträge, nachdem sie normirt, als Defekte wieder von mir eingezogen würden, endlich daß die sämmtlichen Beträge durch die von mir bestellte Kaution gedeckt würden."

Gegen den Antrag des StA.s sowohl als des Vertheidigers erachtete der GH dieses Schuldbekenntniß für erschöpfend und unbedenklich nnd verurtheilte aus den §§ 324 325. 56 des StGB.s. — Die NB. rügte Verletzung des Art. 75 des Ges.s v. 3. Mai 1852 sowie des angewendeten Strafgesetzes: der Angeklagte habe durch die zusätzliche, sein Schuldbekenntniß ergänzende Erklärung den zum Thatbestande der Unterschlagung erforderlichen Dolus, nämlich das Bewußtsein, daß durch seine Handlungen der Postfiskus als Eigenthümer der verbrauchten rc. Gelder benachtheiligt werde, geleugnet. — Zurückweisung. Gründe:

Betrachtet man die Worte [der zusätzlichen Erklärung] als einen Bestandtheil des Geständnisses, so hat der Angeklagte doch nicht nur alle Thatsachen eingeräumt, welche die wesentlichen Merkmale der ihm zur Last gelegten strafbaren Handlungen bilden, sondern sich auch wiederholt schuldig bekannt und diesem Schuldbekenntniß zuletzt einen zusammenfassenden, den Erfordernissen der zur Anwendung gebrachten Vorschriften durchweg entsprechenden Ausdruck gegeben, in der nachträglichen Erklärung aber das Schuldbekenntniß weder ausdrücklich noch implicite, durch Leugnen eines darin enthaltenen wesentlichen Momentes widerrufen.

Der nachträglichen Erklärung zufolge stellt nämlich der Angeklagte nur in Abrede, „daß er die Absicht gehabt habe, dem Postfiscus einen Nachtheil zuzufügen, indem er bemerkt, er habe geglaubt, daß die bei Seite geschafften Beträge wieder von ihm eingezogen werden und durch seine Kaution hinlänglich gedeckt sein würden." Das berührt aber den zum Begriff der Unterschlagung erforderlichen Dolus nicht. In dem § 324 des StGB.s, welcher von der Amtsunterschlagung handelt, ist der Ausdruck Unterschlagung nicht in seine begrifflichen Momente aufgelöst, da dieselben schon im § 225 gegeben sind. Danach macht sich der der Unterschlagung schuldig, wer eine fremde bewegliche, mit der Verpflichtung der Verwahrung, Verwaltung, Rückgabe oder Ablieferung erlangte Sache zum Nachtheil des Eigenthümers veräußert, verpfändet, verbraucht oder bei Seite schafft. Der Dolus ist also auf die rechtswidrige, jener Verpflichtung widersprechende Disposition über die fremde Sache gerichtet, gleichviel ob die Absicht einer Beschädigung dabei obgewaltet, wenn nur das Bewußtsein dem Thäter beigewohnt hat, daß aus seiner Handlungsweise dem Dritten eine, wenn auch nur temporäre, Benachtheiligung erwachsen könne, was nicht verabredet ist. Daß die unredliche Disposition thatsächlich zum Nachtheil des Eigenthümers gereiche, ist eine objektive Voraussetzung; die Absicht des Thäters braucht nicht darauf gerichtet gewesen zu sein, den Eigenthümer zu benachtheiligen; es genügt in subjectiver Beziehung das Bewußtsein, daß die Disposition zum Nachtheil des Eigenthümers gereichen könne. Dies Bewußtsein gehabt zu haben, hat der Angeklagte nicht in Abrede gestellt; dies ist insbesondere in der Angabe nicht zu finden, er habe geglaubt, daß die betreffenden Beträge als Defecte von ihm eingezogen werden und in seiner Kaution Deckung finden würden, denn damit ist nur behauptet, er habe geglaubt, daß der durch die That benachtheiligte Eigenthümer demnächst Ersatz erhalten werde, ein Meinen, welches den Dolus der Unterschlagung nicht beseitigt, sondern nur den späteren Ersatz des durch das Verbrechen verursachten Schadens berührt, durch welchen Ersatz die einmal consumirte strafbare Handlung niemals straflos werden kann.

Antr. d. GStA.: gleichl. [35.—3.]

---

Richter. — Fähigkeit. — Vormundschaft.

Bei einer Anklage wegen Nothzucht ist der die Vormundschaft des genothzüchtigten Mädchens leitende Richter nicht unfähig, als erkennender Richter im Hauptverfahren mitzuwirken.

Vdn. v. 3. Jan. 1849 § 38 [n 13]

Erk. (Z. II.) v. 17. März 1870 c. Pagendortel (124. II. Cr.).

[35.—3.]

---

Fragstellung. — Hülfsfrage. — Angeklagter.

**Dem Angeklagten steht nicht das Recht zu, die Stellung einer Hülfsfrage nach einer die That in einer anderen Gestaltung auffassenden Richtung zu beantragen.**

StPO. §§ 323. 326. Vgl. RbOTr. 9. S. 30; Oppenh. Strafverf. Art. 86 n. 22; RbOTr. 3. S. 175.

Erk. (Z. II.) v. 17. März 1870 c. Theobald (113 II. Cr.).

Die Angeklagte war unter der Anklage der vorsätzlich und mit Ueberlegung verübten Tödtung ihres 4monatlichen Kindes vor den Schw.-GH. zu Frankfurt a. M. verwiesen worden. Hier beantragte der Vertheidiger die Stellung einer Hülfsfrage: „ob die Angeklagte schuldig sei, ihrem Kinde vorsätzlich eine Körperverletzung zugefügt zu haben, welche den Tod desselben zur Folge hatte." Der GH. lehnte aber diesen Antrag ab, weil derselbe „beabsichtige die Fragstellung auf einen andern als den im Verweisungsbeschlusse aufgestellten Gesichtspunkt auszudehnen, dies aber nach § 326 der StPO. der Vertheidigung nicht gestattet sei, der GH. auch nach Maßgabe der stattgehabten Verhandlungen keine Veranlassung finde, sich etwa jene Frage anzueignen." Hierin fand die NB. der (demnächst aus § 176 des StGB.s verurtheilten) Th. eine Verletzung der §§ 323. 326 des N. StPO; nach dem ersteren sei eine Hülfsfrage den Geschwornen vorzulegen, sobald es nach dem Ergebnisse der Verhandlungen in Frage komme, ob die That in einer andern als der im Verweisungsbeschlusse angenommenen Gestaltung gegen ein Strafgesetz verstoße; es müsse also genügen, wenn von irgend einer Seite in dieser Beziehung ein Antrag gestellt werde; zwar gewähre § 326 dem GH in dieser Beziehung ein Entscheidungsrecht, aber nur für den Fall, wo der Vorsitzende oder der StA. eine solche Fragstellung für erforderlich erachteten; daraus folge, daß einem vor der Vertheidigung gestellten Antrage mit Nothwendigkeit entsprochen werden müsse. Zurückweisung. Gründe:

Dem Schw. GH. ist dahin beizupflichten, daß es nach den maaßgebenden Vorschriften der Vertheidigung gar nicht zustand, die Stellung einer solchen Frage zu beantragen. Nach der StPO. kommen außer den Fragen, welche dem Verweisungsbeschluß entsprechen, noch zwei Arten von Fragen in Betracht: Zusatzfragen wegen erschwerender oder mildernder Umstände und sogenannte Eventualfragen. Von den ersteren handelt der § 321 l. c., wonach Thatumstände, welche nach besonderer gesetzlicher Vorschrift eine Erschwerung der Strafe oder die Anwendung einer mildern Strafe begründen, nicht in die Hauptfrage aufgenommen, sondern geeigneten Falls zum Gegenstande besonderer Fragen gemacht werden sollen. Nach § 322 muß die Vorlegung solcher Fragen stets erfolgen, wenn sie beantragt wird. Daß die Frage, deren Vorlegung der Vertheidiger der Angeklagten bei der Schwurgerichts-Verhandlung verlangt hat, zu dieser Art von Fragen nicht gehört, ist ohne Weiteres klar und wird auch in der NB. selbst behauptet. Sie gehört zu den sogenannten Eventualfragen im Sinne der Vorschrift im § 323.

In Betreff dieser Art von Fragen bestimmt der § 326:

„. . . wenn der Vorsitzende oder die StA.-schaft es für erforderlich erachten, die Fragestellung auf einen anderen als den in dem Verweisungsbeschlusse aufgestellten Gesichtspunkt auszudehnen (§ 323), so entscheidet hierüber, falls eine allseitige Uebereinstimmung nicht erzielt wird, der Gerichtshof."

Aus dem Umstande, daß hierin der Vertheidigung nicht gedacht wird, entnimmt der Schw.-GH., daß derselben ein Antrag auf die Vorlegung einer solchen Frage nicht zustehe, während die NB. daraus entnimmt, daß vielmehr die Vertheidigung in dieser Beziehung habe unbeschränkt bleiben sollen und deshalb ausdrücklich blos eine Beschränkung hinsichtlich der Anträge des Vorsitzenden oder der StA.-schaft gegeben sei. Gegen die letztere Ansicht spricht zunächst, daß wenn der Gesetzgeber beabsichtigt hätte, daß die Vorlegung einer Eventualfrage, sobald sie von der Vertheidigung beantragt werde, geschehen müsse, es im Hinblick auf § 322 so nahe gelegen hätte, dies ausdrücklich zu bestimmen. Sodann aber und hauptsächlich steht dieser Ansicht die prozessualische Natur der Eventualfrage entgegen. Dieselbe bezweckt einen Ausspruch der Geschwornen darüber herbeizuführen, ob der Angeklagte nicht in anderer Weise als es in dem Verweisungsbeschluß angenommen worden, gegen die Strafgesetze verstoßen habe; sie will also für den Fall, daß die Auffassung der That, welche in dem Verweisungsbeschlusse enthalten, nach dem Ergebnisse der Verhandlung nicht zutreffend erscheinen sollte, Vorsorge treffen, daß der Angeklagte nicht straflos ausgehe, sondern die nach der wahren Sachlage verwirkte Strafe erhalte. Diese Vorsorge zu treffen ist aber niemals Sache des Vertheidigers, sondern zunächst des StA.s, dann aber auch des Gerichts, da nach § 4 der StPO. Gegenstand der Untersuchung und Entscheidung die That des Angeschuldigten nicht blos von demjenigen Gesichtspunkte aus ist, unter welchem sie von der StA.-schaft verfolgt wird, sondern in ihrer wirklichen, im Laufe der Untersuchung ermittelten Beschaffenheit. Dies ist der Grund, weshalb der § 326, wo von der Stellung einer Eventualfrage die Rede, nur der Vorschläge des Vorsitzenden oder des StA.s gedenkt. So lange weder von dem Vorsitzenden noch von der StA.-schaft eine anderweitige Strafbarkeit der That zur Sprache gebracht und die Vorlegung einer darauf bezüglichen Frage vorgeschlagen ist, hat sich der Angeklagte nur in Betreff der ihm durch den Verweisungsbeschluß und die Anklage zur Last gelegten That in ihrer bestimmten strafrechtlichen Qualifikation zu vertheidigen. Einen Antrag zu stellen, wonach für den Fall, daß er dieser That für nicht schuldig erachtet werden sollte, die Geschworenen gefragt werden sollen, ob er nicht eine andere strafbare Handlung begangen, würde die Vertheidigung in Strafverfolgung verkehren.

Antr. d. GStA : gleichl. [35.—3.]

---

## Unterschlagung. — Thäter. — Theilnehmer.

**Derjenige, welcher eine fremde Sache mit der Verpflichtung der Wiederablieferung erhalten hat, kann als Urheber (Thäter) einer Unterschlagung angesehen werden, wenn er es veranlaßt, daß jene Sachen durch Dritte (dolose) bei Seite geschafft und dadurch ihm zugeeignet werden.**

StGB. § 225 [n. 41]; Thl I. Tit 3 [S. 108 n. 2].

**Erk. (Z. I.) v. 18. März 1870 c. Gottschalk** (264. I. Cr.).

G. war von dem Spediteur B. beauftragt worden, eine Fuhre mit 40 Sack Roggen nach dem Speicher des X zu bringen und dort abladen und ausschütten zu lassen; die geschehene Ablieferung sollte dann Seitens der beim Tragen beschäftigten Arbeiter durch Vorzeigung der 40 geleerten Säcke dargethan werden G. hat nun aber, zwei von ihm gedungene Arbeiter H. und P dazu verleitet, auf dem Wege zum Speicher des X über zwei gefüllte Säcke zwei leere zu ziehen, und diese demnächst als geleert mit vorzuzeigen, während in Wahrheit zwei gefüllte Säcke auf dem Wagen blieben um nach der getroffenen Abrede demnächst im gemeinsamen Interesse aller 3 Betheiligten verwerthet zu werden. Der mit der Abnahme der leeren Säcke betraute Kommis bemerkte indessen den Kunstgriff, verfolgte den bereits sich entfernenden Wagen und fand auf demselben die beiden vollen Säcke. — G. war während des Ablieferns der Säcke durch H. und P. zeitweise zugegen gewesen, hatte auch den mit den 2 Säcken wegfahrenden Wagen begleitet, sich aber eiligst entfernt, als er bemerkte, daß er von dem Kommis verfolgt werde. — Die Instanzrichter fanden hierin eine von G. verübte Unterschlagung, an welcher H. und P. durch Hülfeleistung Theil genommen hätten. Die NB. des G. rügte Gesetzesverletzung, und hob dabei hervor, daß die Instanzrichter keine ihm zur Last fallende thätliche Betheiligung an der Handlung des „Bei-Seite-Schaffens" der beiden Säcke festgestellt hätten. — Zurückweisung. Gründe:

Da G. von B. den Auftrag erhalten hatte, die Fuhre

Roggen nach den X—schen Speicher zu befördern und abzuliefern, so konnte dieselbe als ihm anvertraut und in seiner Gewahrsam befindlich erachtet werden, wenn sie auch zeitweise nicht von ihm, sondern von den unter seinen Befehlen stehenden Mitangeklagten begleitet wurde, und er konnte — wie auch seine zeitweise Anwesenheit bei der Abnahme auf dem X—schen Speicher kundgab — als derjenige erachtet werden, welcher sie abzuliefern hatte. Die Instanzrichter konnten ferner auch, was das Bei-Seite-Schaffen der zwei Säcke mit Roggen betrifft, den 2c. G. für den eigentlichen Thäter und die Mitangeklagten für Theilnehmer erachten, da sie festgestellt haben, daß Ersterer der Leiter des ganzen Unternehmens war, die Mitangeklagten ihre Thätigkeit seinem Willen unterordneten, und er, abgesehen von dem Herbeischaffen der leeren Säcke das Bei-Seite-Schaffen der zwei Säcke mit Roggen durch Begleiten des mit denselben fortfahrenden Wagens allein unternahm, während die Mitangeklagten, die übrigen auf Täuschung des Kommis berechneten Manipulationen vornahmen.

Antr. d. GStA.: gleichl. [30.—8.]

---

## Bodenerzeugnisse. — Unbedeutender Werth. — Geringe Quantität.

1. Die (ohne Gewinnsucht verübte) Entwendung von Bodenerzeugnissen von Feldern 2c., welche entweder von unbedeutendem Werthe oder in geringer Quantität waren, ist nur strafbar aus

FPO. v. 1 Nov 1847 § 42 Nr 2 Vgl. RdOTr 6. S. 456.

2. Ob der ermittelte Werth als ein „unbedeutender" anzusehen sei, unterliegt lediglich dem thatsächlichen Ermessen des Instanzrichters.

(Ebendaselbst)

Erk. (Z. I.) v. 18. März 1870 c. Joppich (185. I. Cr.). [33—6.]

---

## Dolus. — Rechtsirrthum.

### Der irrige Glaube, daß eine konkrete Handlung nicht unter den Begriff eines Strafgesetzes falle, ist geeignet, Straflosigkeit herbeizuführen.

StGB. Thl. I Tit. 4 [n 1]. — Vgl RdSTr. 10. S. 167. 638.

Erk. (B. I.) v. 18. März 1870 c. Ollesch (245. I. Cr.).

Die Eheleute O. waren in 1. Instanz aus § 147 des StGB.s verurtheilt worden, weil sie „in ihrem Hause Wohnungen an prostituirte Frauenzimmer zu unverhältnißmäßig hohen Preisen vermiethet und hierbei das Bewußtsein gehabt hätten, daß die Mietherinnen die Wohnungen zum Betriebe ihres unzüchtigen Gewerbes benutzen würden." Sie appellirten und machten geltend, daß die Miethspreise keineswegs „unverhältnißmäßig" hoch gewesen, daß die Polizei Kenntniß davon gehabt, daß im Hause anrüchige Frauenspersonen wohnten, dennoch aber die Konzession zur gewerbsweisen Zimmervermiethung ertheilt und auf Anfrage erklärt habe: „im bloßen Vermiethen einer Wohnung an solche Personen liege noch nichts Strafbares" ꝛc Das AG. bestätigte aber das erste Urtheil, indem es erwog:

> „es sei gleichgültig, daß die Polizeibehörde stets vom Aufenthalte der Prostituirten im Hause der Angeklagten Kenntniß gehabt und daß diesen Polizei-Beamte selbst die Ansicht mitgetheilt hätten: sie dürften straflos an Dirnen Zimmer vermiethen, insofern sie sich nur jeder Begünstigung fern hielten; — aus diesen Thatsachen würde nur zu folgern sein, daß die Angeklagten über die Strafbarkeit ihrer Handlung in einen Rechtsirrthum versetzt worden seien, welcher die Strafbarkeit der festgestellten Handlung nicht ausschließe.".

Die NB., welche diese letztere Erwägung als rechtsirrthümlich anfocht, ward von der Gen.-Staats-Anwaltschaft für unbegründet erachtet: zum Thatbestande der Kuppelei gehöre als Dolus nur ein bewußtes Handeln; es frage sich also nur, ob die Angeklagten durch das Vermiethen der Zimmer ꝛc. objektiv der Unzucht der Miethеrinnen Vorschub geleistet hätten, und ob sie sich dieser ihrer Handlung und der damit verbundenen Wirkung bewußt gewesen seien; sei beides anzunehmen, so treffe § 147 zu; der irrige Glaube, jene Handlung falle nicht unter den Begriff der Kuppelei, stelle dann nur einen Rechts-Irrthum (über die rechtliche Qualificirung der That) dar; nur der thatsächliche Irrthum, daß durch die Handlung der Unzucht nicht Vorschub geleistet werde, sei geeignet Straflosigkeit herbeizuführen. — Das OTr. hat gleichwohl das angefochtene Erkenntniß vernichtet. Gründe:

Allerdings schützt der Rechtsirrthum bezüglich der Existenz eines Strafges.s den hierbei Irrenden nicht; anders verhält es sich jedoch mit dem Irrthum darüber, ob die zur Last gelegten Handlungen unter den Begriff des jedesmaligen Strafges.s fallen. Ein solcher stellt sich vielmehr als ein thatsächlicher dar, und muß nach den geltend gemachten Umständen in thatsächlicher Hinsicht geprüft werden. Ein derartiger Einwand lag dem App.-Richter vor, indem die Angeklagten unter Beweis stellten, daß ihnen auf ihre Anfrage der betreffende Polizeibeamte ausdrücklich eröffnet gehabt, daß das bloße Vermiethen möblirter Zimmer an unzüchtige Dirnen noch nichts Strafbares enthalte, und daß sie weiter nichts als dieses gethan. Demgemäß reicht die obige rechtliche Erwägung zur Ablehnung dieses Beweisantrages nicht aus, indem es zugleich einer eingehenden thatsächlichen Beurtheilung desselben, im Zusammenhange mit dem übrigen Gesammtverhalten der Angeklagten, bedurft hätte. Da eine solche nicht stattgefunden, so ist das Vertheidigungsrecht allerdings in unzulässiger Weise rechtsirrthümlich beschränkt worden.

Antr d. OStA.: entg. [20.—6.]

---

## Betrug. — Irrthum. — Benutzung.

**Die bloße Benutzung eines fremden Irrthums genügt nicht zum Thatbestande des Betrugs; es bedarf eines Kausalzusammenhangs zwischen der Handlung des Angeklagten und dem Irrthume des Getäuschten.**

StGB. § 241 [n. 54. 33].

**Erk. (Z. I.) v. 23. März 1870 c. Kelch** (218. I. Cr.).

K. hatte auf einer Holzversteigerung zwei Stück gekauft und darüber eine Bescheinigung erhalten. Als er sich aber mit der letzteren beim Forster R. einfand, um die Holzer in Empfang zu nehmen, lieferte dieser ihm fünf Stück ab, weil er in Folge eines Versehens annahm, daß die Bescheinigung über soviele Stück laute. K. hat diese fünf Stück angenommen und auf seinen Hof gefahren, ward aber von der dieserhalb gegen ihn erhobenen Anklage des Be-

**trugs (ev. der Unterschlagung) freigesprochen, weil er „den Irrthum des R. nicht erregt habe." — NB. des OStA s. — Zurückweisung. Gründe:**

Der § 241 des StGB.s erfordert zum Thatbestand des Betruges, daß der Thäter durch Vorbringen falscher oder durch Entstellen oder Unterdrücken wahrer Thatsachen einen Irrthum erregt hat, daß der erzeugte Irrthum also mit einem Handeln des Thäters in Causalzusammenhang steht. Die NB. erkennt auch selbst an, daß die bloße Benutzung eines bereits bestehenden Irrthums zum Thatbestande des Betruges nicht genügt, die Irrthumserregung vielmehr ein positives täuschendes Handeln voraussetzt. Wenn sie sodann aber weiter behauptet, daß ein solches Handeln dann vorliege, wenn derjenige, dessen Zwecken der Irrthum diene, kein Bedenken trage, den wahrgenommenen Irrthum durch sein bewußtes hinzutretendes Thun absichtlich zu bestätigen und zu unterhalten, und hierauf den dem App.-Richter gemachten Vorwurf gründet, daß er den Begriff der Irrthumserregung rechtsirrthümlich zu eng begrenzt habe, so ist zwar zuzugeben, daß auch das Verschweigen einer wahren Thatsache als ein Unterdrücken angesehen werden kann, wenn es mit einer positiven Handlung des Verschweigenden in der Weise in Verbindung gebracht wird, daß dadurch die irrige Vorstellung des Getäuschten zu dem beabsichtigten Erfolge hingeleitet wird, daß es ferner auch als Irrthumserregung angesehen werden kann, wenn der Getäuschte durch ein derartiges Unterdrücken in seinem Irrthum bestärkt wird. Der App.-Richter hat aber im vorliegenden Falle nichts von alledem festgestellt, sondern das Gegentheil. Er hat als erwiesen angenommen, daß der Förster sich durch sein Versehen ganz allein und ohne alles Zuthun des Angeklagten in den Irrthum versetzt und auf Grund dieses lediglich selbst verschuldeten Irrthums dem Angeklagten anstatt der unter Nr. 21 gekauften 2, 5 Hölzer übergeben, daß der letztere sich bis nach geschehener Uebergabe ganz passiv verhalten und seine ganze Thätigkeit sich darauf beschränkt hat, die ihm übergebenen Hölzer nach Hause zu fahren. Der App.-Richter bezeichnet dieses Verfahren zwar als ein Unterdrücken der ihm bekannten Thatsache, daß er von jenen 5 Hölzern nur 2 gekauft, nimmt auch an, daß er moralisch verpflichtet gewesen wäre, den Förster über seinen Irrthum aufzuklären, allein durch seine übrigen Ausführungen spricht er seine Ueberzeugung klar dahin aus, daß dieses Unterdrücken zu der Erregung des Irrthums in dem Förster gar nicht in Beziehung gestanden, vielmehr nur als ein nach Vollendung dieses Irrthums und nach Uebergabe der Hölzer hintennach hinzugekommenes Factum, oder mit anderen Worten als eine Benutzung des Irrthums anzusehen sei. — Ebenso unbegründet ist der zweite, auf die eventuelle Anklage wegen Unterschlagung aus §§ 226 und 227 des StGB.s bezügliche Angriff. Der 1. Richter hatte dieses Vergehen deshalb für nicht vorliegend erachtet, weil sich einmal nicht annehmen lasse, daß der Angeklagte die 3 Hölzer durch Zufall in seine Gewahrsam bekommen habe, sodann aber auch nicht, daß er sie bei Seite geschafft, da sie offen auf seinem Hofe liegend gefunden worden seien. Der 2. Richter ist diesen Gründen lediglich beigetreten. Wenn nun auch der 1. Grund insofern Bedenken erregen könnte, als er nicht erkennen läßt, daß der App.-Richter sich bewußt gewesen, daß es auch Fälle giebt, in denen das Erlangen einer Sache durch menschliches Zuthun als ein zufälliges angesehen werden kann, so trägt doch jedenfalls der 2. rein thatsächliche Grund, daß in dem Verhalten des Angeklagten zu den fraglichen Hölzern ein Bei-Seite-Schaffen derselben nicht erblickt werden könne, seine Entscheidung.

Antr. d. GStA.: entg [33.—8.]

---

**Untreue. — Benachtheiligung. — Dolus.**

**Ein Vormund, welcher Gelder seines Mündels für sich verwendet, mit dem Bewusstsein, dass dadurch die nutzbringende Anlegung der-**

**selben für den Mündel verhindert, und dass der letzere dadurch einer Gefahr rücksichtlich der Wiedererlangung des Geldes ausgesetzt werde, macht sich der Untreue schuldig.**

StGB § 246 [n. 11. 12].

**Erk. (Z.) v 23. März 1870 c. Paulus** (OAG. II, 23)

P, wegen „vorsätzlichen Handelns zum Nachtheile seines Mündels" (Untreue) aus § 246 des StGB s bestraft, rügte in seiner NB Gesetzesverletzung, weil „der Beweis einer stattgehabten Benachtheiligung der Pupillen" und „des auf seiner (des P.) Seite vorhanden gewesenen Bewußtseins von solcher Benachtheiligung vermißt werde." Zurückweisung. Gründe:

Die Entscheidungsgründe des angefochtenen Erkenntnisses enthalten zur Genüge die Feststellungen

1., daß Angeklagter, indem er die Mündelgelder zur Bestreitung seiner eigenen Ausgaben verwendete, deren nutzbringende Anlegung für die Mündel zeitweilig verhindert habe, auch die Mündel, bei seinen mißlichen Vermögensumständen, welche die Zurückerstattlng ihm erst im Laufe der Untersuchung, unter Beihülfe von Verwandten, verstattet haben, einer größeren oder geringeren Gefahr rücksichtlich der Wiedererlangung ihres Geldes ausgesetzt habe, und

2., daß dem Angeklagten, bei der vorsätzlichen Verwendung der Mündelgelder in seinen Angelegenheiten, das Bewußtsein von der Benachtheiligung der Mündel nicht habe fehlen können, da er jedenfalls gewußt, daß die Gelder den Mündeln gehörten und daß er dieselben nutzbarer Anlegung in deren Interesse mindestens zeitweilig entziehe.

Antr. d. GStA : gleichl [62.—6.]

---

**Unterschlagung. — Erwerb durch Vertreter. — Dolus.**

**Derjenige, welcher für einen Andern eine Sache verwerthet und das gelöste Geld auftragswidrig für sich verwendet, begeht eine Unterschlagung dieses Geldes, selbst wenn er sofort bei der Verwerthung die**

**Absicht hatte, das letztere nicht für den Auftraggeber sondern für sich zu erwerben.**

StGB. § 225 [n. 7. 8]. Vgl RdOTr. 4. S 306; 7. S. 612; 8 S. 673.

Erk. (Z. I) v. 23. März 1870 c. Rathmann (274. I. Cr).

R hatte im Auftrage des Sch. einen von diesem acceptirten Wechsel verkauft, das gelöste Geld aber nicht an jenen abgeliefert, sondern vertragswidrig für sich verwendet. Hierin fanden die Instanzrichter den Thatbestand einer Unterschlagung jenes Geldes, obgleich beide annahmen, daß er schon beim Verkaufe des Wechsels den Willen gehabt habe, das Geld für sich zu besitzen und zu benutzen, es also nicht an Sch. abzuliefern. — NB. — Zurückweisung. Gründe:

Wenn R. den Wechsel fur 80 Thlr. verwerthete, so war er dem erhaltenen Auftrage gemäß verpflichtet diesen Betrag seinem Auftraggeber auszufolgen, nicht aber, wie geschehen, für sich zu verwenden. Wenn er ferner nach seiner eignen Behauptung gleich bei dem Verkauf des Wechsels die Absicht hatte, den dafür zu erhaltenden Kaufpreis für sich zu behalten und zu benutzen, so liegt darin ein klares Anerkenntniß seines, zum Begriffe des Thatbestandes der Unterschlagung erforderlichen Dolus, weil er wegen der stattgehabten Verabredung, eben nicht berechtigt war, seinem Auftraggeber das diesem gehörige Aequivalent des Wechsels zu entziehen, das für ihn eine fremde Sache blieb, und er durch seine Handlungsweise gegen Treue und Glauben um so mehr verstieß als er dem ꝛc. Sch. unwahrerweise versicherte, daß der in Rede stehende Wechsel vernichtet sei. Es bedarf hierbei keiner näheren Ausführung, daß durch diese Täuschung das eigentliche Rechtsverhältniß zwischen dem Imploranten und dem ꝛc. Sch. in keiner Weise verändert werden konnte, und auch nicht verändert worden ist, indem nach wie vor dem Sch. sein Eigenthumsrecht wegen des Erlöses aus dem Wechsel, dem Angeklagten gegenüber, geblieben ist.

Antr. d. GStA. gleichl. [20.—8.]

---

**Beweisantrag. — Glaubwürdigkeit. — Bedenken.**

**Der Berufungsrichter kann einen Beweisantrag, welcher dahin abzielt, Belastungszeugen erster Instanz als unglaubwürdig darzustellen, nicht lediglich aus dem Grunde beseitigen, weil ihm die erstrichterliche Feststellung unbedenklich sei.**

StPO § 377.

Erk. (V.) v 23 März 1870 c. Skaanlug (OAG. II, 62).

Der Vorderrichter spricht sich über den fr. Beweisantrag in einer Weise aus, welche nicht erkennen läßt, ob er dabei von einer richtigen Auffassung des § 377 der StPO. geleitet worden ist. Er nimmt nämlich an, daß gegen die thatsächliche Feststellung des ersten Richters nach dem Ergebnisse des Beweisverfahrens in der Hauptverhandlung erster Instanz, wie solches in den Entscheidungsgründen des ersten Urtheils nach den Zeugenaussagen ausführlich und zutreffend dargelegt worden, ein gegründetes Bedenken nicht obwalte, weshalb von der wiederholten Vernehmung des Zeugen H. über die neue Thatsache der Trunkenheit zweier Belastungszeugen als überflüssig und nicht geeignet, auf die richterliche Ueberzeugung Einfluß zu üben, Abstand habe genommen werden können und müssen. Hiernach scheint es, als ob der Vorderrichter die Unbedenklichkeit der thatsächlichen Feststellung des ersten Richters an sich als einen Grund angesehen habe, auf die beantragte Erhebung der neuen Thatsache überhaupt nicht einzugehen, während nach cit. § 377 Abs. 2 zu prüfen war, ob die angeführten neuen Thatsachen und Beweismittel geeignet seien, erhebliche Zweifel gegen die Richtigkeit der im ersten Urtheil enthaltenen Feststellung der Thatsachen hervorzurufen, und diese Feststellung gerade auch auf die Aussagen derjenigen Zeugen gegründet worden war, deren Glaubwürdigkeit durch das neue Vorbringen in der Berufungsinstanz entkräftet werden sollte.

Antr. d. GStA · entg [64.—6]

**Hausrechtsverletzung. — Gastwirth. — Recht.**

**Ein Gastwirth ist unter Umständen berechtigt, in das einem Gaste überlassene Zimmer zu dringen, z. B. wenn er vermuthet, daß jenem ein Unglück zugestoßen sei.**

StGB. § 346 Nr 1 [n. 2a].

Erk. (Z. I) v. 23. März 1870 c. v. T. (291. I. Cr.).

Der Gastwirth B., wurde durch ein lautes Geräusch, welches aus einem dem v. T. zum Logiren überlassenen Zimmer seines Gasthofs ertönte, veranlaßt, mit Licht in das letztere zu dringen; er fand hier den v. T. mit der unverehelichten N., und forderte deshalb jenen auf, sofort Zimmer und Gasthof zu verlassen. v. T leistete dieser Aufforderung keine Folge, rief vielmehr dem B. mit vorgehaltenem Revolver zu: „wenn Sie sich nicht herausscheeren, so schieße ich Sie über den Haufen; ꝛc." Er ward deshalb wegen „Nöthigung" aus § 212 des StGB.s bestraft. Seine NB. rügte Gesetzesverletzung: das betr. Zimmer sei ihm als Gast von B. angewiesen worden, es sei also zur Zeit sein Zimmer, seine „Wohnung" gewesen, in welche B. nicht ohne seine (des v. T.) Einwilligung habe dringen dürfen; hätte er (v. T.) denselben gewaltsam aus dem Zimmer entfernt, so hätte er nur sein Hausrecht gewahrt; die Bedrohung mit der Ausübung eines Rechts konne nicht als Bedrohung „mit der Verübung eines Verbrechens ꝛc." (StGB. § 212) angesehen werden; eventuell sei er höchstens in der Aufregung uber die Grenze des Erlaubten hinausgegangen, weshalb die Grundsätze vom Excesse der Nothwehr zur Anwendung kommen müßten. — Zurückweisung. Gründe:

Mit Recht nimmt der App.-Richter an, daß es Fälle gebe, in denen der Gasthofsbesitzer berechtigt sei, das Zimmer seines Gastes zu betreten resp. Einlaß in dasselbe zu fordern, daß ein solcher Fall aber hier vorgelegen, da der Gastwirth B. einen dem Angeklagten zugestoßenen Unfall befürchtet habe. Ist diese Annahme des App.-Richters aber, wie erwähnt, eine vollkommen begründete, so war durch die Handlung des Angeklagten der Thatbestand des § 212 gegeben und die Behauptung einer Nothwehr, deren der App.-Richter allerdings nicht gedenkt, von selbst widerlegt, zumal im Laufe der Untersuchung nirgends irgend ein Angriff des B. auf den Angeklagten behauptet ist.

Antr. d. GStA: gleichl. [15.—8.]

**1. Gutachten. — Behörde.**
**2. Urtheil. — Geschwornenspruch.**
**3. Urkundenfälschung. — Vermögensschaden?**

**1. Wie eine kollegialische Behörde, welche gerichtsseitig um Abgabe eines Gutachtens angegangen ist, von den zu begutachtenden Thatsachen Kenntniss nehmen solle, richtet sich nach ihrer innern Geschäftsordnung; es begründet keine Nichtigkeit, wenn sie damit eins ihrer Mitglieder beauftragt hat.**

StPO. §§ 169. 171. 172.

**2. Es ist nicht geboten, den Wortlaut des Geschwornenspruchs in das Urtheil des Gerichtshofs mit aufzunehmen.**

StPO. § 262.

**3. Die zum Thatbestande der Urkundenfälschung alternative erforderliche Absicht der Schadenszufügung braucht nicht auf einen Vermögensschaden gerichtet zu sein.**

StGB. § 247 [n. 10]

Erk. (Z. II.) v. 24. März 1870 c. Götz (119. II. Cr.).

Ehe es zur schwurgerichtlichen Verhandlung gegen den der Urkundenfälschung ꝛc. angeklagten G. kam, hatte die Strafkammer des Stadtgerichts zu Frankfurt a. M. auf den Antrag des Vertheidigers „dem dortigen (kollegialisch zusammengesetzten) Physikate aufgegeben, sich gutachtlich über die Zurechnungsfähigkeit des G. zu äußern." Demgemäß ging ein Gutachten ein, welches die Unterschrift trug: Namens des Physikats Dr. Cr." Dieser Dr. Cr. wurde sodann auch als Sachverständiger zur Sitzung vorgeladen und hier vernommen, wobei sich ergab, daß er als Mitglied des Physikats und im Auftrage des Kollegiums den G. wiederholt untersucht und beobachtet, vom Akten-Inhalte ꝛc. Kenntniß genommen, und dann das Gutachten ausgearbeitet habe, welches demnächst von den übrigen Mitgliedern gelesen und genehmigt worden sei; im allseitigen Einverständnisse habe er sodann dieses Gutachten „im Namen des Physikats" mit seinem Namen unterschrieben. — Der Vertheidiger hob demzufolge wiederholt hervor, daß das Gutachten unter den obwaltenden Umständen nicht als ein „Gutachten des Physikats" angesehen werden könne, wie er doch beantragt habe; gleichwohl beantragte er Verlesung desselben, welche dann auch erfolgte. Dr. Cr. hatte sodann auch sein persönliches Gutachten mündlich abgegeben. — Die NB. des G. rügte u. A. „Verletzung der §§ 169. 171. 172 der StPO.", insofern weder die Zahl der vom Richter bestimmten Sachverständigen innegehalten, noch die vom Richter angeordnete Untersuchung vorhergegangen sei; müßte man dagegen das Gutachten als ein von dem ganzen Physikate erstattetes ansehen, so sei es nicht von allen [in der Sitzung] beeidet. Das OTr. hat die NB. zurückgewiesen und dabei die oben hervorgehobenen Grundsätze ausgesprochen; insbesondere erwog es hinsichtlich des ersten Punktes

[1] Der Nichtigkeits-Richter kann nur untersuchen, ob die angewendeten Beweismittel gesetzlich zulässig waren und die formellen Vorschriften hinsichtlich des Gebrauchs derselben bei der Beweisaufnahme beobachtet worden sind. Diese Frage muß im vorliegenden Falle bejaht werden. Das Gericht hatte dem Antrage der Vertheidigung gemäß das Physikat um ein Gutachten ersucht und wie diese Behörde dem Ersuchen entsprechen wollte, war Sache ihrer innern Geschäftsordnung, wofür die §§ 169. 171. 172 der StPO. keine Vorschriften enthalten. Dem Physikate als Behörde war es durch keine Strafprozeßvorschrift verwehrt, eines seiner Mitglieder zur Exploration des Angeklagten zu committiren, und von einer mündlichen Vernehmung jenes Collegiums als solchen konnte überhaupt keine Rede sein. Welche Mitglieder desselben das Gericht in die Sitzung laden wollte, stand diesem nach § 169 Abs. 2 der StPO. frei. Die mündliche Vernehmlassung des Physikus Dr. Cr. und seine diensteidliche Versicherung derselben war das wesentliche Beweismittel, welches der Gerichtshof den Geschworenen vorführte, ohne seinerseits von dem vorhergegangenen schriftlichen Gutachten Gebrauch zu machen oder Gebrauch machen zu müssen. Erst auf den Antrag des Vertheidigers geschah die Verlesung des letzteren, woraus der Angeklagte daher eine Beschwerde in keiner Weise herleiten kann.

Antr. d. OStA.: gleichl. [23.—3.]

**Rheinisches Verfahren. — Militärgerichtsstand. — Anklageurtheil. — Rechtskraft.**

Nach Rheinischem Verfahren muß sich der Schwurgerichtshof selbst dann, wenn das eine Sache vor ihn verweisende Anklage-Urtheil rechtskräftig geworden ist, unzuständig erklären, wenn er findet, daß die Sache dem Militärgerichtsstande angehört.

Rh StPO. Art 296; Mil St.-GO. v. 3. Apr. 1845 §§ 1 Nr. 3; 4. 16. Contra. die Rechtsprechung des Pariser Kass Hofs; vgl Mang. Règl de la comp II n 127; Merl Questt. v Incompétence § 1 art. 2 n 6 (III p. 558); Cass 2 Oct 1828 (Sir CN 9. 1 p 175).

Erk. (Z. II.) v. 24. März 1870 c. v. K. (127. II Cr.).

v K. hatte im J 1846 als Hauptmann mit Pension und mit der Aussicht auf eine Anstellung im Civildienste seinen Abschied erhalten, und es war ihm sodann die Stelle eines Königl. Steuer-Rezeptors „auf Kündigung" übertragen worden In dieser seiner Stellung sollte er amtlich empfangene Gelder unterschlagen und in Beziehung hierauf die zur Eintragung der Einnahmen bestimmten Register unrichtig geführt haben. Wegen dieser Anklage ward er durch Urtheil des Anklage-Senats des AGHofs vor den Schw.-GH. verwiesen. Erst hier ermittelte sich, daß v. K noch nicht definitiv, sondern nur auf Kündigung im Civildienste angestellt sei, daß derselbe also nach dem Mil StGB II, §§ 1 Nr. 3. 4. 16 noch dem Militärgerichtsstande angehöre. Der GH sprach daher durch Urtheil seine Unzuständigkeit aus — Kass.-Rekurs des v. K, welcher geltend machte, daß das rechtskräftig gewordene Anklage-Urtheil nach Rheinischem Verfahren definitiv die Zuständigkeit regele, so daß der befaßte Schw.-GH. sich nicht mehr inkompetent erklären könne; jedenfalls dürfe derselbe nicht, wie hier geschehen, von Amtswegen dazu übergehen.

Die Gen.-Staats-Anwaltschaft sprach sich für die Verwerfung des Rekurses aus, weil die bindende Kraft des Anklage-Urtheils nur soweit reichen könne, als überhaupt die Civilgerichtsbarkeit begründet sei. Zugleich beantragte sie „zur Hebung des vorliegenden negativen Kompetenzkonflikts das Verweisungs-Urtheil des Anklage-Senats aufzuheben, damit auf diesem Wege auch der in dieses Urtheil aufgenommene und gegen v. K. zur Ausführung gebrachte Leibverhaftsbefehl seine Erledigung finde"

Das OTr. hat den Kass.-Rekurs verworfen, ohne auf den Schluß-Antrag der Gen.-StA.-schaft einzugehen. Es erwog:

daß das StGB. für das Preuß. Heer v. 3. Apr. 1845

in seinem 2 Theile eine besondere StGO. für die Militärpersonen enthält, wodurch dieselben der ordentlichen Strafgerichtsbarkeit entzogen und die in der StPO. über die Verbrechen anderer Personen angeordneten Gerichte absolut unzuständig erklärt sind, die Verbrechen der daselbst bezeichneten Angehörigen des Militärstandes ihrem Untersuchungsverfahren und Urtheile zu unterwerfen, insofern jene StGO. nicht selbst Ausnahme bestimmt (§§ 2. 3—8 u. s. w. das.); daß gemäß § 1 Nr. 3 § 4 Abs. 2 § 16 Nr. 1 der StGO. f. d. H. alle mit Pension verabschiedeten Offiziere, so lange sie nicht definitiv in einen Civil-, Staats- oder Communaldienst übergegangen ausschließlich unter die Militärgerichtsbarkeit gehören;

daß diese StGO. nicht im Interesse der einzelnen Personen des Militärstandes, sondern im Interesse des Staates und Gemeinwohls erlassen ist, und die Ausführung ihrer Bestimmungen somit durch den Verzicht der betreffenden Personen darauf nicht gehindert werden kann;

daß der Angeklagte unbestrittener und festgestelltermaaßen zu den gedachten Offizieren gehört;

daß daher die Incompetenz-Erklärung des Kgl. Assisenhofes unbedenklich materiell gerechtfertigt ist und es sich nur noch fragen kann, ob dieser Gerichtshof selbst seine Incompetenz aussprechen durfte, wie wohl der Anklagesenat des AGH.s durch das Urtheil v. 2c. den Anklagten vor jenen verwiesen hatte;

in Erwägung, daß zwar innerhalb der Schranken der Wirksamkeit der Rheinischen StPO. ein Assisenhof sich von der Verhandlung und Aburtheilung einer Sache, welche ein unangefochtenes Anklage-Urtheil vor ihn verwiesen hat nicht entbinden kann und insoweit den Verweisungs-Urtheilen nicht blos eine indicative sondern eine attributive Kraft beigemessen wird;

daß aber dieser auf die umfassende Strafjurisdiction der Assisenhöfe gestützte Grundsatz im vorliegenden Falle keine Anwendung finden kann, weil die Strafgerichtsbarkeit über das Heer nach Obigem der Strafgerichtsbarkeit über Civilpersonen als eine coordinirte ausschließlich zur Seite steht, ganz außerhalb des Bereiches der durch die Rheinische StPO. organisirten Gerichte, namentlich auch des AGH.s und der Assisenhöfe sich befindet und deshalb das Urtheil des Anklagesenats wegen materieller Incompetenz hinsichtlich der von Offizieren verübten Verbrechen an einer absoluten Nichtigkeit leidet, welche in jedem Stadium des Verfahrens sich geltend macht;

daß demgemäß der Assisenhof zu Trier, wenn er zur Verhandlung der Sache geschritten wäre, die Attributionen der durch die Rhein. StPO. geordneten Gerichte überhaupt überschritten haben, sein Verfahren und Urtheil wie dasjenige des Anklagesenates ungeachtet der Beruhigung der Parteien dabei unheilbar nichtig sein und auch nach Artt. 408 u. 441 der Rh. StPO. der Cassation unterliegen würde, es übrigens für die gegenwärtige Entscheidung völlig unerheblich ist, ob in einem dergestalt nichtigen Verfahren ein Ausspruch der Geschwornen den Angeklagten für nicht schuldig hätte erklären können, da demselben keinesfalls ein Recht auf die Fortsetzung eines ordnungswidrigen Verfahrens bis zu einem oder dem anderen Verdikte zustand und das OTr. jetzt in die Lage gesetzt ist, mittelst Verwerfung des Cass.-Rekurses der verfassungsmäßigen Verfolgung des fraglichen Verbrechens ihren Weg zu öffnen, wie es diese mittelst Cassation des nichtigen Verfahrens hätte thun müssen, wenn es dazu weiter gekommen und hiergegen das OTr. formell angerufen worden wäre;

daß insbesondere die Voraussetzungen der Anwendbarkeit der Artt. 315—372. 220. 231 der Rh. StPO. zu einer zu Recht beständigen Weise nach dem Bisherigen nicht vorlagen, mithin deren angebliche Verletzung durch Nichtanwendung das Cass.-Gesuch nicht begründen kann.

[23.—3.]

**Rechtsmittel. — Form. — Belehrung.**

Die Verabsäumung der für die Ergreifung eines Rechtsmittels vorgeschriebenen Form hat den Verlust desselben zur Folge, sollte es auch gerichtsseitig unterlassen worden sein, durch eine geeignete Belehrung die noch mögliche Nachholung des Mangelnden zu veranlassen.

Vdn. v. 3 Jan. 1849 Abschn. IV. [S. 456 n. 35].

Beschl. (I) v. 24. März 1870 c. Schütz (96 B I. Cr.).

Gegen das am 27. Jan. in seiner Gegenwart verkündete Urtheil 2. Instanz hatte Sch. am 4. Febr. beim Gerichte erster Instanz in einer nicht legalisirten Schrift die NB. angemeldet, er ward aber mit derselben wegen jenes Form-Mangels zurückgewiesen In dem betr. Beschlusse des OTr s heißt es:

„das Gericht [1. Instanz] war auch nicht verpflichtet, Sie über die Formwidrigkeit Ihrer Anmeldung sofort bei ihrem Eingange zu belehren."

Antr. d. GStA.: gleichl. [18.—8.]

---

**Rechtsmittel. — Urtheilszustellung. — Verhafteter.**

1. Hat der Angeklagte ein Rechtsmittel rechtzeitig angemeldet, so muss die Zustellung des angefochtenen Urtheils an ihn durch das Gericht erster Instanz verfügt werden. Durch eine nur auf Veranlassung des Staatsanwalts erfolgte Zustellung wird der Lauf der Rechtfertigungsfrist nicht begründet.

StPO §§ 370. 194. Sic: Beschl v. 20. Juli 1868 c. Bricke; id. v. 8. Sept. 1869 c Buhring, id. v. 17 Sept 1869 c Mertens.

2. Der verhaftete Angeklagte, welcher rechtzeitig die protokollarische Aufnahme eines Rechtsmittels verlangt hat, kann, wenn diesem Antrage nicht entsprochen wird, nicht wegen Fristversäumniss mit seinem Rechtsmittel zurückgewiesen werden.

StPO. § 370.

**Beschl. v. 25. März 1870 c. Esche** (OAG. II. 6).

Der verhaftete E. hatte rechtzeitig die NB. angemeldet, auf Verfügung des Kron-Anwalts begl. Abschrift des angefochtenen Urtheils erhalten, und um protokollarische Aufnahme seiner Rechtfertigung gebeten. Letztere erfolgte nicht, vielmehr wies das Gericht 1 Instanz die NB., als nicht rechtzeitig gerechtfertigt durch Verfügung zurück. Diese Verfügung hat das OAG. „aufgehoben," und dem Gerichte erster Instanz aufgegeben, die Zustellung einer Urtheilsabschrift an den E. zu verfügen und zu bewirken, auch die Rechtfertigung der NB. von dem E. aufzunehmen; es erwog.

[1.] daß gegen die Vorschrift des § 370 der StPO. die Zustellung des angefochtenen Erkenntnisses zweiter Instanz auf die vom Angeklagten rechtzeitig angemeldete NB. nicht von dem Gericht erster Instanz, sondern vom Kgl. Kronanwalt verfügt und veranlaßt worden ist, also der Fristenlauf für die Rechtfertigung der Nichtigkeitsbeschwerde noch nicht begonnen hat,

[2] daß der Angeklagte überdies nach jenem § 370 rechtzeitig in den Eingaben v. 2c. die protokollarische Aufnahme der Rechtfertigung der NB. verlangt und somit unter Berücksichtigung des Umstandes, daß er verhaftet ist, das Erforderliche zur Wahrung seiner Rechte gethan hat, folglich mit Unrecht mit jenen Eingaben wegen Formlosigkeit der gleichzeitig in ihnen enthaltenen Rechtfertigung der NB. zurückgewiesen worden ist.

Antr. d. GStA: gleichl. [65.—6.]

---

## Verhaftung. — Sistirung.

**Die Polizeibehörden können bei Handhabung der ihnen übertragenen Exekutionsgewalt, denjenigen, welcher sich weigert, persönlich vor ihnen zu erscheinen, durch körperlichen Zwang („Sistirung") gestellen lassen.**

Pol.-Ges. v. 11. März 1850 § 20; Ges. z. Schutz d. pers. Freiheit v. 12. Febr. 1850.

**Erk. (Z. 1.) v. 25. März 1870 c. Kesseler** (277. I. Cr.).

Der Polizei-Direktor zu S. hatte einen Polizei-Kommissar mit der „Sistirung" ev. Arretirung des K. beauftragt, weil dieser neben seinem Grundstücke auf der Straße ein den Verkehr behinderndes Gerüst aufgestellt und den dieserhalb an ihn ergangenen wiederholten Vorladungen zum Polizei-Büreau keine Folge geleistet hatte. Bei der Ausführung jener Maßnahmen sollte K sich dem Pol.-Kommissar durch Drohungen widersetzt und denselben beleidigt haben. Aus §§ 89. 102 des StGB.s bestraft, ergriff er die NB. und rügte Verletzung des Pol.-Ges.s v. 11. März 1850 § 20, weil der App.-Richter auf Grund dieser Vorschrift die Polizei-Behörde für befugt erachtet habe, ihn zu verhaften, obgleich die Voraussetzungen des für alle Verhaftungen maaßgebenden Ges.s z. Schutz der pers. Freiheit v. 12. Febr. 1850 nicht vorgelegen hätten. Zurückweisung. Gründe:

Das Ges. v. 12. Febr. 1850 findet nur auf Verhaftungen und vorläufige Festnahmen als Vorbereitung resp. Sicherung solcher Verhaftungen Anwendung, bezieht sich also nicht auf den körperlichen Zwang, welcher angewendet wird, um denjenigen, welcher sich weigert, persönlich vor der Behörde zu erscheinen, vor dieser Behörde zu gestellen. Außerdem aber ist auch die Verweisung des App.-Richters auf den § 20 des Ges.s v. 11. März 1850 und auf das Rescr. des Ministers des Innern v. 28. Juni 1850 (VMBl. S. 212) vollkommen zutreffend.

Antr. d. GStA.: gleichl. [15.—8.]

---

**Widersetzlichkeit. — Förster. — Wald. — Civilrechtsweg.**

**1. Im Falle einer Widersetzlichkeit gegen einen Forstbeamten ꝛc. im Dienste wird die Anwendbarkeit des Ges.s v. 31. März 1837 dadurch nicht ausgeschlossen, daß der Vorfall sich auf einer durch den Wald führenden Landstraße zutrug.**

**2. Bei Widersetzlichkeiten gegen einen Förster ꝛc. findet die Verweisung einer vorgebrachten Civileinrede zum Civilverfahren nicht statt.**

Ges. v. 31. März 1837; Ges. v 31. Jan. 1845. — Vgl. zu Nr. 1 Z. (I, 439) v. 7. Mai 1858 c. Tramitz (G A 6. S 414); Z. (I, 1092) v. 23. Nov. 1860 c. Heiduck.

**Erk. (Z. I.) v. 25. März 1870 c. Pasch (265. I. Cr.).**

Antr. d. GStA.: gleichl. [18.—8.]

## Chaussee. — Beschädigung. — Fahrlässigkeit.

**Die Beschädigung einer Chaussee rc. ist auch dann, wenn sie nur durch Fahrlässigkeit herbeigeführt worden ist, strafbar aus**

Chaussee-Geld-Tar. v. 29. Febr. 1840 Zusſ. Vorschr n 18. — Vgl. RdOTr. 1. S. 157; 8 S. 552; 10. S. 103.

**Erk. (B. I.) v. 25. März 1870 c. Schirmer (272. I. Cr.).**

Sch. hatte an der —Chaussee in der Nähe einer zu der letzteren gehörigen Baumschule seine Kühe ohne Aufsicht umherlaufen lassen; hierbei hatten die letzteren die Baumschule dadurch beschädigt, daß sie sich an den jungen Bäumen scheuerten und das Laub von denselben abfraßen. Dieserhalb war Sch. in erster Instanz aus Nr. 18 der Zusätzl. Vorschrr. z. Chaussee-Geld-Tarif v. 29. Febr. 1840 bestraft, in 2. Instanz aber freigesprochen worden, weil die Feststellung „sich nicht auf eine Handlung des Angeklagten richte und auch den thatsächlichen Zusammenhang der Unterlassung der gehörigen Beaufsichtigung der Kühe und der durch letztere erfolgten Beschädigung der Bäume vermissen lasse." — Vernichtung und Bestätigung des ersten Urtheils. Gründe:

Die Nr. 18 l. c. lautet wörtlich:

„Wer die Chaussee, die dazu gehörigen Gebäude, Brücken-durchlässe oder sonstige Vorrichtungen, als Meilenzeiger, Wegweiser, Tafeln, Schlagbäume, Prellsteine und Pfähle, ingleichen wer die Pflanzungen oder Materialien beschädigt, oder die letzteren in Unordnung bringt, muß, insofern er nach den allgemeinen Strafgesetzen nicht eine härtere Strafe verwirkt hat, außer dem Schadensersatze eine Strafe von einem bis fünf Thaler erlegen.

Unter den allgemeinen Strafgesetzen, welche eine härtere Strafe bestimmten, wurden die damals nach den §§ 1488 ff. II. 20 des ALR.s zu beahndenden Beschädigungen des Vermögens aus Rache, Bosheit und Muthwillen verstanden, also solche Handlungen, die mit Vorsatz, absichtlich, begangen wurden. Gegenwärtig greift in den entsprechenden Fällen der § 282 des StGB.s Platz, welcher die vorsätzliche Beschädigung derartiger Gegenstände bestraft. Für die cit. Nr. 18 bleiben deshalb nur solche Beschädigungen übrig, welche zwar nicht vorsätzlich, aber doch durch Verschuldung irgend einer Art zugefügt worden sind. Dies folgt in Gemäßheit des Wortlautes aus dem ganzen Zusammenhange der gedachten gesetzlichen Bestimmung unzweifelhaft, und ist auch in der Rechtsprechung bereits angenommen worden, z. B. in dem Z. (II. 13) v. 5. Jan. 1860 c. Spittmann (Rh. Arch. 55. 2A. 72). Könnte hierüber noch ein Bedenken obwalten, so würde dasselbe durch die Nr. 19 l. c. beseitigt werden, welche also lautet:

„Beschädigungen der Chausseebäume sind, wenn die allgemeinen Gesetze keine härtere Strafe bestimmen, vorbehaltlich des Schadensersatzes mit einer Strafe von 5 Thlrn. für jeden durch Verschulden beschädigten Baum zu ahnden."

Hier wird neben der Bezugnahme auf die allgemeinen, eine härtere Strafe androhenden Landesgesetze, ausdrücklich von einer „Verschuldung" überhaupt gesprochen, worunter augenscheinlich jede Unterlassung einer obliegenden Pflicht, jede Unvorsichtigkeit und Fahrlässigkeit zu verstehen ist. Die Nr. 19 l. c. steht mit der unmittelbar vorangegangenen Nr. 18 l. c. im engen Zusammenhange und dient zur Erläuterung derselben. Der App.-Richter hat deshalb rechtlich geirrt, wenn er angenommen hat: „daß zur Anwendbarkeit der in Rede stehenden gesetzlichen Vorschrift eine Handlung, das heißt, eine auf Beschädigung direkt gerichtete, erforderlich sei." — Dies vorausgesetzt, ermangelt es auch in rechtlicher Beziehung nicht an einem thatsächlichen Zusammenhange zwischen der Unterlassung des Angeklagten hinsichts der gehörigen Beaufsichtigung seiner Kühe und der durch letztere erfolgten Beschädigung der Baumschule. Denn nach § 2 der FPO. v. 1. Nov. 1847 durfte er außerhalb seines geschlossenen Hofes oder eines anderen eingefriedigten Platzes seine Kühe nicht unbeaufsichtigt, wie festgestellt worden, umherlaufen lassen. Da er dies dennoch gethan, befand er sich im Widerspruche mit dieser gesetzlichen Bestimmung, beging daher eine Uebertretung, für deren Folgen er sich verantwortlich machte. Eine solche war die von den Kühen verursachte Beschädigung der Baumschule, welche vermieden werden konnte, wenn das Vieh beaufsichtigt gewesen wäre. Ein Zusammenhang zwischen beiden Vorkommnissen ist deshalb allerdings vorhanden und die Entscheidung des Recursrichters unterliegt somit nach Art. 107 des Gesetzes v. 3. Mai 1852 der Vernichtung.

In der Sache selbst konnte alsbald auf das Recursgesuch des Angeklagten erkannt werden, da der Recursrichter die thatsächlichen Feststellungen erster Instanz beibehalten hat; diese umfassen alle zur Anwendung der Nr. 18 l. c. nöthigen Erfordernisse und daraus folgt die Bestätigung des ersten Erkenntnisses, welches nur den niedrigsten Grad der gesetzlichen Strafe bestimmt hat.

Antr. d. GStA.: entgegen. [20.—8]

---

**Chausseehebestelle. — Umfahren. — Erlaubter Weg.**

**Derjenige, welcher eine befahrene Chaussee vor der Hebestelle verlässt und hinter der letzteren auf jene zurückkehrt, macht sich, wenn er dieses durch Benutzung eines öffentlichen unverbotenen Weges bewirkt hat, nicht des „Umfahrens" der Hebestelle schuldig im Sinne der**

Schlesw.-Holst Wege-Ordn v. 1. März 1842 § 94. Anders faßt das OTr. den Begriff des „Umfahrens einer Hebestelle" nach dem Chaussee-Geld-Tar. v. 29. Febr. 1840 Zusätzl. Vorschr. Nr 5 auf; vgl. Hartm. Strafgess S. 245 n. 2; RdOTr. 6 S. 19. 349; 9. S. 77; 10. S. 26. 686.

**Erk. (Z.) v. 30. März 1870 c. Brandt** (OAG. II. 77).

Auf der Fahrt von Neumünster nach Brockenlande hatte B. die Chaussee vor der Chausseegelderhebestelle bei N. verlassen, und war hinter der letzteren auf jene zurückgekehrt, ward aber nichtsdestoweniger von der dieserhalb erhobenen Anklage der Chausseegelddefraude („Umfahrens der Hebestelle") freigesprochen, weil die von ihm außer der Chaussee benutzte Wegstrecke ein „öffentlicher unverbotener Weg" gewesen sei. — NB. des StA s. — Zurückweisung Gründe:

Die [instanzrichterliche] Auffassung des Rechtsverhältnisses kann als eine rechtsirrthümliche nicht angesehen werden. Denn da die Verpflichtung zur Entrichtung des Chausseegeldes (§ 94 der Wegeordnung vom 1. März 1842) erst dann begründet ist, wenn die Barriere passirt wird, das Befahren der Chaussee außerdem aber ohne Erlegung dieser Abgabe gestattet ist, so kann nicht schon das Einschlagen eines jeden Nebenweges, wobei die Erhebestelle umfahren wird, den objektiven Thatbestand einer Chausseegelddefraude erfüllen, sondern es gehört dazu in einem solchen Falle eine derartige Abweichung von der Chaussee, welche nach den örtlichen Verhältnissen, insbesondere der Eigenschaft der benutzten Strecke als eines zu einem solchen Gebrauche nicht bestimmten Grundstückes, als ein ungehöriges Passiren der Barriere aufgefaßt werden kann. Die vorliegend geschehene Benutzung einer öffentlichen Wegestrecke, deren Gebrauch, namentlich auch in Richtung auf die Erlegung von Chausseegeld, überall nicht untersagt war, kann unter diesen Gesichtspunkt nicht gebracht werden.

Antr. d. GStA.: entg. [64.—6.]

---

**Nichtigkeitsbeschwerde. — Zurückweisung. — Erster Richter. — Grund.**

Der Vorsitzende des Erst-Instanz-Gerichts ist nicht befugt, eine Nichtigkeitsbeschwerde deshalb durch Verfügung zurückzuweisen, weil die Angabe der Beschwerdepunkte nicht vorschriftsmässig erfolgt sei.

StPO. §§ 372. 373 393. Vgl. RdOTr. 10. S. 506.

Beschl. v. 30 März 1870 c. Flügge (OAG. II. 84). [64.—6.]

---

**Umstand, mildernder. — Geltendmachung. — Prüfung.**

Behauptet der Angeklagte das Vorhandensein mildernder Umstände in einem Falle, in welchem das Strafgesetz dieserhalb die Herabsetzung der Strafe gestattet, so begeht der Richter, welcher diesen Punkt mit Stillschweigen übergeht, eine Nichtigkeit.

StPO. §§ 353 321. 377 387; Einf.-Ges. z StGB Art. XXIV. n. 17. Vgl. RdOTr. 10. S 601. 809.

Erk. (Z.) v. 30. März 1870 c. Huhn (OAG. II. 71).

Antr. d. GStA.: gleichl. [65.—6.]

---

**1. Strafantrag. — Militär-Vorgesetzter.**
**2. Rückfall. — Feststellung. — Notorietät.**

**1. Wenn der Vorgesetzte eines Soldaten den Antrag auf Strafverfolgung wegen einer dem letzteren zugefügten Ehrverletzung stellt, so spricht die Vermuthung dafür, daß dieses im Einverständnisse mit dem Beleidigten geschehen sei. — Jedenfalls genügt es in einem solchen Falle, wenn der Soldat den Antrag bei seinem Vorgesetzten ausgesprochen und dieser seinerseits den Antrag an den Staatsanwalt gerichtet hat, sollte darin auch der Antrag des ersteren nicht wiedergegeben sein.**

StGB §§ 50 [n 14]. 160. Vgl. RdOTr. 2 S. 300.

**2. Die Voraussetzungen des Rückfalls können nicht auf Grund einer „Notorietät," sondern nur auf Grund der betr. Akten festgestellt werden.**

StGB. § 58 [n 22]

**Erk. (S. I.) v. 30. März 1870 c. Krüger u. Hendeß** (303 I Cr.).

Die von H. redigirte —Zeitung hatte einen von K. verfaßten Artikel gebracht, welcher eine Verleumdung des Lieutenants H. enthalten sollte. Es wurden deshalb K. aus § 156 des StGB.s und H. aus § 37 des Preßges. v. 12 Mai 1851 verfolgt, der letztere auch demgemäß zu einer Geldbuße und (wegen seiner „notorischen Rückfälligkeit") zur Untersagung der Befugniß zum Gewerbebetriebe als Buchdrucker bzw. Zeitungsverkäufer verurtheilt, K. aber „freigesprochen" *), weil nicht der verleumdete Lieutenant H. selbst, sondern nur dessen Regiments Kommandeur in einem an den StA. gerichteten Schreiben, die Strafverfolgung beantragt habe, ohne in diesem Schreiben „ausdrücklich den (bei ihm mündlich angebrachten) Antrag des H. wiederzugeben," hierdurch aber die Rügefrist nicht gewahrt worden sei. — Auf die NB. des StA s und des H. hat das OTr. das Erkenntniß vernichtet, und die Sache an das AG. zurückverwiesen. Gründe:

[1.] Es liegt in dem ausreichend bekannten militärischen Subordinations-Verhältnissen, daß Anträge der Personen

---

*) Fehlte es am erforderlichen Strafantrage, so durfte der Instanzrichter nicht „freisprechen", sondern mußte sich darauf beschränken, die Strafverfolgung zur Zeit für „unstatthaft zu erklären;" vgl. Oppenh. StGB. § 50 n. 27.

des Soldatenstandes zunächst an ihren Vorgesetzten gerichtet und von diesem weiter befördert werden. Die von demselben bewirkte Vermittelung hat sonach bereits von vornherein die Vermuthung einer entsprechenden Bewilligung des Untergebenen für sich; außerdem gilt aber auch das von dem Vorgesetzten Veranlaßte in den geeigneten Fällen als ein Befehl an den Untergebenen, dem derselbe Folge leisten muß, wenn er nicht insubordinationsfähig handeln will. Festgestellt ist in dem vorliegenden Falle, daß in dem Schreiben des Regiments-Commandeurs Oberst v. F. v. xc., der Antrag an die betreffende StA.-schaft enthalten ist, auf Grund des § 156 des StGB.s gegen den xc. K. einzuschreiten. Es sprach daher bereits die Vermuthung dafür, daß der eigentlich Beleidigte, Lieutenant H., damit einverstanden war. Hierzu kommt aber noch die ausdrückliche Feststellung des App.-Richters: daß der Lieutenant H. bei dem gedachten Regiments-Commandeur mündlich bei der Berichtserstattung v. xc., an welchem Tage der incriminirte Artikel in der Zeitung erschien, beantragt hat, die strafrechtliche Verfolgung des xc. K. herbeizuführen. Es kann sonach gar keinem Zweifel unterliegen, daß die Thatsache des Antrages auf Bestrafung des Beleidigers innerhalb der gesetzlichen Frist vorhanden ist, und durch den dazu autorisirten Vertreter des Beleidigten der kompetenten Behörde zuging. In gleicher Weise hat das Kgl. OTr. bereits durch Z. (I, 177) v. 12. März 1862 c. Genz (RdOTr. 2. S. 300) in einem ähnlichen Falle entschieden.

2. Auch die NB. des H. war für begründet anzusehen. Es kann zwar die Ausführung derselben für jetzt auf sich beruhen, die dahin geht, daß bei der Freisprechung des Angeklagten K. auf Grund des Versäumnisses der Rügefrist Seitens des Beleidigten, gegen ihn, den Imploranten H., nicht in Gemäßheit des § 37 des Preßges.s auf Strafe habe erkannt werden dürfen. Denn diese Grundlage des Angriffes ist durch die obige Entscheidung in Betreff des Angeklagten K. in Wegfall gebracht. Allein der App.-

Richter hat rechtlich geirrt, wenn er auf Entziehung der Befugniß zum Gewerbebetriebe als Buch- und Steindrucker resp. als Zeitungsverkäufer erkannt hat, weil es notorisch sei, daß der Angeklagte innerhalb eines Zeitraumes von fünf Jahren wegen eines als Buchdrucker und Redakteur mittelst der Presse begangenen Vergehens schon zweimal verurtheilt worden. Denn ob die Erfordernisse des § 54 des Preßges.s vorhanden sind, mußte thatsächlich und rechtlich unter Vorlegung der bezüglichen Akten beurtheilt werden. Da dies nicht geschehen, unterliegt das angefochtene Erkenntniß der Vernichtung.

Antr. d. OStA.: entg. [20—8]

---

**Unzuständigerklärung. — Nicht.-Beschwerde. — Frist.**

1. Die Nichtigkeitsbeschwerde der Staatsanwaltschaft gegen das eine Unzuständigerklärung enthaltende Urtheil ist bei dem höchsten Gerichtshofe anzumelden; dieser entscheidet sodann in der Form eines Beschlusses.

2. Die Frist für diese Nicht.-Beschwerde läuft erst von der Seitens des betr. Gerichts von Amtswegen zu bewirkenden Mittheilung des Urtheils an den zur Abfassung der Anklageschrift berufenen Staats-Anwalt.

StPO. §§ 47. 48. Vgl. RdOTr. 9. S. 462; 10. S 597, 11 S. 112.

**Beschl. v. 30. März 1870 c. Niessen (OAG. II. 78).**

Die Strafkammer, vor welche N. unter der Anklage des Betrugsversuchs gestellt worden war, hatte sich durch Urtheil unzuständig erklärt, weil sie annahm, daß der Thatbestand der Urkundenfälschung vorliege und die Sache somit vor den Schw.-GH gehöre Irriger Weise theilte aber das Gericht diesen Beschluß nicht dem OStA., sondern dem bei ihm selbst fungirenden StA. mit. Erst durch diesen gelangten die Akten an den OStA., welcher darauf bei dem betr. KG. die Nichtigkeitsbeschwerde anmeldete und zugleich rechtfertigte Nach erfolgter Instruktion des Rechtsmittels erfolgte sodann die Einsendung der Akten an den GStA., welcher sie dem OAG. vorlegte. Hier kam es zur Sprache, ob nicht das Rechtsmittel bei dem Gerichte der 1

Instanz, sondern unmittelbar beim OAG. anzumelden gewesen sei, (vgl. RbOTr. 9. S. 462) und ob nicht die für dasselbe gewährte Präklusivfrist vor dem Eingange der Akten bei dem letzteren abgelaufen gewesen sei. — Das OAG. hat die erste Frage bejaht, die zweite aber verneint, und zugleich angeordnet, daß das Gericht 1 Instanz das Inkompetenzurtheil und die Verhandlungen ordnungsmäßig dem betr. OStA. mittheilen solle Erwogen wurde:

daß nach § 48 der StPO. das in Gemäßheit des § 47 ergangene Urtheil hinsichtlich seiner Wirkungen so angesehen wird, wie ein das Hauptverfahren vor dem darin bezeichneten Richter eröffnender Verweisungsbeschluß der zuständigen Raths- oder Anklagekammer; gegen solche Beschlüsse aber nach § 407 Abs. 2 der StPO. die Beschwerde nebst deren Rechtfertigung durch eine bei dem Gerichte, welches darüber zu entscheiden hat, einzureichende Beschwerdeschrift erfolgen muß, dasselbe demnach auch bei den Urtheilen in Gemäßheit der §§ 47. 48 der StPO. in gleicher Weise gilt; für die Einreichung aber für diesen Fall in § 407 Abs. 2 der StPO. eine Präclusivfrist von 10 Tagen bestimmt ist, die zufolge § 48 der betreffenden StA.-schaft vom Tage der Mittheilung des Urtheils und der Verhandlungen läuft, welche durch das erkennende Gericht unmittelbar nach der Verkündigung des Urtheils von Amtswegen geschehen soll; hiernach aber die durch das Gericht erfolgende Mittheilung an die Staatsanwaltschaft als eine den Fristenlauf ordnende, wesentliche Förmlichkeit, und zwar um so mehr anzusehen ist, als mit Rücksicht auf die Bestimmungen in §§ 408 und 409 der StPO. hierdurch Verzögerungen der Entscheidung und unerforderliche Abrufung der Akten von dem Untern Gerichte verhindert werden sollen; diesen Vorschriften jedoch eine zufällige Kenntniß des Urtheils oder eine auf andere als die gesetzlich vorgeschriebene Art erfolgte Uebermittelung der Akten nicht gleichgestellt werden kann und nicht geeignet ist, die Präclusivfrist in Lauf zu setzen; wonach denn in vorliegender Sache den erwähnten Vorschriften nicht genügt wurde.

Antr. d. GStA.: gleichl. [62.—6]

**Beschlagnahme. — Sequestration. — Pächter.**

**Die gegen den Verpächter eines verpachteten Grundstücks verhängte Sequestration des letzteren läßt die Rechte des Pächters unberührt; dieser kann daher in Ausübung seiner Rechte auch über Früchte und Inventarienstücke verfügen.**

StGB. § 272 [n 12].

**Erk. (S. I.) v. 30. März 1870 c. Reiczug** (298. I Cr.).

Durch kreisgerichtliche Verfügung war ein dem R. gehöriges von ihm an F. verpachtetes Grundstück unter Sequestration gestellt und jenem „jede Verfügung hinsichtlich der Bewirthschaftung des Grundstücks oder über das Inventarium sowie über das von F. zu zahlende Pachtgeld" untersagt worden. Er hat dessen ungeachtet eine zum Inventar gehörige Kuh verkauft und mehrere Scheffel Roggen ausdreschen lassen. Deshalb aus § 272 angeklagt, wendete er ein und stellte unter Beweis: er habe jene Handlungen lediglich „im Auftrage und mit Genehmigung des Pächters" vorgenommen. Das AG bestätigte aber das verurtheilende Erkenntniß erster Instanz, und beseitigte jenen Beweisantrag, „weil R. die Verwendung des Erlöses für die verkauften Gegenstände in das Gut hätte vollständig nachweisen müssen." — Vernichtung Gründe:

Wenn gleich ein verpachtetes Grundstück im Wege der Execution zwar nicht gegen den Pächter, wohl aber gegen den Verpächter zur Sequestration gestellt werden kann, (vgl. Erk. des OTr.s v. 25. Jan. 1841: Entsch. Bd. 6. S. 212; § 129 I. 24 AGO.), die dem entgegenstehende Behauptung des Imploranten mithin unrichtig ist, so kann doch die gegen den Verpächter verhängte Sequestration eines von diesem verpachteten Grundstücks selbstverständlich nur die Ausübung derjenigen Rechte, welche dem Verpächter, als Eigenthümer des Grundstücks dem Pächter gegenüber zustehen, zum Gegenstande haben, übrigens aber den Pächter in der Bewirthschaftung des Gutes nicht hindern. Hieraus folgt, daß im vorliegenden Falle dem Pächter T., wenn nicht etwa der Fall des § 387 I. 21 des ALR.s vorlag, was bis jetzt nicht behauptet ist, das Recht nicht hätte streitig gemacht werden können, eine Kuh zu verkaufen und

Roggen ausdreschen zu lassen, und den Erlös von beiden Gegenständen beliebig zu verwenden. Nun ist es zwar im vorliegenden Falle nicht der Pächter des sequestrirten Gutes, sondern der Verpächter nämlich der jetzige Angeklagte gewesen, der diese Dispositionen getroffen hat, allein wenn derselbe darüber Beweis angetreten hat, daß er dieses im Auftrage und mit Genehmigung des Pächters gethan habe, so konnte dieser Beweis nicht ohne Weiteres mit der Behauptung zurückgewiesen werden, daß der Angeklagte die Verwendung des Erlöses für die verkauften Gegenstände in das Gut hätte vollständig nachweisen müssen, weil, wenn seine Behauptung richtig sein sollte, seine Handlungsweise gar nicht nach seinem eigenen, sondern nach dem Rechte seines Machtgebers, im vorliegenden Falle des Pächters T., zu beurtheilen sein würde.

Antr. d. GStA.: gleichl. [28.—8.]

---

## Fragstellung. — Mehrheit von Handlungen.

**Es ist statthaft, eine Mehrheit gleichartiger gegen dieselbe Person verübter Verbrechen zum Gegenstande einer einzigen Frage an die Geschwornen zu machen.**

Ges. v. 3. Mai 1852 Art. 80 [n. 11]. Vgl. RdOTr. 1. S. 64. 3. S. 397; 5. S. 245; 7. S. 43; 11. S. 59. 165, und unten: Z. I. v. 8. Apr. 1870 c. Seehase.

**Erk. (Z. I.) v. 30. März 1870 c. Richter** (375. I. Cr.).

R., von den Geschwornen auf die von ihnen vorgelegte Frage schuldig befunden:

„— in den Jahren 1866—1869 wiederholt durch verschiedene selbstständige Handlungen mit der am 2 Juli 1856 gebornen C. S. unzüchtige Handlungen vorgenommen, dieselbe auch zur Verübung unzüchtiger Handlungen verleitet zu haben,"

und dieserhalb aus § 144 Nr. 3 des StGB.s verurtheilt, — rügte im Wege der NB. Verletzung der Artt. 30 80. 81 des Ges s v. 3. Mai 1852, welche es nicht gestatteten, eine Mehrheit von Verbrechen in eine Frage zu fassen, wie dieses vom OTr in zwei Erkenntnissen [B. I, 547 v. 9. Nov 1864 c Stark: RdOTr. 5. S. 245 und einem zweiten in Goltd. Arch 13. S. 501 abgedruckten] anerkannt worden sei. — Zurückweisung. Gründe:

Die von der NB. in Bezug genommenen Erkenntnisse des OTr.s sind für die vorliegende Entscheidung ohne Bedeutung, weil denselben andere thatsächliche Voraussetzungen zum Grunde liegen Insbesondere hatte in der Sache, in welcher das zuerst gedachte Erkenntniß ergangen ist, die angegriffene, den Geschwornen vorgelegte Frage fünf, sowohl in Beziehung auf die Beschädigten, als auch in Beziehung auf die sonstigen thatsächlichen Verhältnisse, von einander durchaus verschiedene Wucherfälle umfaßt. Vorliegend aber handelt es sich um völlig gleichartige Unzuchtshandlungen, welche an demselben Orte, gegen dieselbe Person und im Wesentlichen unter denselben Umständen verübt worden sind und zwischen welchen eine Verschiedenheit nur insofern besteht, als ihre Verübung, beziehungsweise Wiederholung zu verschiedenen Zeiten stattgefunden hat. Wenn bei dieser Lage der Sache es für angemessen erachtet worden ist, die mehreren in der Anklageschrift hervorgehobenen Unzuchtsfälle in derselben Frage so, wie geschehen, generell zusammen zu fassen, so kann hierin, zumal dadurch ein Zweifel oder eine Unklarheit bezüglich des von den Geschwornen bejahten Thatbestandes in keiner Weise hervorgerufen wird, eine Verletzung der Artikel 31. 80. 81 des Ges.s v. 3. Mai 1852 sowenig, als eine Verletzung des § 56 des StGB.s oder sonstiger von der NB. nicht näher bezeichneter wesentlicher Grundsätze des Verfahrens gefunden werden.

Antr. d. GStA: gleichl. [28—8]

---

**Stempel. — Vollmacht. — Einreichung bei Gericht.**

Wer eine ungestempelte Vollmacht [nach dem Ablaufe der Beikassirungsfrist] bei Gericht einreicht, verwirkt die Stempelstrafe.

Vdn. v. 19. Juli 1867 §§ 5. 13 (GS. S 1191); Vdn. v. 30. Aug. 1867 § 3 (GS. S. 1399) — Vgl RdOTr. 2. S. 401; 5 S. 58 307; 10. S. 733.

Erk. (Z.) v. 30. März 1870 c Tr. (OAG. II. 64).

Der Rechtsanwalt Tr. hatte in einer Civilprozeßsache dem Gerichte am 7. Dez. eine vom 7. Sept. ej. datirte ungestempelte Generalvollmacht eingereicht und war deshalb mit der Stempelstrafe belegt worden. Seine NB. rügte Gesetzesverletzung, weil es nach § 5 Abs. 3 der Vdn. v. 19. Juli 1867 bei Vollmachten keiner Bescheinigung des Zeitpunktes bedürfe, wo die Stempelverwendung erfolgt sei, hieraus aber folge, daß es bei Vollmachten überhaupt auf den Zeitpunkt der Stempelverwendung nicht ankomme, daß also hier die Nachbringung des Stempels nicht binnen 14 Tagen zu erfolgen brauche; das müsse namentlich von einer in einer Prozeßsache dem Gerichte eingereichten Urkunde gelten, da nach § 16 des Ges.s v. 10. Mai 1851 zu den bei Gericht aufgenommenen Verhandlungen Stempelpapier nicht zu verwenden, vielmehr die betr. Beträge als Gerichtskosten zu verrechnen seien, und § 3 der Vdn. v 30. August 1867 statt dessen für die neuen Provinzen bestimme, daß zu allen Urkunden, welche zu den bei den Gerichtsbehörden zu beurkundenden Angelegenheiten gehörten, der Stempelbetrag von Amtswegen als Gerichtskosten zu verrechnen sei; hiernach sei auch bei Vollmachten zu verfahren. — Zurückweisung. Gründe.

Der dritte Absatz des § 5 der Vdn. v. 19. Juli 1867 hat nicht den von dem Imploranten hineingelegten Sinn, indem vielmehr der Satz: „wozu Gerichts- oder andere öffentliche Behörden und Beamte den Stempel beizubringen 2c. verpflichtet sind," sich nicht blos auf das unmittelbar vorangehende Wort Verhandlungen, sondern auch auf die zuerst gedachten Vollmachten bezieht, so daß die hier statuirte Ausnahme von der im 2. Absatze gegebenen Vorschrift den vorliegenden Fall nicht treffen kann. Wäre dieses aber auch der Fall, so würde daraus nur etwa hergeleitet werden können, daß es auf eine Verstempelung der Vollmacht vor Einreichung derselben bei Gericht nicht ankomme, danach aber im vorliegenden Falle immer noch die Bestimmung des § 13 l. c. mit Recht zur Anwendung gebracht worden sei, da Implorant die betreffende Vollmacht ohne Verwendung des gesetzlichen Stempels producirt hat. Die Bestimmungen der Vdn. v. 30. Aug. 1867 § 3 und 18 B. betreffen nur die Vorschriften der §§ 13 u. 14 der Vdn. v. 19. Juli 1867 über die Wahrung des fiskalischen Rechts hinsichtlich des nicht verwendeten Stempels und modificiren solche insoweit, als statt der dort vorgeschriebenen nachträglichen Einziehung des Stempels in Natur, vielmehr der entsprechende Geldbetrag erhoben werden soll, wodurch an der unter Strafandrohung gestellten ursprünglichen Verpflichtung zur Verstempelung nichts geändert worden ist.

Antr. d GStA.: gleichl [64—6]

---

## Diebstahl. — Berechtigung. — Gewinnsucht.

**Derjenige, welcher vertragsmäßig das Recht erlangt hat, von einem fremden Sachenvorrathe sich ein bestimmtes Quantum zu entnehmen, begeht durch Entnehmen einer größeren Menge einen Diebstahl.**

**Zum Thatbestande des Diebstahls gehört nicht eine über die Absicht rechtswidriger Zueignung hinausgehende gewinnsüchtige Absicht.**

StGB § 215 [n. 56. 57. 52]. Vgl. RbOTr. 10 S. 5 484. 626.

Erk. (Z. I) v 30. März 1870 c. W. (286. I. Cr.).

W. hatte mit der Gesellschaft „der Berliner Wasserwerke" ein Abkommen getroffen, nach welchem diese ihm das zu seinem Hausbedarf erforderliche Wasser gegen eine von ihm gezahlte Vergütung durch eine in seine Wohnung geführte Rohre zufließen ließ Er hat sodann heimlich an dieser Rohre eine Seitenröhre angebracht; und auf diesem Wege unberechtigter Weise auch seine Färberei mit dem Wasser jener Gesellschaft gespeist, und so ein weit größeres Wasserquantum konsumirt, als zu seinem Hausbedarfe erforderlich gewesen wäre. Hierin fanden die Instanzrichter den Thatbestand eines an dem unrechtmäßig bezogenen Wasser verübten Diebstahls. Zurückweisung. Gründe:

[Die Instanzrichter haben] für erwiesen angenommen, daß die Gesellschaft der Wasserwerke das benöthigte Wasser mit Bewilligung des Fiskus aus der Spree entnimmt und dasselbe durch Destillation verarbeitet, sowie in ihren Röhren und Reservoirs in ihrer Gewahrsam hält. Danach ist es in Folge des § 1 ff. 8 I. des ALR.s unzweifelhaft, daß sie Eigenthümerin des solchergestalt gewonnenen Wassers ist, und dasselbe für jeden Dritten eine fremde Sache darstellt. Erhält ein solcher von der Gesellschaft die Berechtigung, wie hier, zu gewissen Zwecken, welche genau bestimmt sind, Quantitäten Wassers aus ihren Reservoirs zu entnehmen, so erwirbt er dadurch zwar ein eingeschränktes Nutzungsrecht, er darf aber über die Grenzen und die Bedingungen, unter denen es ihm eingeräumt worden, nicht hinausgehen. Thut er es dennoch, dann nimmt er allerdings eine ihm nicht gehörige, also fremde Sache weg. — Aus allen für erwiesen angenommenen Umständen haben demnächst beide Vorderrichter gefolgert, daß der Angeklagte auch die Absicht rechtswidriger Zueignung gehabt hat, und hierin liegt ebenfalls kein Rechtsirrthum, weil, wie bereits ausgeführt, die unberechtigte Verfahrungsweise gegen das Eigenthum eines Anderen resp. auf Entziehung desselben aus der Gewahrsam des Eigenthümers gerichtet war. Ein anderweitiger Dolus als der einer Absicht rechtswidriger Zueignung ist zur Anwendung des § 215 des StGB.s nicht erforderlich, namentlich keine weiter gehende gewinnsüchtige Absicht.

Antr. d. GStA.: entg. [20.—8.]

---

**Betrug. — Irrthum, vermeidlicher. — Vermögensbeschädigung, vorübergehende.**

**1. Der Thatbestand des Betrugs wird dadurch nicht ausgeschlossen, daß der erregte Irrthum leicht zu vermeiden gewesen wäre.**

**2. Zu demselben genügt eine nur vorübergehende Vermögensbeschädigung, z. B. die herbeigeführte Sistirung eines angehobenen Exekutionsverfahrens.**

StGB. § 241 [n 57. 22. 23. 61]. Vgl. RdOTr. 10. S. 782; 11. S 153.

**Erk. (Z. II.) v. 31. März 1870 c Althoff (137. II. Cr.).**

M. hatte in einer Wechselprozeßsache gegen K. verschiedene Waaren pfänden lassen. Auf Veranlassung des letzteren hatte hierauf A. unter dem (mißbräuchlich benutzten) Namen des S. eine Interventionsklage angefertigt und bei Gericht eingereicht, durch welche S. jene Gegenstände auf Grund einer beigefügten von K. selbst unterzeichneten Identitätsbescheinigung für sich in Anspruch nahm Das hatte eine Sistirung des Exekutionsverfahrens zur Folge. — K. ist dieserhalb wegen Betrugs, A. wegen Theilnahme an diesem Vergehen bestraft worden. Die NB. des letzteren rügte Gesetzesverletzung:

1., weil das KG. auf Grund der von K. selbst unterzeichneten Identitätsbescheinigung die Exekution nicht habe sistiren dürfen; und

2., weil es zur Annahme einer dem M. zugefügten Vermögensbeschädigung nicht, wie das AG. vermeine, genüge, daß derselbe „wenigstens vorläufig nicht zu seinem Gelde gekommen sei," denn eine momentane Entbehrung sei für sich allein noch keine Beschädigung, z. B. wenn man des Geldes augenblicklich nicht bedurfte. — Zurückweisung

[1.] Die Gründe führen zunächst aus, die Instanzrichter hätten thatsächlich festgestellt, daß der Richter durch die vorgebrachten Thatsachen in Irrthum versetzt worden sei;

„der durch das Vorbringen falscher Thatsachen hervorgerufene Erfolg der Irrthumserregung verliere aber dadurch seine rechtliche Bedeutung für den Thatbestand des Betrugs nicht, daß er bei größerer Aufmerksamkeit des Getäuschten vielleicht hätte abgewendet werden können."

Sodann heißt es weiter.

[2.] Die Instanzrichter finden die Vermögensbeschädigung des Gläubigers M. darin, daß derselbe wegen Sistirung der Execution, wenigstens vorläufig nicht zu seinem Gelde kam. Hierin liegt kein Rechtsirrthum. Es läßt sich nicht bestreiten, daß auch eine vorübergehende Beeinträchtigung der Vermögensrechte eines Menschen immerhin eine Schädigung seiner vermögensrechtlichen Stellung in sich schließt. Deshalb kann eine solche unbedenklich auch darin gefunden werden, daß durch die Hinausschiebung des Vollzuges der Exekution das Recht eines Gläubigers: seine Befriedigung aus dem Vermögen seines Schuldners ohne diesen Aufschub zu erhalten, beeinträchtigt wird. Die Vermögensbeschädigung liegt hier gerade in dem seinem Rechte widersprechenden, also dasselbe verletzenden Aufschub selbst. Es muß daher auch zur Feststellung des Erfordernisses der Vermögensbeschädigung im Sinne des § 241 des StGB.s für ausreichend erachtet werden, daß in Folge der Irrthumserregung und der dadurch hervorgerufenen Verfügung der Gläubiger wenigstens vorläufig nicht zu seinem Gelde kam und erscheint es keineswegs nothwendig, daß dieser Aufschub auch noch weitere besondere Nachtheile zur Folge gehabt habe, welche durch die verspätete Zahlung der geschuldeten Summe nebst den Zinsen noch nicht ausgeglichen wurden.

Antr. d. OStA.: gleichl. [32.—3.]

---

## Nachdruck. — Zeichnung.

**1. Zeichnungen sind nur dann gegen Nachbildung geschützt, wenn sie einem wissenschaftlichen oder Belehrungszwecke dienen. Das gilt nicht von den zu gewerblichen Zwecken gefertigten Waarenmustern.**

**2. Bei Beurtheilung der Frage, ob eine Zeichnung 2c. gegen Nachbildung geschützt sei, ist der Richter an das Gutachten des Sachverständigen-Vereins nicht gebunden.**

Ges. v. 11. Juli 1837 §§ 18 31. Vgl. Z. (I, 434) v. 13. Mai 1857 c Lutze: JMBl. S. 294

Erk. (Z. I.) v. 31. März 1870 c. Chrestensen u. Cramer (44. II. Cr.).

Ein von dem Bouquethändler Schm. veröffentlichter Katalog seiner Waaren war durch hinzugefügte Holzschnitte (Bouquets, Kränze 2c darstellend) illustrirt. Zur Herstellung der letzteren hatte Schm. zunächst Bouquets 2c. durch geschickte Arbeiterinnen binden, und die danach gefertigten Zeichnungen in Holz schneiden lassen. — Einen Theil dieser Holzschnitte hatte sodann der Bouquethändler Chr. durch den Buchdruckereibesitzer Cr. auf mechanischem Wege nachbilden und vervielfältigen lassen, um dadurch auch seinen Waarenkatalog zu illustriren. Chr. war deshalb der unbefugten Nachbildung, Cr. der Theilnahme an diesem Vergehen angeklagt. Das von den Instanzrichtern eingeholte Gutachten des Sachverständigen-Vereins erklärte die Nachbildung für unzweifelhaft; sprach sich aber auch gleichzeitig dahin aus, daß die Schm.—schen Zeichnungen „so künstlerisch komponirt seien, daß sie schon dadurch über gewöhnliche und industrielle Muster hinausgehoben würden, und die Beschreibung der Fabrikate des Schm. verträten; sie seien dazu angethan, thatsächlich zu belehren, wie solche Kompositionen beschaffen sein müßten." Die Instanzgerichte sprachen gleichwohl frei, weil „sich nicht annehmen lasse, daß die Zeichnungen die Stelle einer belehrenden Erläuterung des Katalogs vertreten oder daß die Art der Darstellung eine lehrhafte sei, Schm habe durch dieselben Käufer heranziehen, nicht in Betreff der Herstellung der Blumengruppen belehren wollen; sie seien also nur Waarenmuster und hätten keinen Anspruch darauf, als Produkt einer geistigen Thätigkeit zu gelten." — Die NB. des OStA.s rügte Verletzung des § 18 des Ges.s v 11 Juli 1837, welcher geographische, naturwissenschaftliche ꝛc. und ähnliche Zeichnungen schütze, als „ähnliche" Zeichnung sei jede anzusehen, welche eine künstlerische Konzeption bildlich wiedergebe; der Instanzrichter irre, wenn er jene Frage lediglich nach dem Zwecke der Darstellung löse — Zurückweisung. Gründe:

Damit eine Zeichnung oder Abbildung im Sinne des § 18 des Ges.s zum Schutze des Eigenthumes an Werken der Wissenschaft und Kunst v. 11. Juli 1837 Gegenstand eines ausschließlichen Vervielfältigungsrechts sein kann, muß sie zu der daselbst bezeichneten Kategorie gehören, sie muß geographischen, topographischen, naturwissenschaftlichen, architektonischen oder ähnlichen Inhaltes, d. h. so beschaffen sein, daß sie in gleicher Weise, wie dies bei den speziell aufgeführten Beispielen der Fall ist, als wissenschaftlichen Zwecken oder Zwecken der Belehrung dienend angesehen werden kann. Ob eine Zeichnung dies ist, bildet den Gegenstand der thatsächlichen Beurtheilung des einzelnen Falles. Wie vorliegend die Annahme, zu welcher die Instanzrichter abweichend von dem Gutachten des literarischen Vereines gelangt sind, daß die Holzschnitte des Chr.—schen Kataloges Geisteserzeugnisse lehrhaften Inhaltes nicht, sondern nur Waarenmuster zu gewerblichen Zwecken darstellen, rechtlicher Natur sein soll, ist von dem OStA. nicht weiter begründet, auch an sich nicht erfindlich. Wenn § 31 l. c. vorgeschrieben hat, daß da, wo Zweifel entstehen, ob eine Abbildung unter die Fälle des § 18 oder § 21 (Kunstprodukte) gehöre, das Gutachten eines aus Sachverständigen gebildeten Vereines zu erfordern ist, so hat damit nicht die Rechtsfindung dem Richter entzogen oder demselben eine rechtliche Belehrung zugeführt, sondern ihm vielmehr nur ein Hülfsmittel für die Lösung einer auf dem Gebiete technischer Anschauung und Erfahrung liegenden Thatfrage gewährt werden sollen.

Antr. d. GStA.: entg. [29.—3.]

---

**Beschwerde. — Anbringung bei einem unzuständigen Gericht. — Weiterbeförderung.**

**Ist eine Beschwerde an ein unzuständiges Gericht gelangt, so ist dieses nicht verpflichtet, dieselbe an die zuständige Behörde weiter zu befördern.**

Ges. v. 3 Mai 1852 Art. 11 [n. 22]

**Beschl. (II.) v. 31. März 1870 c. Dreyer** (24 B II. Cr).

Dr. hatte sich bei dem OTr darüber beschwert, daß das KG. zu M. ihn zum Antritte einer vom AG. erkannten Gefängnißstrafe aufgefordert habe, obgleich das betr. Urtheil noch nicht rechtskräftig sei. Er ist darauf „beschieden" worden

„daß diese Beschwerde nicht an das OTr. gehöre, daß er vielmehr mit derselben sich an das dem gedachten KG. vorgesetzte AG. zu wenden habe"

Antr. d. GStA. gleichl. [29.—3.]

---

**Jagd. — Pacht. — Ausschließung.**

**Auf den von der Jagdverpachtung ausgeschlossenen Grundstücken darf der Pächter die Jagd selbst dann nicht ausüben, wenn der Eigenthümer jener Grundstücke es an der vorgeschriebenen erkennbaren Bezeichnung der letzteren hat fehlen lassen. — Thut er es dennoch mit dem Bewußtsein, daß das Grundstück nicht mit verpachtet sei, so verwirkt er die Strafe des**

StGB.s § 274 [n 2]. Vgl. JPol.-Ges. v. 7. März 1850 §§ 5. 6. — Dagegen würde Straflosigkeit eintreten, wenn der Pächter dabei rechtsirrthümlich angenommen hätte, daß er in Ermanglung einer genügenden Bezeichnung auch auf den ausgenommenen Grundstücken jagen dürfe, vgl. Oppenh. StGB Thl I Tit. 4 (S 129) n. 1.

**Erk. (Z. II.) v. 31. März 1870 c. Lücke** (48. II. Cr.).

Bei der Verpachtung der Gemeindejagd von X. hatte die Wittwe R die ihr Kolonat umgebenden Grundstücke ausgeschlossen (JPol.-Ges. v. 7. März 1850 §§ 5. 6). Nichtsdestoweniger bejagte L., als Jäger des Anpächters v. N., auch diese Grundstücke und setzte der aus § 274 erhobenen Anklage den Einwand entgegen die N. habe die ihr nach § 6 l. c. obliegende erkennbare Bezeichnung jener Grundstücke unterlassen. Die Instanzrichter verurtheilten, indem sie feststellten, daß sich L. bei seiner Handlung bewußt gewesen sei, daß die betr. Grundstücke von der Verpachtung ausgeschlossen worden seien. NB. des L, welcher geltend machte, daß der Kreislandrath sich dahin ausgesprochen habe, daß in Ermanglung einer genügenden Bezeichnung der Pächter auch die ausgeschlossenen Grundstücke bejagen dürfe. Zurückweisung. Gründe:

Von eingefriedeten Grundstücken, worauf der Besitzer nach § 2 des JPol.-Ges.s v. 7. März 1850 die Jagd selbst ausüben kann, handelt es sich nicht, und die Befugniß des Landrathes, über die Vollständigkeit der Einfriedigung zu entscheiden, kommt daher hier nicht in Betracht. Es handelt sich nur von der Berechtigung der Wittwe N. als der Besitzerin eines isolirt gelegenen Hofes, sich mit denjenigen Grundstücken, welche zusammenhängend den Hof ganz oder theilweise umgeben, von dem gemeinschaftlichen Jagdbezirke auszuschließen, was ihr nach § 5 a. a. O. unbedingt zusteht. Sie hat auch, wie die Vorderrichter festgestellt haben, von diesem Rechte Gebrauch gemacht, das Grundstück, worauf der Angeklagte die Jagd ausgeübt hat, gehört zu den von dem Jagdbezirke, welche der ꝛc. v. N., in dessen Dienste der Angeklagte dort gejagt haben will, ausgeschlossenen und beide Letztere hatten somit aus dem Pachtvertrage keine Berechtigung dazu. Nicht der § 6 das., sondern der Pachtvertrag des ꝛc. v. N. hat die Ausschließung seines Jagdpachtrechtes von den Grundstücken des isolirt gelegenen Colonates der Wwe. N. bewirkt. Der § 6 Abs. 2 legt der Wwe. N. allerdings die Pflicht auf, die Grenzen dieser Grundstücke erkennbar zu machen, knüpft aber an die Vernachlässigung derselben nicht die im Pachtvertrage versagte, folgeweise durch das Pachtgeld auch nicht mitvergütete, Berechtigung des Pächters des umliegenden Gemeinen-Jagdbezirkes jene Grundstücke gleichfalls zu bejagen. Der § 6 enthält überhaupt nur eigentlich jagdpolizeiliche Bestimmungen: die

Uebertretung der ersten derselben, des Gebotes, die Jagd auf den nach § 5 von der Verpachtung ausgeschlossenen Grundstücken ruhen zu lassen, wird mit der im Mittelsatze des § 17 das. angedrohten Strafe geahndet, fällt aber keineswegs unter den Schlußsatz des § 17, jetzt den § 274 des StGB.s, als Jagdausübung auf einem, dem Pächter des Gemeinde-Jagdbezirkes mitverpachteten Grundstücke; vgl. B. (II, 158) v. 6. Juli 1865 c. Schneider (RdOTr. 6. S. 245). Der Schlußsatz des § 6 hat augenscheinlich noch eine geringere Bedeutung für die Jagdberechtigung und deren Ausübung als solche und seine Handhabung ist lediglich der polizeilichen Executive überlassen, damit nicht der Jagdpächter des umliegenden Reviers durch wahrhafte oder vorgeschützte Unbekanntschaft mit dessen Grenzen der Bestrafung aus § 274 des StGB.s entgehe. Im vorliegenden Falle ist die Bekanntschaft des Angeklagten mit diesen Grenzen durch die Vorderrichter thatsächlich vollkommen festgestellt. Es ist zugleich festgestellt, daß er die Ausschließung des bejagten Grundstückes von dem Pachtvertrage seines Dienstherrn kannte, und damit ist der subjektive wie objektive Thatbestand des im cit. § 274 vorgesehenen Vergehens erschöpft. Angeklagter will nur gemeint haben, daß die mangelhafte Erfüllung der Polizei-Vorschrift des § 6 alinea von Seiten der Wwe. R. ihn berechtige, auf deren Grundstücke zu jagen, allein dieses vorgebliche Mißverständniß einer ganz außer dem Bereiche des Jagdpachtvertrages, der seine Jagdberechtigung begründete und begrenzte, liegenden gesetzlichen Bestimmung ist von den Vorderrichtern nicht für glaubhaft erkannt und somit nicht geeignet gehalten worden, jenem Vertrage und den anderen von den Vorderrichtern hervorgehobenen Beweismitteln gegenüber das thatsächlich daraus von denselben festgestellte Bewußtsein des Angeklagten von der Widerrechtlichkeit seiner in Rede stehenden Jagdausübung zu beseitigen. [23–3]

## Hebeamme. — Prüfungszeugniß.

**Weibspersonen, welche ohne Prüfungszeugniß gegen Belohnung oder einem ausdrücklichen Polizeiverbote zuwider geburtshülfliche Handlungen vornehmen sind jetzt, [insofern sie nicht die Bezeichnung als „Hebeamme" annehmen], straffrei. Das gilt selbst von den vor Einführung der BGew.-Ordn. vorgekommenen Fällen.**

StGB. § 199 [n. 2]; BGew.-Ordn v 21. Juni 1869 §§ 29. 30. 147. 148. Vgl oben S. 82. 85.

**Erk. (Z. II.) v. 31. März 1870 c. Wingendorf** (94. II. Cr.).

Die Ehefrau W. war von der Beschuldigung „im Okt. 1868 und im Febr und März 1869 ohne vorschriftsmäßig approbirt zu sein gegen Belohnung und den wiederholt an sie erlassenen polizeilichen Verboten zuwider geburtshülfliche Handlungen vorgenommen zu haben" von den (Rh.) Instanzgerichten freigesprochen worden, weil die Ausübung der Geburtshülfe durch die inzwischen verkündete BGew.-Ordn v. 21. Juni 1869 § 29 freigegeben worden sei — Kass.-Rekurs des Ober-Prokurators. — Verwerfung Das OTr. erwog:

daß der Wortlaut und die Entstehungsgeschichte des § 29 der BGew.-Ordn. v. 21. Juni 1869 erkennen lassen, daß durch denselben der Grundsatz hat sanctionirt werden sollen, daß wenn auch fortan noch für die Ausübung der Heilkunde staatliche Approbationen ertheilt werden, doch die Zulässigkeit dieser Ausübung von einer solchen Approbation nicht weiter abhängig ist;

daß dieser ganz allgemein für die Heilkunde in allen ihren Zweigen ausgesprochene Grundsatz insbesondere auch für die Geburtshilfe gilt und der Umstand, daß in § 30 l. c. der Hebeammen Erwähnung geschieht, und für dieselben ein Prüfungszeugniß vorgeschrieben wird, eine Beschränkung des obigen Grundsatzes in Betreff der durch Frauen, die nicht geprüfte Hebeammen sind, vorgenommenen geburtshülflichen Handlungen ebensowenig enthält, als die im § 29 für diejenigen, welche sich als Aerzte u. s. w. bezeichnen oder Seitens des Staates oder einer Gemeinde als solche anerkannt werden sollen, vorbehaltene Approbation andere Personen, die eine Approbation nicht erlangt haben, von der Vornahme der in das Gebiet der Heilkunde gehörigen Handlungen auszuschließen gestattet;

daß hiernach die in dem § 199 des StGB.s enthaltene Bestimmung, welche die gegen Belohnung oder einem polizeilichen Verbote zuwider unternommene Heilung einer äußeren oder inneren Krankheit oder geburtshülfliche Handlung für strafbar erklärt, ihre Voraussetzung verloren hat und somit außer Kraft getreten ist;

daß die durch das neuere Gesetz begründete Straflosigkeit nach dem Grundsatze des Art. 4 des Einf.-Ges.s z. StGB. auch denjenigen Handlungen zu Gute kommt, welche, wenn auch unter dem früheren Rechte verübt, erst nach der eingetretenen Veränderung der Gesetzgebung zur Sprache kommen;

daß endlich von einer Anwendung der §§ 147 und 148 der cit. Gew. Ordn. auf Verhältnisse, die der Emanirung derselben vorhergegangen sind, nicht die Rede sein kann.

Antr. d GStA. gleichl. [29.—3]

---

**1. Haufen, bewaffnete. — Bildung. — Zweck.**
**2. Aufzug, öffentlicher. — Kirchliche Ceremonie. — Erlaubniß.**

1. Eine Vereinigung Mehrerer, welche nicht zu irgend einem unerlaubten, sicherheitsgefährlichen Zweck, sondern lediglich zu einer herkömmlichen Kirchenfeier zusammengetreten ist, kann selbst wenn die Einzelnen eine Waffe bei sich führen, nicht als ein „bewaffneter Haufen" angesehen werden, zumal wenn die Waffen nur als Kostümstücke dienten.

StGB. § 97 [n. a 1]

2. Aufzüge, welche lediglich zum Zweck einer hergebrachten kirchlichen Ceremonie in der Kirche vorgenommen werden, und einen Theil dieser kirchlichen Céremonie selbst bilden, bedürfen, selbst wenn sie un-

**ter freiem Himmel stattfinden, nicht der vorgängigen polizeilichen Genehmigung.**

Vereins-Ges. v. 11. März 1850 §§ 10. 17.

**Erk. (Z. I.) v. 1. April 1870 c. Estkowski u. Gen.** (315. I. Cr.).

In den Dörfern Sk. und S. hatten sich nach einem alten Gebrauche, mehrere Personen vereinigt, um während der Osterfeiertage bei dem in der Kirche gebauten s. g heiligen Grabe Wache zu halten. Sie hatten sich zu diesem Ende in einem Privatlokale versammelt und waren von dort über die Straße in feierlichem Aufzuge zur Kirche und später zurückgezogen, wobei jeder an der Seite einen Säbel führte. Außerdem war die Wachtmannschaft von S. nach beendigtem Wachtdienste zum Probste K. und zu einigen benachbarten Gutsbesitzern gezogen, um sich dort — ebenfalls in herkömmlicher Weise — bewirthen zu lassen. Hierin hatte die StA.-schaft eine „unbefugte Bildung bewaffneter Haufen" (StGB. § 97) und einen öffentlichen Aufzug ohne vorgängige polizeiliche Genehmigung (Ges. v 11. März 1850 §§ 10. 17) gefunden. Die Instanzgerichte sprachen frei. Das AG führte aus:

1„ eine Mehrheit zusammengetretener bewaffneter Menschen könne als ein „bewaffneter Haufen" (StGB. § 97) dann nicht angesehen werden, wenn durch die obwaltenden Umstände die Befürchtung einer dadurch entstehenden Gefährdung der öffentlichen Ordnung ausgeschlossen werde; letzteres sei hier unzweifelhaft der Fall, auch seien die geführten Säbel hier gar nicht als „Waffe" anzusehen, da sie ersichtlich nur die Bestimmung hatten, als Kostümstücke nicht aber zum Angriffe zu dienen. — Es ward darauf hingewiesen, daß nach der entgegengesetzten Auffassung jede Jagdgesellschaft und jeder Trupp Feld-Arbeiter, welche mit ihren (möglicher Weise als Waffen zu benutzenden) Werkzeugen von der Arbeit zurückkehren rc. als ein „bewaffneter Haufe" anzusehen wäre. — Außerdem nahm das AG. an, daß die Genehmigung des betr. Pfarrers genügt habe, um dem Zusammensein in der Kirche den Charakter des „Unbefugten" zu nehmen; außerdem sei auch wenigstens in Sk. von dem hierzu befugten Distrikts-Kommissar die Erlaubniß ertheilt worden;

2., der öffentliche Aufzug, den die Angeklagten aus dem Wachtlokale zur Kirche und zurück gemacht hätten, um die Wachtposten am h. Grabe aufzustellen und abzulösen, gehöre zu den im § 10 a. E des Ges.s v. 11. März 1850 aufgezählten, bei welchen es einer Anzeige nicht bedürfe, weil er mit der Kirchenfeier zusammengehangen und in hergebrachter Weise stattgefunden habe; — dagegen habe die Wachtmannschaft von S. nicht in der Weise gewirkt, daß sie einen „Aufzug" gebildet hätten; als solche hätten sie sich erst auf den umschlossenen nicht öffentlichen Höfen gebildet, um dort der alten Sitte gemäß als eingeladene Gäste zu erscheinen. —

NB. des OStA.s. Zurückweisung. Gründe:

[1.] Die Vereinigungen, welche die StA.-schaft als unbefugt gebildete bewaffnete Haufen bezeichnet und in deren Zusammentritt sie den Thatbestand des § 97 l. c. finden will, waren zwei Gesellschaften von 10 und 14 Personen, welche sich in der Charwoche des Jahres 1868 in Sk. und in S. in gleichmäßiger Kleidung und mit Säbeln an der Seite je in einem unfern der Kirche befindlichen Lokal versammelt hatten, um zur sogenannten „Bewachung des heiligen Grabes", einer kirchlichen Ceremonie, in feierlichem Aufzuge nach der Kirche hin- und zurückzuziehen und dort am heiligen Grabe Posten auszustellen, die alle 2 Stunden abgelöst wurden. Die Ausführung der StA.schaft, „daß die Ausrüstung mit Säbeln beide Gesellschaften als „bewaffnete Haufen" im Sinne des § 97 a. a. O. erscheinen lasse", scheitert jedoch an der derselben entgegenstehenden Ausführung des App.-Richters, daß in beiden Fällen die Vereinigungen der gedachten Personen nicht zu irgend welchen unerlaubten, für die öffentliche Sicherheit gefährlichen Zwecken, sondern lediglich zum Zweck einer kirchlichen, auf altem Herkommen beruhenden Feier stattgefunden haben, ingleichen daß die von den Theilnehmern des Aufzuges getragenen Säbel nicht als Waffen, sondern lediglich als „Kostümstücke" in Betracht kämen, das Ganze auch lediglich eine noch an vielen Orten und namentlich in den genannten beiden Dorfschaften in der katholischen Kirche übliche „Schaustellung" gewesen sei, um die Leiden Christi symbolisch darzustellen. Diese Ausführung des App.-Richters, welche die Anwendbarkeit des § 97 a. a. O. ausschließt, ist überwiegend thatsächlicher Natur und läßt einen Rechtsirrthum nicht erkennen.

[2.] Aehnlich verhält es sich mit der behaupteten Verletzung des Ges.s v. 11. März 1850 über das Versammlungs- und Vereinigungsrecht. Daß die zu 1 gedachten beiden Gesellschaften, welche zur Bewachung des heiligen Grabes zusammengetreten waren, keine „öffentliche Versammlungen oder Vereine" im Sinne der §§ 1—9 des cit. Gesetzes gewesen seien, wird vom App.-Richter zutreffend ausgeführt. Es handelt sich daher nur noch darum, „ob sie „öffentliche Aufzüge" im Sinne des § 10 a. a. O. gewesen seien." Der App.-Richter giebt dieses im Allgemeinen zu, verneint aber die Strafbarkeit derselben, trotzdem, daß eine Genehmigung dazu von der Ortspolizeibehörde wenigstens in der gesetzlich vorgeschriebenen Form nicht ertheilt gewesen, für den vorliegenden Fall doch aus dem Grunde, weil festgestellt sei, „daß diese Aufzüge mit der Wache am heiligen Grabe im Zusammenhange gestanden und zu dem Wachtdienst gehört hätten, indem dieselbe Mannschaft bei der ferneren Theilnahme am Gottesdienste die Ehrenwache gebildet habe. Beides sei aber in Sk. bzw. in S. bei der Feier des Osterfestes in der Charwoche — also nach Zeit und Ort — hergebracht." Dasselbe gelte, führt der App.-Richter weiter aus,

> „von der Theilnahme der S—er Wachtmannschaft von der nach dem Gottesdienste in der Kirche stattgehabten Prozession um dieselbe herum, da dergleichen Prozessionen bei großen Festen in der katholischen Kirche überall gebräuchlich seien Wenn dann schließlich aber die Wachtmannschaft von S. nach beendigter Feier zum Probst K. und zu einigen benachbarten Gutsbesitzern gezogen sei, um sich dort bewirthen zu lassen, so hätten sie durch ihr äußeres Auftreten unterwegs und auf öffentlicher Straße weder die Absicht zu erkennen gegeben einen Aufzug zu bilden, noch in der Wirklichkeit einen solchen gebildet "

Auch in diesen überwiegend thatsächlichen Erwägungen, welche die sonst verwirkte Strafe des § 17 des cit. Ges.s v. 11. März 1850 nach näherer Vorschrift des § 10 a. a. O. auszuschließen geeignet sind, ist ein Rechtsirrthum nicht erkennbar. Denn, wenngleich weder festgestellt, noch anzunehmen ist, daß die feierlichen Züge der Wachtmannschaften aus dem Wachtlokal über die Straße zur Kirche und von da zurück zu den Prozessionen, oder zu den Wallfahrten, oder endlich zu den Bittgängen gehörten, die der § 10, wo sie hergebracht sind, von einer förmlichen polizeilichen Genehmigung entbindet, so ist doch ein Rechtsirrthum darin nicht zu finden, daß der App.-Richter dieses Ueberschreiten der Straße in feierlichem Zuge hier deshalb einer solchen Genehmignng als nicht bedürftig erklärt, weil es ein wesentlicher und nicht wohl zu vermeidender Theil des Wachtdienstes in der Kirche und der damit verbundenen Theilnahme am Gottesdienste war, der als eine hergebrachte rein kirchliche Ceremonie einer vorherigen polizeilichen Cognition nicht unterlag.

Antr. d. GStA.: gleichl. [28.—6.]

---

## Telegraphenanstalt. — Beschädigung. — Dolus.

**Die im Abs. 2 des § 296 des StGB.s aufgezählten Einzelhandlungen sind nur insofern strafbar, als durch sie die Benutzung der Telegraphenanstalt zu ihrem Zwecke gestört ꝛc. wird.**

**Als Dolus wird, außer der Vorsätzlichkeit der Handlung selbst, das Bewußtsein der Gefährlichkeit vorausgesetzt.**

StGB § 296 [n. 1. 2].

**Erk. (B. I.) v. 1. April 1870 c. Grundmann** (305. I. Cr.).

G. war, weil er „wiederholt vorsätzlich mit Steinen nach den auf den aufgestellten Telegraphenstangen befindlichen Isolatoren geworfen und einen derselben zertrümmert hatte," aus § 296 des StGB.s verurtheilt worden. In zweiter Instanz stellte er unter Beweis. „daß auch nach der Beschädigung ungehindert über die betreffende Stelle telegraphirt worden sei, und daß auch die alsdann erfolgte Reparatur eine Störung des Betriebs nicht herbeigeführt habe" Das AG. erachtete indessen diesen Beweisantrag für unerheblich, weil Abs. 2 des § 296 l. c. ausdrücklich [und unbedingt] die „Zerstörung oder Beschädigung der Apparate und sonstigen Zubehörungen der Telegraphenanlagen als zu der im Abs. 1 mit Strafe bedrohten Gattung von Handlungen gehörig aufzähle, augenscheinlich wegen der nahe liegenden Möglichkeit einer gemeinen Gefahr; es komme daher nicht mehr darauf an, ob durch die Handlung eine Störung ꝛc der Anstalt zu ihren Zwecken herbeigeführt worden sei, da das Gesetz selbst schon in derselben eine solche Störung erblicke." — Vernichtung und Zurückverweisung der Sache an das AG Gründe:

Der erste Satz des § 296 des StGB.s straft ganz allgemein solche gegen eine Telegraphen-Anstalt des Staates oder einer Eisenbahngesellschaft verübten Handlungen, welche die Benutzung u. s. w. verhindern oder stören. Indem nun der zweite Satz sagt:

„Handlungen dieser Art sind insbesondere u. s. w.",

so ist damit nicht ausgedrückt, daß diese hier genannten Handlungen für sich allein ohne irgend einen schädlichen Erfolg strafbar sein sollen, sondern die Handlungen „dieser Art" sind eben solche, welche im ersten Satze näher mit dem gedachten Erfolge der Hinderung oder Störung bezeichnet sind. In dieser Auffassung befindet sich der § 296 im Einklange mit dem Thatbestande der Mehrzahl der im Tit. 27 des StGB.s mit Strafe bedrohten gemeingefährlichen Verbrechen und Vergehen, insbesondere auch mit der Fassung der §§ 297. 298, welche die vorsätzliche oder fahrlässige Körperbeschädigung u. s. w. durch die verhinderte oder gestörte Benutzung der Telegraphenanstalt besonders strafen.

Mit jener Auffassung des App.-Richters steht denn augenscheinlich auch der Satz des Urtels in Verbindung, daß in subjectiver Hinsicht der Vorsatz nur auf Vornahme der incriminirten Handlung selbst gerichtet zu sein brauche, um den Thatbestand zu erfüllen. Diese Auffassung ist jedoch nach dem Obigen zu eng und also auch in dieser Hinsicht die Beschwerde begründet. Denn es bedarf, außer jenem auf die Handlung allein gerichteten Vorsatze auch des Bewußtseins der Gefährlichkeit derselben.

Antr. d. OStA.: gleich! [15.—6]

## Zeugen. — Vernehmung. — Trennung.

Bei einer mehrere Straffälle betreffenden Verhandlung kann der Vorsitzende einzelne Zeugen zunächst über den einen Fall vernehmen, und sie bis zu ihrer demnächstigen Vernehmung über den zweiten Fall im Sitzungssaale belassen, sollten auch inzwischen andere Zeugen in ihrer Gegenwart vernommen worden sein.

Vdn. v. 3 Jan 1849 § 22 [n. 46]; Cr.-Ordn § 318. Vgl. RbOTr. 6 S. 181; 8. S. 314, 10 S. 318; 11 S. 7.

Erk. (Z. I) v. 6. April 1870 c. Heyden (395. I. Cr.). [30.—8.]

Antr. d GStA. gleichl.

---

## Jagdfrevel. — Fallwild.

Die Aneignung eines Fallwildes auf einem fremden Jagdrevier stellt die unbefugte Ausübung der Jagd dar.

StGB. § 274 [n 8] Vgl. RbOTr. 10 S. 625

Erk. (Z. I.) v. 6. April 1870 c. Jahnke (229. I. Cr.).

Der Begriff der Ausübung des Jagdrechts nach § 127 I. 9 des ALR.s ist nicht auf das absichtliche Aufsuchen des Wildes beschränkt, sondern schließt jede Art der Aneignung desselben ein. Das Ges. v. 31. Okt. 1848 (GS. S. 343) hat an diesem Begriffe Nichts geändert; es ergiebt sich vielmehr aus der Bestimmung des § 4 desselben über die Aufhebung der Jagdfolge, daß das Fallwild nunmehr dem ausschließlichen Okkupationsrechte des Grundeigenthümers unterworfen ist.

Antr. d. GStA: gleichl. [30.—8.]

---

## Nichtigkeitsbeschwerde. — Rechtfertigung. — Uebergabe einer Schrift.

Will ein Angeklagter zur Rechtfertigung seiner Nichtigkeitsbeschwerde zu gerichtlichem Protokoll eine unlegalisirte Schrift übergeben, so ist es die Pflicht des protokollirenden Beamten, aus der letzteren die

**Beschwerdepunkte unter Weglassung des Unbehörigen in sein Protokoll aufzunehmen. Unterläßt er dieses, so kann eine Zurückweisung der Nicht.-Beschwerde wegen Formversäumniß nicht erfolgen.**

Ges. v. 3. Mai 1852 Art. 110 [n. 47]. Vgl. JMin.-Verf. v. 5. Dez. 1853 Nr. 9 (JMBl. S. 420). RdOTr. 2 S. 84; 8. S. 640; 10. S. 607; 11. S. 31. — Sic: Beschl. (I, 992) v. 25. Okt. 1867 c. Kühne (RdOTr. 8 S. 640); ähnlich: Beschl (I, 50) v. 8. Jan. 1869 c. Siedmagrotzki; Contra: Z. (I, 1200) v. 17. Febr 1864 c Kaczmark, und die Praxis der II. Abth. des Senats f. Strafsachen, welche in solchen Fällen regelmäßig die NB. zurückweist, z. B. durch Z. (II, 16) v. 6. Jan. 1870 c Feldheim; B. (II, 25) v. 13 Jan. 1870 c. Hadler (RdO. 11. S. 31); Beschl. (II, 131) v. 24. Jan. 1870 c Kamann.

**Beschl. (I.) v. 6. April 1870 c. Neumann** (98 B. I. Cr.)

sprach den obigen Grundsatz aus, und wies das KG. an, den Angeklagten vorladen und eine vollständige NB. von ihm aufnehmen zu lassen. [30.—8.]

---

## Zeuge. — Bekanntmachung. — Kenntniß.

**Hat das erkennende Gericht durch einen in Gegenwart eines Vertreters des Angeklagten verkündeten Beschluß die Vorladung eines Zeugen zu einem neuen Sitzungstermine angeordnet, so bedarf es nicht mehr einer Benachrichtigung des Angeklagten von dieser Anordnung.**

Vdn. v. 3. Jan 1849 § 52 [n. 57]; Ges. v. 3. Mai 1852 Art. 29.

**Erk (Z I.) v. 6. April 1870 c. Rosettenstein** (304. I. Cr.).

R. war in 1. Instanz von der Anklage des unerlaubten Kreditgebens an den Minderjährigen rc. v. St. freigesprochen worden. Auf die Appellation des StA.s erfolgte die Verhandlung vor dem AG. in Gegenwart des RA s M. als Vertreters des R. Hier beschloß und verkündete das AG, die Sache auf einen andern Termin zu vertagen und zu diesem auch den v. St. als Zeugen vorzuladen. In dem neuen Termine, in welchem wiederum nur der RA. M. als Vertreter des R. erschien, erfolgte die Verurtheilung des letzteren. Seine NB. rügte, daß „die Vorladung des rc. v. St. weder ihm selbst noch seinem Vertheidiger vorher mitgetheilt worden sei.“ Zurückweisung. Gründe:

Wenn es gleich nach § 52 in Verbindung mit § 136 der Vdn. v. 3. Jan. 1849 richtig ist, daß auch in 2. Instanz dem Angeklagten bei seiner Vorladung bekannt gemacht werden soll, welche Zeugen zum Audienz-Termine geladen sind, so setzt dies doch selbstverständlich voraus, daß es nicht schon in anderer ausreichender Weise geschehen ist. In dem vorliegenden Falle hatte aber der mit Vollmacht versehene Vertheidiger den Gerichtsbeschluß über die Vorladung des rc. v. St. angehört, er konnte also darüber nicht im Zweifel sein, daß diese zu dem neu anzuberaumenden Termine erfolgen werde. Er erschien auch wieder in dem diesfälligen Termine, wohnte der Abhörung des gedachten Zeugen bei, erhob aber keinen Einwand, brachte auch den jetzt geltend gemachten nicht zur Sprache. Sollte er unterlassen haben, den Imploranten von dem Ausfalle des ersten Audienz-Termines in Kenntniß zu setzen, so fällt dabei dem Gericht kein Versehen zur Last und eine unzulässige Beschränkung der Vertheidigung liegt deshalb um so weniger vor, als dem Angeklagten eine besondere Vorladung zu dem in Rede stehenden Audienz-Termine zugegangen ist, und er daher, wenn er seine Gerechtsame selbst wahrzunehmen beabsichtigt hätte, ausreichende Benachrichtigung erhalten hatte, um sich persönlich am bestimmten Tage vor dem App.-Gerichte einzufinden.

Antr. d. OStA.: gleichl. [20.—8.]

---

**Non bis in idem. – Militärgericht. – Vorläufige Freisprechung.**

**Eine von einem Militärgerichte ausgesprochene „vorläufige Freisprechung" steht nicht entgegen, wegen später ermittelter Belastungsbeweise die Untersuchung wiederaufzunehmen, sollte auch der Angeklagte inzwischen wieder dem Civilgerichtsstande unterworfen worden sein.**

Ges. v 3. Mai 1852 Art. 147 [n. 3 a].

**Beschl. (I.) v. 6. April 1870 c. W. (102 B. I. Cr.).**

W. war während seiner militärischen Dienstzeit von dem Militär-Gerichte zur Untersuchung gezogen, aber wegen Mangels genügender Beweise vorläufig freigesprochen worden Nach Beendigung seiner

Dienstzeit beantragte der StA. beim Civilgerichte wegen neu ermittelter Belastungsbeweise jene Untersuchung wieder aufzunehmen. Beide Instanzgerichte lehnten indessen dieses ab wegen der Rechtskraft des ersten freisprechenden Urtheils. Auf die Beschwerde des OStA.s hat das OTr. den Beschluß des AG.s aufgehoben und die Sache zur anderweitigen Beschlußfassung an das letztere zurückverwiesen. Gründe:

Nach § 2 des StGB.s f. d. Heer v. 3. April 1845 hat in militärisch gerichtlichen Untersuchungsachen die Crim.-Ordn. v. 11. Dez. 1805 Giltigkeit, soweit nicht dies StGB. die Kriegs-Artikel und die Militärgesetze überhaupt, etwas Anderes bestimmen. Dies ist bei den Vorschriften der Crim.-Ordn. über die verschiedenen Arten der Freisprechung eines Angeklagten nicht der Fall, sie sind vielmehr stehen geblieben, wie aus dem § 138 der militärischen Strafgerichtsordnung v. 3. April 1845 erhellt, nach welchem der Auditeur, sofern er, wie in dem vorliegenden Falle, sein Votum auf Freisprechung gerichtet hat, die Erklärung von den Richtern zu erfordern hat,

a. ob die Freisprechung eine völlige oder vorläufige sein, und
b. im Falle der völligen Freisprechung, ob dieselbe wegen nicht erwiesener Schuld, oder wegen erwiesener Unschuld eintreten solle.

Hieraus folgt aber unzweifelhaft, daß auch die Bestimmung des § 414 der Crim.-Ordn. v. 11. Dez. 1805 maaßgebend ist dafür, daß bei einer Freisprechung wegen Mangels genügender Beweise, auf welche das hier in Rede stehende kriegsgerichtliche Erkenntniß v. 2c. erkannt hat, die Wiederaufnahme der Untersuchung zulässig ist, wenn sich später neue Belastungsbeweise ermittelt haben. In dieser Beziehung hat demnächst das Kgl. OTr. öfter und namentlich in der Untersuchung c. Legenser (G. Arch. 2. S. 790) entschieden,

„daß der § 22 der Vdn. v. 3. Januar 1849 und die damit in Verbindung stehenden anderweitigen Vorschriften resp. Grundsätze, nur für die nach den Bestimmungen dieser Verordnung geführten Untersuchungen die vorläufige und wegen Mangels an Beweisen erfolgende Freisprechung, und somit die, auf Grund derselben in den §§ 411—414 der Crim.-Ordn. gestattete Erneuerung der Untersuchung aufheben, daß jedoch die fernere Frage über die Zulässigkeit einer neuen strafrechtlichen Verfolgung nach erfolgter Freisprechung überhaupt, also über die fortdauernde Gültigkeit der diesfälligen Vorschriften der Kriminalordnung, blos insoweit angeregt werden kann, als es sich über eine, in den Formen des neuen Untersuchungsverfahrens nach der Vdn. v. 3. Januar 1849 und dem Ges. v. 3. Mai 1852 erkannte Freisprechung handelt, daß dagegen die Erneuerung der Untersuchung gegen einen, nach den Vorschriften der Kriminal-Ordnung vorläufig oder wegen Mangels an Beweisen Freigesprochenen keinem Bedenken unterliegt."

Hiernach steht an sich der Wiederaufnahme der Untersuchung gegen den 2c. W. kein gesetzliches Hinderniß im Wege.

Dabei ist es gleichgültig, daß in dem Tenor des erwähnten kriegsrechtlichen Urtheils nicht ausdrücklich die Freisprechung als eine, wegen nicht erwiesener Schuld erfolgte, bezeichnet ist, weil dieser Entscheidungsgrund dem § 138 der Mil.-StGO. gemäß, in dem Votum der Richter, und demnächst in den Gründen des Erkenntnisses enthalten ist, dadurch aber die erforderliche Gewißheit gewährt wird. Daß der 2c. W. gegenwärtig nicht mehr zum stehenden Heere gehört, erscheint ebenfalls unerheblich, weil daraus lediglich folgt, daß das neue Verfahren sich nach den Formen der bezüglichen Civil-Strafgesetzgebung zu richten hat, von der Anwendung des Grundsatzes, non bis in idem aber, der vorstehenden Ausführung gemäß, nicht die Rede sein kann. Es würde auch ein nicht zu lösender Widerspruch sein, wenn man annehmen müßte, daß gegen den 2c. W., sofern er gegenwärtig noch Soldat wäre, von Neuem die Untersuchung eröffnet werden könnte, nunmehr aber, da er entlassen ist, nicht.

Antr. d. OStA.: gleichl. [20.—8.]

**Preßerzeugniß. — Strafbarkeit. — Sachverständiger.**

**Steht es in Frage, ob der Inhalt eines Preßerzeugnisses den Thatbestand eines Vergehens rc. enthalte, so ist der Antrag hierüber, eine wissenschaftliche Autorität zu vernehmen, nicht ein „Beweisantrag", dessen Erheblichkeit vom Instanzrichter nothwendig zu prüfen wäre.**

Vdn. v. 3. Jan. 1849 §§ 52 [n 52] 126 Vgl. RhOTr. 2 S. 52; 10. S. 398.

**Erk. (Z. II) v. 7. April 1870 c. Böcker u. Gen.** (144. II. Cr.).

B. und Gen. hatten eine Druckschrift veröffentlicht, in welcher eine „Verspottung von Gebräuchen und Einrichtungen der katholischen Kirche" gefunden wurde. Dieserhalb aus § 135 des StGB's verurtheilt, rügten sie im Wege der NB, daß das AG ihren Antrag: „den Superintendenten W. und den Professor der ev. Theologie L. darüber als „Entlastungszeugen" und Gutachter zu vernehmen": „ob die Schrift in Beziehung auf Preußische Unterthanen eine Beleidigung oder Verspottung der Religion enthalte," gänzlich unberücksichtigt gelassen habe. Zurückweisung Gründe:

Die Frage, ob eine Druckschrift Verspottungen von Gebräuchen und Einrichtung der katholischen Kirche enthält, in ihr also das Vergehen des § 135 des StGB.s gefunden werden muß, ist keine rein thatsächliche, sondern zugleich eine rechtliche, welche vom Richter nach eigener Würdigung der den Thatbestand enthaltenden Schrift selbstständig beurtheilt werden muß. Der Antrag, wissenschaftliche Autoritäten hierüber zu hören, kann mithin auch als Beweisantrag, welcher rücksichtlich seiner Erheblichkeit im Sinne des § 126 der Vdn. v. 3. Jan. 1849 vom App.-Richter besonders und ausdrücklich hätte beurtheilt werden müssen, nicht betrachtet werden.

Antr. d. GStA.: gleichl. [32.—3.]

---

**Baupolizei. — Eisenbahnbauten. — Ortspolizei.**

**Die zur Errichtung von Eisenbahn-Gebäulichkeiten erforderliche polizeiliche Genehmigung ist von dem Handelsministerium zu ertheilen; eine Orts-**

Polizei-Verordnung kann nicht wirksam vorschreiben, daß außer jener auch noch die Genehmigung der Ortspolizeibehörde einzuholen sei.

StGB. §§ 345 Nr 12 [n. 53a]. 332 [n 29].

Erk. (Z. II) v. 7. April 1870 c Hansen (70. II. Cr.)

Eine für den Bereich der Gemeinde B. erlassene Ortspolizei-Verordnung hatte für jeden Neubau rc die Einholung der Erlaubniß der Ortspolizeibehörde bei Strafe vorgeschrieben Auf Grund dieser Vdn. sowie des § 345 Nr. 12 des StGB s ward der Maurermeister H unter der Beschuldigung

„— als Bauhandwerker auf dem Bahnhofe (der Bergisch-Märkischen Eisenbahngesellschaft zu B) einen Neubau, wozu die ortspolizeiliche Genehmigung erforderlich, aufgeführt zu haben, ohne diese Genehmigung vorher bei der Ortspolizeibehörde nachgesucht zu haben," —

vor das (Rh) PG. gestellt, von diesen aber freigesprochen, weil die Herstellung von Eisenbahnen und die Errichtung von Eisenbahngebäuden nach § 4 des Eisenbahn-Ges.s v. 3 Nov. 1838 auch in Ansehung der Baupolizei der besondern Aufsicht und Kontrolle nicht der Lokal-, sondern der in jenem Gesetze dazu berufenen Behörden und deren besonderen Organen unterworfen seien; von diesen letzteren müsse daher auch die baupolizeiliche Genehmigung ausgehen; daß es an einer solchen Genehmigung hier mangle, werde vom PA. nicht behauptet, und sei umsoweniger anzunehmen, als die Königl. Direktion der Berg.-Märkischen EB.-Gesellschaft das Gegentheil in einem an den Bürgermeister von B. gerichteten Schreiben ausdrücklich erklärt habe.

Zur Unterstützung des vom PA. gegen dieses Urtheil ergriffenen Kass.-Rekurses hob der betr. Ober-Prokurator hervor, daß das nach dem Ges. v. 3. Nov 1838 (§ 4) mit der „Genehmigung der Bahnlinie und der Verhaltnisse der Konstruktion" betraute Ministerium nur die allgemeinen Landes- und Verkehrs-Interessen, nicht das spezielle baupolizeiliche Interesse wahre; die Vorschrift dieses Gesetzes und die hier in Frage stehende Orts-Pol.-Vdn verfolgten sonach ganz verschiedene Interessen und gehörten verschiedenen Gebieten an, schlössen sich also auch wechselseitig nicht aus — Verwerfung. Das OTr. erwog:

daß der § 345 Nr. 12 des StGB.s den Bauherrn, Baumeister oder Bauhandwerker mit Strafe bedroht, welcher einen Bau, wozu die polizeiliche Genehmigung erforderlich ist, ohne diese Genehmigung ausführt oder ausführen läßt;

daß nach § 4 des Eisenbahnges.s v. 3. Novbr. 1838

und der in Anwendung desselben auf die Bergisch-Märkische Eisenbahn erlassenen Schlußbestimmung des § 1 des durch die Allerh. Konzess.-Urkunde v. 12. Juli 1844 bestätigten Statuts derselben die Genehmigung und Feststellung der Bauprojekte der Bahn einschließlich der Bahnhöfe durch das Handels- oder Finanz-Ministerium, jetzt durch das mittelst der AKO. v. 27. März 1848 errichtete Ministerium für Handel, Gewerbe und öffentliche Arbeiten geschieht und diese oberste Centralbehörde für das gesammte Eisenbahnwesen dabei gemäß § 23 des cit. Ges.s auch die polizeilichen Rücksichten in höchster Instanz wahrzunehmen hat;

daß der fragliche Neubau auf dem Bahnhofe zu B. nach der unbestrittenen Behauptung des Beschuldigten und thatsächlichen Grundlage des angefochtenen Urtheils diese ministerielle Genehmigung erlangt hat und dadurch seine polizeiliche Ausführbarkeit endgültig festgestellt worden ist, so daß eine untere Polizeibehörde nicht mehr denselben hindern, folgeweise auch eine Genehmigung dazu Seitens derselben nicht mehr im Sinne des § 345 Nr. 12 cit. erforderlich sein konnte und die Ortspolizeiverwaltung zu B., insofern als ihre Vdn. v. 2c. auch auf die von der genannten Centralbehörde genehmigten Bahnhofsgebäude angewendet werden sollte, nach den §§ 15 und 17 des Ges.s v. 11. März 1850 keine gesetzliche Gültigkeit hatte, indem sie sowohl mit der cit. Eisenbahngesetzgebung in Widerspruch treten als der in § 345 Nr. 12 des StGB.s enthaltenen Strafvorschrift die unstatthafte Ausdehnung geben würde, daß außer einer staatspolizei-gesetzlich erforderlichen Baugenehmigung auch eine ortspolizeiliche beigebracht werden müßte;

daß auch das Vorbringen, als könne dies mit der Verschiedenheit der staats- und der ortspolizeilichen Interessen und Gesichtspunkte gerechtfertigt werden, nicht dagegen Stich hält, da die Ortsbehörden wie die Kreis- und Provinzialbehörden vor der ministeriellen Genehmigung des speziellen Bauplans gehört werden und die Lokal-Interessen dabei zu wahren haben, damit dieselben höheren Orts, soweit als das über denselben stehende Gemeinwohl es zuläßt, Berücksichtigung finden, es übrigens zu allen von dem Polizeianwalte in gegenwärtiger Sache besonders geltend gemachten Zwecken vollkommen hinreicht, wenn die Ortsbehörde vor der Ausführung der Bauten eine Anzeige erhält ohne diese Ausführung ihrerseits noch einmal genehmigen zu müssen oder untersagen zu können.

Antr. d. GStA.: entg. [23.—3.]

---

**Rheinisches Verfahren. — Zuchtpolizeiliches Urtheil. — Berufung. — Frist. — Zustellung.**

**Die vom Ober-Prokurator innerhalb der zehntägigen Frist angemeldete Berufung gegen ein zuchtpolizeiliches Urtheil bedarf zu ihrer Gültigkeit nicht einer binnen zwei Monaten an den Beschuldigten zu bewirkenden Zustellung.**

Rh. StPO Artt. 202 203. 205 Vgl. RhOTr. 10. S 240.

**Erk. (B. II.) v. 7. April 1870 c. Köp (109. II. Cr.).**

Gegen ein den K von der Beschuldigung der Hausir-Kontravention freisprechendes Urtheil des ZPG.s v. 26. Febr. hatte der Ober-Prokurator am 27. ej. die Berufung ergriffen; die Vorladung des Beschuldigten vor die App.-Kammer erfolgte aber erst nach mehreren Monaten, weil der Aufenthalt desselben nicht zu ermitteln gewesen war. Dieserhalb verwarf die App-Kammer das Rechtsmittel als „unannehmbar", weil Art. 205 der Rh. StPO. allgemein vorschreibe, daß das öff. Ministerium bei dem Gerichte zweiter Instanz seine Berufung binnen zwei Monaten dem Beschuldigten zustellen lassen müsse. — Vernichtung. Das OTr. erwog:

daß der Art. 202 Nr. 4 der StPO. dem StA. bei dem Gerichte erster Instanz und in Nr. 5 der StA.-schaft bei dem Gerichte der Berufungs-Instanz die Befugniß zu appelliren gewährt,

daß Art. 203 das. für alle Berufungen, welche im Art. 202 Nr. 1—4 einschließlich zugelassen sind, mit ausdrücklicher spezieller Ausnahme der im Art. 205 für die StA.-schaft am AG. vorbehaltenen Form und Frist, also sowohl für die StA.-schaft am Gerichte 1. Instanz als für den Beschuldigten und die Civilpartei, als Form der Berufung die Erklärung auf der Gerichtsschreiberei und als Frist zur Erfüllung dieser Form eine zehntägige vorschreibt, welche im vorliegenden Falle beobachtet worden ist, daß aber im Art. 203 ein Weiteres hinsichtlich der Zulässigkeit der Berufung nicht erfordert wird und ebensowenig für den StA. bei dem Gerichte 1. Instanz, wie für den Beschuldigten aus der nach dem unzweideutigen Wortlaute der Artt. 202. 203. 204 und 205 nur für die StA.-schaft am AG. gegebenen Bestimmung des Art. 205 in den Art. 203 sich hineintragen läßt.

Antr. d. GStA.: gleichl. [23.—2.]

---

## Polizei-Verordnung. — Dachwasser. — Abfluß auf die Straße.

**Durch eine Polizei-Verordnung kann den Hausbesitzern untersagt werden, das Dachwasser auf die anstoßende Straße abfließen zu lassen; dem steht Art. 681 des Rh. BGB.s nicht entgegen.**

StGB. § 332 [a 29], Pol.-Ges. v. 11. März 1850 §§ 15. 17; Rh BGB. Art. 681.

**Erk. (Z. II.) v. 7. April 1870 c. Neuenhausen (92. II. Cr.).**

Eine für die Stadt Düsseldorf auf Grund des Pol.-Ges.s v. 11. März 1850 erlassene Polizei-Verordnung hatte u. A. bestimmt, daß da, „wo keine den Wasserablauf regelnde Straßenrinnen vorhanden seien, die Dachflächen nicht zur Straße hin entwässert werden dürften." N., der Zuwiderhandlung gegen dieses Verbot beschuldigt, war vom PG. freigesprochen worden, weil nach Art. 681 des Rh BGB.s jeder Hauseigenthümer berechtigt sei, „das Dachwasser entweder auf seinen Boden oder auf die öffentliche Straße abfließen zu lassen, und eine Pol.-Vdn. sich mit dieser gesetzlichen Vorschrift nicht in Widerspruch setzen dürfe." — Vernichtung. Das OTr. erwog:

daß das angegriffene Urtheil lediglich auf die Annahme gestützt ist, daß eine polizeiliche Anordnung, welche die Ableitung des Dachwassers auf eine öffentliche Straße verbietet mit dem Art. 681 des BGB.s in Widerspruch stehe, und deshalb gar nicht auf die Untersuchung eingeht, ob die Voraussetzungen einer in den allgemeinen oder lokalpolizeilichen Strafgesetzen vorgesehenen Uebertretung, namentlich die Voraussetzungen der Großherzoglich-Bergischen Vdn. v. 26. Juli 1807 oder der Bau Polizei-Ordnung für Düsseldorf v. 8. Aug. 1868 §§ 17 u. 75 und der §§ 344 Nr. 8 oder 345 Nr. 12 des StGB.s in der dem Beschuldigten zur Last gelegten Thathandlung vorliegen oder nicht;

daß aber der Art. 681 des BGB.s nur von dem privatrechtlichen Gesichtspunkte aus eine Bestimmung über die Ableitung des auf den Dächern sich sammelnden Regenwassers trifft, wesentlich das nachbarliche Eigenthum dagegen schützt und bei der Anerkennung des Privatrechts der Hausbesitzer, das Dachwasser auf ihren eigenen Grund und Boden oder auf die öffentliche Straße abfließen zu lassen, die im Art. 544 das. ausgesprochene Zulässigkeit der Beschränkung des Gebrauches eines jeden Privatrechts durch Gesetze und Verordnungen im Interesse des Gemeinwohls unterstellt;

daß die Befugniß der Polizei-Behörden insbesondere für die Bequemlichkeit und Reinlichkeit der öffentlichen Straßen zu sorgen und die Art der Ausführung von Bauten von ihrer vorgängigen Genehmigung durch Strafverordnungen abhängig zu machen, nach §§ 5. 6 des Ges.s über die Polizeiverwaltung v. 11. März 1850 und §§ 344 Nr. 8, 345 Nr. 8—12 u. s. w. keinem Bedenken unterliegt und ein Widerspruch mit dem Sinne des Art. 681 des BGB.s sich auch in der Ausübung dieser Befugniß durch das Verbot, gewisse Bauten ohne Genehmigung der Ortsbehörde so einzurichten, daß die Dachrinnen auf die öffentliche Straße auslaufen oder die Leitung derselben auf gewisse Straßen zu bewirken, im Allgemeinen nicht erkennen läßt, der Polizeirichter demnach diese Gesetze verletzt und den Art. 681 des BGB.s unrichtig angewendet hat.

Antr. d. GStA.: gleichl. [23.—3]

**Strafvollzug. — Rechtskraft. — Anerkennung.**

**Ein Strafurtheil wird nur durch den Ablauf der Rechtsmittelfrist, nicht durch einen früheren Verzicht des Angeklagten auf das Rechtsmittel vollstreckbar.**

StPO §§ 428 431. 429 369

**Beschl. v. 8 April 1870 c. Auth (OAG II, 83)**

Nach Verkündung des erstinstanzlichen verurtheilenden Erkenntnisses erklärte der (nicht verhaftete) Angeklagte A., daß er „auf die Berufung verzichte" und beantragte den sofortigen Strafvollzug. Der StA. erachtete diesen vor dem Ablaufe der Berufungsfrist für unstatthaft, legte aber auf den Antrag des A. die Akten nach § 430 der StPO. der Strafkammer zur Entscheidung vor. Beide Instanzgerichte erklärten den Strafvollzug für statthaft: aus § 369 Abs 2 1 c. folge nur, daß ein Verzicht auf das Rechtsmittel innerhalb der Rechtsmittelfrist zurückgenommen werden könne, so lange aber eine solche Zurücknahme nicht erfolgt sei, müsse der Verzicht als wirksam behandelt werden. — NB. des OStA s. — Das OAG hat dieselbe zurückgewiesen, weil die präklusive Berufungsfrist inzwischen abgelaufen sei, und der Angeklagte A. seine Strafe angetreten habe; gleichwohl erwog dasselbe

daß nach §§ 428 und 431 der StPO. die Vollstreckung eines Strafurtheils erst dann möglich ist, wenn die Rechtsmittel der Berufung und Nichtigkeitsbeschwerde nicht mehr zulässig sind; dieses jedoch erst dann eintritt, wenn die zur Anmeldung bestimmten Fristen abgelaufen sind, da ein etwaiger früher erklarter Verzicht den Gebrauch des Rechtsmittels nicht ausschließt und eine vorläufige Strafantretung nach § 429 der StPO. nicht statthaft ist; hiernach die Ablehnung der vom Angeklagten erbetenen Strafvollziehung noch vor Ablauf der Frist für Anmeldung der Rechtsmittel gerechtfertigt war.

Antr d. OStA.: gleichl. [63.—6]

---

**Versicherung. — Ueberliquidirung. — Beweislast.**

**Hat ein Brandversicherter in böslicher Absicht eine zu hohe Schadensforderung durch Aufnahme**

**nicht verbrannter Gegenstände aufgestellt, so ist er strafbar, insofern er nicht seinerseits nachzuweisen vermag, daß die aufgestellte Forderung dennoch den wirklich erlittenen Gesammtschaden nicht übersteige.**

Ges. v 8 Mai 1837 §§ 17 28. Vgl. RtOTr. 7 S 659; 10. S 286.

**Erk. (Z. I.) v. 8. April 1870 c. Kostrzewa** (348. I Cr.).

K. hatte bei der Liquidirung des bei einer Feuersbrunst erlittenen, durch die Versicherungsgesellschaft zu ersetzenden Schadens eine Anzahl von Gegenständen mit aufgezählt, welche er vorher heimlich in einer Kartoffelmiete versteckt hatte Er wurde daher in 1. Instanz wegen einer in böslicher Absicht bewirkten Aufstellung einer den erlittenen Schaden um 80—90 Thlr. übersteigenden Brandentschädigungsforderung aus den §§ 17 und 28 des Ges.s v. 8. Mai 1837 und § 242 des StGB.s bestraft. In zweiter Instanz machte er, ohne im Uebrigen die erstrichterliche Feststellung zu bemängeln, geltend, daß seine Schadensliquidation den Gesammtwerth des erlittenen Schadens keineswegs übersteige, da eine Anzahl anderer, in der Aufstellung nicht genannter Sachen verbrannt sei, deren Werth hinreiche, um die Gesammtforderung gerechtfertigt erscheinen zu lassen. Das AG. bestätigte indessen das angefochtene Erkenntniß, indem es ausführte: in einem Falle, wie der vorliegende, wo eine Reihe von Sachen aus der Liquidation ausgeschieden werden müßten, sei die übermäßige Höhe der letzteren zu präsumiren; zwar sei dem Angeklagten der Gegenbeweis, daß auch abgesehen von jenen ausscheidenden Sachen die aufgestellte Forderung den wirklich erlittenen Gesammtschaden nicht übersteige, nachzulassen; hier aber habe K diesen Gegenbeweis nicht in einer Weise angetreten, welche Berücksichtigung verdiene, indem seine desfallsigen Aufstellungen sehr unwahrscheinlich und die dafür angeführten Beweise nicht geeignet seien, die Ueberzeugung von ihrer Wahrheit zu gewähren.

Die NB. rügte Gesetzesverletzung: das AG. erkenne grundsätzlich an, daß der Thatbestand einer Ueberliquidirung 2c. nur da vorliege, wo der Gesammtbetrag der Schadensliquidation zu hoch angegeben sei; hiernach müsse aber dem Angeklagten der Nachweis geliefert werden, daß er im Ganzen zu viel gefordert habe; mit Unrecht habe das AG. ihn mit einem Gegenbeweise belastet. — Zurückweisung. Gründe:

Der Versicherte hat bei der Schließung des Vertrages die Gegenstände, sei es einzeln oder in Rubriken, anzugeben, auf welche sich der Versicherungs-Vertrag beziehen soll, und er hat dabei zugleich deren Werthe anzugeben. Ebenso liegt ihm im Falle eines Brandschadens ob, die als verbrannt angegebenen Gegenstände und deren Werthe anzugeben und auf dieser Grundlage seine Schadens-Liquidation zu begründen. So ist es denn auch im vorliegenden Falle geschehen. Der Angeklagte hat der Versicherungsgesellschaft ein Verzeichniß der ihm angeblich verbrannten, in der Versicherung mit einbegriffenen Sachen und deren Werthe vorgelegt und damit seine Entschädigungsforderung begründet. Daß hiernach dem Versicherten von vornherein der so zu führende Beweis seines erlittenen Schadens obliege, ist selbstverständlich und das Vergehen des § 28 des Ges s v. 8. Mai 1837 liegt vor, wenn der Angeklagte in böslicher Absicht eine zu hohe Schadensforderung durch Aufnahme von Gegenständen, welche nicht verbrannt oder beim Brande abhanden gekommen sind, aufstellt. Richtig ist es nun zwar; daß der Thatbestand der strafbaren Ueberliquidation dadurch ausgeschlossen wird, daß, sei es durch Ermittelung der wahren höheren Werthe der verbrannten oder durch Ermittelung noch anderer wirklich verbrannten, aber bei der Liquidation nicht mit aufgeführten Gegenstande, der wirkliche Gesammtschade den liquidirten Betrag dennoch erreicht oder übersteigt. Durchaus irrthümlich ist es aber zu behaupten, daß dem Versicherer der Beweis der zu hohen Gesammt-Liquidation in diesem Sinne obliege. Denn es handelt sich um die Berichtigung seiner eigenen ursprünglichen Behauptung, also seiner Schadensforderung, wenn der Angeklagte zur Abwendung der dadurch unternommenen strafbaren Ueberliquidation hinterher den höheren Betrag des wirklichen Gesammtschadens behauptet. Der App.-Richter hat daher auch nicht geirrt, wenn er davon ausgegangen ist, daß dem Angeklagten der Beweis obliege, zumal es sich hier zugleich um einen Angriff in appellatorio gegen die Feststellung des 1. Richters handelte. Diesen Beweis hat er geprüft und aus lediglich thatsächlichen Gründen für unerheblich erklärt.

Antr. d. GStA.: gleichl. [15.—8.]

---

1. Fragstellung. — Mehrheit von Straffällen.
2. 3. Bankerutt. — Kaufmann. — Dolus.

1. Es ist nicht unstatthaft in einer Frage mehrere denselben Thatbestand darbietende Straffälle in gesonderter Weise zusammenzufassen. Insofern dabei keine erschwerenden ꝛc. Umstände konkurriren, genügt eine einfache Bejahung, um alle Fälle festzustellen.

Ges. v. 3. Mai 1852 Art. 80 [n. 11]. Vgl. RdOr. 1. S. 61; 3. S. 397; 5. S. 245; 7. S. 43; 11. S. 59

2. Wer gewerbsmäßig Pfandscheine zum Zwecke der Weiterveräußerung ankauft, ist Kaufmann.

StGB. § 259 [n. 1]; D. HGB. Artt. 4. 271 Nr. 1.

3. Zum Thatbestande des durch Verheimlichung von Vermögenstheilen verübten Bankerutts genügt als Dolus das Bewußtsein, daß die Handlung eine Benachtheiligung der Gläubiger zur Folge haben werde.

StGB § 259 [n. 26. 37. 38]. Vgl. oben S. 66.

Erk. (Z. I.) v. 8. April 1870 c. Seehase (430. I. Cr.).

Die NB. des vom Schw.-GH. wegen wiederholten Betrugs und betrüglichen Bankerutts (Verheimlichens von Vermögensstücken: § 259 Nr. 1 des StGB.s) bestraften S. rügte u. A., daß die Geschwornen die ihnen vorgelegte erste Frage:

„ob er schuldig sei, — durch verschiedene selbstständige Handlungen in gewinnsüchtiger Absicht:

a., im J. 1865 das Vermogen des ꝛc. S.,

b., im J. 1868 das Vermögen des ꝛc B.

dadurch beschädigt zu haben, daß er durch Vorbringen falscher und Unterdrücken wahrer Thatsachen einen Irrthum erregte", —

dahin beantwortet hätten:

„Ja der Angeklagte ist schuldig: mit mehr als 7 Stimmen, mit allen in der Frage enthaltenen Punkten" —;

dieser Spruch lasse nicht erkennen, daß die Geschwornen über die ihm zugerechneten Handlungen und alle deren Strafbarkeit bedingende Merkmale abgestimmt und solche mit der angegebenen Stimmenmehrheit bejaht hätten.

Außerdem suchte er auszuführen, daß die Verurtheilung wegen betrüglichen Bankerutts mit Unrecht erfolgt sei, weil der Schuldspruch, nach welchem er

„— — als Inhaber eines Comtoirs, in welchem er Geschäfte in der Art betrieb, daß er bewegliche Sachen, insbesondere Pfandscheine ankaufte oder anderweitig anschaffte, um dieselben weiter zu veräußern, — seine Zahlungen eingestellt und sein Vermögen bei Seite geschafft habe," —

weder seine Eigenschaft als „Kaufmann", noch den zum Thatbestande des Verbrechens unerläßlichen Dolus d. h das Bewußtsein und die Absicht der Benachtheiligung der Gläubiger enthalte; es habe der Feststellung dieser Absicht bedurft, weil er das Vorhandensein derselben bestritten und ausdrücklich die Stellung einer hierauf bezüglichen Zusatzfrage beantragt habe, welche aber vom GH. aus dem irrigen Grunde: „weil das Gesetz auf solche Absicht kein Gewicht lege," abgelehnt worden sei.

Zurückweisung. Gründe:

[1.] Die [betr.] Frage enthält die Merkmale eines Betrugs in zwei gesondert gehaltenen Fällen in der einfachen Gestalt, wie sie der § 241 des StGB.s vorschreibt. Besondere Thatumstände, welche die Verhängung einer schwerern oder mildern Strafe begründen, wie sie der Art. 84 des Ges.s v. 3. Mai 1852 voraussetzt, sind nicht aufgenommen. Es war daher ein Verdict, wie es der Abs. 3 des Art. 91 in Verbindung mit Art. 93 l. c. verlangt, nicht erforderlich; es genügte vielmehr die gegebene Antwort, womit der Thatbestand eines zweimaligen Betrugs festgestellt ist.

[2.] Sodann wird ausgeführt, daß durch die Feststellung in dem den Bankerutt betreffenden Spruche dem Begriffe des „Kaufmanns" genügend ensprochen werde.

[3.] In der Bestimmung der Nr. 1 des § 259 des StGB.s, daß Handeltreibende wegen betrüglichen Bankerutts zu bestrafen sind, „wenn sie ihr Vermögen ganz oder theilweise verheimlicht 2c. haben," ist zugleich der erforderliche Dolus dahin ausgedrückt, daß derselbe in dem Bewußtsein besteht, daß die Handlung eine Benachtheiligung der Gläubiger zur Folge haben werde. Eine noch weiter gehende, und namentlich eine betrügerische Absicht dagegen ist, wie der Schw.-GH. mit Recht angenommen hat, zur Anwendung der Nr. 1 cit. nicht erforderlich und daher die Zurückweisung des Antrags auf Stellung einer Zusatzfrage nach dieser Richtung hin gerechtfertigt, zumal hinsichtlich des Bewußtseins des S., daß er durch sein Verfahren seine Gläubiger benachtheilige, ausdrücklich eine Zusatzfrage gestellt und von den Geschwornen bejaht worden ist.

Antr. d. GStA.: gleichl. [20.—8.]

---

## Diebstahl. — Gewahrsam. — Arbeiter.

**Der Arbeiter erlangt an den Sachen, welche er im Auftrage des Arbeitgebers aus dessen Räumen auf ein Grundstück desselben transportirt, nicht die Gewahrsam; er begeht daher einen Diebstahl, wenn er sie sich unterwegs aneignet.**

StGB. § 215 [n. 28]. Vgl unten S 248.

Erk. (Z. I.) v. 8. April 1870 c. Thomas (359. I. Cr.).

Wenn der Angeklagte Th., als ein von der Gutsherrschaft zu P. beschäftigter Arbeiter, auf deren Anweisung eine Ladung Kartoffeln von dem Gutshofe nach dem Felde fuhr, um sie dort aussetzen zu lassen, so war er dadurch im rechtlichen Sinne nicht in den Besitz der Kartoffeln gekommen, sondern die Gutsherrschaft nach wie vor in demselben geblieben. Daraus folgt, daß, wenn der Angeklagte einen Theil dieser Kartoffeln, wie die Vorderrichter als erwiesen annehmen, absichtlich durch Aufziehen der an dem Wagenkasten befindlichen Schütze und Nachschieben mittelst einer Holzschippe vor dem Hause der Mitangeklagten auf die Erde rollen und von den letzteren fortschaffen ließ, er sie dem Besitze der Herrschaft entzog. Hierin haben die Vorderrichter füglich, ohne sich eines Rechtsirrthums schuldig zu machen, ein Wegnehmen aus fremdem Besitze in der Absicht rechtswidriger Zueignung finden können.

Antr. d. GStA.: gleichl. [28.—8.]

---

## Urkundenfälschung. — Feststellung.

Zur Bestrafung wegen Urkundenfälschung genügt die Feststellung, daß eine Urkunde „durch Aenderung in der Summenangabe verfälscht" und ꝛc. gebraucht worden sei, sollte es auch nicht feststehen, welche Zahl früher an der betreffenden Stelle gestanden habe.

StGB. § 247 [n. 19a].

Erk. (Z. I.) v. 8. April 1870 c. Weinberg (432. I. Cr.).

Auf die Frage: ob W. schuldig sei:

„— in der Absicht sich Gewinn zu verschaffen, ein Schriftstück des Inhalts:

„2 Thaler habe ich heute von W. richtig erhalten.

K., den ꝛc. D. (Namensschrift)"

durch Aenderung der Zahl 2 in die Zahl 8 verfälscht und von demselben zum Zwecke der Täuschung Gebrauch gemacht zu haben" —

hatten die Geschwornen geantwortet:

„Ja, aber es ist nicht erwiesen, daß die geänderte Zahl eine 2 gewesen sei; ꝛc.",

und sodann, als der GH. diesen Spruch für „undeutlich und widersprechend" erachtete, hinzugefügt:

„Es ist erwiesen, daß die geänderte Zahl eine geringere als die Zahl 8 gewesen ist."

Nunmehr hielt der GH den Widerspruch für gehoben und verurtheilte aus §§ 247 250 des StGB.s. — Die NB des W. suchte auszuführen: der erste Spruch sei klar und erschöpfend gewesen; die Anklage habe darauf beruht, daß die Zahl 2 in 8 verwandelt worden sei; das sei verneint, und somit die Anklage, trotz des an die Spitze des Geschwornenspruchs gestellten „schuldig" gefallen. — Zurückweisung. Gründe:

Von der Ausführung [der NB.] ist nur der Vordersatz richtig. Es war in der That nicht nothwendig, die Geschworenen zur Verbesserung ihres Spruches zurückzusenden, weil es, wenn die Fälschung bejaht wurde, nicht unbedingt nothwendig war, zu wissen, was an der gefälschten Stelle früher gestanden habe, sondern nur, ob nach den Umständen anzunehmen sei, daß die Fälschung in der Absicht vorgenommen worden, sich Gewinn zu verschaffen und daß von dem gefälschten Schriftstücke, über dessen Eigenschaft als einer Quittung, folglich einer Urkunde, allseitiges Einverständniß obwaltete, zum Zwecke der Täuschung Gebrauch gemacht worden sei. Beides ist von den Geschwornen bejaht worden und konnte bejaht werden, ohne daß an der Stelle der „8" früher nothwendig gerade eine „2" gestanden zu haben brauchte. Insofern war also der erste Spruch der Geschwornen in der That kein widersprechender; nur folgt daraus nicht, daß deshalb der Angeklagte hätte freigesprochen werden, sondern umgekehrt, daß er schon auf Grund des ursprünglichen Wahrspruches so, wie später auf Grund des vervollständigten geschehen, hätte verurtheilt werden müssen.

Antr. d. GStA.: gleichl. [28.—8.]

---

**Fragstellung. — „Gemeinschaftlichkeit." — Auflösung.**

In der schwurgerichtlichen Fragstellung bedarf es nicht der Auflosung des Merkmals der „Gemeinschaftlichkeit", zumal wenn aus dem Zusammenhang der Frage mit der einen Mitangeklagten betreffenden ersichtlich ist, dass es sich von einer Mitthäterschaft handle.

StPO. § 318; — StGB. Thl. I. Tit. 3 [S. 110 n. 12].

Erk. (Z.) v. 13. April 1870 c. Thomsen (OAG. II. 90). [64.—6.]

---

**Contumacia. — Schwurgericht. — Präsumirtes Zugeständniß.**

Bleibt der vor den Schwurgerichtshof öffentlich Vorgeladene aus, so muß der Gerichtshof seinem Urtheile das präsumirte Zugeständniß zum Grunde legen und den den Gegenstand der Anklage bilden-

**den Thatbestand als feststehend betrachten; er darf nicht seinerseits „nach Lage der Akten" eine davon abweichende Feststellung treffen.**

Ges. v. 3. Mai 1852 Artt. 37 [n 5a]. 39 [n. 3] 64. Vgl RbOTr. 7. S. 405.

**Erk. (V. II.) v. 21. April 1870 c. Gr.** (115 II. Cr.).

Gr. war als genügend belastet: „— mit der damals noch nicht 14 Jahre alten M. Z. unzüchtige Handlungen vorgenommen zu haben" definitiv in den Anklagestand versetzt worden. Er hatte sich der Untersuchung durch die Flucht entzogen; es erfolgte daher seine öffentliche Vorladung, und sodann bei seinem Ausbleiben die Verhandlung in Gemäßheit des Art. 39 des Ges.s v. 3. Mai 1852, worauf der GH. freisprach Er erwog dabei, daß nach dem cit. Art. 39 das Urtheil „nach Lage der Akten" zu erlassen sei; der GH. sei sonach befugt, nicht nur die in der Anklage erhobene Thatsache, sondern auch den übrigen Inhalt der Akten zu prüfen, und danach zu beurtheilen, ob die, vermöge des fingirten Zugeständnisses festgestellten Thatsachen mit dem Inhalte übereinstimmen, und ob die rechtliche Qualifizirung der That unter das angezogene Gesetz passe. Sodann zählte der GH die konkreten Handlungen auf, welche nach dem fingirten Geständnisse festständen; dieselben seien „unanständig", aber nicht „unzüchtig" gewesen, weil sie nicht die Geschlechtstheile des Kindes betroffen hätten — Auf die NB. des StA.s ist dieses Erkenntniß vernichtet und G. in contumaciam aus § 144 Nr. 3 des StGB.s verurtheilt worden. Gründe:

Unter der dem Angeklagten „zur Last gelegten That," welche gemäß Art. 37 a E. des Ges.s v. 3. Mai 1852 bei dem Ausbleiben desselben für zugestanden angenommen werden soll, kann keine andere verstanden werden, als welche der Anklage-Beschluß und die denselben entsprechende Formel der Anklageschrift ihm als das von dem Schwurgerichte abzuurtheilende Verbrechen zur Last legen und welche gemäß Art. 37 b. in der öffentlichen Vorladung bezeichnet ist. Erscheint er nicht, so muß das ihm angedrohte Präjudiz selbstverständlich verwirklicht werden, falls die in den Artt. 37 und 38 vorgeschriebenen Förmlichkeiten beobachtet sind, und deshalb findet nach dem zweiten Satze des Art. 39 keine weitere Verhandlung in der Sitzung statt, als die Verlesung der Anklageschrift und die Vorlegung der Urkunden über jene Förmlichkeiten, und soll weiter nichts geprüft werden, als ob dieselben beobachtet seien. Darauf erläßt der GH., welchem das letzte Alinea des Art. 39 wiederholt blos die Prüfung des Verfahrens vorher zuweist, das Urtheil „lediglich nach Lage der Akten“ (— ein Ausdruck, der vielleicht besser gewählt oder weggelassen sein könnte, wie er im § 456 der StPO. v. 25. Juni 1867 zur Beseitigung der daraus hergeleiteten Zweifel weggelassen worden ist, —) allein, welches einerseits nicht auf die Ausführungen in der Anklageschrift, andererseits überhaupt nicht auf den materiellen Akteninhalt, sondern gemäß den Grundprinzipien des Strafverfahrens nur auf die formelle Lage der Akten seit dem Anklage-Beschlusse sich beziehen kann. Denn sonst würde der GH. die Schuld oder Nichtschuld des Angeklagten nicht aus einer mündlichen unmittelbaren Verhandlung vor seinen Schranken, sondern aus der schriftlichen Voruntersuchung oder gar aus der Anklageschrift der StA.-schaft schöpfen — und das wäre die Verletzung eines Grundprinzips des Strafverfahrens — und der subjective und objective Thatbestand eines Verbrechens würde ohne Geschworne (Art. 39 Abs. 1) nicht auf Grund eines fingirten oder vor dem GH. abgelegten Geständnisses des Angeklagten festgestellt, was wiederum principwidrig wäre. Denn abgesehen von denjenigen besonderen Verbrechen, welche überhaupt ihrer Art nach den Schwurgerichten entzogen sind, läßt die StPO. die thatsächliche Urtheilsfindung über Verbrechen nur durch Geschworne zu und die Anwendung des Strafges.s darauf ohne eine solche Urtheilsfindung nur dann, wenn der Angeklagte selbst der That mit allen Merkmalen ihrer Strafbarkeit gemäß Art. 75 des Mai-Gesetzes geständig ist oder gemäß Artt. 37 bis 39 und Artt. 64. 65 das. so lange für geständig angesehen wird, bis er sich stellt oder zur Haft gebracht ist (Artt. 44 und 65). So lange dauert alsdann und eben deshalb auch nur so lange seine auf Grund des fingirten Geständnisses allein erfolgte Verurtheilung.

Antr. d. GStA.: gleichl. [23.—3]

**Diebstahl. — Arbeiter. — Arbeitgeber. — Gewahrsam.**

**Sachen, welche einem Arbeiter von dem Arbeitgeber zur Benutzung in den eignen Räumen des letzteren übergeben worden sind, gehen dadurch allein noch nicht in die Gewahrsam des ersteren über; er kann daher an denselben noch immer einen Diebstahl begehen.**

StGB §215 [n. 19. 21 a 28]. Vgl. RdOTr. 1. S. 286; 4. S. 87; 11. S. 243.

Erk. (B. II.) v. 21. April 1870 c. Mollemeier u. Gen. (143. II Cr.).

Die seit längerer Zeit auf dem Bahnhofe zu P. beschäftigten Maurer M. und Tagelöhner Sch., welche als Rottenarbeiter von einem Eisenbahnbauführer beauftragt worden waren dort Schienen zu befestigen, hatten einen Theil des ihnen zu diesem Zwecke anvertrauten Bleis heimlich verkauft. Deshalb des Diebstahls angeklagt, wurden sie in beiden Instanzen wegen Unterschlagung verurtheilt, weil „das Blei dadurch, daß es den Angeklagten zum Verbrauche und bzw. zur Rückerstattung der Ueberschießenden übergeben worden, in ihre Gewahrsam gelangt sei.“ — Vernichtung und Zurückverweisung der Sache an das AG. Gründe:

Es ist ein vom Kgl. OTr. (vgl. Oppenh. StGB. 6. Ausg. § 215 s. v. Gewahrsam) schon mehrfach reprobirter Rechtsirrthum in dem Falle, wenn ein Dienstbote oder Arbeiter Gegenstände, welche er von dem Arbeitgeber zur Benutzung innerhalb der Räume des Letzteren erhalten, sich rechtswidrig zugeeignet, schon darin, daß die Gegenstände dem Dienstboten oder Arbeiter übergeben sind, eine Erlangung der Gewahrsam im Sinne des § 225 zu finden und demgemäß das Diebstahls-Erforderniß der Wegnahme auszuschließen. Nach § 111 I. 7 des ALR.s verliert der Besitzer die Gewahrsam einer Sache erst, sobald sein physisches Vermögen aufhört, durch sich oder Andere darüber zu verfügen und nach § 1 l. c. hat derjenige eine Sache in Gewahrsam, der das physische Vermögen hat, über dieselbe mit Ausschließung Anderer zu verfügen. Der Dienstherr oder Arbeitgeber verliert also die Gewahrsam einer in seinem Besitz befindlichen Sache dadurch noch nicht, wenn er sie dem Dienstboten oder Arbeiter übergiebt, er behält die Gewahrsam vielmehr, so lange er das physische Vermögen behält, seine ausschließliche Herrschaft über die Sache, welche der Dienstbote oder Arbeiter inne hat, zu üben; so lange dies der Fall, ist der Dienstbote oder Arbeiter nicht in der Lage seinerseits über die Sache mit Ausschließung Anderer zu verfügen, hat die Sache also auch nicht in Gewahrsam. Hiernach muß außer der Uebergabe der Sache an dem Dienstboten oder Arbeiter noch besonders festgestellt werden, daß der Arbeitgeber das physische Vermögen verloren habe, durch sich oder Andere darüber zu verfügen, und daß der Dienstbote oder Arbeiter das physische Vermögen erlangt hat, mit Ausschließung Anderer insbesondere des Arbeitgebers über die Sache zu verfügen.

Antr. d. GStA: gleichl. [35.—3.]

---

## Nothwehr. — Amtshandlung.

### Gegen einen über die Grenzen der Befugnisse hinausgehenden Exceß der amtlichen Thätigkeit eines Beamten ist Nothwehr nicht unstatthaft.

StGB. §§ 41 [n. 1a]. 89 [n. 16].

Erk. (Z. II.) v. 21. April 1870 c. Risse (159. II. Cr.).

Bei einer Feuersbrunst hatte der Gendarm Spr. die Leitung der Löscharbeiten übernommen und demzufolge den Ackerwirth G. aufgefordert, bei der Einstoßung einer Wand Hülfe zu leisten; G. hatte das verweigert, „weil er sein eignes Haus schützen müsse." Als ihn nun der Gendarm „anfaßte, um ihn zu zwingen und zur Arbeit abzuführen", ergriff R (Schwiegersohn des G.) denselben von hinten, und drückte ihm die Kehle zu, um den G. zu befreien. Dieserhalb wurden G. der Versagung: der Hülfeleistung bei einer Feuersnoth (StGB. § 340 Nr. 7), und R. des Angriffs gegen den amtlich thätigen Gendarm (§ 89) angeklagt, der erstere freigesprochen, R. aber in beiden Instanzen verurtheilt. In Betreff des G. nahmen die Richter an, daß er die geforderte Hülfe, wegen dringender Gefahr des eignen Hauses nicht habe leisten können, dagegen beseitigten sie den von R. vorgeschützten Einwand der „Nothwehr" deshalb, weil feststehe, daß er den Gendarm „angegriffen habe, um ihn und seinen Schwiegervater G aus einander zu bringen, der Gendarm aber berechtigt und verpflichtet gewesen sei, die Leitung beim Brande zu übernehmen, derselbe sich somit im Dienste befunden habe." — **Vernichtung** und Zurückverweisung der Sache an das AG. Gründe:

Es steht gesetzlich Nichts entgegen, daß, soweit thätliche Ausschreitungen eines im Dienst befindlichen Gendarmen oder sonstigen Beamten den Charakter eines rechtswidrigen Angriffs annehmen sollten, auch rücksichtlich der von dem Angegriffenen oder Dritten zur Abwehr eines solchen Angriffs gegen den Beamten innerhalb der durch das Gesetz gezogenen Grenzen angewandten Gewalt die Bestimmung des § 41 des StGB.s angerufen werden könnte. Als ein Angriff gegen den Gendarmen im Sinne des § 89 des StGB.s würde die vom Angeklagten gegen diesen gebrauchte Gewalt daher nur dann zu betrachten und nach diesen §§ zu bestrafen sein, wenn nach den Umständen die sonstigen Voraussetzungen des § 41 sich als nicht vorhanden erweisen sollten. Die Anwendung des § 89 des StGB.s wird dadurch bedingt, daß der Beamte die als Angriff oder Widerstand qualifizirte Thätlichkeit erlitten habe, „während der Vornahme einer Amtshandlung." Nun folgt zwar aus der thatsächlichen Feststellung, daß sich der Gendarm bei der fraglichen Gelegenheit im Dienste befand, für vorliegenden Fall zunächst, daß seine Aufforderung bei dem Brande in der von ihm bezeichneten Richtung Hülfe zu leisten, eine formell berechtigte, eine von einem dazu befugten Polizeibeamten ausgegangene war, und deshalb Gehorsam beanspruchen konnte. Es folgt dann hieraus weiter, daß derjenige nach § 340 Nr. 7 des StGB.s strafbar wurde, welcher der Aufforderung nicht Folge leistete, obgleich er ihm ohne erhebliche Gefahr Genüge leisten konnte. Aber es folgt daraus nicht ohne Weiteres und war damit nicht festgestellt, daß der Gendarm in dem Zeitpunkte, wo der angebliche Angriff erfolgte „in der Vornahme einer Amtshandlung" begriffen war. Es läßt sich nicht behaupten, daß Alles, was ein im Dienste befindlicher Beamter vornimmt und verübt, als Amtshandlung desselben gelten müsse und könne — argum. § 316 des StGB.s. — Es war damit, daß der Gendarm sich bei der fraglichen Gelegenheit im Dienst befand, noch keineswegs ausgeschlossen, daß sein augenblickliches Verhalten nicht ein solches hätte sein können, zu welchem er, wie der Angeklagte behauptet, unter keinen Umständen amtlich berechtigt, mit welchem er vielmehr aus dem Kreise seiner Amtsbefugnisse hinausgetreten wäre, bei welchem er also auch den durch den § 89 cit. dem sein Amt ausübenden Beamten gewährten besondern Schutz nicht beanspruchen könnte. Es wäre also mit Rücksicht auf den Einwand des Angeklagten zu erörtern gewesen, ob die ermittelten Thätlichkeiten des Gendarmen gegen den ꝛc. G. überhaupt innerhalb der Amtsbefugnisse des Ersteren lagen, und hätte dabei vorzugsweise ins Auge gefaßt werden müssen, inwiefern der Polizeibehörde resp. den sie vertretenden Beamten überhaupt das Recht zusteht, denjenigen, welcher einer Aufforderung der gedachten Art nicht nachkommt, nicht nur zur Bestrafung anzuzeigen, sondern auch zu der fraglichen Hülfeleistung mit Gewalt zu zwingen, inwiefern namentlich für die Gendarmerie die Befugniß hierzu aus den Gesetzen insbesondere der Dienst-Instr. v. 30. Dezbr. 1820 (Ges.-Samml. 1821 S. 10) nachzuweisen wäre. Hiernach bedurfte es dann der ausdrücklichen thatsächlichen Entscheidung, ob in dem mehrgedachten gewaltthätigen Verhalten des Gendarmen eine Amtshandlung desselben im Sinne des § 89 oder nur eine Ausschreitung, ein in Veranlassung der Ausübung des Amtes verübter rechtswidriger Angriff gegen die Person des G. gefunden werden müsse und wenn diese Feststellung zu Gunsten des Angeklagten erfolgt wäre, hätte noch weiter festgestellt werden müssen, inwieweit die dem Angeklagten zur Last gelegten Thätlichkeiten sich innerhalb der durch den § 41 vorgezeichneten Grenze des zur Anwendung eines gegenwärtigen Angriffs dieser Art Nothwendigen gehalten hatten. Erst wenn bei einer solchen Prüfung in einer der angedeuteten Richtungen die thatsächlichen Voraussetzungen des § 41 sich als nicht vorhanden ergeben, konnte dessen Anwendbarkeit für ausgeschlossen erachtet werden. [32.—3.]

---

**Urkunde. — Postanweisung. — Eintragungsvermerk.**

**Der unter eine Postanweisung von dem sie annehmenden Postbeamten gesetzte Vermerk über die geschehene Eintragung in die dieserhalb zu führenden Bücher stellt eine amtlich aufgenommene Urkunde dar.**

StGB. §§ 247. [n. 66. 114]. 323.

Erk. (B. II.) v. 21. April 1870 c. Rolf (138. II. Cr.).

Die von der Postverwaltung ausgegebenen Formulare zu Postanweisungen enthalten in der Ueberschrift die Worte: „Postanweisung auf die Summe von: . . . .", und sodann eine leere mit dem gedruckten Worte „An" beginnende Stelle zur Aufnahme der Adresse Die Ausfüllung der letzteren sowohl als der Summenangabe des angewiesenen Betrags ist dem Absender überlassen. Sodann enthält die Anweisung unter einem dicken horizontalen Striche die gedruckten Worte:

Postvermerk: Unter Litt. Nr. eingetragen durch . . .
Postbezirk der Oberpost-Direktion } . . Aufgabeort . . . den . . ten 18 . .

Der die Ein-Zahlung annehmende Postbeamte hat dieselbe in eins von zwei Registern (A. und B., jenachdem die Auszahlung in demselben oder in einem andern Oberpostamtsbezirke erfolgen soll), einzutragen, und daß dieses geschehen sei, auf der Anweisung durch Ausfüllung des obigen Postvermerks und Hinzufügung seiner Unterschrift am Schlusse der ersten Zeile zu konstatiren Allmonatlich sendet er dann Auszüge aus den geführten Registern ein, nach welchen die Kontrollirung des ganzen Geschäftsverkehrs bewirkt wird. Der Postexpedient R. hat nun selbst mehrere Postanweisungen als Aufgeber ausgefüllt, die darauf vermerkte Summen aber entweder gar nicht oder zu einem geringeren Betrage zur Postkasse eingezahlt, auch die Eintragungen in die betr. Register nur insoweit bewirkt, als die Einzahlung stattgefunden hatte, (sie also theilweise gänzlich unterlassen), gleichwohl aber unter den Anweisungen den Postvermerk in regelrechter Form ausgefüllt und versendet; die Adressaten hatten ihrerseits auf dem Postamte ihres Wohnorts die auf der Anweisung angegebenen Beträge erhoben. R. war deshalb unter der Anklage der falschen Aufnahme amtlicher Urkunden (StGB. § 323) vor den Schw.-GH. gestellt und der Anklage gemäß schuldig befunden worden: in mehreren Fällen:

„— um sich Gewinn zu verschaffen, auf einer Postanweisung über ꝛc. Thaler an X. in Y. den Postvermerk, dessen Ausstellung ihm vermöge seines Amtes als Postexpedient oblag, dahin unrichtig ausgestellt zu haben:

Postvermerk: „Unter Litt. B. n. 13 (ꝛc) eingetragen — durch: Rolf

Aufgabebezirk der Oberpost-Direktion } M. — Aufgabeort: B. den 4. Okt. 1869."

Der Schw.-GH. verurtheilte indessen nur aus den §§ 324. 325 wegen Amts-Unterschlagung, und erachtete den § 323 für ausgeschlossen, weil keine „Urkunden" im Sinne des Gesetzes vorlägen, da die von R. unrichtig ausgestellten Vermerke nur zur Vermittlung des innern Verkehrs der einen Postanstalt mit der andern bestimmt seien. —

Auf die NB. des StA.s wurde das Erkenntniß vernichtet und R. aus § 323 verurtheilt. Gründe:

Die Feststellungen enthalten den Thatbestand einer unter die §§ 324 und 325 des StGB.s fallenden Unterschlagung überhaupt nicht, da es sich von Geld, welches der Angeklagte in amtlicher Eigenschaft empfangen haben soll, nicht handelt. Dagegen bilden die auf den fraglichen drei Postanweisungen befindlichen Postvermerke keineswegs, wie das Schwurgerichtsurtel ,annimmt, blos auf den inneren dienstlichen Verkehr der einen Postbehörde mit der anderen, bezügliche Schriften, sondern Urkunden und Beurkundungen im Sinne des § 323 in Verbindung mit § 247 des StGB.s. Denn diese Postvermerke bilden einen integrirenden Theil der Postanweisungen selbst. In ihnen liegt wesentlich der amtlich beurkundete Nachweis über die Einzahlung des für den Adressaten bestimmten Geldbetrages an die Postkasse, ohne welchen die Postanweisungen selbst am Orte des Adressaten keine Berücksichtigung finden konnten. Mit ihrem Dasein erwirbt aber der Adressat ein Recht auf die Auszahlung des in der Anweisung selbst ausgedrückten Betrages, und sie erhalten also erst mit dem Vermerk und durch diesen die Bedeutung einer Urkunde, die für die Rechte und Rechtsverhältnisse dritter Personen von Erheblichkeit ist. Die fälschliche Anfertigung dieser Vermerke, welche der am Absendungsorte befindliche Postbeamte in seiner amtlichen Eigenschaft und in gewinnsüchtiger Absicht vorgenommen hat, fällt mithin unter die Strafvorschrift der amtlichen Urkundenfälschung des § 323 l. c.

Antr. d. GStA.: gleichl. [27.—3.]

---

**Rechtsmittel. — Beruhigung. — Zurücknahme. — Bedingte Anmeldung.**

**1. Der Angeklagte, welcher sich bei einem verurtheilenden Erkenntnisse ausdrücklich „beruhigt" hat, kann diese Erklärung später zurücknehmen, und trotz derselben das statthafte Rechtsmittel anmelden, so lange die betr. Frist nicht verstrichen ist.**

Vdn. v. 3. Jan. 1849 Abschn. IV [S. 451 n. 6]. Vgl. RdOTr 8. S. 184.

**2. Kann ein Rechtsmittel wirksam unter einer Bedingung ergriffen werden?** [vom OTr. nicht entschieden].

Ebendas [n. 3].

**Erk. (V. II.) v. 21. April 1870 c Schiffner** (160. II. Cr.)

Nachdem Sch. in 1. Instanz am 13. Okt wegen einfachen Bankerutts aus § 261 des StGB s verurtheilt worden war, erklärte er in einer dem KG. eingereichten Schrift, daß er sich bei dem Erkenntnisse „beruhige" und verband damit die Bitte, sich im Gefängnisse selbst beköstigen zu dürfen. Das KG. beschloß; diese letztere Bitte nicht zu gewähren. Noch ehe aber diese Verfügung dem Sch. bekannt gemacht worden war, ging am 21. Okt beim KG. eine zweite Schrift ein, in welcher Sch. erklärte: „er habe sich bei dem verurtheilenden Erkenntnisse nur unter der Bedingung beruhigen wollen, daß ihm die Selbstbekostigung im Gefängniß gestattet werde; sollte dieses in seinem ersten Schreiben nicht ausgedrückt sein, so erkläre er es hiermit ausdrücklich und melde zugleich eventuell die Appellation an." — Das AG. erachtete eine solche „eventuelle" Appellation für unzulässig: man könne das an eine Präklusivfrist gebundene Rechtsmittel nicht an beliebige Bedingungen knüpfen, und dadurch vielleicht die vorgeschriebene Frist willkürlich verlängern. Die vom Angeklagten hiergegen ergriffene NB. erachtete der dieselbe beantwortende StA. für begründet, weil im vorliegenden Falle der Eintritt der zugefügten Bedingung noch innerhalb der Appellationsfrist in den Akten konstatirt worden sei; die Erklärung also dadurch den Charakter einer unbedingten erlangt habe Die Gen.-Staatsanwaltschaft sprach sich ebenfalls für die Vernichtung des App.-Erkenntnisses aus: es sei allerdings unstatthaft durch eine dem Rechtsmittel hinzugefügte Bedingung die Rechtskraft des Urtheils über die gesetzliche Präklusivfrist hinaus in Frage zu stellen; ebensowenig sei es aber auch statthaft, durch eine Erklärung der gedachten Art mit dem Gerichte in eine Verhandlung über das von ihm zu beobachtende Verfahren einzutreten; da indessen jede derartige Erklärung immerhin erkennen lasse, daß der Angeklagte sich der Verurtheilung nicht unbedingt unterwerfen wolle, so müsse die hier der Anmeldung des Rechtsmittels zugefügte Bedingung für non scripta angesehen, das Rechtsmittel also für gewahrt erachtet werden.

Das OTr. hat das angefochtene Erkenntniß vernichtet und die Sache „zur Verhandlung und Entscheidung" an das AG. zurückverwiesen.

Die Gründe führen zunächst aus, daß der Angeklagte unzweifelhaft trotz der anfänglichen „Beruhigung" innerhalb der Appellationsfrist das Rechtsmittel noch immer habe ergreifen können. Sodann wird erwogen, daß hier von einer „bedingten Einlegung des Rechtsmittels gar nicht die Rede sei", weil im Augenblicke, wo die zweite Schrift einging, bereits festgestanden habe, daß die Voraussetzung, unter welcher sich Sch. beruhigen wollte, nicht eingetreten sei.

Antr. d. GStA: gleichl. [29.—3.]

## Urkunde. — Vernichtung. — Feststellung.

**Bei einer Anklage wegen Vernichtung einer Urkunde muß der verurtheilende Instanzrichter nach dem Ergebnisse der Beweisaufnahme feststellen, daß das betr. Schriftstück den die Eigenschaft der betr. Urkunde bedingenden Merkmalen entsprochen habe; es genügt daher nicht, wenn das Schriftstück ohne Weiteres als „Wechsel" bezeichnet wird.**

StGB. § 243 Nr. 8 [n. 53].

Erk. (B. I.) v. 22. April 1870 c. Kremling (361 I. Cr.).

Der § 243 Nr. 8 des StGB.s straft die Vernichtung rc. von Urkunden. Er fordert also als Objekt des Vergehens ein Schriftstück, welches die Erfordernisse des § 247 des StGB.s enthält. Dies folgt aus dem Verhältnisse des alleg. § 243 Nr. 8 zum § 281 ibid., welcher allgemein die Vermögensbeschädigung durch Beschädigung oder Zerstörung von Sachen, zu denen in ihrer Allgemeinheit auch Urkunden gehören würden, straft. Die Qualification des Vergehens im § 243 Nr. 8 setzt also voraus, daß das Gesetz hier die erhöhete Beschaffenheit des Objektes vor Augen gehabt habe, und diese kann eben nur in der juristischen Beschaffenheit, wie sie im § 247 bezeichnet ist, gefunden werden. Im vorliegenden Falle handelt es sich nach dem Inhalt der Anklage und der Erkenntnisse beider Instanzen um einen Wechsel. Der Thatbestand des hier vorliegenden Vergehens fordert mithin die Beurtheilung des Schriftstücks durch den erkennenden Richter im Sinne der §§ 247 und 251 Nr. 5. Die Urkunde, um welche es sich hier handelt, liegt nicht vor, indem sie vernichtet ist. In einem Falle solcher Art muß also die Beweisaufnahme zugleich auf Feststellung des Inhalts des Schriftstücks und, da es sich um einen Wechsel handelt, auch auf seine den Vorschriften des Wechselrechts entsprechende Form, in deren Ermangelung aber wenigstens auf seine unter den allgemeinen Begriff des § 247 fallenden Erfordernisse, gerichtet sein. An einer dem entsprechenden Beurtheilung resp. Feststellung fehlt es hier aber. Es ist überall nur von einem Wechsel die Rede, und die Schlußfeststellung des App.-Urtels, daß der Angeklagte „eine Urkunde" vernichtet habe, ist daher zur Anwendung des Strafges.s nicht ausreichend.

Antr. d. GStA.: entg. [15.—8.]

---

## Zustellung. — Gefängnißbeamter.

**Die Zustellung der Urtheilsausfertigung an den verhafteten Angeklagten kann nicht wirksam zu Händen eines Gefängnißbeamten erfolgen.**

Ges. v. 3. Mai 1852 Art. 33 [n. 10].

**Beschl. (I.) v. 22. April 1870 c. Schreiber** (515. I Cr.)

spricht den obigen Grundsatz unter Hinverweisung auf Z. Pl. v. 19. Dez. 1857 c Schmerl (JMBl. 58. S. 40) aus. [28 — .]

---

**Uebertragung von einem Gerichte an ein anderes. — Konnexität. — Ober-Tribunal. — Ober-Appellationsgericht.**

Sind zwei konnexe Untersuchungssachen bei verschiedenen theils dem Ober-Tribunal, theils dem Ober-App.-Gerichte untergeordneten Gerichten anhängig geworden, so kann ihre Verbindung durch Hinverweisung der einen Sache an das mit der andern Sache befasste Gericht durch ein Zusammenwirken der beiden höchsten Gerichtshöfe erfolgen.

StPO. §§ 39. 40. 42; Ges. v. 3 Mai 1852 Art 4 [n. 16]. Vgl. RbOTr. 8. S. 532 508; 10. S. 598.

**Beschl.** (OTr II — OAG) v. **22. April 1870 c Selbert** OTr. II, 34 B; OAG. II 400.

Bei den Kreisgerichten zu Altenkirchen und Dillenburg waren gegen mehrere Personen Untersuchungen wegen verschiedener Münzverbrechen anhängig geworden, welche offenbar unter einander konnex waren. Auf den Antrag der betr. Staatsanwalte erfolgte diesseits die Hinverweisung der bei dem KG. zu Altenkirchen anhängigen Sache an das zu Dillenburg durch ein Zusammenwirken des OTr s und des OAG.s in der Weise, daß zunächst das OTr. (durch Beschl. v 7 April) der beantragten und als zweckmäßig erkannten „Ueberweisung zustimmte", die Ueberweisung selbst aber dem OAG. „anheimstellte, weil das zu beauftragende Gericht dem Jurisdiktionsgebiete des letzteren angehöre", — und daß sodann das OAG. (durch Beschl. v. 22. April) die „Verbindung" der in Altenkirchen anhängigen Sache mit der in Dillenburg anhängigen aussprach und jene „vor die zuständigen Gerichte des Dillenburger Bezirks verwies."

Antr. d. GStA.: gleichl. [65.—6.]

---

**Widerstand. — Exekutiv-Beamter. — Auftrag. — Zuständigkeit.**

Der Widerstand gegen einen Exekutivbeamten ist nur insofern, als der letztere zur Vornahme der betr. Amtshandlung von einer zuständigen Behörde beauftragt worden war, zu bestrafen aus

StGB. § 89 [n. 13. 14]. Contra: Z. (I, 813) v. 1. Novbr. 1867 (RbOTr. 8. S. 653).

Erk. (S. I.) v. 22. April 1870 c. Andr. u. Aug. Spottke (255. I. Cr.).

Die Beschwerde der Angeklagten über unrichtige Anwendung der Vdn. v. 30. Juli 1853 (GS. S. 909), die executivische Beitreibung öffentlicher Abgaben betreffend, mußte insoweit begründet erscheinen, als der App.-Richter lediglich aus dieser Vdn. die Befugniß des Schulzen Kl. herleitet, wegen rückständiger Schulgeldbeiträge das Zwangsverfahren gegen den Angeklagten Andr. Sp. selbstständig anzuordnen, und mit der Ausführung den Exekutor W. zu beauftragen. Die gedachte Vdn. verleiht jedoch im § 2 bzw. Nr. 6 das Recht, wegen Schul-Abgaben das administrative Zwangsverfahren anzuordnen, nicht dem Dorfschulzen als solchem, sondern „den mit der Einziehung der Steuern oder Gefälle beauftragten Behörden oder Beamten", und sind dieselben befugt, wenn ihnen bestimmte Exekutoren beigegeben sind, „dieselben mit der Ausführung des Zwangsverfahrens zu beauftragen." Es bedurfte hiernach im vorliegenden Falle der thatsächlichen Feststellung, ob der Schulze Kl. der mit Einziehung der in Rede stehenden Abgabe beauftragte Beamte, und ob der Exekutor W. ihm dazu im Sinne des § 2 der cit. Vdn. beigeordnet ist. Eine solche thatsächliche Feststellung ist aber von den Instanzrichtern nicht getroffen, obwohl der Kreislandrath erst unterm 17. Juli 1869 die demnächst am 20. Juli zur Ausführung gekommene Zwangsvollstreckung verfügt hat, es aber festgestellt ist, daß beide Angeklagte sich am 12. Juli der auf alleinige Anordnung des Schulzen Kl. vorgenommenen Zwangsvollstreckung widersetzt haben, während am 20. Juli nur der Andr. Sp. Widerstand geleistet hat. Der App.-Richter erachtet zwar die Anwendung des § 89 des StGB.s auf den am 12. Juli geleisteten Widerstand schon dadurch begründet, daß der Exekutor W. jedenfalls eine Amtshandlung vornahm, wenn er im Auftrage seines Vorgesetzten, des Schulzen Kl. eine Zwangsvollstreckung vornahm; diese Ausführung ist jedoch nicht zutreffend, so lange nicht festgestellt ist, daß der Schulze Kl. an sich befugt ist, die Zwangsvollstreckung wegen Schul-

Abgaben anzuordnen und daß der Exekutor W. verpflichtet ist, dergleichen Aufträge des rc. Kl. auszuführen. Auch die aus der Vorschrift des § 3 der Vdn. v. 30. Juli herzuleitenden Folgerungen würden immer nur auf der Voraussetzung beruhen können, daß die betreffenden Abgaben von den an sich zu ihrer Einziehung befugten Beamten beigetrieben worden.

Antr. d. GStA.: gleichl. [30.—8.]

---

## App.-Gericht. — Erschöpfung der Anklage. — Selbstentscheidung.

**Ist durch einen die beantragte Eröffnung der Untersuchung ablehnenden Gerichtsbeschluß die Anklage nicht erschöpft worden, so muß das App.-Gericht auf die vom StA. erhobene Beschwerde, die ergänzende Entscheidung selbst treffen; es kann nicht das Rechtsmittel zurückweisen, weil der erste Richter über den Rest der Anklage noch nicht Beschluß gefaßt hat.**

Ges. v. 3. Mai 1852 Art. 16 [n. 1a].

**Beschl. (I.) v. 22. April 1870 c. St.** (133 B. I. Cr).

Der StA. hatte gegen St. die Eröffnung der Untersuchung wegen „Beamtenbeleidigung" bzw. schriftlicher Beleidigung (§§ 102. 152 des StGB.s) beantragt, das KG. diese aber abgelehnt, weil „eine Beamtenbeleidigung nicht vorliege." Die die Nichterschöpfung der Anklage rügende Beschwerde des StA s ward vom AG abgelehnt, „weil das KG. darüber, ob wegen schriftlicher Beleidigung einzuleiten, überhaupt noch keinen Beschluß gefaßt habe." — Vernichtung; das OTr. führte aus:

„durch die Beschwerde des StA.s über die Zurückweisung der Anklage sei das AG. in ganz gleicher Weise wie der erste Richter mit der ganzen Anklage nach allen rechtlichen Gesichtspunkten hin, auch wenn sie von der StA.-schaft nicht besonders hervorgehoben war, befaßt worden; es habe daher selbst prüfen und sich darüber aussprechen müssen, ob, wenn nach Lage der Sache auch keine Beamtenbeleidigung, nicht wenigstens doch eine schriftliche Beleidigung vorliege; — allerdings habe es das KG. nicht zur Einleitung der

Untersuchung anweisen können, wohl aber eventuell selbst die Untersuchung wegen schriftlicher Beleidigung eröffnen müssen."

Antr. d GStA.: gleichl. [18.—6]

---

## Geschworner. — Konkurs.

**So lange ein in Konkurs gerathener Kaufmann nicht die Wiedereinsetzung in den vorigen Stand erlangt hat, ist er unfähig, Geschworner zu sein; es genügt nicht, wenn der Konkurs durch bestätigten Akkord beendigt worden ist. — Die Mitwirkung eines solchen als Geschworner hat Nichtigkeit zur Folge.**

Vdn. v. 3. Jan 1849 § 62 [n. 8]; Konk-Ordn. v. 8. Mai 1855 § 310; Städte-Ordn. v. 30 Mai 1853 § 7. Vgl RdOTr. 10. S. 412.

**Erk. (B. I) v. 22 April 1870 c. Bölzke (481 I Cr).**

Bei der schwurgerichtlichen Verhandlung gegen B. hatte als Geschworner der Kaufmann Br mitgewirkt, welcher im J. 1866 in Konkurs gerathen, und wegen unregelmäßiger Buchführung aus § 261 des StGB.s verurtheilt worden war, dann aber einen (gerichtlich bestätigten) Akkord zu Stande gebracht hatte. — Das OTr hat dieserhalb das schwurgerichtliche Verfahren und Urtheil vernichtet. Gründe:

Nach dem § 310 der Konkurs-Ordnung kann ein in Konkurs verfallener Kaufmann während des Verfahrens und nach Abschluß desselben nicht auf der Börse erscheinen; er darf nicht Mitglied einer kaufmännischen Korporation sein, und er darf weder als Mäkler, noch als Verwalter im Konkurse, oder als Vertreter einer Partei in Handelssachen zugelassen werden, es sei denn, daß er die Wiedereinsetzung in den vorigen Stand erlangt habe. Die Beendigung des Konkurses durch Akkord hat nach § 318 l. c. nur die Wirkung, daß er von da ab wieder auf der Börse erscheinen darf und es kann ihm nach Umständen der mit der Mitgliedschaft bei der Korporation der Kaufleute des Orts verbundene Genuß von Rechten gestattet werden, wogegen die übrigen durch den Konkurs verlorenen Rechte nur durch die Wiedereinsetzung in den vorigen Stand erlangt werden können. Sodann bestimmt der § 7 der Städte-Ordnung für die sechs östlichen Provinzen vom 30. Mai 1853,

„daß, wenn ein Bürger in Konkurs verfällt, er dadurch das Bürgerrecht verliert, und die Befähigung, dasselbe wieder zu erlangen, ihm erst bei dem Nachweise der Befriedigung seiner Gläubiger verliehen werden kann."

Mit dem Verluste des Bürgerrechts geht aber auch die Befähigung zu Gemeindewahlen, desgleichen nach den Gesetzen v. 8. Mai 1837 und v. 23. Juli 1847 zur Ausübung ständischer Rechte und des Patronats, sowie in Folge des Art. 70 der Verf.-Urkunde v. 31. Jan. 1850 die Berechtigung, bei den politischen Wahlen mitzustimmen, verloren. Diese Unfähigkeit führt wenigstens theilweise den Verlust der bürgerlichen Ehre bereits nach der Nr. 3 des § 12 des StGB.s mit sich. — Hieraus ergiebt sich zur Genüge, daß die erwähnten Folgen eines ausgebrochenen kaufmännischen Konkurses den Vollgenuß der bürgerlichen Ehrenrechte schädigen. Es ist dabei auch gleichgültig, daß das Straf-Gesetzbuch älter ist, als die Konkurs-Ordnung, weil es sich gegenwärtig um einen Fall handelt, der sich unter der Herrschaft der letzteren ereignet hat. — Während nun die §§ 62 und 63 der Vdn. v. 3. Jan. 1849 vorschreiben, wer überhaupt nur zum Geschwornen berufen werden kann, spricht sich der Art. 56 des Ges.s v. 3. Mai 1852 darüber aus, welche Mängel in dieser Beziehung vor den Gerichten im Gegensatz zu den Verwaltungsbehörden geltend gemacht werden können, und bestimmt,

daß das Untersuchungsverfahren nichtig ist, wenn ein Geschworner mitgewirkt hat, welcher sich nicht im Vollgenuß der bürgerlichen Ehre befindet, oder die Eigenschaft eines Preußen nicht besitzt, daß dagegen der Mangel der übrigen Bedingungen der §§ 62 und 63 der Verordnung v. 3 Jan. 1849 vor den Gerichten nicht geltend gemacht werden kann.

Daraus erhellt die Unrichtigkeit der Ansicht der Vertheidigung, daß den Gerichten ganz allgemein die Befugniß nicht zustehe, einen Bürger als Geschwornen auszuschließen, da die Feststellung der Geschwornenlisten den Verwaltungsbehörden gebühre.

Antr. d. GStA: gleichl. [20.—8.]

———

**Berufungsgericht. — Wiederaufnahme des Beweisverfahrens. — Beschluss. — Mittheilung.**

Die Vorschrift, dass die Wiederaufnahme des Beweisverfahrens in der Berufungsinstanz nur auf den Grund eines dem Angeklagten bekannt zu machenden Beschlusses erfolgen könne, ist eine wesentliche; ihre Verabsäumung wird aber gedeckt, wenn der Angeklagte zu erkennen giebt, dass er dieselbe für eine ihm nachtheilige nicht erachte.

StPO. §§ 382. 390. Vgl. RdOTr. 10. S. 789.

Erk. (Z.) v. 27. April 1870 c. Coester (OAG. II. 56). [63.—6.]

---

**Beamter. — Chausseegeldpächter.**

Ein Chausseegeldpächter ist „Beamter" und als solcher zu Pfändungen befugt.

StGB. § 331 [n. 47]; Chausseegeld-Tarif v. 29. Febr. 1840 Zus. Bemerkt Nr. 22; Regulat. v. 7. Juni 1844 §§ 1. 3. 5.

Erk. (Z. I.) v. 27. April 1870 c. Dopke (262. I. Cr.).

Den Chausseegeldpächtern ist für ihren Berufskreis durch die zusätzlichen Vorschriften zum Chausseegeldtarif v. 29. Febr. 1840 Nr. 22 die Eigenschaft von Beamten beigelegt, ihnen auch insbesondere durch das Regulativ v. 7. Juni 1844 über das Verfahren bei Chausseepolizei- und Chausseegeld-Uebertretungen §§ 1, 3 und 5 die Befugniß zu Pfändungen in Fällen wie der vorliegende ertheilt worden; der App.-Richter hat thatsächlich festgestellt, daß der rc. H. zur Zeit, als ihm die Mißhandlung zugefügt wurde, sich in Ausübung seines Berufs befand. Auch der Einwand der Vertheidigung, daß die Berufsthätigkeit des H. mit der Ausführung der Pfändung ihr Ende erreicht habe, ist unbegründet, vielmehr war es augenscheinlich nur eine Fortsetzung jener Thätigkeit, wenn er dem Versuch des Angeklagten, den Erfolg der Pfändung zu vereiteln, entgegentrat.

Antr. d. GStA.: gleichl. [33.—8.]

**Zeuge. — Verletzter.**

**Der durch eine Strafthat Verletzte kann im Strafverfahren als Zeuge eidlich vernommen werden.**

StPO. §§ 161. 162. 389.

Erk. (Z.) v. 27. April 1870 c. Engel (OAG. II. 67).

Die StPO. bezeichnet in § 161 diejenigen Personen, welche als Zeugen unzulässig sind; unter diesen aber wird weder dort noch sonst wo in der StPO. der durch eine strafbare Handlung Verletzte genannt; namentlich auch nicht in § 162, wonach die Beeidigung eines Zeugen wegen dringenden Interesses zur Sache unterbleiben kann. Die Zulassung eines solchen Zeugen hängt hiernach von dem Ermessen des Gerichts, die Prüfung des Werthes derselben für Herstellung des Beweises aber nach § 7 der StPO. von der aus dem Inbegriffe der Verhandlungen geschöpften freien Ueberzeugung des Gerichts ab. Gegen keines von beiden ist nach § 389 der StPO. eine NB. zulässig.

Antr. d. OStA.: gleichl. [63.—6.]

---

**1. Sachverständiger. — Generalfrage.**
**2. Ausland. — Feststellung.**

**1. Die Vernehmung eines Sachverständigen über die Generalfragen ist nicht unerläßlich.**

Vdn. v. 3. Jan. 1849 § 22 [n. 51]. Vgl RdOTr 9. S. 524.

**2. Die Anwendung des Preußischen Gesetzes auf eine im Auslande verübte That ist durch die Feststellung bedingt, daß diese konkrete That auch im betr. Auslande strafbar sei; diese Feststellung gebührt aber dem Gerichtshofe, nicht den Geschwornen.**

StGB. § 4 Nr. 3 [n 29. 30]. Vgl. oben S. 61.

Erk. (Z. I.) v. 27. April 1870 c. Marcus (485. I. Cr.).

[1.] Im vorliegenden Falle handelt es sich nicht um die Vernehmung eines Zeugen, sondern eines ein für alle mal vereidigten Sachverständigen, welcher schon seit Jahren beim Königl. Stadtgericht zu Berlin fungirt, und es ist daher nicht zu bezweifeln, daß ihm die im § 319 der Crim.-Ordnung vorgeschriebenen Generalfragen sehr wohl bekannt sind, und daß er nicht unterlassen haben würde, es selbst anzuzeigen, wenn Umstände obgewaltet hätten, die seine Glaubwürdigkeit in dieser Sache irgend beeinträchtigen könnten ꝛc.

Antr. d. GStA: gleichl. [18—8]

---

## Urkundenfälschung. — Erheblichkeit.

**Die Aenderung einer Urkunde, welche für ihre Beweiserheblichkeit eine Bedeutung hat, ist eine Urkundenfälschung.**

StGB. § 247 [n. 21].

Erk. (V.) v. 27. April 1870 c. Müller (OAG II 47).

Die Ehefrau M hatte in mehreren aus dem Juni und Juli 1865 datirten Pfandscheinen des Pfandleihers R. die Jahreszahl 1865 in 1867 umgeändert, und jene dann an dritte Personen veräußert. Hierin ward der Thatbestand der Urkundenfälschung gefunden, weil nach einer auf den Scheinen befindlichen Notiz der Pfandleiher nach dem Ablaufe von vier Monaten berechtigt sein sollte, das nicht eingelöste Pfand versteigern zu lassen. Die Geschwornen bejahten die ihnen vorgelegte Frage, der GH. sprach aber von der Urkundenfälschung frei und verurtheilte nur wegen Betrugs, weil zur Zeit, wo die M. die Pfandscheine verkauft, die oben erwähnte 4monatliche Verfallzeit auch von dem falschen, durch die Angeklagte eingeschriebenen Datum an, abgelaufen und daß es somit für den Werth der Pfandscheine ganz gleichgültig gewesen sei, ob sie vom 28 Juni (5. Juli) 1865 oder 1867 datirten, somit habe die vorgenommene Veränderung der Jahreszahl für das Rechtsverhältniß, wie es in concreto vorliege, keine Erheblichkeit gehabt. — Vernichtung und Verurtheilung der M. aus den §§ 247. 250 56 des StGB.s. Gründe:

Darüber, daß die beiden fraglichen Pfandscheine als Urkunden im Sinne des StGB.s § 247 zu betrachten seien, waltet keine Meinungsverschiedenheit ob, auch der Schw.-GH. hat solches angenommen, und es ist evident, daß diese Scheine die Bestimmung hatten, einmal über den Inhalt des zwischen dem Darlehnnehmer und dem Pfandleiher abgeschlossenen Vertrages Beweis zu liefern, sodann auch den Inhaber als den Darlehnnehmer oder dessen Rechtsnachfolger zu legitimiren. Es hat aber der Schw.-G.H. angenommen, daß es, nachdem von den Geschwornen ausgesprochen worden, Angeklagte habe diese Pfandscheine erst verkauft, nachdem schon die viermonatliche Verfallzeit, gerechnet von dem falschen Datum an, abgelaufen gewesen, — für den Werth der Pfandscheine völlig gleichgültig erscheine, ob sie vom 28. Juni resp. 5. Juli 1865 oder 1867 datirten, demnach die vorgenommene Veränderung der Jahreszahl für das Rechtsverhältniß wie es in concreto vorliege, keine Erheblichkeit habe. Diese Annahme wird von der Kgl. Kronanwaltschaft als rechtsirrthümlich bekämpft und mit Recht. Denn die den fraglichen Scheinen zur Nachricht hinzugefügten Bedingungen, auf welche hin der Darlehnsvertrag zu Stande gekommen ist, besagen keineswegs, daß mit Ablauf der 4 monatlichen Einlösungsfrist das Pfand an den Darlehngeber anstatt Rückzahlung der geliehenen Summe sammt Zinsen verfallen sein solle, sondern, daß der Darlehngeber nach Ablauf der Einlösungsfrist das Pfand in nächster Auktion verkaufen dürfe. Durch bloßen Ablauf der Frist war mithin der Anspruch auf Rückgabe des Pfandes keinesfalls erloschen. — Außerdem besteht für den verkaufenden Pfandleiher die im gemeinen Rechte gegründete Verpflichtung, mit dem Darlehnnehmer oder dessen Rechtsnachfolger über die Darlehnsschuld sammt Zinsen und den Auktionserlös abzurechnen und den etwanigen Ueberschuß des Auktionserlöses an letztern herauszugeben. Für dieses Forderungsrecht des Pfandschein-Inhabers machte es aber einen erheblichen Unterschied, ob zu der laufenden Zinsschuld noch Zinsen für zwei bereits abgelaufene Jahre hinzukommen oder nicht. Dies genügt, um in der festgestellter maaßen in gewinnsüchtiger Absicht von der Angeklagten vorgenommenen Abänderung der Jahreszahl eine objektive Entstellung des beurkundeten Rechtsverhältnisses erkennen zu lassen, und da auch der Gebrauch zum Zwecke der Tau schung festgestellt ist: so waren alle wesentlichen Merkmale der Urkundenfälschung gegeben.

Antr. d. GStA.: Vernichtung. [62.—6.]

---

1. 2. Verlesung. — Vernehmung des Angeklagten. — Abschätzung.

3. Angeklagter. — Letztes Wort. — Beweis-Erneuerung.

1. Der Vorsitzende [des Schwurgerichtshofs] ist befugt, bei der Vernehmung des Angeklagten über seine persönlichen Verhältnisse den Inhalt der Akten, welche die von ihm geführten Prozesse betreffen und der Geschäftsbücher desselben den Geschwornen mitzutheilen.

Ges. v. 3. Mai 1852 Art. 25 [n 9a]. Vgl. RdOTr. 8. S. 499; 9 S. 189.

2. Dagegen darf eine uneidlich aufgenommene Abschätzung nicht ohne Gerichtsbeschluß vorgelesen werden.

Vdn. v. 3. Jan. 1849 § 22 [n. 14]. Vgl. RdOTr. 10. S. 708.

3. Hat nach den Vorträgen der Parteien eine nachträgliche Beweiserhebung Statt gefunden, so muß der Angeklagte nochmals zum Worte verstattet werden.

Ges. v. 3 Mai 1852 Art. 79 [n. 18. 30 31]. Vgl. RdOTr. 1. S. 514.

Erk. (Z. V. I.) v. 27. April 1870 c. Rosenberg (460. I. Cr.).

[1.] Das Audienzprotokoll ergiebt, daß die Angabe des Inhalts der gegen den Angeklagten angestrengt gewesenen Prozesse, sowie die Vorlegung der Geschäftsbücher, in Folge der Vernehmung des Imploranten über seine Vermögens-Verhältnisse, Seitens des Vorsitzenden des SH.s erfolgt ist, wozu derselbe nach Art. 76 des Ges.s v. 3. Mai 1852, welcher ihm die Leitung der Verhandlung und insbesondere das Verhör des Angeklagten überträgt, befugt war.

[2.] Anders verhält es sich jedoch mit der Mittheilung des Resultats der Abschätzung der Gebäulichkeiten des Angeklagten in der polizeilichen Verhandlung v. rc. Die letztere ist erst nach Erhebung der Anklage von der StA.-schaft veranlaßt worden, um, wie dieselbe in ihrer Gegenerklärung auf die NB. bemerkt, dem eventuellen Einwande des Angeklagten, daß seine Gebäude einen höhern Werth, als die Versicherungs-Summe gehabt, zu begegnen. Die diesfällige von dem Bürgermeister in M. unter Zuziehung des Rathmanns H. und des Tischlermeisters B. aufgenommene Taxverhandlung ergiebt aber in ihrem Schlusse, daß beide Sachverständige die Richtigkeit ihrer Taxe nur an Eidesstatt versichert haben, daß hiernach eine Vereidigung der Sachverständigen nicht nach Vorschrift des § 333 der Crim.-Ordn. erfolgt ist, bedarf keiner näheren Ausführung. Es hätten daher die Taxatoren nach § 14 der Vdn. v. 3. Jan. 1849 zum Schwurgerichts-Termine vorgeladen, vernommen und vorschriftsmäßig vereidet werden müssen, wenn auf ihr Gutachten Gewicht gelegt werden sollte. Statt dem hielt es die StA.-schaft für ausreichend, den Bürgermeister M. über den Werth der in seiner Gegenwart abgeschätzten Gebäude zu vernehmen, weil, wie sie in der erwähnten Gegenerklärung anführt, nach dem Ausfall der Taxe, nicht zu erwarten stand, daß der Angeklagte einen Einwand erheben würde. Nun hatte indeß derselbe bei seiner Auslassung im Schwurgerichts-Termine ausdrücklich erklärt, daß das Ergebniß jener Taxverhandlung nicht maaßgebend sein könne, weil die Versicherung der Gebäude nach deren damaligen Werthe geschehen, und dieser entschieden ein höherer gewesen. Dessenungeachtet begnügte sich der Vorsitzende des GH.s das Resultat jener Taxverhandlung einfach mitzutheilen, ohne daß das Protokoll ergiebt, daß die Nichtvereidigung der Sachverständigen bekannt gemacht, und ohne daß erwähnt ist, ob die gewählte Maaßregel zum Zwecke der Beweisaufnahme, oder nur zur näheren Aufklärung der Sache erfolgte. Nun ist zwar auch der Bürgermeister M. über den Hergang bei der Taxverhandlung im Audienz-Termine vernommen worden, seine Aussage beschränkt sich jedoch nur darauf, „daß die beiden Sachverständigen, der Kaufmann H. und der Tischlermeister B., die Grundstücke des Angeklagten in seinem Beisein, so abgeschätzt, wie die polizeiliche Verhandlung v. 2c. besage, nämlich 2c." Obschon der 2c. M. die Richtigkeit dieser Angabe auf seinen Amtseid versichert hat, so leuchtet doch von selbst ein, daß hierdurch keine vorschriftsmäßige Bekundung Sachverständiger herbeigeführt worden ist. Es liegt daher eine Verletzung der §§ 14. 21 der Vdn. v. 3. Jan. 1849, des Art. 25 des Ges.s v. 3. Mai 1852 und des § 333 der Crim.-Ordn. allerdings vor, da bereits die Anklage als Motiv der, dem Angeklagten zur Last gelegten That, die von ihm bewerkstelligte, angeblich zu hohe Feuerversicherungs-Summe hervorgehoben, und die von der StA.-schaft nachher veranlaßte polizeiliche Werthsermittelung der Grundstücke denselben Zweck, sowie die Begegnung eines, von dem Imploranten etwa zu erhebenden, und wie bereits bemerkt, wirklich geltend gemachten Einwandes, zum Gegenstande hatte.

[3.] Nach dem Schlusse der Verhandlung im Audienz-Termine, war dieselbe auf Verlangen eines Geschwornen behufs näherer Erörterung der Oertlichkeit wieder aufgenommen, und in Folge dessen, sowie auf den Antrag des Vertheidigers eine nochmalige Vernehmung von Zeugen veranlaßt worden. Nach der Vorschrift des Art. 79 des cit. Ges.s gebührte hierauf unter allen Umständen dem Angeklagten, resp. dessen Vertheidiger das letzte Wort, gleichviel, ob dieselben neue Thatsachen oder neue Beweismittel anzuführen hatten oder ob sie sich lediglich auf Ausführungen beschranken wollten, die sie in Folge der neuen Verhandlung anzubringen, für nothwendig erachteten. Anstatt hiernach zu verfahren, erklärte, wie das Audienz-Protokoll ergiebt, der Vorsitzende des Schw.-GH.s sofort den Schluß des Verfahrens, hielt seinen Vortrag und legte den Geschwornen die zu beantwortenden Fragen vor. Da nun der Vorsitzende nach demselben Art. 79 l.c. in seinem Vortrage nicht unterbrochen werden durfte, so war es nicht zu spät, wenn nach Beendigung desselben, der Vertheidiger von dem, gesetzlich dem Angeklagten zustehenden Rechte, Gebrauch machte, und zum Worte verstattet zu werden beantragte. Wenn hierauf der GH. dieses Verlangen blos um deshalb ablehnte, weil der Vertheidiger erklärt hatte, es seien keine neuen Thatsachen oder Beweismittel anzuführen, so befand er sich, wie ausgeführt, in einem Rechtsirrthume, verletzte den cit. Art. 79 und beschränkte zugleich in unzulässiger Weise das Vertheidigungsrecht im Sinne des Art. 108 Nr. 5. l. c.

Antr. d. GStA.: entgegen. [20.—8.]

---

**Civilrechtsweg. — Forstfrevel.**

**Der Einwand der Civilberechtigung ist in allen Forst- 2c. Frevel-Sachen ohne Unterschied zum Civilrechtswege zu verweisen, sollte sich auch das zutreffende Strafgesetz im Strafgesetzbuche finden. Der Strafrichter, welcher in einem solchen Falle selbst über die Berechtigungseinrede entscheidet, verletzt das** Ges. v. 31. Jan. 1845. Vgl. RdOTr. 5. S. 250; 1. S. 74; 2. S. 65.

**Erk. (S. I.) v. 27. April 1870 c. Zehlins** (253. I. Cr.).

Z, des unbefugten Befahrens eines durch den Königl Forst führenden geschlossenen Privatwegs (StGB § 347 Nr. 10) angeklagt, hatte eingewendet, daß er, sowie alle Besitzer zu B., das Recht jenen Weg zu befahren, durch Verjährung erworben habe. Auf den Grund eines erhobenen Beweises erachteten die Instanzrichter diesen Einwand für begründet und sprachen frei. Vernichtung aus dem oben hervorgehobenen Grunde, wobei das OTr. auf B. (II. 376) v 8. Dez. 1859 c. Fessel (JMBl. 60. S. 112) und auf B. (II. 370) v. 25. Okt. 1860 c. Weingartz (RdOTr. 1 S. 74) verwies. [18.—8.]

---

**Beweisantrag. — Anbringung. — Sitzung.**

**Die Nichtberücksichtigung eines Beweisantrags, welcher nicht in der Sitzung an das Gericht, sondern in einer Zwischenpause an den Vorsitzenden**

**allein gerichtet worden ist, kann nicht zum Gegenstande der Nicht.-Beschwerde gemacht werden.**

Vdn. v. 3. Jan. 1849 § 52 [n 21].

**Erk. (Z. II.) v. 28. April 1870 c. Dieckhoff (177. II. Cr.)**

Die NB. des vom Schw.-GH. wegen Wechselfälschung verurtheilten D. stellte auf, daß nach dem Abtreten der Geschwornen ein vernommener Belastungszeuge St den Vorsitzenden um nochmalige Vernehmung gebeten habe, damit er sein Zeugniß in Betreff eines Punktes vervollständigen könne, dessen Bedeutsamkeit ihm erst aus dem Schlußvortrage des Vorsitzenden klar geworden sei, diesem Antrage habe sich der Vertheidiger angeschlossen, beide seien aber durch den Vorsitzenden zurückgewiesen worden, „weil die Geschwornen bereits abgetreten seien." Hierin fand die NB. eine Beschränkung der Vertheidigung. Zurückweisung Das OTr. erwog:

daß es Sache des Angeklagten und seines Vertheidigers war, die angeblich außerhalb der öffentlichen Sitzung des Schw.-GH.s während der Berathung der Geschwornen dem Vorsitzenden des erstern und dem Vertheidiger gemachten nachträglichen Mittheilungen des Zeugen St. hinsichtlich ihrer Zulässigkeit und Erheblichkeit vor Verkündigung des Verdikts zum Gegenstande eines Antrages in der Sitzung zu machen und diesen, sowie den dadurch herbeigeführten Beschluß des GH.s im Audienz-Protokolle beurkunden zu lassen; daß aber dieses nicht geschehen und der Nichtigkeitsrichter nicht in der Lage ist, einen Beschluß oder ein Verfahren des Schw.-GH.s oder seines Vorsitzenden, wozu diesem gar kein legaler Anlaß gegeben war, seiner Kritik zu unterziehen, und weder die thatsächliche Erheblichkeit der vorgeblichen mündlichen und brieflichen Aeußerungen des Zeugen St., noch den Inhalt seines vor den Geschwornen abgelegten Zeugnisses und der übrigen Beweise zu prüfen, den Beruf und beziehungsweise die Möglichkeit hat.

Antr d. GStA.: gleichl. [23.—3]

---

**Chausseegeld. — Bestellungsfuhre. — Gemeindefeldmark.**

**Bestellungsfuhren rc. sind nur bei den Hebestellen in der Gemeinde- rc. Feldmark des Wohn-**

**orts des Fuhrherrn und in der des bewirthschafteten Grundstücks, vom Chausseegelde befreit.**

Chauss.-Geld-Tarif v. 29. Febr. 1840 Befreiungen Nr. 7 b. Vgl. RhOTr. 10. S. 457.

Erk. (B. II.) v. 28. April 1870 c. Kümpel (136. I. Cr).

Der in der Gemeinde D. wohnende Gr. besaß in der Gemeinde H. mehrere Grundstücke. Um diese zu erreichen, mußte er auf der Chaussee die in der Gemeinde X. belegene Hebestelle berühren. Demgemäß hat sein Dienstknecht K. wiederholt mit Bestellungsfuhren die Chaussee an der betr Stelle benutzt, das Chausseegeld aber nicht entrichtet. Deshalb der Chausseegelddefraude beschuldigt, ward er in 1 Instanz vom (Rh.) PG. verurtheilt, in 2. Instanz aber freigesprochen, weil: „die im Chauss.-Geld-Tarif v. 29. Febr. 1840 unter Nr. 7 b. verfügte Befreiung im Interesse der Landwirthschaftsführung der betheiligten Grundbesitzer gewährt, und daher nicht nothwendig auf die Gemeinde- oder Gutsfeldmark zu beschränken, und somit eine Ausdehnung nach dem Sinne und Zwecke des Gesetzes für zulässig zu erachten sei." Vernichtung und Verwerfung der Berufung. Das OTr. erwog:

daß unter Nr. 7 b. des Chaussee-Geld-Tarifs v. 29. Febr. 1840 in unzweideutigen Worten die Bestellungs- und Erntefuhren von dem Chausseegelde nur bei der Hebestelle in der Gemeinde- oder Gutsfeldmark und in der Feldmark, wo die bewirthschafteten Grundstücke ꝛc. liegen, befreit sind, bei allen übrigen Hebestellen aber auch von solchen Fuhren die Regel des Tarifs über Entrichtung des Chausseegeldes Platz greift und die Vorschrift Nr. 7 der zusätzlichen Bestimmungen den Uebertreter trifft;

daß das angegriffene Urtheil, indem es die unter Nr. 7b. l. c. genau begrenzte Befreiung von der Chausseegeldpflichtigkeit auf Fuhren ausdehnbar erklärt, die eine Hebestelle außerhalb der Gemeinde des Wohnorts des Fuhrherrn und außerhalb der Gemeindefeldmark, worin die mit Hülfe jener Fuhren zu bewirthschaftenden Grundstücke in einer benachbarten Gemeinde liegen, passiren, „weil die Befreiung im Interesse der Landwirthschaft gegeben sei," den klar ausgesprochenen Willen des Gesetzgebers darüber, wie weit er dieses Interesse berücksichtige, zuwiderläuft und wegen unrichtiger Anwendung der cit. Bestimmung Nr. 7b. und Nichtanwendung der Nr. 5 der zusätzlichen Bestimmungen der Kassation unterliegt.

Antr. d. GStA: gleichl. [23.—3.]

---

**Beschwerde. — Fristversäumniß. — Gericht. — Culpa. Kosten.**

**Eine nach Ablauf der Präklusivfrist an das zuständige höhere Gericht gelangende Beschwerde ist als verspätet zurückzuweisen, sollte auch das Gericht erster Instanz durch eine unrichtige Verfügung einen Irrthum des Angeklagten in Betreff der Fristberechnung hervorgerufen und durch die Verzögerung der Weiterbeförderung den verspäteten Eingang der Schrift mit verschuldet haben.**

**Dagegen erfolgt in einem solchen Falle die Zurückweisung der Beschwerde kostenfrei.**

Ges. v. 3 Mai 1852 Art. 14 [n. 2. 4]. Vgl. RtOTr. 11. S. 135.

**Beschl.** (II.) v. 28. April 1870 c. **Schlegel** (31 B II. Cr.).

Die Angeklagte hatte gegen das ihr am 10. März behändigte Urtheil 2. Instanz zunächst in einer unlegalisirten Schrift die NB. angemeldet und war am 15 März vom KG über jenen Formmangel beschieden und gleichzeitig belehrt worden, „daß die Frist zur Einlegung der NB. mit dem 21. März ablaufe" Sie erklärte darauf an diesem 21. März ihre NB. zu Protokoll, ward aber nunmehr mit derselben durch das KG. zurückgewiesen, weil die Frist schon mit dem 20. abgelaufen sei. Gegen diese ihr am 31 ej. behändigte Verfügung ergriff sie die Beschwerde, welche sie am 7. April wiederum beim KG. zu Protokoll erklärte; die betr. Verhandlungen trafen aber erst am 11. April, also nach dem Ablaufe der Präklusivfrist bei dem OTr. ein. Wegen dieser Fristversäumniß hat das OTr. die Beschwerde zurückgewiesen, gleichzeitig aber dem KG. bemerklich gemacht, daß die Bescheidung der Sch deshalb kostenfrei erfolge, weil bei jener Versäumniß ein Versehen des KG.s konkurrire, da „die protokollarische Erklärung v. 7 April bei der jeder Fristsache gebührenden Beschleunigung unbedenklich schon am 10. April (also rechtzeitig) in Berlin hätte eintreffen können und sollen; auch sei die Sch. durch die unrichtige

Belehrung v. 15. März zur verspäteten Anbringung der NB. induzirt werden.

Antr. d. GStA.: gleichl. [35.—3.]

---

## Rechtsanwalt. — Rechtfertigung eines Rechtsmittels. — Pflicht.

**Für einen Rechtsanwalt besteht keine Verpflichtung, ein für unbegründet erachtetes Rechtsmittel zu rechtfertigen.**

Vdn. v 3. Jan. 1849 Abschn IV. [S. 453 n. 25]; Ges. v. 3. Mai 1852 Art. 110 [n 36] Vgl. RdOTr 2. S. 5; 8. S. 191; 10. S 489.

Erk. (Z. II.) v. 28. April 1870 c. Wundermann. [29.—3.]

---

## 1. Gewerbesteuer. — Stepperei. — Handwerk.
## 2. Gewerbe. — Selbstständigkeit.

**1. Das (gewerbsmäßig betriebene) „Steppen" von Verzierungen in fertige Waaren ist kein „Handwerk" und daher der vom Handwerk zu zahlenden Gewerbesteuer nicht unterworfen.**

Gew.-Steuer-Ges. v 30. Mai 1820 Beil. B H.

**2. Derjenige, welcher ausschließlich die ihm von einem Fabrikanten gelieferten Materialien für dessen Rechnung gegen Arbeitslohn bearbeitet, treibt kein selbstständiges Gewerbe.**

Gew.-Ordn. v. 17 Jan. 1845 § 16; Vdn. v. 9. Febr. 1849 § 23; [B.-Gew.-Ordn. v. 21. Juni 1869 § 14].

Erk (Z I.) v 29 April 1870 c. Farrenkopf (150. I Cr.).

[1.] Die vorigen Richter nahmen mit Recht an, daß die festgestellte Thätigkeit des Angeklagten, sich nicht als Betrieb eines Handwerks darstellt, daß er sich also auch nicht der Defraudation der Handwerks-Gewerbesteuer schuldig gemacht hat, wie die Steuerbehörde behauptet. Eine Legaldefinition des Begriffes „Handwerk" enthalten die Preuß. Gesetze nicht. Es muß daher auf die in dieser Beziehung von der Rechtswissenschaft aufgestellten Grundsätze, zurückgegangen werden, nach welchen ein Handwerk diejenige Thätigkeit ist, durch welche ganz rohe Naturprodukte oder ganz oder doch halb veredelte Rohmaterialien nach gewissen Regeln um Lohn oder für den Verkauf zu Gegenständen oder Artikeln, welche zur Befriedigung menschlicher Bedürfnisse, der Bequemlichkeit, des Vergnügens und des Wohllebens dienen, verarbeitet werden: Mitterm. D. Privatrecht, 6. Ausg. § 307 (II. S. 651); Weiske Handb. des Gewerbe-Rechts § 71; Runde D. Privatrecht 6. Aufl. § 465; Ersch u. Gruber Encykl. s. v. Handwerk. Der Angeklagte hat nun aber festgestelltermaaßen keine solche Rohprodukte oder Rohmaterialien zu Artikeln der erwähnten Art verarbeitet, sondern nur für Shawl- und Tuchfabrikanten, in deren (aus Rohmaterialien von ihnen gefertigte) dem Angeklagten gelieferte Fabrikate, nämlich in fertige wollene und gewebte Umschlagetücher Verzierungen und Figuren mit der Maschine gesteppt. Hierin kann rechtlich der Betrieb eines Handwerks nicht gefunden werden.

[2.] Der App.-Richter konnte aber auch gleichfalls ohne Rechtsirrthum annehmen, daß der Angeklagte überhaupt kein selbstständiges Gewerbe betrieben hat. Denn Selbstständigkeit des Gewerbes im Sinne des § 16 der Gew.-Ordn. v. 17. Jan. 1845 und des § 23 der Vdn. v. 9. Febr. 1849 über die Errichtung von Gewerberäthen ist nicht anzunehmen, wenn Jemand, wie hier, ausschließlich Material, welches ihm vom Fabrikanten geliefert wird, für dessen Rechnung gegen Zahlung von Arbeitslohn bearbeitet, z. B. verwebt, wie vom höchsten Gerichtshof bereits in dem Z. (II. 362) v. 5. Novbr. 1857 c. Esser (G. A. 6. S. 104; Rh. Arch. 53. 2 A. S. 50) bereits anerkannt und ausgeführt ist. In dem Z. (II. 63) v. 4. März 1868 c. Gantenberg v. 4. März 1858 ist aber auch ausgesprochen, daß der dortige Angeklagte, welcher für verschiedene Fabrikanten als Weber beschäftigt gewesen war, als ein selbstständiger Gewerbetreibender nicht habe angesehen werden können, weil der § 23 der Vdn. v. 9. Febr. 1849 nur diejenigen Fälle im Auge habe, wo Jemand unmittelbar den Consumenten gegenüber das Produkt seiner Thätigkeit verwerthet, was hier nicht geschehen ist, so daß der Angeklagte auch von diesem rechtlichen Gesichtspunkte aus nicht für einen selbstständigen Arbeiter erachtet werden konnte. Das Z. (II. 290) v. 25. Oktbr. 1860 c. Hille (JMBl. 61. S. 12), welches auf einem ganz andern Sachverhältniß beruht, und worin es sich um Bearbeitung von Rohprodukten, nämlich um Anfertigung von Cigarren handelte, steht der gegenwärtigen Entscheidung nicht entgegen.

Antr. d. GStA.: entg. [18.—6.]

---

Gewerbebetrieb. — Untersagung. — Steuervergehen.

Derjenige, welchem wegen Nichtzahlung der Gewerbesteuer der fernere Gewerbebetrieb untersagt worden ist, verwirkt, wenn er ohne Nachzahlung der schuldigen Steuer und ohne erneuerte Anmeldung des Gewerbes, dasselbe unversteuert fortsetzt, die Steuerdefraudationsstrafe und nicht die Strafe aus der Gew.-Ordn. v. 17. Jan. 1845 § 176 Abs. 1 Vgl. RdOTr. 4 S. 136; 9 S. 103,

Erk. (V. I.) v. 29. April 1870 c. Hudler (325. I. Cr.).

Der § 176 Abs. 1 der Gew.-Ordn. v. 17. Jan. 1845 bestimmt nur die Strafe für solche Fälle, wo es sich überhaupt nicht um ein steuerpflichtiges Gewerbe handelt, oder wo doch von einer Steuerdefraudation aus einem anderen Grunde keine Rede sein kann, wie z. B. in dem Falle, welcher dem vom AG. in Bezug genommenen Z. I. v. 23. Okt. 1863 c. Thieme (RdOTr. 7. S. 136) zum Grunde lag, wo der Angeklagte ausdrücklich dem Magistrat angezeigt hatte, daß er das ihm in Gemäßheit des § 35 des Gew.-Steuer-Ges.s untersagte Gewerbe weiter betreiben werde, während im vorliegenden Falle und in dem Falle des vom App.-Richter ignorirten V. I. v. 5. Febr. 1868 c. Christian (RdOTr. 9. S. 103) das dem Angeklagten untersagte Gewerbe ohne es von Neuem anzumelden und zu versteuern vom Angeklagten weiter betrieben ist.

Antr. d. GStA: gleichl. [18.—6.]

**Staatsanwalt. — Appellation. — Zeugenvernehmung.**

**Die Gerichte sind verpflichtet, auf die nach Anmeldung der Appellation vom Staatsanwalt gestellte Requisition informatorische Zeugenvernehmungen vorzunehmen; dagegen hat das betr. Gericht seinerseits zu prüfen, ob einem Antrage, die so vernommenen Zeugen zu vereiden, statt zu geben sei.**

Vdn v. 3. Jan. 1849 § 5 [n. 5] Vgl RdOTr 7 S. 200

**Beschl. (I.) v. 29. April 1870 c. Kallkowski (140 B. I. Cr.).**

Nachdem der StA. gegen das den K von der Anklage der Unterschlagung freisprechende Urtheil Appellation ergriffen hatte, beantragte er beim KG. die eidliche Vernehmung eines bis dahin noch nicht gehörten Zeugen. Die Gerichte beider Instanzen lehnten indessen diesen Antrag ab, „weil in den bei den Instanzgerichten anhängigen Untersuchungen diesen auch grundsätzlich die Entscheidung darüber zustehe, welche Maßregeln, insbesondere welche gerichtliche Proceduren zur Aufklärung der Sache vorzunehmen und ob und welche Beweise zu erheben seien." — Auf die Beschwerde des OStA.s hat das OTr „das AG. veranlaßt, die Erledigung der Requisition des StA.s mit der Maßgabe herbeizuführen, daß dem Gerichte die Prüfung vorbehalten bleibe ob die Vereidung des vernommenen Zeugen vorzunehmen sei. — Gründe:

Wenn nach Eröffnung einer Untersuchung die Beschlußnahme über Beweiserhebungen jeder Art, namentlich auch über eidliche Zeugenvernehmungen dem Gerichte der betreffenden Instanz zusteht, so steht doch nichts im Wege, daß der Staatsanwalt, wie zur Begründung einer Anklage, so auch zur Begründung einer vorläufig angemeldeten Appellation, zumal, wenn dieselbe noch der Zurücknahme unterliegt, und der zweite Richter mit derselben noch nicht befaßt ist [vgl. RdOTr. 6. S. 379], informatorische Zeugenvernehmungen herbeiführen und da ihm bestimmte Organe dazu nach der diesseitigen Gerichtsverfassung nicht zu Gebote stehen, deshalb die betreffenden Gerichte requiriren kann, und die Gerichte sich der Erledigung solcher Requisitionen zu unterziehen haben. Dabei versteht es sich jedoch von selbst, daß wenn in dergleichen Fällen die eidliche

Vernehmung von Zeugen verlangt wird, der requirirende Staatsanwalt ein solches Verlangen besonders motiviren muß, dem requirirten Gerichte auch die Prüfung darüber zusteht, ob die Vereidigung vorzunehmen sei; vgl. Beschl. (II. 46B) v. 5. April 1866 c. Jakob [RdOTr. 7. S. 200].

Antr. d. GStA.: gleichl. [28.—8.]

---

## Fragstellung. — Theilnehmer. — Hauptthat.

**Die den Theilnehmer betreffende schwurgerichtliche Frage muß den vollständigen Thatbestand der Hauptfrage enthalten. Es kann dieses durch eine Bezugnahme auf die gleichzeitig in Betreff des Thäters gestellte Frage, nicht aber durch eine Bezugnahme auf ein vom Thäter abgelegtes Schuldbekenntniß ersetzt werden.**

Ges. v 3. Mai 1852 Art. 80 [n. 8. 9].

Erk. (B. I.) v. 29. April 1870 c. Kneib (525. I. Cr.).

v. M und v. B. waren unter der Anklage der Urkundenfälschung, und Kn unter der Anklage: jene beiden zu dem gedachten Verbrechen angestiftet zu haben, vor den Schw.-GH. gestellt worden. Hier legte v. M. ein erschöpfendes Schuldbekenntniß ab. Es erfolgte daher die Befragung der Geschwornen lediglich in Betreff des v. B (Fr. 1) und des Kn. (Fr. 2); die letztere lautete:

„Ist Kn. schuldig, — — dem v. M und v. B. zur B.-gehung des ad 1 gedachten Verbrechens Anleitung gegeben, und ihnen in den Handlungen, welche die That vorbereitet, erleichtert und vollendet haben, wissentlich Hülfe geleistet zu haben?“

Die Geschwornen erklärten den v B. für „nicht schuldig“, bejahten dagegen die den Kn. betreffende Fr. 2, worauf seine Verurtheilung erfolgte. Vernichtung. Gründe:

Es ist ein wesentlicher aus der Natur des schwurgerichtlichen Verfahrens und aus der den Geschwornen übertragenen Befugniß der selbstständigen Beurtheilung der ganzen Thatfrage folgender Grundsatz, daß ihrem Ausspruch über die Theilnahme an einem Verbrechen auch die Hauptthat selbst, auf welche sich diese Theilnahme bezieht, unterbreitet werde, daß also die Fassung der Frage über die Theilnahme eine solche sein muß, welche, sei es durch die Mitaufnahme der Hauptthat selbst, oder durch Hinweisung auf die dieselbe betreffende Hauptfrage, jene selbstständige Beurtheilung und den Ausspruch darüber ermöglicht. Diesem Erfordernisse entspricht die gegen den K. gestellte Frage 2 nicht. Sie verweist auf diejenige Hauptthat, deren in der Frage 1 gedacht ist. Diese betrifft aber lediglich den Mitangeklagten v. B. Soweit also das Verdikt zur Frage 2 auch die Hauptthat bejahte, konnte sich diese Bejahung nur auf jenen Mitangeklagten v. B. beziehen. Nun ist es zwar richtig, daß jene Frage auch die Hauptthat des v. M. mitumfassen sollte. Allein diese Fassung ist, soweit sie die That des v. M. betrifft, völlig ungenügend. Denn der v. M. hat ein von allen Seiten als ausreichend erklärtes Geständniß abgelegt; er ist allein auf Grund dieses Geständnisses, also ohne Zuziehung der Geschwornen verurtheilt. Den Geschwornen lag also bei der Beantwortung der Frage 2 ein Thatbestand dieser Hauptthat des v. M., über welchen sie selbst zu urtheilen berufen und befähigt gewesen wären, gar nicht vor. Die Verhandlungen über jenes Geständniß hatten zwar in ihrer Gegenwart stattgefunden, aber ihnen war ein selbstständiges Urtheil darüber entzogen; das Geständniß lag ihnen seinem Inhalt und seiner Fassung nach bei der Abgabe ihres Verdiktes nicht vor, sie hätten vielmehr nur dann über dasselbe und über die daraus zu folgernde Schuld auch des v. M. urtheilen können, wenn die Frage 2 die Hauptthat des v. M. ihrem Thatbestande nach auch mit aufgenommen hätte. Richtig ist es zwar, daß, wie sich jetzt aus dem Protokolle ergiebt, das Geständniß des v. M. wörtlich denselben Thatbestand der Urkunden- und Wechselfälschung enthält, wie die den v. B. betreffende Frage 2. Allein dieses jetzt erhellende Resultat kann aus den oben angegebenen Gründen nicht entscheidend sein.

Antr. d. OStA.: gleichl. [15.—6.]

**Vorbehalt. — Schwurgerichtssache. — Zeitpunkt.**

**In Schwurgerichts-Sachen ist der Vorbehalt einer anderweiten Verfolgung nur so lange statthaft, als nicht die erhobene Anklage durch einen regelrechten Wahrspruch erschöpft ist; er kann also nicht zum ersten Male im Erkenntnisse gemacht werden, sollte auch der Staatsanwalt denselben rechtzeitig beantragt haben.**

Ges. v. 3 Mai 1852 Art. 86 [n. 38]. Vgl. RdOTr. 3. S. 217; 8. S 257.

Erk. (V I) v. 29. April 1870 c. Vigdor (31. I. Cr.).

Der höchste GH. hat bereits wiederholt namentlich in dem V. I. v. 16. Jan. 1863 c. Peters (RdOTr. 3. S. 217), auf dessen Ausführung hier verwiesen werden kann, anerkannt, daß der Vorbehalt einer anderweitigen Verfolgung in Schwurgerichtssachen nur so lange statthaft ist, als nicht die erhobene Anklage durch einen vom Vorsteher der Geschwornen verlesenen regelrechten Wahrspruch der letzteren erschöpft worden ist, und daß ein solcher Vorbehalt durch einen besonderen, in das Sitzungs-Protokoll aufzunehmenden, den Parteien zu verkündenden Beschluß des Gerichtshofes, nicht aber erst im Erkenntniß auszusprechen ist. Im vorliegenden Fall hat nun zwar der StA. den Antrag auf einen Vorbehalt zur anderweitigen Verfolgung des Angeklagten wegen fahrlässigen Meineides rechtzeitig, nämlich schon bei der Fragestellung, gemacht und es wäre daher die Pflicht des GH.s gewesen, über diesen Antrag des StA.s, noch bevor die Geschwornen in ihr Berathungszimmer gesandt wurden, Beschluß zu fassen und ihn den Parteien zu verkünden. Der StA. hat jedoch die NB. nicht eingelegt und diesen Mangel im Verfahren nicht gerügt, obwohl er dazu hinreichende Veranlassung hatte, da er wissen mußte, daß ein solcher erst im Erkenntniß ausgesprochener Vorbehalt in Schwurgerichtssachen unwirksam ist. Der Angeklagte war aber auch seinerseits berechtigt, wie geschehen, im Wege der NB. das mangelhafte Verfahren des GH.s, soweit es ihm zum Nachtheile gereichte, zu rügen, und auf Beseitigung des vom GH. zu spät ausgesprochenen Vorbehalts anzutragen.

Antr. d. GStA.: entg. [18.—6.]

---

1. Beschluß. — Kollegium. — Mitwirkung.
2. App.-Richter. — Beweiserneuerung. — Bedenken.
3. Unterschlagung. — Bei-Seite-Schaffen.

1. Gerichtsbeschlüsse, z. B. derjenige, welcher eine kommissarische Beweisaufnahme anordnet, müssen vom (erkennenden) Kollegium ausgehen. Daß dieses geschehen sei, ist zu vermuthen, sobald die betr. Verfügung unter dem Namen des Kollegiums vollzogen und vom Vorsitzenden und Referenten unterzeichnet ist.

Ges. v 3. Mai 1852 Art. 13 [n. a 1]

2. Der App.-Richter, welcher zu einer neuen Beweisaufnahme schreitet, braucht die Bedenken gegen die erstrichterliche Feststellung, welche ihn dazu veranlaßt haben, nicht ausdrücklich und speziell erkennbar zu machen.

Ebendas Art. 101 [n. 73]

3. Ein (den Thatbestand der Unterschlagung erfüllendes) Bei-Seite-Schaffen kann darin gefunden werden, wenn an der Sache solche Veränderungen vorgenommen sind, durch welche dieselbe der Wahrnehmung oder dem Wiederauffinden entzogen werden sollte und entzogen werden kann.

StGB § 225 [n. 46]

**Erk. (Z. I.) v. 4. Mai 1870 c. Behrendt (346. I. Cr.).**

[1.] Allerdings hat der § 134 der Vdn. v. 3. Jan. 1849 eine Fassung, welche erkennen läßt, daß der Beschluß resp. die Verfügung über die vom App.-Gericht zu veranlassende Beweisaufnahme durch dasselbe selbst, also von dem erkennenden Kollegium zu erlassen sei. Ueber die Form aber, in welchem ein solcher Beschluß äußerlich als solcher erkennbar sein soll, ist eine besondere Vorschrift nicht ergangen. Es muß daher nach der Natur der Sache angenommen werden, daß die betreffende Verfügung über die kommissarische Beweisaufnahme, welche im vorliegenden Falle die Vollziehung hat: „Königl. App.-Gericht Krim.-Senat Abth. II." und von dem ernannten Referenten und dem Vorsitzenden dieser Abtheilung vollzogen ist, in Folge des Beschlusses der erkennenden Abtheilung des App.-Gerichts und Namens derselben erlassen ist.

[2.] — — [spricht den obigen Grundsatz n. 2 aus]

[3.] Die Annahme, daß der Ausdruck „bei Seite schaffen" immer ein Wegbringen oder Verbergen der ganzen Sache, um sie dadurch der Wahrnehmung oder dem Wiederauffinden des Eigenthümers u. s. w. zu entziehen, erfordere, würde dem Sinne des Ges.s nicht entsprechen; es genügt daher auch eine Handlung, welche durch Verunstaltungen an der Sache, durch Veränderung ihrer Form, durch Vertilgung besonderer zur Erkennbarkeit dienender Merkmale geeignet ist, jenen Erfolg herbeizuführen, vorausgesetzt, daß sie, wie hier angenommen worden, zu diesem Zwecke vorgenommen ist. Die Analogie der §§ 55. 56 I. 7 des ALR.s trifft in dieser Beziehung zu. Das mit der bestimmten Nummer und Größenmarke von dem K. erkaufte Stück Bauholz trug, auch ohne daß dasselbe ihm körperlich übergeben war, das seinen Besitz bezeichnende Merkmal. Die Tilgung jener Zeichen hat daher allein schon sein Besitzrecht in Frage gestellt.

Antr. d. GStA.: gleichl. [15.—3.]

---

## Bankerutt. — Aufwand.

**Bei einem seine Zahlungen einstellenden Kaufmann kann ein übermäßiger Aufwand auch in solchen Ausgaben gefunden werden, welche zu an sich vollständig berechtigten Zwecken gemacht worden sind.**

StGB. § 261 Nr. 1 [n 10]

Erk. (Z. I) v. 4. Mai 1870 c. Huhn (373 I. Cr.).

H., wegen einfachen Bankerutts aus § 261 Nr. 1 des StGB s

bestraft, rügte in seiner NB, daß der App.-Richter irre, wenn er lediglich aus der Höhe seiner jährlichen Ausgaben den Schluß herleitet, daß er „durch Aufwand übermäßige Summen verbraucht habe"; nur derjenige treibe „Aufwand", welcher „unnöthiger Weise zu nicht unumgänglichen Zwecken Geld verausgabe"; es müsse daher in jedem Falle geprüft werden, zu welchem Behufe das Geld ausgegeben sei — Zurückweisung. Gründe:

Der § 261 Nr. 1 giebt keine Definition des dort gebrauchten Ausdrucks „Aufwand." Es ist aber klar, daß ein Maaßstab hierfür nur in den jedesmaligen Vermögens-Verhältnissen der betreffenden Person gesucht werden kann, um zu ermitteln, ob hiernach ihre Ausgaben gerechtfertigte gewesen, oder nicht. Die Zwecke, wofür sie verwendet worden, sind im Allgemeinen gleichgültig, sofern sie eben nur mit den Einnahmen in keinem Verhältniß stehen. Sie müssen nicht nothwendig verwerfliche sein, wie sich aus dem, in denselben § 261 Nr. 1 gebrauchten Ausdrucke „Ausschweifungen, Spiel oder Differenzhandel" ergiebt. In gleicher Weise hat bereits das Kgl. OTr. in dem Z. I. v. 2. Juli 1858 c. Schröder (Entsch. 39. 2. S 35) entschieden und sogar angenommen, daß auch solche Aufwendungen, welche aus Anlaß der geschäftlichen Verhältnisse gemacht worden, nicht ausgeschlossen seien. Dasselbe muß um so mehr für den Aufwand bezüglich des eignen und des Unterhalts der Familie gelten, als in dieser Hinsicht ein Jeder seine Ausgaben so einzurichten hat, daß sie nicht auf Unkosten seiner Gläubiger erfolgen.

Antr. d GStA : gleichl. [20—8]

---

**Urkundenfälschung. — Verdeckung einer anderen Strafthat. — Reale Konkurrenz.**

Ist eine Urkundenfälschung zur Verdeckung oder zur Sicherung der Fruchte einer anderen Strafthat begangen worden, so liegt ein Fall der realen Konkurrenz vor.

StGB. § 247 [n. 47].

**Erk. (Z) v. 4. Mai 1870 c. Klopp** (OAG. II. 70). [63.—6.]

---

## Beweisantrag. — Prüfung. — Gründe.

**Die Ablehnung eines gestellten Beweisantrags ist nicht genügend durch die Erwägung motivirt: „derselbe sei unerheblich und beweisunwürdig."**

Vdn. v. 3. Jan. 1849 § 52 [n. 27]. Vgl. RdOTr. 10. S. 171. 688.

Erk. (V. I.) v. 4. Mai 1870 c. Müller (391. I. Cr.). [28.—8]

---

## Begünstigung. — Gnadengesuch.

**Eine strafbare Begünstigung kann auch durch das Vorbringen unwahrer Thatsachen in einem Immediat-Gnaden-Gesuche verübt werden.**

StGB. § 37 [n. 7]. Vgl. RdOTr. 8. S. 538.

Erk. (Z. I.) v. 4. Mai 1870 c. Pinschower (396. I. Cr.).

P. hatte für einen Dritten ein Immediat-Gnaden-Gesuch angefertigt und demselben eine unwahre [angebliche eidesstattliche Versicherungen Dritter enthaltende] Bescheinigung beigefügt; deshalb als „Begünstiger" aus § 37 des StGB.s bestraft, rügte er im Wege der NB. Verletzung dieses Gesetzes. Zurückweisung. Gründe:

Der Verurtheilung ist mit Recht der § 37 des StGB.s zum Grunde gelegt worden, weil dieser § jeden,

> „der nach Verübung eines Verbrechens ꝛc. dem Thäter wissentlich Beistand leistet, um denselben der Bestrafung zu entziehen"

mit Strafe bedroht, ein solcher Beistand aber in der festgestellten Handlungsweise des Angeklagten von den Vorderrichtern ohne Rechtsirrthum gefunden werden konnte, indem zum Thatbestande des § 37 nicht erfordert wird, daß der geleistete Beistand von Erfolg gewesen ist, sondern schon eine zur Erreichung dieses Erfolgs vorgenommene unberechtigte Handlung genügt, wie solches vom OTr. schon in andern Fällen, namentlich auch in Bezug auf Gnadengesuche bei wissentlicher Behauptung unwahrer Thatsachen ausgesprochen ist; vgl. [Z. II. v. 16. Juni 1853 c. Freitag] G. Arch. I. S. 578; [Z. I. v. 15. Sept. 1867 c. Tischler: RdOTr. 8. S. 538].

Antr. d. GStA.: entg. [28.—8]

---

**Gewerbesteuer. — Fuhrmann. — Deklarationspflicht.**

**Fuhrleute müssen die Zahl der zu ihrem Gewerbe gehaltenen Pferde und demnächst die etwaige Vermehrung derselben zum Zwecke der Berechnung der Gewerbesteuer anzeigen. Sie verwirken im Unterlassungsfalle die Steuerdefraudationsstrafe selbst dann, wenn sie als „Kaufleute" in Klasse A II. (Ges. v. 19. Juli 1861) steuern.**

Gew.-Steuer-Ges. v. 30 Mai 1820 §§ 19 a. 39 b; Beil B Nr. Kb. Vgl. RdOTr. 3 S 144; 10 S. 599

Erk. (Z. I.) v. 4. Mai 1870 c. Pollak (20 I. Cr.)

Aus dem Zusammenhange der §§ 19 und 39 mit den übrigen Vorschriften des Gewerbesteuerges.s v. 30. Mai 1820 ergiebt sich unzweifelhaft, daß die §§ 19 und 39 eine solche Anzeige bei der Behörde erfordern, durch welche die Steuerbehörde in den Stand gesetzt wird, die dem Gewerbe aufzuerlegende Steuer richtig nach Maaßgabe der §§ 31. 32 u. 33 l. c. zu bemessen und festzusetzen, resp. wenn das Gesetz selbst schon, wie beim Fuhrmannsgewerbe, den Betrag der Steuer bestimmt, den richtigen Betrag von dem Steuerpflichtigen zu erheben. Nach der Beilage B. sub K b. zum Gewerbesteuerges. v. 30. Mai 1820 sollen aber Fuhrleute, welche zwei Pferde und darüber halten von jedem Pferde 1 Thlr. Steuer zahlen. Der Angeklagte war daher gestlich verpflichtet, diese nach der Zahl der zu seinem Gewerbebetrieb gehaltenen Pferde zu entrichtende Steuer, die er selbst berechnen konnte, zu bezahlen, auch zu dem Ende der Behörde die Zahl dieser Pferde, und eine etwanige Vermehrung derselben wahrheitsgemäß anzuzeigen. Er machte sich also dadurch, daß er dies unterließ allerdings einer nach § 39 b. l. c. zu bestrafenden Gewerbesteuer-Defraudation schuldig Erk. v. 29. Sept. 1869 c. Pringsheim [RdOTr. 10. S. 599]. Daß der Angeklagte als Kaufmann in Klasse A. II. in Gemäßheit des Ges.s v. 19. Juli 1861 die Gewerbesteuer entrichtet, ändert hierin Nichts, weil feststeht, daß der Angeklagte das Gewerbe als Frachtfuhrmann treibt, das Frachtfuhrmannsgewerbe aber nach dem Ges. v. 30. Mai 1820, welches in dieser Beziehung durch das Ges. v. 19. Juli 1861 nicht abgeändert ist, nicht der Steuer vom Handel unterliegt, sondern nach Beilage B. Kb. einer besonderen Steuer, deren Betrag von der Zahl der gehaltenen Pferde abhängt, unterworfen ist. Wenn sich endlich der Angeklagte auf die Artt. 273 u. 274 des HGB.s beruft, so erledigt sich auch dieser Einwand dadurch, daß nach Art. 11 des HGB.s die gewerbepolizeilichen und gewerbesteuerlichen Landesgesetze durch das HGB. nicht berührt werden.

Antr. d. GStA: gleichl. [18.—8.]

---

**Rechtskraft, relative. — Schwurgerichts-Sache.**

**Ist ein Erkenntniß auf die alleinige Nicht.-Beschwerde des Angeklagten wegen Verletzung eines Grundsatzes des Verfahrens vernichtet und die Sache an den Instanzrichter zurückverwiesen worden, so darf dieser bei der erneuerten Entscheidung keine höhere Strafe verhängen, als in dem vernichteten Erkenntnisse verhängt worden war.**

**Das gilt auch in Schwurgerichts-Sachen.**

Vdn. v. 3. Jan 1849 Abschn IV [S. 465 n. 68]. Vgl RdOTr. 8 S. 472.

Erk. (V. I.) v. 4. Mai 1870 c. Schröder (549. I. Cr.)

spricht unter Hinverweisung auf V. (I, 10) v. 19. Jan. 1855 c. Köhler (Präj. Nr. 130; Entsch. 29. S. 455) und auf V. Pl. v. 12. Nov. 1855 c Schlömer (Präj. Nr 189; Entsch. 31. S 326) den obigen Grundsatz mit dem Hinzufügen aus, daß die bezogenen Vorentscheidungen sich zwar nur auf Abtheilungssachen beziehen, daß dieselben Gründe aber auch für Schwurgerichtssachen vollständig zutreffend seien.

Antr. d. GStA gleichl. [34.—8.]

---

**Rechtsmittel. — Anmeldung. — Antrag auf Vernehmung. — Frist.**

**Hat der Angeklagte das Gesuch auf Bestimmung eines Termins zur protokollarischen Aufnahme eines Rechtsmittels so spät gestellt, daß demselben nach dem Ermessen des Gerichts nicht mehr entsprochen werden**

konnte, so ist das Rechtsmittel verloren, sobald die Präklusivfrist unbenutzt verstrichen ist.

Vdn. v. 3. Jan. 1849 Abschn. IV (S. 458 n. 39).

Beschl. (I) v. 4. Mai 1870 c Schrör (136 B. I. Cr.).

Antr. d. GStA.: gleichl. [34.—8.]

---

**Zeugenzwang. — Redakteur. — Erheblichkeit. — Prüfung.**

1. Ein Zeitungsredakteur ist von der Pflicht sich als Zeuge über eine in den Bereich seiner Redaktionsthätigkeit fallende Frage eidlich vernehmen zu lassen nicht entbunden.

Vdn. v 3 Jan. 1849 § 20 [n. 9]. Vgl RbOTr. 1. S. 388; 2. S. 91. 249 267. 408; 3. S. 72. 371 7. S 315.

2. Die Verpflichtung zur Vernehmlassung als Zeuge ist nicht dadurch bedingt, daß die Erheblichkeit der vorgelegten Frage für die betr. Untersuchungssache positiv erkennbar sei.

Cr.-Ordn § 314 Nr. 4, Vdn v. 3 Jan. 1849 § 20 [n 2].

Beschl. (II.) v. 5. Mai 1870 c. Schl. (37 B. II Cr.)

Gegen den — Lehrer Schl war ein Disciplinarverfahren u A. deshalb eingeleitet worden, weil er einen in der —Zeitung veröffentlichten Artikel verfaßt habe. Da er diese Thatsache leugnete, so erfolgte auf Requisition des bestellten Untersuchungs-Commissars die gerichtliche Vernehmung des Redakteurs jener Zeitung B. Dieser versicherte: „Schl. sei nicht Einsender des Artikels", lehnte aber jede weitere Auslassung über die Person des Einsenders ab. Beide Instanzgerichte haben diese Weigerung für gerechtfertigt erachtet. Das App.-Gericht weist in den Gründen seines Beschlusses zunächst darauf hin, „daß die möglichste Aufrechthaltung der Anonymität der Correspondenten einer Zeitung von einem erheblichen öffentlichen Interesse sei," und erkennt sodann die Verpflichtung eines Zeugen, auf eine ihm vorgelegte Frage zu antworten, nur in dem Maaße an

„als die Erheblichkeit der Frage für die eingeleitete Untersuchung positiv erkennbar sei;"

letzteres treffe bei der dem B. vorgelegten Frage: „wer der Einsender des veröffentlichten Artikels sei", nicht zu; 2c.

Auf die Beschwerde des Provinzial-Schul-Kollegiums hat das OTr. den app.-gerichtlichen Beschluß aufgehoben und die Sache zur nochmaligen Prüfung der gegen den ablehnenden kreisgerichtlichen Beschluß erhobenen Beschwerde an das AG. zurückverwiesen, indem es erwog:

daß von der durch § 311 der Crim.-Ordn. begründeten allgemeinen Verpflichtung, sich in Strafsachen als Zeuge vernehmen zu lassen, Zeitungs-Redakteure als solche nicht ausgenommen sind, insbesondere nicht durch die Straf-Vorschrift des § 37 des Preßges.s v. 12. Mai 1851;

daß die Thatsache, wer der Verfasser oder Einsender eines durch die Zeitung veröffentlichten Artikels sei, auch nicht als ein, dem Redakteur anvertrautes unverletzbares Geheimniß im Sinne des § 313 Nr. 1 — selbst wenn eine analoge Anwendung dieser Vorschrift auf andere Personen, als Geistliche zulässig wäre — zu erachten ist;

daß die Zeugnißpflicht sich auf die Beantwortung aller Fragen, welche dem Zeugen vorgelegt werden, erstreckt, soweit das Gesetz nicht eine besondere Ausnahme macht, (§ 313 Nr. 4) dem Zeugen daher, abgesehen von dieser Ausnahme, nicht zusteht, die Beziehbarkeit einer ihm vorgelegten Frage zu dem Gegenstande der Untersuchung zu prüfen und die Beantwortung der Frage davon abhängig zu machen, daß ihm zuvor diese Beziehbarkeit nachgewiesen werde;

daß die erwähnte Ausnahme sich auf den Fall beschränkt:

„wenn bei einer mit dem Gegenstande der Vernehmung offenbar nicht in Verbindung stehenden Frage der Zeuge nicht ohne scheinbaren Grund befürchtet, daß deren Beantwortung für seine Person nachtheilige Folgen haben möchte;"

daß es dieser Vorschrift nicht entspricht, wenn das Kgl. AG. in dem Beschlusse v. rc. eine Ausnahme von der Zeugnißpflicht bei einem Zeitungs-Redakteur mit Rücksicht auf das öffentliche Interesse, welches in der möglichsten Aufrechthaltung der Anonymität der Korrespondenten der Zeitungen bestehe, schon dann annimmt, wenn die Erheblichkeit der ihm vorgelegten Frage für die Untersuchung nicht positiv erkennbar sei;

daß vielmehr jenes angebliche öffentliche Interesse bei der Beurtheilung der Zeugnißpflicht nach der Vorschrift der bestehenden Gesetze nicht ins Gewicht fällt, die Ausnahme des § 313 Nr. 4 aber nicht auf den Mangel positiver Erkennbarkeit des Zusammenhanges, sondern darauf gestellt ist, daß bereits offenbar sei, daß die Frage mit dem Gegenstande der Vernehmung nicht in Verbindung stehe;

daß hiernach der angefochtene Beschluß, wegen Verletzung des § 313 Nr. 4 durch unrichtige Anwendung, aufgehoben werden muß, es indessen noch einer anderweitigen thatsächlichen Beurtheilung des Weigerungsgrundes vom Standpunkte der hier zur Geltung gebrachten Rechtsauffassung bedarf.

Antr. d. OStA.: gleichl. [35.—3.]

---

**Vermögensbeschädigung. — Dienen zum öffentlichen Nutzen.**

**Eine auf einem Privatgrundstücke stehende Baumreihe kann als „zum öffentlichen Nutzen dienend" angesehen werden, wenn dadurch [bestimmungsmäßig] die anstoßende Dorfstraße markirt oder gekennzeichnet wird.**

StGB. § 282 [n 8].

Erk. (Z. I) v. 6. Mai 1870 c. Böse (287. I. Cr.). [33.—8.]

---

**Mißhandlung. — Schmerz. — Mißbehagen.**

**Der Instanzrichter kann eine „Mißhandlung" darin finden, wenn Jemand einen Anderen anfaßt und trotz seines Widerstrebens an einen andern Ort führt, sobald dadurch ein körperliches Mißbehagen (Schmerzen) hervorgerufen worden sind.**

StGB. § 187 [n 3].

Erk. (Z. I) v. 6. Mai 1870 c. Gehle (371 I. Cr.). [30.—8.]

---

## Zeuge. — Eidesfähigkeit. — Verurtheilung.

**Die Vereidung eines Zeugen, welcher zugestanden hat, wegen eines mit zeitiger Untersagung der Ehrenrechte bedrohten Vergehens bestraft zu sein, hat die Nichtigkeit des Verfahrens zur Folge, insofern nicht festgestellt ist, daß derselbe die Eidesfähigkeit inzwischen wieder erlangt habe.**

StGB. § 21 [n. 7].

**Erk. (B. I) v. 6. Mai 1870 c. Kruschke** (408. I. Cr.).

Die [Zeugin] H. hat bei der mündlichen Verhandlung nach Inhalt des Sitzungsprotokolls angegeben, „daß sie vor etwa 4 Jahren wegen Diebstahls mit 3 Monaten Gefängniß bestraft sei"; es lag also das Geständniß einer Bestrafung vor, mit welcher an sich nach § 216 des StGB.s zeitige Untersagung der Ausübung der bürgerlichen Ehrenrechte verbunden ist. Ob dabei die in der Voruntersuchung gemachte Angabe der Zeugin, daß sie jetzt im Besitze der bürgerlichen Ehrenrechte sei, speziell zur Sprache gebracht ist, ergiebt das Sitzungsprotokoll nicht; es hätte auch eine solche allgemein einseitige Angabe nicht genügt, vielmehr nach § 21 resp. 12 Nr. 4 l. c. einer nähern Feststellung bedurft, wann sie die gegen sie erkannte Freiheitsstrafe verbüßt hat und auf welche Zeitdauer ihr die Ausübung der bürgerlichen Ehrenrechte rechtskräftig untersagt ist. Der GH. ist somit, indem er die 2c. H. als Beweiszeugin zugelassen hat, der ihm nach § 22 der Vdn. v. 3. Jan. 1849 obliegenden Pflicht, festzustellen, ob die 2c. H. nach den bestehenden gesetzlichen Vorschriften als Zeugin eidlich vernommen werden konnte, nicht nachgekommen, hat dadurch eine wesentliche Vorschrift des Verfahrens verletzt.

Antr. d. GStA.: entg. [30.—8.]

---

## Beschlagnahme. — Fiskal-Behörde.

**Die Beeinträchtigung einer Beschlagnahme, welche eine fiskalische Behörde lediglich zum Schutze eines**

**angeblichen Privatrechts durch einen Polizeibeamten hat vornehmen lassen, fällt nicht unter**

StGB. § 272 [n 9].

**Beschl. (I.) v 6. Mai 1870 c. Malchow, Schulz u Gen.** (129 B. I Cr.).

[Die Instanzgerichte] gehen in ihren Beschlüssen ohne erkennbaren Rechtsirrthum von der thatsächlichen, also nicht anfechtbaren, Annahme aus, daß diejenigen Weiden, welche der Korbmachermeister M. der Beschlagnahme entzogen haben soll, von der Königl. Regierung daselbst nicht im strompolizeilichen Interesse, sondern lediglich zur Sicherung und zum Schutze eines zwischen dem Schulzen Sch. und dem Fiskus streitigen Rechts in Beschlag genommen worden sind. Derartige Civilansprüche konnte jedoch die Königl. Regierung nur im gerichtlichen Wege verfolgen, feststellen und sicherstellen lassen. Selbstständig eine solche Beschlagnahme vorzunehmen, war dagegen die fiskalische Behörde ebensowenig wie eine jede andere Civilprozeß-Partei befugt. Der § 272 des StGB.s setzt aber voraus, daß die Beschlagnahme von der zuständigen Behörde erfolgt ist, ein Fall, welcher hier nicht vorliegt.

Antr. d. GStA.: gleichl. [18.—8.]

---

**Eindringen. — Befriedigtes Besitzthum. — Zusammenrotten.**

**1. Das Betreten eines fremden Grundstücks stellt nicht nur dann, wenn es gegen den ausgesprochenen Willen des Eigenthümers geschieht, sondern auch dann ein „Eindringen" dar, wenn es erfolgte um den Hausfrieden, den Gewerbebetrieb ꝛc. zu stören.**

**2. Eine gewaltsame tumultuarische Vereinigung Mehrerer zu einem gesetzwidrigen Thuen stellt eine Zusammenrottung dar.**

StGB. §§ 214 [n 5. 2]. 91 [n. 2].

**Erk. (Z. 1) v. 6. Mai 1870 c. Sternberg u. Gen.** (496. I. Cr.).

Eine Anzahl feiernder Schmiedegesellen hatte sich vereinigt, und war um auch andere Gesellen zur Einstellung der Arbeit zu veranlassen, herumgezogen und, zum Theil gegen den ausdrücklichen Widerspruch der Eigenthümer, in die Werkstätten und Arbeitsräume verschiedener Schmiedemeister gedrungen. Hierin fanden die Instanzrichter den Thatbestand des § 214. NB. Zurückweisung. Gründe:

Allerdings ist das einfache Betreten eines Grundstücks, welches zur Wohnung und mit seinen befriedeten Räumen zum Betriebe eines Gewerbes dient, kein Eindringen, wohl aber ist es ein solches, wenn es wider den Willen des Eigenthümers, sollte dieser auch das Verbot erst gegen den bereits Eingetretenen ausgesprochen haben, (StGB. § 346 Nr. 1) geschieht, oder wenn mittelst des Eintretens Zwecke verfolgt werden, welche den Hausfrieden, den Gewerbebetrieb u. s. w. stören, und darum schon von vornherein jenes Eintreten als gegen den Willen des Eigenthümers geschehen zu erachten ist.

Im vorliegenden Falle ist das Betreten wider den Willen der Eigenthümer, welcher in zweien der Fälle zugleich durch das ausdrückliche Gebot, die Grundstücke zu verlassen, zu erkennen gegeben ist, erfolgt; es ist ferner geschehen, um die bei den Schmiedemeistern arbeitenden Gesellen zur Einstellung ihrer Arbeiten aufzufordern, also um dadurch den Gewerbebetrieb jener Meister zu stören. Es hat also ein widerrechtliches Eindringen der Angeklagten stattgefunden. Daß die Höfe der Meister zu deren befriedetem Eigenthum gehören, zumal sie nach der Feststellung des App.-Richters von der Straße abgeschlossen sind, und den Meistern zum Betriebe ihres Gewerbes dienen, kann einem Zweifel nicht unterworfen werden. Um so mehr gilt dies — was den Fall des Angeklagten Ehlert betrifft — von der Schmiedewerkstatt selbst, mag auch deren Betreten Jedem, der sie des Gewerbes wegen betritt, natürlich nicht verwehrt sein. Die Bemerkung des App.-Richters über die Berechtigung auch anderer Personen, wie Mitbewohner der Häuser, zum Betreten der Höfe und deshalb über die Beschränkung der Befriedigung rücksichtlich der hier in Rede stehenden Schmiedemeister auf die von ihnen speziell benutzten Theile der Höfe, ist auf die vorliegende Entscheidung ohne Einfluß. Möge die Handlung der Angeklagten, also die einfache Aufforderung zur Arbeitseinstellung, [nach der Gew.-Ordn. v. 17. Jan. 1845 § 182 und nach der B.-Gew.-Ordn. v. 21. Juni 1869 §§ 152. 153] hiernach nicht strafbar sein, so handelt es sich hier lediglich um die Frage, ob die Meister das Betreten ihrer Grundstücke mit dem offenkundigen und von den Instanzrichtern festgestellten Vorhaben solcher Aufforderung zur Arbeitseinstellung untersagen durften, resp. ob es von vornherein als wider deren Willen geschehend zu betrachten gewesen sei. Diese Frage war, wie bereits bemerkt, mit den Instanzrichtern zu bejahen und damit auch die Widerrechtlichkeit des Betretens.

[2.] Die Instanzrichter nehmen an, daß das Auftreten und Umherziehen von Gesellen in Trupps zum Zwecke der Aufforderung zur Arbeitseinstellung in den einzelnen Werkstätten an sich schon einen bedrohlichen Character gehabt habe; daß dieses Zusammentreten der Trupps zu einem gemeinsamen Handeln und Zweck stattgefunden habe, nämlich zu dem Zwecke, das befriedete Besitzthum der Meister auch wider deren Willen zu betreten; daß endlich das Auftreten der Gesellen in größeren Trupps das Verfahren zu einem tumultuarischen und gewaltsamen gestempelt und daß aus diesen Gründen ein Zusammenrotten stattgefunden habe. Hierin liegt kein Rechtsirrthum.

Antr. d. GStA.: gleichl. [15—8.]

---

## Beweisantrag. — Gegenbeweis.

**Der Richter kann den angetretenen Beweis eines Entlastungsmoments nicht lediglich aus dem Grunde als unerheblich ablehnen, weil ein Zeuge das Gegentheil bereits beschworen habe.**

Ges. v. 3. Mai 1852 Art. 101 [n. 60]. Vgl. RdOTr. 10. S. 19.

**Erk. (B. II.) v. 12. Mai 1870 c. Hebler** (187 II. Cr.).

In der Untersuchungssache gegen H. hatte der Zeuge W. es eidsich in Abrede gestellt, eine ihm zugeschriebene (seine Glaubwürdigkeit beeinträchtigende) Aeußerung gemacht zu haben. Der Angeklagte beantragte demnächst über die betr. Thatsache noch eine Zeugin zu vernehmen; das AG. lehnte indessen diesen Antrag ab, weil „Zeuge W. eidlich bekundet habe, eine solche Aeußerung nicht gemacht zu haben." Vernichtung. Gründe:

Es gehört zu den unbestrittenen und unbestreitbaren Rechten der Vertheidigung den Schuldbeweis der Anklage durch Gegenbeweis zu bekämpfen. Gründet demnach die Anklage ein Belastungsmoment auf die eidliche Aussage eines Zeugen, so muß es dem Angeklagten freistehen, einen an sich nicht unzulässigen Entlastungszeugen zu produziren, welcher das Gegentheil aussagen soll, von demjenigen, was der Belastungszeuge bekundet hat, und es kann daher auch die Vernehmung eines solchen Zeugen nicht und blos aus dem Grunde unerheblich sein, weil schon die entgegenstehende Aussage des Belastungszeugen vorhanden und beschworen sei. Bei der Zulässigkeit eines so allgemeinen Grundes, welcher von einer Würdigung der einander gegenüber gestellten Beweise und dem Werthe des Entlastungsbeweises gänzlich absieht, würde in der That die Führung des Gegenbeweises unmöglich gemacht werden.

Antr. d. GStA. : gleichl. [27.—6.]

---

## Beschlagnahme. — Subhastation. — Entziehung.

Die Einleitung einer Subhastation stellt, sobald die Eintragung des betr. Vermerks im Hypotheken-Buche erfolgt ist, eine Beschlagnahme dar. Wer demnächst von dem Immobile Theile abtrennt und bei Seite schafft, ist strafbar aus

StGB. § 272 [n. 5. 13]. Subh.-Ordn. v. 4. März 1834 § 5; [id. v. 15. März 1869 §§ 8—10] Vgl oben S. 175.

Erk. (B. I.) v. 12. Mai 1870 c. Hentrich (157. I. Cr.).

Der Arbeiter H., gegen welchen durch kreisgerichtliche Verfügung ein Haus zur Subhastation gestellt worden war, hatte nach Eintragung des Subhastationsvermerks ins Hypothekenbuch, von jenem Hause mehrere Gegenstände (Laden, Glasfenster, Dachrinnen rc.) abgetrennt und weggenommen. Gleichwohl ward er in 2. Instanz von der aus § 272 des StGB.s erhobenen Anklage freigesprochen, weil durch die Eintragung des Subhastationsvermerks in das Hyp.-Buch eine Beschlagnahme des Grundstücks mit Wirkung gegen jeden Dritten noch nicht herbeigeführt werde; dieser Vermerk laute nämlich dahin: „daß die nothwendige Subhastation des Grundstücks eingeleitet und daß spätere Dispositionen des Besitzers den eingetragenen Gläubigern unnachtheilig seien;" dadurch verliere der Eigenthümer weder Eigenthum noch Besitz noch Dispositionsrecht; er könne über das Grundstück verfügen; diese Dispositionen seien aber den Gläubigern gegenüber wirkungslos; daraus folge, daß der Eigenthümer, wenn er beweglich zu machende trennbare Theile des Grundstücks von demselben entferne, deshalb civilrechtlich verantwortlich, nicht aber, daß er auch aus § 272 strafbar sei; diese Wirkung würde vielmehr nur dann eintreten, wenn — was hier nicht geschehen — die Sequestration des Grundstücks herbeigeführt worden sei."

Vernichtung und Zurückverweisung der Sache an das AG. Gründe:

Unter den Sachen, welche der § 272 des StGB.s zum Objekt seiner Disposition macht, sind alle Gegenstände begriffen, welche einer Pfändung oder Beschlagnahme unterworfen sind. Die Pfändung oder Beschlagnahme stellt einen Akt dar, durch welchen zur Sicherung eines Privat- oder öffentlichen Interesses eine Sache unter öffentlicher Autorität in der Hand des zeitigen Eigenthümers oder Inhabers gleichsam festgelegt und vorläufig seiner freien Verfügung entzogen wird. Dahin gehört denn zunächst die Pfändung oder Beschlagnahme, welche als Executionsmaßregel von der zuständigen Behörde verfügt oder verhängt wird, um demnächst aus der Veräußerung der gepfändeten oder in Beschlag genommenen Sache dem Gläubiger Befriedigung zu verschaffen. Das Gesetz unterscheidet hierbei zwischen beweglichen und unbeweglichen Sachen nicht. Nur das ist vorausgesetzt, daß die Sache so beschaffen ist, daß sie thatsächlich ganz oder theilweise der Beschlagnahme entzogen werden kann. Die Verfügung des Gerichts, wodurch die Einleitung einer nothwendigen Subhastation als Exekutionsmaßregel angeordnet wird, enthält an sich und sobald ihre Wirksamkeit durch Eintragung des dem § 3 der Subhast.-Ordn. v. 4. März 1834 entsprechenden amtlichen Vermerks im Hypothekenbuch gesichert ist, eine Beschlagnahme im Sinne des § 272 des StGB.s kraft der Verfügung und des fraglichen Vermerks, also kraft dieser Akte der zuständigen Behörde, wird dem Eigenthümer des Grundstücks die freie Verfügung über dasselbe im Interesse des Extrahenten und der intabulirten Gläubiger benommen, und hierin liegt das Wesen einer Beschlagnahme im gesetzlichen Sinne. Richtig ist zwar, daß dem Eigenthümer das Eigenthum und der Besitz der Sache nicht entzogen wird. Allein er ist doch in Folge des Eintragungsvermerks im Hypothekenbuch insoweit beschränkt, daß er den Beschlagnahmeinteressen nachtheilige Verfügungen über die Substanz der Sache wirksam nicht vornehmen kann. Auch bei einer Mobiliar-Pfändung bleibt dem gepfändeten Eigenthümer das Eigenthum und der Besitz der Sache vorläufig; allein bei alledem besteht die Pfändung mit der Wirkung, daß jede Handlung, wodurch die Sache der Pfändung entzogen wird, unter den cit. § 272 fällt. Nach der Rheinischen Subh.-Ordn. v. 1. Aug. 1822 (§ 5) wird die Verfügung, wodurch die nothwendige Subhastation eingeleitet wird, geradezu Beschlagnahme-Verfügung genannt. Der Richter verordnet gleichfalls die Eintragung dieser Verfügung ins Hypothekenbuch; von dieser Eintragung datirt ihre Wirksamkeit für jeden Dritten (§ 6) wie für den Subhastaten. Der letztere kann von da ab die Sache wirksam nicht mehr veräußern und darf auch den Werth derselben in keiner Art vermindern (§§ 9. 10); gleichwohl bleibt er bis zum Verkaufe, aber als gerichtlicher Sequester regelmäßig im Besitz, so daß er darnach auch den Hypothekengläubigern für die Früchte, die vom Tage der Bekanntmachung der Beschlagnahme immobiliarisirt sind, als Sequester haftet (§ 8). Kein Zweifel also, daß nach der Rheinischen Subh.-Ordn. die Eintragung der Beschlagnahmeverfügung ins Hypothekenbuch eine vollständige Beschlagnahme des Grundstücks involvirt, und da auch nach dem altländischen Rechte diese Eintragung (abgesehen von der Mobiliarisirung der Früchte) gleiche Wirkungen erzeugt, so darf es auch hier als feststehend angenommen werden, daß mit der Eintragung eine Beschlagnahme des Immobiles vorhanden ist. Hat man es hiernach bei der eingeleiteten nothwendigen Subhastation als Exekutions-Maßregel mit einer wirklichen Beschlagnahme zu thun, so kann es sich weiter nur fragen, liegt auch bei einem Immobile die Möglichkeit vor, daß eine gänzliche oder theilweise Entziehung des Beschlagnahmeobjekts stattfinden kann. Die Exemplifikationen, welche der cit. § 272 für die Entziehung zunächst an die Hand giebt, — Beiseiteschaffen, Verbringen, Zerstören oder in anderer Weise — weisen darauf hin, daß dabei an bewegliche oder mobiliarisirte Sachen gedacht ist. Dies trifft aber auch bei einem mit Beschlag belegten Immobile zu, wenn Pertinenzstücke von demselben getrennt und überhaupt beweglich zu machende trennbare Theile desselben wirklich abgetrennt, bei Seite geschafft, verbracht oder zerstört werden. In einem solchen Falle sind mithin alle Voraussetzungen zur Anwendung des § 272 eine Beschlagnahme und eine theilweise Entziehung aus derselben — vorhanden und es ist demnach auch der Eintritt der gesetzlichen Pönalität geboten. Der Umstand, daß die Subh.-Ordnungen selbst nur über die civilrechtlichen Folgen der Veräußerungen oder Verminderungen der Substanz des in Beschlag genommenen Immobiles bestimmen, schließt nicht aus, daß die Strafgesetzgebung eigenmächtige Eingriffe in die Pfändung und Beschlagnahme besonders verpönt.

Antr. d. GStA.: gleichl. [27.—6.]

---

1. Verlesung. — Zeuge, (abwesend).
2. Zeuge. — Uneidliche Vernehmung. — Belehrung.

1. Die in der Voruntersuchung protokollirte Aussage eines (vereideten) Zeugen kann, wenn der

**letztere demnächst nicht mehr zu ermitteln ist, in der Hauptverhandlung verlesen werden.**

Vdn. v. 3. Jan. 1849 § 21 [n. 17]. Vgl. RbOTr. 2. S. 453.

**2. Es begründet keine Nichtigkeit, wenn ein unfähiger Zeuge uneidlich vernommen wird, ohne daß die Geschwornen über den Grund jener Unfähigkeit belehrt worden sind.**

Vdn. v. 3. Jan. 1849 § 22 [n. 26].

**Erk. (Z. II.) v. 12. Mai 1870 c. Krull** (183. II. Cr.).

[1.] Der Grund, weshalb nach § 21 der Vdn. v. 3. Jan. 1849 die in der Voruntersuchung abgegebene eidliche Aussage eines verstorbenen Zeugen, zum Zweck der Beweisaufnahme in der Sitzung verlesen werden kann, beruht auf der Unmöglichkeit den Zeugen wieder zu vernehmen. Hat sich ein in der Voruntersuchung eidlich vernommener Zeuge von seinem bisherigen Wohn- und Aufenthaltsorte entfernt, ist sein jetziger Aufenthalt unbekannt, ohne daß Anhaltspunkte gegeben sind denselben zu ermitteln, so liegt jedenfalls dieselbe Unmöglichkeit seiner Vernehmung in der mündlichen Verhandlung vor. Dieser Fall ist also wesentlich dem im Gesetze speziell hervorgehobenen Falle gleich zu achten und es erscheint mithin bei der Gleichheit des Grundes, die Anwendung des § 21 cit. auf jenen Fall gerechtfertigt. Der Schw.-GH. hat daher diesen § nicht verletzt, wenn er auf Grund der thatsächlichen Annahme „daß der Zeuge Schr. in unbekannter Abwesenheit lebe" und er deshalb, wie aus der Botenanzeige ꝛc. hervorgeht, nicht geladen werden konnte, die Verlesung des Protokolls über seine in der Voruntersuchung abgegebene eidliche Aussage zum Zweck der Beweisaufnahme, hat verlesen lassen.

[2.] Der 9jährige Knabe H. und der Zuchthaussträfling Pf. sind uneidlich vernommen. Die uneidliche Vernehmung des Pf. stand, obschon er nach § 356 Nr. 6 ein unfähiger Zeuge war, dem Schlußsatze des cit. § gemäß in dem Ermessen des Gerichts, und ebenso konnte nach § 357 die uneidliche Vernehmung des Knaben H. erfolgen. Daß der ꝛc. Pf. so nur zur Ermittelung der Wahrheit, und der Knabe H. nur zur näheren Aufklärung der Sache vernommen wurde, war eine gesetzliche Folge, ohne daß der Vorsitzende verpflichtet gewesen wäre dies besonders hervorzuheben, wenn es auch angemessen gewesen wäre, dies zu thun. Die bei dieser Beschwerde behauptete Verletzung des § 22 der Vdn. v. 3. Jan. 1849 und der §§ 356 und 357 der Crim.-Ordn. liegt also um so weniger vor, als der Umstand, daß die fraglichen beiden Personen unter den Zeugen mit vorgeführt und vernommen sind, gegen die gesetzlich gerechtfertigte Art ihrer Vernehmung, nicht entscheidend ist.

Antr. d. GStA: gleichl. [27.—6.]

---

## Meineid. — Verleitung. — Fragstellung.

**1. Bei einer eine Verleitung zum Meineide betreffenden Anklage bedarf es nicht der Aufnahme der zu beschwörenden Thatsachen in die Fragstellung, da es nicht auf die Erheblichkeit dieser Thatsachen ankommt.**

StGB. § 130 [n. 8]. Vgl. B.-StGB. § 160.

**2. Dagegen muß einem Antrage stattgegeben werden, welcher dahin zielt, in der betr. Fragstellung hervorzuheben, daß es sich von der Verleitung zur Ablegung eines Zeugeneides ꝛc. in einer schwebenden oder noch einzuleitenden Untersuchungssache handle.**

Ebendas. [n. 4]

**Erk. (Z. B. II.) v. 12. Mai 1870 c. Pletzinger** (188. II. Cr.).

Pl. war auf zwei den Geschwornen vorgelegte Fragen schuldig befunden worden:

„— — zwei Personen wissentlich zur eidlichen Bekräftigung einer wissentlichen Unwahrheit zu verleiten versucht zu haben."

Aus §§ 130 56 des StGB.s verurtheilt, ergriff er die NB. und rügte, daß trotz des von ihm gestellten Antrags in die Fragstellung nicht die Bezeichnung der Strafsache aufgenommen worden sei, in welcher die betr. Meineide geleistet werden sollten; eine solche Untersuchung habe gar nicht geschwebt, habe auch nicht angehoben werden können, weil die betr. That bereits verjährt gewesen sei; — außerdem habe es der Aufnahme der zu beschwörenden Thatsachen in die Fragstellung bedurft, damit der GH. ihre Erheblichkeit für den Beweis habe prüfen können. —

Das OTr. hat den letzteren Angriff für verfehlt, den ersteren aber für begründet erachtet und demgemäß das angefochtene Erkenntniß vernichtet. Gründe:

[1.] Verwerflich erscheint die von der NB. aufgestellte Ansicht, daß es nothwendig gewesen wäre, in die den Geschwornen vorgelegte zweite Frage die Thatsache, auf welche sich der Verleitungsversuch bezog, deshalb aufzunehmen, um danach es zum Gegenstande einer richterlichen Beurtheilung machen zu können: „ob jene Thatsache für den Zweck, für welchen sie nach der Absicht des Verleitenden bekundet werden sollte, dienlich, ob sie erheblich gewesen wäre"; denn nur die Wahrheit oder Unwahrheit, nicht die Erheblichkeit dessen, was bekräftigt werden sollte, bildet das Kriterium der Strafbarkeit. Der Vorwurf einer Verletzung des Art. 81 des Ges.s v. 3. Mai 1852 zerfällt damit.

[2.] Beizupflichten ist dagegen der NB. darin, daß es nach Lage der Sache einer Feststellung bedurfte, die erkennen ließ, daß es sich bei dem Gegenstande der Anklage um die Verleitung zur Ablegung eines falschen Zeugnisses in irgend einer schwebenden, oder noch einzuleitenden gerichtlichen Untersuchung handle. Es muß anerkannt werden, daß § 130 des StGB.s die bestimmten Fälle des in den §§ 125 und 126 ibid. vorgesehenen Meineides, des Parteieneides und des (assertorischen oder promissorischen) Zeugeneides, vor Augen hat; daß zur Anwendung des § 130 nicht die versuchte Verleitung zu irgend einer etwa auch außergerichtlichen Bekräftigung ausreicht. Hieraus folgt, daß zur Begründung einer Anklage aus § 130 ersichtlich gemacht werden muß, daß eine Verleitung zur eidlichen Bekräftigung einer Unwahrheit, sei es als Partei in einer Civil-, sei es als Zeuge in einer Civil- oder Strafsache versucht worden ist. Daß der Wortlaut des § 130 nicht ausdrücklich hierzu auffordert, kann dagegen nicht in Betracht kommen. Ist der Sinn der Strafbestimmung unzweifelhaft, so gebietet die richterliche Anwendung derselben die Feststellung Alles dessen, was nach dem richtig verstandenen Sinne zum Thatbestande gehört, wie denn auch nach der constanten Rechtsprechung bei Anwendung des § 130 die Feststellung für nothwendig gehalten wird, daß der Verleitungsversuch die Bekräftigung einer „wissentlichen" Unwahrheit zum Gegenstande hatte, obgleich dieses „wissentlich" in dem Wortlaute des § auch nicht enthalten ist. — Der Schw.-GH. durfte deshalb den nach dieser Richtung hin gestellten Antrag nicht verwerfen, und er hat, indem er dies, noch dazu ohne Angabe irgend eines Grundes, gethan, den Angeklagten unzulässigerweise in seiner Vertheidigung beschränkt. Mochte auch das Begehren der Vertheidigung in die beiden Fragen die Worte „in dessen eigenen Angelegenheiten" einzuschalten, der konkreten Sachlage nicht entsprechen, da von einem durch den Verleitenden ev. zu leistenden Parteieide überall nicht die Rede war, so berührte der Antrag doch den Punkt, um den es sich handelte, und es hätte dem Schw.-GH. obgelegen die der Sachlage entsprechende correcte Fragstellung eintreten zu lassen.

Antr. d. GStA: gleichl. [29.—6.]

---

## Civileinrede. — Wegegerechtigkeit.

**Die Zerstörung der Einfriedigung eines fremden Grundstücks wird dadurch nicht straflos, daß sie geschah, um eine Wegegerechtigkeit auszuüben. Demgemäß kann die Einwendung einer solchen Gerechtigkeit nicht die Verweisung der Frage zum Civilverfahren rechtfertigen.**

StGB. § 281 [n 4]; Ges. v 31. Jan 1845 § 1.

Erk. (Z. II.) v 12. Mai 1870 c. Rohlfing u. Gen. (158. II. Cr.).

L. hatte einen von der Gemeinde H. angekauften, bisher als Weg benutzten, Streifen Landes angekauft und durch Einfriedigungen auf beiden Seiten gesperrt; diese Einfriedigungen wurden aber bald darauf durch verschiedene Gemeindemitglieder (R. und Gen.), welche jenen

Weg beibehalten wissen wollten, zerstört. Deshalb aus § 43 Nr. 1 der FPO v. 1. Nov. 1847 bestraft, rügten sie im Wege der NB. Verletzung des Ges s v. 31. Jan. 1849, weil die Instanzrichter nicht das Erkenntniß so lange ausgesetzt hätten, bis über die von ihnen vorgeschützte Einrede (der Wege Servitut-Berechtigung) im Civilwege entschieden sei. — Zurückweisung Gründe

Es fehlte an der (zweiten) Voraussetzung [des Ges.s v. 31. Jan. 1845 § 1], daß nämlich die Einrede der Berechtigung von der Art sei, im Falle ihrer Richtigkeit jede Strafe auszuschließen. Denn unter den angeführten Umständen konnte das behauptete Wegerecht der Angeklagten die alle Merkmale der im § 281 des StGB.s bzw. § 43 Nr. 1 der Feldpol.-Ordn. vorgesehenen Strafthaten enthaltende Zerstörung der von dem Käufer des Weges angelegten Einfriedigung keineswegs straflos machen. Diese würde von den Vorderrichtern, wie geschehen, für rechtswidrig haben erklärt werden können, wenn auch der von den Angeklagten betretene oder der eventuell ihnen vorbehaltene Rechtsweg sie zur Anerkennung ihrer Wegeberechtigung geführt hätte. Sie waren von dem Gebiete einer an und für sich straflosen, wiewohl deshalb gemäß § 77 der Einl. z. ALR. und § 141 I. 7 das. dem vollständigen Besitze des L. gegenüber keineswegs rechtlichen Selbsthülfe zu einer unter die cit. Strafgesetze fallenden That übergegangen.

Antr. d. GStA: gleichl. [23.—6]

---

## Eisenbahnbeamter. — Anstellung. — Gefährdung eines Zugs.

**Derjenige, welcher zeitweise mit der Aufsicht über eine Eisenbahn durch einen an sich dazu berufenen Beamten beauftragt worden ist, verwirkt durch eine fahrlässige Gefährdung eines Transports auch dann, wenn bei jener Beauftragung nicht instruktionsmäßig verfahren ist, die Strafe des**

StGB.s § 295 [n. 5] Vgl. B-StGB. § 316.

Erk. (B. II.) v. 12. Mai 1870 c. Schneidewind (166 II. Cr.)

Der Eisenbahnarbeiter Schn, welcher von dem Bahnmeister Str.

mit der zeitweisen Vertretung eines plötzlich zu einer Landwehrübung einberufenen Bahnwärters beauftragt worden war, hatte in dieser Zeit die rechtzeitige Schließung des seiner Aufsicht überwiesenen Bahnübergangs verabsäumt und dadurch einen Transport in Gefahr gesetzt. Gleichwohl sprachen ihn die Instanzgerichte von der aus § 295 des StGB.s erhobenen Anklage frei; das AG nahm zwar (arg. AKO. v. 11. Aug. 1832) an, daß auch ein aushülfsweise Beschäftigter, als „Beamter" angesehen werden konne, hielt aber dafür, „daß der Bahnmeister Str. zur zeitweisen Uebertragung des Bahnwärterdienstes nicht befugt und jedenfalls instruktionsmäßig verpflichtet gewesen sei von der vorgenommenen Anstellung des Angeklagten sofort dem Betriebs-Inspektor Anzeige zu machen" — Vernichtung und Verurtheilung des Schn. aus § 295. Gründe:

Der App.-Richter stellt nicht allein gleich dem ersten Richter thatsächlich die fahrlässige Gefährdung des Eisenbahn-Transportes Seitens des Angeklagten dadurch, daß er den seiner Obhut anvertrauten Bahnübergang nicht rechtzeitig geschlossen hat, sondern auch weiter fest, daß der Bahnmeister es war, welcher den Angeklagten, einen Eisenbahnarbeiter, mit dieser Obhut beauftragt hatte. Er nimmt auch an, daß die Obhut über den Bahnübergang bei Bude 73 an und für sich eine amtliche Funktion des daselbst angestellten Bahnwärters war und folgert die Unanwendbarkeit des § 295 Abs. 2 des StGB.s aus dem einzigen Umstande, daß der Bahnmeister durch die einstweilige Uebertragung des Bahnwärterdienstes an den Angeklagten seinerseits insofern instruktionswidrig gehandelt habe, als derselbe, wenn auch die plötzliche Einberufung des Bahnwärters zu einer Landwehrübung für einen dringenden Fall der Nothwendigkeit seiner Stellvertretung angesehen werden möge, doch nicht die in § 3 der Instruktion für Bahnmeister gleichfalls vorgeschriebene sofortige Anzeige an den Betriebs-Inspektor von der Anordnung der Stellvertretung gemacht habe. Abgesehen davon, daß in dieser Erwägung der erste und der zweite Theil des cit. § 3 nicht gehörig unterschieden zu sein scheinen, liegt darin eine rechtsirrthümliche Entkleidung der Pflicht des Angeklagten zur Obhut über den Bahnübergang und zu der damit verbundenen rechtzeitigen Schliezung desselben bei dem Herannahen des Zuges von ihrer amtlichen Qualität. Denn nachdem der Bahnmeister, welcher nach § 1 der Dienst-Instruktion für die Bahnwärter, Hülfswärter u. s. w. die Aufsicht über dieselben und die Arbeiter hat, und letztere nach Alinea 4 daselbst und dem cit. § 3 der Instruktion für Bahnmeister wenigstens unter gewissen Umständen mit allen Obliegenheiten der Bahnwärter, also mit der Ausübung des Bahnwärteramtes beauftragen und Gehorsam von denselben verlangen kann, dem Angeklagten dies Amt bei Bude 73 in Vertretung des abwesenden Bahnwärters zeitweise übertragen und der Angeklagte dasselbe, wie der App.-Richter ebenwohl feststellt, von ihm mit der Erklärung übernommen hatte, daß er die ihm obliegenden Pflichten, wozu unbestrittenermaßen die oben gedachte gehörte, ganz genau kenne, so konnte die Ausübung dieser vom Angeklagten nicht als Privathandlung betrachtet werden; der Verschluß des Bahnübergangs war überhaupt keine isolirt stehende Handlung, sondern nur ein Ausfluß aus dem Inbegriff der amtlichen Stellvertretung des Bahnwärters. Hätte der Bahnmeister Str., indem er den Angeklagten hiermit beauftragte, auch seine Dienstanweisung nicht inne gehalten, so hörte darum doch die einstweilige Anstellung des Angeklagten nicht auf, eine kraft amtlicher Befugniß des Bahnmeisters vorgenommene und von dem Angeklagten anerkannte zu sein, und am allerwenigsten konnte sie diesen Charakter dadurch verlieren, daß der Bahnmeister die sofortige Anzeige (Abs. 1 l. c.) oder die alsbaldige Meldung (Abs. 2) nicht schon gemacht hatte. Die entgegengesetzte Meinung des Vorderrichters würde die Folge haben, daß ein von einem höheren zur definitiven oder zeitweisen Anstellung von Unterbeamten unter Umständen, die doch nur er und seine Vorgesetzten, nicht aber die Untergebenen zu beurtheilen haben, mit Verkennung dieser Umstände instruktionswidrig angestellter Eisenbahn-Beamter unverantwortlich, eine Bahnstrecke periodisch aufsichtslos und das Publikum des Schutzes gegen die Gefahren beraubt wäre, den § 295 Abs. 2 des StGB.s ihm gewährt. Im Uebrigen führt der App.-Richter richtig die provisorische Amtsqualität des Angeklagten gemäß der AKO. v. 11. Aug. 1832 aus für den Fall, daß der Bahnmeister bei Anstellung desselben gegen seine Instruktion nicht gefehlt hätte, und da nach Vorstehendem dieser Fehler, auch wenn er vorläge, und dem Bahnmeister anzurechnen wäre, rechtlich unerheblich ist, so zerfällt damit die Annahme des Vorderrichters: „daß der Angeklagte sich bei der begangenen Fahrlässigkeit eine Verletzung der ihm als zur Aufsicht über die Bahn und den Transportbetrieb angestellten Person obliegenden Pflichten nicht habe zu Schulden kommen lassen," als eine Verletzung der eben genannten Kab.-Ordre, sowie des § 331 des StGB.s und stellt sich die Nichtanwendung des § 295 Alinea des StGB.s auf den hiermit affirmativ und im Uebrigen vom App.-Richter festgestellten Thatbestand als Verletzung dieses § dar.

[23.—6.]

---

**Trück-System. — Arbeiter. — Zahlung in Waaren.**

**Der Fabrikinhaber, welcher seine Arbeiter nicht in baarem Gelde, [sondern (theilweise) in anderer Weise] befriedigt, verwirkt, auch wenn dabei ein Zwang zur Annahme eines anderen Lohnes statt des baaren Geldes nicht stattgefunden hat, die Strafe der** Vdn. v. 9. Febr. 1849 §§ 50 75; [vgl. jetzt; B.-Gew.-Ordn. v. 21. Juni 1869 §§ 134 146].

**Erk. (Z. II.) v. 12 Mai 1870 c. Theis** (142. II. Cr).

Der Fabrikinhaber C. Th. war von den Instanzgerichten aus §§ 50. 75 der Gew.-Vdn v 9. Febr. 1849 verurtheilt worden, weil er „mehrere Arbeiter, welche mit der Anfertigung von Fabrikaten für ihn beschäftigt waren, nur zum Theil für ihren Lohn in baarem Gelde befriedigt, sondern sie veranlaßt, und theilweise ihnen zur Bedingung gemacht hatte, daß sie ihren Bedarf an Winkelwaaren bei seinem neben dem Fabrikgebaude wohnenden

Bruder C. Th. auf Borg entnehmen, wofür die entsprechenden Beträge ihnen bei der Auslohnung abgehalten und durch C. Th. unmittelbar an E. Th. abgeführt wurden."

Zur Begründung des ergriffenen Kass.-Rekurses suchte C. Th. auszuführen, daß die §§ 50. 75 der cit. Vdn. auf Fälle, wie der vorliegende, nicht anzuwenden seien; jene setzten voraus, daß den Arbeitern Produkte der betr. Fabrik oder sonstige jedenfalls noch erst zu veräußernde Waaren an Lohnesstatt aufgenöthigt, daß also die Arbeiter gezwungen würden, die Waaren erst zu verkaufen, um mit dem Erlöse die nöthigen Lebensbedürfnisse anzuschaffen. — Verwerfung. Das OTr. erwog:

daß § 50 der Vdn. v. 9. Febr. 1849 im ersten Satze die Pflicht der Fabrikinhaber ausspricht, ihre Arbeiter in baarem Gelde zu befriedigen, und die Uebertretung dieser Pflicht, also die Befriedigung der Arbeiter für ihre Lohnforderung mit anderen Mitteln als baarem Gelde, in § 75 das. mit einer Geldbuße bis zu 500 Thlrn. bedroht ist,

daß in jenem Gebote von einem Zwange der Arbeiter, statt baaren Geldes einen anderen Lohn anzunehmen keine Rede, vielmehr von der Ansicht ausgegangen ist, daß die Fabrikinhaber ihr natürliches Uebergewicht über die Arbeiter leicht zum Nachtheil derselben, wenn auch mit deren Einwilligung, mißbrauchen könnten, falls ihnen erlaubt würde, sie mit Sachen von unbestimmtem Werthe und Gebrauche statt mit Gelde abzulöhnen,

daß ein weiterer Grund und Zweck des genannten Gebotes beziehungsweise Verbotes, welches demnach gleich dem folgenden Verbote der Creditirung von Waaren, wesentlich als eine vorsorgliche Maßregel gegen die Möglichkeit von indirekter Nöthigung und Benachtheiligung der Arbeiter durch die Fabrikherren sich darstellt, aus den an sich klaren Gesetzesworten nicht erhellet und noch weniger zur Unanwendbarkeit der letztern und des § 75 führen kann;

daß der § 54 das. außerdem die Nichtigkeit der gegen die Verbote des § 50 laufenden Verträge und in einem Absatze die Nichtigkeit auch der Verabredungen zwischen Fabrikinhabern und Arbeitern über die Entnehmung der

Bedürfnisse der letzteren aus gewissen Verkaufsstellen ausspricht, welche Verabredungen an und für sich aber nicht mit Strafe bedroht sind und neben der vollen baaren Auszahlung der Löhne an die Arbeiter einhergehen können,

daß die Voraussetzungen des letzten Satzes des § 50 thatsächlich nicht festgestellt sind, sondern die Vorderrichter dieselben nach dem Gesammtinhalte ihrer Urtheilsgründe thatsächlich verneint haben,

daß letztere und die daraus gezogene Schlußfeststellung auch alle Merkmale der im ersten Satze des § 50 mit § 75 das. vorgesehenen Uebertretung umfassen, da jener die Befriedigung, d. h. die volle Auslohnung der Arbeiter in baarem Gelde unzweideutig vorschreibt.

Antr. d. GStA.: gleichl. [23.—6.]

---

## Jagd. — Okkupation.

**Die Aneignung eines todten, in einem fremden Jagdreviere sich befindenden, Wildes ist nur dann ein Jagdfrevel, wenn dasselbe noch nicht von einem Andern okkupirt war.**

StGB. § 274 [n. 9].

**Erk. (Z. I.) v. 13. Mai 1870 c. Dinse** (357. I. Cr.).

Die ꝛc D. war, weil sie sich ein in einem fremden Jagdreviere liegendes Wild angeeignet hatte, wegen Jagdfrevels bestraft worden. NB. Zurückweisung. Gründe

Die unbefugte Ausübung der Jagd kann dadurch geschehen, daß ein nicht zur Jagd Berechtigter sich eines von einem Andern noch nicht okkupirten todten Wildes mit der Absicht der Aneignung bemächtigt. Daß aber der hier in Rede stehende Hirsch von einem Andern bereits okkupirt gewesen, hat der App.-Richter nicht festgestellt und die Angeklagte nach den Gründen seines Urtheils auch nicht behauptet. [33.—6.]

---

**Geschwornenspruch. — Schuldig. — Widerspruch.**

**Es liegt kein Widerspruch vor, wenn die Geschwornen den der Thäterschaft Angeklagten „schuldig" erklären, zugleich aber ein Begriffsmerkmal des Thatbestandes verneinen, und demnächst einen Andern des vollständigen Thatbestandes der Hülfeleistung zur That des ersteren schuldig finden.**

Ges. v 3. Mai 1852 Artt. 97 [n. 14]. 91 [n. 11]. Vgl. RbOTr. 7. S. 440. 692; 8. S. 803; 10. S. 40. 395.

Erk. (Z. I.) v. 13. Mai 1870 c. Fabé u. Schwarzwald (423. I. Cr.).

Die Geschwornen hatten den des Versuchs einer Münzfälschung angeklagten F. „schuldig" befunden, jedoch mit dem Zusatze, daß der Versuch nicht durch Handlungen, welche einen Anfang der Ausführung enthielten, an den Tag gelegt worden sei, zugleich erklärten sie den der Theilnahme angeklagten Schr. „schuldig dem F. (zu der von diesem verübten That) in den Handlungen, welche diese vorbereiteten, erleichterten oder vollendeten wissentlich (eine unwesentliche) Hülfe geleistet zu haben." Das demgemäß beide Angeklagten freisprechende Urtheil ward vom StA. durch NB. angefochten, weil der in Betreff beider ergangenen „Schuldig"-Spruch mit dem einen Theil des Thatbestandes des Versuchs des F. verneinenden Zusatze im Widerspruche stehe. Zurückweisung. Gründe:

Die NB. des StA.s ist unbegründet. Das Gesetz erklärt im Art. 80 des Ges.s v. 3. Mai 1852 die Geschworenen für befugt, eine jede Frage theilweise zu bejahen und theilweise zu verneinen. Es unterscheidet also nicht, welchen Einfluß die theilweise Verneinung rechtlich auf die Entscheidung über die Schuld haben werde, da die Beurtheilung hierüber dem GH. zusteht, und darum ist jene Befugniß der Geschworenen auch in dem Falle nicht ausgeschlossen, wo von vornherein erhellen würde, daß ohne das verneinte Merkmal überhaupt von einem strafbaren Thatbestande nicht die Rede sein kann. Ein solcher Fall liegt hier vor. Die Geschworenen waren also befugt, den Angeklagten schuldig zu erklären, obwohl sie das Hauptmerkmal des strafbaren Versuches, nämlich den Anfang der Ausführung, verneint hatten. Im Grunde genommen ist hierdurch auch die Form der Antwort auf die Frage 2, den

Theilnehmer F. betreffend, bestimmt. Nur dann, wenn die Geschworenen überhaupt annahmen, daß der F. sich in keiner Weise an den Handlungen des S. betheiligt hätte, durften sie das Nichtschuldig der Theilnahme gegen ihn aussprechen. Sobald sie aber fanden, daß er sich allerdings an den Handlungen des S. betheiligt habe, war ihre Schuldigerklärung hinsichtlich des F. aus denselben Gründen gerechtfertigt, aus denen sie das Schuldig gegen den S. trotz jener Verneinung eines wesentlichen Merkmals der Hauptthat aussprechen durften. Es war also vollkommen denkbar, daß S., wie durch das Verdikt der Geschworenen ausgesprochen ist, Handlungen zum Zweck der Münzfälschung vorgenommen hat, welche nur darum nicht strafbar geworden sind, weil sie noch nicht den Anfang der Ausführung erreicht hatten, und daß F. an ihnen Theil genommen hat. Die Geschworenen konnten daher auch aussprechen, daß F. den S. bei diesen Handlungen eine, und zwar nicht wesentliche, Hülfe geleistet habe. Auf die gebrauchten Ausdrücke ist kein wesentliches Gewicht zu legen. Hiernach hat die überall unbegründete NB. zurückgewiesen werden müssen und waren die Kosten derselben außer Ansatz zu lassen.

Antr. d. GStA.: gleichl. [15.—6]

---

**Urkunde, gefälschte. — Gebrauch. — Zweck der Täuschung. — Feststellung.**

**Die Strafbarkeit des in gewinnsüchtiger Absicht vorgenommenen Gebrauchs einer gefälschten Urkunde ist nicht durch die Feststellung bedingt, daß derselbe „zum Zwecke der Täuschung" geschehen sei. Es bedarf daher der Aufnahme dieses Merkmals in die Fragstellung nicht, wenn sie von keiner Seite beantragt war.**

StGB. § 249 [n. 6]. Vgl RdOTr 2. S. 234; 3 S 339.

Erk. (Z. I.) v. 13. Mai 1870 c. Worm (536. I. Cr.).

Nach der konstanten Rechtsprechung des Kgl. OTr.s

bedarf es bei der Fragestellung aus § 249 des StGB.s nicht der Aufnahme in die Frage, daß der Gebrauch der falschen Urkunde zum Zwecke der Täuschung erfolgt sei, weil dies Moment bereits in dem Merkmale der „gewinnsüchtigen Absicht" von selbst enthalten ist. Diese gewinnsüchtige Absicht haben in dem vorliegenden Falle die Geschwornen festgestellt, und nach Ausweis des Audienzprotokolls haben weder der Angeklagte noch dessen Vertheidiger, in Bezug auf den „Zweck der Täuschung" irgend welche Anträge gestellt, oder denselben ausdrücklich bestritten, so daß dessen spezielle Hervorhebung irgendwie nothwendig geworden wäre.

Antr. d. GStA. entg. [20.—6.]

---

### Zeuge. — Beweiszeuge. — Berücksichtigung.

Wird erst nach der Vernehmung eines Zeugen ermittelt, daß er zu denjenigen Personen gehöre, welche gesetzlich als „Beweiszeugen" nicht dienen können, so kann das Instanzgericht aussprechen, daß die Aussage desselben außer aller Berücksichtigung bleiben solle.

Vdn. v. 3. Jan. 1849 § 22 [n. 70] Vgl. RdOTr. 10. S. 773; 11. S. 96.

**Erk. (Z. I.) v. 18. Mai 1870 c. Dombinski** (424. I. Cr.). [15.—8.]

---

### Privatklage. — Kostenhinterlegung. — Instanz. — Aufforderung.

1. Will der Privatkläger einen in einer früheren Instanz hinterlegten noch verfügbaren Kostenvorschuss für ein eingelegtes Rechtsmittel gelten lassen, so muss er dieses ausdrücklich erklären, widrigenfalls sein Rechtsmittel (als unannehmbar) zurückzuweisen ist.

2. Es bedarf keiner gerichtlichen Aufforde-

**rung zur Einzahlung des vom Privatkläger zu hinterlegenden Kostenvorschusses.**

StPO. §§ 492. 504. — Vgl. oben S. 160 169.

**Beschl. v. 18. Mai 1870 Hotop c Neuschäffer** (OAG. II 68).

Der Privatkläger H. war mit seiner NB. durch Beschl. des OAG.s zurückgewiesen worden, weil er die erforderliche Kostenhinterlegung verabsäumt habe. Er beantragte die Abänderung jenes Beschlusses und ev. Wiedereinsetzung in den vorigen Stand. Zurückweisung Das OAG. erwog:

daß nach § 492 der StPO. die erforderliche Kostenkaution ohne gerichtliche Aufforderung und immer nur für die betreffende Instanz hinterzulegen ist und demgemäß eine in einer früheren Instanz gezahlte, aber nicht verwendete Kostenkaution nur dann auch für die folgende Instanz gelten kann, wenn der Privatkläger bei der Einlegung des weiteren Rechtsmittels ausdrücklich erklärt, daß sie auch für dieses fortbestehen solle, im vorliegenden Fall aber der Privatkläger bei Einlegung der NB. eine solche Erklärung rücksichtlich der in den früheren Instanzen eingezahlten Kostenkautionen nicht abgegeben hat, folglich sein Antrag auf Zurückziehung des Beschlusses v. 2c. unbegründet erscheint,

daß nach §§ 415. 417 der StPO. die Wiedereinsetzung in den vorigen Stand gegen den Ablauf einer gesetzlichen Frist nur binnen zehn Tagen nach deren Ablauf und nur bei Versäumung derselben wegen Naturbegebenheiten oder anderer unabwendbaren Zufällen zulässig ist, im vorliegenden Falle aber der Privatkläger die Wiedereinsetzung in den vorigen Stand gegen den Ablauf der nach §§ 492. 370 der StPO. vorgeschriebenen Frist erst in seiner Eingabe vom 11. April 1870, also zu spät, nachgesucht und die Verabsäumung derselben nicht durch die genannten Hinderungsursachen, sondern nur durch den späten Empfang der gar nicht erforderlichen gerichtlichen Aufforderung zur Einzahlung der Kostenkaution für die dritte Instanz entschuldigt hat, folglich auch sein Antrag auf Wiedereinsetzung in den vorigen Stand unbegründet erscheint.

Antr. d. GStA.: gleichl. [65.—6.]

**1. Zeuge. — Beeidung. — Amtseid.**
**2. Geschwornenspruch. — Aenderung. — Unterschrift.**

**1. Es unterliegt lediglich der instanzrichterlichen Prüfung, ob die Bekundung eines als Zeuge vernommenen Beamten Thatsachen zum Gegenstande habe, welche ihr Amt unmittelbar betreffen, und ob also die Versicherung auf den Amtseid die Beeidung ersetzen könne.**

Vdn. v. 3. Jan. 1849 § 55 [n. 32]; Cr.-Ordn. § 335 Nr. 2. Vgl. RdOTr. 7. S. 251; 9. S. 639; 10. S. 455. 500. 771; 11. S. 28.

**2. Es ist nicht unerläßlich, daß der Vorsteher der Geschwornen den Geschwornenspruch nach einer in demselben vorgenommenen blos formellen Abänderung abermals unterzeichne.**

Ges. v. 3. Mai 1852 Artt. 96 [n. 5]; 97 [n. 37]. Vgl. RdOTr. 2. S 11. 183 424.

Erk. (Z. I.) v. 18. Mai 1870 c. Pommerenke (580. I. Cr.).

[1.] Ob die drei Beamten L., Qu., und Br. Thatsachen bekannt haben, welche sie nur bei Gelegenheit ihrer Amtsausübung, deren sie in ihren Zeugnissen gedenken, erfahren haben, unterliegt, als eine lediglich thatsächliche Frage, der Prüfung des OTr.s nicht; es muß daher der Umstand, daß die gedachten Zeugen überhaupt und zwar auf ihren Amtseid verwiesen und damit vereidet sind, für genügend erachtet werden.

[2.] Es handelte sich, wie der Hergang nach Inhalt des Protokolls deutlich ergiebt, um keine materielle Berichtigung des Wahrspruchs der Geschwornen, sondern nur um die Form ihrer Erklärung über die absolute Mehrheit der Stimmen. Von einer doppelten Unterschrift des Vorstehers der Geschworenen könnte nur die Rede sein, wenn die bereits abgegebenen Wahrsprüche vollständig von ihnen aufgehoben und statt deren von ihnen auch der Form nach neue Wahrsprüche abgegeben worden wären. Hier ist die Formberichtigung mittelst Durchstreichen der an das „Ja" unmittelbar angereihten Worte „mit mehr als sieben Stimmen", und durch deren Setzung hinter die Worte „mit allen in der Frage enthaltenen Umständen" erfolgt. Durch Belassung der Unterschrift des Vorstehers an ihrer ursprünglichen Stelle ist daher deutlich ausgesprochen, daß sich dieselbe auch auf das neugefaßte Verdikt beziehe.

Antr. d. GStA.: gleichl. [15.—8.]

---

Vermögensbeschädigung. — Bäume. — Wegeverschönerung. — Dolus.

1. Die Oeffentlichkeit eines Wegs kann nicht lediglich aus dem Umstande gefolgert werden, daß derselbe zwei Rittergüter mit einander verbindet.

2. Die neben einem öffentlichen Wege, auf dem anstoßenden Privatgrundstücke stehenden Bäume können nicht lediglich aus diesem Grunde als solche angesehen werden, welche zum öffentlichen Nutzen dienen.

3. Die Strafbarkeit der Zerstörung einer zum öffentlichen Nutzen rc. dienenden Sache ist durch das Bewußtsein von dieser ihrer Bestimmung bedingt.

StGB. § 282 [n. 1. 9a 9b] Vgl. oben S 288.

Erk. (B. I.) v. 18. Mai 1870 c. Ponikiewski (206. I. Cr.).

[1.] Die vom App.-Richter beibehaltene thatsächliche Schlußfeststellung des ersten Richters umfaßt allerdings sämmtliche zum Thatbestande des in Rede stehenden Vergehens wider § 282 des StGB.s erforderlichen Momente, namentlich auch dasjenige, daß die vom Angeklagten gefällten Pappeln zum öffentlichen Nutzen und zur Verschönerung des öffentlichen Weges von Chr. nach Kr. gedient haben. Daß dieser Weg ein öffentlicher sei, schließt der App.-Richter aber allein daraus, daß er die genannten beiden Rittergüter verbindet, und aus der Oeffentlichkeit des Weges schließt er dann weiter, daß „seine Wege-Einpflanzung zum öffentlichen Nutzen resp. zur Verschönerung des Weges diene." Zunächst ist indeß der erstere Schluß, so wie er da hingestellt ist, nach den gesetzlichen Bestimmungen nicht gerechtfertigt. Zu welcher Klasse von öffentlichen Wegen er den in Rede stehenden Weg zähle, sagt der App.-Richter nicht. Zu den Land- oder Heerstraßen scheint er ihn nicht zu zählen und nach den festgestellten Umständen kann hiervon wohl nicht die Rede sein. Aber auch die Merkmale eines Kommunikations- oder Vizinalweges, namentlich, daß er zur Verbindung von ganzen Ortschaften oder von größeren Landesdistrikten diene, hat der App.-Richter nicht festgestellt. Er spricht nur davon, daß der Weg zur Verbindung von zwei Rittergütern diene, ohne festzustellen, daß auf dem Gebiete dieser Rittergüter zugleich Ortschaften liegen, zu deren Verbindung er bestimmt sei. Ist letzteres aber nicht der Fall, so kann der Weg ebensowohl zur Kategorie der Privatwege gehören, von denen in den §§ 63–79 I, 22 des ALR.s die Rede ist. Sollte aber dem Wege der Charakter der Oeffentlichkeit fehlen, so könnte selbstverständlich nicht nur davon, daß die vom Angeklagten gefällten Pappeln zur Verschönerung eines öffentlichen Weges gedient hätten, nicht die Rede sein, sondern es würde dann auch die Annahme, daß sie zum öffentlichen Nutzen gedient, jede Unterlage verlieren.

[2.] Aber auch vorausgesetzt, die Oeffentlichkeit des Weges wäre gehörig festgestellt, so würde ein weiterer Rechtsirrthum darin liegen, daß der App.-Richter es für unerheblich erklärt, ob die gefällten Bäume auf dem Wege, oder wie zwei Zeugen, deren Aussagen er in seinem Urtheile referirt, bekundet haben, jenseits der den Weg einfassenden Gräben auf dem Acker des Angeklagten gestanden haben. Er geht dabei von der Ansicht aus, daß die Vermuthung gegen das ausschließliche Eigenthum des Angeklagten an den Bäumen streite, und daß es ebenso für die Frage, ob demselben ein Nutzungsrecht daran zugestanden habe, gleichgültig sei, auf welcher Seite der Wegegräben die Pappeln gestanden hätten. Diese Ansicht ist jedoch eine irrige, vielmehr würde der Angeklagte, wenn die Pappeln auf seinem

Acker gestanden hätten, so lange als ausschließlicher Eigenthümer und Nutzungsberechtigter derselben anzusehen sein, als nicht ein sonstiger Grund, weshalb sie als zum öffentlichen Nutzen oder zur Verschönerung des öffentlichen Weges dienend zu betrachten seien, festgestellt würde.

[3.] Wenn der App.-Richter hiernach nicht gehörig festgestellt hat, daß die Zerstörung der Pappeln eine widerrechtliche gewesen, so zerfällt damit auch seine weitere Ausführung betreff des dolus des Angeklagten, daß ihm das Bewußtsein der Widerrechtlichkeit jener Zerstörung und der folgerechten Schadenszufügung nicht habe fehlen können, abgesehen davon, daß der App.-Richter nach seiner weiteren Ausführung übersehen zu haben scheint, daß zu dem in Rede stehenden Vergehen erfordert wird, daß der Thäter mit dem Bewußtsein der Rechtswidrigkeit, d. h. mit dem Bewußtsein, daß die in Frage befangenen Gegenstände zum öffentlichen Nutzen oder zur Verschönerung öffentlicher Wege oder Anlagen dienten, gehandelt habe.

Antr. d. GStA.: gleichl. [33.—8.]

---

**1. App.-Richter. — Vernichtung. — Neue Verhandlung.**

**2—4. Branntweinsteuer. — Rauminhalt. — Haftbarkeit. — Gefäß. — Konfiskation.**

**1. Der App.-Richter, welcher nach Vernichtung des ersten Erkenntnisses in der Sache selbst erkennen will, ist nicht verpflichtet zu diesem Ende die Sache vollständig neu zu verhandeln.**

Ges. v. 3. Mai 1852 Art. 102 [n. 2. 4]. Vgl. RbOTr. 1. S. 209; 2. S. 148; 7. S. 70; 8. S. 136. 608; 9. S. 216. 341; 10. S. 79. 93. 313. 710. 784.

**2. Bei Branntweinsteuer-Defraudationen ist die Strafe nicht nach den übergeschöpften rc. Quantitäten, sondern nach dem ganzen Rauminhalte der mißbrauchten Gefäße zu berechnen.**

St.-Ordn. v 8. Febr. 1819 § 61. Vgl. RbOTr. 1. S. 149 und das. die Note; 7. S. 254; 8. S. 591. 838.

**3. Das BGes. v. 8. Juli 1868 über die Haftbarkeit der Dienstherren für die Steuerdefrauden der Dienstboten ist als ein strafmilderndes auch auf ältere Fälle insoweit anzuwenden, als seine Voraussetzungen zutreffen.**

Einf.-Ges. z. StGB. Art IV [n. 9] Vgl. RdOTr. 10. S. 200. 221. 418. 666.

**4. Im Falle einer Maischsteuerdefraude sind alle in diesem Einzelfalle dabei gebrauchten Gefäße zu konfisciren, ohne Rücksicht darauf ob dieselben im Uebrigen zur Einmaischung dienen oder nicht.**

AKO. v. 10. Jan. 1824 Nr. 5.

**Erk. (Z. B. I.) v. 18. Mai 1870 c. Radan u. Lublinski** (365. I. Cr.).

[1.] Der App.-Richter war nach der Vernichtung des ersten Erkenntnisses keineswegs verpflichtet, um in der Sache selbst erkennen zu können, die Sache vollständig neu, wie in 1. Instanz zu verhandeln und die Beweisaufnahme in ihrem ganzen Umfange zu reproduziren. Denn der Art. 102 des Ges.s v. 3. Mai 1852 schreibt dies nicht vor, sondern verordnet nur, daß der App.-Richter nach Vernichtung des ersten Erkenntnisses in der Sache selbst nach Befinden auf Grund eines neuen Verfahrens erkennen kann. Der App.-Richter hat aber eine umfassende Beweisaufnahme in 2. Instanz veranlaßt und dadurch der Vorschrift des cit. Art. 102 genügt. — — —

[3.] Der App.-Richter hat mit Recht das Gesetz des Norddeutschen Bundes v. 8. Juli 1868, durch welches die bisherige unbedingte subsidiarische Haftbarkeit des Brennerei-Unternehmers für Zuwiderhandlungen gegen die Branntweinsteuer-Gesetze modifizirt ist, als das mildere Strafges. auf den vorliegenden Fall zur Anwendung gebracht, obgleich es zur Zeit desselben noch nicht existirte. Es versteht sich jedoch von selbst, daß dann die Sache auch so beurtheilt werden mußte, als wenn das gedachte Bundesgesetz schon zur Zeit der Verübung der vorliegenden Defraudation gültig gewesen wäre, da von Anwendung der mildern Vorschrift eines neuen Strafges.s auf frühere Fälle doch nur insoweit die Rede sein kann, als die Voraussetzungen zutreffen, unter welchen die Straflosigkeit oder mildere Bestrafung nach dem neuen Strafgesetz eintreten soll.

[4.] Die NB. des OStA.s muß dagegen für begründet erachtet werden. Denn der vorige Richter lehnt die Confiscation des Maisch-Reservoirs nur deshalb ab, weil es nicht zur Einmaischung oder Zubereitung von Maische diene, und die unreife Maische, welche dahin gebracht werden, offenbar nur die Stelle von schon reifer Maische vertreten habe. Ob aber der Maisch-Reservoir gewöhnlich zur Einmaischung, nämlich bei ordnungsmäßiger Zubereitung von Maische, dient, darauf kommt es nicht an, sondern nur darauf, worüber sich der App.-Richter nicht ausspricht, ob der Maisch-Reservoir im vorliegenden Fall zu den undeklarirten Einmaischungen benutzt, gebraucht ist, weil nach der Kab.-Ordre v. 10. Jan. 1824 Nr. 5 alle Gefäße, welche bei Maischsteuer-Defraudationen gebraucht sind, confiscirt werden sollen. Das OTr. hat auch bereits in mehrfachen Entscheidungen anerkannt und ausgeführt, „daß unter Gefäß im Sinne der Kab.-Ordn. v. 10. Jan. 1824 jede räumliche Vorrichtung verstanden werden muß, welche den Zweck der Auffassung der in der Zubereitung begriffenen Maische erfüllen kann": Erk. v. 29. Jan. 1859 c. Brumma desgl. v. 28. März 1858 c. Pieper. Wenn der App.-Richter aber noch bemerkt, daß die aus den Bottigen in das Maisch-Reservoir gebrachte unreife — also noch gährende Maische — die Stelle von reifer — also nicht mehr gährender — Maische vertreten habe, so ist nicht erfindlich, von welcher Erheblichkeit dies für die vorliegende Frage sein soll.

Antr. d. GStA.: entg. [18.—8.]

---

## Viehsperre. — Allgemeine Maßregel. — Strafe.

1. Eine Regierungsverordnung, welche es den Besitzern einer von einer Viehkrankheit infizirten

**Heerde zur Pflicht macht, gewisse Vorkehrungen zu treffen, welche die Communikation jener mit anderen Heerden verhindern sollen, ist eine Absperrungs- bzw. Aufsichtsmaßregel im Sinne des**

StGB.s §§ 307. 306 [n. 3].

**2. Zuwiderhandlungen gegen eine solche Verordnung sind aus dem cit. § 307 zu bestrafen, sollte auch in der letzteren eine andere Strafe angedroht sein.**

**Erk. (Z. I) v. 18. Mai 1870 c. Schumann** (433 I. Cr.).

Eine Vdn. der Königl. Regierung zu Stettin v. 13. Dez. 1867 ordnet an, daß „wenn die Räudekrankheit in einer Schaafheerde ausgebrochen sei, das Hütungsterrain der erkrankten Heerde gegen die benachbarten Grenzen 50 Ruthen breit abzustecken und in den Grenzlinien mit fest eingeschlagenen in die Augen fallenden Markpfählen zu bezeichnen sei;" rc. Die Uebertretung dieser Bestimmung soll, „soweit bestehende Gesetze rc nicht eine höhere Strafe androhen, mit Geldbuße bis zu 10 Thlrn. rc. geahndet werden." — Sch. hatte diesen Vorschriften zuwidergehandelt und war deshalb aus § 307 des StGB.s verurtheilt worden. Den Einwand, daß jene Anordnung nicht eine allgemeine nach allen Seiten hin und für alle Personen wirksame Maßregel darstelle, sondern nur eine individuelle Thätigkeit zur Pflicht mache (vgl. RdOTr. 4. S. 284; 9. S. 449), beseitigten die Instanzrichter durch die Erwägung: „daß die Verordnung nicht ein nur an ein bestimmtes Individuum gerichtetes, sondern ein allgemeines Gebot enthalte, dessen Allgemeinheit freilich darin ihre selbstverständliche Schranke finde, daß es sich an Grund- und Viehbesitzer richte." Außerdem erwog das AG., daß es nicht darauf ankomme, ob die Kgl. Regierung durch ihre Verordnung eine Handlung der vorliegenden Art nur mit einer Geldbuße bis zu 10 Thlrn. habe bedrohen wollen, weil hier das Gesetz die Strafandrohung enthalte, welche von der Regierung nicht habe abgeändert werden können. — NB. — Zurückweisung. Gründe:

Es unterliegt keinem Bedenken, daß die Vdn. der Kgl. Regierung zu St. v. 13. Dezbr. 1867 einen allgemeinen Charakter hat, also eine Anordnung allgemeiner Maßregeln für alle Fälle zur Abwehr der Räudekrankheit unter den Schafen im Bezirk dieser Regierung, in diesem Sinne also Absperrungs- oder Aufsichts-Maßregeln enthält. Sie wendet sich an die Viehbesitzer, Pächter, Verwalter, die Orts-Polizei-Behörden und die Landräthe, und enthält also für alle diese Betheiligten Vorschriften, welche eben deshalb sowohl Absperrungs- als auch Aufsichtsmaßregeln sind.

Daß nach der Fassung des § 25 der Vdn. die Strafe des § 307 des StGB.s zur Anwendung kommen mußte, ist von den Instanzrichtern mit Recht angenommen worden.

Antr. d. GStA.: gleichl. [15.—8.]

---

**1. Urtheil. - Verkündung. - Richter. - Anwesenheit.**
**2. Berufungsrichter. — Beweisaufnahme.**

**1. Es begründet keine Nichtigkeit, wenn bei der Verkündung des Urtheils zum Theil andere Richter mitwirken, als an der Fällung desselben Theil genommen haben.**

StPO. §§ 263. 264. — Contra: die Rechtsprechung des Kgl. Ober-Tribunals; vgl. Oppenh. Strafverf. Art. 32 n. 3. 4; RdOTr. 7. S. 546; 10. S. 333.

**2. Der Berufungsrichter kann eine von der erstrichterlichen abweichende Feststellung auf ein im Vorverfahren abgelegtes Geständniss etc. nur dann stützen, wenn dieses Gegenstand eines wiederaufgenommenen Beweisverfahrens gewesen ist.**

StPO. § 377

**Erk. (Z. V.) v. 18. Mai 1870 c. Sonntag (OAG. II. 99).**

Die NB. des Angeklagten rügte u. A., daß bei der (auf einen andern Tag vertagten) Urtheilsverkündung ein Richter mitgewirkt habe, welcher bei der vorhergegangenen Verhandlung nicht anwesend gewesen sei. Das OAG. hat diesen Angriff für verfehlt erachtet, dagegen aus einem andern Grunde das Urtheil vernichtet. Gründe:

[1.] Zwar sollen nach der StPO. § 226 die zur Entscheidung berufenen Richter bei Vermeidung der Nichtigkeit der ganzen Hauptverhandlung beiwohnen. Damit ist aber keineswegs, wie die NB. behauptet, angeordnet, daß dieselben Richter in ihrer Gesammtheit auch die Verkündung des von ihnen gesprochenen Erkenntnisses bewirken sollen. Denn zunächst umfaßt die Hauptverhandlung, wie sich insbesondere aus der StPO. §§ 238. 263 ergiebt, nicht zugleich die Verkündung des Urtels; dieselbe kann vielmehr, wie im vorliegenden Falle geschehen ist, nach dem Schlusse der Hauptverhandlung vertagt werden. Sodann weist auch der verschiedenartige Zweck der Hauptverhandlung und der Urtelsverkündung darauf hin, daß die Gesammtheit der zur Entscheidung berufenen Richter nur bei jener, nicht aber auch bei dieser erforderlich ist. Denn die Hauptverhandlung dient zur Vorbereitung und Unterlage für die künftige Entscheidung, während auf dieselbe die Verkündung selbstverständlich gar keinen Einfluß übt und letztere dem Angeklagten das auf Grund der vorausgegangenen Hauptverhandlung gesprochene Erkenntniß nur zur Kenntniß bringen will und zu diesem Behuf nach der Strafprozeß-Ordnung § 267 in dem dort gegebenen Falle selbst durch bloße Zustellung des Urtels in Ausfertigung oder beglaubter Abschrift ersetzt werden kann. Hiernach und mit Rücksicht auf § 265 der StPO. ist nur wesentlich, daß die Verkündung, wie vorliegend der Fall ist, gerade das Urtheil betrifft, welches auf Grund der Hauptverhandlung von den sämmtlichen dabei betheiligt gewesenen und zur Entscheidung berufenen Richtern gefällt, schriftlich abgefaßt und unterzeichnet worden ist, aber keineswegs, wie die NB. auszuführen sucht, eine Nichtigkeit deshalb, weil diese Verkündung nicht auch in Gegenwart sämmtlicher Spruchrichter erfolgt sei, begründet.

[2] Dagegen rügt die NB. mit Recht, daß gegen die Vorschriften der StPO. §§ 245. 246 in Verbindung mit §§ 7. 353. 377. 386 das Geständniß des Handelsmanns E., obwohl dasselbe nur polizeilich abgelegt und nicht Gegenstand der Wiederaufnahme des Beweisverfahrens geworden sei, der thatsächlichen Feststellung hauptsächlich zu Grunde gelegt sei. Denn zur Rechtfertigung dieser von dem ersten Erkenntniß abweichenden Feststellung konnte nach jenen gesetzlichen Bestimmungen das Zeugniß des 2c. E. nur dann

berücksichtigt werden, wenn es durch das wiederaufgenommene Beweisverfahren erlangt wurde.

Antr. d. GStA.: ad 1 entg. [65.–6.]

---

## Unterschlagung. — Verheimlichen des Empfangs.

**Die Verheimlichung des Empfangs einer fremden, demnächst wieder abzuliefernden Sache stellt für sich allein noch nicht den Thatbestand einer Unterschlagung dar.**

StGB. § 225 [u 47].

Erk. (B II.) v. 19. Mai 1870 c. Gladbach (154. II. Cr.)

Gl. hatte als Mandatar der Eheleute Kl. von einem Schuldner der letzteren K. eine Summe von 18 Thlrn. erhoben, diesen Betrag aber seinen Mandanten nicht abgeliefert und ihnen sogar den Empfang verheimlicht bzw. abgeleugnet. Deshalb der Unterschlagung beschuldigt, wendete er ein: er sei beauftragt gewesen, aus jenem Gelde verschiedene Gläubiger der Eheleute Kl. zu befriedigen, und habe selbst mehrfache Gegenforderungen, für welche er sich aus der empfangenen Summe bezahlt machen dürfe. Beide Instanzgerichte verurtheilten indessen; insbesondere erwog die (Rh.) App.-Kammer: „das böswillige Ableugnen des Empfangs mache für sich allein die Absicht der Unterschlagung höchst wahrscheinlich; diese werde aber durch einen eigenhändigen Brief des Beschuldigten vollständig erwiesen; die Behauptung von Gegenforderungen sei dagegen für die Frage der Schuldbarkeit gänzlich unerheblich, weil diese Gegenforderungen ungeachtet wiederholter Aufforderung auch jetzt noch nicht fixirt seien und jedenfalls nur die Retention, nicht die Verheimlichung der empfangenen Beträge rechtfertigen könnten. Vernichtung. Das OTr. erwog:

daß der Beschuldigte in dem Dispositiv des Urtheils 1. Instanz lediglich des ihm zur Last gelegten Vergehens der Unterschlagung ohne Feststellung der zum Begriffe desselben gehörigen Merkmale schuldig erklärt ist, daß in den Gründen zwar gesagt ist, daß der Beschuldigte eine Summe von 18 Thlrn. einem erhaltenen Auftrage gemäß für Kl. vereinnahmt und an letzteren abzuliefern gehabt habe, daß sein Einwand, er sei beauftragt gewesen mit diesem Gelde Schulden des Kl. zu bezahlen widerlegt oder nicht bewiesen sei, daß hierbei aber die Frage, daß und wie der Beschuldigte über den erhobenen Betrag rechtswidrig und zum Nachtheile des Eigenthümers verfügt habe, gänzlich übergangen ist;

daß dieses auch in dem Urtheil 2. Instanz nicht nachgeholt ist, daß auch hier auf eine Untersuchung nach dieser Richtung hin nicht eingegangen, vielmehr nur die Thatsache, daß der Beschuldigte die Empfangnahme der in Rede stehenden Summe verheimlicht und sich dadurch dem Verdachte rechtswidriger Aneignung ausgesetzt habe, hervorgehoben ist, daß indeß die Verheimlichung, wenn dieselbe auch nach Befinden der Umstände zu einem Schlusse auf die Intention der Unterschlagung berechtigt, doch den Thatbestand der Unterschlagung selbst nicht darstellt, zu dieser vielmehr der Nachweis unberechtigter Verfügung in einer der in § 225 des StGB.s aufgezählten Formen nothwendig ist;

daß daher auch der Ausspruch des App.-Richters, daß die von dem Beschuldigten behaupteten Gegenforderungen nicht in Betracht kommen könnten, weil dieselben zwar die Zurückbehaltung nicht aber die Verheimlichung der empfangenen Beträge rechtfertigen würden, nicht zutreffend ist und die durch den Einwand des Beschuldigten angeregte Frage, ob und welche Erheblichkeit die Existenz der angeblichen Gegenforderungen für die Annahme einer strafrechtlichen Unterschlagung beizumessen sei, nicht erledigt;

daß diesemnach der vorige Richter, wenn er auf den Thatbestand, wie, er in den Instanzen festgestellt worden ist den § 225 des StGB.s angewendet hat, diesen verletzt, überdies auch die Vorschrift des Art. 195 der Cr.-P.-O., nach welcher in den Straferkenntnissen die den Gegenstand der Verurtheilung bildenden Thatsachen enthalten sein müssen, unbeobachtet gelassen hat.

Antr. d. GStA.: entg. [29.—9.]

---

### Hausir-Kontravention. — Verwaltungs-, gerichtliches Verfahren.

**Ist ein eines Steuervergehens (z. B. einer Hausir-Kontravention) Verdächtiger zur Haft gebracht und**

demgemäß an das Gericht abgeliefert worden, so tritt mit dem gerichtlichen Beschlusse, welcher die Fortdauer der Haft anordnet, die ausschließliche gerichtliche Zuständigkeit ein; ein administratives Strafverfahren findet dann nicht mehr statt.

Ges. v. 3. Mai 1852 Art. 136 [n 39]; Steuer-Ordn. v 8. Febr. 1819 § 91; Hauſ.-Regul. v. 28 Apr. 1824 § 32; Gew.-Steuer-Ges. v. 30. Mai 1820 § 42a; Ges. v. 12. Febr 1850 §§ 4. 5. — Vgl. RdOTr. 3. S 23; 7. S 47; 9. S. 277. 636; 10. S. 712. 750.

Erk. (B. II.) v. 19. Mai 1870 c. Jaty (175. II. Cr.).

Der Drahtbinder J aus Ungarn war wegen einer angeblich verübten Hausir-Kontravention verhaftet und an das KG. zu S. abgeliefert worden, dieses verfügte die Haft, worauf die Untersuchung eingeleitet wurde. Der erste Richter sprach frei; auf die Appellation des StA s erklärte indessen das AG. unter Hinverweisung auf die Artt. 135. 136 des Ges s v. 3. Mai 1852 „das gerichtliche Strafverfahren zur Zeit für unstatthaft," weil zunächst nur die Verwaltungsbehörde zur Strafverhängung berufen sei. — Vernichtung und Zurückverweisung der Sache an das AG. Gründe:

Der Schlußsatz des § 91 der Steuer-Ordn. v. 8. Februar 1819 gebietet,

„daß ein wegen Verdachtes der Flucht persönlich angehaltener Uebertreter der Steuergesetze dem nächsten Gerichte übergeben werde, und § 92 alin. daselbst überläßt die Prüfung, ob Personalarrest fortzusetzen oder zu verhängen, lediglich der richterlichen Beurtheilung nach der Beschaffenheit der Person und des Falles."

Gemäß dieser Bestimmung, welche nach § 32 Abs. 3 des Hausir-Regulativs v. 28. April 1824 in Verbindung mit § 42a. des Gew.-Steuer-Ges.s v. 30. Mai 1820 auch auf Hausir-Gewerbesteuer-Vergehen Anwendung findet, hat das KG. zu S. verfahren, die richterliche Beurtheilung des Falles hat nach der Festnahme des Beschuldigten und dessen gerichtlicher Vernehmung am folgenden Tage, wie §§ 4 und 5 des Ges.s v. 12. Febr. 1850 vorschreiben, zum Beschlusse seiner Verhaftung am nämlichen Tage geführt und von der Erledigung des so eingeleiteten gerichtlichen Verfahrens durch ein administratives konnte demnach keine Rede mehr sein. Nachdem das Gericht vorläufig befunden hatte, daß die

Anzeigen gegen den Beschuldigten seine Verhaftung rechtfertigten, durfte es die Entscheidung über deren Fortdauer oder Aufhebung und die dieselben bedingende Entscheidung über die Schuld des Angeklagten in der Hauptsache nicht an eine Verwaltungsbehörde abgeben. Der Grundsatz, daß nicht allein Freiheitsstrafen, sondern auch Freiheitsentziehungen auf die Dauer der Untersuchung nur von den Gerichten verhängt werden können, war insbesondere in der Steuer- und Zollgesetzgebung schon vor dem Erlasse des Gesetzes zum Schutze der persönlichen Freiheit v. 12. Febr. 1850 anerkannt (vgl. die citt. Stellen mit §§ 33. 40. 53 des Ges.s v. 23. Jan. 1838 rc.) und die Minist.-Instr. v. 28. Juli 1839 (JMBl. S. 252) enthält auf Grund der AKO. v. 31. Jan. 1833 eine Anweisung zu dessen Ausführung. Daß hierin die Artt. 135 ff. des Ges.s v. 3. Mai 1852 eine Aenderung getroffen hätten, ist nach dem Wortlaute des Art. 136 das. vollends unter Berücksichtigung des Ges.s v. 12. Febr. 1850, welches keine anderen Ausnahmen zur Wahrung der Steuer- und Zoll-Interessen von seinen Fundamental-Bestimmungen gestattet, als die in § 13 ausgesprochene — schlechterdings nicht anzunehmen.

Antr. d. OStA.: gleichl. [23.—6.

---

## Grenzmerkmal. — Verrückung.

**Die Verrückung eines Grenzmerkmals, welches als solches von den Parteien anerkannt war, ist, ohne Rücksicht auf die Art und Weise wie dasselbe gesetzt worden, strafbar aus**

StGB. § 243 Nr. 7 [n. 44].

Erk. (Z. II.) v. 19 Mai 1870 c. Köhler (179. II. Cr).

Durch die Vorderrichter ist festgestellt, „daß die Grenzsteine, zu welchen der weggenommene gehörte, durch den Schulzen W. und den Schöppen N. auf Antrag der Parteien und in deren Gegenwart und eigener Mitwirkung gesetzt sind und nach der Setzung die dadurch markirende

Grenze als die richtige von beiden Theilen anerkannt ist. Hierdurch ist den Voraussetzungen des § 243 Nr. 7 des StGB.s vollständig genügt, der nur verlangt: daß das betreffende Grenzbezeichnungsmerkmal mit Zustimmung der beiderseitigen Grenznachbarn zu dem fraglichen Zwecke hingesetzt oder beiderseits als solches anerkannt worden ist; keineswegs aber die Mitwirkung einer amtlichen Autorität oder die Beobachtung gewisser gesetzlicher Förmlichkeiten (wie solche zum Beispiel in den §§ 383—388 I, 17 des ALR.s vorgeschrieben sind) fordert. — Die behauptete unrichtige Anwendung des cit. § 243 Nr. 7 liegt also nicht vor.

Antr. d. GStA.: gleichl. [29.—6.]

---

## 1. Unterschlagung. — Gewahrsam.
## 2. Betrug. — Besitz-Ueberlassung.

**1. Man kann eine Sache unterschlagen, ohne ihre Gewahrsam aufzugeben.**

StGB. § 225 [n 46] Vgl. B.-StGB. § 246.

**2. Ein Betrug kann in der Weise verübt werden, daß Jemand durch Täuschung veranlaßt wird, seine im Prekarbesitze eines Andern befindliche Sache diesem als Eigenthum zu überlassen.**

StGB. § 241 [n. 21a]. Vgl. B.-StGB. § 263.

Erk. (Z. II) v. 19. Mai 1870 c **Kopp** (130 II. Cr.).

Nach der thatsächlichen Annahme der Instanzrichter hatte die Frau des Mäklers K. für den Müller G. den Preis einer von diesem an das Proviantamt verkauften Quantität Roggen von der betr Kasse mit 2 Thlr. 8 Sgr pro Scheffel erhoben, dem G. aber demnächst versichert: sie habe nur 2 Thlr 6 Sgr. pro Scheffel erhalten, und ihm auch nur diesen Betrag nach Abzug eines ferneren Sgr. pro Scheffel als Mäklergebühr — abgeliefert. Der erste Richter fand hierin die Bei-Seite-Schaffung einer mit der Pflicht der Wiederablieferung erhaltenen fremden Sache 2c. und strafte „wegen Unterschlagung" aus § 227; der App.-Richter hielt aber die Annahme einer Unterschlagung schon deshalb für nicht gerechtfertigt

„weil nichts dafür vorliege, was darauf schließen ließe, daß die

K. das zurückbehaltene Geld verbraucht oder bei Seite geschafft habe, da sie es noch im Besitze haben möge;"

dagegen strafte er wegen Betrugs, dessen Thatbestand er für erwiesen erklärte. Die NB. der K. focht diese Feststellung als aus einer irrigen Rechtsansicht hervorgegangen an: von einer dem G. durch ihre falsche Angabe zugefügten Vermögensbeschädigung könne keine Rede sein, da sie zur Zeit, wo sie jene Angabe machte, schon im Besitze des Geldes gewesen sei, und weil sonach zwischen der falschen Angabe und der Vermögensbeschädigung der erforderliche Kausalzusammenhang nicht bestehe. — Der betr. OStA. erachtete in seiner Erwiderung auf die NB. diesen Angriff für begründet, hielt aber dafür, daß das AG. aus einem rechtsirrthümlichen Grunde den Thatbestand der Unterschlagung verneint habe.

Zurückweisung Gründe:

[1.] Allerdings schließt auch der fortdauernde Besitz der unter der Rücklieferungspflicht erlangten Sache die Annahme des Beiseiteschaffens von Seiten des Empfängers der fremden Sache nicht aus. Man kann es daher der örtlichen StA.-schaft zugeben, daß das Motiv, aus welchem der zweite Richter das vom 1. Richter angenommene, in die Unterschlagung fallende Moment des Beiseiteschaffens verneint hat, aus einer irrigen Rechtsanschauung hervorgegangen sei. Denn auch in dem Ableugnen des Empfangs kann wenigstens ein Beiseiteschaffen gefunden werden.

[2.] Die mit der Restitutionspflicht erlangte Gewahrsam einer fremden Sache involvirt an und für sich noch keine Vermögensbeschädigung, und am wenigsten dann, wenn wie es hier der Fall ist, der Empfänger die Gewahrsam nicht auf unrechtmäßige Weise erlangt hat. Wird hinterher aber der Eigenthümer durch das Vorbringen falscher Thatsachen Seitens des Empfängers dazu bestimmt, also durch Täuschung bewogen, ihm nunmehr den Eigenthumsbesitz der Sache zu übertragen, oder in dem bisherigen prekairen Besitz als Eigenthümer zu belassen, und wird er eben durch diese unter Verletzung seines eigentlichen Willens hervorgebrachte Uebertragung oder Unterlassung in seinem Vermögen beschädigt, so ist unzweifelhaft der zum Betrug erforderliche Causalzusammenhang zwischen der Irrthumserregung und der Vermögensbeschädigung hergestellt. Ungeachtet des Umstandes, daß Angeklagte zur Zeit ihrer unwahren Angaben sich bereits im Besitz — eigentlich in der Gewahrsam — des dem G. gehörigen Geldes befand, konnte daher der App.-Richter ohne Rechtsirrthum annehmen, daß der G. dadurch, daß Angeklagte in ihm einen Irrthum erregte, in seinem Vermögen beschädigt worden sei.

Antr. d GStA.: gleichl. [27.—6.]

---

## Leichnam. — Beerdigung. — Todtgebornes Kind.

**Eine todte Leibesfrucht, welche soweit ausgetragen war, daß sie außerhalb der Mutter hätte leben können, ist ein „Leichnam" im Sinne des StGB.s § 186 [n. 5].**

Erk (Z II.) v. 19. Mai 1870 c. Schulz (192. II. Cr.).

Der sprachliche Begriff des Leichnams ist an sich schon kein bestimmter — vgl. G. Arch. 14 S. 513, Beschl. I. v. 4. Jan. 1867 (RdOTr. VIII, 6) und der Begriff, den das Gesetz im § 186 cit. mit dem Worte verbindet, kann nur durch seinen Zweck und Zusammenhang mit den übrigen einschlägigen Bestimmungen des StGB.s bestimmt werden. Die Vorschrift des § 186 steht im Zusammenhange mit den Verbrechen oder Vergehen wider das Leben eines Menschen. In ihrer im ersten Absatze gegebenen Allgemeinheit stellt sie sich als ein Postulat der Rechtssicherheit in Bezug auf die Existenz des Menschen, insbesondere als ein Mittel dar, die Verdeckung der Tödtung eines Menschen überhaupt zu verhindern: — §§ 175. 176. 184 des StGB.s. Der Abs. 2 des fraglichen § steht dagegen in speziellem Zusammenhange mit dem Kindesmorde — § 180 ibid. — und in gewissem Gegensatze zu dem Verbrechen der Abtreibung der Leibesfrucht: — §§ 181. 182 das. — Im Gegensatze zu dem letzteren Verbrechen, insofern sich hier die Strafbestimmung gegen die Angriffe auf das bloße Leben des foetus allein, welches auch der völlig unreifen Frucht beiwohnt, richtet, während im § 186 unzweideutig ein Mehreres vorausgesetzt wird. Dieses Mehr bestimmt sich aber durch die Verbindung des § 186 mit dem Kindesmorde und seinem daraus hervorgehenden Zwecke. Ist auch die Vorschrift des fraglichen § ihrem Zwecke nach nicht mehr im Sinne des Landrechts als ein Vorbeugungsmittel gegen den Kindesmord zu betrachten so soll durch dieselbe, den Motiven nach, die Möglichkeit wenigstens gesichert werden, den auf den etwanigen Kindesmord erforderlicher Thatbestand noch im Wege der Untersuchung festzustellen. Allerdings setzt nun der Kindesmord voraus, daß das Kind während, oder nach, der Geburt, gelebt habe. Soweit kann aber die Absicht des Ges.s im § 186 nach seinem eben hervorgehobenen Zwecke nicht gehen, wenn sich dieser Zweck von vornherein als ein praktisch unerreichbarer nicht darstellen soll. Hieraus würde sich also ergeben, daß zu dem Vergehen aus § 186 des StGB.s, in Bezug auf das Leben der Leibesfrucht mehr als die §§ 181 und 182 des StGB.s voraussetzen, erfordert wird, daß aber auch nicht soviel erforderlich sei zu seinem objektiven Thatbestande, als der § 180 ibid. bedingt. Ist hiernach der Begriff des Leichnams im Sinne des § 186 Abs. 2 des StGB.s nach seiner Entstehungsgeschichte, seinem Zwecke und seinem Zusammenhange mit den hervorgehobenen einschlägigen Strafvorschriften zu bestimmen, so kann die Bestimmung nur dahin gehen, daß darunter ein todtes menschliches Wesen zu verstehen ist, welches lebensfähig gewesen, d. h. denjenigen Entwickelungsgrad, beziehungsweise dasjenige Alter erreicht hatte, um nach den allgemeinen Bedingungen der Vitalität außerhalb des Mutterleibes als Kind, in oder gleich nach der Geburt, (§ 180 des StGB.s) zu leben. Von diesem Begriffe ist der App.-Richter in wesentlicher Uebereinstimmung mit dem 1. Richter ausgegangen, er hat die thatsächliche Unterlagen desselben festgestellt; er befindet sich damit in Uebereinstimmung mit der bisherigen constanten Judicatur des Kgl. OTr.s und die ihm vorgeworfene Gesetzesverletzung entbehrt daher jeglicher Begründung. Namentlich hat er unter der hervorgehobenen Begrenzung vollkommen Recht, wenn er angenommen hat, daß auch die todtgeborne, noch nicht vollständig ausgetragene Leibesfrucht, unter den Begriff des Kindesleichnams falle.

Antr. d. GStA.: gleichl. [27.—6.]

---

## Anschuldigung, falsche. — Verfahren. — Innehalten.

**Die Statthaftigkeit einer Strafverfolgung wegen falscher Anschuldigung ist nicht durch einen vorgängigen Beschluß bedingt, daß wegen der angezeigten Handlung die Eröffnung der Untersuchung nicht stattfinde.**

StGB. § 133 [n. 20]. Vgl. B.-StGB. § 164.

Erk. (Z. I) v. 20. Mai 1870 c. Gallmeister (419. I. Cr.).

Es bedurfte der vorherigen Einleitung einer Untersuchung gegen den [von G. denunziirten] Steuererheber F. wegen der gegen ihn erhobenen Auschuldigungen oder eines Beschlusses der zuständigen Behörde, daß die Einleitung einer solchen nicht stattfinde, nicht, da die bezügliche Bestimmung des § 159 des StGB.s im Falle einer falschen Anschuldigung nicht Platz greift, der Schlußsatz des § 133 l. c. vielmehr nur vorschreibt, daß in dem Falle, wenn in Folge der Anzeige ein Verfahren eingeleitet worden, so lange dies anhängig sei, mit dem Verfahren und dem Erkenntnisse über die falsche Anschuldigung inne gehalten werden solle, im vorliegenden Falle ein Verfahren gegen F. aber überhaupt nicht eingeleitet worden ist.

Antr. d. GStA.: gleichl. [33.—8.]

---

## Zeuge. — Verzicht. — Vertheidiger.

**Die Nichtvernehmung eines auf den Antrag des Angeklagten vorgeladenen Zeugen ist gerechtfertigt,**

sobald der Vertheidiger ohne Widerspruch des anwesenden Angeklagten auf denselben verzichtet hat.

Vdn. v. 3. Jan. 1849 § 52 [n. 69]. Vgl RbOTr. 7. S. 39; 10. S. 315.

Erk. (Z. I.) v. 20. Mai 1870 c. Schreiber (515). [28.—8.]

---

**Aufruhr. — Befreiung eines Gefangenen.**

**Die Betheiligung an einem Aufruhr ist auch dann, wenn der letztere die Befreiung eines Gefangenen aus der Gewalt der betr. Beamten zum Zwecke hatte, strafbar aus**

StGB §§ 91 [n. 8]. 94. Vgl. B.-StGB. § 115. 120.

Beschl. (I.) v. 20. Mai 1870 c. Schw. (149 B I. Cr.).

Obgleich der Anklage-Senat es für genügend erwiesen erachtete, daß Schw. sich an einer Zusammenrottung betheiligt habe, bei welcher einem Polizeibeamten in Ausübung seines Amtes mit Gewalt Widerstand geleistet, derselbe auch gezwungen worden sei, jene Amtshandlung zu unterlassen 2c., und daß somit die That des Schw. alle Merkmale eines Aufruhrs (StGB. §§ 91. 89 90) in sich vereinige, — lehnte er doch die beantragte Versetzung in den Anklagestand ab, weil es sich bei der That von der Befreiung eines Gefangenen gehandelt habe, für welche § 94 l. c. eine spezielle Strafbestimmung enthalte, diese somit den allgemeinen Vorschriften der §§ 89. 90. 91 citt. vorgehe. Auf die Beschwerde des OStA.s hat das OTr. den Beschluß aufgehoben und die definitive Versetzung in den Anklagestand ausgesprochen, indem es erwog:

daß die Ausführung des Anklage-Senats eine rechtsirrthümliche ist, indem der § 94 l. c. nur generell von der Befreiung eines Gefangenen spricht, ohne der damit außerdem verbundenen, anderweitigen strafbaren Handlungen zu gedenken, woraus dann von selbst folgt, daß wenn diese letzteren eine für sich bestehende schwerere Strafthat bilden, die hierauf bezügliche Strafbestimmung zur Anwendung kommen muß, weil sich solchergestalt die dadurch zugleich bewirkte Befreiung eines Gefangenen lediglich als der Zweck der Gesammtheit der verbrecherischen Handlungsweise darstellt, dieser aber prinzipiell die sonstige Schuld nicht beseitigt.

Antr. d. GStA.: gleichl. [20.—8.]

---

**Beweisantrag. — Nichtwiederholung. — Nichtigkeit.**

**Der Angeklagte, welcher in der Sitzung des Berufungsgerichts nicht die Ausdehnung des wieder aufgenommenen Beweisverfahrens auf (früher) vorgeschlagene Beweismittel beantragt, giebt dadurch zu erkennen, dass er die unterbliebene Anführung von Gründen für diese Beschränkung seiner Prozessbefugnisse für eine ihm nachtheilige nicht erachte.**

StPO. §§ 385 Abs. 2. 390 22. 404.

**Erk. (Z.) v. 25. Mai 1870 c. Delffs** (OAG. II. 110). [66.—6.]

---

**Steuer-Kontravention. — Dolus.**

**Zum Thatbestande einer Steuerdefraudation oder Kontravention genügt als Dolus das Bewußtsein (die Kenntniß) von den den Thatbestand bildenden Thatsachen.**

Steuer-Ordn. v. 8. Febr. 1870 § 60. Vgl. RbOTr. 2. S. 5; 5. S. 105

**Erk. (V. I.) v. 25. Mai 1870 c. Dreßler** (379. I. Cr.).

D war von der Anklage, „eine Schlachtung zu einer anderen als der in der steueramtlichen Erlaubniß bestimmten Zeit bewirkt, und dadurch dem Ortsregulative zuwidergehandelt zu haben," vom AG. deshalb freigesprochen worden, „weil erwiesener Maßen die Verzögerung der Schlachtung durch die Schuld des zugezogenen jüdischen Schächters veranlaßt worden sei, diese somit den Angeklagten nicht treffe." Vernichtung aus dem oben angegebenen Grunde.

Antr. d. GStA.: gleichl. [18.—8.]

---

**1. Polizeigericht. — Schöffen. — Holzdiebstahl.**
**2. Holzdiebstahl. — Holzberechtigung. — Verbotene Zeit.**

**3. Idem. — Berechtigungseinrede.**

1. Ist das polizeigerichtliche Hauptverfahren wegen Diebstahls an geschlagenem Holze eröffnet worden, so kann das Gericht (unter Mitwirkung der Schöffen) wegen einfachen Holzdiebstahls strafen, wenn es findet, dass nur ein solcher vorliege.

Einf.-Vdn. v. 25. Juni 1867 Art. II. D § 24; StPO § 4. 356.

2. Derjenige, welchem eine auf bestimmte Zeiten beschrankte Holzberechtigung zusteht, macht sich eines Holzdiebstahls schuldig, wenn er zu einer verbotenen Zeit sich Holz im Walde zueignet.

HDGes. v. 2. Juni 1852 § 1; StGB. § 215 [n. 48].

3. Hat der [eines Holzdiebstahls] Angeklagte eine Berechtigungseinrede vorgeschützt, so bedarf es der Einstellung des Strafverfahrens nicht, wenn jene Berechtigung vom Richter angenommen und der Entscheidung zum Grunde gelegt wird.*)

StPO. § 486.

N. B. In gleichem Sinne (1—3) erging Z (II, 81) v. 15. Juni 1870 c. Pfeifer.

**Erk. (Z.) v. 25. Mai 1870 c. Hanselmann** (OAG II. 82).

[2.] Unbegründet ist der in der NB. dem Berufungsrichter gemachte Vorwurf, daß derselbe den Begriff des Diebstahls nach dem StGB. § 215 und dem HDGes. v. 2. Juni 1852. § 1 insofern verkannt habe, als der Angeklagte ein Recht auf das Holz habe, letzteres also nicht als eine fremde Sache, sondern nur zur ungehörigen Zeit weggenommen habe. Der Berufungsrichter hat zwar nicht nach

*) Es kann der civilrichterlichen Vorweg-Entscheidung über die vorgeschützte Berechtigungseinrede nicht bedürfen, wenn der Strafrichter findet, daß dieselbe, wenn vollständig begründet, doch ein Privatrecht zur Vornahme der unter Anklage gestellten Handlung nicht gewähre und somit die Bestrafung nicht ausschließe.

der StPO. §§ 353. 386 eine förmliche Schlußfeststellung im Anschluß an die wörtliche Definition des Diebstahls gemacht, sondern nur hervorgehoben, daß der holzberechtigte Angeklagte das Holz zu einer unerlaubten Zeit, also in der Absicht, sich einen rechtswidrigen Vortheil zu verschaffen, weggenommen habe, damit jedoch ausgedrückt, daß Jener Holz, welches für ihn damals jedenfalls eine fremde Sache war, in der Absicht rechtswidriger Zueignung weggenommen habe. Hiermit ist der Begriff des Diebstahls erschöpft und kann es insbesondere nicht zweifelhaft sein, daß er auch die zu einer verbotenen Zeit erfolgte Ausübung einer auf eine bestimmte Zeit beschränkten Holzberechtigung trifft, eben weil die Wegnahme zu jener Zeit nicht mehr auf einem Rechte beruht und darum als an fremdem Holze ausgeführt anzusehen ist.

[3.] Endlich lag, wie Angeklagter in der NB. noch geltend macht, kein Grund vor, nach der StPO. § 486 das Strafverfahren einzustellen. Denn die Holzberechtigung des Angeklagten und deren Einschränkung auf eine bestimmte Zeit ist in Gemäßheit seiner eigenen Behauptungen und Zugeständnisse vom Berufungsrichter angenommen und der Entscheidung zu Grunde gelegt worden, bedurfte also nicht noch zu seinen Gunsten, unter Einstellung des Strafverfahrens, einer besondern Feststellung und Entscheidung durch den bürgerlichen Richter.

Antr. d. OStA.: gleichl. [65.—6.]

---

## Rechtskraft, relative. — Kompetenz.

**Die relative Rechtskraft schließt auch hinsichtlich der Kompetenz des erkennenden Richters eine reformatio in peius aus; der App.-Richter kann daher, auf die alleinige Appellation des Angeklagten das erste Urtheil nicht deshalb aufheben, weil die**

That desselben ein Verbrechen und die schwurgerichtliche Zuständigkeit begründet sei.

Cr.-Ordn. § 528; Vdn. v. 3 Jan. 1849 Abschn. IV (S. 462 n. 62). Vgl. RdOTr. 4. S. 24; 5. S. 406; 8. S. 334.

Erk. (V. I.) v. 25. Mai 1870 c. Wieland (443. I. Cr.). [20.—8.]
Antr. d. GStA.: gleichl.

---

**Konkurrenz, ideale. — Uebertretung. — Vergehen. — Härtere Strafe.**

1. Auch dann, wenn ein Vergehen ideell mit einer Uebertretung konkurrirt, ist die Strafe zu bestimmen nach

StGB. § 55 [n. 7].

2. Im Falle einer idealen Konkurrenz ist dasjenige als das härtere Gesetz zu betrachten, welches die höchste Maximalstrafe androht; dabei darf indessen die Strafe unter den Minimalsatz keines der zu vergleichenden Gesetze hinabgehen. Ebendas. [n. 13].

Erk. (Z. V.) v. 25. Mai 1870 c. Wilberding (OAG. II. 85).

[2.] Bei Ermittelung des härteren Strafgesetzes kommt es auf Vergleichung der Gesetze an sich an, ohne Rücksicht auf die etwanigen Resultate der nachfolgenden Strafzumessung, und muß dabei dasjenige Gesetz als das härtere angesehen werden, welches in der Strafandrohung am weitesten geht. Nur die angedrohte Maximalstrafe entscheidet, denn möge daneben immerhin die Minimalstrafe geringer bestimmt sein als in dem zur Vergleichung kommenden anderen Strafgesetze, so würde doch dieser Unterschied keinen praktischen Erfolg haben können, da bei der Strafzumessung auf Grund des ersteren Gesetzes doch für das richterliche Ermessen in Berücksichtigung kommt, daß die Konkurrenz der Delikte niemals einen Strafmilderungsgrund abgeben kann, also unter den Minimalsatz keines der zur Vergleichung gekommenen Gesetze herabgegangen werden darf.

Antr. d. GStA.: gleichl. [62.—6.]

---

### Zeuge. — Mitangeklagter, freigesprochener.

**Ein früher rechtskräftig freigesprochener Mitangeklagter kann nicht lediglich wegen dieser seiner Eigenschaft vom eidlichen Zeugnisse ausgeschlossen werden.**

Vdn. v. 3. Jan. 1849 § 22 [n 22]. Vgl. RbOTr. 7. S. 533; 9. S. 660; 11. S 153 Dagegen kann der Instanzrichter dem Zeugnisse eines früheren, rechtskräftig freigesprochenen Mitangeklagten die Glaubwürdigkeit deshalb versagen, „weil er nicht als unbetheiligt bei der betr. Strafthat angesehen werden könne": Z. (I, 365) v 18. Mai 1870 c Radau.

Erk. (V. I.) v. 25. Mai 1870 c. Zureck (458. I. Cr.).

Antr. d. GStA.: gleichl. [28.—8.]

---

### Kosten. — Rechtsmittel. — Zurücknahme.

**Der Angeklagte, welcher ein eingewendetes Rechtsmittel zurücknimmt, muß doch in die dadurch veranlaßten Kosten verurtheilt werden.**

Vdn. v. 3 Jan 1849 Abschn. IV. (S. 460 n 56).
Ebendas. § 179 [n. 1].

Erk. (Z. I.) v. 27. Mai 1870 c. Wenzel (483. I Cr). [28.—6.]

---

### Rheinisches Verfahren. — Beschuldigter. — Geistesschwäche.

**Ist es zweifelhaft, ob der Beschuldigte seiner Geisteskräfte mächtig sei, so kann mit ihm über das Rechtsmittel des Kassationsrekurses (nach Rh. Verfahren) nicht verhandelt werden, sollte es auch an den Bedingungen der Annehmbarkeit des Rechtsmittels fehlen.**

Rh. StPO. Art 425 Vgl. Oppenh Strafverf § 14 n. 27; RbOTr. 2. S. 43; 3. S. 513, 4. S. 153; 9. S. 410. 478.

Erk. (II.) v. 28. Mai 1870 c. Breuer (206 II. Cr.).

Nachdem B. gegen das ihn wegen Vermogensbeschädigung, Hausfriedensbruchs ꝛc. verurtheilende Erkenntniß 2 Instanz den Kassationsrekurs ergriffen, eine Succumbenzstrafe aber nicht hinterlegt hatte, entstanden erhebliche Zweifel darüber, ob er seiner Geisteskräfte zur Zeit mächtig sei. Dieserhalb hat das OTr. die Verhandlung der Sache einstweilen ausgesetzt, weil es ungewiß sei, ob B. die Fähigkeit gehabt habe,

„sich das Rechtsmittel des Kassationsrekurses unter gleichzeitiger Beobachtung der seine Statthaftigkeit bedingenden Vorschriften zu wahren."
Antr. d. GStA.: gleichl. [27.—9.]

---

## Name, falscher. — Zuständiger Beamter.

**Der Gebrauch eines falschen Namens einem Beamten gegenüber, welcher örtlich nicht zuständig war (z. B. dem Feldhüter einer fremden Gemeinde gegenüber) ist nicht strafbar aus**

StGB. § 105 [n. 37]; FPO. v. 1. Nov 1847 §§ 50. 51. Vgl. RdOTr. 5. S. 75. Vgl. B.-StGB. § 360 Nr. 8.

Erk. (B. II.) v. 28. Mai 1870 c. Pötzsch (204 II. Cr).

Die rc. P. hatte dem für die Feldmark der Stadt Z. bestellten Feldhüter Schr., welcher sie auf der Flur der Nachbar-Gemeinde Sp. bei einem Felddiebstahl betraf, anhielt und nach ihrem Namen fragte, einen falschen Namen genannt Das OTr. hat das sie dieserhalb wegen des Gebrauchs eines falschen Namens (StGB. § 105) verurtheilende Erkenntniß 2. Instanz vernichtet und auf Freisprechung erkannt. Gründe:

Die Angeklagte hat sich allerdings eines Namens bedient, der ihr nicht zukommt, dies genügt aber noch nicht zur Anwendung der Vorschrift des § 105 des StGB.s denn, wenn auch der Wortlaut derselben ein Weiteres nicht zu erfordern scheint, so ergiebt doch ihre Stellung in dem Titel: „Vergehen wider die öffentliche Ordnung," daß sie irgend eine Verletzung der öffentlichen Ordnung, insbesondere irgend ein Recht des Fragenden auf die Wahrheit der Antwort voraussetzt.

Der App.-Richter hat auch das Recht des Sch., die Angeklagte nach ihrem Namen zu fragen, geprüft und dasselbe darin gefunden, daß ein Feldhüter, welcher von der Grenze seiner Feldmark aus einen Felddiebstahl auf der benachbarten Feldmark wahrnehme, wohl befugt sei, den Contravenienten anzuhalten und nach seinem Namen zu fragen, um dem Nachbarfeldhüter oder dem Ortsrichter den Fall anzuzeigen; dabei ist hervorgehoben, daß Sch. sich alsbald an den Gerichtsschöppen D. aus Sp., den Beistand und Stellvertreter des Schulzen in dessen Amtsverrichtungen, gewendet habe.

Dieser Ansicht ist indessen nicht beizupflichten. Nach 50 und 51 der FPO. v. 1. Novbr. 1847 werden Feldhüter von den Gemeinden für den Gemeindebezirk oder einzelne Theile desselben bestellt, und ihre gerichtliche Vereidigung geht nur dahin, daß sie die Feldfrevel, welche in den ihrer Aufsicht anvertrauten Bezirken vorfallen u. s. w. anzeigen wollen. Sie sind daher nicht Organe der allgemeinen Polizei, wie z. B. die Gensdarmen, welche aus diesem Grunde auch außerhalb der Grenzen ihres Amtsbezirks amtlich auftreten dürfen (§ 21 der Dienst-Instr. f. d. Gensdarmerie v. 30. Dezbr. 1820 (Ges.-S. 1821 S. 10), vielmehr beschränkt sich ihre amtliche Autorität auf den Umfang des ihrer Aufsicht unterstellten Bezirks, so daß sie außerhalb desselben nicht als Feldhüter, sondern nur als Privatleute handeln können. In letzterer Eigenschaft war Schr. freilich, wie jeder Andere, berechtigt, die strafbare Handlung der Angeklagten (ihren Felddiebstahl) den Amtspersonen von Sp. anzuzeigen, diese Jedermann beiwohnende Befugniß verleiht aber kein Recht, mit öffentlicher Autorität Fragen an den Thäter zu richten, und begründet somit keine Verpflichtung des Gefragten, wahrheitsgemäß zu antworten. In einem solchen Falle ist daher die Annahme eines fremden Namens durch den Befragten nicht strafbar.

[35.—9.]

---

## Dolus. — Bewußtsein der Strafbarkeit.

**Der Rechtsirrthum, vermöge dessen man eine strafbare Handlung für gesetzlich erlaubt hält, macht dieselbe nicht straflos.**

StGB. § 40 [n 1]. Vgl. RdOTr. 10. S 77. 167. 638.

Erk. (Z. II.) v. 28. Mai 1870 c. Prösdorf (191. II. Cr.).

Die P. hatte für ihr in Hamburg betriebenes (dort konzessionirtes) Bordell in Preußen Mädchen angeworben und ihnen die Mittel zur Reise nach Hamburg gewährt ꝛc. Sie ist deshalb wegen Kuppelei bestraft worden, obgleich sie in 2. Instanz eingewendet hatte: „sie habe durchaus nicht gewußt, daß sie eine strafbare Handlung begehe; es sei ihr vielmehr jeder Dolus fern gewesen, indem sie geglaubt habe, sie könne für ihr gesetzlich erlaubtes Gewerbe, ohne mit den hiesigen Gesetzen in Widerspruch zu gerathen, die Frauenzimmer engagiren.'' NB. Zurückweisung. Gründe.

Im vorliegenden Falle hat die Angeklagte sich für die Abwesenheit ihres Dolus nicht darauf berufen, daß ihre Handlungsweise nicht mit dem Bewußtsein der daraus entspringenden Folgen des Vorschubleistens rc. geschehen sei — und wer Mädchen für sein Bordell anwirbt, sie mittelst Zahlung der Reisekosten dort unterbringt, überdies ihre Schulden bezahlt, um den Abzug zu ermöglichen, der kann dies vernünftiger Weise und ohne Widerspruch mit der Natur der Dinge nicht behaupten, — sie hat vielmehr diese Abwesenheit blos darauf gestützt: „daß sie mit Rücksicht darauf, daß ihr Bordell in Hamburg, für welches die Frauenzimmer angeworben sind, concessionirt gewesen, geglaubt, daß ihre Handlungsweise hier nicht strafbar sei." Ihre behauptete Abwesenheit des Dolus trifft also das zum Gebiet des Dolus allerdings gehörige Moment des bewußten Vorschubleistens zum Zwecke der Unzucht nicht, sondern besteht nur in einem rechtlichen Irrthume über die Strafbarkeit ihrer Handlung, welche von den Vorderrichtern in Uebereinstimmung mit dem Strafgesetz besonders dargethan ist. Der Irrthum der Angeklagten ist also blos ein außerhalb des Dolus liegender Rechtsirrthum; daß aber der Rechtsirrthum über die Strafbarkeit einer Handlung überhaupt, gegen die Anwendung des Strafgesetzes nicht schützt, gehört zu den bekanntesten Rechtswahrheiten. Es folgt hieraus, daß es der speziellen Feststellung im App.-Urtheil: daß Angeklagte auch das Bewußtsein gehabt habe, daß sie durch die bezeichneten Handlungen der Unzucht der fraglichen Frauenspersonen Vorschub leiste, nicht einmal bedurfte, eben weil dies Bewußtsein von ihr nicht bestritten war, und daß folglich die überflüssige Feststellung das angegriffene Urtheil nicht vitiiren konnte.

Antr. d. GStA.: gleichl. [27—9]

**Kosten. — Urtheil. — Nichtigkeit.**

Der schliesslich zu einer Strafe verurtheilte Angeklagte hat auch die Kosten eines vernichteten Urtheils erster Instanz zu tragen.

StPO. § 438 Vgl RdOTr. 9. S. 630.

**Erk. (Z.) v 1. Juni 1870 c. Esche** (OAG II 115). [63 —6.]

---

**Wiedereinsetzung. — Berufungsgericht. — Beweiserneuerung.**

Hat der Angeklagte gegen ein nach vorgängiger Beweiserneuerung ergangenes Urtheil des Berufungsgerichts die Wiedereinsetzung in den vorigen Stand erlangt, so wird die Sache in die frühere Lage zurückversetzt. Das Gericht kann daher bei der abermaligen Verhandlung von der Erneuerung der Beweisaufnahme absehen, wenn es nunmehr die Voraussetzungen einer solchen vermisst.

StPO § 414.

**Erk. (Z.) v 1. Juni 1870 c. Flath** (OAG. II, 116)

Nach § 414 der Strafprozeß Ordnung findet das Gesuch um Wiedereinsetzung in den vorigen Stand gegen Versäumung der zur Hauptverhandlung in der Berufungsinstanz bestimmten Sitzung nur unter der Voraussetzung statt, wenn in der versäumten Sitzung die Wiederaufnahme des Beweisverfahrens stattgefunden hatte.

Daraus folgt nicht, daß eine in dem versäumten Verhandlungstermine vorgenommene Beweisaufnahme in Anwesenheit des Angeklagten wiederholt werden muß, wenn dieser gegen jene Versäumung in den vorigen Stand eingesetzt worden ist. Er hat alsdann nur das, nach allgemeinen Grundsätzen sich von selbst verstehende Recht, zu der Beweisaufnahme zugezogen zu werden, wenn es dazu kommt, und nur in diesem Sinne hat das diesseitige Erkenntniß v. 2. März 1870 ausgesprochen, daß die Angeklagte zu dem

Antrage auf Wiederholung des Verfahrens unter ihrer Zuziehung berechtigt erscheine. Mit Recht hat die Berufungskammer angenommen, daß durch die diesseitige Entscheidung die Sache in die vor dem von der Angeklagten versäumten Verhandlungstermine bestandene Lage zurückversetzt werde. Der früher auf Wiederholung der Beweisaufnahme gerichtete Beschluß des Berufungsgerichts war nach § 260 der Strafprozeß-Ordnung für dasselbe nicht bindend und wenn dasselbe nach wiederholter Prüfung zu der Annahme gelangte, daß die geltend gemachten Thatsachen und Beweismittel Zweifel gegen die Richtigkeit der im ersten Urtheile enthaltenen Feststellung hervorzurufen nicht geeignet seien, so konnte es bei der Anordnung der anderweiten Verhandlung ebenso gut davon abgehen, als dieses schon in dem von der Angeklagten versäumten Termine zulässig gewesen wäre.

Antr. d. GStA: gleichl. [64.—6.]

---

## Bankerutt. — Restaurateur. — Buchführung.

Ein Restaurateur (Wirth), welcher mit diesem Geschäfte einen gewerbsmäßigen Waarenverkauf aus offenem Laden über die Straße (in nicht geringem Umfange) verbunden hat, ist zur Buchführung verpflichtet.

StGB § 261 Nr. 2 [S 512 n. 7] Vgl. B.-StGB § 283 Nr 2.

Erk. (Z. I.) v. 1. Juni 1870 c. Hartmann (377 I. Cr).

[15.—8.]

---

## Raub, schwerer. — Versuch.

Der Versuch eines Raubes, bei welchem der Tod eines Menschen durch Mißhandlung verursacht worden, ist nicht mit lebenslänglichem Zuchthaus zu bestrafen aus

StGB §§ 233 Nr 3 [n 6] 32 Vgl. B-StGB § 251.

Erk. (B I) v. 1. Juni 1870 c. Maske (616. I Cr.).

Der Schw.-GH. hat die gegen den Angeklagten erkannte lebenslängliche Zuchthausstrafe ausschließlich auf den Ausspruch der Geschwornen zur ersten ihnen vorgelegten Frage und auf § 233 Nr. 3 des StGB.s gegründet und dabei das konkurrirende Verbrechen der Brandstiftung, dessen er durch die Antwort zur zweiten Frage schuldig erklärt worden war, ganz außer Betracht gelassen. Durch den erstgedachten Ausspruch ist der Angeklagte aber nur des Versuches eines Raubes, bei welchem der Tod eines Menschen durch Mißhandlung und Körperverletzung verursacht worden (§ 233 Nr. 3 des StGB.s) schuldig erklärt worden, und die Entscheidung hängt daher von Beantwortung der Frage ab, ob in den Fällen des gedachten § 233 auch der Versuch des Raubes mit der vollen dort angedrohten Strafe zu ahnden, oder ob nicht vielmehr auch hier die Bestimmung des § 32 Abs. 2 ebendas., wonach, wenn das Verbrechen selbst mit der Todesstrafe oder lebenslänglichem Zuchthaus bedroht ist, im Falle des Versuches an die Stelle dieser Strafen Zuchthaus von mindestens zehn Jahren nebst Polizeiaufsicht tritt, Platz greift. Der Kgl. Schw.-GH. hat nicht verkannt, daß im Hinblick auf die im § 230 des StGB.s gegebene Definition des Raubes im vorliegenden Falle nur der Versuch eines solchen festgestellt sei, da der Angeklagte verhindert worden sei, die Zueignung der Sachen zu vollenden. Deßungeachtet glaubt er die Anwendung des bezogenen § 32 Abs. 2 ausschließen zu müssen, weil bei dem vorliegenden Raubversuche durch Mißhandlung und Körperverletzung der Tod eines Menschen veranlaßt und wirklich eingetreten sei, hiermit die wesentlichen Momente des im § 233 Nr. 3 vorgesehenen Verbrechens für consumirt anzusehen seien und in dem das Gesetz sich des allgemeinen Ausdruckes: „bei dem Raube“ bediene, anzunehmen sei, daß es darunter nicht allein den vollendeten, sondern auch den versuchten Raub begriffen habe. Hierbei hat der Schw.-GH. indessen übersehen, daß der Eingang des in Rede stehenden § 233 dahin lautet: „Der **Raub** wird mit lebenslänglicher Zuchthausstrafe bestraft“ u. s. w., und daß Raub nach dem Sprachgebrauch des StGB.s, welcher überall zwischen dem Verbrechen selbst und dem Versuch unterscheidet, das vollendete Verbrechen des Raubes, nicht aber zugleich den Versuch, bedeutet. Den Raub definirt aber der § 230 ebendas. als die Wegnahme einer fremden beweglichen Sache mit Gewalt gegen eine Person — in der Absicht, sie sich rechtswidrig zuzueignen. Zur Vollendung des Raubes wird also ebenso wie zur Vollendung des Diebstahls die Wegnahme der Sache erfordert und dies muß ebenso gut von dem Raube des § 233, als von dem Raube der §§ 231 und 232 gelten, da die wesentlichen Momente des Thatbestandes dieses Verbrechens dort wie hier nicht von einander abweichen können. Der Schw.-GH. verstößt daher gegen die cit. §§ 230 und 233, wenn er davon ausgeht, daß, weil bei dem vorliegenden Raubversuche durch Mißhandlung und Körperverletzung der Tod eines Menschen veranlaßt und wirklich eingetreten sei, damit die wesentlichen Momente des im § 233 Nr. 3 vorgesehenen Verbrechens für consumirt anzusehen seien, und die zur Unterstützung dieser Ansicht hinzugefügte Betrachtung, die Wegnahme der Sache falle offenbar strafrechtlich viel weniger ins Gewicht, als die Tödtung bei der verübten Gewalt, und es lasse sich nicht denken, daß der Gesetzgeber die Anwendung der vollen Strafe der cit. Nr 3 § 233 von dem Umstande habe abhängig machen wollen, daß dem Thäter grade die Entwendung gelungen sei, deren Gegenstand, wie im vorliegenden Falle, von ganz geringfügigem Werth sein könnte, — kann den positiven Bestimmungen des StGB.s gegenüber höchstens einen doktrinellen Werth für sich in Anspruch nehmen und daher hier auf sich beruhen. Allerdings hat eine Reihe anderer deutscher StGB., z. B. das thüringische, ältere baierische, österreichische, hannoversche, braunschweigische in Uebereinstimmung mit einzelnen Rechtslehrern bei der Definition des Raubes das vorwiegende Gewicht auf die Gewalt gelegt und daher mit deren Verübung auch ohne wirkliche Ergreifung der Sache den Raub als vollendet betrachtet.

Das Preuß. StGB. ist in Uebereinstimmung mit der vorstehenden Doktrin dieser Auffassung jedoch nicht gefolgt, hat vielmehr, wie die Definition des Raubes im § 230 klar zeigt, den Raub als eine Art der diebischen Kontrektation angesehen, welche sich vom Diebstahl nur dadurch unterscheidet, daß als Mittel zur Entwendung Gewalt gegen eine Person oder dieser gleich gestellte Drohungen angewandt werden. Ebensowenig ist aus der in Nr. 2 und 3 des § 233 vorkommenden Wendung „wenn bei dem Raube" etwas für die Ansicht des Schw.-GH.s herzuleiten. Diese Ausdrucksweise erklärt sich vielmehr einfach durch die Absicht des Gesetzgebers, jeden Thäter für die bei dem Raube von seinem Mitthäter verübten, unter den gedachten Nummern bezeichneten, Handlungen verantwortlich zu machen. Endlich findet die gedachte Ansicht auch in den Bestimmungen der nachfolgenden §§ 234 bis 236 ibid. über die Erpressung keineswegs, wie der Schw.-GH. meint, eine Unterstützung. Nach § 234 wird bei diesem Verbrechen allerdings der Zwangsversuch dem durchgeführten Zwange gleichgestellt und dasselbe daher schon durch den Versuch, der übrigens hier nicht nach der Begriffsbestimmung im § 31 ibid. aufzufassen ist, vollendet. Diese Bestimmung erklärt sich aber dadurch, daß bei der Erpressung der Erfolg des Zwanges nicht allein von der Willenskraft und Thätigkeit des Thäters, sondern ebenso von der Willenskraft desjenigen, gegen den der Zwang gerichtet ist, abhängt, während bei dem Raube die Sache sich wesentlich anders verhält.

Antr d GStA : entg [33—8.]

---

**Presse. — Kautionspflicht. — Belletristik.**

**1. Die Kautionspflicht der Zeitschriften rc. ist durch die Bundes-Gew.-Ordn. v. 21. Juni 1869 nicht beseitigt worden.**

**2. Eine Zeitschrift, welche Artikel belletristischen Inhalts bringt, ist kautionspflichtig.**

Preßges v 12 Mai 1851 §§ 11. 17 42 Vgl Hartmann Strafges. S. 459 n. 4; RdOTr. 1 S. 414. 264. 531, 8. S. 309; 9. S. 694.

**Erk. (Z. I.) v. 1. Juni 1870 c. Salomon** (467. I. Cr.).

[1.] Es kann sich nur noch fragen, ob hinsichtlich der Kautionspflicht durch die Norddeutsche Gew.-Ordn. v. 21. Juni 1869 eine Aenderung der bezüglichen Bestimmungen des Preßges.s eingetreten ist. Dies ist jedoch nicht der Fall, der § 1 der Gew.-Ordn. lautet zwar:

> der Betrieb eines Gewerbes ist Jedermann gestattet, soweit nicht durch dieses Gesetz Ausnahmen oder Beschränkungen vorgeschrieben oder zugelassen sind,

und der § 6 l. c. enthält unter den Ausnahmebestimmungen für die vorliegende Frage keine Beantwortung. Indeß ergiebt sich aus der Fassung des § 1 l. c. unzweifelhaft, daß derselbe sich lediglich auf die Zulassung zum Betriebe von Gewerben im Allgemeinen erstreckt, keineswegs aber auf diejenigen polizeilichen Vorschriften, unter denen die Ausübung des Gewerbebetriebes gestattet ist. Diesen letzteren müssen sich Alle unterwerfen, die die bezüglichen Gewerbe betreiben wollen; sie stehen also unabhängig von den früher etwa erforderlich gewesenen persönlichen Qualifikation da. Der Worlaut des § 1 l. c. ergiebt dies zur Genüge, indem derselbe nur besagt, daß der Betrieb eines Gewerbes Jedermann gestattet werden soll, über die Grenzen jedoch, innerhalb deren ein solches ausgeübt werden kann, sich nicht verbreitet. Nach § 11 des Preßges.s wäre Jeder, ohne Rücksicht auf seine Persönlichkeit verpflichtet gewesen, als Herausgeber eine Kaution zu erlegen, und dies ist nach dem vorstehend Ausgeführten gegenwärtig ebensowenig in Wegfall zu bringen, als die anderweitig bestehenden Bestimmungen über die Hinterlegung des Pflicht Exemplars einer Zeitschrift, oder die Bestellung eines verantwortlichen Redakteurs, weil dies sonst in der Norddeutschen Gew.-Ordn., die sich übrigens mit der speziellen Revision der Preßgesetzgebung der einzelnen Bundesstaaten nicht befaßt, ausdrücklich hätte bestimmt werden müssen, was jedoch nirgends geschehen ist.

[2.] Die thatsächliche Feststellung der Vorderrichter enthält alle Merkmale des angewendeten § 4a. des Preßges.s und es ist nicht rechtsirrthümlich, daß die Kautionspflichtigkeit der Zeitschrift: „der Fortschritte auf dem Gebiete der Kunst ꝛc." „angenommen werde," weil die Zeitung mehrere Artikel enthält, deren Inhalt der Belletristik angehört.

Antr. d GStA: gleichl [20.—8.]

## Urtheil. — Gründe. — Berichtigung.

**Es ist nicht unstatthaft, einen in den Gründen eines Urtheils vorgekommenen Schreibfehler nachträglich zu berichtigen.**

[StPO. § 262].

**Erk. (Z.) v. 1. Juni 1870 c. Schmidt** (OAG II. 111)

Schm rügte im Wege der NB., daß er wegen Betheiligung an einer Schlägerei ꝛc bestraft worden sei, obgleich in den Gründen des (vom Waldeck'schen Gerichte zu Arolsen erlassenen) Urtheils es ausdrücklich für „erwiesen" erklärt worden, „daß er ohne sein Verschulden in die Schlägerei hineingezogen worden sei." Bei der Mittheilung dieser NB. an den StA. bemerkte das KG.: daß in dem Urtheil durch einen Schreibfehler vor dem Worte „erwiesen" das Wort „nicht" ausgelassen sei; und schaltete demnächst auf den Antrag des StA s dieses an der betr. Stelle ein, indem es am Rande bemerkte:

„das Wort „nicht" ist heute eingeschaltet worden, auf Grund der Verfügungen vom 21 u. 26. d. M

Arolsen den 26. April 1870.

Fürstliches Kreisgericht."

Der Angeklagte widersprach in einer ferneren Eingabe dem Charakter der Fassung als auf Schreibfehler beruhend und griff die nachträgliche Abänderung als nichtig an. Das OAG. hat aber die NB. zurückgewiesen Gründe

Der Angriff aus festgestelltem unverschuldeten Hineinziehen in die Schlägerei wird abfällig durch die den Ausdruck des Festgestellten berichtigende Deklaration des Urtheils vom 26. April. Die Zulässigkeit einer Berichtigung der schriftlichen Entscheidungsgründe wird mit Unrecht bestritten und in ihrer Vornahme kann eine Nichtigkeit des Verfahrens nicht gefunden werden.

Antr. d. GStA.: gleichl. [66.—6.]

**Titel. — Pastor. — Zusatz.**

**Die Selbst-Bezeichnung als „Pastor" ist nicht als die unbefugte Annahme eines Titels und ebensowenig als die Ausübung eines öffentlichen Amts anzusehen, wenn jener Bezeichnung ein Zusatz beigefügt war, durch welchen erkennbar wurde, daß dadurch nicht die Qualität eines geistlichen Amtes im staatlichen Sinne in Anspruch genommen werde.**

StGB. §§ 104 105 [n 16] Vgl. B-StGB. § 360 Nr. 8.

Beschl. (I.) v. 1. Juni 1870 c. Zöller (94 B. I. Cr.).

Der Angeschuldigte hat bei der Unterschrift der von ihm ausgestellten Geburts- und Sterbeatteste sich allerdings der Bezeichnung als „Pastor" bedient, aber ausdrücklich hinzugefügt: „der freien lutherischen Immanuels-Parochie W.", sowie auch die Umschrift des dabeigedrückten Siegels: „Freie Lutherische Kirche W." lautet. Hierin ist jedoch ein Vergehen im Sinne der §§ 104. 105 des StGB.s nicht zu finden. Denn abgesehen davon, daß das ALR. im 6. Abschn. des 2. Titels II. Theils den Ausdruck „Pastor" nicht, sondern den des „Pfarrers" gebraucht, so kommt es überhaupt auf die gewählte Bezeichnung weniger, als darauf an, daß, wie bereits der Beschluß des Kgl. OTr.s v. 19. Mai 1852 (G. Arch. 1. S. 566) angenommen hat, der Beschuldigte bei seiner Unterschrift die Stellung, in welcher er die in Rede stehenden Atteste ausgefertigt, des Nähern bezeichnet und dergestalt begrenzt hat, daß dadurch eine etwaige Annahme, als habe er die Qualität eines Predigers überhaupt resp. eines geistlichen Amtes im staatlichen Sinne, in Anspruch nehmen wollen, ausgeschlossen wird. Dasselbe gilt unter den obwaltenden Umständen auch von der Bezeichnung „Parochie", indem durch den ausdrücklich beigefügten Zusatz die Unterstellung, daß etwa der im § 237 II. 11 des ALR.s gegebene gesetzliche Begriff darunter gemeint sein könnte, keinen Raum findet, und zwar um so weniger, als nach der Ausführung in dem B. I. des Kgl. Ober-Trib.s v. 18. März 1853 (Entsch. Bd. 25. S. 220) sogar die Vornahme von Taufen und Trauungen, — also kirchlicher Handlungen, — durch Religionsdiener nicht genehmigter Religionsgesellschaften an den Mitgliedern derselben weder als unbefugte Ausübung eines öffentlichen Amtes, noch als Anmaßung geistlicher Amtshandlungen anzusehen, und deshalb nicht strafbar im Sinne des § 104 des StGB.s ist, eben weil sie in staatlicher Beziehung jeder Bedeutung entbehrt. Hiernach können die betr. Atteste nur als private gelten, und wegen des durch ihren offenkundigen Inhalt klar hervortretenden Charakters nicht geeignet erscheinen, als amtliche angesehen zu werden.

Antr. d. OStA.: gleichl. [20—8]

---

**Verein. — Statuten. — Mitgliederverzeichniß. — Mittheilung an die Ortspolizeibehörde.**

**Gehören die Mitglieder eines Vereins, welcher eine Einwirkung auf öffentliche Angelegenheiten bezweckt, verschiedenen Ortspolizeibezirken an, so müssen der Ortspolizeibehörde jedes Orts, wo der Verein Mitglieder hat, ein Verzeichniß der letzteren und die Statuten des Vereins mitgetheilt werden; die Mittheilung an die Behörde des Orts, in welchem der Gesammt-Verein seinen „Sitz" hat, genügt nicht.**

Vereins-Ges. v. 11. März 1850 §§ 2 13 Vgl RdOTr 10. S 56. 279

**Erk. (S. II.) v. 9. Juni 1870 c. Mann (194 II. Cr.)**

M. war unter der Beschuldigung „in D einen Verein, welcher eine Einwirkung auf öffentliche Angelegenheiten bezwecke, unter dem Namen „Allgemeiner deutscher Arbeiterverein" konstituirt zu haben und nunmehr Vorsteher desselben zu sein, ohne die Statuten des Vereins mit dem Verzeichnisse der Mitglieder der Ortspolizeibehörde in D. eingereicht zu haben", — vor das (Rh.) PG. gestellt, von diesem aber freigesprochen worden. Das Urtheil erwog: nach den vorgelegten Statuten des „Allg. deutschen Arbeitervereins" habe dieser Verein „seinen Sitz" in Berlin, und keine Zweigvereine, vielmehr gehörten alle Mitglieder ohne Rücksicht auf ihren Wohnort unmittelbar dem in Berlin seinen Sitz habenden Vereine an; nach dem Geschäftsreglement ernenne der Präsident für diejenigen Orte außerhalb Berlins, wo der

Verein Mitglieder habe, Bevollmächtigte, deren Obliegenheit lediglich darin bestehe, im Namen des Präsidenten Einzeichnungen in die Listen der Mitglieder des Vereins anzunehmen; außerhalb Berlins beständen keine Zweigvereine und somit auch keine Vorstände von Zweigvereinen; jede Versammlung des allgemeinen Vereins wähle lediglich für diese Versammlung einen Vorsitzenden und einen Schriftführer, sowie eventuell ein Mitglied zum Zusammenberufen einer neuen Versammlung; — M habe nur nach diesen Bestimmungen gehandelt; er habe in den Lokalblättern das Stattfinden einer Versammlung „der hiesigen Mitglieder" des allgemeinen Vereins angezeigt; daraus folge aber nicht, daß in D. ein selbstständiger Verein bestehe, indem auch ohne die Existenz eines selbstständigen Vereins die in D wohnenden Mitglieder des allgemeinen Vereins sich versammeln könnten, in einem solchen Falle genüge die (hier stattgehabte) Beobachtung des § 1 des Vereinsges. v. 11. März 1850; dagegen habe M. nicht die Verpflichtung gehabt, der Ortsbehörde zu D. die Statuten und das Verzeichniß der dem Orte angehörenden Mitglieder einzureichen.

Auf den Kassationsrekurs des PA's ist dieses Urtheil vernichtet und die Sache zur anderweiten Verhandlung an ein anderes PG. verwiesen worden Das OTr erwog:

daß nach den §§ 2 und 13 des Ges.s v. 11. März 1850 nicht allein die Statuten und Aenderungen derselben, sondern auch das Verzeichniß der Mitglieder eines Vereins, welcher eine Einwirkung auf öffentliche Angelegenheiten bezweckt und Veränderungen unter ihnen zur Kenntnißnahme der Ortspolizeibehörde gebracht werden müssen, damit diese im Stande sei, die Mit-Thätigkeit eines jeden Vereinsmitgliedes in Bezug auf das öffentliche Interesse im Auge zu behalten;

daß ein Verein im Sinne des § 2 von einer Versammlung im Sinne des § 1 das. wesentlich sich durch die Stetigkeit seiner Fortdauer auf Grund eines Statuts oder Uebereinkommens, das die demselben ursprünglich oder nachträglich beitretenden Mitglieder verbündet, unterscheidet und wo dieses characteristische Merkmal einer Vereinigung mehrerer Personen zum Zwecke einer Einwirkung auf öffentliche Angelegenheiten zutrifft, alle Voraussetzungen für die Anwendbarkeit des § 2 nach dem Wortlaute und der Absicht des Gesetzes gegeben sind;

daß alsdann die Aufgabe der Ortspolizeibehörde innerhalb ihres Amtsbezirks ganz in der nämlichen Weise eintritt, wenn die daselbst wohnhaften mit einander vereinten Personen gleiche Statuten mit anderen Vereinen haben oder selbst zu einem größeren über den Ortspolizeibezirk hinausreichenden Vereine gehören, als wenn sie einen ausschließlichen Ortsverein mit eigenthümlichen Statuten bilden, und da ihre bezweckte Einwirkung auf öffentliche Angelegenheiten im ersteren Falle eine viel größere und wichtigere sein kann, als im letzteren, in demselben Maaße auch die Kenntniß der Ortspolizeibehörden von den Statuten und den Mitgliedern innerhalb ihres Aufsichtsbezirks an öffentlichem Interesse gewinnt;

daß daher die Anwendung des Vereins Gesetzes nicht durch die, nur den inneren Verkehr und Geschäftsgang der Vereins-Mitglieder untereinander oder ihr Verhältniß zu anderen Vereinen betreffenden Unterscheidungen von selbstständigen und abhängigen Haupt-, Neben- und Zweigvereinen bedingt sein kann, sondern in dem Verhältniß zu der Ortspolizei-Behörde alle innerhalb ihres Bezirks zur Einwirkung auf öffentliche Angelegenheiten vermöge eines Uebereinkommens für die Dauer unter einer Leitung vereinigte Personen als ein Verein bestehen, mögen dieselben auch nur ein Theil eines ausgebreiteten Vereins sein;

daß es auch gleichgültig sein muß, ob der örtliche Leiter eines solchen Vereins aus eigenem Antriebe oder aus Auftrag eines Anderen handelt, ob er in dem Statute, welches einen größeren Verein umfaßt, Bevollmächtigter des Präsidenten des letzteren oder Vorsteher und wie sonst genannt wird, insofern er nur wirklich den Angelegenheiten des Vereins innerhalb des Ortspolizeibezirks vorsteht, für die mehr oder weniger umfassende Vereins-Thätigkeit daselbst die leitende Persönlichkeit ist, sei es aus eigenem Antriebe oder auf Weisung von außen;

daß demnach der Polizeirichter, indem er den Beschuldigten aus dem Grunde freisprach, weil nach den Statuten des „Allgemeinen deutschen Arbeiter-Vereins", der in Berlin seinen Sitz habe, keine sogenannten „Zweigvereine" desselben und somit auch keine „Vorstände" von Zweigvereinen bestehen und die Führung der Liste der Mitglieder jenes Vereins in D., sowie die öffentlichen Anzeigen ihrer Versammlungen daselbst durch den Beschuldigten die Folgerung nicht zuließen, daß dort „ein selbstständiger" Verein existire und „hiernach" kein Beweis dafür vorliege, „daß in D. ein selbstständiger Arbeiter-Verein bestehe und daß der Beschuldigte dessen Vorsteher sei" den § 2 des Ges.s v. 11. März 1850 unrichtig ausgelegt und in diese Bestimmung Erfordernisse für ihre Anwendbarkeit hineingetragen hat, welche weder in den Worten, noch im Geiste derselben liegen und der Umgehung der Absicht des Gesetzgebers gerade in Fällen, wo deren Erfüllung am meisten geboten ist, Thür und Thor öffnen würden;

daß übrigens zur Sache selbst die Verrichtungen des Beschuldigten als sogenannten Bevollmächtigten des Präsidenten des Allgemeinen deutschen Arbeiter-Vereins oder Vorsteher der in D. in die Liste aufgenommenen und sich versammelnden Mitglieder desselben, noch einer näheren thatsächlichen Feststellung von dem oben dargelegten rechtlichen Gesichtspunkte aus bedürfen.

Antr. d. OStA: gleichl. [23.—3.]

---

## Post. — Waarenprobe. — Preisbezeichnung.

**Es ist nicht unstatthaft, in einer gegen ermäßigtes Porto bewirkten Postsendung von Waarenproben unter Streifband der Preisangabe solche Zusätze hinzuzufügen, durch welche die Verschiedenheit der gestellten Preise je nach verschiedenen Voraussetzungen klar gemacht wird.**

B.-Postges. v. 2. Nov. 1867 § 30 Nr. 2; B.-Post-Regl v. 11 Dez. 1867 § 15.

## Erk. (Z. II.) v. 9. Juni 1870 c. Siebel (217. II. Cr.).

S. hatte in einer unter Streifband zur Post gegebenen Waarenprobesendung auf der inneren Seite des Bandes handschriftlich vermerkt: „per 100 Pfd. Thlr. 19 ab Kirchen, per Compt mit 1 Proz. Sconto bei J H. Siebel Söhne in Freudenberg". Die Zusätze: „ab Kirchen" und „per Compt. mit 1 Proz. Sconto" hatte die Postbehörde für verbotene erachtet; beide Instanzgerichte sprachen aber von der aus § 30 Nr. 2 des BPostges.s v 2 Nov 1867 erhobenen Anklage frei, weil das maßgebende BPost-Regl. v. 11. Dez. 1867 im § 15 es gestatte, auf der Adresse einer Kreuzbandsendung von Waarenproben: „den Namen oder die Firma des Absenders, die Fabrik- oder Handzeichen einschließlich der näheren Bezeichnung der Waaren, die Nummern und die Preise" anzugeben, jene Zusätze aber nur zur genauen Angabe der verschiedenen Preissätze dienten Die NB der Ober-Post-Direktion führte aus der cit § 15 gestatte nur ganz kurze, speziell bestimmte Vermerke, demgemäß seien unter der Bezeichnung: „Preise" nur diejenige Angaben zu verstehen, welche unmittelbar den Verkaufswerth darstellten, nicht aber Zusätze, welche erst mittelbar auf die Preise von Einfluß seien; der Zusatz „ab Kirchen" bezeichne eine neben dem unmittelbaren Verkaufspreise hergehende Bedingung, und der zweite Zusatz: „per Compt. mit 1 Proz Sconto" stelle die Komfikation von 1 Proz. in Aussicht, wenn die Zahlung gleich baar erfolge, der Preis selbst werde dadurch nicht dargestellt. Zurückweisung Gründe:

Die Zulässigkeit von Vermerken ist im Reglement nicht von der Länge oder Kürze, namentlich nicht von der Wortzahl, abhängig gemacht, sondern von ihrem Inhalt; soweit der Inhalt eines Vermerkes zu einer der zulässigen Kategorieen gehört, ist er erlaubt, soweit er darüber hinausgeht, verbotswidrig. Wenn der Absender den Preis seiner Waare angeben darf, so darf er alles das vermerken, was nöthig ist, um dem Adressaten erkennbar zu machen, wie viel er für eine bestimmte Quantität der Waare zu bezahlen habe. Hält der Absender verschiedene Preise für verschiedene Fälle, zum Beispiel je nach der Größe der Quantität, oder, wie im vorliegenden Falle, je nachdem auf Credit oder gegen Baarzahlung gekauft wird, so enthält die Angabe dieser Modifikation nichts als die Angabe der Preise. Die Bezeichnung: „100 Pfd. Thlr. 19, per Compt. 1 Proz. Sconto" bedeutet: 100 Pfd. auf Credit kosten 19 Thlr.,

100 Pfd. gegen Baarzahlung 1 Proz. weniger. Aber auch die Worte „ab Kirchen" gehören wie der App.-Richter zutreffend auseinandersetzt, lediglich zur Preisbezeichnung, denn sie heben hervor, daß in dem Preise zugleich die Transportkosten von F. bis K. enthalten sind, ohne diese Worte wäre also das, was die NB. den unmittelbaren Verkaufspreis nennt, nicht in voller Deutlichkeit und Bestimmtheit erkennbar geworden.

Antr. d. GStA.: gleichl. [35.—3.]

---

**Pfandkehr. — Eigenthümer. — Dolus.**

Derjenige, welcher seine eigene, bei einem Dritten (mit Unrecht) gepfändete Sache, dieser Beschlagnahme bewußter Weise entzieht, verwirkt, — mag er dabei im eignen oder im Interesse des Gepfändeten gehandelt haben — die Strafe des

StGB.s § 272 [n 3 4. 28].

Erk. (Z. I.) v. 10. Juni 1870 c. Baumann (332 I. Cr.)

Antr. d. GStA.: gleichl. [28.—6]

---

**App.-Gericht. — Beweis-Antrag. — Erneuerung.**

Wenn das Sitzungsprotokoll über die app.-gerichtliche Verhandlung besagt, der Angeklagte habe „nichts Neues" erklärt, so ist anzunehmen, daß er die in der App.-Rechtfertigungsschrift gestellten Beweisanträge wiederholt habe.

Ges. v. 3 Mai 1852 Art. 101 [n. 47]

Erk. (V. I.) v. 10 Juni 1870 c. Bredies (459. I Cr.). [18.—6.]

---

**Unterschlagung. — Wechsel. — Auftragswidrige Verfügung.**

Derjenige, welcher fremde Wechsel mit dem Auftrage erhalten hat, dieselben im Interesse des Auftraggebers zu verwerthen, macht sich, wenn er

**die Verwerthung auftragswidrig im eignen Interesse vornimmt, nicht einer Unterschlagung des Wechsels schuldig; er kann nur geeigneten Falles wegen Unterschlagung des Erlöses verfolgt werden.**

StGB. § 225 [n. 42 8]. Vgl. RdOTr 10 S. 574 698; 11. S. 188.

**Erk. (V. I.) v. 10. Juni 1870 c. Friedrich** (490. I Cr.).

Er hatte ein fremdes Accept, welches er von A. mit dem Auftrage erhalten hatte, es für A. zu verwerthen und den Erlös an diesen abzuliefern, weiterbegeben und zwar mit dem Willen es nicht im Interesse des A., sondern als sein Eigenthum und zu seinem Vortheile zu verkaufen, und hatte demnächst auch den Erlös anderweitig für sich verausgabt In dieser auftragswidrigen Verfügung über den Wechsel fanden die Instanzrichter eine Unterschlagung des letzteren. Vernichtung. Gründe:

Es mußte dieses als rechtsirrthümlich erscheinen, da der Angeklagte durch den Auftrag des Damnifikaten und die Einhändigung des Wechsels die Befugniß erhalten hatte, den Wechsel zu veräußern, der Wechsel selbst also durch die Veräußerung desselben nicht unterschlagen werden konnte, da die Veräußerung keine rechtswidrige war.

Antr. d. GStA.: gleichl. [30.—6]

---

## Körperverletzung. — Reiz. — Mildernde Umstände. — Fragstellung.

**Ist im Falle einer tödtlichen rc. Körperverletzung die Stellung von Nebenfragen in Betreff des Reizes und „anderer mildernder Umstände beantragt worden, so muß zunächst die Frage wegen des Reizes und dann erst die Frage nach „anderen mildernden Umständen" gestellt werden.**

StGB. § 196 [n. 5a]. Vgl B.-StGB. § 213.

**Erk. (V. I.) v. 10. Juni 1870 c. Lohrenz** (509 I. Cr)

In der schwurgerichtlichen Verhandlung gegen den des Todtschlags angeklagten L war eine Hülfsfrage (3) wegen tödtlicher Körperverletzung gestellt worden. Mit Rücksicht auf diese hatte der Vertheidiger die Stellung zweier Nebenfragen in Betreff des „Reizes" und „anderer mildernder Umstände" beantragt; diese erfolgte auch, jedoch in umgekehrter Reihenfolge, so daß zunächst die Frage (4) gestellt wurde:

„Sind mildernde Umstände" vorhanden?"
und dann erst die fernere Frage (5) wegen des Reizes (§ 196) folgte. Die Geschwornen bejahten die Hülfsfrage (3), verneinten dagegen die beiden Nebenfragen (4 und 5). Das aus § 194 verurtheilende Erkenntniß ward vernichtet. Gründe:

Der § 196 des StGB.s verordnet, daß wenn bei einer Mißhandlung oder Körperverletzung der Thäter ohne eigene Schuld durch eine ihm selbst oder seinen Angehörigen zugefügte Mißhandlung oder schwere Beleidigung von dem Verletzten zum Zorn gereizt, und dadurch auf der Stelle zur That hingerissen worden, oder wenn festgestellt ist, daß andere mildernde Umstände vorhanden sind, geringere Strafen als in den §§ 192a. 193. 194 und 195 l. c. angedroht sind, eintreten sollen. Beantragt daher der Angeklagte, wie hier, die Stellung von Fragen, ob solche mildernde Umstände vorliegen, so muß diesem Antrage nach Art. 84 des Ges.s v. 3. Mai 1852 stattgegeben werden. Dies kann dann jedoch nur in der Weise geschehen, daß die Geschwornen zuvörderst gefragt werden, ob der Angeklagte in der im cit. § 196 erwähnten Art im Zorn zur That hingerissen ist, weil, wenn die Geschwornen diese Frage bejahen, schon feststeht, daß nur die geringere Strafe des § 196 eintreten kann, es also nur wenn jene Frage von den Geschwornen verneint ist, noch auf eine weitere Frage, ob andere mildernde Umstände vorliegen, ankommt. Im vorliegenden Falle sind nun allerdings beide Fragen wegen der mildernden Umstände ganz nach dem Antrage der Vertheidigung gestellt, aber der Gerichtshof war nichtsdestoweniger verpflichtet, diese Fragen richtig zu stellen, was jedoch nicht geschehen ist, indem er eine allgemeine Frage nach mildernden Umständen voranschickt, und dann erst den Geschwornen eine Frage in Betreff des im Eingange des § 196 l. c. speziell hervorgehobenen Falles unterbreitet hat, während das Gesetz im Gegensatz zu dem letztgedachten Fall, nur von anderen mildernden Umständen spricht. Hierin liegt eine Verletzung des § 196.

Antr. d. GStA.: entg [18.—6.]

### Konkurrenz. — Rückfall.

Ein Fall der realen Konkurrenz liegt nicht vor, wenn Jemand eine Strafthat begeht, nachdem er wegen einer vorher begangenen bereits in erster Instanz verurtheilt war, sollte dieses Urtheil auch noch nicht rechtskräftig geworden sein; in einem solchen Falle greift daher die Strafermäßigung nicht Platz, welche angeordnet ist im

StGB. §§ 56. [n. 26] 57. [n. 2] Vgl. RtOTr 3. S 495; 5. S 81.

Erk. (Z. I) v. 10. Juni 1870 c. Mischke (632 I Cr.) [30.—6.]

---

### Vorsitzender. — „Konstatirung aus Akten."

Wird in einer (schwurgerichtlichen) Verhandlung auf irgend ein Vorkommniß bei einer früheren gerichtlichen Verhandlung Bezug genommen, so ist der Vorsitzende befugt, aus den betr. Akten den Sachverhalt zu „konstatiren." Es kann dann in der Nichtigkeitsinstanz nicht mehr geltend gemacht werden, daß jene Konstatirung aktenwidrig gewesen sei.

Ges. v. 3 Mai 1852 Art. 25 [n 21], Art. 108 [n. 49]

Erk. (Z. I) v 10. Juni 1870 c. Sieg (646 I Cr.)

In der schwurgerichtlichen Verhandlung gegen den des Meineides angeklagten S. machte der Vertheidiger geltend, „daß zwei vernommene Zeugen bei einer früheren Verhandlung eine von ihrer jetzigen Bekundung abweichende Aussage abgegeben hatten," und beantragte dieses zu constatiren. Der Vorsitzende entsprach diesem Antrage, hielt den beiden Zeugen ihre frühere Auslassung vor, und „stellte dann aus dem betr Protokolle den Inhalt derselben fest." Hierin fand die NB des S. demnächst eine Verletzung wesentlicher Grundsätze des Verfahrens, weil jene „Feststellung" dem wirklichen Akten-Inhalte nicht entsprochen habe. Zurückweisung Gründe

Es ist zwar richtig, daß der Vorsitzende bei der mündlichen Verhandlung in Veranlassung eines Antrages der Vertheidigung aus der Verhandlung v. ꝛc. in der Untersuchung wider W. constatirt hat: „daß der Vermerk, nach welchem W. auf der Bank gestanden haben soll, den Zeugen K. und M. nicht vorgelesen ist." Der Vorsitzende war aber zu einer Constatirung aus den Untersuchungsakten wider W. unzweifelhaft befugt, und wenn der Angeklagte anstatt in der mündlichen Verhandlung vor den Geschwornen, jetzt erst in der NB. behauptet, daß der Vorsitzende etwas Aktenwidriges konstatirt habe, so kann hierauf in der gegenwärtigen Instanz nach Art. 107 des Ges.s v. 3. Mai 1852 keine Rücksicht genommen werden.

Antr. d. GStA.: gleichl. [18.—6.]

---

Restitutionsgesuch. — Meineid. — Verjährung.

Ein Restitutionsgesuch, welches auf ein angebliches, zur Zeit aber bereits verjährtes falsches Zeugniß gestützt wird, kann keine Berücksichtigung finden, wenn die Staatsanwaltschaft die Einleitung einer Voruntersuchung wegen jenes verjährten Verbrechens abgelehnt hat.

Vdn. v. 3 Jan. 1849 § 153 [n 12]. Vgl. RdOTr. 7. S. 448; 9 S 11.

Beschl. (I) v. 10. Juni 1870 c Skopnik (362. I. Cr.)

spricht den obigen Grundsatz unter Hinverweisung auf die Beschll. I. v. 8. Septbr. 1866 c. Callies und v. 9. Jan 1868 c. Engisch (RdOTr 11. cc) aus.

Antr. d. GStA.: gleichl. [20.—3.]

---

Strafvollstreckung. — Transport. — Erkrankung. — Anrechnung.

Die Zeit, welche ein Verurtheilter auf dem Transporte zur Strafanstalt zubringt, wird ihm auf die Strafe nicht angerechnet, sollte er auch unterwegs wegen Erkrankung in eine Krankenanstalt gebracht und dort als Gefangener überwacht worden sein.

StPO. §§ 431. 433.

Beschl v. 10 Juni 1870 c Vogt (OAG. II. 118).

Die rechtskräftig zu einer 6monatlichen Gefängnißstrafe verurtheilte

B. war auf Requisition des StA.s am 28. Febr. verhaftet und in das KG s Gefängniß zu Rotenburg zum demnächstigen Weitertransporte in die Strafanstalt zu Cassel gebracht worden. Da sich indessen hier (in R.) zeigte, daß sie an der Krätze leide, so ordnete der StA. (am 2. März) an, daß sie in das städtische Krankenhaus gebracht und dort während der Kur als Gefangene überwacht werde. Sie beantragte demzufolge, daß ihr die Zeit vom 28 Febr. bis zur Ablieferung in Cassel auf die Strafe angerechnet werde. Der diesem Antrage entsprechende app.-gerichtliche Beschluß ist aber vom OAG. aufgehoben und der kreisgerichtliche Beschluß wiederhergestellt worden, nach welchem der Strafvollzug erst von der Einbringung in die Strafanstalt in Cassel zu berechnen sei. Erwogen ward:

daß nach der Verfügung der Königl. Staatsanwaltschaft zu Rotenburg v. 8. Februar 1870 und deren Erklärung in der Berufungsschrift v. 29. März d. J. die Vollstreckung der der Angeklagten rechtskräftig zuerkannten Gefängnißstrafe von 6 Monaten in Gemäßheit des Justizministerialrescripts v. 8. Januar 1868 durch die Einsperrung in die Strafanstalt zu Cassel bewirkt werden sollte und die vorausgehende Aufnahme der Verurtheilten in das Gefängniß des Kgl. KG.s zu Rotenburg nur zum Zweck jener Strafvollstreckung und namentlich zur Feststellung des Gesundheitszustandes der Verurtheilten erfolgte,

daß hiernach nur die Verbüßung der Freiheitsstrafe in der Strafanstalt zu Cassel mit Rücksicht auf die StPO. § 431 als die dem rechtskräftigen Erkenntnisse entsprechende Strafvollstreckung, die Aufnahme in das Gefängniß zu Rotenburg aber nur als eine nach der StPO. § 433 zulässige vorbereitende Maaßregel für die gedachte Strafvollstreckung erscheint,

daß folglich der Beginn der letzteren erst mit der Ueberführung der Verurtheilten in die Strafanstalt zu Cassel eintrat und durch die vorherige Einziehung derselben in das Gefängniß zu Rotenburg und ihre demnächst erfolgende Erkrankung und ärztliche Behandlung nicht berührt wurde,

daß eine Anrechnung dieser vorausgegangenen Haft in dem Gefängniß und Krankenhaus in Rotenburg auf die spätere Strafvollstreckung in der Strafanstalt zu Cassel auch nicht durch ein ausdrückliches Gesetz gestattet und insbesondere nicht durch die StPO. § 429 anerkannt ist, weil durch diese Bestimmung nur der besondere Fall der vorläufigen Antretung einer noch nicht rechtskräftig festgesetzten Freiheitsstrafe und einer darauf beschränkten Anrechnung nur der Untersuchungshaft, wenn der Verurtheilte selbst ein Rechtsmittel gegen das Erkenntniß nicht eingelegt hat, betroffen wird, eine solche, ausnahmsweise von der Regel des § 2 des StGB.s abweichende, Vorschrift aber nicht auf andere Fälle, namentlich der vorliegenden Art, ausgedehnt werden darf.

Antr. d. GStA. · gleichl. [65.—6.]

---

**Chausseegeldhinterziehung. — Kriegsfuhre. — Hannover.**

1. In der Provinz Hannover ist ein von einer Kriegsfuhre zurückkehrendes Gefähr nur dann von der Entrichtung des Chausseegeldes befreit, wenn es leer ist, nicht aber wenn es, sei es auch nur gelegentlich und ohne Vortheil für den Fuhrmann, einem Privatzwecke dient, z. B. wenn es fremde Personen unentgeltlich befördert.

2. Ebendaselbst macht sich derjenige einer Chausseegeldhinterziehung nicht schuldig, welcher bei der Hebestelle anhält, sich hier auf eine vermeintliche Befreiung beruft und dann ohne dass eine weitere Zahlungsaufforderung an ihn ergangen wäre, und ohne sich einer solchen zu widersetzen, entlassen wird.

Hann. Ges v. 4 Dez. 1834 §§ 5. 34.

Erk. (Z.) v. 15. Juni 1870 c. Bostelmann (OAG. II. 119). [65.—6]

---

**Rückfall. — Vorbestrafung.**

Ein Dieb befindet sich im Rückfalle, wenn er vorher rechtskräftig wegen „Diebstahls“ verurtheilt war; ob dieses damals mit Recht geschehen sei, kann jetzt nicht mehr nachgeprüft werden.

Einf-Vdn. v. 25 Juni 1867 Art XX; [Einf.-Ges z StGB. Art. VI. n. 2] Vgl. RdOTr. 9. S 331. 337. 401.

Erk. (V.) v. 15. Juni 1870 c. Gruber (OAG II. 123). [63.—6.]

---

Kurhessen. — Verbrauchsauflage. — Spiritus.

In den ehemals kurhessischen Landestheilen unterliegt auch der Spiritus einer vom „Branntwein" bewilligten (städtischen) Verbrauchsauflage. Im Falle einer Hinterziehung ist aber die Strafe nur nach der Quantitat des abgabenpflichtigen Spiritus zu bemessen, nicht nach dem durch Zuthat von Wasser erzielten grösseren Quantum [leichteren] Branntweins.

Kurhess. Ges. v. 18. Febr 1843; Kurhess. Gemeinde-Ordn. v. 23. Okt. 1834 § 75.

Erk. (V.) v. 15. Juni 1870 c. Maus (OAG. II. 95).

Die Beschwerde über unrichtige Anwendung des [kurhess.] Gesetzes, vorliegend der Sicherungsmaßregeln v. 18. Februar 1843, ist insoweit ungegründet, als daraus, daß weder hierin, noch in den, die Bewilligung einer Verbrauchsauflage betreffenden Ministerialbeschlüssen von Sprit ausdrücklich die Rede ist, nicht gefolgert werden kann, daß solcher der Verbrauchsauflage und der Behandlung nach den gedachten Maßregeln nicht unterworfen sei. Sprit ist eine stärkere Art von Branntwein und fällt also unter die den letzteren betreffenden Bestimmungen. Mit Recht ist also dem Angeklagten die Uebertretung des § 1 der Sicherungsmaßregeln zur Last gelegt worden.

Die Entscheidung der Vorderrichter ist aber insofern eine rechtsirrthümliche, als dieselbe die Verbrauchsabgabe und somit die nach § 75 der Kurhessischen Gemeindeordnung v. 23. Oktober 1834 hierauf zu gründende Strafe nicht nach der Quantität des abgabepflichtigen Sprit selbst, sondern nach dem Verhältniß einer durch Zuthat von Wasser zu bewirkenden Umwandlung desselben in eine leichtere Art von Branntwein bemessen haben.

Antr. d. GStA.: gleichl. [64—6.]

---

Vernichtung. — Zurückverweisung, wohin?

**Ist eine Vergehens-Sache auf Grund des § 448 der StPO. vor das Polizeigericht verwiesen worden, und hat demnächst die Strafkammer des Kreisgerichts als Berufungsgericht erkannt, so kann der Nichtigkeitsrichter, auch wenn er beide instanzrichterliche Erkenntnisse vernichtet, die Zurückverweisung der Sache vor die Strafkammer wiederum nur in der Eigenschaft derselben als Berufungsgericht aussprechen.**

StPO §§ 399. 379.

Erk. (Z.) v. 15 Juni 1870 c. Meister (OAG. II. 91).

Gegen M. war wegen „Amtsehrverletzung" das Hauptverfahren eröffnet, gleichzeitig aber (nach § 448 der StPO.) beschlossen worden, daß sich das Polizeigericht zu G. der Entscheidung zu unterziehen habe. Dieses erkannte demgemäß in erster und die Strafkammer des KG.s zu W. in zweiter Instanz. Beide Urtheile wurden aber vom OAG. wegen Verletzung eines Grundsatzes des Verfahrens vernichtet und „die Sache zur anderweiten Verhandlung und Entscheidung" an die gedachte Strafkammer zurückverwiesen. Diese ließ den Angeklagten: „welcher Berufung eingelegt hat", vorladen, nahm Beweis auf und erkannte abermals verurtheilend. M. meldete hiergegen „Berufung" an, das AG wies dieselbe aber durch Beschluß „als unstatthaft" zurück. Die NB des M. suchte aus dem früheren vernichtenden Erkenntnisse des OAG.s auszuführen, daß die dort ausgesprochene Zurückverweisung an die Strafkammer an diese nicht als Berufungsgericht, sondern als Gericht erster Instanz erfolgt sei.

Das OAG hat diese NB. zurückgewiesen, weil die frühere Zurückverweisung die Strafkammer zu W nur als Berufungsgericht befaßt habe, indem es gelegentlich ausspricht:

„daß die entgegengesetzte Ansicht mit den §§ 399. 379 der StPO. sich nicht im Einklange befinden würde,"

auf die Zulassung der angemeldeten Berufung Seitens des Kgl. KG.s zu W. komme überall nichts an, da das angefochtene Urtheil desselben sich als ein Urtheil erster Instanz nicht bezeichne"

Antr. d. GStA.: gleichl. [66.—6.]

---

## Anstiftung. — Einwirkung auf einen fremden Willen.

**In den Fällen, wo das Gesetz den Versuch einen Anderen zu einem bestimmten Thuen zu bestimmen, für ein selbstständiges vollendetes Vergehen erklärt hat, kann derjenige, welcher bestimmt werden sollte, sich nicht der Anstiftung zu jenem Vergehen schuldig machen.**

StGB § 34 Nr. 1 [n. 27a].

**Erk. (S I.) v. 15. Juni 1870 c. Mischke** (595. I. Cr.).

M. hatte bei einer Versteigerung sich der Wittwe D. gegenüber erboten, vom Mitbieten abzustehen, wenn sie ihm eine Vergütung durch Ausstellung eines Wechsels gewähre. Die ꝛc. D. war auf diesen Vorschlag eingegangen, sie war deshalb aus § 270 des StGBs, M. aber als Anstifter der D. zu diesem Vergehen verurtheilt worden. Vernichtung und Freisprechung des M. Gründe:

Der § 270 des StGB.s straft denjenigen, welcher Andere vom Mitbieten oder Weiterbieten bei den von öffentlichen Behörden vorgenommenen Versteigerungen durch die näher angegebenen Mittel, unter andren durch Zusicherung oder Gewährung eines Vortheils abhält. Derselbe straft aber nicht denjenigen, welcher sich durch die gedachten Mittel vom Mitbieten oder Weiterbieten abhalten läßt. Wollte man nun das so vom Gesetze bestimmte Sachverhältniß nach den gewöhnlichen Regeln des Strafrechts beurtheilen, so würde es eine strafbare Anstiftung — durch Gewährung von Vortheilen u. s. w. zum Abstehen von Bieten — zu einer straflosen Handlung — dem Abstehen — sein. Da dies aber undenkbar ist, so muß man allerdings die Handlung dessen, welcher vom Bieten abhält, als ein selbstständiges Vergehen, als ein delictum sui generis, dessen Thatbestand also lediglich in der Anwendung der Mittel des Abhaltens mit dem Erfolge des letzteren ist, betrachten, und insoweit würde also auch eine Anstiftung oder Beihülfe an diesem selbstständigen Vergehen denkbar sein. Allein eine solche Anstiftung oder Beihülfe ist wiederum nur dann denkbar, wenn der Anstifter oder Gehülfe ein Dritter, nicht also selbst derjenige ist, welcher abgehalten werden soll oder abgehalten worden ist. Es würde einen inneren Widerspruch enthalten, die Regeln der Anstiftung u. s. w. auf denjenigen anzuwenden, welcher die schließlich herbeizuführende Handlung selbst straflos verüben darf, in dessen Person sie überhaupt keine strafbare Handlung ist. Das Strafrecht berücksichtigt die persönlichen Eigenschaften, das persönliche Verhältniß des Anstifters und des Thäters bei der Beurtheilung der Strafbarkeit des Verbrechens; es erhöht oder mindert die letztere mit Rücksicht auf diese Eigenschaften oder Verhältnisse. Dies muß aber zu einer noch weiter gehenden Konsequenz, also zur völligen Straflosigkeit des Anstifters führen, wenn er die Handlung, zu welcher er angestiftet hat, selbst straflos verüben kann; hier aber bestand außerdem seine Anstiftung in einem Mitwirken in Beziehung auf seinen eigenen Willen, das Abstehen vom Bieten gegen Empfangnahme von Vortheilen. Der aus der Fassung des § 35 des StGB.s, welcher das auf den Thäter anzuwendende Gesetz als das auch für die Theilnehmer maaßgebende bezeichnet, findet also in solchem Falle keine Anwendung, weil es die Strafbarkeit an und für sich in Bezug auf alle an der That Betheiligten voraussetzt.

Antr. d. GStA.: entg. [28.—8]

---

## Beschlagnahme. — Zerstörung.

**Die Wegschaffung gefällten Holzes von einem in Beschlag genommenen Grundstücke kann für sich allein noch nicht als „Zerstörung" des fr. Grundstücks angesehen werden.**

StGB. § 272 [n 23].

Erk. (S. I.) v. 15. Juni 1870 c. Tscheutschler (529 II Cr).

Auf den Antrag eines Hypotheken-Gläubigers war dem 2c H.

durch kreisgerichtliche Verfügung aufgegeben worden: „sich jeder weiteren Devastation seines Grundstücks, namentlich des Bei-Seite-Schaffens der zu demselben gehörigen noch vorhandenen Beilaßstücke und der Ernte ꝛc. zu enthalten.“ Er hat dieser Verfügung zuwidergehandelt, und soll namentlich auch zwanzig Klafter Holz, welche er angeblich dem ꝛc. Tr. verkauft hatte, fortgeschafft, Tr. aber dieses Holz abgefahren haben. Sowohl Tr. als H. sind dieserhalb in 1. Instanz aus § 272 verurtheilt worden; Tr. appellirte, und machte geltend: „daß jenes Holz auf dem unter Observation gestellten Gute nicht vom Stamme geschlagen und auch sonst dem Pfandrechte des Hypothekenglaubigers nicht unterworfen gewesen sei.“ Das AG. beseitigte aber diesen Einwand durch die Erwägung: „es sei die Wegschaffung bereits erkaufter, aber noch auf dem betr. Gute befindlicher eingeschlagener Holzvorräthe unter den obwaltenden Umständen unter den Begriff der gerichtlich untersagten weiteren Devastation zu subsummiren.“ Vernichtung. Gründe:

Die Ausführung [des AG.s] reicht nicht hin, um die getroffene thatsächliche Feststellung zu motiviren. Denn abgesehen davon, daß es an einer ausdrücklichen Erklärung der Vorderrichter fehlt, daß wirklich die fraglichen 20 Klafter Holz aus einem zum Gute des Schuldners gehörigen Walde entnommen gewesen seien, so würde, selbst wenn man diese Thatsache als stillschweigend vorausgesetzt erachten wollte, es doch immer an der näheren Bezeichnung der „obgewalteten Umstände“ fehlen, aus denen zu entnehmen sei, daß in der Abfuhr von Holz, welches schon vor der Arrestverfügung geschlagen und verkauft sein soll, eine „weitere Devastation“ des Grundstückes oder etwa ein Beiseitebringen „noch vorhandener Beilaßstücke“ im Sinne der ergangenen Arrestverfügung habe gefunden werden können.

Antr. d. GStA.: entg. [28.—8.]

---

## Chausseegeld. — Entziehen. — Umfahren.

Die Handlung desjenigen, welcher die bis dahin benutzte Chaussee auf einem (gesperrten) Privatwege in der Absicht verläßt, sich dadurch der Zahlung des Chausseegeldes zu entziehen, kann für eine Chaussee-

**geldhinterziehung erachtet werden, sollte auch die Chaussee hinter der Hebestelle nicht wieder berührt sein.**

Chausseegeldtarif v. 29. Febr. 1840 Zuss Bemerkk. Nr 5. — Vgl. RdOTr. 2 S. 255; 5. S. 298; 6 S. 19 349; 7. S. 400; 8 S. 397; 9. S. 743; 10 S. 141. 205 686.

Erk. (B. I.) v. 17. Juni 1870 c. Jacobs (513. I. Cr.).

J. hatte mit seinem Gefährt die benutzte Landstraße kurz vor der Hebestelle auf einem gesperrten Privatwege verlassen und so seine hinter der Hebestelle aber unmittelbar an der Landstraße belegene Wohnung erreicht, ohne gleichwohl die Landstraße selbst wieder zu berühren Hierin fanden die Instanzrichter nicht den Thatbestand einer Chausseegeldhinterziehung. Das OTr. hat indessen das Urtheil 2. Instanz vernichtet und die Sache an das AG. zurückverwiesen. Gründe:

Zwar hat ein Umfahren der Hebestelle, wie die NB. selbst anerkennt, nicht stattgefunden, weil feststeht, daß der Angeklagte, nachdem er die Chaussee vor der Hebestelle verlassen, dieselbe hinter der Hebestelle nicht weiter benutzt hat. Das Umfahren der Hebestelle ist jedoch in Nr. 5 der zusätzlichen Vorschriften zum Chausseegeld-Tarif v. 29. Febr. 1840 nur als ein sehr häufig vorkommender Fall besonders hervorgehoben, so daß jeder, welcher es überhaupt, auch auf andere Weise unternimmt, sich der Entrichtung des Chausseegeldes zu entziehen, als Defraudant zu bestrafen ist. Der App.-Richter war daher, wenn auch kein Umfahren der Hebestelle stattgefunden hat, doch (nach Art. 30 des Ges.s v. 3. Mai 1852) verpflichtet, sobald die näheren Umstände der That des Angeklagten sich als eine andere Art von Zuwiderhandlung gegen Nr. 5 l. c. darstellten, auch hierauf die Verhandlung und Entscheidung mitzurichten. Solche näheren Umstände konnten hier darin gefunden werden, daß der von dem Angeklagten vor der Hebestelle beim Verlassen der Chaussee eingeschlagene Weg zum L.—schen Gehöft ein Privatweg und mit einem Schlagbaum versehen sein soll. An und für sich würde nun die Benutzung eines Privatweges oder auch eines verbotenen, oder gesperrten Weges, sollte auch in Folge dessen die nächste Hebestelle nicht berührt sein, noch keine Chausseegeld-Defraudation, sondern nur allenfalls eine Polizei-Contravention bilden. Anders verhält es sich jedoch, wenn der Privatweg resp. verbotene oder gesperrte Weg ausdrücklich in der festgestellten Absicht eingeschlagen ist, sich auf diese Weise der Entrichtung des Chausseegeldes zu entziehen, so daß in Fällen dieser Art jedesmal nach den obwaltenden Umständen zu prüfen und festzustellen ist, in welcher Absicht der Privatweg resp. verbotene oder gesperrte Weg vom Decturanten eingeschlagen ist: Z. I. v. 30. Juni 1866 c. Reichert (RdOTr. 7. S. 400). Im vorliegenden Falle hat sich nun der App.-Richter einer solchen Prüfung und Feststellung nicht unterzogen, sondern die Frage, ob der vom Angeklagten eingeschlagene Nebenweg eine öffentliche zur Feldmark des Dorfes W. gehörige Straße, oder ein Privatweg ist, und ob derselbe von der Steuerbehörde verboten und mit einem Schlagbaum versehen ist, ganz unerörtert gelassen, weil in dem Einschlagen eines verbotenen Weges um die Hebestelle zu vermeiden keine Chausseegelddefraude, sondern nur eine strafbare Polizei-Contravention zu finden sei. In dieser Allgemeinheit ist dies jedoch unrichtig, es kommt hierbei vielmehr Alles auf die Absicht des Angeklagten bei seiner Handlungsweise an. Der App.-Richter hat sich zwar auf das V. I. v. 21. Juni 1867 c. Treskow (RdOTr. 8. S. 397) berufen, allein in demselben ist nicht ausgesprochen, daß die Benutzung eines Privatweges oder eines verbotenen Weges unter allen Umständen keine Chausseegelddefraude, sondern nur vielleicht eine Polizei-Contravention bilden könne, vielmehr nur gesagt, daß solches in concreto im damaligen Fall anzunehmen sei, in welchem ein ganz anderes Sachverhältniß wie hier der Entscheidung zum Grunde lag.

Antr. d. GS:A.: gleichl. [18—8]

---

**Branntweinsteuer. — Maischbottich. — Veränderung.**

Wer eine Branntweinsteuerhinterziehung in der Weise bewirkt, dass er einen früher ver-

**messenen Bottich vergrössern lässt und dann bemaischt, nachdem er ihn inzwischen zum früheren Grössenmaasse declarirt und versteuert hatte, — verwirkt die Steuerstrafe nur nach dem Maasse der durch die verschwiegene Vergrösserung herbeigeführten Raumdifferenz.**

Vdn. v. 11 Mai 1867 (f. Hessen-Nassau) § 51. — Contra: die Rechtsprechung des Kgl. Ober-Tribunals, welches in diesem Falle die Strafe nach dem ganzen Raume der falsch deklarirten Gefäße bemißt; vgl. Hartmann Strafgess. S. 117 n 5; RvOTr. 1 S. 149; 3. S. 204; 7. S. 154; 8 S. 591.

Erk. (Z.) v. 17. Juni 1870 c. Schultheiss (OAG. II. 122).

Nach der instanzrichterlichen Annahme war Sch. genügend belastet, drei Maischbottiche, welche im Jan 1868 steueramtlich vermessen, demnächst aber (mit seinem Wissen) erheblich vergrößert worden waren, bemaischt und bei der bezüglichen Einreichung der Betriebspläne für die Monate Oktober bis Dezember 1868 nur nach dem früheren geringeren Rauminhalte deklarirt und versteuert zu haben. Gegen den Antrag des StA s erfolgte dieserhalb die Verweisung der Sache nicht vor die Strafkammer, sondern vor das Amtsgericht, indem sowohl das Kreis- als das AG. von der Annahme ausgingen, daß die verwirkte Strafe nicht nach der für den ganzen nunmehrigen Rauminhalt zu zahlenden Steuer, sondern lediglich nach der Differenz zwischen dem deklarirten und dem wirklichen Rauminhalte zu bemessen sei. — Die Nicht-Beschwerde des OStA.s suchte auszuführen, daß durch die Vergrößerung der ursprünglich in der Brennerei aufgestellten, vermessenen und angemeldeten Bottiche — andere neue Gefäße entstanden, diese aber gar nicht zur Bemaischung deklarirt worden seien. Zurückweisung. Das OAG. erwog:

daß ein Rechtsirrthum nicht darin gefunden werden kann, daß der Kriminal-Senat des Königl. Appellationsgerichts angenommen hat, behufs Ermittelung der vorenthaltenen Steuer, in deren vierfachem Betrage nach § 51 der Vdn. v. 11. Mai 1867, betreffend Besteuerung des Branntweins in den Regierungsbezirken Wiesbaden und Cassel &c., die Defraudationsstrafe bestehen soll, komme es auf die Differenz zwischen dem für den vollen Raum von 998, 1003 und 996 Quart zu berechnenden Steuerbetrage und dem nach dem geringeren darin mit enthaltenen Raume von 888, 888 und 896 Quart zu berechnenden, bereits berichtigten Steuerbetrage an;

indem die benutzten 3 Bottiche nicht als durchaus verschiedene von den deklarirten 3 Bottichen betrachtet werden können, sondern als relativ mit denselben identisch anzusehen sind und, wenngleich der befundene größere Raum derselben sich aus dem deklarirten geringeren Raume mitzusammensetzt, letzterer doch darum nicht aufhört, dem Maße nach mit und neben dem zuwachsenden Raume zu existiren;

demnach ohne positive Gesetzesvorschrift, welche anders verfügte, die nur für einen bestimmten Theil des Rauminhaltes der sonst deklarationsgemäß benutzten Gefäße berechnete und berichtigte Steuer als vorenthalten nicht wird betrachtet werden können, vielmehr darin ein Abtrag auf die für den gesammten Rauminhalt der benutzten Gefäße schuldigende Steuer anzuerkennen sein wird.

Antr. d GStA.: entg. [62.—6.]

---

## Beschlagnahme. — Bei-Seite-Schaffen. — Schaden.

**Die Strafbarkeit desjenigen, welcher eine in Beschlag genommene Sache der Beschlagnahme entzieht, ist durch die Herbeiführung eines Schadens nicht bedingt.**

StGB. § 272 [n. 27]. Vgl. RdOTr. 8. S 145; 10. S. 558

**Erk. (Z. I.) v. 17. Juni 1870 c. Umlauf** (506. I. Cr.).

Dem App.-Richter ist darin beizupflichten, daß die Vorschrift des § 272 des StGB.s (wenigstens theilweise) formaler Natur ist, insofern von derselben auch die Nichtachtung des richterlichen Befehls getroffen werden soll, ohne daß es (in allen Fällen) darauf ankommt, ob dadurch ein Schade herbeigeführt ist oder nicht.

Antr. d GStA.: gleichl. [28 —8.]

## Beamter. — Eisenbahnpolizei.

**Durch das in Ausführung des Eisenbahnges.s v. 3. Novbr. 1838 § 23 erlassene Ministerial-Reglement haben die darin benannten Privat-Eisenbahn-Bediensteten die Eigenschaft von Polizei-Beamten erlangt.**

StGB. § 330 [n. 42]; Eisenb.-Ges. v. 3. Nov. 1838 § 23.

Erk. (Z. II.) v 18 Juni 1870 c. Blad (197. II. Cr).

Nach § 23 des Ges.s v. 3. Nov. 1838 wird den Eisenbahngesellschaften die Handhabung der Bahnpolizei nach einem darüber von dem Handels-Minister zu erlassenden Reglement übertragen. Vermöge dieser Uebertragung erwerben die in dem auf Grund des Gesetzes und im Anschlusse an dasselbe erlassenen Reglement bezeichneten Eisenbahn-Offizianten, als mit der Ausübung eines Zweiges der Staatsgewalt betraut, die Eigenschaft öffentlicher Beamten.

Antr. d. GStA.: gleichl. [29.—3.]

---

## Urkunde. — Telegramm.

**Die einem Telegraphenbüreau zum Telegraphiren an einen Anderen übergebene, mit der Unterschrift des Absenders versehene, Aufzeichnung ist, (wenn sie inhaltlich den Voraussetzungen des § 247 Abs. 2 des StGB.s entspricht), eine „Urkunde."**

StGB § 247 [n 117].

Beschl. (II.) v. 18. Juni 1870 c. F. (42 B. II. Cr).

Gegen F war die Untersuchung wegen „Betrugs" eröffnet worden, weil er das Vermögen des ꝛc. M. dadurch beschädigt habe, daß er diesen durch ein unter dem fälschlich angenommenen Namen H. abgesendetes Telegramm veranlaßte, zu seiner Entlastung einen Wechsel zu decken Das KG. erklärte sich indessen durch (rechtskräftig gewordenes) Urtheil unzuständig, weil das gefälschte Telegramm eine „Urkunde", die That des F also ein Verbrechen (§ 247) sei, der Anklage-Senat des AG s sprach dagegen die Wiedereröffnung der Untersuchung wegen Betrugs aus, weil nach den auf seine Veranlassung angestellten näheren Ermittlungen zweifelhaft sei, ob F. wirklich eine

Schrift auf der Telegraphenstation niedergelegt habe. Mit Rücksicht auf diesen thatsächlichen Grund hat das OTr., indem es den vorliegenden negativen Kompetenzkonflikt löste, sich der Ansicht des AG.s angeschlossen, weil „jedenfalls die Möglichkeit nicht ausgeschlossen sei, daß eine schriftliche Originaldepesche gar nicht existirt habe" Gleichzeitig hat dasselbe aber in Betreff der angeregten Rechtsfrage erwogen:

daß eine telegraphische an den Addressaten gelangte Privat-Depesche, wenn ihr Inhalt sonst zum Beweise von Rechten und Rechtsverhältnissen von Erheblichkeit ist, in der Voraussetzung eine Urkunde im Sinne des § 247 Abs. 2 bildet, wenn eine von dem Absender unterschriebene Originaldepesche abgegeben worden ist; vgl. Erk. d. Ober-Trib.s v. 2. Mai 1861 (Entsch. 45. S. 57).

Antr. d. GStA.: gleichl. [27.—8.]

---

## Beweisantrag. — Auslegung.

**Bei der Auslegung eines vom Angeklagten gestellten Beweisantrags und bei der Prüfung seiner Erheblichkeit müssen die Instanzgerichte sich eines, die Intentionen des Antragstellers nicht berücksichtigenden, Formalismus enthalten und nöthigenfalls in Betreff jener Intentionen nähere Aufklärung verlangen.**

Vdn. v 3. Jan. 1849 § 52 [n. 13]

**Erk. (V. II.) v. 18. Juni 1870 c. Jung** (172. II. Cr.).

In der Sitzung des AG.s hatte der Vertheidiger der (abwesenden) Angeklagten unter Beweis gestellt, daß der in 1. Instanz als Belastungszeuge vernommene B. „mit dem Verluste der Ehrenrechte bestraft" und somit unglaubwürdig sei, — das AG. aber diesen Beweisantrag als „unerheblich" abgelehnt

„weil nicht ersichtlich sei, ob habe behauptet werden sollen, daß der Zeuge B. bei seiner Vernehmung sich nicht im Besitze der Ehrenrechte befunden habe."

Das OTr. hat diese Begründung für gesetzwidrig erachtet:

„dieselbe könne auf Zustimmung keinen Anspruch machen, erscheine vielmehr als ein dem Zwecke des Strafverfahrens und dem Geiste des mündlichen Verfahrens gradezu widersprechender Formalismus; — habe der App.-Richter darüber einen Zweifel gehabt, wie jene in ihrer rechtlichen Erheblichkeit nicht verkannte Anführung des Vertheidigers zu verstehen sei, so sei er verpflichtet gewesen, sich hierüber die nöthige Aufklärung geben zu lassen.

Antr. d. GStA.: gleichl. [32.—3.]

---

## Bankerutt. — Buchführung. — Uebersichtlichkeit.

**Ein Kaufmann hat der Pflicht der Buchführung nur dann genügt, wenn seine Bücher kaufmännisch geordnet sind.**

StGB. § 261 Nr. 2 [n. 23] Vgl. B.-StGB. § 283 Nr. 2.

Erk (Z II.) v 18. Juni 1870 c. Niedieck (219. II Cr.).

Die Instanzgerichte hatten den N. wegen einfachen Bankerutts aus § 261 Nr. 2 bestraft, weil er „seine Handelsbücher so unordentlich geführt habe, daß dieselben keine Uebersicht des Vermögensstandes gewährten;" um dieser Anforderung zu genügen, werde erheischt, daß die Bücher in ihrer Gesammtheit jedem sachverständigen Dritten eine Vermögensübersicht gewährten und zwar ohne besondere Vorarbeiten, indem sie ihrem Zwecke entsprechend sofort ein anschauliches Bild von der geschäftlichen und finanziellen Lage des Kaufmanns geben sollten; dieser Anforderung genügten die Bücher des N. nicht, insbesondere entspreche das geführte Wechselbuch seinem Zwecke nicht; zwar seien einige der vernommenen Sachverständigen der Ansicht: es lasse sich aus einem Auszuge des geführten „täglichen Notizbuchs" der Bestand an Wechseln nachrechnen; dadurch werde aber die Mangelhaftigkeit des Wechselbuchs nicht ersetzt, eben weil die Bücher „ohne besondere Vorarbeiten und ohne Anfertigung von Auszügen die Uebersicht gewähren müßten."

Hierin fand die NB. eine Verletzung des cit § 261 Nr. 2, weil das Gesetz nur verlange, daß die Bücher überhaupt dem sachverständigen Dritten eine Uebersicht über die Vermögenslage gewähren sollten, nicht aber, daß eine solche „sofort" „ohne Vorarbeiten" und „ohne Auszüge" aus den Büchern zu entnehmen sei, das könne bei einem größeren Geschäfte nie durch die Buchführung erzielt werden.

Das OTr. hat die NB. zurückgewiesen, indem es ausführt, daß das AG. den Sinn des Gesetzes richtig erfaßt und ohne Rechtsirrthum thatsächlich die Buchführung des N. für eine ungenügende erachtet habe. In Betreff jenes Sinnes des Gesetzes heißt es in den Gründen:

Allerdings verlangt das Gesetz nicht, daß die Handelsbücher den Vermögenszustand ohne Weiteres und mit einem

Blicke übersehen lassen müssen, sondern nur, daß ihr Inhalt dem Sachverständigen alle zur Gewinnung der Uebersicht über den Vermögenszustand erforderlichen Materialien darbiete, schließt es also nicht aus, daß der Sachverständige auf die Gewinnung der Uebersicht durch Abschließung der Bücher und Vergleichung ihrer Resultate je nach dem Umfang des Geschäfts und der Zahl der geführten Bücher und Konten mehr oder weniger Zeit und Mühe zu verwenden habe. Es genügt aber nicht, daß das Material in den Büchern irgendwo stecke, sondern es muß kaufmännisch geordnet vorliegen. Muß das Material erst, sei es unter Mitwirkung des Falliten, sei es durch besondere Vorarbeiten, als z. B. sichtende Auszüge, Vergleichung mit den Handelsbriefen und Facturen und dergleichen verständlich gemacht und berichtigt werden, so gewähren die Bücher so wie sie sind dem Sachverständigen keine Uebersicht des Vermögenszustandes, sind also im Sinne der in Rede stehenden Strafvorschrift unordentlich geführt.

Antr. d. GStA.: gleichl. [33.—3.]

---

**Urkunde. — Causa debendi. — Nebenabrede.**

**Ein Schuldbekenntniß ist auch dann, wenn es den Grund der Verschuldung nicht angiebt, eine Urkunde.**

**Dasselbe gilt von dem schriftlichen Anerkenntnisse einer mündlichen Nebenabrede neben einem Kaufvertrage.**

StGB. § 247 [n 76. 77a]. Vgl RbOTr. 10 S 515.

**Erk. (Z. I) v. 22. Juni 1870 c. Fiebiger** (552 I. Cr.).

F. hatte von den Eheleuten F. ein Budnergrundstück für die darauf eingetragene Schulden gekauft, dabei aber der Ehefrau F. versprochen, ihr die durch sie in das Grundstück verwendeten 40 Thlr. zu zahlen, und ihr einen Schein ausgestellt, in welchem er sich verpflichtete, ihr „sobald er könne, 49 Thlr. zu zahlen, welche sie in das Grundstück verwendet habe.“ Später hat er sich von ihr diesen Schein zur Einsicht vorlegen lassen, und ihn dann vernichtet. Aus § 243

Nr. 8 des StGB.s bestraft, ergriff er die NB., zu deren Begründung er u. A. Verletzung des Strafgesetzes behauptete. Zurückweisung Gründe:

Da die Vernichtung der Schrift feststeht, so konnte nur die Eigenschaft derselben im Sinne des § 247 des StGB.s in Frage kommen. Dem App.-Richter ist jedoch in seiner näheren Ausführung über die Anerkennung jener Eigenschaft beizutreten. Dies gilt vor Allem von den Auffassungen, denen das Rechtsverhältniß in Betreff der Schuldurkunde unterworfen werden könnte, also als Schuldschein ohne Angabe einer causa debendi, und als Anerkenntniß einer mündlich versprochenen Gegenleistung bei Abschluß des Kaufvertrages. Denn die fehlende causa debendi macht, sobald der Nachweis derselben auch außerhalb der Urkunde geführt wird, dieselbe zu einer vollständig wirksamen, und der § 247 des StGB.s ist auch da anwendbar, wo gewisse in der Urkunde nicht ausgedrückte Umstände durch Beweis ergänzend hinzugefügt werden, um dann in Verbindung mit der Urkunde selbst das Rechtsverhältniß vollständig darzustellen. Ferner benimmt die Urkunde dann, wenn sie sich auf die Verabredung eines Theils der Gegenleistung neben jenem Kaufvertrage bezieht, dieser Verabredung in jedem Falle den Mangel der blos mündlichen Nebenabrede, sobald sie selbst oder der sonst geführte Beweis die Beziehung auf jene Gegenleistung darthut.

Antr. d. GStA: gleichl. [65.—6.]

---

Beschlagnahme. — Entziehung. — Eigenthümer. — Dolus.

Derjenige, welcher seine eigne, bei einem Dritten in Beschlag genommene Sache ohne Kenntniß von dieser Maßnahme in seine Gewahrsam bekommen hat, macht sich durch eine demnächstige Verfügung über die Sache nicht strafbar, sollte ihm auch in der Zwischenzeit Nachricht von der früher bewirkten Beschlagnahme gegeben worden sein.

StGB. § 272 [n. 21]. Vgl. RdOTr. 4. S. 316.

Erk. (S. I.) v. 22. Juni 1870 c. Wolff (507. I Cr.).

W. hatte einen ihm gehörigen, dem G. zum Gebrauche überlassenen Spiegel, ohne zu wissen, daß derselbe in der Zwischenzeit bei G. mit Beschlag belegt worden war, wieder an sich genommen, dann über denselben verfügt, und auch nachträglich den Verbleib dieses Spiegels nicht nachgewiesen, obgleich er von der betr. Behörde von der früher stattgehabten gerichtlichen Beschlagnahme in Kenntniß gesetzt und aufgefordert worden war: „den Verbleib des Spiegels dergestalt nachzuweisen, daß die Abholung erfolgen könne" Hierin fanden die Instanzrichter das im § 272 des StGB.s vorgesehene Vergehen, indem sie dafür auf ein E. I. v. 22. Jan. 1864 c. Wagner (RdOTr. 4. S. 316) Bezug nahmen. Vernichtung. Gründe

[In den von den Instanzrichtern festgestellten Handlungen des W.] liegt noch keine Zuwiderhandlung gegen das erwähnte Strafgesetz, weil der Angeklagte zufolge seines Eigenthumsrechtes nicht verpflichtet war, jener Aufforderung nachzukommen, indem ihm gegenüber eine gerichtliche Beschlagnahme gar nicht stattfand. Dem steht auch nicht das Erk. v. 22. Jan. 1864 c. Wagner entgegen, weil es sich dort um eine Weigerung des Exequendi selbst handelte, den Ort, wohin er die gepfändeten Gegenstände gebracht, anzuzeigen.

Antr. d. GStA.: entg. [20.—8.]

---

## Bauhandwerker. — Gefährlicher Bau. — Konzession.

**Die Bestrafung eines Bauhandwerkers, welcher durch einen kunstregelwidrigen Bau Andere in Gefahr gesetzt hat, ist weder durch eine Prüfung, noch durch eine Konzessionirung des Beschuldigten bedingt; die betr. Strafvorschrift ist somit auch nicht dadurch weggefallen, daß die B.-Gew.-Ordn. v. 21. Juni 1869 der Bauhandwerker nicht mehr Erwähnung thut.**

StGB § 202 [n. 1]. Vgl. B-StGB § 330.

Erk. (S. II.) v 23. Juni 1870 c. Hesse (211 II Cr.).

Der „Schreiner" H war von der Beschuldigung: „— — als Bauhandwerker bei Ausführung eines Baues wider die allgemeim anerkannten Regeln der Baukunst dergestalt gehandelt zu haben, daß daraus für Andere Gefahr entstanden," — in zweiter Instanz deshalb freigesprochen worden, weil „der fr. Bau im Okt. 1869 also unter der Herrschaft der BGew.-Ordn. v. 21. Juni 1869 begonnen worden sei, somit von eine Bestrafung des H. aus § 202 des StGB.s keine Rede sein könne, da jene Gew.-Ordn Bauhandwerker &c., wie sie der § 202 voraussetze, nicht kenne." Vernichtung. Das OTr. erwog:

daß das angegriffene Urtheil selbst zwar keinen Aufschluß darüber giebt, welche Baumeister und Handwerker denn im § 202 vorausgesetzt und welche darin nicht vorausgesetzt seien, aus einer Vergleichung des erstrichterlichen Urtheils jedoch hervorzugehen scheint, der App.-Richter habe unter den Baumeistern und Bauhandwerkern, wogegen der § 202 sich richtet, nur diejenigen verstanden, welche nach den Vorschriften der Allg. Gew.-Ordn. v. 17. Jan. 1845 (§§ 44. 51) und der Vdn. v. 9. Febr. 1849 (§§ 23 u. ff.) geprüft und zum Gewerbebetriebe zugelassen worden sind,

daß aber der § 202 des StGB.s weder seinen Worten noch seinem Zwecke und seiner Entstehungsgeschichte nach eine Unterscheidung zwischen geprüften und nicht geprüften Baumeistern oder Bauhandwerkern macht und ebensowenig eine Andeutung dafür enthält, daß seine Anwendbarkeit von irgend einer gewissen Gewerbeordnung und deren Vorschriften über die formelle Befähigung zum Betriebe des Baugewerbes sei es als Baumeisterkunst oder als Handwerk bedingt sei,

daß der § 202 vielmehr aus dem § 768 Thl. II. Tit. 20 des ALR.s entstanden ist und an diesen seinem Inhalte nach sich anlehnt beide §§ aber „den allgemein-anerkannten Regeln der Baukunst" augenscheinlich nicht den beschränkten Sinn formell erlernter und nach Maßgabe der zeitlichen Gewerbe- und Prüfungs-Ordnungen nachgewiesenen Regeln beilegen wollen,

daß auch die Stellung des § 202 zwischen den §§ 201 und 203 des StGB.s nicht zu dem Schlusse berechtigt als sei nur von konzessionirten Baumeistern und Bauhandwerkern die Rede, sondern wie der ganze „16. Titel" Körperverletzungen darauf hinweist, daß diesen Verletzungen soweit sie durch Zuwiderhandlungen gegen allgemein anerkannte Regeln der Baukunst Seitens irgend einer Person, welche als ihren thatsächlichen Beruf oder ihr thatsächliches Gewerbe Bauten ausführt, veranlaßt, in § 202 ebenso vorgebeugt werden sollte, wie nach §§ 203 und 184 die erfolgten Körperverletzungen und Tödtungen aus Fahrlässigkeit bzw. Vorsatz strenger bestraft werden, wenn der Schuldige dabei die ihm vermöge seines Amtes oder Berufes oder Gewerbes obliegenden Pflichten übertreten hat, wo letztere Ausdrücke eine formelle Verleihung des Berufes oder Gewerbes nicht nothwendig unterstellen, sondern auch ein selbstgewähltes und beliebig unternommenes Berufs- oder Gewerbsleben umfassen, womit gewisse Pflichten gegen das Publikum verbunden sind,

daß daher unter der Herrschaft der Gewerbe-Ordn. von 1845 und der Ergänzungsgesetze dazu (vgl. Ges. v. 22. Juli 1861) ein Baumeister oder Bauhandwerker sich der Anwendung des § 202 des StGB.s gegen ihn unmöglich dadurch entziehen konnte, daß er diese Thätigkeit gewerbsmäßig ohne vorherige Prüfung und Genehmigung anfing oder nach Verlust der Konzession fortsetzte, sondern der Thatbestand der in den §§ 177. 178 der Gew.-Ord. von 1845 vorhergesehenen Spezial-Vergehen der Gewerbetreibenden mit dem gemeinen Vergehen des § 202 des StGB.s konkurriren konnte, daß durchweg auch in der Norddeutschen, wie in den älteren Gewerbeordnungen die Bezeichnungen „Gewerbe“ und dessen verschiedene Arten dem gemeinen Sprachgebrauche sich anschließen und darunter geprüfte und nicht geprüfte, befugte und unbefugte Gewerbetreibende begriffen werden, wie der nämliche Sprachgebrauch den Bestimmungen des StGB.s, worin von Gewerben die Rede ist, überall zu Grunde liegt und um so mehr zu Grunde gelegt werden mußte als hier die Gewerbsmäßigkeit gleich Gewohnheitsmäßigkeit nur als subjektiver Schärfungsgrund für die Strafe gemeiner Vergehen in Betracht kommt, daß endlich die Absicht der Norddeutschen Gesetzgebung den ersten Satz des § 202 (dessen Schlußsatz durch § 143 der Gewerbeordnung allerdings aufgehoben ist) neben der Gewerbe-Ordn. fortdauern zu lassen und den Begriff sowohl des Gewerbebetriebes im Allgemeinen als der Baumeister und Bauhandwerker im § 202 bzw. den §§ 184 und 203 des StGB.s auf geprüfte und concessionirte Personen nicht beschränkt zu wissen und auch für die Zukunft nicht beschränken zu wollen, aus § 144 der Gew.-Ordn. von 1869 selbst und aus den §§ 330. 222 Alin. und 232 des StGB.s v. 31. Mai 1870 hervorgeht.

Antr d. GStA.: gleichl. [23.—3.]

---

### Polizei-Verordnung. — Jagd. — Ausübung.

**Eine die Ausübung der Jagd gewissen Beschränkungen unterwerfende Polizei-Verordnung ist nicht lediglich deshalb, weil sie zwischen größeren und kleineren Jagdbezirken unterscheidet und demgemäß für beide verschiedene Bestimmungen erläßt, für gesetzwidrig und unverbindlich zu erachten.**

Jagd-Pol.-Ges. v. 7. März 1850 § 2 a; Pol.-Ges. v. 11. März 1850 § 15; StGB. § 332 [n. 48].

**Erk. (B. II.) v. 23. Juni 1870 c. Thias (213. I. Cr.).**

Die Königl. Regierung zu M. hatte durch eine „auf Grund des Pol.-Ges.s v. 11. März 1850 zum Schutz der öffentlichen Sicherheit sowohl als zur Schonung der Feldfrüchte erlassene Pol.-Vdn. das Jagen mit Bracken auf Jagdbezirken von weniger als 5000 Morgen unbedingt, und auf größeren Jagdbezirken für gewisse Zeiten verboten.“ Diese Vdn hatte das AG. für gesetzwidrig und deshalb für unverbindlich erachtet, weil § 2a. des JPol.-Ges.s v. 7. März 1850 allen Jagdberechtigten in dem durch das Gesetz festgestellten Größenumfange des berechtigten Jagdreviers das gleiche Jagdrecht beilege, die cit. Vdn. aber privilegirte größere Reviere mit vollem Jagdrecht aufstelle, während den kleinern nur ein beschränktes Jagdrecht verbleibe. Vernichtung und Zurückverweisung der Sache an das AG. Gründe:

Die Regierungs-Vdn. tritt keineswegs in Widerspruch mit § 2a. des Jagdpolizei-Ges.s v. 7. März 1850, indem sie die Jagdberechtigung als solche nicht anzweifelt, sondern nur in einer gewissen Ausübung derselben, nämlich nur in der Anwendung der Bracken in kleinen Bezirken eine größere Gefahr für die öffentliche Sicherheit und die Schonung der Felder erblickt, als in Bezirken über 5000 Morgen und nach Maßgabe dieser von der Kgl. Regierung angenommenen Gefahr eben so gewiß das fragliche Verbot modifiziren, als das Jagen mit Bracken im ganzen Regierungsbezirke bei Strafe verbieten konnte, wenn ein solches Verbot für die öffentliche Sicherheit und für die Schonung der Felder nothwendig oder nützlich war: §§ 6 a. b. 11 und 12 des Ges.s v. 11. März 1850. Der einzige Grund, worauf die vorderrichterliche Entscheidung beruht, enthält also eine unrichtige Anwendung des § 2 des Jagdpolizei-Ges.s.

Antr. d. GStA.: gleichl. [23.—8.]

---

### 1. 2. App.-Rechtfertigung. — Frist. — Urtheilsabschrift. — Schuld des Gerichts. 3. Beweisablehnung. — Gründe.

1. Ist es verabsäumt worden, dem appellirenden Angeklagten die verlangte Urtheilsabschrift zu ertheilen, so kann ein von ihm nachträglich gestellter Beweisantrag nicht als verspätet zurückgewiesen werden. Ges. v. 3. Mai 1852 Art. 32 [n. 18].

2. Dasselbe gilt dann, wenn das Gericht selbst die Verspätung verschuldet, z. B. wenn es den Termin zu der von dem Angeklagten beantragten protokollarischen Aufnahme der Appellationsrechtfertigung zu weit hinausgeschoben hat.

Vdn. v 3 Jan. 1849 Abschn IV (S. 458 n. 38); § 129 [n. 13].

3. Die Ablehnung eines Beweisantrags wird durch die Erwägung: die betr. Thatsache sei „unerheblich" nicht genügend gerechtfertigt.

Ebendas. § 52 [n. 27]. Vgl. RdOTr. 10. S. 171. 688; 11. S. 283.

**Erk. (S. I.) v. 24. Juni 1870 c. Gesellins** (559. I. Cr.). [15.—6.]

---

**Beweisantrag. — Glaubwürdigkeit. — Prüfung.**

**Der App.-Richter kann einen Beweisantrag, welcher dahin abzielt, die Unglaubwürdigkeit eines in erster Instanz vernommenen Zeugen darzuthuen, nicht deshalb ablehnen, weil der erste Richter die betr. Thatsache als richtig angenommen, dem Zeugen aber doch Glauben geschenkt habe.**

Ges. v. 3 Mai 1852 Art. 101 [n. 40]. Vgl. RbOTr. 9. S. 558.

Erk. (B I) v. 24. Juni 1870 c. Konowecki (541. I. Cr.).

Der in 1. Instanz wegen Mißhandlung seines Vaters aus § 191 des StGB.s verurtheilte K. hatte in 2. Instanz verschiedene Thatsachen unter Beweis gestellt, durch welche er die Glaubhaftigkeit der von dem Vater in erster Instanz abgegebenen Aussagen zu beseitigen suchte. Das AG lehnte aber diese Beweiserhebung deshalb ab, „weil sie nur zu der Annahme führen würde, daß ein feindseliges Verhältniß zwischen dem Angeklagten und seinem Vater obwalte, was der erste Richter schon anerkannt und dessenungeachtet dem letzteren Glauben beigemessen habe." Vernichtung. Gründe:

Der Angeklagte hatte die gedachten Beweisanträge gerade gegen die Annahme des 1. Richters bezüglich der Glaubwürdigkeit des ältern K. vorgebracht und sie dadurch zu beseitigen versucht. Es kam demgemäß darauf an, wie dies der Art. 101 l. c. hervorhebt, in 2. Instanz zu prüfen, ob die verlangte Beweisaufnahme geeignet sein könne; die Feststellung des 1. Richters zu verlassen. Dazu kommt noch, daß das angefochtene Urtheil hinzufügt: „daß Feindschaft in der Krim.-Ordn. als ein Rekusationsgrund gegen einen Zeugen nicht anerkannt sei." Es ist hierbei offenbar außer Acht gelassen, daß es sich keineswegs um die Zulässigkeit der Vernehmung einer Person als Zeugen, sondern lediglich um die Beurtheilung der Glaubwürdigkeit eines bereits vernommenen Zeugen handelte. In letzterer Beziehung konnte jedoch die Bekundung des Vaters des Angeklagten als Angebers, nach den §§ 357 und 359 der Krim.-Ordn. resp. dem § 22 der Vrn. v. 3. Jan. 1849, verbunden mit den Umständen, daß er der Gemißhandelte gewesen und mit dem Angeklagten in offener Feindschaft stehen soll, sehr wohl als eine solche in Betracht kommen, welcher nicht vollständige Glaubwürdigkeit beizulegen sei. Jedenfalls mußte der App.-Richter in eine derartige Prüfung der Anträge des Angeklagten eingehen.

Antr. d. GStA : entg [20.—6.]

---

**Beweisablehnung. — App.-Richter. — Gründe.**

**Der App.-Richter kann einen Beweisantrag, welcher dahin abzielt, die Unglaubwürdigkeit der in erster Instanz vernommenen Belastungszeugen darzuthuen, nicht lediglich durch die Hinverweisung auf den von den letzteren ausgeschwornen Zeugeneid rechtfertigen.**

Ges v. 3 Mai 1852 Art. 101 [n. 67a]. Vgl RbOTr. 10. S. 4.

Erk. (B. I.) v. 29. Juni 1870 c Busse (550 I Cr). [30—8.]

---

**Gemeinschuldner. — Benachtheiligung der Gläubiger. — Holsteinsches Gesetz.**

Das Holsteinsche Gesetz v. 17. Juni 1859 § 13, nach welchem der Gemeinschuldner sich strafbar macht, wenn er in der Absicht seine Glaubiger zu übervortheilen zu deren Benachtheilung eine Verausserung vornimmt, ist durch die Einführung des Pr. StGB.s nicht aufgehoben.

Erk. (Z.) v. 29 Juni 1870 c. Heick (OAG. II 131).

Jene Strafbestimmung ist weder in dem StGB. noch in einem der mit demselben eingeführten Strafgesetze enthalten. Insbesondere wird sie von den §§ 241 und 259 des StGB.s nicht berührt, da sie weder den Thatbestand des Betrugs, noch des betrüglichen Bankerutts und dessen Beschränkung auf die Kaufleute enthält, sondern schon die in der Absicht einer Uebervortheilung der Gläubiger und zu deren Nachtheil vorgenommene Veräußerung ohne Rücksicht auf die Eigenschaft und gewerbliche Stellung des Gemeinschuldners, sowie auf die betrügerische Absicht, unter Strafe stellt.

Antr. d. GStA: gleichl. [65.—6.]

---

1. Urkunde. — Kostennote.

2. Gebührenüberhebung. — Betrug. — Konkurrenz.

**1. Eine auf die Rückseite einer gerichtlichen Urkunde gesetzte ununterschriebene Kostennote ist keine Urkunde.**

StGB. § 247 [n 91].

**2. Der Beamte, welcher durch Gebührenüberhebung die Strafe des § 327 des StGB.s verwirkt hat, kann nicht wegen eines damit ideell konkurrirenden Betrugs gestraft werden.**

StGB. § 327 [n. 2] Vgl B.-StGB. § 353.

Erk. (Z.) v. 29. Juni 1870 c. Liese (OAG. II. 129).

Der Gerichtsbote L. hatte den Auftrag erhalten die Ausfertigung einer gerichtlichen Urkunde der betr Partei zu überbringen und von dieser die auf die Rückseite der Urkunde notirten Kosten einzuziehen. Geständig, diese Kostennotiz durch einen Zusatz im Betrage erhöht und demgemäß von der Partei zu viel eingezogen und dieses Zuviel sich zugeeignet zu haben, ist er dieserhalb aus § 327 des StGB s verurtheilt, von der gleichzeitig erhobenen Anklage der Urkundenfälschung aber freigesprochen worden, weil die (nicht unterschriebene) Kostennotiz keine Urkunde sei. Das focht die NB. des StA s als rechtsirrthümlich an und machte eventuell geltend, daß L. wegen eines ideell konkurrirenden Betrugs habe verurtheilt werden müssen Zurückweisung. Gründe:

[1.] Wie von der Königl. StA.-schaft selbst nicht verkannt wird, daß die fraglichen, auf der Rückseite gerichtlicher Urkunden notirten Kostenbeträge als ein Bestandtheil der gerichtlichen Ausfertigung nicht angesehen werden können, so läßt es sich auch keineswegs rechtfertigen, dieselben als selbstständige Urkunden zu betrachten. Sie entbehren, da die voraufgegangene Unterschrift des Gerichts nicht auf dieselben sich bezieht, jeder Benennung des Verfassers, vermögen daher weder eine amtliche Feststellung des Kostenbetrages zu beweisen, noch den Ueberbringer zur Erhebung zu legitimiren und sind als für den Beweis von Rechten und Rechtsverhältnissen unerheblich, im Sinne des Strafgesetzbuchs § 247 keine Urkunden. Dem entspricht es denn auch, daß derartige ununterschriebene Kostennoten auf gerichtlichen Ausfertigungen der Instruktion für die Gerichtskosten-Rezepturen in den Bezirken der App.-Gerichte zu Kiel, Cassel und Wiesbaden v. 20. August 1867 völlig fremd sind, vielmehr für Pöste bis 5 Thlr. die Eintragung in die dem Gerichtsboten auszufertigende, seine Legitimation enthaltende Hebungsliste, nach § 27 geschehen, für Pöste über 5 Thlr. aber nach § 26 den Betheiligten neben dem Zahlungsmandate besondere Kostenrechnung behändigt werden soll. —

[2.] Ebensowenig ist die eventuelle Rüge begründet, daß mindestens ein Zusammentreffen des Vergehens des Betrugs nach § 241 mit dem Vergehen aus § 327 hätte angenommen werden müssen. Denn im § 327 wird der Begriff des Betruges auf das besondere Verhältniß eines Beamten, welcher Steuern, Gebühren oder andere Abgaben für eine öffentliche Kasse zu erheben hat, mit einigen näheren Bestimmungen angewendet. Es schließt daher der zusammengesetzte Thatbestand dieser besonderen Art des Betruges die Merkmale des verbrecherischen Gattungsbegriffes dergestalt in sich, daß durch solches Zusammentreffen allein eine Mehrheit von Vergehen nicht hergestellt wird. Wenn in der Beschwerdeschrift das Amtsvergehen aus § 327 als nicht unter den Gattungsbegriff des Betruges gehörig dargestellt wird, weil dabei gewinnsüchtige Absicht nicht vorausgesetzt werde: so kann dies nicht zugegeben werden. Der § 327 setzt auch gewinnsüchtige Absicht voraus, er läßt aber als genügenden Erkenntnißgrund derselben das Nicht-zur-Kasse-bringen des wissentlich zuviel Erhobenen gelten. Desgleichen kann es nur als eine Modifikation und nicht als Ausschließung des Gattungsbegriffs Betrug gelten, daß bei dem Vergehen aus § 327, wenngleich regelmäßig in dem Erheben von Steuern und Abgaben durch den Beamten zugleich das Einfordern bestimmter Beträge, und also die Erregung des Irrthums über die Größe der schuldigenden Beträge mitenthalten sein wird, doch bei dieser Species des Betruges die Möglichkeit nicht ausgeschlossen ist, daß dessen Thatbestand auch schon erfüllt werde durch bloße Benutzung und Bestärkung eines anderweitig entstandenen und von dem Beamten vorgefundenen Irrthums des Steuerzahlers über die Höhe seines Schuldbetrages.

Antr. d. GStA.: entg. [62.—6.]

---

Mahlsteuerdefraude. — Niederlegen. — Einbringen.

Der Gewerbtreibende, welcher zuerst einen mahlsteuerpflichtigen Gegenstand unversteuert in der Halbmeile einer steuerpflichtigen Stadt niederlegt, und demnächst (durch eine neue selbstständige Handlung) dasselbe Mehl unversteuert in den inneren Stadtbezirk einbringt, macht sich einer zweimaligen Steuerhinterziehung schuldig.

Ges. v. 2. April 1852 § 1b.

Erk. (Z. I.) v. 29. Juni 1870 c. Kerner (246. I Cr.). [18.—8.]

---

Zusammenrottung. — Oeffentlichkeit.

1. Das planmäßige Zusammentreten Mehrerer zu einem gemeinschaftlichen gesetzwidrigen Handeln ist eine „Zusammenrottung“; dieselbe ist durch eine vorhergegangene Verabredung über die gemeinschaftlich vorzunehmenden Handlungen nicht nothwendig bedingt; auch wird sie dadurch nicht ausgeschlossen, daß die betr. Personen sich vorher schon an demselben Orte befanden.

2. Der Instanzrichter kann ohne Rechtsirrthum eine Zusammenrottung deshalb für eine „öffentliche“ erachten, weil sie auf einem, zwar einer Privatper-

son zugehörenden, aber Jedermann zugänglichen Orte stattfand.

StGB. § 91 [n. 2 7]. Vgl. RbOTr. oben S. 159. 290.

Erk. (Z. I.) v. 29. Juni 1870 c. Maaß u. Gen. (576 I. Cr.).

[18.—8.]

---

## Mahlsteuer. — Eisenbahnhof. — Anmeldung.

**Der Reisende, welcher auf einer zur Steuerstraße erklärten Eisenbahn mit einem steuerpflichtige Waaren enthaltenden Passagiergute in den Bahnhof einer steuerpflichtigen Stadt einfährt, muß jene Waaren sofort bei seiner Ankunft auf dem Bahnhofe, und selbst noch ehe ihm das Passagiergut von der Gepäckverwaltung der Eisenbahn zurückgegeben worden ist, bei der Steuerstelle anmelden, wenn dieses im Ortsregulative vorgeschrieben ist. Unterläßt er dieses, so macht er sich einer Defraudation schuldig, sollte er auch die Bahnhofsräume noch nicht verlassen haben.**

M.- u. Schl.-Steuerges. v. 30 Mai 1820 § 5

Erk. (V. I) v. 29. Juni 1870 c. Michelis (339 I. Cr.)

Das Orts-Steuer-Regulativ für Berlin erklärt, daß die Schienenwege der Eisenbahnen von ihrem Eintritt in den innern Stadtbezirk bis zu ihrer Einmündung auf den Bahnhöfen für die mit den Eisenbahnen eingehenden Gegenstände die einzigen Steuerstraßen seien, und macht es den ankommenden Reisenden zur Pflicht, die von ihnen eingeführten steuerpflichtigen Gegenstände, insbesondere auch diejenigen, welche sich in dem von ihnen aufgegebenen Passagiergute befinden, sofort bei der Ankunft auf dem Bahnhofe „den zur Abfertigung anwesenden Steuerbeamten mündlich anzumelden." M. war aber von der Anklage, „diese sofortige Anmeldung unterlassen zu haben," vom AG. deshalb freigesprochen worden, „weil die Anmeldepflicht für den Reisenden erst mit dem Augenblicke beginne, wo er die Gewahrsam des aufgegebenen Passagierguts wieder erlangt habe, und weil er sich einer Defraude nicht eher schuldig mache, bis er die steuerpflichtigen Gegenstände unangemeldet aus den Bahnhofsgebäuden fortgebracht, oder doch diese Fortbringung ohne Anmeldung unternommen und versucht habe."

Vernichtung Das OTr. hebt dabei zunächst hervor· daß nach den im Ortsregulativ getroffenen Anordnungen, diejenigen Passagiergutsstücke, welche steuerpflichtige Gegenstände enthielten, den Reisenden erst nach der Steuerrevision ꝛc. ausgehändigt würden, daß also die Anmeldung Seitens der Reisenden vorhergehen müsse; sodann heißt es weiter:

Eingeführt hatte M. das Mehl schon, sobald der Zug in den inneren Steuerbezirk von Berlin eingetreten war. Von diesem Augenblicke an durfte er mit dem steuerpflichtigen Mehl den Schienenstrang, welcher die Steuerstraße bildete, nicht verlassen und war zur Anmeldung des bereits eingeführten Mehls gleich nach seiner Ankunft auf dem Bahnhofe, woselbst sich die Steuerstelle befindet, verpflichtet.

Antr. d. GStA.: entg. [18.—8.]

---

**Unterschlagung. — Stellvertreter. — Geld. — Vermischung. — Absicht des Ersatzes.**

1. Derjenige, welcher in Folge eines von einem Andern erhaltenen Auftrags Gelder mit der Verpflichtung der Ablieferung erhoben hat, macht sich durch den Verbrauch dieser Gelder, der Unterschlagung schuldig, sollte er auch

2. dieses Geld vorher mit dem seinigen vermischt gehabt haben.

3. Auch wird die Strafbarkeit durch die Absicht einer spateren Ersatzleistung nicht ausgeschlossen.

StGB § 225 [n. 7. 8. 5 53. 59]

**Erk. (Z.) v 29. Juni 1870 c. Sch. (OAG. II, 101)**

Der Mandatar hat den übernommenen Auftrag nach dem Willen und nach den ertheilten Bestimmungen des Mandanten auszuführen; was er durch Vollziehung des Auftrags erlangt, erwirbt er (den hier nicht in Frage kommenden Fall des procurator in rem suam abgerechnet) nicht für sich, sondern für seinen Mandanten. Er muß deshalb alles, was er durch das Mandat erhalten hat, dem

Auftraggeber restituiren und die für ihn empfangenen körperlichen Sachen tradiren und es wird für dolus erklärt, wenn er das, was er restituiren kann, nicht restituirt und insbesondere, wenn er das nicht an den Mandanten herauszahlen will, was er eingetrieben hat. Wenn darum der Angeklagte Zahlungen für seine Mandanten erhob, war er nur deren vermittelnder Stellvertreter; für sich erwarb er nichts und konnte nichts erwerben: die Mandanten wollten vielmehr, was noch ausdrücklich festgestellt ist, das erhobene Geld überschickt haben, nicht aber es dem Mandatar zum Gebrauche überlassen. Die Eigenschaft des Geldes als einer fungibeln Sache ändert hieran an sich nichts, auch wird in den Gesetzen das in der Hand des Mandatars befindliche Geld des Mandanten ausdrücklich als Eigenthum des Mandanten und als eine dem Beauftragten fremde Sache bezeichnet.

Wie an andern Sachen, welche als species in Betracht kommen, erwirbt der Mandatar an vertretbaren Sachen, insbesondere beigetriebenem Gelde, Eigenthum für den Mandanten. Dem letzteren wird es zwar in der Regel gleichgültig sein, ob er gerade die seinem Mandatare ausbezahlten Geldstücke erhält, oder eine Summe gleichen Werthes: allein der Beauftragte ist — will er nicht den guten Glauben verletzen — zu einem Verbrauche nur dann ermächtigt, wenn er die Ueberzeugung hat und haben kann, nicht wider den Willen des Mandanten zu handeln. Er darf daher das eingenommene Geld nicht verwenden, wenn er es nicht durch anderes ersetzt, und nicht jedenfalls wenigstens zur Zeit, wo er abliefern muß, einen gleichen Betrag zur Verfügung hat. Es ist aber in den Motiven des Urtheils hervorgehoben, daß der Angeklagte in mehr und mehr sich verschlimmernden Vermögensverhältnissen stand, und es beruht hiernach die Feststellung, daß die vom Angeklagten als Mandatar erhobene Gelder fremde gewesen, und er zu deren Ablieferung verbunden war, keineswegs auf einer rechtsirrthümlichen Anschauung.

[2.] Der Angeklagte verneint zwar noch, daß er ja

---



---

durch Commixtion Eigenthum erworben habe; allein so lange das vermischte Geld noch vorhanden ist, hat der Mandant die partielle Eigenthumsklage; außerdem aber liegt in der böswilligen und zum Zwecke der Eigenthumserwerbung bewirkten Vermischung eine Beiseiteschaffung des Geldes, welche an sich schon für den Begriff der Unterschlagung genügt.

[3.] Daß die Aneignung auf dauernde Entziehung des Werthes gerichtet sei, ist nicht nothwendig; es genügt nach Wortlaut und Sinn des § 225, daß die fremde Sache zum Nachtheile des Eigenthümers verbraucht wurde, und das Vergehen liegt darum namentlich auch im Falle beabsichtigter und später sogar verwirklichter Ersatzleistung vor.

Antr. d. OStA.: gleichl. [63.—6.]

---

## 1. Beschwerde. — Mehrheit von Sachen.
## 2. Anklage-Senat. — Richterzahl.

**1. Der Staatsanwalt, welcher gegen mehrere, in verschiedenen Sachen ergangene Gerichtsbeschlüsse Beschwerde ergreifen will, muß für jede eine besondere Beschwerdeschrift einreichen.**

Ges. v. 3. Mai 1852 Art. 11 [n. 7b].

**2. Ein Beschluß des Anklage-Senats, zu welchem mehr als fünf Mitglieder mitgewirkt haben, ist nichtig.**

Vdn. v. 3. Jan. 1849 § 78 [n. 5a].

**Beschl. (II.) v. 30. Juni 1870 c. D. (56 B. II. Cr.).**

Der Anklage-Senat hatte in fünf verschiedenen Sachen Beschlüsse gefaßt, zu welchen sechs Mitglieder mitgewirkt hatten. Gegen alle diese Beschlüsse ergriff der betr OStA. durch eine einzige dem OTr. eingereichte Schrift die Beschwerde wegen Verletzung des § 78 der Vdn. v. 3. Jan. 1849.

Das OTr. hat seinerseits durch fünf verschiedene Beschlüsse jene vernichtet und die Sachen an das AG. zurückverwiesen. In den Erwägungsgründen des einen derselben wird

[1] die Zusammenfassung aller Beschwerden in einer Schrift für „unangemessen" aber nicht für unstatthaft erachtet und sodann zur Sache selbst erwogen:

[2.] daß nach dem bestimmten Wortlaute der §§ 76 und 78 der cit. Vdn. über die vorläufige Versetzung in den Anklagestand von einer aus drei Mitgliedern des Gerichtes erster Instanz, über die definitive von einer aus fünf Mitgliedern des AG.s bestehenden Abtheilung zu beschließen ist;

daß diese Bestimmungen der öffentlichen Ordnung angehören und eine Abweichung davon eben so wenig den betreffenden Gerichten gestattet sein kann, als von der Einwilligung der StA.-schaft oder des Angeklagten abhängt;

daß der Art. 13 des Ges. v. 3. Mai 1852 der StA.-schaft eine Beschwerde in den Fällen des cit. §. 78 ausdrücklich einräumt, wenn sie den Beschluß aus Rechtsgründen anficht;

daß die vorliegende Beschwerde des OStA.s darauf gestützt ist, daß an dem angefochtenen Beschlusse, wie solches aus dessen Eingange hervorgeht, sechs Richter Theil genommen haben, somit der cit. § 78 unbedenklich verletzt ist und der Schw.-GH. durch diesen Beschluß mit der Sache nicht vorschriftsmäßig befaßt werden konnte;

daß hieran dadurch, daß mehr oder weniger Richter als zulässig den Beschluß gefaßt haben, nichts geändert wird, indem, wenn eine Ueberschreitung der gebotenen Zahl gestattet wäre, der Gesetzgeber sich ähnlich, wie in §§ 3 und 4 des Ges. v. 7. Mai 1856 ausgedruckt haben würde;

daß überdies die Sechszahl der Richter es auch zweifelhaft läßt, ob die vom Gesetze beabsichtigte Stimmenzahl für die Entscheidung sich erklärt hat und insbesondere, ob eine absolute Majorität sich fur die Versetzung in den Anklagestand ausgesprochen hat, was im § 78 als nothwendig vorausgesetzt ist;

daß nach Art. 108 Nr. 3 des Ges. v. 3. Mai 1852 eine in Gemäßheit der Artt. 106 fgg. daselbst gegen das Endurtheil erhobene Nichtigkeitsbeschwerde zwar nur dann auf eine Verletzung der Vorschriften über die Zahl der Richter gegründet werden kann, wenn dieselbe nicht an der Hauptverhandlung und Entscheidung Theil genommen hat;

daß aber aus dieser Stelle nach obigen positiven Vorschriften und folgerichtig nicht zurückgeschlossen werden kann, als sei die Beschwerde gegen die vorschriftswidrige Bildung des Anklage-Senates vor der Hauptverhandlung unstatthaft und müsse sich der Schw.-GH. angesichts eines gesetzwidrig entstandenen Anklagebeschlusses der Hauptverhandlung unterziehen.

Antr. d. GStA.: gleichl. [23.—6.]

## Oeffentlichkeit. — Ausdehnung.

**Für die Beurtheilung, ob eine Aeußerung „öffentlich" geschehen sei, ist die Ausdehnung des Raumes maßgebend, bis wohin jene dringen konnte.**

StGB. §§ 152 [n. 1]. 36 [n 2].

**Erk. (Z. II.) v. 30. Juni 1870 c. Dießner** (243. II Cr.).

Für die Beurtheilung: ob eine beleidigende Aeußerung öffentlich geschehen sei, kann der Ort, wo sich der Redende persönlich zur Zeit der Aeußerung befand, nicht absolut und allein für maßgebend erachtet werden. Es muß dabei vielmehr auch in Betracht kommen, wohin die Aeußerung dringen und so ihre Wirkung erstrecken konnte, und ist eine solche im Sinne des StGB.s unbedenklich als eine Aeußerung an einem öffentlichen Orte, die Beleidigung als eine öffentliche im Sinne des § 163 insbesondere, zu behandeln, wenn sie, obgleich die Person des Redenden sich in einem dem Zutritt des Publikums nicht geöffneten Privatgebäude befand, an einem öffentlichen Orte, z. B. auf der vorüberführenden Straße zu hören war.

Antr. d. GStA.: gleichl. [32.—3.]

## Diebstahl. — Gewahrsam. — Kaufunterhandlung.

**Ein Kaufliebhaber, welchem der Inhaber einer Verkaufsstelle es gestattet, eine verkäufliche Sache in die Hand zu nehmen, erlangt dadurch nicht die Gewahrsam oder den Besitz dieser Sache; er kann daher an ihr einen Diebstahl verüben.**

StGB. § 215 [n. 13a].

**Erk. (Z. II.) v. 30. Juni 1870 c. Gotzel** (225. II. Cr.). [29.—3.]

### Beweisaufnahme, kommissarische. — Verlesung.

**Hat der Instanzrichter ausnahmsweise die kommissarische Vernehmung eines Zeugen angeordnet, so kann er dieselbe als Beweismittel nur dann seiner Entscheidung zum Grunde legen, wenn er das darüber aufgenommene Protokoll in der Sitzung hat verlesen lassen.**

Vdn. v. 3. Jan. 1849 § 21 [n 16]. Vgl. RdOTr. 4. S. 120. 216. 452; 4. S. 223.

**Erk. (V. II.) v. 30. Juni 1870 c. Kattepoel** (245. II. Cr.). [29.—3.]

---

### Jagdbarkeit. — Krametsvogel. — Trier.

**Im Bereiche des ehemaligen Kurfürstenthums Trier sind alle Krametsvögel jagdbar.**

StGB. § 274 [n. 27]; Kur-Triersche Jagdordn. v. 3. Oct. 1720 Thl. III. §§ 63 82; Kur-Triersche Jagd-Ordn v. 8. Juli 1768.

**Erk. (V. II.) v. 30. Juni 1870 c. Ufer** (190. II Cr.). [23.—3.]

---

### Chausseegeldhinterziehung. — Dolus.

**Verweigert der Führer eines Fuhrwerks die Zahlung des verschuldeten Chausseegeldes, so „unternimmt" er es, sich der Entrichtung zu entziehen. Seine Strafbarkeit wird dann durch die [rechts-] irrthümliche Meinung, er sei von der Zahlung befreit, nicht ausgeschlossen.**

Chauss.-G.-Tarif v. 29. Febr 1840 Zuss. Bemerkk. Nr. 5. Vgl. RdOTr. 2. S. 255; 7. S. 296; 9 S. 590.

**Erk. (V. I) v. 1. Juli 1870 c. Häse** (417. I. Cr.).

H., welcher den Grasaufwuchs auf einer gewissen Chausseestrecke gepachtet hatte und deshalb vermeinte, für die betr. Grasfuhren eine Befreiung vom Chausseegelde zu besitzen, hatte die Zahlung desselben verweigert, war aber von der dieserhalb erhobenen Anklage der Chausseegeldhinterziehung freigesprochen worden, weil der Thatbestand einer solchen Thatsachen voraussetze, welche erkennen ließen, daß der Defraudant etwas unternommen habe, sich der Erhebung des Chausseegeldes zu entziehen, solche Thatsachen aber hier nicht erwiesen seien. **Vernichtung.** Das OTr. erwog.

„die Weigerung des zur Zahlung verpflichteten Wagenführers stelle für sich eine Defraudation dar, möge auch der sich Weigernde sich dabei in gutem Glauben oder auch in einem Rechtsirrthum befunden haben."

Es erfolgte sodann Zurückverweisung der Sache an das AG. mit der Hindeutung, daß es bei der Beurtheilung der Sache darauf ankommen werde, ob die Hebestelle in derselben Feldmark liege, wo der Angeklagte das Gras geschnitten oder nicht.

Antr. d. GStA.: gleichl. [18.—8.]

---

## Zeuge. — Vereidung. — Amtseid.

**Der Richtigkeitsrichter kann nicht nachprüfen, ob die Aussage eines als Zeuge vernommenen Beamten, lediglich solche Thatsachen betroffen habe, welche seine Amtsgeschäfte unmittelbar betreffen, und ob also die von ihm auf seinen Amtseid abgegebene Versicherung seine Vereidung als Zeuge habe ersetzen können.**

Vdn. v. 3. Jan. 1849 § 55 [n. 32]; Cr.-Ordn. § 335 Nr. 2. Vgl. oben S. 311 und die dort angeführten Citate.

**Erk. (Z. I.) v. 1. Juli 1870 c. Litzke** (740. I. Cr.).

Es ist zwar richtig, daß nach § 335 Nr. 2 der Cr.-Odn. bei Personen, die in Eid und Pflicht stehen und in Sachen, welche ihr Amt unmittelbar betreffen, Zeugniß ablegen, die Verweisung auf den Amtseid ausreicht, daß jedoch bei Vorfällen, die die Amtsgeschäfte solcher Personen nicht unmittelbar betreffen, wenngleich sie bei Gelegenheit der Ausrichtung derselben Kenntniß davon erlangt haben, diese Ausnahme nicht Statt findet, also Beamte, welche über dergleichen ihre Amtsthätigkeit nicht unmittelbar betreffende Umstände vernommen werden, mit dem Zeugeneide zu belegen sind. Allein die Imploranten geben in der NB. selbst zu, daß der Gefangen-Inspector Sch. und der Distrikts-Kommissarius v. St., welche die Richtigkeit ihrer vor dem Schw.-G. abgegebenen Aussagen nach dem Sitzungsprotokolle v. ꝛc. auf ihren Amtseid versichert haben, zunächst über Gegenstände ihres Amts vernommen sind, und sie behaupten nur, das sich die Abhörung derselben nicht auf solche amtliche Gegenstände beschränkt, sondern auch auf Umstände erstreckt habe, welche nicht unmittelbar das Amt derselben betreffen. Waren die Imploranten dieser Ansicht und meinten sie, daß die beiden genannten Zeugen deshalb noch besonders mit dem Zeugeneide hätten belegt werden müssen, so hätten sie im Audienztermine die Vereidigung beantragen, die nicht amtlichen Gegenstände der Vernehmung hervorheben und darüber erforderlichen Falls einen Beschluß des GH.s herbeiführen sollen. Dieses ist jedoch nicht geschehen, und der Richter der Nichtigkeitsinstanz ist nicht in der Lage, in der bezeichneten Richtung eine Nachprüfung eintreten zu lassen, da die Registraturen in dem Audienz-Protokoll keinen zuverlässigen Anhalt dafür abgeben, ob und welcher Theil der Aussagen des Sch. und v. St. nichtamtlicher Natur gewesen ist, und ob es einer besonderen Vereidigung derselben bedurft hätte.

Antr. d. GStA: gleichl. [34.—8.]

---

**Beschwerde. — Protokollaufnahme.**

**Eine Beschwerde, welche nur die angebliche Weigerung eines Gerichts erster Instanz, eine Nichtigkeitsbeschwerde zu Protokoll zu nehmen, zum Gegenstande hat, gehört nicht zur Zuständigkeit des Nichtigkeitsrichters, ist vielmehr im Aufsichtswege zu erledigen.**

StPO § 15; Vdn. v 24 Juni 1867 § 85; Vdn. v. 26 Juni 1867 § 35; Vdn v. 27. Juni 1867

**Beschl. v. 1. Juli 1870 c Plambeck (OAG. II. 114).**

Pl. war auf dem Amtsgerichte erschienen, um eine NB. zu Protokoll anzumelden und zu rechtfertigen; da aber der betr. Richter sich weigerte, das Protokoll nach seinem Diktate niederzuschreiben, so entfernte er sich und erhob bei dem OAG. Beschwerde, ward aber mit dieser zurückgewiesen. Das OAG. erwog:

daß die Beschwerde des P nicht sowohl nach Maßgabe der StPO. §§ 15. 364. 372. 402 fgg. einen in der Berufungsinstanz ergangenen Beschluß oder die Zurückweisung der NB. durch das Gericht erster Instanz, als vielmehr die Art und Form der gerichtlichen Protokollirung und einen lediglich darauf gerichteten Antrag, also nur eine Angelegenheit der Disciplin oder des Geschäftsbetriebes betrifft,

daß jedoch nach der Vdn. v. 24. Juni 1867 § 85, Vdn. v. 26. Juni 1867 § 35 und Vdn. v. 27. Juni 1867 dergleichen Beschwerden nicht im Instanzenzuge, sondern im Aufsichtswege erledigt werden sollen, folglich nicht an den höchsten GH. gebracht werden können.

Antr. d. GStA.: gleichl. [65.—9.]

---

## Eisenbahnbau-Aufseher. — Beamter.

**Die mit der Aufsicht über die Eisenbahnbau-Arbeiter betrauten Personen sind deshalb noch nicht Polizei-Exekutiv-Beamte im Sinne des**

StGB. § 89 [n. 10a]. — Vdn. v. 21. Dez. 1846 (GS 47 S. 21).

**Erk. (Z. I.) v. 1. Juli 1870 c. Schwocher u. Gen.** (438. I. Cr.).

Die Angeklagten waren von den Geschworenen schuldig befunden worden:

„— — dem mit der Aufsicht über die Eisenbahnbau-Arbeiter betrauten Eisenbahnbau-Aufseher S. während der Vornahme der Arretirung eines seiner Aufsicht unterstellten Arbeiters durch Gewalt und Drohung Widerstand geleistet, bezw. ihn gezwungen zu haben, diese Arretirung zu unterlassen."

Der Schw.-GH. lehnte aber den Antrag, dieselben auf Grund dieses Spruchs aus den §§ 89 90 des StGB.s zu verurtheilen, ab, weil „die Arretirung des in Rede stehenden Arbeiters überhaupt nicht für eine Amtshandlnng des 2c. S, vielmehr außer seiner Amtsbefugniß liegend zu erachten sei." NB des StA.s. Zurückweisung Gründe:

Durch die in der NB. in Bezug genommene Vdn. betr. die bei dem Bau von Eisenbahnen beschäftigten Handarbeiter v. 21. Dez. 1846, auf welche die Dienst-Instruktion des 2c. S. sich gründet, wird den Bau-Aufsichtsbeamten eine selbstständige Polizeigewalt, oder eine Disciplinargewalt, welche sie zur Verhaftung von Arbeitern, welche ihrer Aufsicht unterstellt sind, berechtigt, nicht verliehen; es ergiebt sich vielmehr aus den §§ 4. 7. 11. 16—19 u. 23 dieser Vdn., daß die Polizeigewalt über die bei dem Eisenbahnbau beschäftigten

Arbeiter von den ordentlichen Polizeibehörden ausgeübt wird. Die im § 25 erwähnten polizeilichen Functionen, welche den Bau-Aufsichtsbeamten durch diese Vdn. übertragen sind, sind nur untergeordnete, im Wesentlichen die Kontrollirung der Legitimation der Arbeiter betreffende; die Bestimmungen darüber gipfeln im § 20 in dem Rechte, Ordnungsstrafen bis zu 1 Thlr. bei Uebertretung von Anordnungen, welche die Sicherheit des Arbeitsbetriebes resp. Verminderung von Gefahr betreffen, festzusetzen, gehen aber sonst davon aus, daß das Entlassen eines Arbeiters das geeignete Mittel ist, Unzuträglichkeiten abzuschneiden. Der Schw.-GH. hat daher mit Recht angenommen, daß nach Inhalt dieser Vdn. und da die Bedingungen, welche das Ges. z. Schutze der pers. Freiheit v. 12. Febr. 1850 für den Fall einer Verhaftung aufstellt, nicht thatsächlich festgestellt sind, die Arretirung des in Rede stehenden Arbeiters überhaupt nicht zu den Amtsbefugnissen des 2c. S. gehörte, er also nicht in einer Amtshandlung begriffen war, indem er dieselbe vornahm, und daß aus diesem Grunde die §§ 89 und 90 des StGB.s auf den Widerstand und die Drohungen, welche Seitens der Angeklagten dieser Arretirung entgegengesetzt wurden, nicht angewendet werden können.

Antr. d GStA.: entg. [30 – 8.]

---

**Dolmetscher. — Beamter. — Vereidung. — Protokollirung.**

1. Es ist nicht unerläßlich, daß ein als Dolmetscher fungirender Gerichtsbeamter in jener Eigenschaft besonders vereidet werde.

2. Ist im Sitzungsprotokolle die „Zuziehung" eines Dolmetschers beurkundet, so bedarf es nicht der besonderen Hervorhebung der einzelnen Prozedurakte, zu welchen er mitgewirkt hat.

3. Es begründet keine Nichtigkeit, wenn ein

**als Dolmetscher zugezogener Beamter nicht vorher über die Generalfragen vernommen worden ist.**

Ges. v. 3. Mai 1852 Art. 27 [n. 14 20.]. Vgl. RbOTr. 4. S. 335; 5. S. 351; 7. S. 639.

Erk. (Z. I) v. 1. Juli 1870 c Starosʒik (730. I. Cr.).

[1.] Da der zugezogene Dolmetscher F. als „Aktuarius" also als ein Beamter des Gerichtes bezeichnet wird, so war es wenigstens nicht unerläßlich, seiner Vereidigung als Dolmetscher zu gedenken, da wenn in Gerichtsbezirken, in denen für gewöhnlich außer der deutschen noch eine andere Sprache gesprochen wird, Gerichtsbeamte dergestalt zu Dolmetschern bestellt werden, daß sie dieses Geschäft als ein besonderes Amt zu versehen haben, sie für dasselbe nicht noch einen besonderen Dolmetschereid zu leisten brauchen. Eventuell hat auch der Vorsitzende nachträglich bescheinigt: daß der Aktuar F. am 2c. bei der Gerichts-Deputation in T. als polnischer Dolmetscher und Translateur ein für alle Mal vereidigt und darauf vom AG. zu 2c. als Bureaugehülfe und Dolmetscher der polnischen Sprache überwiesen worden sei. Diese nachträgliche Bescheinigung war, der Vorschrift des Art. 78 des Ges.s v. 3. Mai 1852 in fine ungeachtet, noch zulässig, weil es sich dabei um keinen in der Audienz selbst vorgenommenen Akt handelte, der allein durch das Audienzprotokoll bewiesen werden kann und soll, weshalb denn auch vom OTr. in ähnlichen Fällen nachträgliche Ermittelungen über die ein für alle Mal erfolgte Vereidigung eines Dolmetschers angestellt worden sind, wo das Audienzprotokoll darüber keine genügende Auskunft gab.

[2.] Daß die besonderen Gelegenheiten, bei welchen der Dolmetscher, als solcher, zugezogen worden, im Protokolle nicht bemerkt worden sind, kann als ein Nichtigkeitsgrund nicht angesehen werden, weil, wenn das Protokoll der erfolgten Zuziehung des Dolmetschers im Allgemeinen gedenkt, die Vermuthung dafür spricht, daß er überall zugezogen sein werde, wo solches erforderlich war, zumal hier, wo der Implorant selbst anerkennt, daß der Dolmetscher mehrfach gebraucht worden sei und keine Gelegenheit bezeichnet, wo solches erforderlich gewesen, aber unterlassen worden wäre.

[3.] Da der Aktuar F. das Dolmetschergeschäft, wie gezeigt worden, als ein öffentliches Amt versieht, so erforderte es seine Amtspflicht, etwaige Umstände, die ihn bezüglich einzelner Personen gesetzlich verhindert hätten, sein Amt wahrzunehmen, selbst anzuzeigen und es war nicht unbedingt nothwendig, im Protokolle zu beurkunden, daß eine solche Anzeige nicht erfolgt sei.

Antr. d. GStA: gleichl. [28.—8.]

---

## Betrug. — Armenunterstützung. — Bettelei.

**Derjenige, welcher es durch Täuschung herbeiführt, daß ihm aus Gemeindemitteln eine Armenunterstützung zu Theil wird, macht sich eines Betrugs, nicht aber einer Bettelei schuldig.**

StGB. §§ 241 [n 35]. 118 [n 1a. 3].

**Erk. (Z. 1) v. 4. Juli 1870 c. Frankel** (580. I. Cr.)

Die Angeklagte Ehefrau F hatte, nachdem ihr Ehemann sie und ihre fünf Kinder verlassen, unter dem falschen Vorgeben, daß sie den Aufenthalt ihres Mannes nicht kenne, und von diesem keine Mittel zum Unterhalt für sich und die Kinder erhalte, es bei der städtischen Armenkommission erzielt, daß ihr wiederholt aus den öffentlichen Armenfonds der Stadt Unterstützungen gewährt worden waren, welche sie nicht erhalten haben würde, wenn der betr. Behörde die ihr von ihrem Ehemanne gewährte Beihülfe bekannt gewesen wäre. Sie war deshalb wegen Betrugs verurtheilt worden. Ihre NB., welche „Gesetzesverletzung" rügte, ward zurückgewiesen Gründe:

Die etwa in Erwägung kommende Frage über die Anwendbarkeit des § 118 Nr. 1 des StGB.s scheidet hier aus dem Grunde aus, weil die Bettelei das Ansprechen um eine freiwillige Gabe, also den Anspruch an die freiwillige Mildthätigkeit eines Anderen voraussetzt, während es sich hier um die Erfüllung einer in den Gesetzen vorgeschriebenen Pflicht der Kommune Berlin, die Angeklagte nach den von ihr vorgeschützten Umständen als Arme oder doch Hülfsbedürftige zu erhalten oder doch zu unterstützen handelt, (§§ 9 fgg. I. 9

ALR.). Die Erfüllung dieser Pflicht, nicht also eine freiwillige Mildthätigkeit hat die Angekl. in Anspruch genommen und durch ihre Vorspiegelungen ganz oder doch in einem höheren Maße erwirkt, als sie im Falle der Darstellung des wahren Sachverhältnisses geleistet worden wäre. Auch die Frage, ob insoweit als die Angeklagte auch oder hauptsächlich die Erhaltung ihrer Kinder auf dem gedachten Wege in Anspruch genommen hat, der Fall nun der Bettelei vorliege, ist aus dem Grunde nicht zweifelhaft, weil der gedachte Begriff zwar überall da vorliegt, wo das Ansprechen um eine Gabe zum Lebensunterhalt für sich selbst oder für diejenigen, deren Ernährung dem Ansprechenden gesetzlich obliegt, stattfindet, hier aber auch in Betreff der Kinder der Kommune die Erhaltungspflicht oblag.

Antr d. OStA.: gleichl. [15.—6.]

---

**Gründe. — Verweisung. — Vernichtetes Urtheil.**

Es begründet keine Nichtigkeit, wenn zur Motivirung einer thatsachlichen Feststellung lediglich auf die Gründe eines früheren, inzwischen vernichteten Urtheils verwiesen worden ist.

StPO. § 353. Vgl. Oppenh. Strafverf. Art. 31. n. 40.

**Erk. (Z.) v. 6. Juli 1870 c. Borrmann** (OAG II. 105).

Es kann nicht mit dem Querulanten eine Beeinträchtigung des Vertheidigungsrechtes darin gefunden werden, daß rücksichts des vom Angeklagten gegen den Postillon Sch. ausgeführten Schlages mit dem Peitschenstiele, auf die Feststellung in den Entscheidungsgründen des früheren Erk.s v. 4. Okt. v. J. Bezug genommen worden ist; — denn, möge immerhin die damalige Entscheidung vernichtet worden sein, so kommt es hier doch nur darauf an, daß in jenen Entscheidungsgründen der Nachweis über die für die Bewahrheitung der betr. Thatsache maßgebenden Zeugen, deren Aussagen, wie das angefochtene Erkenntniß besagt, unverändert geblieben sind, enthalten war, und das dem Angeklagten der Inhalt jener Entscheidungsgründe nicht unbekannt sein kann, da ihm beglaubigte Urtheilsabschrift ausweise der Akten seiner Zeit behändigt worden ist.

Antr. d. GStA: gleichl. [62.—6.]

---

Ermittelungsverfahren. — „Beschuldigter."

**In dem vom Staatsanwalt in Antrag gebrachten Ermittelungsverfahren kann der „Beschuldigte," d. h. hier derjenige, gegen welchen der Verdacht einer begangenen Strafthat vorliegt, vom Polizeirichter vernommen werden.**

StPO § 63.

Beschl. v. 6. Juli 1870 c. Spr. (OAG. II 136).

Auf das Ersuchen des StA.s hatte der Pol.-Richter den ꝛc. Spr. zum Zwecke seiner im Ermittelungsverfahren zu bewirkenden Vernehmung über zwei Unterschlagungsfälle, deren er verdächtig geworden, vorladen lassen. Spr ergriff gegen diese Vorladung die Berufungs- und gegen den diese zurückweisenden appellationsgerichtlichen Beschluß die NB, weil der in Bezug genommene § 63 der StPO. nur die Vernehmung des „Beschuldigten" im Ermittelungswege gestatte, ein „Beschuldigter" aber nach §§ 4 und 68 ibid. erst in der Voruntersuchung vorhanden sei. — Zurückweisung, weil im § 63 cit.

„unter dem „Beschuldigten" nach dem völlig klaren Sinn derjenige zu verstehen sei, gegen welchen Verdacht vorliegt, daß er eine strafbare Handlung begangen habe, bezüglich deren gerade durch das Ermittelungsverfahren sich ergeben soll, ob Grund zu weiterer strafgerichtlicher Verhandlung vorhanden ist."

Antr. d GStA.: gleichl. [63.—6.]

---

Widerstand. — Exekutor. — Amtshandlung.

**Der einem Exekutor bei einer Exekutionsvollstreckung geleistete Widerstand bleibt nicht deshalb straflos, weil jener es unterlassen hat, dem Exequendus instruktionsgemäß den Exekutionsbefehl vorzulegen.**

StGB. § 89 [n 14]

Erk. (Z. II.) v. 7. Juli 1870 c Böhme (250. II Cr.). [35.—3.]

---

## Branddrohung. — Feststellung.

**Die Feststellung: der Angeklagte habe einen Anderen (nicht Genannten) mit Brand bedroht, genügt zur Bestrafung. Es bedarf dann weder der Feststellung, daß die Drohung geeignet gewesen sei, den Rechtsfrieden des Anderen zu stören, noch auch daß die Drohung dahin gegangen sei, selbst oder durch Andere Feuer anzulegen.**

StGB. § 213 [n 3a. 4. 5].

Erk. (Z. II.) v. 7. Juli 1870 c. Herting (227. II. Cr.).

H. aus § 213 des StGB's bestraft, weil er wiederholt „Andere mit Brand bedroht habe," rügte Gesetzesverletzung: die angeblich Bedrohten seien nicht genannt, auch sei weder festgestellt, daß seine Drohung geeignet gewesen sei, den Rechtsfrieden der Anderen zu stören, noch auch, daß sie dahin gegangen sei, selbst oder durch Andere Feuer anzulegen. Zurückweisung. Gründe:

Die Feststellung des Vorderrichters: daß der Angeklagte durch die ausgestoßenen Worte rc. „Andere mit Brand bedroht habe," entspricht dem Wortlaute des § 213 cit., genügt insoweit also dem Gesetze. — In den Augen des Gesetzes ist die Bedrohung eines Anderen mit Brand, wie mit Ueberschwemmung, ihrer Natur nach geeignet, den Rechtsfrieden eines Anderen zu stören. Während es auf die Ernstlichkeit der Drohung, den Willen des Thäters, dieselbe auszuführen, überall nicht ankommt, straft das Gesetz die in der Drohung verwirklichte Willensmanifestation, weil es darin allein schon die Beunruhigung des Rechtsfriedens des Bedrohten findet. Da hiernach der Strafgrund des Gesetzes mit der Branddrohung von selbst gegeben ist, so kann auch die Feststellung, daß der Thäter auch mit dem Bewußtsein gehandelt habe, daß die Drohung geeignet gewesen sei, den Rechtsfrieden eines Anderen zu stören, nicht gefordert werden. Erforderlich ist vielmehr nur, daß die Drohung selbst mit Bewußtsein und Willen gemacht worden sei, und dies muß bei einem zurechnungsfähigen Menschen als Regel vorausgesetzt werden. Daß hierbei aber gleichwohl das Dasein einer wirklichen Drohung, also auch einer solcher bedrohenden

Ankündigung, welche jedenfalls in dem Bewußtsein geschehen ist, daß der Bedrohte davon Kenntniß erlange, nicht fehlen darf, versteht sich von selbst.

Bei der Feststellung, daß Angeklagter Andere mit Brand bedroht habe, war eine weitere Feststellung, daß er getrotzt habe, selbst oder durch Andere Feuer anzulegen, nicht nöthig, diese letztere Feststellung wird daher mit Unrecht als nothwendig gefordert.

Antr. d GStA: gleichl [27—3]

---

## Fahrlässigkeitsvergehen. — Zusammenwirken Mehrerer.

**Ist der Tod eines Menschen durch die zusammenwirkende Fahrlässigkeit zweier Personen herbeigeführt worden, so sind beide strafrechtlich dafür verantwortlich. Es genügt dazu, wenn der Eine bei seinem fahrlässigen Thun, es an der nöthigen Berücksichtigung desjenigen hat fehlen lassen, was dem Anderen dabei zur Last fällt.**

StGB. Thl. I. Tit. 3 S. 112 [n 21—23].

**Erk. (Z. II) v. 7. Juli 1870 c. Peuler** (246 II Cr).

Bei dem Einsturze eines im Bau begriffenen Hauses hatte einer der Arbeiter B seinen Tod gefunden Der Einsturz war, nach der Annahme des Richters erster Instanz, durch verschiedene Verstöße gegen die Regeln der Baukunst veranlaßt worden, welche theils dem Maurermeister W., theils dem Zimmermeister P zur Last fielen. Beide wurden daher, weil sie „— — gemeinschaftlich durch Fahrlässigkeit den Tod des B. herbeigeführt hätten" aus § 184 des StGB s verurtheilt. In zweiter Instanz suchte P auszuführen, daß der Einsturz nur durch die (von W. allein besorgte) mangelhafte Ausführung des Mauerwerks herbeigeführt sei, für welche er (P.) umsoweniger einzustehen brauche, als er in dieser Beziehung bei Uebernahme der Zimmerarbeit einen ausdrücklichen Vorbehalt gemacht habe. Der App.-Richter stellte aber fest, daß auch das von P gefertigte Zimmerwerk des Daches mangelhaft gewesen sei; zwar sei es richtig, daß der bloße Einsturz des Dachwerks den B nicht erschlagen haben würde, daß vielmehr der Tod desselben durch den Einsturz des Ganzen (des Dachs und des Gemäuers) erfolgt sei, beide Zerstörungen ständen aber in einem wechselseitigen, nicht zu trennenden Zusammenhange; insbesondere sei P. nicht blos

Zimmer-, sondern auch Maurermeister; er habe bei der Auflage des Dachwerks prüfen müssen, ob das Mauerwerk, seiner äußeren Konstruktion und seiner ordnungsmäßigen Ausführung gemäß, im Stande sei, das Dachwerk zu tragen, und er habe dabei insofern fahrlässig gehandelt, als er — die schlechte Beschaffenheit des von W gefertigten Mauerwerks kennend — auf dasselbe das unsachgemäß gearbeitete Zimmerwerk aufgelegt habe. Deshalb müsse er für den Einsturz aufkommen; er habe sich sagen müssen, daß der Einsturz des Dachs auch den des schlechten Mauerwerks zur Folge haben werde; — somit trage er, abgesehen von dem konkurrirenden Verschulden desjenigen, welcher das Mauerwerk ausgeführt hatte, selbstständig die Verantwortung für den ganzen Schaden.

Diese Ausführungen erachtet die NB. des P. für eine rechtsirrthümliche, zumal der App.-Richter auf Grund derselben eine beantragte neue Beweiserhebung über die ordnungsmäßige Ausführung des Zimmerwerks abgelehnt habe; derselbe erkenne selbst an, daß der bloße Einsturz des von ihm (P.) gefertigten Dachwerks den Tod des B. nicht herbeigeführt haben würde; da nun feststehe, daß er bei Uebernahme der Zimmerarbeit jede Verantwortung für die Mauerarbeit ausdrücklich abgelehnt habe, so dürfe die Mangelhaftigkeit des letzteren nicht herangezogen werden, um ihm eine Fahrlässigkeit zur Last zu legen.

Die Gen.-Staatsanwaltschaft hob hervor, daß die thatsächliche Feststellung der Instanzrichter insoweit inkorrekt sei, als sie die beiden Angeklagten P. und W. schuldig erklärten: „gemeinschaftlich durch Fahrlässigkeit den Tod des B. herbeigeführt zu haben;" die Gemeinschaftlichkeit des Handelns, durch welche mehrere Urheber sich als Mitthäter darstellten, könne nur in der Gemeinsamkeit des Dolus bestehen (vgl. StGB. Thl. I Tit. 3. S. 108 n. 7), durch welche Jeder die Verantwortlichkeit auch für dasjenige übernehme, was unmittelbar von dem Anderen ausgehe; deshalb könne von einer „gemeinschaftlichen Fahrlässigkeit" nie die Rede sein, — gleichwohl seien die rechtlichen Ausführungen des AG.s durchaus zutreffend, und nur der gewählte Ausdruck „gemeinschaftlich" ungenau gewählt. das AG. erwäge ausdrücklich, daß dem P. die mangelhafte Beschaffenheit des von W. hergestellten Mauerwerks bekannt gewesen sei, und daß er nichts desto weniger auf diese ungenügende Unterlage das (unsachgemäß angefertigte) Zimmerwerk aufgelegt habe, er habe sich sagen müssen, daß der Einsturz des Dachwerks den des schlechten Mauerwerks nach sich ziehen müsse, er trage somit die Verantwortung für den ganzen Schaden ꝛc.; offenbar habe also den AG. in diesem Aufsetzen des Daches auf das schlecht ausgeführte Mauerwerk eine selbstständige, dem P. allein zur Last fallende Fahrlässigkeit erblickt, durch welche das Unglück herbeigeführt worden sei; mit Recht sei derselbe sonach für diese seine Fahrlässigkeit und ihre Folgen bestraft worden.

Das OTr. hat die NB. zurückgewiesen. Gründe:

Zunächst steht thatsächlich und rechtlich Nichts entgegen, daß der Tod eines Menschen durch zwei zugleich wirkende, auf die fahrlässige Handlungsweise verschiedener Personen zurückzuführende Schädlichkeiten herbeigeführt und daher diesen verschiedenen Personen gleichmäßig strafrechtlich zur Last gelegt werden. — —

Aber auch darin kann ein Rechtsirrthum nicht gefunden werden, daß, während dieser Fehlerhaftigkeit der Dachkonstruktion die schlechte Beschaffenheit des Mauerwerks, zufolge der Feststellung des App.-Richters als einwirkende Ursache des Einsturzes hinzutrat, Angeklagter für die schlechte Beschaffenheit des Gemäuers insoweit ebenfalls verantwortlich gemacht worden ist, als derselbe, da er selbst Zimmer- und Maurermeister ist, bei der Auflegung des Dachwerks zu prüfen im Stande war, ob das Mauerwerk seiner äußeren Konstruktion und seiner ordnungsmäßigen Ausführung gemäß das Zimmerwerk des Daches tragen konnte, und als derselbe sich als sachverständiger Meister hätte sagen müssen, daß der Einsturz des Daches auch den Ruin des schlechten Mauerwerks zur unmittelbaren Folge haben müsse. Bei dieser Annahme des App.-Richters handelt es sich augenscheinlich nicht darum, wie die NB. mit Unrecht behauptet, den Angeklagten für fremde Handlungen oder Unterlassungen verantwortlich zu machen. Es werden ihm insofern vielmehr die durch den Einsturz der Mauern entstandenen Folgen neben seiner Verantwortlichkeit für die Zimmerarbeiten nur gleichzeitig auch wegen seiner eigenen Vernachlässigung derjenigen Vorsicht zugerechnet, welche ihn hätte verhindern müssen, sein Dachwerk einer für dasselbe nicht ausreichenden Grundlage aufzulegen.

Antr. d. OStA: gleichl. [32.—3.]

**Verleumdung. — Wahrheit. — Falsche Qualifikation.**

**Wer in Beziehung auf einen Anderen eine an sich wahre Thatsache behauptet, dieselbe aber gleichzeitig absichtlich unrichtig als eine Strafthat qualifizirt, macht sich einer Verleumdung schuldig.**

StGB. § 156 [n 11]

**Erk. (Z. II) v. 7. Juli 1870 c. Pfeiffer** (185. II. Cr.).

Pf. hatte wiederholt die Behauptung ausgesprochen: „W. habe eine gefällte Birke gestohlen;" deshalb der Verleumdung angeklagt, stellte er die Wahrheit seiner Behauptung unter Beweis; dabei ergab sich, daß W mit einem Nachbar über das Eigenthum eines Grenzbaumes Streit gehabt, diesen gefällt und an sich genommen habe, sowie daß der dieserhalb von dem Nachbar angehobene Prozeß durch Vergleich beendigt worden sei. Die Instanzrichter erachteten, demzufolge den Wahrheitsbeweis für nicht erbracht und verurtheilten aus § 156. Die NB. behauptete Gesetzesverletzung, weil die dem W. vorgeworfene Wegnahme des Baumes erwiesen sei, unter diesen Umständen aber die der wahren Behauptung hinzugefügte unrichtige rechtliche Qualifizirung der That (als Diebstahl) eine Verleumdung nicht darstellen konne (vgl. Z I. v. 23 Okt 1857 Saß c. Müller). Zurückweisung, weil der App.-Richter angenommen habe, daß Pf die Handlungsweise des W. die falsche rechtliche Qualifikation nicht irrthümlich, sondern absichtlich beigelegt habe.

Antr. d. OStA.. Zurückweisung [35.—3.]

---

**Schlägerei. — Betheiligung. — Zeitpunkt.**

**Die Strafe der Schlägerei kann denjenigen nicht treffen, welcher im Augenblicke, wo die Körperverletzung zugefügt wurde, bei jener nicht betheiligt war.**

StGB. § 195 [n. 14]

**Erk (Z II.) v. 7. Juli 1870 c. Scholten** (260. II. Cr).

Sch war auf Grund der Feststellung, daß er „— sich an einer Schlägerei, in welcher ein Anderer eine erhebliche Korperverletzung erlitten, vorher oder nachher betheiligt habe," aus § 195 des StGB.s verurtheilt worden, obgleich das AG. es für erwiesen erachtete, „daß er im Augenblicke der Verwundung von dem Verwundeten entfernt am Büffet gestanden habe." Vernichtung. Gründe:

Allerdings soll nach § 195, wenn bei einer Schlägerei ein Mensch eine erhebliche Körperverletzung erleidet, jeder, welcher sich an der Schlägerei betheiligt hat, schon wegen dieser Betheiligung bestraft werden, und es kommt insbesondere nicht darauf an, daß dem Angeklagten eine Mitwirkung bei der Zufügung der Verletzung nachgewiesen werde, aber die Zufügung der Verletzung und die Betheiligung an der Schlägerei muß zeitlich zusammentreffen; wer von der Schlägerei abgelassen und sich entfernt hatte, ehe es noch zu der Verletzung gekommen, hat ebensowenig an der Schlägerei, bei welcher die Verletzung geschehen, theilgenommen, als derjenige, welcher sich erst nach der Zufügung der Verletzung eingemischt hat; vgl. KB. II. K. S. 111; Z. I. v. 17. Dezbr. 1862 c. Jahnke; B. II. v. 12. Dezbr. 1863 c. Ortmann (RdOTr. 2. S 228).

Antr. d. GStA: gleichl. [35.—3.]

---

### App.-Gericht. — Angeklagter. — Verhafteter.

Der Angeklagte kann auch dann, wenn er aus einer anderen Ursache verhaftet ist, im app.-gerichtlichen Termine nur durch einen Vertheidiger vertreten werden.

Vdn v 3 Jan 1849 § 134 [n 6] Vgl RdOTr. 2 S. 43.

Erk. (Z. I.) v. 8. Juli 1870 c. Antoniewicz 775. I. Cr. [28.—6]

---

### App.-Richter. — Befassung. — Zurückverweisung durch das Ober-Tribunal.

Hat der Nichtigkeitsrichter ein Urtheil vernichtet und die Sache zur anderweiten Verhandlung an ein App.-Gericht zurückverwiesen, weil noch ein (speziell hervorgehobener) thatsächlicher Umstand zu erörtern sei, so ist jenes App.-Gericht doch wieder mit der ganzen Sache befaßt; es darf sich nicht darauf beschränken, jenen Umstand festzustellen und im Uebrigen die erstrichterliche Feststellung beizubehalten.

Vdn v. 3. Jan. 1849 Abschn IV. [S. 450. n. 3]; § 136 [n 13]

Erk. (V. I.) v. 8. Juli 1870 c. Pantke (703. I. Cr.).

P. war von der Anklage aus § 346 Nr. 1 des StGB.s (widerrechtliches Eindringen in eine fremde Wohnung rc.) vom AG. deshalb freigesprochen worden, weil er nicht in eine fremde Wohnung, sondern nur in eine einzelne Räumlichkeit im Innern eines ihm zugänglichen Gebäudes unbefugt eingedrungen sei; dieses Urtheil war aber vom OTr. vernichtet und die Sache an ein anderes AG. zurückverwiesen worden, „weil noch thatsächlich zu erörtern sei, ob der betr Saal, in welchen P widerrechtlich eingedrungen, zu denjenigen Räumlichkeiten zu rechnen sei, welche im cit. § aufgeführt sind.“ Demzufolge hat das neu-befaßte AG. nach erhobenem Beweise festgestellt: „daß der gedachte Saal im Sinne des § 346 Nr. 1 cit. einen zum öffentlichen Dienst bestimmten Raum darstelle,“ und dann die Strafe aus dem cit. § mit Rücksicht darauf abgemessen: „daß nach dem bereits festgestellten Sachverhalte das widerrechtliche Eindringen mit Verletzung der Dienstpflicht Seitens des Angeklagten, den in jener Nacht der Aufsichtsdienst anvertraut worden, verbunden war“ — Vernichtung und abermalige Zurückverweisung der Sache an das AG. Gründe:

Durch die Beschränkung auf die [in früheren OTr.s-Erkenntnissen besonders hervorgehobene] einzelne Thatsache hat sich der App.-Richter der Verpflichtung entzogen, die erstrichterliche Feststellung in den übrigen Bestandtheilen selbstständig wieder zu prüfen, und die dagegen in der Appellationsbeantwortung von dem Angeklagten hervorgehobenen Bedenken und Thatsachen einer Erwägung zu unterziehen.

Antr. d. OStA.: gleichl. [34.—6.]

---

## Betrug. — Rechtsregel. — Gerichtspraxis.

### Zum Thatbestande des Betrugs kann eine Täuschung über das Bestehen einer Rechtsregel oder einer Gerichtspraxis genügen.

StGB. § 241 [n 40]. Vgl. RdOTr. 8. S. 605.

Erk. (Z. I.) v 8. Juli 1870 c. Schey u. Gen. (718 I. Cr ).

Sch. und T. hatten den Fi zur Unterzeichnung eines auf eigene Ordre gestellten Wechsels (als Aussteller) und zur Indossirung desselben mit dem Zusatze „ohne Obligo“ durch die Versicherung veranlaßt, daß er dadurch eine Wechselverbindlichkeit nicht übernehme. Hierin fanden die Instanzgerichte den Thatbestand des Betrugs, weil „den

Angeklagten „die wahre Rechtsregel, d. h das Resultat der neueren konstanten Entscheidungen der Gerichtshöfe [nach welchen der Art 14 der Wechs.-Ordn. auf das erste Indossament des Ausstellers eines auf eigene Ordre gestellten Wechsels keine Anwendung finde] bekannt gewesen sei, — — daß sie ihnen mindestens als eine ungewisse und bestrittene bekannt gewesen sei." — NB Zurückweisung Gründe:

Der § 241 des StGB.s fordert das Vorbringen falscher oder Unterdrücken „wahrer Thatsachen." Das bestehende Recht ist aber nicht minder eine solche Thatsache, wie jeder andere in die Erscheinung getretene und deshalb erkennbare Umstand. Nach der Natur von Rechtsnormen, nach ihrer Entstehung, Bestätigung und Wirksamkeit, kann es allerdings in Frage kommen, welche Erfordernisse nöthig sind, um ihnen denselben dauernden Charakter der Thatsachen im historischen Sinne beizulegen. Der App.-Richter geräth insofern mit sich in Widerspruch, als er zugiebt, daß den Angeklagten die in Rede stehende Regel des Wechselrechtes als eine ungewisse und bestrittene bekannt gewesen sei, gleichwohl darin findet, daß es sich um eine Regel des positiven Rechts handle. Eine solche liegt aber hier nicht vor; das positive Recht fordert einen ausdrücklichen Ausspruch des Gesetzgebers, dessen Auslegung und Anwendung auf den vorliegenden Fall zwar zweifelhaft sein kann, demnach aber immer in seinem wesentlichen Inhalt und Wortlaut nur durch einen Akt der gesetzgebenden Gewalt eine Aenderung erleiden kann. Eine solche Regel des positiven Rechts liegt hier nicht vor, vielmehr bestimmt sogar der Art. 14 der Wechs.-Ordn.

> daß der Indossant sich durch den Beisatz zu seinem Indossament „ohne Obligo" oder durch andere gleichbedeutende Vorbehalte von seiner Haftbarkeit befreien könne.

Es ist also lediglich die Aufgabe der Jurisprudenz gewesen, zu entscheiden, ob diese Vorschrift nach dem in dem Wechselrecht überhaupt und insbesondere in dieser Wechs.-Ordn. bestimmten Rechtsverhältnisse des Wechselausstellers auch auf das erste Indossament des Ausstellers eines Wechsels an eigene Ordre anwendbar sei. Diese Frage ist schließlich, was die Preuß. Rechtsprechung betrifft, vom höchsten Gerichtshof, wenn auch im Widerspruch mit früheren Erkenntnissen, durch die neueren, in den Erkenntnissen dieser Untersuchung näher bezeichneten, Erkenntnisse verneinend entschieden. Somit liegt allerdings kein Satz des positiven Rechts, sondern nur eine durch die Rechtsprechung aufgestellte und zur praktischen Anwendung gebrachte Rechtsregel vor. Insoweit ist sie allerdings durch bloße Rechtssprüche abänderlich; bis zu ihrer Abänderung durch Rechtsspruch, insbesondere des höchsten Gerichtshofes, hat sie aber insoweit wenigstens den, wenn auch beschränkteren Charakter einer Thatsache. Dies ergiebt sich wenigstens aus den Umständen des vorliegenden Falles. Die Instanzrichter nehmen übereinstimmend für erwiesen an, daß den Angeklagten die „wahre Rechtsregel," d. h. also das Resultat der neueren konstanten Entscheidungen der Gerichtshöfe über die Nichtanwendung des Art. 14 der Wechs.-Ord. auf das erste Indossament des Ausstellers bekannt gewesen sei, daß sie ihnen mindestens als eine ungewisse und bestrittene bekannt gewesen sei. Wenn sie also dennoch wider besseres Wissen den Damnifikaten entweder das Gegentheil versichert oder vielmehr durch ihre Operationen die Wahrheit unterdrückt und die Damnifikaten zu einer Wechselunterzeichnung bewegen haben, von welcher sie wußten, daß sie nach der neueren Rechtsprechung, zu deren unbedingter Haftbarkeit aus den Wechseln führen würde, so liegt der mit Recht von den Instanzrichtern angenommene Thatbestand des Betruges vor.

Antr. d. GStA: gleichl [15.—6]

---

**Vertagung. — Hinderniß. — Bescheinigung.**

Ob ein genügend bescheinigtes erhebliches Hinderniß obwalte, welches die Vertagung der angesetzten Hauptverhandlung nöthig macht, unterliegt nur der thatsächlichen Würdigung des Instanzrichters.

Vdn. v 3 Jan. 1849 § 33 [n. 4] Vgl. oben S. 110. 135.

Erk. (Z. I.) v. 13. Juli 1870 c. Margath. (660. I. Cr.)

Die M. hatte brieflich unter Beifügung eines Krankheitsattestes um Vertagung des zur Verhandlung 2. Instanz angesetzten Termins gebeten Dieser Antrag war aber vom AG. abgelehnt worden, weil sie ihre Krankheit nicht durch ein Physikatsattest bescheinigt habe, das vorgelegte Attest auch nicht ergebe, daß sie an der Wahrnehmung des Termins gehindert sei. — NB. Zurückweisung, weil

„eine besondere Regel über die Art der Bescheinigung (§ 33 cit.) und über die Erheblichkeit des Hindernisses nicht gegeben, deren Beurtheilung daher lediglich dem Ermessen des Gerichts anheimgegeben sei"

Antr. d. GStA.: gleichl. [15.—8.]

---

## Unterschlagung. — Absicht.

**Zum Thatbestande der Unterschlagung (StGB. §§ 225. 226) gehört die Absicht rechtswidriger Zueignung; es bedarf der ausdrücklichen Feststellung derselben, wenn sie vom Angeklagten bestritten worden ist.**

StGB. §§ 225 [n. 57] 226. Vgl. RdOTr. 8 S. 220; 10. S. 484. 686. 790; 11 S 176.

Erk. (B. I) v. 13. Juli 1870 c. Plache (623 I Cr.).

Das B. Pl. v. 30. März 1867 c. Wollberg [RdOTr. 8. S. 220] hat den Grundsatz aufgestellt:

„daß in den §§ 225. 226 des StGB.s das Vorhandensein der gewinnsüchtigen Absicht in gleicher Weise, wie im § 215 l. c. vorausgesetzt sei,"

und demnächst ausgeführt, daß dieser strafrechtliche Dolus, wenn das Vorhandensein desselben im einzelnen Falle entweder zweifelhaft oder Seitens des Angeklagten bestritten ist, besonders festgestellt werden müsse. Hiermit muß jedoch das spätere Z. Pl. v. 3. Juli 1869 c. Rosenberg (RdOTr. 10. S. 484) in Verbindung gebracht werden, nach welchem „bei Anklagen wegen Diebstahls nicht neben der Feststellung der rechtswidrigen Zueignung noch besonders festzustellen ist, daß der Angeklagte die That in gewinnsüchtiger Absicht verübt habe." Der Sinn dieses Grundsatzes geht nach den diesfälligen Entscheidungsgründen dahin, daß eine gewinnsüchtige Absicht, soweit sie nicht bereits in der, im § 215 des StGB.s enthaltenen Definition, — der Absicht der rechtswidrigen Zueignung nämlich, — enthalten ist, zum Begriff des Diebstahls nicht erfordert wird. Dieses Prinzip gilt, dem angezogenen Urtheile v. 30. März 1867 entsprechend, auch für die Begriffsbestimmung der Unterschlagung in den beiden Formen der §§ 225 und 226 l. c., weil die dort gebrauchten Ausdrücke, „veräußern, verpfänden, verbrauchen oder bei-Seite-schaffen," die Erlangung eines widerrechtlichen Vortheils und eine hierauf gerichtete Absicht ebenso ausdrücken, wie die im § 215 l. c. gewählte Bezeichnung „der Absicht rechtswidriger Zueignung." In dem vorliegenden Falle hatte aber Angeklagter diese, zur Anwendung des § 226 l. c erforderliche Absicht in seiner Appellationsschrift ausdrücklich bestritten, indem er seinen Angriff gegen das von dem ersten Richter aus den obwaltenden Umständen gefolgerte „Bei-Seite-schaffen" richtete und unter Geltendmachung verschiedener Thatsachen das Vorhandensein einer unredlichen Absicht in Abrede stellte, also nach dieser Richtung hin, das Fehlen des vom Gesetz vorausgesetzten Dolus behauptete. Anstatt diesen Gesichtspunkt seiner Beurtheilung zu unterziehen, hat sich der App.-Richter, gleichwie der erste, lediglich darauf beschränkt, das Moment des Bei-Seite-schaffens allein zu erörtern, wobei er das Verbergen und anfängliche Ableugnen des Fundes Seitens des Angeklagten gegen dritte Personen, hervorhebt und nur in Bezug hierauf die Existenz der dolosen Absicht annimmt. Durch diese mangelhafte Erörterung ist das cit. Strafgesetz allerdings verletzt worden.

Antr. d. GStA.: entg. [20.—8.]

---

### Zeuge. — Vereidung. — Verwarnung.

Die Verabsäumung der Verwarnung eines Zeugen in Betreff des von ihm zu leistenden

**Eides hat keine Nichtigkeit des Verfahrens zur Folge.**

Vdn. v. 3. Jan. 1849 § 55 [n. 8]; Cr.-Ordn. § 317 Vgl. RdCTr. 1. S. 262.

**Erk. (Z. I.) v. 13. Juli 1870 c. Richter (461. I Cr.).** [30.—8.]

---

**Beamter. — Sparkasse, städtische.**

**Der Rechnungsführer einer städtischen Sparkasse ist ein „Beamter," sollte er auch nicht als solcher besonders verpflichtet, und seine Wiederentlassung jederzeit statthaft sein.**

StGB § 331 [n. 34. 2]. Vgl. RdOTr. 9. S 728.

**Erk. (Z.) v. 13. Juli 1870 c. Schick (OAG II 141)**

Sch, wegen einer gegen den Rechnungsführer der städtischen Leih- und Sparkasse zu A (Prov. Hessen-Nassau), verübten Amtsehrverletzung aus § 102 des StGB's verurtheilt, rügte im Wege der NB. Verletzung des Strafgesetzes, weil mit Unrecht jener Rechnungsführer als ein „öffentlicher Beamter" angesehen worden sei. Zurückweisung. Gründe:

Wenn in der NB. davon ausgegangen wird, daß das betreffende „Geldinstitut" von der Stadt Amöneburg gegründet sei, so wird dessen Charakter als einer von der Kommunalverwaltung ressortirenden Anstalt nicht dadurch berührt, daß es nicht — unmittelbar und direkt — Zwecken der Staatsgewalt dient, noch kann aus dem von der übrigen Gemeindeadministration getrennten Geschäftslokal eine entgegenstehende Folgerung gezogen werden. Und ist ferner für die Kassengeschäfte dieser Leih- und Sparanstalt von der zuständigen Stelle ein Rechnungsführer bestellt worden, so ist es nicht entscheidend für das Vorhandensein eines Amtes, ob derselbe ein Bestellungsreskript zugestellt erhalten oder eine besondere Dienstinstruktion bekommen hat, und ebensowenig ist der Eintritt in dieses Amt durch eine vorherige Verpflichtung bedingt, oder durch die jederzeitige Entlaßbarkeit ausgeschlossen.

Antr. d. GStA.: gleichl. [66.—6.]

---

1. Verlesung. — Vernehmung des Angeklagten.
2. 3. Zeuge. — Eid. — Verweisung. — Konstatirung. — Auftrag.
4. Sachverständiger. — Eid.
5. Geschwornenspruch. — Beweiserneuerung.

1. Im (schwurgerichtlichen) Hauptverfahren kann der Vorsitzende bei der Vernehmung des Angeklagten die von diesem früher zu Protokoll gegebenen Erklärungen und solche Schriftstücke, welche von ihm selbst ausgegangen sind, verlesen, ohne daß es dazu eines die Maßnahme rechtfertigenden Gerichtsbeschlusses bedürfte.

Ges. v. 3 Mai 1852 Art. 25 [n 9a]. Vgl. RbOTr. 8. S 499; 9 S. 189. 712; 11 S. 266.

2. Die Verweisung eines Zeugen auf den von ihm früher in derselben Sache geleisteten Eid genügt, wenn die frühere Ausschwörung dieses Eides feststeht, sollte diese Thatsache auch erst durch eine nachträgliche Registratur des betr. Gerichtsbeamten konstatirt worden sein.

Vrn. v. 3 Jan. 1849 § 55 [n 22b 39] Vgl. RbOTr 4. S. 268; 5 S 46

3. Es begründet keine Nichtigkeit, wenn ein Gerichts-Unterbeamter, welcher einen ihm ertheilten, auf die Untersuchung bezüglichen Auftrag ausrichtet, eine hierauf bezügliche thatsächliche Erklärung auf seinen Diensteid nimmt, sollte er auch nicht verwarnt und nicht über die Generalfragen vernommen sein.

Ebendas. [n. 8]

Es genügt, wenn ein vernommener Sachverständiger nur in dieser seiner Eigenschaft vereidet worden ist, sollte er sich auch gleichzeitig über thatsächliche Wahrnehmungen ausgesprochen haben, welche mit dem zu erstattenden Gutachten in unmittelbarer Verbindung standen.

Ebendas [n 31a] Vgl RbOTr. 7. S. 421.

**5. Hat, nachdem die Geschwornen mit dem gefundenen Spruche in den Sitzungssaal zurückgekehrt waren, noch eine nachträgliche Beweiserhebung stattgefunden, so begründet es keine Nichtigkeit, wenn jene zur Vernichtung des gedachten (noch nicht verlesenen) Spruchs und zur nochmaligen Beantwortung der neugestellten Frage veranlaßt worden sind.**

Ges. v 3. Mai 1852 Art 96 [n 6a].

**Erk. (Z. I.) v 13. Juli 1870 c. Schindler** (729. I. Cr.).

Die vom Schw.-GH. wegen Todtschlags verurtheilte Sch. rügte u A.

1. der Vorsitzende habe, als sie bei ihrer Vernehmung in der Sitzung die ihr zur Last gelegte That leugnete, die von ihr in der Voruntersuchung abgelegten und protokollirten Geständnisse, sowie mehrere von ihr (geständlich) aus dem Untersuchungsgefängnisse an Verwandte gerichtete Briefe verlesen, ohne daß diese Maßnahmen durch einen sie anordnenden Gerichtsbeschluß gerechtfertigt gewesen wären;
2. ein Sachverständiger Dr O. habe die von ihm in der Sitzung abgegebene Aussage „auf den von ihm in dieser Sache bereits früher geleisteten Eid genommen;" die Akten hätten aber damals (d h. zur Zeit der Hauptverhandlung: 28. April 1870) nicht ergeben, daß O. bei seiner am 25. März in der Voruntersuchung stattgehabten Vernehmung vereidet worden sei; erst nachträglich hätten der Untersuchungsrichter und Gerichtsschreiber in einer unter dem 2. Mai zugefügten Registratur versichert, daß Dr. O „damals als Zeuge vorschriftsmäßig vereidet worden sei;"
3. der Gerichtsbote K. habe im Auftrage des Vorsitzenden einen Tisch als sachliches Ueberführungsstück in den Sitzungssaal geschafft, und hierbei die diensteidliche Versicherung abgegeben, „daß dies der Tisch aus der Gefängnißzelle der Angeklagten sei," er sei somit als Zeuge gehört worden, ohne vorschriftsmäßig verwarnt und über die Generalfragen vernommen zu sein;
4. die über ihren (der Sch.) und ihrer Verwandten Geisteszustand vernommenen Aerzte hätten nur den Sachverständigeneid geleistet, obgleich sie bei jener Gelegenheit auch verschiedene von ihnen gemachte thatsächliche Wahrnehmungen bekundet hätten, es habe dieserhalb auch ihrer Vereidung als Zeugen bedurft,

5. nachdem die Geschwornen mit dem gefundenen Spruche in den Sitzungssaal zurückgekehrt seien, habe auf den Antrag der Vertheidigung noch eine nachträgliche Beweiserhebung stattgefunden, worauf der Vorsitzende nochmals einen Schlußvortrag gehalten, die Fragen gestellt und die Geschwornen zur nochmaligen Beantwortung in das Berathungszimmer gesendet habe, nachdem er „auf Beschluß des GH.s das frühere Verdict durch den Vorsitzenden der Geschwornen habe vernichten lassen;" hierin liege eine Beseitigung eines Theils der Verhandlung und somit eine Verletzung des Ges.s v. 3. Mai 1852 Art. 96.

Zurückweisung. Gründe

[1.] Nach Art. 76 des Ges.s v. 3. Mai 1852 gebührt dem Vorsitzenden des Schw.-GH.s die Leitung der Verhandlung, insbesondere das Verhör der Angeklagten. Wenn er nun bei dem letzteren wahrnahm, daß die Angeklagte Erklärungen abgab, welche mit ihren in der Voruntersuchung abgelegten Geständnissen in Widerspruch standen, so hatte er das Recht und die Pflicht, die letzteren ihr in das Gedächtniß zurückzurufen, damit die Wahrheit ermittelt werde. Ein hierauf gerichteter Beschluß des GH.s war sonach nicht erforderlich, und ebensowenig ein solcher in Hinsicht der Brief-Korrespondenz, welche die Angeklagte während ihrer gerichtlichen Haft mit ihrem Ehemanne und ihren Anverwandten ohne Genehmigung der Aufsichtsbehörde geführt hatte, und bei der Revision ihrer Gefangenenzelle entdeckt worden war. Diese Schriften waren Beweisstücke an und durch sich selbst, ursprüngliche Beweismittel, deren Aufnahme, wie jeder andere Urkunden-Beweis, im Laufe der mündlichen Verhandlung nach § 14 der Vdn. v. 3. Jan. 1849 ohne Weiteres und ohne Rücksicht auf den § 21 l. c. resp. den Art. 25 des cit. Ges.s erfolgen konnte.

[2.] Zuvörderst handelt es sich hierbei nicht um einen Fall des letzten Absatzes des Art. 78 des cit. Ges.s. Denn die Förmlichkeit, welche das Audienz-Protokoll v. 27. April 1870 zu bekunden hatte, daß nämlich der als Zeuge vernommene Dr. O. seine in dem Schwurgerichts-Termine abgegebene Aussage auf seinen bereits in dieser Untersuchung geleisteten Eid genommen hatte, ist in dem gedachten Protokolle konstatirt. Die Voraussetzung dagegen, von der dabei ausgegangen wurde, daß Dr. O. schon bei seiner in der Voruntersuchung erfolgten Vernehmung mit dem Zeugeneide belegt worden war, mußte anderweitig nachgewiesen werden wobei die Vorschrift des Art. 78 l. c. nicht maßgebend ist. Nun muß zwar anerkannt werden, daß das hierüber sprechende gerichtliche Vernehmungsprotokoll v. 25. März 1870, über die geschehene Vereidigung des Zeugen, nichts enthält. Allein der unter demselben befindliche spätere amtliche Vermerk des Unters.-Richters und Gerichtsschreibers v. 2. Mai 1870 stellt die Thatsache der Ableistung des Zeugeneides Seitens des Dr. O. fest, die unter den obwaltenden Umständen als nicht geschehen, nicht erachtet werden kann, weil die für das Verfahren in Voruntersuchungen geltende Krim.-Ordn. keine Vorschrift enthält, welche eine derartige nachträgliche amtliche Beurkundung eines vorgefallenen Versehens bei Aufnahme des Protokolls verbietet oder für unwirksam erklärt. Die thatsächliche, und von dem Zeugen in dem Audienz-Termine selbstredend bestätigte Voraussetzung, von welcher der Schw.-G.H. bei seinem Verfahren ausging, ist daher eine in der Wirklichkeit gerechtfertigte gewesen, so daß aus dem Geschehenen eine Nichtigkeit des Verfahrens nicht hergeleitet werden kann. Dem steht auch nicht das E. II. v. 21 April 1864 c. Meyer (RdOTr. 4. S. 468) entgegen, weil dort ein abweichendes Sach- und Rechtsverhältniß vorlag, und die am Schlusse der Entscheidung befindliche Erläuterung des Art. 78 l. c. nur eine nebensächliche Bedeutung hat. Daß ferner der Vereidigungsvermerk von dem Zeugen nicht unterzeichnet ist, erscheint um so unerheblicher, als hieraus bereits an und für sich kein Nichtigkeitsgrund hergeleitet werden kann, wie bereits das Erk. des Kgl. OTr.s v. 15. März 1860 c. Emonds ausgesprochen hat.

[3.] Nach Ausweis des Audienz-Protokolls v. rc. erhielt der, bei der Schwurgerichtsverhandlung fungirende Gerichtsbote, von dem Vorsitzenden des Gerichtshofes einen amtlichen Auftrag, den er ausführte und dabei seinen Bericht diensteidlich versicherte. Es kann deshalb davon, daß er als Zeuge thätig gewesen, keine Rede sein, und ebensowenig war es erforderlich, ihm die bei Zeugenvernehmungen vorgeschriebene Vorhaltung zu machen, oder ihm die General-Zeugenfragen zu stellen. Eine Verletzung des § 319 der Crim.-Ordn. liegt somit nicht vor.

[4.] Die ꝛc. Aerzte hatten ihr Gutachten über die behaupteten Geisteskrankheiten der Angeklagten und mehrerer ihrer Verwandten abzugeben. Daß damit auch thatsächliche Wahrnehmungen ihrerseits, welche mit dem zu erstattenden Gutachten in unmittelbarer Verbindung standen, zur Sprache gekommen, liegt in der Natur der Sache. Daß aber andere, hiermit nicht im Zusammenhange stehenden Befundungen stattgefunden haben sollten, hat die NB. selbst nicht einmal behauptet. Hiernach genügte es, wie auch bereits Z. I. v. 6. Juli 1866 c. Wolff (RdOTr. 7. S. 421) ausgeführt hat, daß die gedachten Aerzte nur den Sachverständigeneid geleistet haben. Außerdem wäre es aber auch Sache der Angeklagten und der Vertheidigung gewesen, die vorgebliche Versäumniß in dem Audienz-Termine zur Sprache und möglichen Erledigung zu bringen, was nach Ausweis des diesfälligen Protokolls nicht geschehen ist.

[5.] Da nach der ersten Rückkehr der Geschworenen aus ihrem Berathungszimmer, und noch bevor ihr Wahrspruch verkündet war, die mündliche Verhandlung und die Beweisaufnahme wieder aufgenommen wurde, die Parteien hierauf ihre Schlußerklärungen abgegeben, der Vorsitzende nochmals seinen Vortrag gehalten, und den Geschworenen wiederholt die von ihnen zu beantwortenden Fragen vorgelegt hatte, verlor das frühere Verdict seine Wirksamkeit von selbst, so daß es, ohne Verletzung des Art. 96 cit., wie es geschehen, vernichtet werden konnte.

Antr. d. GStA gleichl. [20—8]

**Geschwornenspruch. — Verlesung. — Eingang.**

**Die Aussprechung der Worte, mit welchen der Vorsteher der Geschwornen die Verlesung des gefundenen Spruchs beginnen soll, ist keine wesentliche Förmlichkeit des Verfahrens.**

[StPO. § 338]; Wald. Ges v 14. April 1850 § 119.

Erk. (Z.) v. 13. Juli 1870 c. Schüre (OAG. II. 135).

Die NB. des vom Schw.-GH. zu Arolsen (Waldeck) verurtheilten Sch., welche es rügte, daß der Vorsteher der Geschwornen die Verlesung des verurtheilenden Spruchs nicht mit den in der Waldeckschen StPO. vorgeschriebenen Eingangsversicherung [vgl N. StPO. § 338] begonnen habe, ward vom OAG. zurückgewiesen, weil jene Worte:

„nicht sowohl die durch das Protokoll gewährte Garantie der Uebereinstimmung des bezeugten mit dem wirklich gefaßten Beschlusse bieten, als vielmehr zu größerer Solemnität des Akts dienen sollten;" — die Verabsäumung könne daher nicht als Verletzung einer wesentlichen Vorschrift des Verfahrens gelten.

Antr. d GStA.: gleichl. [66.—6.]

---

**Urkunde. — Beweiserheblichkeit. — Vollständiger Beweis.**

**Der Begriff einer Urkunde ist weder dadurch bedingt, dass das Schriftstück zum vollständigen Beweise eines Rechtsverhältnisses in allen seinen einzelnen Momenten dienlich, noch dadurch, dass es im konkreten Falle zu einem solchen Beweise von Erheblichkeit sei.**

StGB. § 247 [n 58. 57].

Erk. (V.) v. 13. Juli 1870 c. Zier (OAG II. 139).

Die Z. hatte ein Schriftstück folgenden Inhalts:

„Ich schicke hier mein Mädchen, die will etwas Zeug haben. Frau Schu'z sich 17 Thaler Lohn; ich will dafür sorgen, daß sie das Ostern kriegen." Frau Schulz.

fälschlich angefertigt, und davon zum Zwecke der Täuschung in der Absicht Gebrauch gemacht, um in einem Schnittwaarengeschäft eine Waare auf Credit zu erhalten Hierin hatte die StK. nicht eine Urkundenfälschung, sondern lediglich einen Betrug gefunden, „weil dieser Brief so unklar und unbestimmt sei, daß sich aus dessen Worten kein Rechtsverhältniß irgend einer Art auch nur mit einiger Sicherheit konstruiren lasse." — Vernichtung und Verurtheilung wegen Urkundenfälschung (unter mildernden Umständen). Gründe:

Das zum Gegenstand der Anklage gemachte Schriftstück kann, und zwar seinem ganzen Inhalte nach, in mannigfacher Beziehung für den Beweis von Rechtsverhältnissen von Erheblichkeit sein. Mehr aber bedarf es zum Begriff der Urkunde nicht, weder, daß es zum vollständigen Beweise eines Rechtsverhältnisses in allen seinen einzelnen Momenten dienlich, noch daß es im konkreten Falle zu einem solchen Beweise von Erheblichkeit sei.

[66.—6.]

---

**1. Rechtsmittel. — Protokollirung. — Beamter.**
**2. Rechtsmittel. — Fristversäumniß. — Schuld des Gerichts.**

**1. Die zu Protokoll erklärte Anmeldung etc. eines Rechtmittels kann nur dann Berücksichtigung finden, wenn aus dem Protokolle zu ersehen ist, dass es von einem qualificirten Gerichtsbeamten aufgenommen worden.**

**2. Dem verhafteten Angeklagten darf es nicht zum Nachtheile gereichen, wenn bei der Ergreifung eines Rechtsmittels die vorgeschriebenen Fristen und Formen durch das Verschulden des angegangenen Gerichts verabsäumt worden sind.**

StPO. §§ 370. 366. Vgl. RdOTr. 10. S. 507; 11. S. 197.

**Beschl** (II.) v. 14 Juli 1870 c. **Eckhard** (287. II. Cr. OTr.).

Die bei dem StG. zu Frankfurt a. M. verhandelten Untersuchungsakten waren bei dem OTr. mit einer protokollarischen Verhandlung eingegangen, nach welcher E. gegen das ihn verurtheilende schwurgerichtliche Erkenntniß die NB. angemeldet hatte. Da indessen diese Verhandlung nicht ersehen ließ, ob und welcher amtliche Charakter demjenigen beiwohne, von welchem dieselbe in protokollarischer Form aufgenommen war, so verfügte das OTr., daß zunächst festzustellen sei, ob jener Person „die Eigenschaft einer zu einer derartigen Aufnahme kompetenten Gerichtsperson beiwohne," und gleichzeitig eventuell, wenn letzteres nicht der Fall, daß E. zur nochmaligen Anmeldung der NB. in gesetzlicher Form und demnächst unter Bewilligung einer entsprechenden Frist zu etwaiger anderweiten Rechtfertigung zuzulassen sei, weil derselbe ohne Zweifel den gesetzlichen Weg einzuschlagen beabsichtigt habe und unter diesen Umständen darunter nicht leiden dürfe, wenn er daran durch seinen Haftzustand verhindert und von der inkompetenten Behörde, bei welcher er seine Erklärung angebracht, nicht auf den gesetzmässigen Weg verwiesen worden sei.

Antr. d. GStA: entg. [29.—6.]

---

1.—3. Presse. — Kautionspflicht. — Bundes-Gew.-Ordnung.

4. App.-Richter. — Abweichende Feststellung.

1. An den Vorschriften des Preßgesetzes über die Kautionspflicht der Zeitungen ꝛc. ist durch die B.-Gew.-Ordn. v. 21. Juni 1869 Nichts geändert.

2. Kautionspflichtig ist jede periodische Druckschrift mit alleiniger Ausnahme der im § 17 des Preßgesetzes erwähnten.

3. Derjenige, welcher in ein an sich kautionsfreies Blatt einen die Grenzen der Freiheit überschreitenden Artikel aufnimmt, verwirkt die Strafen des Preßges. v. 12. Mai 1851 §§ 11. 17. 42. Vgl. RdOTr. 6 S. 115; 7. S. 353. 671, 9 S. 712. 11 S. 342.

4. Der App.-Richter, welcher auf Grund einer neuen Beweiserhebung eine von der erstrichterlichen abweichende Feststellung trifft, kann dabei solche Thatsache, welche der erste Richter schon festgestellt hatte, wenn er sie unbedenklich findet, beibehalten, ohne daß auch diese Beibehaltung einer neuen Begründung aus dem Ergebnisse der neuen Beweiserhebung bedürfte.

Ges. v. 3. Mai 1852 Art. 101 [n. 101]. Vgl. RdOTr. 3 S. 343; 5 S. 127; 8 S. 56. 283; 11. S. 49.

Erk. (Z. II.) v. 14. Juli 1870 c. Knacker (221. II. Cr.).

[1.] Die Norddeutsche Gew. Ordn. v. 21. Juni 1869 berührt mit ihren Bestimmungen nicht das Gebiet der Preßgesetzgebung. Die mit der „Ordnung der Presse“ sich befassenden Vorschriften des Ges.s v. 12. Mai 1851 stehen nicht im Zusammenhang mit den allgemeinen die Gew.-Ordn. beherrschenden volkswirthschaftlichen Grundsätzen, sie beruhen auf besonderen legislativen Gesichtspunkten, auf Gründen des durch den möglichen Mißbrauch der Preßfreiheit ganz besonders gefährdeten öffentlichen Wohles, vermöge welcher sie sich nicht als Beschränkungen der Gewerbefreiheit, sondern als politische Sicherheitsmaßregeln eigenthümlicher Art darstellen. Die allgemeine Gewerbegesetzgebung ist nicht bestimmt, in dies abgegrenzte Gebiet einzugreifen und die demselben angehörigen Anordnungen aufzuheben oder zu modifiziren. Dies folgt aus der Natur der Sache und gilt auch, wenn es in der Gew.-Ordn. nicht ausdrücklich gesagt und insbesondere in § 6 derselben die Presse unter denjenigen Materien, auf welche die Gew.-Ordn. keine Anwendung finden soll, nicht genannt ist, schon nach der juristischen Interpretationsregel, kraft welcher die neuere, noch so generelle Vorschrift den Specialitäten und exceptionellen Bestimmungen des früheren Rechtes im Zweifel nicht derogirt.

[2.] Die NB. geht von der Ansicht aus, daß der Ausdruck „Zeitung und Zeitschrift" im § 11 des Preßges.s mit dem Ausdrucke: „periodische Druckschrift" im § 17 ibid. nicht gleichbedeutend sei, daß der politische Inhalt, die Tendenz, das charakteristische Merkmal der Zeitung oder Zeitschrift bilde, daß der Gegensatz hiervon periodische Druckschriften seien, denen diese Tendenz nicht beiwohne, die vielmehr nur zur Aufnahme gewerblicher Anzeigen u. s. w. bestimmt seien, daß daher der § 42 des Preßges.s, welcher die Herausgabe einer Zeitung oder Zeitschrift ohne vorherige Kautions-Bestellung für strafbar erkläre, auf den Herausgeber einer Zeitschrift die lediglich die in § 17 Nr. 2 charakterisirte Bestimmung habe, nicht schon dann, wenn sie ausnahmsweise einmal sich auf eine politische Frage einlasse, sondern erst dann anwendbar sei, wenn der Druckschrift durch den Herausgeber eine veränderte Tendenz gegeben, wenn sie zur Erörterung politischer oder socialer Fragen dauernd bestimmt werde. Diese Ansicht ist mit dem richtig verstandenem Sinne der betreffenden gesetzlichen Bestimmungen nicht im Einklang und daher verwerflich. Es liegt weder nach der erkennbaren Absicht des Gesetzgebers, noch nach dem Sprachgebrauche des gewöhnlichen Lebens ein Grund vor, dem Ausdrucke: „Zeitungen und Zeitschriften" den behaupteten engeren lediglich das Gebiet der Politik umfassenden Inhalt beizulegen. Wenn dies bei dem Ausdrucke: „Zeitung" noch zweifelhaft sein könnte, so läßt der Zusatz: „Zeitschrift" ersichtlich werden, daß der Gesetzgeber den Begriff möglichst hat erweitern wollen, so daß es einem Bedenken nicht unterliegt, den Ausdruck: „Zeitung oder Zeitschrift" in § 11 sowohl wie im § 42 des Preßges.s mit dem in § 17 gebrauchten Ausdrucke: „periodische Druckschrift" identisch zu halten. An diesem aus dem Zusammenhange der Vorschriften des Preßges.s sich ergebenden Resultate wird dadurch nichts geändert, daß in dem zu dem Preßgesetz nicht in Beziehung stehenden Zeitungsstempelges. v. 29. Juni 1861 Zeitungen und Anzeigeblätter in einen Gegensatz zu einander gebracht werden. Es muß hiernach bei der in der bisherigen Rechtsprechung des OTr.s stets festgehaltenen Consequenz bewenden, daß die Kautionspflichtigkeit als Regel für alle Erzeugnisse der periodischen Presse betrachtet wird, daß von dieser Regel nur diejenigen periodischen Druckschriften ausgenommen sind, welche die im § 17 Nr. 2 l. c. bezeichnete Bestimmung haben, daß denselben diese exceptionelle Befreiung nur so lange zu Gute kommt, als sie ihrer Bestimmung getreu bleiben, wo sie dies aber nicht thun und die ihnen gezogenen Grenzen überschreitend, sich auf politische und sociale Fragen einlassen, der Befreiung verlustig werden und wieder unter die Regel des § 11 fallen, somit auch für sie die in § 42 angedrohte Strafbarkeit eintritt.

[3] Der Ausführung der NB., daß zur Begründung der Strafbarkeit der Angeklagten aus § 42 des Preßges.s die Thatsache, daß er den fragl. Artikel mit Kenntniß seines Inhaltes aufgenommen nicht ausreiche, und es dazu der Feststellung einer besonderen strafbaren Absicht bedurft habe,

fehlt es umsomehr an jeder Begründung, als es sich nicht darum handelt, dem Angeklagten eine Verantwortlichkeit für einen etwaigen strafbaren Inhalt des betreffenden Aufsatzes beizumessen, sondern lediglich die durch die Thatsache, daß ein Artikel politischen oder socialen Inhaltes Aufnahme in dem Blatte gefunden hat, bedingte Kautionspflichtigkeit nachzuweisen. Es folgt hieraus, daß die von der NB. behauptete Verletzung der Vorschriften des Preßges.s nicht vorliegt, der vorige Richter dieselben vielmehr auf den gegebenen Fall richtig angewendet hat.

[4.] Wenn der App.-Richter durch eine Wiederholung der Beweisaufnahme den Standpunkt freier Beurtheilung und die Berechtigung gewinnt, von der thatsächlichen Feststellung des ersten Richters abzuweichen und nach Befinden der Umstände zu einem anderen Endresultate zu gelangen, so schließt dies nicht aus, daß er die erstrichterliche Feststellung, soweit sie ihm unbedenklich und durch die wiederholte Beweisaufnahme nicht widerlegt erscheint, aufrecht erhalten kann, ohne daß es nothwendig wäre, dafür jedesmal nach einer neuen Basis zu suchen. In diesem Sinne ist der von der NB. aufgestellte Satz zu beschränken, daß der App.-Richter eine die einzelnen Normen der Strafthat umfassende von der erstrichterlichen abweichende Schlußfeststellung nur treffen könne, wenn er über jedes einzelne Moment die Beweisaufnahme vor sich reproducirt habe.

Antr. d. GStA.: gleichl. [29.—3.]

---

### Branntweinsteuer. — Gefäß. — Veränderung.

**Eine „Einmaischung in einem nicht angesagten Gefäße" liegt vor, sobald an dem angesagten Gefäße irgend eine Veränderung vorgenommen ist, welche das freie Ueberfließen der gährenden Maische irgendwie zu beschränken im Stande ist, sollte auch der Rauminhalt des Gefäßes dadurch im Uebrigen nicht vergrößert sein.**

AKO. v. 10. Jan. 1824 §§ 4. 5. Vgl. RdOTr. 3. S. 204.

Erk. (Z. II.) v. 14. Juli 1870 c. Miesen (256. II. Cr.).

M. war der Branntweinsteuerkontravention deshalb beschuldigt worden, weil er die mit steueramtlicher Gestattung auf den deklarirten Bottich aufgelegten Aufsatzhölzer verbotswidrig durch zwischengestopftes Papier mit einander verbunden und dadurch dichter gemacht, so also das Durchfließen der übergährenden dickflüssigen Maische mehr verhindert habe, als dieses ohne jenes Zwischenstopfen der Fall gewesen sein würde. Die Instanzrichter sprachen indessen frei, weil thatsächlich nicht festgestellt sei, daß die Zwischenräume der gestatteten Aufsatzhölzer ringsherum durch Einstopfen von Papier geschlossen gewesen seien; es sei somit eine „Veränderung" bezw. „Vergrößerung des Gefäßes" nicht nachgewiesen, da namentlich auch über eine geneigte Stellung des Bottichs Nichts feststehe, und demnach selbst nur einzelne offen gebliebene Zwischenräume jede Zurückhaltung von Maische über den Inhalt des deklarirten Gefäßes hinaus unmöglich machen mußten. Die NB des Ob.-Prokurators und des Prov.-Steuer-Direktors, welche hierin eine rechtsirrthümliche Auffassung des Begriffs eines „anderen Gefäßes" (AKO. v. 10. Jan. 1824 § 5) fand, ward verworfen. Das OTr. erwog:

daß, wenn die AKO. v. 10. Jan. 1824 jede Einmaischung oder Zubereitung von Maische in anderen Räumen oder anderen Gefäßen als den angesagten mit Strafe bedroht, dies allerdings nach der Absicht des Gesetzes nur in der allgemeinsten Bedeutung verstanden werden kann, so daß schon jede Vorrichtung, welche geeignet ist, das freie Ueberfließen der gährenden Maische auch nur zu beschränken, sollte auch eine Vergrößerung des Rauminhaltes des Bottichs an und für sich dadurch nicht bewirkt sein, strafbar ist, weil dadurch ermöglicht wird, ein größeres Quantum Maische als das sonst unter Berücksichtigung des Steigeraums zulässige und der Versteuerung ausgesetzte, in den Gährbottich zu bringen;

daß aber auch bei dieser Auffassung des Gesetzes jedenfalls eine solche Vorrichtung unterstellt ist, durch welche eine Veränderung des Bottichs in Absicht auf das freie Ueberjähren der Maische hervorgebracht wird;

daß in dieser Hinsicht sogar die etwaige theilweise Ueberschreitung einer von der Steuerbehörde ertheilten Erlaubniß zur Anwendung bestimmter Vorrichtungen ohne Bedeutung bleiben muß, wenn die Vorrichtung, wie sie gemacht wurde, an sich nicht geeignet ist, selbst nur eine beschränkende Wirkung auf das Ueberjähren der Maische hervorzubringen;

daß der App.-Richter im vorliegenden Fall nicht nur thatsächlich festgestellt hat, daß ein Beweis dafür, daß die Zwischenräume der auf dem fraglichen Bottich ausdrücklich gestatteten Aufsatzhölzer ringsherum durch Einstopfen von Papier geschlossen gewesen seien, nicht erbracht sei, sondern auch in dem konstatirten Befunde eine Veränderung des deklarirten Gefäßes nicht für nachgewiesen erachtet hat, weil über eine geneigte Stellung des Bottichs, — welche von der Steuerbehörde als Regel hingestellt war — nichts feststehe und demnach selbst nur einzelne offen gebliebene Zwischenräume jede Zurückhaltung von Maische über den Inhalt des deklarirten Gefäßes hinaus hätten unmöglich machen müssen.

Antr. d. GStA: gleichl. [27 — 3.]

---

## Rechtsmittel. — Vertreter. — Mündliche Vollmacht.

**Ein Rechtsmittel kann auch durch einen nur mündlich beauftragten Vertreter wirksam ergriffen werden.**

Vdn. v. 3. Jan. 1849 Abschn. IV [n. 17]. Vgl RdOTr. 5. S. 483.

Erk. (B. II.) v. 14. Juli 1870 c. Packebusch (265. II. Cr.)

Zur Rechtfertigung der von P. ergriffenen Berufung war (rechtzeitig) eine die Unterschrift seines Namens tragende Schrift eingegangen. In der Sitzung 2. Instanz erklärte indessen der erschienene Angeklagte, daß er diese Schrift selbst nicht unterschrieben, sie auch nie gesehen habe; gleichwohl genehmigte er ihren Inhalt mit dem Zusatze: sie sei von einem Dritten K. in seinem (mündlichen) Auftrage angefertigt worden, dieser werde auch wohl den Namen darunter gesetzt und sie eingereicht haben. — Dessen ungeachtet ließ das AG. diese Rechtfertigung gänzlich unberücksichtigt, weil sie von P. nicht ausgegangen, seine in der Sitzung ausgesprochene Genehmigung derselben aber verspätet sei; jene Schrift könne jetzt nur als eine nicht unterschriebene behandelt werden (arg. § 440 des Anh.s z. AGO.). — Vernichtung und Zurückverweisung der Sache an das AG. Gründe:

Durch die Erklärung des P. in dem Audienzprotokolle

steht fest, daß er den 2c. K. mit der Abfassung der App.-Schriftsätze, also mit der Anmeldung und Rechtfertigung des Rechtsmittels beauftragt und zu letzterer ihm das Material suppeditirt hat. Ist dies der Fall und kann danach nicht bezweifelt werden, daß der Verfasser der Schrift im Auftrage des Angeklagten gehandelt hat, der Inhalt der Schrift also die Willensmeinung des letzteren enthält, so ist der Umstand unerheblich, daß der Angeklagte vor Einreichung der Schrift von deren Inhalt nicht noch besonders Kenntniß genommen und daß er sie nicht selbst geschrieben und unterschrieben hat. Es ist (z. B. dem Analphabeten) nicht verboten, eine Schrift von einem Dritten schreiben und auch unterschreiben zu lassen und wenn nur der Auftrag hierzu nachgewiesen ist, ist die Schrift als von Demjenigen, dessen Willen sie ausdrückt, ausgegangen zu betrachten, ebenso als wenn sie von ihm selbst geschrieben und unterschrieben wäre. Zu diesem Satze steht außer aller Verbindung und es wird dadurch nicht ausgeschlossen, daß, da hergebrachter Maßen die Unterschrift das Zeichen des Einverständnisses mit dem Inhalte der Schrift darstellt, eine Schrift, der die Unterschrift fehlt, als etwas Unfertiges, eine Willensmeinung nicht Ausdrückendes angesehen werden muß. Es kann also hieraus für die Frage, um welche es sich hier handelt, so wenig hergeleitet werden, wie aus der Vorschrift des § 440 des Anh.s zur AGO., wonach bei der Unterschrift der Eingabe bemerkt werden soll, ob der Supplikant die Vorstellung selbst verfertigt und unterschrieben hat, oder von wem dies geschehen. Auch darin kann dem vorigen Richter nicht beigepflichtet werden, daß die von dem Angeklagten im Audienztermine abgegebene Erklärung als der Versuch einer nachträglichen Rechtfertigung aufzufassen sei. Der richtige Sinn und die Wirkung dieser Erklärung besteht vielmehr darin, daß das, was Behufs Rechtfertigung der Appellation innerhalb der Frist geschehen, im Auftrage des Appellanten und daher gültig geschehen ist.

[29.—3.]

**Ehrverletzung. — Absicht zu beleidigen.**

**Zum Thatbestande einer Ehrverletzung gehört nicht der spezielle animus iniuriandi, es genügt die objektive Ehrverletzung mit dem Bewußtsein, daß eine solche vorhanden sei.**

StGB Thl II. Tit. 13 [S. 287 n. 26].

**Erk. (Z. II.) v. 14. Juli 1870 c. Schwabe** (272. II. Cr). [29.—3.]

---

**Hinweisung vor ein anderes Gericht. — Befassung.**

**Die Hinverweisung einer Sache von einem Gerichte im Geltungsbereiche der N. StPO. an ein im Geltungsbereiche der Vdn. v. 3. Jan. 1849 fungirendes Gericht kann durch ein Zusammenwirken der beiden höchsten Gerichtshöfe auch dann erfolgen, wenn die Sache bei dem ersten Gerichte auch nur im Stadium des Ermittlungsverfahren schwebte, dort also eine die Prävention begründete Befassung noch nicht stattgefunden hatte.**

Ges. v. 3. Mai 1852 Art. 4 [n. 6]; N. StPO. § 40.

**Beschl. (II.) v. 14. Juli 1870 c. Volk** (48 B. II. Cr.).

V. war gleichzeitig wegen verschiedener Straffälle theils beim KG. zu Erfurt, theils bei verschiedenen im Geltungsbereiche der N. StPO belegenen Gerichte zur Untersuchung gezogen worden. Auf den Antrag der StA.-schaft hat das OTr. in Uebereinstimmung mit dem OAG die Verhandlung und Entscheidung in Betreff aller dieser Straffälle dem KG. zu Erfurt übertragen und diese Anordnung auch auf zwei Fälle ausgedehnt, wegen welcher bei den Gerichten zu Rotenburg und Lüneburg nur ein (nach § 40 der N. StPO. die Prävention nicht begründendes) Ermittlungsverfahren anhängig gemacht worden war. Es erachtete auch ein Betreff dieser die Verweisung für erforderlich, „weil das KG. zu Erfurt seine eigene Kompetenz nach Art. 4 Abs. 1 des Ges s v. 3. Mai 1852 beurtheilen müsse und sich hiernach durch die bei den Gerichten zu Rotenburg und Lüneburg von der StA.-schaft gestellten Anträge an selbstständiger Einleitung des Strafverfahrens verhindert sehen könnte, wenn auch bei diesen Gerichten nach dem für sie maßgebenden § 40 der N. StPO. die Prävention zur Zeit nicht begründet sei."

Antr. d. GStA.: entg. [32.—3.]

---

**Vertreter. — Ehefrau. — Rechtsmittel.**

Die Ehefrau des Angeklagten kann nicht als Vertreterin desselben die Nicht.-Beschwerde einlegen.

Ges. v. 3. Mai 1852 Art. 20 [n. 23].

**Beschl.** (I.) v. 15. Juli 1870 c. **Ihmann** (204 B. I. Cr.). [30.—6.]

---

**1. App.-Richter. — Abweichende Feststellung. — Vernehmung des Angeklagten.**

**2. Fahrlässigkeit. — Zusammenwirken Mehrerer.**

1. Der App.-Richter kann auf den Grund einer ausdrücklich zum Zwecke der Beweisaufnahme bewirkten Vernehmung des Angeklagten eine von der erstrichterlichen abweichende Feststellung treffen.

Ges. v. 3. Mai 1852 Art. 101 [n. 77. 94]. Vgl. RdOTr. 2. S. 82. 216; 7. S. 577.

2. Bei Fahrlässigkeitsvergehen bringt die konkurrirende Fahrlässigkeit Meherer die Strafbarkeit jedes Einzelnen nicht in Wegfall.

StGB. Thl. I. Tit. 3 [S. 112. n. 22]. RdOTr 7. S. 375; 10. S. 102. 680; 11. S.

**Erk.** (Z. I.) v. 15. Juli 1870 c. **Knappe** (687. I Cr.). [20.—8.]

---

**App.-Richter. — Beibehaltung der Feststellung. — Verlesung.**

Der App.-Richter, welche die erstrichterliche Feststellung beibehält, begeht keine Nichtigkeit, wenn er zum Zweck der Strafabmessung irgend ein Schriftstück aus den Akten ohne vorgängigen, diese Maßnahme rechtfertigenden Beschluß verlesen läßt.

Ges. v. 3 Mai 1852 Art 101 [n. 33] Vgl. RdOTr. 7. S 571; 10. S. 663. 725.

**Erk.** (Z. I.) v. 15. Juli 1870 c. **Kriegel** (656. I. Cr.).

Der App.-Richter ist bei der thatsächlichen Schlußfeststellung des Erkenntnisses 1. Instanz verblieben und hat demnächst seiner Prüfung auf die Angemessenheit der Höhe der, dem Angeklagten auferlegten Strafe gerichtet. Die diesfällige Bestimmung aber war, da sie von seiner thatsächlichen Beurtheilung abhing, lediglich seinem Ermessen überlassen und er wäre deshalb berechtigt gewesen, auch ohne Verlesung des in Rede stehenden polizeilichen Attestes auf den Inhalt desselben Rücksicht zu nehmen. Wenn er nun dennoch in dem Audienztermine in Gegenwart des Angeklagten und dessen Vertheidigers jene Verlesung vornahm, so that er ein Mehres, als ihm das Gesetz zur Pflicht machte und gab dem jetzigen Imploranten die ausreichendste Gelegenheit, seine entsprechenden Erklärungen abzugeben. Es liegt unter diesen Umständen eine Verletzung des Art. 25 des Ges.s v. 3. Mai 1852 nicht vor.

Antr d. GStA.: gleichl. [20.—8]

---

## Meineid. — Eidesstattliche Versicherung. — Nachlaßregulirung.

**Derjenige, welcher einem Gerichte in einer Nachlaß- oder Vormundschaftssache eine falsche eidesstattliche Versicherung über eine ihm gegen den Nachlaß 2c. zustehende Forderung abgiebt, verwirkt dadurch nicht die Strafe des**

StGB. § 129 [n. 3] Vgl. RdOTr. 1. S. 81.

**Erk. (B. 1) v. 18. Juli 1870 c. Barz (477. I. Cr.).**

Die B. hatte „— in der Sache betr. die Regulirung des Nachlasses der Ehefrau Tr. und die Abwesenheits-Vormundschaft der Brüder F. und A. Tr. „der Kgl. KG.s-Kommission zu C. eine Versicherung an Eidesstatt über die Höhe ihrer Nachlaßforderung wissentlich falsch abgegeben, und war deshalb vom Schw.-GH. aus § 129 des StGB.s verurtheilt worden. Die Gründe des Erkenntnisses erkennen zwar an, daß die Anwendung des cit. § voraussetze, daß die eidesstattliche Versicherung in einem Falle abgegeben sei, „wie sie als Bestärkungsmittel einer Erklärung und als Grundlage des öffentlichen Glaubens anerkannt ist (B. Pl. v. 24. Sept. 1860 c. Häusler: RdOTr 1. S. 81)," — führen dann aber aus, daß ein solcher Fall hier vorliege, weil die KG.s-Kommission (arg ALR. II., 2. §§ 87—90. 238—240; II., 18. §§ 713 fgg. 815 fgg. 856 fgg.; AGO. I, 39 §§ 2 fgg. 13 fgg) befugt gewesen sei, zur Aufklärung der Sache vor Bestätigung des Erbrezesses Zeugen zu vernehmen.

Vernichtung und Freisprechung der B. Gründe:

Aus der angeführten Gesetzesstelle läßt sich [die gedachte Folgerung] nicht herleiten, da sie für Fälle gegeben ist, welche wesentlich von dem vorliegenden verschieden sind. Noch weniger lassen sich dafür die verschiedenen Gesetzesstellen herbeiziehen, welche in gewissen Fällen dem Prozeßrichter gestatten, Versicherungen an Eidesstatt entgegen zu nehmen. Für den vorliegenden Fall ist der Umstand maßgebend, daß die Friederike B. bei der in Rede stehenden Nachlaß- resp. Vormundschaftssache lediglich als Gläubigerin konkurrirte, ihre Vernehmung als Zeugin darüber, ob und in welcher Höhe ihr eine Forderung an den Nachlaß zustehe, jedenfalls unstatthaft war, und ihr solchergestalt in eigner Sache abgelegtes Zeugniß der Beweiskraft entbehren würde. Die Gerichtskommission zu C. war daher in dem vorliegenden Falle auch nicht befugt, von der rc. B. die in Rede stehende Versicherung an Eidesstatt zu erfordern, rep. entgegenzunehmen, und daraus folgt, daß die wirklich von ihr erforderte und abgegebene Versicherung an Eidesstatt, obwohl sie wissentlich falsch abgegeben ist, nicht der Strafbestimmung des cit. § 129 unterliegt, wie dies mit Rücksicht auf die Entstehungsgeschichte dieses Strafges.s von dem Kg. OTr. bereits wiederholt anerkannt ist.

Antr. d. GStA · gleichl. . [30.—8.]

---

## Körperverletzung, erhebliche. — Spätere Krankheit.

**Als ein, den Thatbestand der „erheblichen Körperverletzung" erfüllender erheblicher Nachtheil für die Gesundheit des Verletzten kann es angesehen werden, wenn der Körper desselben in Folge der Verletzung so geschwächt worden ist, daß er einer später (zufällig entstandenen) Krankheit nicht in dem Maße wie früher Widerstand leisten konnte.**

StGB. § 192a [v. 4a].

**Erk. (Z. I.) v. 18. Juli 1870 c. v. Hacken** (680. I. Cr.).

Der durch v. H. mißhandelte X. war später von einer Lungenentzündung befallen und an dieser gestorben. Die Instanzrichter erachteten es für nicht erwiesen, daß die Lungenentzündung und der durch diese herbeigeführte Tod Folgen der Mißhandlung gewesen, wohl aber, daß die Mißhandlung die Resistenz des geschwächten Organismus beim Eintritte der Lungenentzündung vermindert, und so den tödtlichen Erfolg befördert habe. Hierin fanden sie einen erheblichen Nachtheil für die Gesundheit des Verletzten und straften wegen „erheblicher Körperverletzung" aus § 192a des StGB s — NB. — Zurückweisung. Gründe:

Der App.-Richter nimmt an, daß die Mißhandlung jedenfalls auf den tödtlichen Ausgang der Lungenentzündung in hohem Grade begünstigend eingewirkt habe, sie sei also im Sinne des § 192a eine erhebliche gewesen, weil sie den erheblichen Nachtheil für die Gesundheit gehabt, daß sie die Resistenz des geschwächten Organismus beim Eintritt einer akuten Krankheit, der Lungenentzündung, vermindert und so den tödtlichen Verlauf derselben befördert, der, wenn keine Mißhandlung vorangegangen wäre, möglicherweise nicht zum Tode geführt hätte; dieser Nachtheil sei eine von dem Angeklagten zu vertretende Folge seiner vorsätzlichen Mißhandlung. Es ist rechtlich keinem Bedenken unterworfen, daß diese Ausführung vollkommen dem Sinn des cit. Ges s entspricht; Folgen der geschilderten Art sind rechtlich keine blos zufälligen, wie sich aus dem Schlußsatz des § 185 ergiebt.

Antr. d. OStA.: gleichl. [15.—8.]

---

## Arrestbruch. — Dolus.

**Beim Arrestbruche genügt als Dolus die Kenntniß von der angelegten Beschlagnahme.**

**Die irrige Meinung, man dürfe seine eigenen bei einem Dritten in Beschlag genommenen Sachen diesem Beschlage entziehen, läuft auf eine Unkenntniß des Strafgesetzes hinaus, kann also die Handlung nicht straflos machen.**

StGB. § 272 [n. 28]. — Vgl. RbOTr. 10. S. 630; 11. S 351.

**Erk. (Z. 1) v. 18. Juli 1870 c. Koschitzki** (685. I. Cr.).

Antr. d. OStA.: gleichl. [28.—8.]

---

**Betrug. — Vorbringen falscher Thatsachen. — Versuch.**

**1. Das zum Thatbestande eines Betrugs erforderliche „Vorbringen einer falschen Thatsache" kann auch durch eine Handlung bewirkt werden.**

**2. Der Thatbestand eines Betrugsversuchs ist nicht dadurch bedingt, daß mit der beabsichtigten Vermögensbeschädigung der Anfang gemacht sei.**

StGB. §§ 241 [n. 49]; 242 [n. 1]. Vgl. RbOTr. 10. S. 717; 11. S. 60.

Erk. (Z. I.) v. 18. Juli 1870 c. Platow (683. I. Cr.).

P. hatte eine Quantität aufstehender Kartoffelreihen erworben, dann aber die Löcher, welche zur Bezeichnung seiner Reihen eingegraben waren, hinausgerückt, so daß dadurch der Anschein hervorgerufen wurde, als gehörten einzelne einer Nachbarin überwiesene Reihen zu den seinigen. Hierin fanden die Instanzgerichte einen Betrugsversuch: das Hinausrücken der Löcher stelle das Vorbringen einer falschen Thatsache und den Anfang der Ausführung des beabsichtigten Vergehens dar; die gewollte Vermögensbeschädigung sei durch den von dem Willen des Angeklagten unabhängigen Umstand verhindert worden, daß die Nachbarin das Hinausrücken der Löcher sofort bemerkte — NB. — Zurückweisung. Die Gründe erklären die bezüglichen Erwägungen der Instanzrichter für durchaus zutreffend.

[20.—8.]

---

**Sitzungs-Protokoll. — Randzusatz. — Genehmigung.**

**Ein, von fremder Hand herrührender, nicht unterschriebener, [eine wesentliche Thatsache bekundender] Randzusatz zu einem Sitzungsprotokolle ist für nicht geschrieben zu erachten.**

Ges. v 3. Mai 1852 Art. 78 [n 53] Vgl. RbOTr. 1. S 510; 2. S. 186. 519. 727; 5. S. 494; 8 S. 762; 10. S. 246. 546. 618.

Erk. (B. II.) v. 18. Juli 1870 c. Strzysio (696 I. Cr.).

Das AG hatte die Aufnahme eines durch den Angeklagten St. beantragten Entlastungsbeweises und „wegen Weite der Entfernung" die Vernehmung der nambaft gemachten Zeugen durch ein Gericht erster Instanz angeordnet. Das über die Hauptverhandlung zweiter Instanz aufgenommene Protokoll lautete sodann:

„Nach Vortrag der Sachlage durch den Referenten, erhielt der Defensor das Wort ūnd beantragte Freisprechung ꝛc."

Hinter dem Worte: „des Referenten" fand sich aber ein Verweisungszeichen, und dem entsprechend am Rande der nicht unterschriebene Zusatz:

„welcher dabei die Verhandlung über kommissarische Vernehmung von Zeugen vom 2c. wörtlich vorgelesen hat."

Vernichtung. Gründe:

Der erwähnte in das Audienzprotokoll zweiter Instanz eingeschaltete Vermerk über die stattgehabte Verlesung der kommissarischen Zeugenvernehmung, rührt offenbar von einer anderen Hand, als der des zugezogenen Gerichtsschreibers, her. Er entbehrt auch der Unterschrift des Vorsitzenden des Gerichtshofes resp. des bezüglichen Gerichtsschreibers, und es steht sonach in keiner Weise fest, daß die in dem § 21 der Vdn. v. 3. Jan. 1849 vorgeschriebene Verlesung der kommissarischen Zeugenvernehmungs-Protokolle, in dem Audienztermine wirklich stattgefunden hat.

Antr. d. GStA.: gleichl. [20.—8.]

---

## Anklage. — Befassung. — Identität der Handlung.

**Der Instanzrichter kann über die zum Gegenstande der Anklage gemachte Handlung erkennen, sollte er auch finden, daß in jener der Gegenstand und der Ort der Strafthat nicht richtig angegeben waren, sobald nur feststeht, daß die Handlung dieselbe war, auf welche sich auch die Anklage bezog.**

Vdn. v. 3. Jan. 1849 § 1 [n. 14].

Erk. (Z. I.) v. 18. Juli 1870 c. Unglaube (645. I. Cr.).

U, des Diebstahls angeklagt und in 1. Instanz verurtheilt, weil er einen an der Kreuzung des Stenzig-Dressener und des Spudlow-Grünower Weges stehenden Wegweiser 2c. weggenommen habe, — hatte in 2. Instanz unter Beweis gestellt, daß an der bezeichneten Kreuzung der Wegweiser noch vorhanden, von ihm also nicht gestohlen sei. Der App.-Richter erachtete diesen Beweis für erbracht, stellte aber gleichzeitig fest:

„daß der (von U.) gestohlene Wegweiser an der benachbarten Kreuzung des Stenzig-Seefelder und des Spudlow-Grünower Weges gestanden habe," berichtigte hiernach den Thatbestand und bestätigte mit dieser Maßgabe das Urtheil 1. Instanz. — Die NB. des U., welche rügte: „as AG. habe über einen anderen Diebstahl erkannt, als über denjenigen, welchen die Anklage und das Urtheil 1. Instanz zum Gegenstand gehabt hätten" — ward zurückgewiesen. Gründe:

Das Urtheil 2. Instanz hat nicht eine ander That zum Gegenstande, als diejenige, worauf sich die Anklage und das Urtheil 1. Instanz bezog, sondern der App.-Richter hat nur einen Irrthum, welcher dort in Beziehung au einen nach Lage der gegenwärtigen Sache unwesentlichen Nebenumstand der That untergelaufen war, in Folge des von ihm aufgenommenen neuen Beweises berichtigt und hierzu war er unbedenklich berechtigt. Ebensowenig trifft ihn der Vorwurf, „daß er hierbei oder überhaupt den Angeklagten in der Vertheidigung unzulässiger Weise beschränkt habe.' Der als verletzt bezeichnete Art. 86 des Ges.s v. 3. Mai 1852 findet hier schon aus dem Grunde keine Anwendung, weil er sich auf das schwurgerichtliche Verfahren bezieht. Aber auch die analogen Bestimmungen des Art. 30 ebendas. greifen hier nicht Platz, da es sich nicht von einem neuen Gesichtspunkt, unter welchen der App.-Richter die That gebracht, sondern wie oben bemerkt, blos von der Berichtigung der Anklage rücksichtlich eines Nebenumstandes handelt. Endlich ist dem Angeklagten auch vom App.-Richter volle Gelegenheit gegeben worden, seine Vertheidigung mit Rücksicht auf den von demselben festgestellten anderen Standort des gestohlenen Wegweisers zu führen, da er sowohl zu dem Termin der auf diesen Umstand sich beziehenden kommissarischen Zeugenvernehmung gehörig geladen worden, als im Schlußtermin der mündlichen Verhandlung in der Lage war, die ihm durch die modifizirte Sachlage angezeigt erscheinenden Ausführungen und Beweisanträge vorzubringen, er dort aber Beweisanträge überhaupt nicht gestellt hat.

Antr. d. GStA: gleichl. [33.—8.]

## Gewerbsunzucht. — Duldung.

**Die Gewerbsunzucht ist an Orten, wo sie erlaubt oder, sei es wissentlich, sei es absichtlich geduldet wird, nur insofern strafbar, als dabei die polizeilichen Anordnungen übertreten worden sind.**

StGB. § 146 [n. 2]. B.-StGB. § 361 Nr. 6.

**Erk. (V.) v. 20. Juli 1870 c. Landgraf (OAG. II. 140).**

Die L. war von der Anklage der Gewerbsunzucht freigesprochen worden, weil § 146 diese Handlungsweise nur insoweit bestrafe, als sie den polizeilichen Anordnungen zuwider betrieben worden sei, was hier nicht vorliege. Das OAG. hat unter Hinverweisung auf sein U. v. 2. Febr. 1870 c. Höcken (oben S. 69) das Urtheil der StK. vernichtet, weil nach dem cit. § die Gewerbsunzucht überhaupt unter Strafe stehe, insoweit sie nicht ausnahmsweise gestattet sei. — Sodann hat aber das OAG selbst auf Freisprechung erkannt. Gründe:

An den Orten, wo die Gewerbsunzucht polizeilich erlaubt, oder was diesem gleichzustellen ist, absichtlich oder mindestens wissentlich geduldet wird, kann nur eine Uebertretung der polizeilichen Anordnungen strafbar machen. Die Polizeidirektion in C. protestirt zwar dagegen, daß von ihr die Erlaubniß zu gewerbsmäßiger Unzucht irgend ertheilt sei. Indessen ist es in 1. Instanz festgestellt, diese Feststellung aber in der Berufungsinstanz nicht beseitigt, sondern nur auszulegen versucht, daß die Polizeidirektion ein besonderes Verzeichniß der sich der Prostitution ergebenden Personen weiblichen Geschlechts führt; daß die Personen, welche sich der Prostitution preisgeben wollen, in dieses Verzeichniß sich mussen eintragen lassen, daß deren Gesundheitszustand wöchentlich ärztlich untersucht wird und daß sie beim Dunkelwerden ihre Wohnung nicht verlassen dürfen. Wenn nun auch allerdings hierin keine ausdruckliche Erlaubniß zur Gewerbsunzucht liegt, so ergiebt sich doch bei diesen tief in die persönliche Freiheit eingreifenden und aus sonstigen polizeilichen Gesichtspunkten nicht gerechtfertigten Anordnungen, daß dieses Verhältniß als in C. geduldet und als stillschweigend durch konkludente Handlungen gestattet, angesehen werden muß.

Antr. d. OStA.: entg. [64.—6.]

---

## Strafantrag. — Frist. — Privatklage.

**Ein rechtzeitig gestellter Antrag genügt den Anforderungen des Gesetzes selbst dann, wenn der Staatsanwalt die Verfolgung ablehnt, und der Verletzte die Privatklage erst nach dem Ablaufe der Frist anstellt.**

StGB. § 50 [n. 21].

**Erk. (Z.) v. 20. Juli 1870 v. Krieger c. Ohrt** (OAG. II. 103).

Das Gericht 2. Instanz unterscheidet ganz richtig zwischen Verjährung der Strafanklage nach § 46 und Versäumung der Frist zur Stellung des Antrags auf Bestrafung nach § 50 des StGB.s, welche wesentlich verschieden sind, so daß namentlich auf letzteres die Vorschriften über Beginn und Unterbrechung der Verjährung keine Anwendung finden dürfen. Die Verjährung hat ihren Grund in dem öffentlichen Interesse; der Antrag auf Bestrafung zufolge des cit. § 50 aber in der Privatwillkür, in der Art, daß wenn nicht binnen der gesetzlichen Frist der Antrag erfolgte, der Verletzte als verzichtend behandelt wird. Hieraus folgt, daß, wenn einmal der Verletzte durch Stellung des Antrags seinen Willen ausgesprochen hat, es zur Wahrung der Frist keines nochmaligen Antrags bedarf, sofern etwa in den Fällen des § 488 der StPO. 2. und 3. Absatz die StA.-schaft die Verfolgung der That abgelehnt hat, und der Verletzte auf die Privatanklage verwiesen ist. Unter dieser Voraussetzung genügt es, weil ja ein Strafantrag bereits gestellt ist, wenn bis zur Erhebung der Privatanklage die Verjährungsfrist nach § 46 des StGB.s noch nicht abgelaufen ist.

Antr. d. OStA.: gleichl. [63.—6.]

---

### Gebäude, bewohntes.

1. Bei der Frage, ob eine „Baracke“ als „Gebäude“ zu betrachten sei, kommt es wesentlich darauf an, ob sie mit dem Erdboden verbunden ist.

2. Es schließt keinen Rechtsirrthum in sich, wenn der Instanzrichter eine nur bei Tage als Schenklokal dienende Baracke, in welcher Nachts nur ein Wächter schläft, nicht für ein „bewohntes“ Gebäude erachtet hat.

StGB. § 220 [n 2. 10].

Beschl. (I.) v. 7. Sept. 1870 c. Aidam (211 B. I. Cr.). [28—8]

---

### Minderjährige. — Kreditgeben.

Jeder mündlich geschlossene, auf eine Geldleistung gerichtete Vertrag eines Minderjährigen ist ein „Zahlungsversprechen“ im Sinne des

Ges. v. 2. Mai 1857 § 1. Vgl Bund.-StGB. § 301.

Erk. (Z) v. 7. Sept 1870 c. Bertram (OAG II 142).

Das Gesetz vom 2. März 1857 ist gegen die mit Minderjährigen eingegangenen Rechtsgeschäfte auf Kredit gerichtet, insoweit sie in gewinnsüchtiger Absicht und unter Benutzung des Leichtsinns oder der Unerfahrenheit der Minderjährigen abgeschlossen werden. Auf die äußere Vertragsform kommt es hierbei nicht an; es ist in gleicher Weise unter Strafe als unerlaubtes Kreditgeben gestellt, wenn der Gläubiger sich von dem Minderjährigen eine schriftliche Urkunde ausstellen, und ebenso, wenn er sich blos mündlich die Leistung der Zahlung versprechen läßt; ja, wenn der Vertrag selbst ohne ausdrückliches Versprechen durch konkludente Handlungen abgeschlossen wird. — In § 1 des Gesetzes sind nach Erwähnung von Schuldscheinen, Wechseln, Empfangsbekenntnissen und Bürgschaftsinstrumenten auch noch alle anderen eine Verpflichtung enthaltende Urkunden genannt; und das gleich darauf erwähnte mündliche „Zahlungsversprechen“ ist darum in keinem engern Sinne zu nehmen; es bezeichnet generell die mündliche Uebereinkunft zur Erfüllung einer Leistung. Sowohl die erste als die zweite Beschwerde der Angeklagten sind hiernach grundlos. Denn allerdings genügt es zur Strafbarkeit der That nach dem Grunde und Zwecke des Gesetzes, wenn unter Benutzung des Leichtsinnes der Minderjährigen diese zu Schuldenmachen veranlaßt wurden, und hiernächst von ihnen ein Zahlungsversprechen oder eine Schuldurkunde verlangt und gegeben wurde; und das Gericht irrt keineswegs, wenn es unter „Zahlungsversprechen" jeden mündlich abgeschlossenen, auf eine Geldleistung des Minderjährigen gerichteten Vertrag versteht.

Antr. d. GStA.: gleichl. [63.—6.]

---

**Mord. — Todtschlag. — Unternehmen eines Verbrechens.**

**Lautet eine Anklage auf „Mord," dessen sich der Angeklagte schuldig gemacht habe, um ein der Ausführung eines Verbrechens entgegentretendes Hinderniß zu beseitigen ꝛc., so können diese Thatbestände nicht in einer Frage zusammengefaßt werden, es muß vielmehr das im § 178 des StGB.s vorgesehene Verbrechen zum Gegenstande einer eventuellen Frage gemacht werden.**

StGB §§ 175 [n. 11] 178. Vgl. RdOTr. V, 494, und im entgegengesetzten Sinne: Zl. v. 7. Jan. 1859 c. Kretzschmer (G Arch. VII, 209)

**Erk. (Z. l.) v. 7. Sept. 1870 c. Bezalla** (853. I. Cr).

Die beiden Thatbestände der §§ 175 und 178 des StGB.s bilden besondere von einander gesonderte Verbrechen. Der § 175 straft die mit Ueberlegung verübte Tödtung, also den Mord; der § 178 die bei Unternehmung eines Verbrechens oder Vergehens u. s. w. ohne Ueberlegung, aber vorsätzlich verübte Tödtung, also einen qualifizirten Todtschlag. Beide Verbrechen können also in einer und derselben Handlung weder real, noch ideal konkurriren, sie schließen vielmehr einander vollständig aus. Es ist daher vollkommen richtig verfahren, den Thatbestand des § 178 erst mittelst einer eventuellen Frage, also für den Fall der Verneinung der Ueberlegung, zur Entscheidung zu bringen. [15.—8.]

---

**1. Wiedereinsetzung. — Anwaltsverschulden.**
**2. Nichtigkeitsbeschwerde. — Vorbehalt.**

1. Die Wiedereinsetzung in den vorigen Stand gegen den Ablauf einer Präklusivfrist kann nicht auf das Verschulden eines Anwalts gestützt we den.

StPO § 415.

2. Der in der Berufungsschrift ausgesprochene „Vorbehalt" der Nichtigkeitsbeschwerde kann die Anmeldung derselben nicht ersetzen.

StPO. § 370.

**Beschl. v. 7. Sept 1870 c Bruhn** (OAG. II. 171). [66.—6.]

---

**Zeuge, unfähiger. — Gerichtsbeschluss.**

Nichtigkeit tritt ein, wenn ein eidesunfähiger Zeuge, ohne vorgängigen die Ausnahmsmassregel rechtfertigenden Gerichtsbeschluss uneidlich abgehört wird. — Auf diese Nichtigkeit kann nicht verzichtet werden.

StPO. §§ 243. 161.

**Erk. (V.) v. 7 Sept 1870 c. Hampe** (OAG. II 149).

Da nach den Akten die Voraussetzung des Abs. 1 des § 243 der StPO. nicht vorlag, so konnte die Vernehmung der Zeugin X. nur unter Beobachtung der Vorschrift des Abs. 2 dieses § erfolgen, welche somit durch das vorliegend eingeschlagene Verfahren verletzt erscheint. Diese Vorschrift ist aber eine wesentliche. Denn, indem der Gesetzgeber die Abweichung von der Regel, wonach eidesunfähige Personen überhaupt nicht als Zeugen vernommen werden sollen, zufolge §§ 250 und 243 l. c. nicht zunächst dem Ermessen des Vorsitzenden überließ, sondern ohne Weiteres einer Beschlußfassung durch das Gericht unterwarf, hat er zu erkennen gegeben, daß die Einhaltung jener Regel von so hervorragender Wichtigkeit sei, daß sie unter eine besondere

Garantie gestellt werden müsse. Die zu dem Ende vorgeschriebene, durch Eröffnung vor der Abhör zu konstatirende Beschlußfassung des Gerichts kann also nicht etwa als eine bloß reglementarische Anordnung aufgefaßt werden. Da es sich übrigens um eine im öffentlichen Interesse, nicht bloß zum Vortheil einer Partei gegebene Norm handelt, deren Einhaltung dem Verzichte des Angeklagten nicht unterlag, so steht der Umstand, daß der Angeklagte gegen das eingeschlagene Verfahren in der Hauptverhandlung voriger Instanz Widerspruch nicht erhoben hat, der Geltendmachung der gerügten Nichtigkeit nicht entgegen, insbesondere auch nicht auf Grund des die Beschränkung von Prozeßbefugnissen betreffenden letzten Absatzes des § 390 der StPO.

Antr. d. GStA: gleichl. [64.—4.]

---

**Diebstahl. — Verletzter. — Ehefrau. — Einsteigen.**

**1. Eine in Gütergemeinschaft lebende Ehefrau wird durch den Diebstahl einer ihr zum Gebrauche überlassenen Gemeinschaftssache „verletzt," und kann deshalb auf Strafverfolgung wegen dieses Diebstahls antragen, zumal wenn sie getrennt vom Manne einen eigenen Hausstand führt.**

StGB. §§ 229. 228 [n. 3].

**2. Auch der Mitbewohner und der Eigenthümer eines Hauses machen sich eines schweren Diebstahls schuldig, wenn sie zum Zwecke desselben in jenes Haus eingestiegen sind.**

StGB § 218 Nr. 2 [n. 24].

**Erk. (Z.) v. 7. Sept. 1870 c. Müller** (OAG. II. 147).

M. war auf den Antrag seiner Mutter wegen schweren Diebstahls (§ 218 Nr. 2) verurtheilt worden, weil er dieselbe mittelst Einsteigens bestohlen hatte. Seine NB. rügte, daß der Strafantrag der Mutter nicht genügt habe, die Strafverfolgung herbeizuführen, da die gestohlenen Gegenstände zu der zwischen seinen Eltern bestehenden Gütergemeinschaft gehört hätten; sodann hätten die Instanzrichter mit Unrecht ein „Einsteigen" angenommen, da er als Mitbewohner des

Hauses ein Recht gehabt habe, in dasselbe einzubringen. — Zurückweisung. Gründe:

[1.] Wenn es gleich richtig wäre, daß bei ehelicher Gütergemeinschaft, wie diese in der Stadt Lüneburg besteht, der Ehemann während der Dauer der Ehe über das gesammte bewegliche Vermögen verfügen kann, so schließt dies, wie das angegriffene Urtheil mit Recht annimmt, nicht aus, daß der Ehefrau von dem Ehemanne bestimmte Vorräthe zu ihrem Gebrauche und in ihrer Gewahrsam übergeben werden; und, soweit ihr diese Sachen durch Entwendung entzogen werden, ist sie der beschädigte, der Vernutzung und des Gebrauchs der Sachen beraubte Theil, mithin die Verletzte, selbst wenn man den Ehemann als den Eigenthümer betrachtet. In der vorliegenden Sache aber kann um so weniger daran ein Zweifel sein, daß die Mutter des Angeklagten als Verletzte anzusehen und daher nach § 229 des StGB.s zur Stellung des Antrags auf Bestrafung ihres Sohnes ermächtigt ist, da sie bereits 16 Jahre von ihrem Ehemann faktisch getrennt lebt, und einen völlig von diesem unabhängigen Haushalt hat.

[2.] Was sodann die vom Angeklagten angefochtene Erschwerung des Diebstahls betrifft, so haben die Geschworenen durch ihren Wahrspruch bejaht, daß die Entwendung mittelst Einsteigens in ein bewohntes Haus geschah. Dieses genügt, um die Anwendung des § 222 ibid. eintreten zu lassen; namentlich kommt es gar nicht darauf an, ob etwa der Dieb ein Mitbewohner oder gar der Eigenthümer des Hauses ist, und eben so wenig kann es den Thatbestand der Erschwerung ausschließen, wenn etwa der Dieb früher, in nicht verbrecherischer Absicht, einmal ausnahmsweise ein Fenster oder eine andere Oeffnung statt der Thür zum Eingang ins Haus benutzt hat. Denn hierdurch verliert die That nicht ihren gefährlichen Charakter, noch ist dadurch besser für die Sicherheit der Hausbewohner gesorgt. — Es stellt sich demgemäß auch die zweite Beschwerde, darüber, daß nicht durch den Ausspruch der Geschwornen ermittelt worden sei, ob der Angeklagte im fraglichen Hause seine Wohnung gehabt, als grundlos dar. — Antr. d. GStA : gleichl. [63.—6]

---

**Sachverständiger. — Vergütung. — Rechtsmittel.**

Die Frage, in welchem Umfange einem Sachverständigen eine Vergütung gebühre, kann nicht zum Gegenstande eines an den Nichtigkeitsrichter gelangenden Rechtsmittels gemacht werden.

StPO § 413.

Beschl. v. 7. Sept. 1870 c. Nussbaum (OAG. II. 15 B). [64.—6.]

---

**1. Amts Unterschlagung. — Amtlicher Empfang.**
**2. Beamter. — Geschenk. — Amtshandlung.**

1. Ein Beamter empfängt eine Zahlung „in amtlicher Eigenschaft" sobald der Zahlende annahm, daß letzteres der Fall sei, sollte jener auch in Wahrheit hierzu einen Beruf nicht gehabt haben; derselbe verwirkt daher durch eine Unterschlagung des Empfangenen die Strafe des

StGB. § 324 [n. 10]. Vgl. oben S. 86. Vgl. B.-StGB § 350.

2. Hat in dem gedachten Falle der Beamte für die Empfangnahme des Geldes ein Geschenk angenommen, so trifft ihn auch die Strafe des

StGB. § 309 [n. 1]. Vgl. B.-StGB. § 331.

Erk. (Z. I.) v. 7. Sept 1870 c. Rozankiewicz (570. I. Cr.).

Der Kauth S., welcher an das Gerichtsdepositorium Zinsen von Mündelgeldern einzuzahlen hatte, fand, als er sich eines Mittags zu diesem Ende in das Gerichtsgebäude verfügte, das Depositorium geschlossen und wendete sich deshalb an den ihm auf der Straße begegnenden, ihm als Gerichtsbeamter bekannten Gerichts-Applikanten R. Dieser erklärte sich zur Annahme des Geldes bereit, ging mit S. in das Gerichtsgebäude, schrieb hier etwas auf einen gebrochenen Bogen, las es dem S. vor und nahm dann das Geld und außerdem einen ihm „für seine Bemühung" gezahlten Betrag von 20 Sgr. an; er hat demnächst die gezahlten Gelder für sich verbraucht. Hierin fanden die Instanzgerichte den Thatbestand der in den §§ 324 und 309 des StGB.s vorgesehenen Vergehen, denn R. habe die von S. geleistete Zahlung „in amtlicher Eigenschaft" empfangen, weil S. bei der Zahlung angenommen, jener sei zur Empfangnahme amtlich berufen. — Das die NB. des Angeklagten zurückweisende Erkenntniß des OTr.s erachtete diese Annahme in Beziehung auf die Unterschlagung (§ 324) für „nicht rechtsirrthümlich," und führte dann weiter aus:

[2.] Wenn aber hiernach — was jedenfalls durch die Aufnahme der Registratur stattfand — der Angeklagte eine in sein Amt einschlagende Handlung vorgenommen hat, so mußte es auch der Vorschrift des § 309 des StGB. unterliegen, daß er dafür 20 Sgr., welche ihm nicht zugestanden, von dem rc. S. als Geschenk annahm; die fernere thatsächliche Feststellung:

„daß er für eine in sein Amt einschlagende, an sich nicht pflichtwidrige Handlung ein Geschenk von 20 Sgr., zu dem er gesetzlich nicht berechtigt war, angenommen hat" —

kann daher ebenfalls nicht als rechtsirrthümlich erscheinen.

Antr. d. GStA. gleichl. [30.—8.]

---

1. Oeffentlichkeit. — Ausschließung. — Verhandlung.
2. Dolmetscher. — Mangel. — Rüge, wer?

1. Es begründet keine Nichtigkeit, wenn über die Ausschließung der Oeffentlichkeit in öffentlicher Sitzung verhandelt worden ist.

Ges. v. 3. Mai 1852 Art. 19 [n. 5]

2. Die Nichtigkeit, welche durch die unterlassene Zuziehung eines Dolmetschers zur Hauptverhandlung mit einem der deutschen Sprache nicht mächtigen Angeklagten begangen ist, kann auch von einem der deutschen Sprache kundigen Mitangeklagten wenigstens dann gerügt werden, wenn jener für diesen belastende Erklärungen abgegeben hat.

Ebendas. Art. 27 [n. 6].

Erk. (Z. I.) v. 7. Sept. 1870 c. Wirth (867. I Cr.). [20.—8.]

---

## Kuppelei. — Gewohnheitsmäßigkeit. — Eigennutz.

**1. Zur Annahme einer „gewohnheitsmäßig" betriebenen Kuppelei kann die Feststellung eines einzelnen konkreten Falles genügen, wenn der Instanzrichter außerdem die Ueberzeugung gewonnen hat, daß es sich nicht von einer vereinzelten Thatsache, sondern von einem wiederholten Thun handle.**

**2. Der Instanzrichter kann eine „aus Eigennutz" betriebene Kuppelei annehmen, wenn sie lediglich dahin abzielte, einen erhöhten Absatz im Wirthschaftsbetriebe zu den allgemein gebräuchlichen Verkaufspreisen zu erzielen.**

StGB § 147 [n 1. 4a]. Vgl. B-StGB. § 180

Erk. (Z II.) v. 8. Sept. 1870 c. Bothe (232. II. Cr.).

B. war wegen „gewohnheitsmäßiger, aus Eigennutz betriebener Kuppelei" aus § 147 des StGB.s verurtheilt worden, weil die Instanzrichter aus einem für erwiesen erachteten Falle die Ueberzeugung hergeleitet hatten: „daß der Vorfall sich nicht als eine vereinzelte Thatsache, sondern als Ausdruck des gewöhnlichen Treibens im Lokale des B. darstelle." NB. Zurückweisung Gründe:

[1.] Zur thatsächlichen Feststellung der gewohnheitsmäßigen Gewährung oder Verschaffung von Gelegenheit der Unzucht Vorschub zu leisten, ist nicht, wie in der NB. behauptet wird, der Nachweis mehrerer Fälle, worin dieser Vorschub geleistet worden, erforderlich, sondern es kann dazu der Nachweis eines einzelnen Falles genügen, wenn der Instanzrichter aus den näheren Umständen dieses Falles die Ueberzeugung gewinnt, daß dadurch das Gewohnheitsmäßige des hier in Frage stehenden sträflichen Treibens außer Zweifel gestellt wird. Der App.-Richter hat aber diese Ueberzeugung gewonnen, und die thatsächlichen Momente, warum er sie gewonnen, ist in den Motiven des angegriffenen Erkenntnisses ebenso eingehend, als ausdrücklich konstatirt, da, wie es am Schlusse der desfallsigen Ausführung heißt, der vorher näher erörterte Vorfall „nicht als eine vereinzelte Thatsache, sondern als ein Ausdruck des gewöhnlichen Treibens im Lokale des Angeklagten" anerkannt und gekennzeichnet ist.

[2.] Die eigennützige Absicht hat der App.-Richter darin gefunden, daß der Angeklagte durch die Unzucht der von ihm gehaltenen Frauenzimmer zwar keine ungerechtfertigt hohen Preise, wohl aber starken Absatz seiner Weinsorten erzielt habe.

Antr. d. GStA.: gleichl. [11.—3.]

---

**1. Rheinisches Verfahren. — Angeklagter. — Abschrifts-Ertheilung.**

**2. Schwurgerichtshof. — Sitzung (Bestimmung). — Vorsitzender.**

**1. Der Angeklagte, welcher es verabsäumt hat, es zu rügen, daß ihm die den Thatbestand konstatirenden Protokolle nicht abschriftlich mitgetheilt worden sind, kann diese Versäumniß nicht im Wege des Kassationsrekurses rügen.**

**2. Die Obduktionsberichte (Gutachten) der Aerzte gehören nicht zu den Aktenstücken, welche dem Angeklagten schriftlich mitzutheilen sind.**

Rh. StPO. Art. 305.

**3. Es begründet keine Nichtigkeit, wenn die den Sitzungstermin bestimmende Ordonanz des Schwurgerichts-Präsidenten von diesem nicht unterzeichnet ist.**

Ebendas. Artt. 309. 261. Vgl RdOTr. 4. S. 255.

Erk. (Z. II) v. 8. Sept. 1870 c. Raths (259 II. Cr.).

Verwerfung des Kass.-Rekurses des Angeklagten.

in Erwägung, daß die Beobachtung der Bestimmung des Art. 305 der StPO., wonach dem Angeklagten unter Anderm auch eine Abschrift der procès-verbaux constatant le delit kostenfrei mitgetheilt werden soll, nicht unter der Strafe der Nichtigkeit des Verfahrens vorgeschrieben ist;

[1.] daß auch als Folge der unterlassenen abschriftlichen Mittheilung dieser procès-verbaux eine Nichtigkeit des Verfahrens jedenfalls nur in den Fällen eintreten könnte, worin die Unterlassung dieser Mittheilung Seitens des Angeklagten während der Verhandlung gerügt worden wäre, und Anträge, die in eben diesen Fällen alsdann zum Schutze der rechtlichen Interessen desselben gestellt worden, nicht die verdiente Berücksichtigung gefunden hätten;

daß daher auch dann, wenn der Obduktionsbericht des Kgl. Kreis-Physikus ꝛc. den im Art. 305 bezeichneten procès-verbaux zugezählt werden müßte, von einer Nichtigkeit des Verfahrens in Folge der unterbliebenen abschriftlichen Mittheilung dieses Berichts an die Angeklagten nicht die Rede sein könnte, da weder diese selbst noch auch deren Vertheidiger sich dieserhalb während der Verhandlung beschwert oder Anträge gestellt hat;

[2.] daß aber überhaupt der gedachte Obduktionsbericht, als solcher, eben weil er zur Konstatirung des Verbrechens nicht errichtet ist, sondern nur ein wissenschaftliches Gutachten über das bereits anderweit konstatirte Verbrechen enthält — nicht zu denjenigen Urkunde gehört, deren kostenfreie Mittheilung an die Angeklagten in dem Art. 305 cit. vorgeschrieben ist;

[3.] In Erwägung, daß die Nichtigkeit des Verfahrens ferner auch nicht aus der Thatsache herzuleiten ist, daß die Ordonanz des Assisen-Präsidenten, wodurch die Sitzung des Kgl. Assisenhofes vom ꝛc. zur Verhandlung über die gegen die Angeklagten erhobene Anklage anberaumt wurde, der Unterschrift des Assisen-Präsidenten entbehrt, da die Anberaumungen der Assisen-Verhandlungen durch die Assisen-Präsidenten und die Formen worunter diese Anberaumungen zu erfolgen haben, als innere durch keine gesetzliche Vorschrift angeordnete Angelegenheiten der Prozeßleitung der Kontrole der Angeklagten entzogen bleiben und zwar um so mehr dann, wenn die berechtigten Interessen der Angeklagten nicht verletzt oder beeinträchtigt worden sind, was in der Kassationsschrift weder behauptet ist, noch nach Lage der Sache behauptet werden konnte; daß auch sonstige Vorschriften des Verfahrens nicht verletzt sind; 2c.

Antr. d. GStA.: gleichl. [11.—3.]

---

**Zeugenzwang. — Ausnahme. — Zuständigkeit.**

**Das von einer andern Behörde (z. B. von einer Disciplinarbehörde) um eidliche Vernehmung eines Zeugen requirirte Gericht, hat selbstständig zu prüfen, ob ein gesetzlicher Grund obwalte, aus welchem der Zeuge seine Vernehmlassung versagen könne.**

Cr.-Ord §§ 312 Nr 2; 314 Vdn. v. 3 Jan. 1849 § 20 [n. 14. 21.] Vgl RdOTr. 2 S. 214. 339; 7. S. 315; 8. S. 137. 269.

Beschl (II.) v. 8. Sept. 1870 c. Schl. (64 B. II. Cr.) [23.—3.]

---

**Beweisantrag. — Verzicht?**

**Der Instanzrichter ist nicht befugt, lediglich aus dem Umstande, daß der Angeklagte in der Hauptverhandlung weder in Person noch durch einen Vertreter erschienen ist, zu folgern, daß derselbe auf die gestellten Beweisanträge verzichte.**

Vdn. v. 3. Jan. 1849 § 52 [n 18]; Ges. v 3. Mai 1852 Art 101 [n. 47]. Vgl. RdOTr. 6. S. 483; 7 S. 398; 11. S. 93.

Erk (B. II.) v. 8. Sept. 1870 c. Schmidt (279. I. Cr.).

Der App.-Richter hätte ohne Rechtsverletzung den von dem Angeklagten in 2. Instanz gestellten Beweisanträgen aus dafür anzuführenden thatsächlichen Gründen haben stattgeben, oder dieselben haben ablehnen können. Es wird ihm aber nicht gestattet, dieser Beweisanträge darum überhaupt nicht weiter zu gedenken, „weil, wie es in den Gründen des angegriffenen Urtheils heißt, der Gerichtshof angenommen, daß von dem Angeklagten, da er weder persönlich, noch durch einen Vertheidiger vertreten, in dem Audienztermine 2. Instanz erschienen sei, auf eben diese Beweisanträge kein Gewicht mehr gelegt werde.“ Eine solche Annahme ist weder in den ausdrücklichen Bestimmungen des Gesetzes, noch auch in dem Zwecke oder dem Geiste der mündlichen Verhandlung begründet. So wenig der Appellant durch sein thatsächliches Nichterscheinen in dem Audienztermin 2. Instanz die Appellation, so wenig nimmt er dadurch die zu ihrer Rechtfertigung vorschriftsmäßig angemeldeten Gründe und gestellten Beweisanträge zurück, wenn auch in dem Falle, wo er in diesem Termine persönlich oder durch einen seine Rechte und Interessen wahrnehmenden Vertheidiger erscheint, aus der alsdann von ihm unterlassenen Wiederholung früher gestellter Beweis-Anträge geschlossen werden darf, daß er auf diese Anträge nicht ferner besteht, also darauf Verzicht leistet. Das bloße Nichterscheinen des Angeklagten, das ja auch ein unfreiwilliges sein kann, berechtigt nicht zu dem Schlusse, daß er auf früher gestellte Beweisanträge jetzt kein Gewicht mehr lege. Indem der App.-Richter also blos darum, weil der Angeklagte in dem Audienztermine 2. Instanz weder persönlich, noch durch einen Vertheidiger vertreten, erschien, die von demselben in seiner Appell.-Rechtfertigungsschrift gestellten Beweisanträge für erledigt gehalten, hat er einen wesentlichen Grundsatz des Verfahrens verkannt.

[11.—3.]

---

**Zeugenvernehmung. — Angeklagter. — Vorhaltung.**

**Es gehört nicht zu den wesentlichen Förmlichkeiten der Hauptverhandlung, dem Angeklagten die Aussagen der in seiner Gegenwart vernommenen Zeugen vorzuhalten und ihn zu befragen, ob dieselben wahr seien.**

Ges v. 3. Mai 1852 Art. 76 [n. 8]

Erk. (Z. I.) v 9. Sept. 1870 c. Pohlert u. Gen. (920. I. Cr.). [30 —.]

---

**Zeugenaussage. — Verlesung. — Ermittlung der Zeugen.**

**Ist der Aufenthalt eines Zeugen nicht zu ermitteln, so kann die von ihm in der Voruntersuchung zu Protokoll abgegebene Aussage in der Hauptverhandlung (ohne weitere Rechtfertigung dieser Maßnahme) verlesen werden. Ob eine Ermittlung des Aufent**

halts des Zeugen noch zu erwarten stehe unterliegt dem thatsächlichen Ermessen des Instanzrichters.

Vdn. v. 3 Jan. 1849 § 21 [n 17] Vgl. oben S. 296.

Erk. (Z. I.) v. 9 Sept. 1870 c Rößler (905 I Cr).

Dieses Erkenntniß erachtete die, auf Grund des cit. § 21 bewirkte Verlesung der in der Voruntersuchung protokollirten Aussage eines Zeugen, dessen zeitlicher Aufenthalt nicht mehr zu ermitteln war, für gerechtfertigt, weil

„der gedachte Umstand dem im cit. § 21 erwähnten Falle des Todes eines vor der mündlichen Verhandlung bereits gerichtlich vernommenen Zeugen gleichstehe."

Antr. d. GStA.: gleichl. [20 –8.]

---

## Vertheidiger. — Akten. — Mittheilung.

**Die Verabfolgung von Untersuchungsakten an den Vertheidiger ist unstatthaft. Das gilt selbst wenn es sich von reponirten Akten handelt.**

Vdn. v. 3. Jan. 1849 § 17 [n 6].

Beschl. (I.) v. 9. Sept. 1870 c. Schmoll (233 B. I. Cr.). [18.–8.]

---

## Unzüchtige Handlung. — Kind. — Versuch.

**Der Versuch des Verbrechens der Vornahme unzüchtiger Handlungen mit einem Kinde ꝛc. ist möglich; ist der Thatbestand eines solchen von den Geschwornen festgestellt, so muß die Strafverhängung erfolgen.**

StGB. § 144 Nr 3 [n 24. 7]. Vgl. B.-StGB. § 176 Nr. 3.

Erk. (Z. I.) v 9. Sept. 1870 c. Vegelahn (889. I. Cr.).

Die Frage über die Möglichkeit eines Versuchs [des im § 144 Nr. 3 vorgesehenen Verbrechens] ist allerdings in dem angegebenen Sinne von der Theorie erörtert worden. ...ie Möglichkeit eines solchen im Sinne des § 31 ibid. ...ßt sich indeß abstrakt nicht verneinen und nachdem die ...schworenen die Frage über das vollendete Verbrechen ver... nt, dagegen diejenige über das versuchte Verbrechen be... ıt haben, erledigt sich der Angriff, denn ihnen lag es ob, zu beurtheilen, ob die inkrimirten Handlungen einen Anfang der Ausführung enthielten, ob also deren etwaniges Fortschreiten erst zu dem Thatbestande vollendeter unzüchtiger Handlungen geführt haben würde. Diese Erwägungen sind rein thatsächlicher Natur und daher einer weitern Kritik in dieser Instanz nicht unterworfen.

Antr d GStA.: gleichl. [15.—8.]

---

**Untersuchung. — Beschlagnahme. — Rückgabe.**

**Die Strafgerichte sind dazu berufen, die beim Angeklagten in Beschlag genommenen, von einem Dritten als ihm gestohlen anerkannten Sachen dem letzteren — nach erfolgter Verurtheilung herauszugeben. Der Angeklagte kann dann aber seine Ansprüche gegen jenen Dritten im Civilverfahren geltend machen.**

Cr.-Ordn. §§ 6 68 [Strafverf. § 23 n. 15]

**Beschl. (I) v. 14. Sept. 1870 c. Belling** (250 B. I. Cr).

Nachdem B. wegen Hehlerei gestohlener Sachen rechtskräftig verurtheilt worden war, hatte das Gericht 1 Instanz mehrere bei ihm in Beschlag genommene Sachen dem C., der sie als Zeuge eidlich als die seinigen rekognoscirt hatte, zurückgegeben. Die vom Kurator des B. dagegen erhobene Beschwerde ward vom AG. und demnächst vom OTr. zurückgewiesen. Gründe:

Das Kgl. Stadtgericht war nach den §§ 6. 68 der Krim.-Ordn. befugt, dem Damnifikaten, Kaufmann C., die von diesem als sein Eigenthum rekognoscirten, ihm entwendeten und bei dem 2c. B. vorgefundenen Sachen auszuhändigen. Eine Zurückgabe derselben kann sonach von dem 2c. B., beziehungsweise von Ihnen, nur im Wege eines, gegen den 2c. C. anzustellenden Civil-Prozesses beansprucht werden, und hiernach beruht die von Ihnen angefochtene Verfügung auf keinem Rechtsirrthum.

Antr. d GStA.: gleichl. [20—8]

## Presse. — Kautionsbestellung.

**1. Der wissenschaftliche Charakter einer Zeitschrift rc. schließt es nicht aus, daß dieselbe auch soziale Fragen [wissenschaftlich] behandle; ist dieses der Fall, so ist die Zeitschrift kautionspflichtig.**

**2. Der Begriff der „sozialen Frage“ ist nicht beschränkt auf Ausführungen über die Ausgleichung zwischen Arbeit und Kapital.**

Preßges. v. 12. Mai 1851 § 17.

**Erk. (Z. I.) v. 14. Sept. 1870 c. Frank.** (662. I. Cr.).

[1.] Wenn § 17 des Preßges.s die periodischen Druckschriften, welche unter Ausschluß aller politischen und sozialen Fragen für rein wissenschaftliche, technische oder gewerbliche Gegenstände bestimmt sind, von der Kautionsbestellung befreit, so sind wissenschaftliche, technische und gewerbliche Gegenstände hier nicht als kontradiktorisches Gegentheil von politischen und sozialen Fragen verstanden. Vielmehr schließt der wissenschaftliche oder speziell pädagogische oder der technische oder gewerbliche Charakter einer Zeitschrift oder eines einzelnen Aufsatzes nicht aus, daß darin auch politische oder soziale Fragen besprochen werden, und sobald dies geschieht, verwirkt die periodische Druckschrift die Kautionsfreiheit des § 17 und verfällt unter die Strafbestimmung des § 42 l. c.

[2.] Die RB. faßt den Begriff der „sozialen Fragen“ offenbar viel zu enge auf, wenn sie die Ausführung über Ausgleichung der Arbeit und des Kapitals als dessen Kennzeichen hinstellt; vielmehr fallen darunter auch Erörterungen über andere Seiten der gesellschaftlichen Einrichtungen und Zustände einzelner Klassen oder Stände der Bevölkerung und über andere Mittel zur Verbesserung ihrer sozialen Lage.

Antr. d. OStA.: gleichl. [33.—8.]

---

## Fragstellung. — Rechtsbegriff. — Auflösung.

**Inwiefern in der schwurgerichtlichen Fragstellung die Auflösung eines gesetzlichen Begriffs-**

merkmals in die für dieselben wesentlichen Thatsachen zu bewirken, unterliegt dem Ermessen des Instanzrichters; die Nichtberücksichtigung eines darauf gerichteten Antrags begründet keine Nichtigkeit.

StPO § 318

Erk. (Z.) v. 14. Sept. 1870 c. Hatzmann (OAG. II. 153)

Es kann nicht mit der Kgl. StA.-schaft anerkannt werden, daß das für den Thatbestand der Meuterei im StGB. § 96 vorgeschriebene Erforderniß des Zusammenrottens so unbedingt einen nur durch rechtskundige Einsicht in den Sinn und Zusammenhang der Gesetze zu beurtheilenden Rechtsbegriff enthalte, daß es nach der StPO. § 318 durch die Aufnahme der für die Beurtheilung wesentlichen Thatsachen in der den Geschworenen vorzulegenden Frage zu ersetzen gewesen sei. Ueberdies ist die Vorschrift der StPO. § 318 nicht im Sinne der StPO. §§ 389 Nr. 2 und 390 Nr. 3 dergestalt als eine wesentliche für das Verfahren anzusehen, daß bei unterbliebener Anwendung derselben die Nichtigkeit der Entscheidung und der vorausgegangenen Verhandlung begründet würde, vielmehr weist die gleichzeitige Bestimmung, daß die Auflösung eines Rechtsbegriffs in die entsprechenden Thatsachen nur, insoweit es geschehen könne, erfolgen solle, darauf hin, daß es dem Ermessen des Gerichts anheimgestellt ist, ob in einem gegebenen Falle jene Vorschrift zum bessern Verständniß für die Geschworenen anzuwenden sei oder nicht.

Antr. d. GStA.: entg. [65—6]

---

## Berufungsgericht. — Beweisantrag. — Ablehnung. — Mittheilung an den Angeklagten.

Es ist nicht unerlässlich, dass der Beschluss, durch welchen das Berufungsgericht die beantragte Wiederaufnahme des Beweisverfahrens ablehnt, dem Angeklagten vor der Hauptverhandlung bekannt gemacht werde.

StPO. § 382. Vgl. oben S. 63.

Erk. (Z.) v. 14. Sept. 1870 c. Helle (OAG. II 159). [63.—6.]

---

1. Ersatzgeschworener. — Vereidung.
2. Verlesung. — Amtliche Auskunft.

1. Die Nichtvereidung eines gezogenen Ersatzgeschworenen begründet nicht die Nichtigkeit des Verfahrens, wenn die Ersetzung eines Hauptgeschworenen nicht nothwendig geworden ist.

Ges v. 3. Mai 1852 Art. 73 [n 13a].

2. Die von einer kollegialischen Behörde ertheilte amtliche Auskunft über eine amtlich konstatirte Thatsache kann im Hauptverfahren verlesen werden, ohne daß es dazu eines die Verlesung anordnenden Gerichtsbeschlusses bedürfte.

Vdn. v. 3. Jan. 1849 § 22 [n. 13].

Erk. (Z. I.) v. 14. Sept. 1870 c. Keil (921. I. Cr.).

Die NB. des K rügte unter Anderen, daß nach dem Sitzungsprotokolle der gezogene [aber nicht an Stelle eines ausscheidenden Hauptgeschworenen eingetretene] Ersatzgeschworene nicht vereidet worden sei; es habe dieser Vereidung schon deshalb bedurft, um es zu rechtfertigen, daß derselbe überhaupt gezogen, und daß dadurch das Ablehnungsrecht des Angeklagten geschmälert worden sei — Zurückweisung. Gründe:

[1.] Nach Inhalt des Protokolls über die Bildung des Schwurgerichts hatte der Gerichtshof die Zuziehung eines Ersatzgeschworenen beschlossen, und es ist demgemäß außer den 12 Hauptgeschworenen noch ein Ersatzgeschworener ausgeloost worden. Wenn nun auch nach dem Wortinhalte dieses Protokolls anzunehmen ist, daß nur die 12 Hauptgeschworenen vereidet sind, so ergiebt doch das Sitzungsprotokoll, daß der Fall der Ersetzung eines Hauptgeschworenen nicht eingetreten ist; die Behauptung der Beschwerde aber, daß es nicht kontirt, welche von diesen 13 Personen vereidet sind, ist unbegründet, da das Protokoll über die

Bildung des Schwurgerichts seiner Fassung nach die 12 Hauptgeschwornen von dem Ersatzgeschwornen unterscheidet, und daher nur die Ersteren unter den 12 vereideten verstanden werden können. Wenn ferner der Angekl. event. behauptet, daß durch die Ausloosung eines Ersatzgeschworenen sein Ablehnungsrecht in unzulässiger Weise beschränkt sei, da ihm nunmehr nur sieben Ablehnungen zugestanden, so ist auch diese Beschwerde unbegründet, da nach Art. 71 des Ges. v. 3. Mai 1852 die Erwägung, ob Ersatzgeschworene auszuloosen sind, dem freien, durch die NB. nicht anzufechtenden, Ermessen des Vorsitzenden anheimgegeben, übrigens noch ausdrücklich ausgesprochen ist, daß durch die Ausloosung von Ersatzgeschworenen sich die Zahl der Ablehnungen vermindert.

[2.] Der Angeklagte behauptet außerdem Verletzung der Vorschriften der §§ 19. 21 und 22 der Vdn. v. 3. Jan. 1849, weil bei der mündlichen Verhandlung — und zwar auf Beschluß des Gerichtshofes zum Zweck der Beweisaufnahme — eine amtliche Auskunft des Postamtes zu P. v. ꝛc. verlesen ist, welche besagt, daß am 11. Jan. ej. eine Geldsendung mit 98 Thlrn. von Berlin an den Angeklagten eingegangen, ihm auch laut Ablieferungsschein eingehändigt ist. Auch diese Beschwerde ist unbegründet, da die gedachte Auskunft sich nicht als die Wissenschaft eines einzelnen Beamten, sondern als das Resultat der verschiedenen, im Postverkehr üblichen Kontrollen darstellt, der Angeklagte auch selbst nicht behauptet hat, daß in diesem Falle ein einzelner Beamter über seine Wissenschaft hätte gehört werden können. Der Gerichtshof konnte daher auch, ohne die angeführten Vorschriften des Verfahrens zu verletzen, diese Auskunft Behufs der Beweisaufnahme verlesen lassen.

Antr. d. GStA.: gleichl. [30.—8.]

---

## Widerstand. — Amtshandlung. — Auftrag.

Ein nur für einen begränzten Bezirk bestellter Polizeibeamter z. B. ein Schulze befindet sich in der

**rechtmäßigen Ausübung seines Amtes, wenn er außerhalb seines Bezirks, aber auf Grund eines speziellen ihm von seinem, für den betr. Ort zuständigen, Vorgesetzten gegebenen Auftrags thätig ist.**

StGB. § 89 [n 13 14]. Vgl. B.-StGB. § 113.

**Erk. (Z. I.) v. 14. Sept. 1870 c. Kieseler** (547. I. Cr.).

Der Distrikts-Kommissar zu Z. hatte dem Schulzen G. den Auftrag ertheilt sowohl auf dem Arbeitsplatze als im Hause des K. nach angeblich gestohlenen Sachen zu suchen. Auf dem ersteren leistete K. gewaltsamen Widerstand und bestritt die Anwendbarkeit des § 89 des StGB.s, weil der Arbeitsplatz außerhalb des Gemeindebezirks liege, für welchen G. als Schulze bestellt sei (arg. § 63ff. II, 7. ALR.). Das OTr. hat die auf diesen Einwand gestützte NB. zurückgewiesen:

„zwar könne ein Schulze kraft eigener Machtvollkommenheit nur in seinem Dorfe, wo er das Schulzenamt vertrete, Amtshandlungen vornehmen; — in Ausführung des ihm von seiner vorgesetzten Behörde (dem Distriktskommissar) ertheilten Auftrags habe dagegen G. allerdings sich in Ausübung seines Amtes befunden."

Antr. d. GStA.: gleichl. [18.—8.]

---

**Unzuständigerklärung. — Freisprechung. — Rechtsmittel.**

**1. Die einer Unzuständigerklarung hinzugefügte Freisprechung von der der That in der Anklage gegebenen Qualifizirung ist bedeutungslos und erlangt keine Rechtskraft.**

**2. Ein eine Unzuständigerklarung enthaltendes Urtheil erster Instanz kann, selbst wenn es ungenügend motivirt ist, nicht durch Berufung, sondern nur durch Nichtigkeits-Beschwerde angefochten werden.**

StPO. §§ 47. 48.

**Erk. (V.) v. 14. Sept. 1870 c. Ochs** (OAG. II. 144).

O. war unter der Anklage des Feldfrevels (Vdn. v. 25. Juni 1867 Art III § 2) vor das PG. gestellt worden; dieses hatte sich aber „unzuständig" erklart, weil die That in gewinnsüchtiger Absicht verübt und deshalb als „Diebstahl" zu bestrafen sei. Auf die Berufung des StA.s, wies die StK. die Sache zur Hauptverhandlung an das PG. zurück, „da die Staatsbehörde gewinnsüchtige Absicht nicht annehme." Demzufolge verhandelte das PG. zum zweiten Male und erließ ein neues Urtheil, in dessen Gründen es abermals erwog, daß die That in gewinnsüchtiger Absicht verübt, somit als Diebstahl zu bestrafen sei, zu deren Erkennung nur die StK. Zuständigkeit habe, — sodann aber im Tenor von der aus § 2 Art. III. der cit Vdn. erhobenen Anklage „freisprach" und die Abgabe der Akten an das KG. anordnete Auch gegen dieses Urtheil ergriff der StA. die Berufung, weil die Freisprechung dem § 4 der StPO. nicht entspreche und die Unzuständigerklärung nicht genügend motivirt sei; die StK. hob nunmehr das angefochtene Urtheil auf und verurtheilte den O. „wegen Diebstahls" zu einer einwochentlichen Gefängnißstrafe Dieses Urtheil griff nunmehr der StA im Interesse des Angeklagten wegen Verletzung des § 47 der StPO als unzuständig erlassen durch NB. an: die StK. habe die Sache in die erste Instanz verweisen müssen; seine Entscheidung „in zweiter Instanz" verletzte den § 379 Abs. 2. — Das OAG. hat die Vernichtung ausgesprochen und die Berufung verworfen. Gründe:

Das Urtheil des Amtsgerichts zu H., durch welches der Angeklagte von der Uebertretung des § 2 Nr. 2 im Art. III. der Vdn. v. 25. Juni 1867 freigesprochen und die Akten an die Strafkammer des Kgl. KG.s abgegeben werden, stellt sich als ein Inkompetenzurtheil nach § 47 der StPO. dar. Dasselbe spricht in den Entscheidungsgründen aus, daß wegen der angeklagten That im vorliegenden Falle eine Bestrafung nach § 4 Nr. 2 im Art. III. cit. stattzufinden habe, zu deren Erkennung nicht das Polizeigericht, sondern die Strafkammer des KG.s kompetent sei, und gründet den obigen Ausspruch ausdrücklich auf § 47 der StPO.

Gegen ein solches Urtheil ist aber nach § 48 der StPO. ein anderes Rechtsmittel, als die Nichtigkeitsbeschwerde nicht gegeben. Die dagegen eingelegte Berufung des StA.s aus §§ 15 Nr. 1 und 364 Nr. 1 war zufolge der im Eingange des letztgedachten Paragraphen vorbehaltenen Ausnahme des § 48 unzulässig. Die Strafkammer mußte deshalb dieselbe nach § 373 l. c. zurückweisen, und daran konnte auch die in dem Urtheil erster Instanz ungehörigerweise enthaltene Freisprechung von einem Verbrechensbegriff nichts ändern, da diese deshalb, weil derselbe nach der Annahme des Gerichts im vorliegenden Falle auf die zur Aburtheilung stehende That (§ 4 der StPO.) keine Anwendung fand, ohne jede Bedeutung blieb.

Die von der StA.-schaft gegen das auf ihre Berufung vom KG. abgegebene sachliche Erkenntniß — im Interesse des Angeklagten — eingelegte NB. erscheint sonach begründet, und ist an dessen Stelle Verwerfung jenes unstatthaften Rechtsmittels, dessen Kosten dem Angeklagten unter allen Umständen nicht zur Last fallen, auszusprechen.

Antr. d. OStA.: gleichl. [66.—6.]

---

## Mißhandlung, leichte. — Geringe Thätlichkeit.

**Eine „leichte Mißhandlung" kann sehr wohl das Maaß einer „geringen Thätlichkeit" im Sinne des § 77 der Gesind.-Ordn. v. 8. Novbr. 1810 überschreiten.**

StGB. § 187 [S 327 n. 12]. Vgl. B.StGB. § 223.

Erk. (Z. I) v. 14. Sept 1870 c. Rösener (596. I. Cr.). [18.—8.]

---

## Postbeamter. — Brief. — Unterdrückung.

**Als „Unterdrückung" eines der Post anvertrauten Briefes durch einen Postbeamten ist jede Entziehung eines solchen aus dem Postverkehr zu verstehen.**

StGB. § 328 [n. 5]. Vgl. B.-StGB. § 354.

Erk. (Z. II.) v. 15. Sept. 1870 c. Baatz (248. I. Cr.).

Der Postexpeditionsanwärter B. hatte einen an eine fingirte Person „Schr in K." addressirten Brief zur Post gegeben, auf denselben 10 Thlr Postvorschuß selbst aus der Postkasse entnommen und den betr. Vermerk auf der Adresse mit einem falschen Namen W. unterzeichnet. Als dieser Brief (weil unbestellbar) zurückkam, theilte B. dem Annahmebeamten L. mit, derselbe sei von dem Expedienten St zu E. abgesendet und schlug vor, an diesen die Rücksendung zu bewirken. Demzufolge schrieb L. den Brief dem B. selbst als zeitigen

Abfertigungsbeamten zu; dieser ließ aber den Brief nicht an St. in E. abgehen, sondern steckte ihn in ein neues Couvert und addressirte ihn abermals an eine fingirte Person K. in K., setzte wiederum eine mit einem falschen Namen unterzeichnete Postvorschußquittung über 10 Thlr. darauf (ohne gleichwohl abermals einen solchen Betrag aus der Postkasse zu entnehmen) und ließ so den Brief abgehen. Hierin hatten die Instanzrichter den Thatbestand der „Unterdrückung“ eines der Post anvertrauten Briefes gefunden. NB. Zurückweisung. Gründe

Die Unterdrückung konnte in jeder Entziehung des Briefes aus dem Postverkehr erkannt werden, an welchem letzteren die Postbehörde ein eigenes Recht und Interesse, wie die Pflicht hatte, nur ihrerseits in dem amtlichen Wege denselben zum Ziele, d. h. in die Hände des wahren oder zu ermittelnden Addressaten gegen die dafür zu fordernde Zahlung und Empfangsversicherung, zu führen. Ob der Angeklagte den Brief schon dadurch der Gewahrsam der Postbehörden entzogen habe, daß er ihn an sich nahm, statt ihn in seiner Eigenschaft als Abfertigungsbeamter an den sogenannten St. in E. laufen zu lassen, oder erst durch die anderweitige Couvertirung und Versendung unter einer anderen Addresse, war lediglich eine Thatfrage, und ein Verstoß gegen § 328 des StGB.s ist in letzterer Annahme nicht zu erkennen. Unbedenklich konnte hierin von den Richtern die That der Unterdrückung des der Postbehörde anvertrauten Briefes, welcher für diese damit verschwunden war, erblickt werden und solches ist nach den vorderrichterlichen Ausführungen ohne Rechtsirrthum geschehen.

Antr. d. GStA.: gleichl. [23.–3.]

---

## Non bis in idem. — Gewerbe-Polizei-, Gewerbesteuer-Vergehen.

Ist über eine, wegen unkonzessionirten Schenkwirthschaftsbetriebs erhobene Beschuldigung ab- und wegen Verjährung auf Freisprechung erkannt worden, so ist es unstatthaft, denselben Schenkwirthschaftsbetrieb, weil er nicht zur Besteuerung ange-

**meldet worden, als Steuer-Vergehen zum Gegenstande einer neuen Beschuldigung zu machen.**

Gew.-Ordn. v. 17. Jan. 1845 § 177. Vgl. B.-Gew.-Ordn. v. 21. Juni 1869 § 147; RdOTr. 10. S. 750; 11. S. 57.

Erk. (Z. II.) v. 15. Sept. 1870 c. Gerritzen (229. II. Cr.).

Antr. d. GStA.: gleichl. [23.—3.]

---

**Bankerutt, einfacher. — Zahlungseinstellung. — Kausalzusammenhang.**

**Die Strafbarkeit des einfachen Bankerutts ist nicht durch einen Kausalzusammenhang zwischen der betr. Einzelhandlung (Unterlassung) und der Zahlungseinstellung bedingt; der Nachweis des Mangels eines solchen Zusammenhangs schließt die Bestrafung nicht aus.**

StGB. § 261 [n 3]. Vgl RdOTr. 1. S. 346; 5. S. 42; 9. S. 635).

Erk. (Z. II.) v. 15 Sept. 1870 c. Herdickerhoff (280. II. Cr.).

Für die Bestrafung aus § 261 des StGB s ist überhaupt der vom Angeklagten vermißte Nachweis einer Kausalverbindung zwischen den unter Nr. 1—4 artikulirten thatsächlichen Verhältnissen und der Zahlungseinstellung nicht zu erfordern, solche muß vielmehr nach seinem alle Requisiten erschöpfenden Wortlaute so oft eintreten, als nur einer der unter Nr. 1—4 aufgeführten Fälle gegen einen Kaufmann für thatsächlich festgestellt erachtet wird, welcher seine Zahlungen eingestellt hat. Das Gesetz beruht auf der auch durch Gegenbeweis nicht zu beseitigenden Annahme, daß beim Vorhandensein der thatsächlichen Voraussetzungen jener Fälle dieselbe nicht ohne Einfluß auf die demnächst eingetretene Zahlungseinstellung geblieben seien, wenigstens dazu mitgewirkt haben. Es kommt diesem Strafgesetz gegenüber auch gar nicht darauf an, ob andere Umstände als erkennbare Ursachen der Zahlungseinstellung nachzuweisen sind, und hat der App.-Richter daher auch mit Recht die desfallsigen Anführungen des Angeklagten für unerheblich erklärt.

Antr. d. GStA.: gleichl. [32.—3.]

---

**Rheinisches Verfahren. — Kass.-Rekurs. — Succumbenz-Strafe.**

**1. Wird ein Kassations-Rekurs wegen „Nicht-hinterlegung der Succumbenzstrafe" als unannehmbar verworfen, so erfolgt nicht eine Verurtheilung zur Succumbenzstrafe.**

**2. Zeigt sich dann später, daß die Hinterlegung des betr. Betrags doch erfolgt war, so kann die Rückgabe durch ein Nachtragsurtheil vom Ober-Tribunal angeordnet werden.**

Ges. v. 14. brum. V. Art. 1; Rh. StPO. Art. 419. Vgl. RhOTr. 2. S. 423

**Erk. (II.) v. 15. Sept. 1870 c. Propach** (186. II. Cr.).

Der von Pr. wider ein verurtheilendes Erkenntniß der zuchtpolizeilichen App.-Kammer ergriffene Kassationsrekurs war von dem OTr. als unannehmbar verworfen worden, weil der Kassationskläger die erfolgte Hinterlegung der Succumbenzstrafgelder nicht nachgewiesen hatte Nachträglich reichte nun die Ehefrau des Pr. eine Quittung ein, nach welcher sie (bereits vor dem ergangenen OTr.s Urtheil) die betreffende Summe für ihren Ehemann hinterlegt hatte. Da die rechtzeitige Vorlegung dieser Quittung durch das eigene Verschulden versäumt worden war, so trug dieselbe jetzt nur darauf an, es möge nachträglich die Rückgabe des hinterlegten Betrags verordnet werden, weil die betr. Kasse dazu nicht ohne Vorlegung eines vernichtenden Erkenntnisses übergeben wolle. Diesem Antrage hat das OTr entsprochen, und in einem Nachtrags-Erkenntnisse die Rückgabe jener Beträge „an die Deponentin" beschlossen, indem es erwog:

daß das Urtheil dieser Stelle v. rc. eine Succumbenzstrafe nicht ausgesprochen hat, und bei der Sachlage von einer Rückerstattung der Succumbenzgelder nichts enthalten konnte, somit dermalen noch hierüber auf das desfallsige Gesuch der Ehefrau Propach v. 12. Juli cr. zu entscheiden ist.

J. E., daß wenn der Art. 437 der StPO. die Rückgabe der Succumbenzgelder als Folge des vernichtenden Urtheils verfügt, dadurch nicht ausgeschlossen wird, daß durch besonderen Beschluß aus anderen Gründen diese Rückgabe verordnet werden kann;

daß nach der konstanten Praxis des Kgl. OTr.s in

dem Falle, wo der Kass.-Rekurs Mangels Hinterlegung der Succumbenzgelder als unannehmbar verworfen wird, eine Verurtheilung in die Succumbenzstrafe nicht stattzufinden hat, weil in diesem Falle auf eine Prüfung des Rechtsmittels selbst weiter nicht eingegangen werden kann, und daher auch eine wahre Succumbenz nicht vorliegt;

daß daraus folgt, daß auch dann, wenn, wie im untergebenen Falle, die wirklich hinterlegte Succumbenzstrafe, weil dem Gerichte zur Zeit seiner Entscheidung eine Kenntniß davon nicht verschafft worden war, ohne Wirkung geblieben ist, und dadurch namentlich eine Sachlage erzeugt wurde, daß der eingelegte Kass.-Rekurs wegen Mangels der Hinterlegung der Succumbenzgelder als unannehmbar zurückgewiesen werden mußte, — die Rückerstattung der Succumbenzgelder an den Deponenten gerechtfertigt erscheint.

Antr. d. GStA.: gleichl. [27.—9.]

---

## Beschwerde. — Gericht.

**Den Kreisgerichten steht es nicht zu, gegen Anordnungen des App.-Gerichts beim Ober-Tribunal Beschwerde zu führen.**

Ges. v. 3. Mai 1852 Art. 11 [n 23]. Vgl. RdOTr. 2. S. 36; 4. S. 52; 7. S. 101.

Beschl. (I) v. 15. Sept. 1870 c. Wilsch (286 B. I. Cr.)

Nachdem der StA. gegen das erstinstanzliche Urtheil die Appellation ergriffen hatte, ordnete das AG. die kommissarische eidliche Vernehmung zweier (auch schon in erster Instanz vernommener) Zeugen an, „weil sich deren eidliche Vernehmung nicht aus den beiden Sitzungsprotokollen erster Instanz ergebe"; dieser Auflage leistete das KG. keine Folge, vielmehr ward den Sitzungsprotokollen ein vom Vorsitzenden und Gerichtsschreiber unterzeichneter Vermerk hinzugefügt, inhalts welches die vermißte Vereidung zweier Zeugen gleich bei der Vernehmung derselben erfolgt, und nur durch einen Schreibfehler des Gerichtsschreibers nicht gehörig protokollirt sei. Da das AG. nichts destoweniger seine erste Anordnung aufrecht erhielt, reichte das KG. eine Gegenvorstellung beim OTr. ein, in welcher auszuführen versucht ward, daß die Nichtprotokollirung jener Vereidung auf einem offenbaren aus dem Protokolle selbst zu entnehmenden Schreibfehler beruhe, sowie daß in einem solchen Falle eine nachträgliche Verbesserung oder Ergänzung des Protokolls nicht unstatthaft sei, und den Anforderungen des Gesetzes genuge

Das OTr. hat dem KG. eroffnet:

„daß an das OTr. nur Beschwerden der Parteien, aber nicht der Gerichte gelangen konnen; das KG. habe daher der Anweisung des ihm vorgesetzten AG.'s Folge zu leisten."

Antr. d. GStA.: gleichl. [18.—8.]

---

## Gewerbe im Umherziehen. — Bestellung, Verrichtung der Arbeit.

**Das im Umherziehen betriebene Aufsuchen von Bestellungen zu Gewerbsarbeiten z. B. zur gewerbsmäßigen Anfertigung von Schriften, ist nicht gewerb-[legitimations-]scheinpflichtig, wenn die Arbeiten nicht im Umherziehen, sondern am eigenen Wohnorte (mit der dazu erforderlichen Konzession) angefertigt werden. Dabei macht es auch keinen Unterschied, wenn jene Schriften von den Bestellern erst an ihrem Wohnorte unterzeichnet werden.**

Hauf.-Regul. v. 28. Apr. 1824 § 6. Vgl Erk. v. 18 Febr 1839 (Entsch. 5. S. 140); B.-Gew.-Ordn v. 21. Juni 1869 § 55 Nr. 4.

**Erk. (B. I.) v. 16. Sept. 1870 c. Arndt (631. I. Cr.).**

Der in Berlin wohnende und dort „zur Anfertigung schriftlicher Aufsätze für Andere gegen Entgelt" polizeilich konzessionirte A. hatte mehreren in verschiedenen anderen Orten wohnenden Personen unaufgefordert und ohne dazu bestellt zu sein, das Anerbieten gemacht, gegen eine ihm zu gewährende Belohnung eine Grundsteuer-Entschädigung für sie zu erwirken. Jene Personen hatten dieses Anerbieten angenommen und es sind demgemäß durch ihn mehrere Eingaben an die Konigl. Regierung abgefaßt und eingereicht worden Deshalb in erster Instanz wegen gewerbscheinloser Betreibung seines Gewerbes im Umherziehen verurtheilt, machte er in 2 Instanz unter Bezugnahme auf das Präjudiz des Plenums des Königl OTr.s v. 18. Febr. 1839 (Nr. 610 Entsch. 5 S. 140) geltend, daß er zwar die Beschäftigung im Umherziehen gesucht, die dabei aufgetragene Arbeit aber, nach der Natur seines Gewerbes, an seinem Wohnorte verrichtet habe. Das AG. erachtete aber diesen Einwand für unerheblich und bestätigte das erste Erkenntniß: „weil die Schriftstücke den Charakter schriftlicher Aufsätze erst durch die Namensunterschrift erhielten, auch die Uebernahme des Auftrags durch den Angeklagten und die Aufsuchung desselben doch jedenfalls außerhalb seines Wohnortes vor sich gegangen sei." — Auf die NB. des A. hat das OTr. dieses Urtheil vernichtet und die Sache in die 2 Instanz zurückverwiesen Gründe:

Das Wesentliche des Gewerbebetriebes eines Concipienten liegt nur in dem Anfertigen schriftlicher Aufsätze für Andere, nicht aber darin, auch dafür zu sorgen, daß sie von den Interessenten unterschrieben werden. Das bloße Anbieten von Arbeiten oder Diensten von Personen im Umherziehen ist aber noch nicht gewerbescheinpflichtig, sondern der § 6 des Hausir-Regulativs v. 28. April 1824 setzt voraus, „daß sie die Arbeiten oder Dienste im Umherziehen auch wirklich verrichtet haben," und das gilt auch von den im Schlußsatze des § 6 l. c. erwähnten Personen, wie gleichfalls bereits in dem oben erwähnten Erkenntnisse v. 18. Febr. 1839 ausgesprochen und ausgeführt ist.

Antr. d. GStA.: entg. [18.—6.]

---

## Unzüchtige Schrift. — Feilhalten. — Verbreiten. — Käufer.

1. Das „Feilhalten" unzüchtiger Schriften ꝛc. steht, (wenn es nicht unter den Begriff des „Ausstellens" fällt) dem Verkaufe nicht gleich; ebensowenig kann es als ein „Verbreiten" angesehen werden.

2. Ein „Ausstellen" liegt nicht vor, wenn eine verkäufliche Sache zwar im Verkaufslokale aber den Besuchern des letzteren nicht sichtbar ist.

3. Der Käufer einer unzüchtigen Schrift ꝛc. macht sich lediglich durch den Ankauf noch nicht der Theilnahme am Vergehen des Verkäufers schuldig.

StGB. § 151 [n. 3a]. — Vgl. B.-StGB § 184.

Erk. (Z. I.) v. 16. Sept. 1870 c. Bukofzer (488. I. Cr.)

B. hatte „eine Anzahl Photographien und Cigarrenspitzen, welche unzüchtige Darstellungen enthielten, zum Zwecke des Verkaufs angeschafft, öffentlich zum Verkaufe derselben aufgefordert und in seinem

Verkaufslokale aufbewahrt," war aber von der aus § 151 erhobenen Anklage freigesprochen worden, weil er jene Gegenstände nicht „verkauft" und ebensowenig „ausgestellt," vielmehr in seinem Ladenlokal an einer verdeckten Stelle so aufbewahrt habe, daß Niemand ohne seine besondere Erlaubniß zu derselben gelangen konnte, zwar habe er eingeräumt, die Gegenstände zum Zwecke des Wiederverkaufs von einem Fabrikanten angekauft zu haben, hierin sei aber auch eine Beihülfe zum Vergehen dieses Verkäufers nicht zu finden. — Die NB. des OStA s, welche u. A. auszuführen suchte, daß (arg §§ 304. 345 Nr. 2. 5 StGB.) das „Feilhalten" dem „Verkaufe" gleich zu achten sei, wurde zurückgewiesen. Gründe:

[1.] Daß der Ausdruck: „Verkaufen" mit „Feilhalten" identisch sein soll, ist weder nach dem Sprachgebrauche noch nach den Bestimmungen des StGB.s zuzugeben. „Feilhalten" bezeichnet lediglich das thatsächliche Angebot zum Ankaufe der diesfälligen Waaren; „Verkauf" ist dagegen die Verwirklichung dieses Angebots. Dies geht auch aus den, von der NB. selbst angezogenen Gesetzstellen hervor. Der § 304 l. c. redet vom „Verkaufen" oder „Feilhalten"; der § 345 Nr. 5 l. c. nur von Feilhalten und bestraft bereits dieses. Der § 345 Nr 1 l. c. gedenkt blos des „Verkaufes" von Gift und Arzeneien und wenn die Rechtsprechung hierbei angenommen hat, daß auch das Feilbieten zum Verkaufe hierunter begriffen ist, so wird dies mehr durch den vorangehenden Ausdruck „zubereiten" gerechtfertigt, als durch den, dem Worte „verkaufen" beiwohnenden Sinn. Ebensowenig kann hier, nachdem, was festgestellt ist, von einem „Verbreiten" die Rede sein; denn daß die Bilder mit Beschlag belegt worden, und so zur Kenntnißnahme der betheiligten Beamten gelangt sind, hat doch nicht der Angeklagte bewirkt und daß er dieselben von einem Dritten gekauft hat, stellt sich zwar als ein Verbreiten dem Verkäufer gegenüber dar, nicht aber hinsichts des Käufers, was keiner weiteren Ausführung bedarf.

[2.] Es fragt sich demnächst, ob etwa der Angeklagte die Bilder an Orten, welche dem Publikum zugänglich sind, ausgestellt hat. Ausstellen heißt nichts Anderes als: zur

Schau stellen. Nun hat aber namentlich der App.-Richter als erwiesen angesehen, daß die unzüchtigen Darstellungen in Behältnissen des Verkaufslokals sich befunden, welche den Blicken der im Laden Anwesenden entzogen waren, was namentlich auch in Betreff der, in den Glaskasten befindlichen Bilder angenommen werden müsse, da diese innerhalb der Cigarrenspitze verborgen gewesen, so daß sie den durch die Scheiben in den Glaskasten sehenden Personen keineswegs wahrnehmbar waren. Schließlich stellt der App.-Richter in Uebereinstimmung mit dem ersten fest, daß die Bilder den, den Laden besuchenden Personen nicht sichtbar gewesen sind. Gegen diese thatsächliche Feststellung läßt sich nicht ankämpfen, und sie enthält auch keinen Rechtsirrthum, da, wie bereits erwähnt, wenn ein „Ausstellen" im Sinne des § 151 l. c. vorhanden sein soll, der bezügliche Gegenstand dem Blicke dritter Personen Preis gegeben sein muß. Dies ergiebt sich aus dem gleich darauf im Gesetz hervorgehobenen Falle, des Anschlagens an öffentlichen Orten, und aus dem inneren Grunde den der Gesetzgeber gehabt und der darin besteht, daß die Erregung sinnlicher Begierden verhindert werden soll. Wo aber Nichts zu sehen ist, da kann auch von einer derartigen Erregung, sobald es sich wie hier um bildliche Darstellungen handelt, nicht die Rede sein.

[3.] Endlich kann nach dem von den Vorderrichtern festgestellten Sachverhältniß nicht angenommen werden, daß der Angeklagte als bloßer Käufer, Theilnehmer an der von dem Verkäufer begangenen, nach § 151 des StGB.s strafbaren Handlung, geworden, obschon andere Fälle unter gegebenen Umständen zu einer derartigen Annahme führen können.

Antr. d GStA.: entg. [20.—6.]

---

**Beschluß. — Motivirung. — Ablehnung der Eröffnung der Untersuchung.**

**Ein die „Eröffnung der Untersuchung" ablehnender Beschluß ist genügend motivirt, wenn er ausspricht, daß der Beschuldigte der ihm zur Last gelegten That „nicht genügend belastet erscheine."**

Vdn v. 3. Jan 1849 § 40 [n. 2].

**Beschl.** (I.) v. 16. Sept. 1870 c. **Lehmann** (244 B. I.). [28.—8.]

---

**Geschworener. — Ersatzgeschworener. — Eintritt.**

**Ob Grund vorliege, einen gezogenen Ersatzgeschworenen an der Stelle eines Hauptgeschworenen eintreten zu lassen, unterliegt nur dem instanzrichterlichen Ermessen.**

Ges. v. 3. Mai 1852 Art. 72 [n. 1.] Vgl. oben S. 449.

**Erk.** (I.) v. 16. Sept. 1870 c. **Quasebarth** (745. I. Cr.).

Am zweiten Tage der schwurgerichtlichen Verhandlung gegen Q. und Genossen war der Hauptgeschworene K. ausgeblieben und hatte dieses sein Ausbleiben brieflich durch „Krankheit" entschuldigt. Der StA beantragte: der Gesundheitszustand des K. durch den Gerichts-Physikus untersuchen, bei der Verhandlung aber den gleich anfänglich gezogenen Ersatzgeschworenen H. an der Stelle des K eintreten zu lassen. Obgleich die Vertheidiger diesem letzteren Antrage für den Fall, „wo die ärztliche Untersuchung des K. beliebt würde" widersprachen, gab der SH. demselben statt, indem er erwog: „es liege kein Grund vor, die Angabe des K. in Betreff seiner Erkrankung zu bezweifeln." — Die NB der Angeklagten suchte auszuführen, daß sie ein Recht auf die Mitwirkung des K. als Geschworenen gehabt hätten, so lange nicht ein wirkliches Hinderniß nachgewiesen sei. Zurückweisung. Gründe:

Es handelt sich hier um die Entlassung resp. Ersetzung eines Geschworenen während des Laufs der bereits begonnenen Verhandlung. In solchem Falle muß dem Gerichtshofe um so mehr das freie Ermessen über das Vorhandensein eines wirklichen Hinderungsgrundes zustehen, also auch über die Frage: ob eine förmliche und zuverlässige Feststellung des Hinderungsgrundes zu veranlassen sei, als es sich um die Unterbrechung der Verhandlung für eine völlig unbestimmte Dauer handelt. Den Angeklagten steht daher ein Widerspruchsrecht gegen den nach pflichtmäßigem Ermessen des Gerichtshofes gefaßten Beschluß auch in diesem Falle nicht zu. Die Fassung des Art. 72 des Ges.s v. 3. Mai 1852: „Wird die Ersetzung eines Hauptgeschworenen nothwendig u. s. w.," deutet nur an, daß die Ersetzung nur aus wirklichen Hinderungsgründen angeordnet werden solle.

Antr. d. GStA.: gleichl. [15.—6.]

---

**Beweisantrag. — Widerspruch. — Entscheidung. — Motivirung.**

**Nichtigkeit tritt ein, wenn das Gericht eine vom Angeklagten beantragte Beweisaufnahme gegen den Widerspruch des Staatsanwalts ohne Angabe von Grunden beschliesst.**

StPO §§. 251. 256.

**Erk. (V.) v 21. Sept. 1870 c. Degener** (OAG. II. 157).

Mit Recht rügt die NB., daß der Gerichtsbeschluß: der Entlastungszeuge D. solle vernommen werden, nach Ausweis des nach der StPO. § 258 allein maßgebenden Sitzungsprotokolls, unter Verletzung der StPO. §§ 251 und 256 ohne Angabe von Gründen verkündet worden ist und folglich nicht erkennen läßt, ob der Widerspruch der Kronanwaltschaft gegen die Vernehmung des Zeugen wegen Unerheblichkeit und Unbestimmtheit des Beweissatzes aus thatsächlichen oder rechtlichen Gründen verworfen worden ist. Denn die angegebenen, im Interesse der Rechtsmittel getroffenen und darum als wesentlich anzusehenden Vorschriften des Verfahrens ordnen ausdrücklich an, daß das Gericht die Entscheidung über den Widerspruch der StA.-schaft gegen die Vornahme einer Beweisaufnahme nicht nur treffen, sondern auch mit Gründen verkunden und für die Aufnahme des Beschlusses nebst den Gründen in das Sitzungsprotokoll sorgen soll.

Antr. d. GStA.: gleichl. [65.—6]

---

**Preusse. — Fremder Bundesstaat. — Vergehen.**

**Ein Preusse, welcher in einem andern Bundesstaate ein Vergehen begangen hat, ist in Preussen nach preussischen Gesetzen zu bestrafen, sollte das am Orte der Begehung geltende Strafgesetz auch milder sein; eine Ausnahme von diesem Grundsatze tritt nur bei politischen und Pressvergehen ein nach dem**

Bund.-Rechtshülfe-Ges. v 21. Juni 1869 § 27. — StGB. § 4 Nr. 3 [n. 40a]. Diese Ausnahme fällt weg mit der Einführung des B.-StGB.s vgl cit. Ges. § 25.

Frk. (V) v. 21. Sept. 1870 c. Eichhorn (OAG. II. 138).

E. (Preuße) war wegen eines im Hessischen (Bundes-) Gebiete verübten Jagdfrevels nicht aus §§ 274 ff. des Pr. StGB s, sondern (arg. Bund.-Ges. v. 21. Juni 1869 § 27) aus dem (milderen) Hessischen Gesetze bestraft worden. Auf die NB. des OStA s ist das Erkenntniß 2. Instanz vernichtet und die Sache an das AG. zurückverwiesen worden.

Allerdings weicht die im § 27 i. f. des Bundesgesetzes vom 21. Juni v. J. statuirte Berücksichtigung des milderen Gesetzes desjenigen Staates, in dessen Gebiete die zu bestrafende Handlung verübt worden, von der im Pr. StGB. § 4 Nr. 3 angenommenen Regel ab, daß ein Preuße wegen auswärts begangener Verbrechen oder Vergehen, sofern nur die That auch nach dem am Orte ihrer Verübung geltenden Gesetze überall strafbar ist, von den Preußischen Gerichten nur nach den Gesetzen des eigenen Landes bestraft werden soll, und es unterliegt nach Art. 2 der Verfassung des Norddeutschen Bundes keinem Zweifel, daß vermöge des Vorgehens der Bundesgesetze vor Landesgesetzen die erwähnte Regel des Pr. StGB.s durch das fragliche Bundesgesetz nicht allein eingeschränkt werden konnte, sondern auch ganz hätte aufgehoben werden können. — Aber weder nach wörtlicher Auslegung, noch nach dem sonst erkennbaren gesetzgeberischen Willen kann angenommen werden, daß durch die Schlußbestimmung im § 24 des B.-Ges.s vom 21. Juni v. J. ein strafrechtliches Prinzip habe aufgestellt und allgemein zur Geltung gebracht werden sollen. Im Gegentheil ergiebt die Entstehungsgeschichte dieses Gesetzes, daß dabei ausschließlich die Regulirung der Rechtshülfe auf Grund der bestehenden Landesgesetze angestrebt und jedes Eingreifen in die letzteren als soweit thunlich vermeidenswerth betrachtet worden ist. Daraus folgt, daß bei den wenigen in jenes Gesetz dennoch aufgenommenen materiellen Strafrechtsbestimmungen eine ausdehnende Auslegung nicht statthaft ist. Nach wörtlicher Auslegung aber leidet der ganze § 27 nur Anwendung auf diejenigen Ausnahmefälle, in denen nach § 25 bis zum Erlaß eines gemeinsamen Strafgesetzbuchs keine Auslieferung stattfinden soll, und die Schlußbestimmung des § 27 insbesondere, da dieselbe zu den unter Rubrik 2 und 3 des § 25 befaßten Fällen außer Verhältniß steht, nur auf die im § 25 sub 1 aufgeführten politischen oder mit der Presse verübten Vergehungen, bei denen, wie aus den Verhandlungen der gesetzgebenden Organe hervorgeht, ein Korrektiv dagegen getroffen werden sollte, daß die aus Humanitätszwecken statuirte Versagung beantragter Auslieferung nicht schließlich dem Angeschuldigten zum Schaden gereiche. — Die Richtigkeit dieser Auffassung wird überdies noch dadurch bestätigt, daß in dem inzwischen emanirten StGB. f. d. N. Bund § 4 Nr. 3 wesentlich dieselbe Regel angenommen worden ist, welche das Pr. StGB. im § 4 Nr. 3 enthält, ohne daß in den vorgängigen legislatorischen Verhandlungen von einem Wechseln des Prinzips die Rede gewesen wäre. Da es solchemnach des BGes.s v. 21. Juni v. J. ohnerachtet bei der im Pr. StGB. § 4 Nr. 3 aufgestellten Regel sein Bewenden behalten hat, und der Angeklagte E. derartiger Vergehungen, auf welche sich die Ausnahmebestimmung am Schlusse des § 27 jenes Gesetzes bezieht, nicht angeschuldigt ist, so hätte die Strafbarkeit der ihm angeschuldigten Handlung nicht nach dem Großherzogl. Hessischen Jagdstrafgesetze vom 19. Juli 1858, sondern nach dem Pr. StGB. § 274 ꝛc. beurtheilt werden müssen.

Antr. d. GStA. gleichl. [62—6.]

**Oeffentlichkeit. — Beleidigung. — Ort.**

**Eine wörtliche Ehrverletzung ist „öffentlich“ verübt, wenn sie an einem öffentlichen Orte gehört wurde, sollte der Thäter sich auch an einem nicht öffentlichen Orte befunden haben.**

StGB. § 152 [n 1]. Vgl. RdOTr. 10. S. 52; 11. S. 387.

**Erk. (Z.) v. 21 Sept. 1870 Wolf c. Fleischhacker** (OGH. II. 98).

Die Worte des Gesetzes (§§ 152. 156 des StGB.s) geben zu der Annahme des Querulanten, als ob es bei der Frage nach der Oeffentlichkeit einer wörtlichen Ehrenkränkung allein auf den Ort ankomme, wo der Beleidiger steht, keine Veranlassung, vielmehr ist das Gesetz, in Uebereinstimmung mit dem zwischen vollendetem und versuchtem Verbrechen oder Vergehen stattfindenden Unterschiede, dahin zu verstehen, daß eine wörtliche Ehrenkränkung erst da als geschehen, das heißt als vollendet zu betrachten, wo sie die Wirkung des Gehörtwerdens hervorgebracht hat. Letzteres ist nach der Feststellung des ꝛc. rücksichtlich des Vergehens v. ꝛc. auf offener Straße erfolgt, wohin Querulant der vorübergehenden Privatklägerin die ihm zur Last gelegten Ehrenkränkungen so laut zugerufen hat, daß sie noch von zwei andern Personen vernommen worden sind. Demnach ist mit Recht das erschwerende Merkmal der Oeffentlichkeit jener Ehrenkränkung angenommen worden.

Antr. d. GStA.: gleichl. [62.—6]

---

1. **Eventualfrage. — Angeklagter.**
2. **Geschwornenspruch. — Verlesung. — Eingangsworte.**

**1. Der Angeklagte hat nicht das Recht, die Stellung einer Eventualfrage zu beantragen, und die Ablehnung eines solchen Antrags durch ein Rechtsmittel anzufechten.**

StPO. §§ 323. 326 Vgl. RdOTr 9 S. 30.

**2. Es begründet keine Nichtigkeit, wenn der Vorsteher der Geschwornen die Verlesung des Geschwornenspruches ohne die vorgeschriebenen Eingangsworte bewirkt hatte.**

StPO. § 338. Vgl. oben S. 414.

**Erk. (Z.) v. 21. Sept. 1870 c. Holzgreve** (OAG. II 150)

[1.] Das Rechtsmittel [der NB.] ist dann, wenn es sich um Stellung einer eventuellen Frage handelt, nur dem Kronanwalt, nicht dem Angeklagten gegeben, weil es für letztern nie einen Beschwerdegegenstand bilden kann, daß nicht im Falle der Verneinung der Frage der Fall den Geschwornen noch unter einem weiteren Gesichtspunkt zur Beurtheilung verstellt worden. Uebrigens müßte die Beschwerde auch daran scheitern, daß dieselbe aus thatsächlichen, einer nähern Auseinanderlegung nicht bedürfenden Gründen verworfen worden ist, und eine Nöthigung zur Stellung beantragter eventueller Fragen nach § 323 nicht wie bei Nebenfragen nach §§ 319. 320 der StPO. und Zusatzfragen nach § 321 besteht.

[2.] Der Nichtgebrauch der im § 338 vorgeschriebenen Eingangsworte würde als eine Nichtigkeit begründende Verletzung einer wesentlichen Vorschrift nicht gelten können, und ebensowenig der Umstand, daß die vollständige Verkündigung des Geschwornenausspruchs nicht alsbald auf das Befragen des Vorsitzenden nach dem Ergebnisse der Berathung, sondern erst auf eine weitere eine Ergänzung der Antwort veranlassende Frage erfolgte.

Antr. d. GStA.: gleichl. [66.—6.]

---

**Nichtigkeitsbeschwerde. — Ausfertigung. — Bevollmächtigter.**

Es steht dem Angeklagten zu, zur Empfangnahme der Urtheilsausfertigung einen Nicht-Anwalt zum Bevollmächtigten zu bestellen, wenn er selbst zeitweilig von seiner Wohnung abwesend ist. Hat er einen solchen Antrag gestellt, so kann die durch

**Aushang bewirkte Urtheilszustellung den Lauf der Rechtsmittelfrist nicht begründen.**

Ges. v. 3 Mai 1852 Art. 33 [n. 5] Vgl. RbOTr. 2. S. 542; 9. S. 520.

**Beschl. (I.) v. 21. Sept. 1870 c. K. (249 B. I. Cr.).**

Der Schiffer K. hatte gegen das ihn verurtheilende Erkenntniß 2. Instanz beim KG. rechtzeitig die NB. zu Protokoll angemeldet und gleichzeitig gebeten die Ausfertigung des angefochtenen Urtheils dem ꝛc F. zu behändigen, welcher von ihm bevollmächtigt sei, für ihn die NB. zu rechtfertigen und die betr. Schrift durch einen RA legalisiren zu lassen. Gestützt war dieses Gesuch darauf, daß er selbst im Sommer zu Schiffe abwesend sei, so daß eine in seinem Wohnorte bewirkte Zustellung ihn nicht leicht erreichen werde. Das KG. verfügte indessen die Behändigung jener Ausfertigung an K. selbst, ließ, als derselbe in seiner Heimath nicht angetroffen wurde, die betr. Stücke vierzehn Tage lang an der Gerichtsstelle anheften, und wies dann die NB durch Verfügung zurück, weil in der zehntägigen Präklusivfrist eine Rechtfertigung nicht eingegangen sei. Auf die Beschwerde des K. hat das OTr. diese Verfügung aufgehoben und dem KG. aufgegeben, dem Angeklagten eine Ausfertigung in der von ihm beantragten Weise behändigen zu lassen. Gründe:

Eine gesetzliche Vorschrift, nach welcher ein Angeklagter oder eine Prozeßpartei, die genöthigt ist, im Laufe des Prozesses zu verreisen, verhindert sein sollte, blos zur Empfangnahme von Erkenntnißausfertigungen und sonstigen gerichtlichen Verfügungen einen Bevollmächtigten zu bestellen, der nicht zugleich Rechtsanwalt ist, besteht nicht. Einen solchen Bevollmächtigten hatte der Angeklagte zum Protokoll v. ꝛc. in der Person eines gewissen F. bestellt und es stand daher nichts im Wege, diesem an Stelle des Angeklagten die Ausfertigung des Appellationserkenntnisses zustellen zu lassen. Daß F. die Rechtfertigung der NB. für den Angeklagten nicht selbst anfertigen oder unterzeichnen konnte, ist zwar richtig, rechtfertigt aber die abweisenden Verfügungen v. ꝛc. nicht, weil die Möglichkeit nicht ausgeschlossen war, daß F. auf anderem Wege eine legale Rechtfertigungsschrift für den Angeklagten besorgen konnte.

Antr. d. GStA.: gleichl. [28.—8.]

## Vernichtung einer Urkunde. — Dolus.

**Die Vernichtung einer Urkunde hört darum nicht auf eine vorsätzliche zu sein, weil der Thäter glaubte, der Inhalt derselben sei ein anderer, als in Wirklichkeit der Fall war.**

StGB. § 243 Nr. 8 [n. 52] Vgl. R.-StGB § 274 Nr. 1.

Erk. (V.) v. 21. Sept 1870 c. Pletsch (OAG. II 153).

Die Ehefrau Pl. hatte über eine für ein erkauftes Gut an sie geleistete Abschlagszahlung von 355 Thalern ihrem Sohne eine Quittung ausgestellt, dieselbe aber später ergriffen und zerrissen. Hierin fanden die Anklage und das Urtheil 1. Instanz den Thatbestand des § 243 Nr. 8 des StGB.s. In 2. Instanz wendete sie wiederholt ein: sie sei lesensunkundig und habe die von ihrem Manne geschriebene Quittung, im Glauben, daß sie nur über die wirklich gezahlten 355 Thlr. spreche, mit ihrer Namensunterschrift versehen; später habe aber ihr Sohn behauptet: die Quittung laute über den ganzen Betrag der Verkaufssumme von 900 Thlrn.; obgleich dieses nun nicht der Fall war, so habe sie es doch geglaubt, und in ihrer Bestürzung hierüber, nicht gewußt, wie sie sich gegen eine rechtswidrige Handlung anders vertheidigen könne, als durch Vernichtung des Scheins; den Empfang der 355 Thlr. habe sie dagegen nie bestritten, vielmehr darüber sofort eine neue Quittung ausgestellt. — Der App.-Richter nahm diesen Einwand als erwiesen an und hielt deshalb die erhobene Anklage für nicht begründet, weil „die Absicht der Pl. nicht darauf gerichtet gewesen sei, den Besitzer der Quittung bezüglich der geleisteten Zahlung von 355 Thalern zu benachtheiligen; vielmehr sei ihre Willensmeinung nur dahin gegangen, die, wie sie irrthümlich unterstellte, den Abtrag der ganzen Anschlagssumme beweisende Urkunde aus dem Wege zu räumen; sie habe also gar nicht diese Urkunde vernichten wollen, und auch die Vernichtung einer über die Gesammtsumme lautenden Quittung nicht versucht, weil eine solche nicht existirte, ein Anfang der Ausführung des Vergehens in Betreff einer solchen also nicht möglich gewesen sei." Dagegen strafte er aus § 281 des StGB.s.

Auf die NB. des OStA.s ist dieses Erkenntniß vernichtet und die Sache an das AG. zurückverwiesen werden. Gründe:

Nach den Feststellungen des ersten Richters kann die Willensrichtung der Angeklagten nur so aufgefaßt werden, daß sie die von ihr unterkreuzte Urkunde vernichten wollte und zu deren Vernichtung nur durch die irrige Annahme bestimmt wurde, daß dieselbe einen bei der Ausstellung nicht gewollten Inhalt habe, hiernach also die Identität des Gegenstandes ihrer That bei ihr nicht in Zweifel war, ihr Irrthum vielmehr auf dem Gebiete des Beweggrundes lag. Die Annahme des Vorderrichters, daß die Angeklagte diese Urkunde nicht habe vernichten wollen, woraus derselbe die Unanwendbarkeit des § 243 Nr. 8 des StGB.s herleitet, entfernt sich deshalb von den thatsächlichen Feststellungen des ersten Richters, welche nach § 377 der StPO. so, wie sie vorlagen, der Entscheidung in der Berufungsinstanz zu Grunde zu legen waren, insofern nicht eine Wiederaufnahme des Beweisverfahrens dortselbst eine anderweite thatsächliche Feststellung begründete, woran es vorliegend fehlt.

[64.—6.]

---

**1. Berufungsrichter. — Neue Beweisaufnahme. — Motivirung.**

**2. Hazardspiel. — Gewerbe-Machen. — Begriff.**

1. Der Berufungsrichter kann auch dann, wenn er seinerseits eine wiederholte vollständige Beweissaufnahme bewirkt hat, zur Begründung seiner Entscheidung auf die (thatsächlichen) Ausführungen des ersten Richters zurückverweisen.

StPO §§ 386 353.

2. Zum Begriffe eines „Gewerbe-Machens" (vom Hazardspiel) gehört nicht nothwendig ein Geschäftsbetrieb mit einer Mehrheit von Personen. Ein solches Gewerbe-Machen kann auch aus einem einzigen erwiesenen Falle gefolgert werden.

StGB. § 266 [n. 4].

**Erk. (Z.) v. 21. Sept. 1870 c. Strauss (OAG. II. 168).**

Die NB. des aus § 266 des StGB.'s verurtheilten Str. rügte u. A. als Verletzung der §§ 386. 353 der N. StPO., daß der App.-Richter, nachdem er das Beweisverfahren wieder aufgenommen, seine demgemäß getroffenen [mit den erstrichterlichen übereinstimmenden]

Feststellungen nicht selbstständig begründet, sondern in dieser Beziehung auf die erstrichterlichen Feststellungen verwiesen habe. -- Zurückweisung. Gründe:

[1.] Der § 353 des StPO., auf welchen § 386 verweist, bestimmt nur, daß die Thatsachen und Beweismittel, auf welche sich die Feststellungen gründen, in den Entscheidungsgründen einzeln anzugeben sind. Es ist hiernach nicht ausgeschlossen, daß, selbst wenn die Beweisaufnahme in 2. Instanz nicht eine blos theilweise ist, sondern die Gesammtheit der Merkmale der strafbaren That umfaßt, wegen einzelner Thatsachen oder Beweismittel auf die Darstellung oder Ausführung im Erkenntnisse des Gerichts 1. Instanz zurückgewiesen wird; denn auch hierin liegt die Angabe der Motive des Gerichts.

[2.] Es ist zwar richtig, daß zu dem Begriffe eines Gewerbes eine in einer bestimmten Richtung fortgesetzte Thätigkeit mit der Absicht des Gewinnes gehört. Allein die Gerichte haben auch den Satz, daß eine jede auf Erwerb gerichtete vereinzelte Handlung wie ein Gewerbe zu behandeln sei, gar nicht aufgestellt. Andererseits ist es aber keineswegs erforderlich, wie der Angeklagte irrig annimmt, daß der Geschäftsbetrieb mit einer Mehrheit von Personen geschah, und daß derselbe wiederholt an verschiedenen Tagen erfolgte. Ob aber selbst aus einer einzigen Handlung bei dem Hinzutreten anderer Umstände ein Gewerbe-Machen als festgestellt angenommen werden kann, ist ebenfalls eine Beweisfrage, welche im Wege der Nichtigkeitsbeschwerde nicht zur Erörterung gebracht werden kann.

Antr. d. GStA.: gleichl. [63.—6]

---

1. **Gewerbepolizei-, Gewerbesteuer-Vergehen. — Strafmaaß.**
2. **Gewerbesteuer. — Kleinhandel. — Schenkwirthschaft.**

1. Hat Jemand ohne die erforderliche polizeiliche Konzession Schenkwirthschaft betrieben und

sich dadurch gleichzeitig eines Gewerbesteuervergehens schuldig gemacht, so darf nicht auf eine geringere als auf die verwirkte Steuerstrafe erkannt werden.

B.-Gew.-Ordn. v. 21. Juni 1869 § 147. Vgl. RdOTr. 3. S 538; 8. S. 686; 9. S. 658; 10. S. 425. 522.

2. Wird der (als solcher besteuerte) Kleinhandel mit Branntwein betrieben, so ist dafür noch eine besondere zusätzliche Steuer zu entrichten.

Gew.-Steuer-Ges. v 30. Mai 1820 §18; Ges. v 29. Juli 1861 §§ 15. 12B.

Erk. (B. I) v. 21. Sept. 1870 c. Wohlgemuth (673. I. Cr.,.

[1.] Es steht fest, daß der Angeklagte den Kleinhandel mit geistigen Getränken, ohne die nach § 33 des B.-Gew.-Ordn. v. 21. Juni 1869 erforderliche polizeiliche Konzession neben seinem Materialwaarengeschäft, welches er in Klasse A. II. des Ges. v. 19. Juli 1861 versteuert, betrieben hat. Mit Recht ist daher der Angeklagte auf Grund des § 147 Nr. 1 der gedachten Gew.-Ordn. zu Strafe verurtheilt, so daß es sich gegenwärtig nur noch um die Höhe dieser Strafe handelt. Der Schlußsatz des § 147 l. c. bestimmt aber — gleichlautend mit § 177 der Gew.-Ordn. v. 17. Jan. 1845 —:

„Enthält die Handlung zugleich eine Zuwiderhandlung gegen die Steuergesetze, so soll nicht außerdem noch auf eine Steuerstrafe erkannt werden; es ist aber darauf bei Zumessung der Strafe Rücksicht zu nehmen."

Nach vielfachen Entscheidungen des OTr.'s kann, wenn die Handlung zugleich ein Steuervergehen enthält, nicht auf eine geringere Strafe, als auf die verwirke Steuerstrafe erkannt werden. Dies gilt auch jetzt noch, da der Schlußsatz des § 147 der Gew.-Ordn. vom 21. Juni 1869 und der des § 177 der älteren Gewerbeordnung, wie schon bemerkt, gleichlautend sind.

[2.] Es kommt also im vorliegenden Falle darauf an, ob hier, wie die Anklage und die Staatsanwaltschaft behaupten, zugleich eine Zuwiderhandlung gegen die Steuergesetze vorliegt. Der Rekursrichter verneint dies, weil er annimmt, daß der Kleinhandel, auch wenn er mit Getränken resp. mit Branntwein und Spiritus, betrieben wird, in gewerbsteuerlicher Beziehung in Gemäßheit des Gewerbesteuergesetzes vom 30. Mai 1820 und des Zusatzgesetzes vom 29. Juli 1861 mit dem Kleinhandel — Klasse B. — überhaupt zusammenfalle, und als Kleinhandel mit Getränken keiner besonderen Steuer unterliege. Dies beruht jedoch auf einem Rechtsirrthume. Denn es ist zwar richtig, daß der Kleinhandel mit Getränken nach dem Gewerbesteuergesetze vom 30. Mai 1820 nicht besonders versteuert wird, sondern nur die Steuer vom Handel nach Maaßgabe der Beilage B. lit. A. resp. B. zu entrichten hat. Dies ist aber gerade durch das Zusatzgesetz vom 29. Juli 1861 abgeändert, was der vorige Richter verkannt hat. Denn nachdem in den §§ 1—13 des Ges.s v. 19. Juli 1861 die Vorschriften gegeben sind, nach welchen fortan die Besteuerung des Handels erfolgen soll, sodann der § 14 von der, für die Gast-, Speise- und Schenkwirthschaft zu zahlenden Gewerbesteuer spricht, verordnet § 15:

> „Wer neben dem Handel ein Schenk- oder Speisegewerbe betreibt, hat fortan für das letztere, auch wenn es nach Maaßgabe seines Umfanges mit einem geringeren Betrage als dem Mittelsatz zu belegen ist, eine besondere Steuer als Schenk- oder Speisewirth zu entrichten.
>
> Von jedem Kleinhandel mit geistigen Getränken, welcher auf Grund einer besonderen Konzession als Nebengewerbe betrieben wird, und nicht ausschließlich auf den Handel mit Bier beschränkt ist, ist der für die Klasse B. im § 12 vorgeschriebene Mittelsatz besonders zu entrichten."

Es ergiebt sich hieraus, daß der Kleinhandel mit geistigen Getränken, mit Ausnahme des ausschließlichen Handels mit Bier, unter allen Umständen und auch wenn er nur als Nebengewerbe betrieben wird, besonders, und zwar nach dem für die Klasse B. im § 12 vorgeschriebenen Mittelsatz versteuert werden soll, daß also im vorliegenden Falle der Angeklagte, wenn er die nach § 33 der B.-Gew.-Ordn. v. 21. Juni 1869 erforderliche Konzession zum Kleinhandel mit Branntwein oder Spiritus gehabt hätte, außer seiner für das Materialwaarengeschäft nach § 11 des Ges.s

v. 19. Juli 1861 in Klasse A. II. zu zahlenden Steuer noch die besondere Steuer, welche im § 12 als Mittelsatz für die Klasse B. vorgeschrieben ist, für den als Nebengewerbe betriebenen Kleinhandel mit Branntwein und Spiritus hätte entrichten müssen, daß ihm also auch eine Zuwiderhandlung gegen die Steuergesetze zur Last fällt, weil er diese Steuer nicht entrichtet hat.

Antr. d. GStA.: gleichl. [18.—8.]

---

**1. Nichtigkeitsbeschwerde. — Rechtfertigung. — Frist. 2. Privatkläger. — Kostenhinterlegung. — Verabsäumung.**

1. Die Frist zur Rechtfertigung der Nichtigkeitsbeschwerde kann nicht verlängert werden; durch die Bewilligung einer solchen Verlängerung wird der Ablauf der Frist nicht aufgehalten.

StPO. §§ 370. 375 Vgl. RdOTr. 10. S. 507.

2. Die Nichtigkeitsbeschwerde des Privatklägers, welcher die hierzu erforderliche Kostenhinterlegung verabsäumt hat, wird [vom Nichtigkeitsrichter] durch Beschluss zurückgewiesen.

StPO. § 492.

Beschl. v. 22. Sept. 1870 Maack c. Bedbur (OAG. II. 180). [66.—6.]

---

**Brausteuerhinterziehung. — Civilhaftbarkeit. — Mitthäter. — Kommanditgesellschaft.**

1. Ein Brauereibesitzer haftet für die durch seine Gewerbsgehülfen verübten Steuerhinterziehungen auch dann, wenn er sich selbst an der Hinterziehung betheiligt hat und deshalb als Mitthäter bestraft wird.

Ges. v. 21. Sept 1860 § 2; B.-Ges v. 8. Juli 1868 § 1. Vgl. B. Pl. (II, 227) v 12. Nov. 1855 c. Schlömer (Entsch. 31 S. 326); Hartm. Strafgess. S. 49 n 9.

2. Wird die Brauerei von einer Kommanditgesellschaft betrieben, so haftet der Komplementär

**persönlich für die von den Gewerbsgehülfen verübten Steuerhinterziehungen.**

D. HGB. Artt. 150. 112.

**Erk. (Z. II) v. 23. Sept. 1870 c. Classen** (207. I. Cr.).

Der Brauereibesitzer F. W. Cl. und der in Diensten desselben stehende Braumeister J. W. Cl. waren wegen einer gemeinschaftlich verübten Brausteuerhinterziehung jeder zu der vollen Steuerstrafe verurtheilt und außerdem der erstere für die gegen den letzteren verhängte Geldstrafe haftbar erklärt worden. Der Kass.-Rekurs des F. W. Cl. suchte auszuführen:

1. daß er als Miturheber der Hinterziehung nicht auch noch für die gegen den andern Miturheber verhängte Geldstrafe haftbar gemacht werden könne, sowie

2. das Brauereigeschäft werde auf Rechnung einer Kommanditgesellschaft betrieben, deren Komplementär er sei; es könne daher eventuell auch nur jene Gesellschaft, nicht er persönlich, für haftbar erklärt werden.

Verwerfung. Das OTr. erwog.

[1.] daß sowohl der § 2 des Ges. v. 21. Sept. 1860, wie der § 1 des B.-Ges. v. 8. Juli 1868 (Nr. 130: BGbl. S. 403) die Haftbarkeit der Bauereibesitzer für die durch ihre Verwalter und Gewerbegehülfen rc. verwirkten Defraudationsstrafen ausspricht, sofern diese in Geldstrafen bestehen, zu deren Zahlung der eigentlich Schuldige unvermögend ist und dem Brauherrn eine Fahrlässigkeit in dem im § 1 des neueren Gesetzes angegebenen Sinne zur Last fällt, daß der Ausdruck „eigentlicher Schuldiger" im § 1 Nr. 21 dieses Gesetzes unstreitig den defraudirenden Gewerbegehülfen im Gegensatz seines Herrn, der an der Thathandlung der Defraudation selbst sich nicht betheiligt hat, bedeutet, daß aber hieraus keineswegs auf die Befreiung des Brauereibesitzers für den Fall, daß er an der Defraudations-Handlung selbst Theil nimmt, oder sie gar mit vollzieht, von der Haftbarkeit für die Geldbuße seines Gewerbsgehülfen oder Verwalters geschlossen werden kann, mit einer solchen Schlußfolgerung vielmehr der dolose und selbst strafbare Dienstherr gegen den Wortlaut und den Zweck des

Gesetzes einer Civilhaftbarkeit entzogen würde, welche ihn sogar schon dann trifft, wenn er blos fahrlässig bei Auswahl, Anstellung oder Beaufsichtigung seiner defraudirenden Leute war;

daß die positive Mitthätigkeit bei den Defraudationen der letzteren offenbar über die negative Fahrlässigkeit, an welche der cit. § 1 die Haftbarkeit des Geschäftsherrn für die Geldstrafe seiner Leute schon knüpft, hinaus und der an der Strafthat selbst theilnehmende Geschäftsherr am allerwenigsten „mit der Sorgfalt eines ordentlichen Geschäftsmannes bei Beaufsichtigung" seiner mitdefraudirenden Leute zu Werke geht, wider den Kass.-Kläger demnach mit vollen Rechte von den Vorderrichtern vermöge der gegen ihn festgestellten Gemeinschaft an den Defraudationen § 1 des Ges. v. 8. Juli 1868 Nr. 130 angewendet worden ist;

daß die von dem Kass.-Kläger selbst verwirkte Defraudationsstrafe und die von seinem Sohn und Braumeister verwirkte ungeachtet ihres gemeinschaftlichen Grundes, doch selbstständig nebeneinander bestehen, die Verurtheilung des Kass.-Klägers zu ersterer daher auch in dieser Beziehung ohne Einfluß auf seine Haftbarkeit für letztere ist, deren Einziehung nach dem cit. Ges. dem Staate ebenso wie die der ersteren gesichert sein soll;

[2.] J. E., daß der Kass.-Kläger und der Mitbeschuldigte H. als Herren des Brauereigeschäfts, worin J. W. Cl. ihr Braumeister war, für die gegen diesen verhängte Geldstrafe bezw. haftbar erklärt sind und weder festgestellt noch erheblich ist, inwiefern J. W. Cl. in der genannten Eigenschaft noch in einem Dienstverhältnisse zu dritten Personen stand, da namentlich das Bestehen einer Kommanditgesellschaft als deren persönlich haftender Gesellschafter der Kass.-Kläger und H. gehandelt haben würden ihr festgestelltes Verhältniß zum Braumeister J W. Cl. und ihre Haftbarkeit aus § 1 cit. nicht ändern könnte; vgl. D. HGB. Artt. 150. 112.

Antr. d. GStA.: gleichl. [23.—3.]

## Jagdberechtigter. — Fremder Hund. — Tödten.

**Im Bereiche der ehemaligen Provinz Südpreußen darf der Jagdberechtigte nur die „ledig herumlaufenden“ nicht also solche Hunde erschießen, welche sich unter der Aufsicht und Gewalt eines Menschen befinden.**

StGB. § 281 [n 5]. Vgl. B.-StGB. § 303.

Erk. (Z. I.) v. 23. Sept. 1870 c. Konopinski (753 I Cr).

Die ꝛc. B hatte sich zu Wagen auf das Feld ihres Dienstherrn L zur Arbeit begeben, unterwegs den ihr nachgelaufenen kleinen Wachtelhund des L. auf den Wagen genommen und demselben bei ihrer Ankunft auf dem Felde ein Lager von ihren abgelegten Kleidern bereitet. Der auf dem Felde jagdberechtigte K. trat hinzu, störte den liegenden Hund auf und erschoß ihn. Deshalb aus § 281 des StGB.s angeklagt ward er in 1 Instanz freigesprochen, in 2. Instanz aber verurtheilt. Seine NB. suchte auszuführen, daß er nach der Süd-Preuß.-Vdn. v. 1. März 1794 § 32 (genehmigt durch AKO. v. 30. Mai 1841: Pos. Amtsbl. 1842 S. 145 fgg.) zu jener Handlung berechtigt gewesen sei. Zurückweisung. Gründe:

Wie schon in früheren Erkenntnissen des OTr.s (vgl. Str. Arch. 43 S. 201; JMbl. 1865 S. 122) ausgeführt worden, hat das durch die AKO. v. 30. Mai 1841 bestätigte Publikandum der Südpreußischen Kriegs- und Domänenkammer vom 1. März 1794 für den Bereich seiner Geltung die Kraft eines Provinzialgesetzes, dessen hier zur Anwendung kommender § 32 überdem mit den Vorschriften in den §§ 64 fgg. II. 16 GLR. im Wesentlichen übereinstimmt. Dieser § 32 bestimmt wörtlich:

> „Niemand darf Hunde ledig laufen lassen, als auf demjenigen Jagddistrikte, wozu er berechtigt ist, und wo er die Hunde gebraucht, in allen übrigen Fällen sollen die Hunde, welche in den Wäldern, auf den Feldern und Landstraßen, oder auch in den Städten und Dörfern ledig herumlaufen, und nicht an Stricken geführt, oder gehörig geknüttelt, oder an der Hinterhesse gelähmt sind, von unseren Forstbedienten oder andern todtgeschossen und von dem Eigenthümer des Hundes Ein Reichsthaler Schießgeld erleget werden.“

Obgleich hiernach nur das Todtschießen „ledig herumlaufender" Hunde gestattet ist, so führt doch der erste Richter aus: daß auf diesen Ausdruck kein Gewicht zu legen sei, es vielmehr nur darauf ankomme, ob der auf fremdem Jagdrevier angetroffene Hund auf die im Gesetze angegebene Weise, nämlich dadurch, daß er am Stricke geführt wird, daß er geknüttelt, oder an der Hinterhesse gelähmt worden, für den Wildstand unschädlich gemacht ist, indem, wo dieses nicht geschehen, auch der liegend, oder in Begleitung seines Herrn getroffene Hund dem Wildstande Gefahr drohe und deshalb nach der Absicht des Gesetzes todtgeschossen werden dürfe. — Diese Ausführung ist jedoch vom zweiten Richter mit Recht reprobirt worden. Denn schon der Ausdruck: „ledig" herumlaufend zeigt an, daß der Gesetzgeber nur von solchen Hunden sprechen will, die sich nicht unter der Aufsicht oder Gewalt eines Menschen befinden, der ihr dem Wilde Gefahr drohendes Herumlaufen zu zügeln bereit und im Stande ist. Wenn daher im vorliegenden Falle der Wachtelhund des Beschädigten, wie der App.-Richter für erwiesen annimmt, in unmittelbarer Nähe der auf dem Felde arbeitenden Magd B. auf einem ihm von dieser bereiteten Lager ruhig lag, so konnte der App.-Richter ohne Rechtsirrthum annehmen, daß derselbe weder ein lediger, noch ein herumlaufender Hund gewesen, der Fall mithin nicht vorliege, wo das Todtschießen desselben erlaubt war.

Antr. d. GStA.: gleichl. [28.—8.]

---

## Fiskalvergehen. — Gehör, rechtliches. — Antrag. — Nichtigkeitsrichter.

**Der Nichtigkeitsrichter ist dazu berufen, selbstständig zu prüfen, ob ein durch ein Resolut der Steuerbehörde wegen Steuerhinterziehung Verurtheilter rechtzeitig auf rechtliches Gehör angetragen habe.**

Ges. v. 3. Mai 1852 Art. 136 [n 19a].

**Erk. (B. II) v. 23. Sept. 1870 c. v. Prądzyński** (710 II. Cr.).

v. P. hatte bei der Verkündung eines ihn wegen Steuerhinterziehung verurtheilten Resoluts des Provinzial-Steuer-Direktors zu Protokoll erklärt, daß er „sich bei diesem Resolut nicht beruhigen könne, und gerichtliches Gehör beantragen werde." Hierin fand das AG. (abweichend vom ersten Richter) nicht den rechtzeitigen Antrag auf rechtliches Gehör, weil ein solcher nur für die Zukunft in Aussicht gestellt sei. Auf die NB. des v. P. hat das OTr. erwogen:

„daß diese Auslegung die Erklärung des Imploranten, als thatsächliche Feststellung aufgefaßt mit der NB. unangreifbar sein würde; es komme aber hier auf Prüfung der Formalien an, bei welchen der Nichtigkeitsrichter selbstständig über das Sachverhältniß zu befinden habe."

Sodann hat dasselbe das angefochtene Erkenntniß vernichtet und die Sache an das AG. zurückverwiesen, weil unverkennbar die Absicht des v. P. dahin gegangen sei, schon damals auf gerichtliche Entscheidung anzutragen.

Antr. d. GStA.: gleichl. [18.—8.]

---

## 1. Fiskalbehörde. — Steuerdirektion in Berlin.
## 2. Gewerbesteuer. — Selbstständiger Betrieb.

**1. Die Königl. Direktion für die Verwaltung der direkten Steuern in Berlin ist zur Einlegung von Rechtsmitteln in den Untersuchungen wegen Gewerbesteuerhinterziehung befugt.**

Ges v. 3. Mai 1852 Art. 138 [n. 1; ind. entsch.].

**2. Derjenige, welcher einen Handel nicht für eigene Rechnung, sondern im Auftrage und für Rechnung eines Andern betrieben hat, ist selbst nicht gewerbesteuerpflichtig, sollte auch sein Lohn in einem Prozentsatze der erlösten Kaufpreise bestehen.**

Gew.-Steuer-Ges. v 30. Mai 1820 § 10. 39b.

Erk. (Z. 1.) v 23. Sept. 1870 c. Recke (715. I. Cr.). [18.—8.]

---

## Meineid. — Normirung, falsche. — Erheblichkeit.

**Die Falschschwörung eines zugeschobenen 2c. Eides ist strafbar ohne Rücksicht darauf, inwieweit die beschworene Thatsache für die Entscheidung des Rechtsstreites nachweislich von Einfluß war oder nicht.**

StGB. § 125 [n. 11]. Vgl. B.-StGB. § 153.

**Erk. (Z. 1) v. 23. Sept. 1870 c. Schiefelbein (906. I. Cr.).**

Sch. hatte in einem gegen ihn angehobenen Wechselprozesse einen ihm zugeschobenen Eid dahin ausgeschworen: „daß er die Namensunterschrift G Sch. — unter den ꝛc. Wechsel nicht selbst geschrieben habe, und daß dieselbe auch nicht an seiner Statt von einem Andern geschrieben worden sei." Da sich später ergab, daß er zwar den Wechsel nicht selbst unterschrieben, daß er aber die Unterschrift durch seinen Halbbruder K. seinem Auftrage gemäß habe bewirken lassen, so ward er des Meineids angeklagt, und auf Grund des bejahenden Geschworenenspruchs aus § 125 des StGB.s verurtheilt, indem der Schw.-G. erwog, „daß der Eid in Gemäßheit des § 134 I, 10 der AGO. normirt gewesen sei und es nicht darauf ankomme, inwieweit die im zweiten Theil desselben enthaltene (falsch beschworene) Thatsache auf die Entscheidung des Wechselprozesses von Einfluß oder für denselben unerheblich gewesen sei, vielmehr lediglich der Umstand maaßgebend bleibe, daß Sch. eine unrichtige Thatsache wider besseres Wissen eidlich bekräftigt habe." — Hierin fand die NB. eine unrichtige Anwendung des § 125, weil die Rechtsgültigkeit eines Wechsels durch die eigenhändige Unterschrift des Ausstellers ꝛc. bedingt sei: wesentlich für die Entscheidung sei also nur der Umstand gewesen, ob Sch. den Wechsel eigenhändig unterschrieben habe; nur durch die falsche Normirung des Eides Seitens des Gerichts sei derselbe zu der eidlichen Abschwörung einer Thatsache veranlaßt worden, welche mit dem Difessionseide nichts gemein habe; eine solche könne die Anwendung des § 125 nicht rechtfertigen. — Zurückweisung. Gründe.

Es ist zwar richtig, daß die Rechtsprechung des Kgl. OTr.s öfter und namentlich in den Erkenntnissen v. 13. Juni 1857, 13. Okt. 1859 (Str. Arch. 25. S. 170, 34. S. 332), sowie v. 12. März 1868 (Entsch. 60. S. 314) ausgeführt hat, „daß es zur Gültigkeit einer Wechselunterschrift nicht genügt, wenn, wie in dem vorliegenden Falle, der Name dessen, der durch die Unterschrift verpflichtet werden soll, mit dessen bloßem Wissen und Willen im mündlichen Auftrage von einem Dritten geschrieben worden." Es wird dies außer Anderem aus den Artt. 4 Nr. 5, 12. 21 der Allg. D. W.-O. hergeleitet, welche zur Gültigkeit eines ausgestellten Wechsels, eines Gires, Accepts ꝛc. die eigenhändige Unterschrift des Ausstellers, Giranten oder Acceptanten erfordern, und wenn der Art. 95 l. c. bestimme, daß wer eine Wechselerklärung als Bevollmächtigter eines Anderen unterzeichne, ohne dazu Vollmacht zu haben, persönlich in gleicher Weise hafte, wie der angebliche Machtgeber gehaftet haben würde, wenn die Vollmacht ertheilt gewesen wäre, hierbei sich als von selbst verstehend vorausgesetzt werde, daß die Zeichnung durch den angeblichen Bevollmächtigten in der Art erfolgt sei, daß er seinen eigenen Namen mit einem, das Vollmachtsverhältniß ausdrückenden Zusatze, und nicht etwa blos den Namen des angeblichen Auftraggebers unterschrieben habe, indem im letzteren Falle die Person des Schreibers aus dem Wechsel nicht konstiren würde, er mithin auch nicht für die darin eingegangenen Verbindlichkeiten haftbar gemacht werden könnte. Hiernach wird im Allgemeinen für Fälle der vorliegenden Art anzuerkennen sein, daß es bei Normirung des Diffessionseides in Wechselsachen auf die Beifügung des im § 134 I. 10. AGO. enthaltenen zweiten Satzes: „daß die Namens-Unterschrift auch nicht an seiner — des Ausstellers — Statt von einem Anderen mit seinem Wissen und Willen geschrieben worden sei,“ — hinsichtlich der Definitiv-Entscheidung des Wechselprozesses nicht ankommt. Allein dessen ungeachtet hat das angefochtene Schwurgerichtsurtheil bei Auslegung des § 125 des StGB.s rechtlich nicht geirrt, wenn es erwogen, daß diese Einflußlosigkeit oder Unerheblichkeit für die Beurtheilung der Strafbarkeit des Angeklagten ohne Gewicht sei, vielmehr der Umstand maaßgebend bleibe, daß er eine unrichtige Thatsache wider besseres Wissen beschworen habe. Denn der § 125 l. c. enthält darüber Nichts, ob und inwieweit der geleistete Eid Etwas zur Definitiv-Entscheidung des Rechtsstreites selbst beigetragen habe, er besagt nur, daß „wer einen ihm zugeschobenen, zurückgeschobenen oder auferlegten Eid wissentlich falsch schwöre,“ bestraft werden soll, sieht daher von dessen materieller Wirkung in den dazu geeigneten Fällen ab, und berücksichtigt blos den Umstand, daß wissentlich etwas Falsches beeidet worden ist. Es liegt dies auch in der Natur der Sache, da namentlich bei zugeschobenen oder zurückgeschobenen Eiden im Laufe eines Prozesses niemals mit Sicherheit beurtheilt werden kann, inwieweit später bei der Endentscheidung die beschworene Thatsache von Einfluß sein kann oder nicht. Dies erhellt auch aus dem § 126 l. c. deutlich, welcher davon gänzlich abstrahirt, ob das wissentlich unrichtig abgegebene und beschworene Zeugniß zur Definitiv-Entscheidung etwas beiträgt oder nicht. Der in Rede stehende Eid ist genau nach der Vorschrift des § 134 I. 10 AGO. zugeschoben, normirt und vom Imploranten, wie durch das Verdikt festgestellt, abgeleistet worden, so daß der im § 125 cit. vorgesehene Thatbestand vollständig erschöpft ist, eine Verletzung des Gesetzes daher nicht stattgefunden hat.

Antr. d. GStA.: gleichl. [20.—8.]

---

**Gesichtspunkt, anderer. — Aufmerksammachen.**

**1. Die Vorschrift, nach welcher das Gericht, wenn es Veranlassung findet, die That des Angeklagten aus einem anderen Gesichtspunkte ins Auge zu fassen, als die Anklage gethan hatte, den Angeklagten etc. darauf aufmerksam machen soll, ist eine wesentliche.**

**2. Sie greift auch da Platz, wo jener andere Gesichtspunkt zur Unterstellung eines geringeren Vergehensbegriffs führt.**

StPO §§ 352 4. 323.

**Erk. (V.) v. 28. Sept. 1870 c. Ducksche**r (OAG. II. 161)

spricht die obigen Grundsätze aus, indem es erwägt:

„die Vorschrift habe die Bestimmung, das Vertheidigungsrecht des Anklagten durch Eröffnung vollständigen Gehörs sicher zu stellen;“

sodann wird (zu 2) auf das im § 352 (durch Bezugnahme auf § 323) angeführte Beispiel verwiesen, wo dem der Hauptthat Angeklagten Theilnahme oder Begünstigung an derselben zur Last falle.

Antr. d GStA : gleichl. [62.—6.]

---

**Forstbeamter. — Pfändung. — Zuständigkeit.**

**Ein Forstbeamter nimmt eine Amtshandlung vor, wenn er Holz, welches in dem seiner Aufsicht untergebenen Walde gefrevelt war, außerhalb desselben auf einem Wege in Beschlag nimmt.**

StGB. § 89 [n. 21] Vgl. B.-StGB. § 113.

**Erk. (Z. I.) v. 28. Sept. 1870 c. Kluge** (622. I. Cr.).

K. war vom Förster P. in der Nähe des Waldes auf einem Wege mit gefreveltem Holze betroffen worden, und hatte sich der Beschlagnahme des letzteren gewaltsam widersetzt. Aus § 89 des StGB.s bestraft, rügte er Gesetzesverletzung, weil die von P. außerhalb des Waldes vorgenommene Beschlagnahme keine „Amtshandlung" sei. Zurückweisung. Gründe.

Nach der Feststellung der Instanzrichter ist der Baumstamm, hinsichtlich dessen der Forstaufseher M. einige hundert Schritte von seinem Forstschutzbezirke Pr. Nr. 8 auf dem Wege die Pfändung vornahm, in jenem Forstschutzbezirke defraudirt und diese Defraudation von M. wahrgenommen worden; es konnte deshalb von dem 2. Richter ohne Rechtsirrthum festgestellt werden, daß der Forstaufseher M. durch die Pfändung eine Amtshandlung vorgenommen hat, weil der Holzfrevel in dem seinem Schutz untergebenen Forstbezirk verübt ist.

Antr. d. OStA.: gleichl. [34.—8.]

---

1. **Frist. — Schrift. — Eingang. — Post.**
2. **Entlastungsbeweis. — Erste, zweite Instanz.**
3. **Privatklage. — Disciplinar-Bestrafung.**
4. **Mildernde Umstände. — Prüfung. — Berufungsrichter.**

**1. Die [Beschwerde-] Frist ist für gewahrt zu erachten, wenn die betr. Schrift in einem [rekommandirten] Briefe so zeitig am Orte seiner Bestimmung einging, dass der Ablieferungsschein nebst Quittungsformular noch vor Ablauf der Frist an das Gericht gelangte, sollte auch die Vollziehung der Quittung und die Abholung des Briefes erst später erfolgt sein.**

StPO § 192.

2. Der Angeklagte kann es nicht als eine Nichtigkeit des Urtheils zweiter Instanz rügen, dass darin sein Antrag, das erste Urtheil wegen Nichtaufnahme eines beantragten Entlastungsbeweises zu vernichten, nicht gewürdigt worden sei, wenn er es verabsäumt hatte, bei der in zweiter Instanz stattgehabten Wiederholung der Beweisaufnahme, jenen Beweisantrag zu erneuern.

StPO. §§ 222. 223. 390.

3. Im Falle einer Privatklage steht keiner der Parteien zu, die disciplinarische Bestrafung des Gegners zu beantragen.

StPO § 504.

4. Auch der Berufungsrichter ist verpflichtet, sich in Betreff des Vorhandenseins der vor ihm vom Angeklagten behaupteten [im Strafgesetz berücksichtigten] mildernden Umstande ausdrücklich auszusprechen und zwar mit Rücksicht auf das Ergebniss der Verhandlung zweiter Instanz.

StPO. § 353. Vgl RdOTr. 10. S. 809; 11. S. 203.

Erk. (Z.V.) v. 28. Sept. 1870 Hoos & Gen. c. Koeller (OAG. II. 74).

Der Privatangeklagte hatte es in seiner Berufungs-Einführungsschrift gerügt, daß der erste Richter seinen Anträgen, seine Kinder als Entlastungszeugen zu vernehmen und „mildernde Umstände" als vorliegend anzunehmen, nicht stattgegeben und den ferneren Antrag: den Privatkläger Sch. „wegen Versäumung der Einführungsfrist" zu bestrafen, unberücksichtigt gelassen habe Das AG. erachtete indessen diese Rügen für verspätet, weil die Einführungsfrist erst am Tage nach dem Ablaufe der Präklusivfrist dem betr. Amtsgerichte zugegangen sei. — Auf die NB. des K. ist das Urtheil vernichtet und die Sache in die 2. Instanz zurückverwiesen worden. Gründe

[1.] Die Einführungsschrift befand sich nach dem Poststempel schon am Vormittage des 2. Dezember zu Tr. An demselben Tage erhielt das Amtsgericht den Ablieferungsschein mit Quittungsformular, welches damals vollzogen und dem Sekretariate zur Einziehung des darin bezeichneten rekommandirten Briefes übergeben wurde. Das Gericht war also in der Lage, diesen die Beschwerdeschrift enthaltenden Brief noch an demselben Tage in Empfang zu nehmen. Ein solches Verhältniß war aber, da Seitens des Imploranten Alles, was erforderlich, um die Schrift zeitig in die Hände des Gerichts zu bringen, geschehen war, der unmittelbaren Einreichung derselben gleich zu achten, selbst wenn, was aber keineswegs erhellt, die Einziehung des Briefes von der Postbehörde an demselben Tage unthunlich gewesen wäre, und es kam auf die Zeit nicht an, zu welcher der Amtsbote den eingegangenen Brief an das Gericht ablieferte. Wenn deshalb der Inhalt der Beschwerdeschrift aus einem unrichtigen formellen Grunde nicht berücksichtigt wurde, so würde dieses an sich unter den Gesichtspunkt einer Versagung des rechtlichen Gehörs zu stellen sein und als Nichtigkeitsgrund geltend gemacht werden können, wenn Implorant nach Lage der Sache dadurch in seinen Interessen verletzt erschiene.

[2.] Da aber in voriger Instanz Wiederholung der Beweisaufnahme stattgefunden, somit das Beweisverfahren des ersten Richters seine Bedeutung verloren hatte, so mußte dieses auch in Beziehung auf einen dabei etwa vorgekommenen, Nichtigkeit wirkenden Verstoß der Fall sein und Implorant war vielmehr in der Lage, die in erster Instanz versagte Abhörung vorgeschlagener Zeugen in diesem anderweiten Beweisverfahren wiederholt zu beantragen, welches er nicht gethan hat. Auch die Unterlassung der Annahme von Milderungsgründen von Seiten des ersten Richters hatte bei dieser veränderten Sachlage keine weitere Bedeutung mehr, als unten zur dritten Beschwerde erörtert werden wird.

[3.] Was aber die Verwerfung des Antrags auf Bestrafung des Privatanklägers Schäfer anlangt, so wurde Implorant durch die Uebergehung der deshalbigen Appellationsbeschwerde nicht verletzt, weil solche unstatthaft war, da es sich hier um Handhabung der Gerichtsdisciplin, nicht etwa um Verfolgung einer Beleidigung im Wege der Privatanklage handelte, die Versagung der Erkennung einer Disciplinarstrafe aber keinen Gegenstand eines Rechtsmittels eines, wenn auch dabei interessirten Privaten abgiebt.

[4.] Dagegen mußte die weitere Beschwerde für gegründet angesehen werden. Der Vorderrichter mußte, nachdem die Frage: ob mildernde Umstände anzunehmen seien, durch die Berufungsschrift angeregt worden war, hierauf auch eine Entscheidung und zwar nicht mehr in Beziehung auf das Urtheil des ersten Richters, sondern mit Rücksicht auf die Ergebnisse der Verhandlung 2. Instanz ertheilen. Der Ausspruch, daß die erkannte Strafe kein Uebermaß enthalte, ist keine solche Entscheidung, denn er bewegt sich auf dem Gebiete der Strafzumessung nach Maßgabe der regelmäßigen Strafbestimmung in § 156 des StGB.s, trifft aber nicht die Frage der Anwendbarkeit des Abs. 3 daselbst.

[64.–6.]

---

## Diebstahl. — Schiff, unbewohntes. — Gebäude.

**Ein unbewohntes Schiff ist einem „Gebäude“ nicht gleich zu achten; der in einem solchen mittels Einbruchs verübte Diebstahl fällt nicht unter**

**StGB. §§ 218 Nr 2 [n. 12.] 220 [n 9]. Vgl. R.-StGB. § 243.**

**Beschl. v. 28. Sept 1870 c. Lassen (OAG. II. 184).**

Der OStA. hatte einen app.-gerichtlichen Beschluß, welcher den in einem unbewohnten Schiffe mittelst Einbruchs verübten Diebstahl als einen „einfachen“ und somit den § 218 Nr. 2 des StGB.s für unanwendbar erachlet hatte, als gesetzverletzend durch NB. angefochten. Zurückweisung. Das OAG. erwog:

daß nach dem StGB. § 218 Nr. 2 nur der Diebstahl in einem Gebäude oder in einem umschlossenen Raume vermittelst Einbruchs oder Einsteigens als ein schwerer angesehen wird,

daß jedoch die verschlossene Koje eines Schiffes ebensowenig, wie dieses selbst, ein Gebäude oder einen umschlossenen Raum darstellt, weil bei ihnen der bei einem Gebäude oder Raume mit Nothwendigkeit gegebene Begriff der Unbeweglichkeit fehlt und weil im Hinblick auf das StGB. §§ 217 Nr. 6 und 220 nur die Gleichstellung bewohnter Schiffe mit bewohnten Gebäuden ausdrücklich durch das StGB. § 221 anerkannt, damit aber die Schlußfolgerung auf eine Gleichstellung von Schiffen mit Gebäuden überhaupt ausgeschlossen ist,

daß hiernach von der Anklagekammer im vorliegenden Fall der Diebstahl in der Koje eines unbewohnten Schiffes mittelst Einbruchs mit Recht nur als einfacher bezeichnet worden ist ꝛc.

Antr. d. GStA.: gleichl. [65.—6]

---

### Non bis in idem. — Zuständigkeit.

Eine Handlung, über welche einmal abgeurtheilt ist, kann nicht zum Gegenstande einer neuen Strafverfolgung von einem andern Gesichtspunkte aus gemacht werden, nach welchem sie die Zuständigkeit des früher befaßten Richters überstiegen hätte; (der letztere mußte den Thatbestand auch nach dieser Richtung hin prüfen und eventuell sich unzuständig erklären).

Vdn. v. 3. Jan. 1849 § 1 [n. 49]; Ges. v. 3. Mai 1852 Art. 30 [n. 12—14]. Vgl. RdOTr. 10. S. 195.

Erk. (Z. I.) v. 28. Sept. 1870 c. Link (750. I Cr.). [34.—8.]

---

### Beleidigung. — Vertheidigung. — Maaß.

Eine zur Vertheidigung gemachte beleidigende Aeußerung ist nicht schon deshalb unbedingt strafbar, weil sie (objektiv) das Maaß des Vertheidigungsrechts überschritt, wenn nicht auch die Absicht zu beleidigen obwaltete.

StGB. § 154 [n. 10]. Vgl. B.-StGB. § 193.

Erk. (B. I.) v. 28. Sept. 1870 c. Litt (606. I. Cr.). [20.—8.]

---

## App.=Richter. — Vernichtung, weshalb?

**Der App.=Richter kann das erstrichterliche Urtheil nur wegen eines Verstoßes gegen einen Grundsatz des Verfahrens, nicht also in dem Falle vernichten, wo das Strafgesetz auf einen ungenügend festgestellten Thatbestand angewendet ist; in diesem Falle muß der Richter zweiter Instanz auf Grund einer neuen Beweisaufnahme selbst zur Sache entscheiden.**

Ges. v. 3. Mai 1852 Art. 102 [n. 7] Vgl. RbOTr. 1. S. 206; 2. S. 400; 7. S. 591; 8. S. 224; 10. S. 611

**Erk. (B. 1) v. 28. Sept. 1870 c. Metzkowski** (701. I. Cr.).

Das AG. hatte das erstrichterliche, die M. wegen Hehlerei verurtheilende Erkenntniß vernichtet und die Sache an das KG. zurückverwiesen, weil die von diesem getroffene Feststellung nicht erkennen lasse, daß die M. mit der Wissenschaft gehandelt habe, daß die betr. Sachen durch eine Unterschlagung ꝛc. erlangt seien, und weil die getroffene Feststellung, daß die Sachen (objektiv) „unterschlagen" seien (ohne nähere Hervorhebung der Begriffsmerkmale der Unterschlagung) zur Anwendung des § 237 nicht genüge. Auf die NB. des OStA s ist dieses Erkenntniß vernichtet und die Sache an das AG. zurückverwiesen worden. Gründe:

Es folgt aus dem Art. 102 des Ges. v. 3. Mai 1852 in Verbindung mit dessen Art. 101 unzweifelhaft, daß der App.=Richter nur dann ein Erkenntniß 1. Instanz vernichten kann, wenn ein Verstoß gegen wesentliche Vorschriften oder Grundsätze des Verfahrens vorhanden ist, niemals aber, wenn blos eine materielle Unrichtigkeit vorliegt. Die Rechtsprechung d. KOTr. hat dies zu wiederholten Malen ausgeführt, z. B. in dem Urtheile v. 31. Okt. 1866 c. Franz (Oppenhoff, Rechtspr. Thl. VII. S. 591). Ein derartiger formeller Fehler war in dem, dem App.=Richter zur Entscheidung gebrachten Erkenntniß 1. Instanz nicht obwaltend. Was zunächst den Fall bezüglich des ꝛc. G. anlagt, so ist es an sich richtig, daß der erste Richter in seinen Entscheidungsgründen darüber sich nicht ausgesprochen hat, daß die Angeklagte M. bei dem Ankaufe der Sachen davon Kenntniß gehabt hat, daß sie gestohlen waren. Er hat aber dennoch auf diesen unvollständigen Thatbestand die §§ 237. 239 des StGB.s angewendet und in Fällen dieser Art liegt ihrem Grunde nach eine materielle Unrichtigkeit vor, deren Wegschaffung von dem App.-Richter nach veranlaßter neuer Beweisaufnahme bewerkstelligt werden muß, wie bereits das oben alleg. Erkenntniß v. 31. Okt. 1866 ausgesprochen hat. Dasselbe gilt von der stattgehabten Bemängelung in Betreff der übrigen, der Angeklagten zur Last gelegten Fälle. Die thatsächliche Schlußfeststellung 1. Instanz sub Nr. 2 besagt ausdrücklich:

„daß die Angeklagte gewußt, daß die gekauften Sachen unterschlagen waren,"

und es hat das Kgl. OTr. öfter, namentlich in den Erkenntnissen v. 9. März 1855 in der Untersuchung c. Lüdke, und v. 26. Nov. 1858 c. Wohlgemuth entschieden, daß eine derartige Bezeichnung des Verbrechens oder Vergehens, durch welche die resp. Sachen erworben worden, genügt, um den § 237 des StGB.s anzuwenden, ohne daß es der Hervorhebung aller wesentlichen Merkmale jenes Gattungsbegriffes bedarf.

Erachtete der App.-Richter seinerseits die Erwägungsgründe des Vorderrichters nicht für zutreffende, so blieb ihm nach Art. 101 l. c. nichts übrig, als nach veranlaßter Beweisaufnahme anderweitig zu entscheiden, zu einer Vernichtung des ersten Erkenntnisses und Zurückweisung der Sache in die vorige Instanz aber war er nach Art. 102 l. c. nicht berechtigt.

Antr. d. OStA. gleichl. [20.—8.]

---

## Unzuständigerklärung. — Nichtigkeitsbeschwerde. — Beweis.

1. Die Nichtigkeitsbeschwerde gegen ein die Unzuständigerklärung aussprechendes Urtheil ist beim Gerichte erster Instanz anzubringen und

ebenso wie die Nichtigkeitsbeschwerden gegen andere Urtheile zu instruiren.

StPO. §§ 47. 48. 407. 370. Sic: V. (II, 167) 28. Sept. 1870 c. Nuss. *Contra* früher: RbOTr. 9. S. 462; 10. S. 597; 11. S. 206.

2. Eine Unzuständigerklärung ist nur dann gerechtfertigt, wenn das betr. Urtheil die Beweise, aus welchen eine die Zuständigkeit überschreitende That für erwiesen erachtet wird, enthalt.

3. Ein derartiger Beweis kann nicht lediglich in dem Ausbleiben des des Holzdiebstahls Angeklagten und in dem Auszuge aus dem Holzfrevel-Verzeichnisse gefunden werden, welches demselben bei der Vorladung zugefertigt worden war.

StPO. §§ 47. 48; HDGes. v. 2. Juni 1852 §§ 29. 24 Abs. 2.

**Erk. (V.) v. 28 Sept 1870 c. Willbrandt** (OAG. II. 137).

W. wegen einfachen Holzdiebstahls in Gemäßheit des § 29 des HDGes. v. 2. Juni 1852 vor das Polizeigericht geladen, erschien nicht: der Richter erachtete ihn daher auf Grund des cit. § „der ihm zur Last gelegten Thatsachen für geständig," führte sodann aber aus, daß sich W. im dritten Rückfalle befinde, und erklärte sich dieserhalb unzuständig. Dieses Urtheil ist auf die NB. des StA.s vernichtet und die Sache an das betr. Amtsgericht zurückverwiesen worden. Gründe:

[1.] Die NB. ist gegen ein nach § 47 der StPO. ergangenes Inkompetenzurtheil eingelegt und zwar bei dem Gerichte 1. Instanz innerhalb der zehntägigen Frist nach Mittheilung des Urtheils. Damit sind die gesetzlichen Formalien des Rechtsmittels gewahrt. Denn wenn auch ein solches Urtheil nach § 48 hinsichtlich seiner Wirkungen ebenso angesehen wird, wie ein das Hauptverfahren von dem darin bezeichneten Richter eröffnender Verweisungsbeschluß, so kann doch hieraus nicht gefolgert werden, daß die Nichtigkeitsbeschwerde als eine solche gegen einen Beschluß anzusehen sei und nach § 407 bei dem Gerichte, welches über dieselbe zu entscheiden hat, eingereicht werden müsse. Für das Verfahren in der Rechtsmittelinstanz ist die Form maaßgebend, in welcher die angegriffene Entscheidung ergangen, nicht deren innere Bedeutung, und es ist als Grundsatz der StPO. anzusehen, von dem nur in den Fällen der §§ 372. 373 und § 381 eine Ausnahme gemacht ist, daß ein Urtheil nicht durch Beschluß, sondern nur wiederum durch ein Urtheil des höheren Richters nach vorausgegangener Hauptverhandlung aufgehoben werden kann. Das Citat des § 48 (und ebenso 507) im 2. Abs. des § 370 l. c., welcher in dem allein von Rechtsmitteln gegen Urtheile handelnden zweiten Abschnitt (im Gegensatz zum fünften) des 16. Titels sich findet, läßt denn auch eine andere Auslegung nicht wohl zu, da der § 407 eine zweifache Frist für Anmeldung und Rechtfertigung gar nicht kennt, und nur in dem Zusammenfallen dieser beiden Fristen die Bedeutung des betr. Absatzes des § 370 gefunden werden kann. Hiernach erscheinen die Formen des Rechtsmittels beobachtet; dasselbe ist aber auch begründet.

[2.] Nach § 47 der StPO. darf der Richter den Ausspruch sachlicher Unzuständigkeit, wenn er nicht in den geeigneten Fällen durch Beschluß alsbald auf die Anklageschrift erfolgt, durch Urtheil nach Eröffnung des Hauptverfahrens nur dann fällen, wenn er eine That, welche den Kreis seiner Zuständigkeit überschreitet, als erwiesen annimmt. Er muß also über den Beweis verhandeln und kann an Stelle des eigenen Erkenntnisses über die in der Anklageschrift bezeichnete Handlung (ibid. § 89) nur dann eine Unzuständigkeits-Erklärung aussprechen, wenn er durch diese Verhandlung den Beweis einer seine Zuständigkeit überschreitenden That für erbracht annimmt. Das Urtheil soll daher im letzteren Falle, wo es die Wirkungen eines Verweisungsbeschlusses hat, nicht nur die wesentlichen Merkmale der einer höheren Zuständigkeit unterliegenden That (ibid. § 86), sondern auch die Beweise für dieselben enthalten.

[3.] Diesen Erfordernissen entspricht aber das angegriffene Inkompetenzurtheil nicht. Dasselbe stützt sich auf eine Verhandlung, welche nach § 29 des HDGes. v. 2. Juni

1852 nur die Grundlage für ein Erkenntniß über die in der Anklage bezeichnete Handlung zufolge § 24 Abs. 2, nicht aber für einen Ausspruch über eine in Abs. 1 erwähnte, die Inkompetenzerklärung bedingende That abgeben konnte. Es bezeichnet ferner diese That — ohne auf das die spezielle Anklage enthaltende Schriftstück gesetzt zu sein (StPO. § 86) — nicht in der im § 76 Nr. 1 vorgeschriebenen Weise, und läßt endlich die Frage, ob die zur Zuständigkeit des Obergerichts gehörige That, eine strafbare Holzabfuhr, vorliege, völlig dahingestellt. Da aber die Wahrung der im § 47 vorgeschriebenen Formen des Verfahrens als die wesentlicher Prozeßvorschriften gelten muß, so hat nach § 390 Nr. 3 der StPO. Vernichtung des Urtheils einzutreten.

Antr. d. GStA.: gleichl. [66.—6.]

---

## Diebstahl. — Fließendes Wasser. — Benutzung.

**Wenn gleich ein Diebstahl auch an dem (im Eigenthume und Besitze eines Anderen stehenden) Wassers möglich ist, so liegt doch ein solcher nicht in einer Handlung, wodurch Jemand unberechtigter Weise lediglich die Schwere des Wassers als bewegende Kraft in einem Einzelfalle für sich benutzt.**

StGB. § 215 [n. 3. 49].

Erk. (Z. II.) v. 29. Sept. 1870 c. Falkenrick & Gen. (269. II. Cr.)

Die Meliorations-Sozietät der Bocker Heide hatte auf Grund eines bestätigten Statuts eine Kanalanlage gemacht, mittelst welcher sie eine Quantität Wasser aus dem Lippeflusse ableitete, und mit demselben die einzelnen Grundstücke überrieselte, von welchen dann das (unterwegs nicht aufgesogene) Wasser demnächst in die Lippe zurückfloß; die Regelung der Bewässerung erfolgte durch Schließung bezw. Oeffnung einer Reihe von Schleusen. Der Hauptkanal war hoch über ein kleines Thal und den in demselben fließenden Rothbach geführt, welcher weiter unten die Mühle des F. treibt und schließlich sich ebenfalls in die Lippe ergießt. F. hat nun in einem Augenblicke, wo der Rothbach wenig Wasser hatte, jenen Hauptkanal an der gedachten Kreuzungsstelle unbefugter Weise geöffnet und es so bewirkt, daß ein

Theil des zur Zeit durch jenen fließenden Wassers hinab in den Rothbach fiel, diesen mehr anschwellte und so zur In-Betrieb-Setzung der Mühle mit diente, dann aber weiter und in die Lippe floß. — Deshalb des Wasserdiebstahls angeklagt, ist F. vom AG. nur wegen unbefugter Ableitung des zur Bewässerung dienenden Wassers aus § 43 Nr. 3 der FPO v. 1. Nov. 47 bestraft worden. Das AG. führte aus: alle Voraussetzungen des Diebstahls fehlten hier; zunächst habe das Wasser im Kanale sich weder im Eigenthum noch in der Gewahrsam der Gesellschaft befunden, da sie es nicht eingeschlossen besessen, sondern nur eine Vorrichtung gehabt habe, vermöge welcher dasselbe über die einzelnen Grundstücke riesele und dann (abzüglich des nicht näher zu berechnenden aufgesogenen Theiles) in die Lippe hätte zurückfließen müssen; ebensowenig habe F. das Wasser in seine Gewahrsam gebracht, da es aus dem geöffneten Kanale in den Bach und mit diesem später in die Lippe fließen mußte, die zeitweilige einmalige Benutzung der bewegenden Kraft des Wassers stelle eine Wegnahme, und die auf diese Benutzung gerichtete Absicht eine Absicht der „Aneignung" nicht dar.

Die gegen diese Ausführungen gerichtete NB. des OStA s ist vom OTr zurückgewiesen worden. Gründe:

Es leuchtet ein, daß die meisten der Gründe [des AG.s] auf thatsächlichem Boden sich bewegen und theils unmittelbar als Inhalt des erhobenen Beweises, theils als Folgerungen aus demselben auf ein weiteres thatsächliches Verhältniß sich darstellen. So gehen dann die Angriffe des Imploranten, um Rechtsirrthümer darin nachzuweisen, wesentlich auch von anderen, dem Nichtigkeitsrichter aber nach Art. 107 des Ges. v. 3. Mai 1852 unzugänglichen thatsächlichen Voraussetzungen aus. Nämlich zu 1 und 2 gelangt Implorant zu dem Schlusse, daß das Wasser in dem fraglichen Kanale Eigenthum der Sozietät gewesen, aus der Unterstellung, der Kanal habe am 11. Juli durch den Schluß der Schleusen mit diesen und seinen so verbundenen Wänden gewissermaßen ein großes Gefäß gebildet, so daß das Wasser darin von der Sozietät okkupirt gewesen sei. Dies ist aber offenbar ein anderer Thatbestand als der vom App.-Richter unter Nr. 1 und 2 angenommene, wonach das Wasser weder ganz eingeschlossen, noch zur Einschließung und dem Verbrauche oder Gebrauche als Eigenthum bestimmt war, sondern nur mittels Anschwellung die Wiesen der Sozietät überrieseln, ausschießlich zu diesem Zwecke benutzt werden und im Uebrigen Lippe-Wasser bleiben sollte. Der App.-Richter leugnet keineswegs, daß Jemand überhaupt Wasser eines öffentlichen Flusses in seine Gewalt wirklich bringen, also im Sinne des § 9 I, 9 des ALR.s und der L. 14 D. 41, 1 okkupiren könne, aber er verneint, daß die Bocker Sozietät durch die Aufnahme und Ansammlung des Lippe-Wassers in ihrem Kanale eine solche Okkupation vorgenommen und nach ihrem Satute vornehmen gedurft habe. Er verneint sowohl das physische, wie das aus dem Statute abzuleitende rechtliche Vermögen der Sozietät über das fragliche Wasser im Kanale mit Ausschließung Anderer zu verfügen und verletzt mit seinen lediglich der Sachlage entnommenen Gründen dafür weder den Begriff der Gewahrsam, noch denjenigen des Eigenthums und seines Erwerbes oder die angeführte Gesetzesstelle und die ferner vom Imploranten cit. §§ 44. 46 II, 15 und § 2 I, 7 des ALR.; vgl. § 1 I, 7 ibid.

Zu 3 und 4. Noch anschaulicher springt die Anfechtung der die Entscheidung des App.-Richters schon für sich allein tragenden Gründe zu 3 und 4 als eine thatsächliche, somit im Nichtigkeitverfahren unstatthafte in die Augen. Sie beschränkt sich im Wesentlichen auf die Behauptungen, das Wasser, welches die Angeklagten in den Rothbach ableiteten, sei ungeachtet der entgegenstehenden thatsächlichen Ausführungen des App.-Richters doch in die Gewahrsam der Angeklagten übergegangen, und sie hätten doch die Absicht gehabt, dieses Wasser sich oder wenigstens dem Mitangeklagten F. zuzueignen, wenngleich Implorant selbst ausspricht, derselbe habe nur die Schwere des Wassers für seine Mühle im vorüberlaufenden Rothbache benutzen wollen. Den gedachten Ausführungen des App.-Richters ist hier nichts hinzuzufügen, und ihr Ergebniß, daß die Angeklagten das Wasser weder in ihre Gewahrsam genommen haben, noch sich zueignen wollten, läßt die an sich richtigen Sätze der

RB., daß das in einem geschlossenen Gefäße wirklich aufgefangene fremde Wasser nicht je nach dem dabei verfolgten Zwecke für nicht weggenommen angesehen werden könne und der Dieb nicht aufhöre Dieb zu sein, wenn er die gestohlene Sache wieder wegwerfe, vollkommen unberührt. Die Ausführungen des App.-Richters stimmen, soweit sie rechtlicher Natur sind, auch mit der Rechtsprechung des OTr.s überein; vgl. Oppenhoff, StGB. § 215 n. 44. 49 citt. Entscheidungen.

Antr. d. GStA.: gleichl. [23.—3]

---

## Nichtigkeitsbeschwerde. — Rechtfertigung.

**Ist zur Rechtfertigung einer angemeldeten Nichtigkeits-Beschwerde „Verletzung von Rechtsgrundsätzen" behauptet worden, so steht dem Gericht erster Instanz nicht zu, die Zurückweisung des Rechtsmittels durch Verfügung auszusprechen.**

Ges. v. 3. Mai 1852 Artt. 111. 112 [n. 2]. Vgl. RbOTr. 2. S. 95; 10. S. 588; 8. S. 389.

**Beschl. (II) v. 29. Sept. 1870 c. Lippmann** (70 B. II. Cr.)

erwägt: „die Entscheidung der Frage, ob in jener Rüge eine genügende Rechtfertigung zu finden sei, gehöre nur zur Kognition des OTr.s."

Antr. d. GStA.: gleichl. [22.—3.]

---

## Bankerutt, einfacher. — Vermögensverzeichniß.

**Die Nichtaufnahme des im Art. 29 des HGB.s für den Beginn des kaufmännischen Gewerbes vorgeschriebenen Vermögensverzeichnisses stellt eine „unterlassene Ziehung der Bilanz" dar, im Sinne des**

StGB. § 261 Nr. 3 [n. 26]. Vgl. B.-StGB. § 283 Nr. 3.

**Erk. (Z. I.) v. 5. Okt 1870 c. Eisner** (706. I. Cr.)

spricht den obigen Grundsatz unter Hinverweisung auf Zl. 7. Nov. 1866 c Perwo (RbOTr. 7. S. 608) aus. [30.—8]

---

**Postmarke (ausländische). — Fälschung. — Gebrauch.**

**1. Die Anfertigung unechter ausländischer Postfreimarken ist ebenso strafbar als die inländischer.**

StGB. § 253 [n 2]. Vgl. RbOTr. 10. S. 806; B.-StGB § 275 Nr 2.

**2. Die Anfertigung unechter Stempelmarken ist, auch wenn kein Gebrauch von denselben gemacht ist, strafbar.**

Ebendaselbst [n. 8]. Vgl. B.-StGB. 1 c

Erk. (Z. l.) v. 5. Okt. 1870 c. Kluge (717. I. Cr).

K. aus § 253 des StGB.s bestraft, weil er „— unechte russische Postfreimarken, wissend daß sie statt der echten verwendet werden, bezw daß sie als solche dienen sollten, angefertigt habe," rügte im Wege der NB. Verletzung des cit. § 253, weil dieser nur auf die Nachmachung inländischer Freimarken zu beziehen sei, auch (arg. § 247) voraussetze, daß der Fälscher von den Falsifikaten Gebrauch gemacht habe, was hier nicht festgestellt sei. — Das OTr hat diese NB. zurückgewiesen; in Betreff des ersten Punktes verweist es auf das in derselben Sache ergangene Zl. v 22 Dez. 1869 (RbOTr. 10. S. 806) und erwägt sodann.

[2.] Allerdings hat der § 253 cit. in dem Systeme des Pr. StGB.s seine Stellung in dem Tit. 23 Thl. II. gefunden, welcher von der Urkundenfälschung überhaupt handelt. Allein daraus folgt noch nicht, daß alle Unterarten derselben, genau die sämmtlichen Bestandtheile enthalten müssen, wie sie in der generellen Begriffsbestimmung des § 247 l. c. gegeben sind, sofern der Gesetzgeber ein Anderes vorgeschrieben hat. Dies ist bei dem § 253 der Fall. Der allgemeine § 247 l. c. erfordert zwar in der Regel: daß von der falschen Urkunde zum Zwecke der Täuschung Gebrauch gemacht worden sein muß. Der § 253 dagegen bestimmt ausdrücklich, daß derjenige, welcher unechtes Stempelpapier (oder Postfreimarken) anfertigt rc., oder echtes Stempelpapier verfälscht, imgleichen, wer wissentlich von falschem oder verfälschtem Stempelpapier Gebrauch macht rc., bestraft werden soll. Das Gesetz sieht hiernach beide Fälle vor, sowohl den der bloßen Anfertigung und den des wissentlichen Gebrauchs unechten Stempelpapiers, resp. unechter Postfreimarken, und bestraft Beides gleichmäßig. Es verhält sich hiermit wie in dem § 252, welcher ebenfalls zur Vollendung des dort bezeichneten Verbrechens, den Gebrauch des gefälschten Schriftstücks nicht verlangt. Daß im Lehrbuch des Pr. Strafrechts von Temme die entgegengesetzte Ansicht hinsichts des § 253 vertheidigt wird, ist zwar richtig, aber nicht entscheidend; es hat auch bereits das Gegentheil ein Z I. v. 27. Jan. 1854 c. Tempski (Entsch. 27. S. 124) angenommen.

Antr. d. GStA.: gleich [20—8.]

---

**Hausrecht. — Vertrag. — Bewußtsein.**

**1. Derjenige, welcher auf Grund eines, wenn auch bestrittenen vertragsmäßigen Rechts in eine fremde Wohnung eindringt, macht sich nicht einer Hausrechtsverletzung schuldig.**

StGB. § 346 Nr. 1. Vgl. B.-StGB. § 123.

**2. Polizeiübertretungen, welche ein rechtswidriges Handeln voraussetzen, bleiben straflos, wenn dem Thäter das Bewußtsein der Rechtswidrigkeit fehlt.**

StGB Thl III. Tit. 1 [S. 594 d. 3]

**Erk. (Z. I.) v 5. Okt. 1870 c. Koch (719. I. Cr.).**

K hatte dem ꝛc. Sk. mehrere Mobilien vermiethet und sich in dem betr. Vertrage ausbedungen, daß er, wenn die Miethe nicht spätestens am 2. jedes Monats bezahlt werde, sofort ohne vorherige Kündigung und Klage die Gegenstände wegnehmen und zu diesem Ende zu jeder Tageszeit mit den dazu erforderlichen Leuten in der Wohnung des Sk. erscheinen und dort so lange verweilen dürfe, als es die Uebernahme und Verladung der Gegenstände erforderlich mache. Er hatte von dieser Befugniß Gebrauch gemacht und die Wohnung auch dann nicht verlassen, als Sk ihn ausdrücklich dazu aufforderte. Hierin fand die Anklage eine Hausrechtsverletzung; das AG. sprach aber frei, weil K. zu dem Eindringen und Verweilen ein vertragsmäßiges Recht und jedenfalls bei seiner Handlung nicht das Bewußtsein der Rechtswidrigkeit gehabt habe. — Die NB. des OStA s suchte auszuführen: durch die Aufforderung des Sk: „K. solle sich entfernen," sei zwischen Beiden ein Rechtsstreit über die oben erwähnte Vertragsklausel zwischen den

Parteien entstanden, dessen Entscheidung K. nach den §§ 77. 79 Einl. z. ALR. dem Gerichte habe überlassen müssen; dadurch, daß er sich mit Gewalt selbst Recht verschaffte, sei sein Verweilen ein unerlaubtes aus § 346 Nr. 1 1 c. strafbares geworden; — gegen diese Bestrafung könne ihn auch der festgestellte Mangel des Bewußtseins der Rechtswidrigkeit nicht schützen, da es bei „Uebertretungen" auf den Dolus nicht ankomme, vielmehr jedes bewußte Handeln genüge. — Zurückweisung. Gründe

[1] Der § 346 Nr. 1 des StGB.s besagt ausdrücklich:

„Wer in die Wohnung 2c. widerrechtlich eindringt, oder, wenn er ohne Befugniß darin verweilt, auf geschehene Aufforderung sich nicht entfernt."

Der App.-Richter weist in Folge des Leihvertrags v. 2c. nach, daß die Angklagten nicht blos ein Recht gehabt, in die Sk.'sche Wohnung zu kommen, sondern auch ungeachtet der Aufforderung sich zu entfernen, in derselben so lange zu verbleiben, bis sie dem Kontrakte gemäß die Sachen fortgeschafft hatten. Daß hierin ein Rechtsirrthum liegen sollte, ist nicht ersichtlich. Die diesfällige Vertragsbestimmung ist klar und die ganz allgemeine Vorschrift der §§ 77. 79 der Einl. zum ALR. indifferent.

[2.] Wenn nun der App.-Richter hieran anknüpfend erwägt: „unter den obwaltenden Umständen war bei den Angeklagten jedenfalls das Bewußtsein einer Rechtsverletzung nicht vorhanden," so hat er mit Recht angenommen, daß ein unbefugtes fortgesetztes Verweilen in der Sk.'schen Wohnung nicht stattgefunden hat. Die Meinung der NB., daß bei Uebertretungen es hierauf nicht, sondern nur auf ein bewußtes Handeln ankomme, ist nur bei eigentlichen Polizei-Uebertretungen, nicht aber, wie hier, bei solchen, welche eine wirkliche Rechtsverletzung in sich schließen, eine zutreffende.

Antr. d. GStA gleichl. [20—8]

**Beamter. — Gemeinde-Steuer-Einschätzungs-Kommission.**

**Die Mitglieder einer städtischen Einschätzungskommission zur Veranlagung der städtischen Einkommensteuer sind Beamte.**

StGB. § 331 [n 35].

Erk (S 1) v. 5. Okt. 1870 c. Walter (708. I Cr.).

Die konstante Praxis des OTr.s hat angenommen, daß auch nach der Städte Ordn. v. 30. Mai 1853 in Folge des § 59 l. c. zur Verwaltung oder Beaufsichtigung einzelner Geschäftszweige gewählte Deputationen, die entweder blos aus Mitgliedern des Magistrats, oder aus Mitgliedern beider Gemeindebehörden, oder aus letzteren und aus stimmfähigen Bürgern gewählt werden, als Behörden, und ihre einzelnen Mitglieder als Beamte anzusehen sind, wie denn auch der zweite Absatz des § 75 l. c. die Funktion der gedachten Mitglieder ausdrücklich als ein Amt bezeichnet: Erk. v. 28. Juni 1861 c. Hülsberg, BI. v. 4. Mai 1864 c. Spitze (RdOTr. 1. S. 470; 4. S. 489). Es steht nun in der vorliegenden Sache thatsächlich fest, daß der Gemißhandelte, Eigenthümer D., Mitglied der Einschätzungs-Kommission zur Ermittelung des steuerpflichtigen Einkommens nach dem Regulativ für die Gemeinde-Einkommen-Steuer in der Stadt Berlin v. 10. März 1869, bestätigt von der Königl. Regierung zu Potsdam am 20. März 1869 ist. Als solcher aber muß er als ein Beamter betrachtet werden. Denn die gesetzlich bestehende Einkommensteuer für die Stadt Berlin, dient zur Bestreitung der erforderlichen städtischen Ausgaben, also zu einem öffentlichen Zwecke. Nach § 17 des alleg. Regulativs wählt in Gemäßheit des § 59 der Städte-Ordnung v. 30. Mai 1853 die Stadtverordneten-Versammlung die zu wählenden Kommissionsmitglieder der Einschätzungs-Kommissionen aus einer ihr vorzulegenden, näher bestimmten Liste, aus der Zahl der stimmfähigen Bürger (§ 18 l. c.), und es erfolgt dann die Bestallung derselben durch den Magistrat, wonächst sie nach

§ 19 l. c. von dem Vorsitzenden der Einschätzungs-Kommission mittels Handschlags an Eidesstatt verpflichtet werden. Es unterliegt deshalb keinem Bedenken, daß die gedachte Kommission eine Behörde und ihre Mitglieder Beamte sind, da den diesfälligen Anordnungen der Städte-Ordnung ein Genüge geschehen. Der App.-Richter hat daher rechtlich nicht geirrt, wenn er angenommen hat, daß die Einschätzungs-Kommissionen resp. deren Mitglieder amtliche Funktionen bekleiden, da sie die Ermittlung des steuerbaren Einkommens für die Zwecke der städtischen Steuer-Erhebung, also ein öffentliches Interesse wahrzunehmen haben. Dadurch erledigen sich die Gegenausführungen des Imploranten, der namentlich ein Gewicht darauf legt, daß die Einschätzungs-Kommissionen von der Stadtverordneten-Versammlung gewählt werden, dabei aber übersieht, daß dies, wie bereits erwähnt, durch die Bestimmungen der Städte-Ordnung, welche das Regulativ vom 10. März 1869 nur befolgt hat, vorgeschrieben und es dabei gleichgiltig ist, ob die Stadtverordneten für ihre Person als Beamte anzusehen sind, oder nicht.

Antr. d. GStA.: gleichl. [20—8.]

---

## Beschlagnahme. — Subhastation.

**Die Einleitung des Subhastationsverfahrens stellt eine „Beschlagnahme" des Grundstücks dar im Sinne des**

StGB. § 272 [n 13]. Vgl. oben S. 175 293, B.-StGB. § 137.

**Erk (B. II) v. 6. Okt. 1870 c. Dreyer (313 II Cr)**

D. hatte „— nach eingeleiteter und ihm bekannt gemachter nothwendiger Subhastation seines Kolonats auf bezw. von den Grundstücken desselben mehrere hochstammige Eichen ꝛc. theils vor theils nach dem Lizitationstermine abgehauen und bei Seite geschafft" Gleichwohl ward er in 2 Instanz von der aus § 272 des StGB.s erhobenen Anklage freigesprochen, weil jene Subhastation nach dem durch das Ges. v 4 März 1834 geregelten Verfahren erfolgt sei, und weil weder dieses Gesetz noch Tit 52 der Pr.-Ordn. eine Bestimmung (wie § 9 des Subh-Ordn v. 15. März 1869) enthalte, nach welcher mit der

Einleitung einer nothwendigen Subhastation und mit der Bekanntmachung derselben an den Subhastaten eine „Beschlagnahme" des Grundstücks verbunden sei; nach § 3 des cit. Ges. v. 1854 werde in das Hypothekenbuch nur ein Vermerk eingetragen, daß „die Subhastation verfügt worden, und daß spätere Verfügungen den eingetragenen Gläubigern unnachhaltig sein;" darin liege noch keine „Beschlagnahme;" D. sei dadurch in der Verfügung über sein Kolonat nicht beschränkt worden; eine solche sei nur civilrechtlich ungültig gewesen, insofern sie den Gläubigern nachtheilig war" — Vernichtung und Zurückverweisung der Sache an das AG. Gründe:

Der App.-Richter hebt selbst hervor, daß nach der Eintragung des Subhastationsvermerks jede Disposition des Subhastaten über das Grundstück insoweit ungültig ist, als sie den eingetragenen Gläubigern nachtheilig ist. Diese Wirkung ist allerdings nur eine civilrechtliche, sie ist aber eben das Merkmal, daß jene Eintragung eine Beschlagnahme zu Gunsten der eingetragenen Gläubiger enthält. Da im Uebrigen eine Rechtfertigung der von dem App.-Richter befolgten Ansicht nicht versucht ist, so genügt es auf die ausführliche Begründung des Pl. v. 1. März 1867 (RoDTr. 8. S. 145) hier Bezug zu nehmen.

Antr. d. GStA.: gleichl. [35.—3.]

---

## Richter. — Geisteskrankheit. — Rechtsmittel.

**Ein Erkenntniß kann nicht aus dem Grunde als nichtig angefochten werden, weil einer der mitwirkenden Richter nachweislich zur Zeit geistesschwach gewesen sei.**

Rh. Dekr. v. 20. April 1810 Art. 40; [Vdn. v. 3 Jan. 1849 § 38 n. 4 b].

Erk. (II) v. 6. Okt. 1870 c W. (311 II. Cr.).

W. stützte seinen Kassationsrekurs gegen ein ihn verurtheilendes zuchtpolizeiliches Erkenntniß auf die unter Beweis gestellte Behauptung, daß einer der Richter, welcher zur Entscheidung mitgewirkt hatte, drei Tage darauf als geisteskrank in eine Irrenheilanstalt gebracht worden, und daß derselbe am Tage der Verhandlung bereits geisteskrank gewesen sei. Verwerfung. Das OTr. erwog:

daß selbst unter der Voraussetzung der thatsächlichen

Richtigkeit der Behauptung des Kass.-Klägers eine Verletzung des Art. 40 l. c. nicht vorliegen würde, weil die Richterqualität als solche nicht durch geistige oder leibliche Krankheit verloren wird, mithin jedenfalls fünf formell legale Richter an der Verhandlung und Entscheidung der Sache Theil genommen haben;

daß aber die materielle Frage, ob einer jener fünf Richter sich bei jener Entscheidung nicht im Vollbesitz der zur Ausübung des Richteramtes erforderlichen subjektiven Eigenschaften befunden habe, der Untersuchung der Parteien entzogen ist, indem das Gesetz dieselbe nirgendwo gestattet und regulirt, das Richteramt selbst vielmehr lediglich auf Grund der Staatsdelegation mit der dadurch begründeten gesetzlichen Präsumtion des Vorhandenseins aller nach dem Gesetze erforderlichen Bedingungen ausgeübt wird und die thatsächlich stattgehabte unbehinderte Mitwirkung des bez. Richters an der Berathung und Beschlußfassung des Kollegiums die ausreichende Garantie dafür gewährt, daß derselbe sich zu jener Zeit im Besitze der erforderlichen geistigen Eigenschaften befunden hat, dem gestellten Beweisantrage mithin nicht zu entsprechen ist.

Antr. d. GStA: gleichl. [22.—3]

---

## Rheinisches Verfahren. — Rechtsmittel. — Advokat.

Nach rheinischem Verfahren kann ein Advokat, welcher weder Anwalt noch mit einer Spezialvollmacht versehen ist, ein Rechtsmittel für den Beschuldigten in wirksamer Weise selbst dann nicht ergreifen, wenn er demselben als Vertheidiger zur Seite gestanden hatte.

Rh. StPO. Artt. 202. 185. 204. 417. Vgl. RhOTr. 9. S 577.

Erk. (Z. II.) v. 6. Okt. 1870 c. Schmitz (320. II Cr.). [11—3]

---

## Betrug. — Thatsache. — Zahlung.

Die Versicherung: eine verpfändete [cedirte] Forderung werde am Verfalltage [von einem Dritten]

**bezahlt werden, kann als eine den Thatbestand des Betrugs erfüllende Thatsache angesehen werden.**

StGB § 241 [n. 43].

Erk. (Z. I.) v. 7. Okt. 1870 c. Ahrendt (756. I. Cr.). [33—8]

---

**Untersuchung. — Eröffnung. — Ablehnung. — Begründung.**

**Die vom Staatsanwalt beantragte Eröffnung der Untersuchung wegen unordentlicher Buchführung eines zahlungsunfähigen Kaufmanns kann nicht aus dem Grunde abgelehnt werden, weil die Anklage keine genügenden Thatsachen enthalte, aus welchen die unordentliche Buchführung folgen solle.**

Vdn. v. 3. Jan. 1849 § 39 [n. 19]. Vgl. RdOTr. 7. S. 218; 10 S 527.

Beschl. (I.) v. 7. Okt. 1870 c. E. (259 B. I. Cr.).

Der StA. hatte gegen den in Konkurs gerathenen Kaufmann E. die Eröffnung der Untersuchung wegen fahrlässigen Bankerutts (§ 261 Nr 2 des StGB.s) beantragt, weil derselbe „seine Handlungsbücher so unordentlich geführt habe, daß sie keine Uebersicht seines Vermögensstandes gewährten." Zum Beweise dieser Beschuldigung war in der Anklageschrift auf das Gutachten des Massenverwalters M Bezug genommen und angeführt, daß die Bücher des E. eine ganze Reihe von Eintragungen enthalte, bei welchen sich nicht erkennen lasse, auf welche Geschäfte sie sich stützten, und die ohne besondere Aufklärungen nicht zu verstehen seien Das in Bezug genommene Gutachten des M. enthielt die Aufzählung jener Eintragungen und entwickelte die Thatsachen, aus welchen M. folgerte, daß die Bücher nicht ordentlich geführt seien. — Beide Instanzrichter lehnten gleichwohl die Eröffnung der Untersuchung ab, weil „die Anklage keine Thatsachen enthalte, auf welchen die unordentliche Buchführung des E beruhen solle, sondern nur Urtheile." — Auf die Beschwerde des OStA.s hat das OTr. den Beschluß des AG.s aufgehoben und dem letzteren aufgegeben, „von den angeregten formellen Bedenken abzusehen und auf die Beschwerde des StA.s in der Hauptsache anderweit zu beschließen." — Gründe:

Das Vergehen des einfachen Bankerutts, welches sich auf § 261 Nr. 2 des StGB.s gründet, besteht in seiner letzten Alternative darin, „daß der Angeschuldigte seine Handelsbücher so unordentlich geführt hat, daß dieselben keine Uebersicht seines Vermögenszustandes gewähren." — Unordnung und Mangel der Uebersicht kann nun aber selbstverständlich Seitens der Anklage nicht durch Aufzählung einzelner Mängel oder Fehler in der Buchführung dargethan werden, sondern nur durch die unter Beweis zu stellende Behauptung, daß die fraglichen Bücher ihrer Gesammtbeschaffenheit nach auf einen qualifizirten Sachverständigen (nicht nothwendig auf den Richter selbst) den Eindruck der Unordnung gemacht und dem Sachverständigen die erforderliche Uebersicht nicht gewährt haben, was nicht ausschließt, daß eben dieser Sachverständige, wenn es zur Hauptverhandlung kommt, sein Gutachten näher motiviren muß und der Angeklagte sich dagegen vertheidigen kann. Diese Behauptung ist in der Anklageschrift v. zc. deutlich ausgesprochen und durch Berufung auf das bei den Akten befindliche Gutachten des Massenverwalters, welches die Gründe dafür enthält, unterstützt, der Massenverwalter M. selbst demnächst auch als Zeuge bezw. Sachverständiger vorgeschlagen und damit den im § 39 Nr. 1 der Vdn. v. 3. Jan. 1849 aufgestellten formellen Erfordernissen der Anklageschrift genügt worden.

Antr. d. GStA.: gleichl. [28—8]

---

## Minderjähriger. — Schuld. — Cession. — Dolus.

**Derjenige, welcher sich eine Schuld cediren läßt, deren Berichtigung ein Minderjähriger auf Ehrenwort versprochen hatte, verwirkt nur dann, wenn er zur Zeit der Cession Kenntniß von der Minderjährigkeit des Schuldners hatte, die Strafe des**

Ges. v. 2. März 1857 § 2. Vgl. RdOTr. 10. S. 174; und künftig: B.-StGB § 302

Erk. (B. I.) v. 7. Okt. 1870 c. Grunewald (736. I Cr

Die Entscheidung der Sache hängt lediglich von der Auslegung der §§ 2 und 3 des Ges. v. 2. März 1857 ab, wobei jedoch der in dem § 46 Einl. z. ALR. enthaltene Grundsatz maaßgebend ist, daß den Gesetzen kein anderer Sinn beizulegen ist, als welcher aus den Worten und dem Zusammenhange derselben erhellt. Der klare Wortlaut des cit. § 2 läßt sich aber nicht anders auffassen, als daß derjenige, welcher eine Forderung der bezeichneten Art durch Cession erwirbt, seinerseits gewußt haben muß, daß der Schuldner bei der Ausstellung der Verschreibung noch minderjährig gewesen, wenn auf ihn die Strafbestimmung des § 2 l. c. anwendbar sein soll. Es würde bei der hervorgehobenen Wortstellung des Gesetzes eine gezwungene und nicht zu rechtfertigende Annahme sein, wenn man mit dem App.-Richter behaupten wolle, daß die Worte des Gesetzes, „von welchen er weiß, daß deren Berichtigung ein Minderjähriger in der vorbezeichneten Weise versprochen hat" nur auf das „Versprechen in vorbezeichneter Weise" nicht aber auch auf die damit im genauen Zusammenhange stehende Wissenschaft von der Minderjährigkeit des Schuldners zu beziehen seien. Dies vorausgesetzt erklärt sich der Sinn des § 2 l. c. von selbst. Es besagt § 3 l. c.:

„Von der nach den §§ 1. 2 eintretenden Strafe befreit nicht der Einwand, daß die Minderjährigkeit unbekannt gewesen sei, oder der Minderjährige sich für volljährig ausgegeben habe, wohl aber der Nachweis solcher Umstände, unter welchen der Minderjährige als Großjähriger betrachtet werden konnte."

Es ist hierunter augenscheinlich nur derjenige ursprüngliche Gläubiger verstanden, welcher unmittelbar mit dem Minorennen kontrahirt hat, bei dem es nach der Intention des Gesetzes auf den etwaigen Einwand die Minderjährigkeit des Schuldners nicht gekannt zu haben, nicht ankommen soll, währenddem nach § 2 bei dem Cessionar erforderlich ist, gewußt zu haben, daß die Berichtigung von einem Minderjährigen versprochen worden ist. Demzufolge fällt dem App.-Richter bei seiner Gesetzesauslegung ein Rechtsirrthum zur Last, welcher nach Art. 107 des Ges. v 3. Mai 1852 die Vernichtung seines Erkenntnisses nach sich zieht. Dem steht auch nicht das frühere Urtheil des Kgl. OTr.s vom 19. März 1869 (RdOTr. X. S. 174) entgegen, da in dem damaligen Falle die hier zur Sprache gebrachte Frage nicht Gegenstand eines Angriffs und der demnächstigen Entscheidung gewesen ist.

Antr. d. GStA s gleichl. [20.—8.]

---

**App.-Richter. — Beweiserneuerung. — Freie Beurtheilung.**

Der App.-Richter kann auf den Grund einer erneuerten Beweisaufnahme von der erstrichterlichen Feststellung abweichen, sollte er auch anerkennen, daß durch jene Beweisaufnahme keine anderen thatsächlichen Momente ermittelt seien, als auch in erster Instanz ermittelt waren.

Ges. v. 3. Mai 1852 Art. 101 [n 101].

Erk. (Z. I.) v. 7. Okt. 1870 c. Wiener (785. I. Cr.). [15 —8]

---

**Betrug. — Gewinnsucht. — Schadensabwendung.**

Die Absicht, einen erlittenen Vermögensschaden auf Kosten eines dazu nicht Verpflichteten zu ersetzen, ist eine gewinnsüchtige im Sinne des

StGB. § 241 [n. 6]

Erk. (Z. I.) v. 12. Okt 1870 c. Rothholz (826 I Cr.). [20 —8.]

---

**Thierarzt. — Bezeichnung. — Befugniß. — Dolus.**

1. Auch derjenige, welcher früher befugter Weise, aber ohne vorgängige Approbation die Thierheilkunde ausgeübt hat, macht sich strafbar, wenn er sich jetzt „Thierarzt" nennt.

2. Die unbefugte Bezeichnung als Thierarzt wird durch die irrige Meinung einer vorhandenen Befugniß ntchi ausgeschlossen.

B.-Gew.-Ordn. v. 21. Juni 1869 §§ 29. 147 Nr. 3.

Erk. (Z. I.) v. 12. Okt 1870 c. Wilberg (744. I. Cr.).

W. aus den §§ 29. 147 Nr. 3 der B.-Gew.-Ordn. bestraft, weil er sich als „Thierarzt" bezeichnet hatte, ohne dazu die Approbation erlangt zu haben, rügte im Wege der NB. Verletzung des cit. § 29, nach dessen Schlußsatz „Personen, welche vor Verkundung der Gew.-

Ordn. in einem Bundesstaate die Erlaubniß zum Gewerbebetriebe als . . . Thierärzte bereits erlangt hatten, für das ganze Bundesgebiet als approbirt gelten sollten;" vor Einführung der Gew.-Ordn. sei die Thierheilkunde in Preußen gänzlich frei und somit auch jedem die Bezeichnung als Thierarzt gestattet gewesen; er selbst habe demzufolge, obgleich nicht approbirt, seit langer Zeit jenen Beruf ausgeübt und sich „Thierarzt" genannt; somit müsse er jetzt als approbirt angesehen werden ꝛc.; Zurückweisung Gründe:

Es ist dem App.-Richter beizupflichten, daß seit der Gesetzeskraft der Gew.-Ordn. v. 21. Juni 1869 zwar Jedermann in Gemäßheit des § 29 Abs. 1 ärztliche, bezw. thierärztliche Praxis im ganzen Gebiet des norddeutschen Bundes ausüben darf, als Arzt oder Thierarzt aber sich zu bezeichnen nur demjenigen gestattet ist, welcher sich im Besitze einer Approbation befindet, die auf Grund des Nachweises der Befähigung ertheilt wird, so daß demgemäß in Preußen sich nicht mehr, wie früher vor dem 1. Oktbr. 1869, Jedermann den Titel „Thierarzt" nach Belieben beilegen darf, und diese Bezeichnung nicht mehr blos eine Beschäftigung, die Ausübung thierärztlicher Praxis, sondern eine besondere, staatlich anerkannte und erlangte Qualifikation bedeutet. Dem steht auch nicht der letzte Absatz des § 29 entgegen. Denn der im Gesetz gebrauchte Ausdruck: „die Berechtigung zum Gewerbetrieb" ist gleichbedeutend mit „Approbation," wie sich bereits aus den Schlußworten: „gelten als für das ganze Bundesgebiet approbirt," ergiebt und auch aus den Motiven des im Wesentlichen unverändert gebliebenen Regierungs-Entwurfes deutlich erhellt, indem dort ausdrücklich bemerkt wird:

> „Was endlich die vor Erlaß der Bundes-Gew.-Ordn. von den Landesbehörden ertheilten ärztlichen Approbationen angeht, so unterliegt es keinem Bedenken, dieselben, wie es im letzten Alinea geschieht, als für das gesammte Bundesgebiet erfolgt, anzusehen."

Es ist nun in dem gegenwärtigen Falle thatsächlich festgestellt, daß der Angeklagte, ein Schmiedemeister, als

Thierarzt nicht geprüft und approbirt ist, und es folgt hieraus nach der obigen Ausführung, daß er seit dem 1. Okt. 1869 nicht mehr, wie früher berechtigt ist, sich die Bezeichnung als „Thierarzt" beizulegen. Da er dies festgestelltermaßen im Oktober 1869, also zu einer Zeit, in welcher die Gew.-Ordn. v. 21. Juni 1869 bereits Gesetzeskraft hatte, dennoch gethan, so verfallt er der im § 147 Nr. 3 l. c. angedrohten Strafe. Dabei kommt es nicht darauf an, ob er sich der Strafbarkeit seiner Handlungsweise bewußt gewesen, da nur eine Gewerbe-Polizei-Kontravention vorliegt, und hierbei es genügt, daß ein bewußtes, vorsätzliches Thun an und für sich stattgefunden hat, welches der Vorderrichter angenommen hat.

Antr. d. GStA.: gleich. [20 —8.]

---

## Nachdruck. — Photographie.

### Ist das Abphotographiren einer fremden Photographie strafbar aus dem Ges. v. 11. Juni 1837 § 29?

**Erk. (B. II.) v. 13. Okt. 1870 c. Doring (282. II. Cr.).**

Der Maler G. hatte zwei Porträts von Luther und Melanchthon gemalt, diese dann abgezeichnet, und von den so gewonnenen Zeichnungen Photographien abnehmen lassen, welche er auf der Kunstausstellung zu W. öffentlich ausstellte. Diese Photographien hat D. eigenmächtiger Weise abphotographirt und die Abdrucke in den Handel gebracht. Das ihn dieserhalb aus § 29 des Ges. v. 11. Juni 1837 verurtheilende Erkenntniß ist vernichtet und die Sache in die 2. Instanz zurückverwiesen worden. Gründe:

Es steht nach dem von den Instanzrichtern als erwiesen angenommenen Sachverhalt fest, daß der Maler G. zu D. vor mehreren Jahren von L. und M. je ein Brustbild in Oel gemalt, von denselben hat Zeichnungen anfertigen lassen, und daß von diesen Zeichnungen diejenigen Photographien abgenommen worden sind, welche ꝛc. G. auf der Industrie-Ausstellung hat ausstellen lassen, und welche Photographien der Angeklagte im Wege der Photographie vervielfältigt und zum Verkaufe ausgebracht hat. Nun bestimmt der § 29 des cit. Gesetzes:

> „daß die Abbildung eines Kunstwerkes, welches durch ein anderes, als bei dem Original angewendetes Kunstverfahren, zum Beispiel durch Kupferstich ɪc rechtmäßig angefertigt worden, ohne Genehmigung des Abbildners oder dessen Nachfolgers durch ein rein mechanisches Verfahren so lange nicht vervielfältigt werden dürfe, als die Platten, Formen oder Modelle, mittelst welcher die Abbildung dargestellt worden, noch nutzbar seien“

Durch diesen § soll daher auch einer im Wege eines Kunstverfahrens hergestellten Abbildung eines Original-Kunstwerkes unter den im § angeführten Voraussetzungen der gesetzliche Schutz gegen Nachdruck oder Vervielfältigung für eine gewisse Zeitdauer gesichert werden, also einer Abbildung, dieweil sie eben durch ein Kunstverfahren hervorgebracht ist, in ihrer Art gleichfalls ein Kunstwerk darstellt. Daß nur solchen Abbildungen, welche im Wege eines Kunstverfahrens hergestellt worden sind, der gesetzliche Schutz zu Theil werden sollte, geht unbestritten aus den im § beispielsweise angeführten Vervielfältigungsarten, als Kupferstich, Stahlstich u. s. w. hervor, welche unzweifelhaft zu den Künsten und nicht zu den mechanischen Beschäftigungen gehören, sowie denn auch schon aus dem Eingang des Gesetzes, welches den Schutz des Eigenthums an Werken der Wissenschaft und Kunst zum Gegenstande hat, hervorgeht, daß dasselbe auf Produkte rein mechanischer Thätigkeit keine Anwendung finden kann. Die Anwendbarkeit der in Rede stehenden Strafvorschrift setzt daher unter anderem zweierlei voraus, nämlich:

1) daß die zu schützende Abbildung eines Original-Kunstwerkes durch ein Kunstverfahren hervorgebracht sein muß, und

2) daß die Vervielfältigung einer solchen Abbildung auf rein mechanischem Wege bewirkt worden ist.

Im gegenwärtigen Falle ist nun sowohl die Abbildung des Original-Kunstwerkes (mag man nun als solches die ursprünglichen Oelgemälde oder die davon genommenen Zeichnungen betrachten, —) als auch die dem Angeklagten zur Last gelegte Vervielfältigung desselben im Wege der Photographie bewirkt worden; das zur Vervielfältigung vom Angeklagten angewendete Verfahren wird vom vorigen Richter als ein rein mechanisches bezeichnet, und es hätte daher nachgewiesen werden müssen, weshalb dasselbe Verfahren, dessen sich auch der Abbildner bedient hatte, in Beziehung auf den Letzteren als ein Kunstverfahren betrachtet worden sei; denn nur in dieser Voraussetzung läßt sich beurtheilen, ob der alleg. § 29 — wie Angeklagter behauptet — verletzt, oder ob er richtig angewendet worden ist. Es leuchtet von selbst ein, daß die in dem angefochtenen Erkenntniß aufgestellte Definition des Wortes „Kunst" ganz abgesehen von der Richtigkeit oder Unrichtigkeit dieser Definition, — zur Beseitigung des angeführten Mangels schon um deswillen nicht ausreicht, weil, wie der App.-Richter selbst anerkennt, diese Definition einen eigentlichen Unterschied zwischen „Kunstverfahren" und „rein mechanischem Verfahren" zu bezeichnen nicht geeignet ist. Die Bezugnahme des § 21 des Ges.s v. 11. Juni 1837 in dem angefochtenen Urtheil erscheint bedeutungslos, da es sich hier nicht von einer Nachbildung oder Vervielfältigung eines Original-Kunstwerkes handelt, und überdies gar nicht konstirt, ob der Maler ꝛc. G. die in den §§ 26 und 27 des angeführten Gesetzes vorgezeichneten Schritte zur Erhaltung seiner Rechte gethan hat, oder nicht. Hiernach bestehen wegen der mangelhaften Motivirung der thatsächlichen Feststellung in den Instanzen erhebliche Zweifel darüber, ob diese Feststellung nicht auf einen Rechtsirrthum beruhe.

Antr. d. GStA.: gleichl. [35.—3.]

---

## Kuppelei. — Vorschubleisten, indirektes.

**Der Thatbestand der Kuppelei kann sehr wohl in dem Vermiethen einer Wohnung zum Zweck**

einer darin zu haltenden Bordellwirthschaft gefunden werden.

StGB. § 147 [n. 9]. Sic: Z. (II, 312) v. 6. Okt. 1870 c. Kayser. Vgl. B.-StGB. § 180.

Erk (Z. II.) v 13 Okt. 1870 c. Müller (284. II. Cr.).

Nach der instanzrichterlichen Feststellung hatte M. der Ehefrau Th. gegen eine unverhältnißmäßig hohe Miethe eine Wohnung zu dem Zwecke vermiethet, daß dieselbe darin ein Winkelbordell halte. Hierin hatte der erste Richter eine Beihülfe zu der von der Th betriebenen Kuppelei, der App. Richter aber den Thatbestand einer von M. selbst betriebenen Kuppelei gefunden. Die NB. rügte Verletzung des § 147, welcher wesentlich voraussetze, daß der Unzucht anderer Personen unmittelbarer Vorschub geleistet sei; M. habe mit den im Bordell zu haltenden Mädchen in gar keiner Beziehung gestanden, diese hätten als solche damals noch gar nicht existirt 2c. — Zurückweisung. Gründe:

Zur Anwendung des § 147 des StGB.s wird nicht erfordert, daß die Vermittelung oder Gewährung der Gelegenheit an diejenigen Personen, die die Unzucht betreiben, eine unmittelbare sein müsse, es genügt, wenn dabei ein positives Handeln Seitens des Angeklagten stattgefunden, sei es jenen Personen selbst oder Dritten gegenüber, die sich mit denselben in nähere Verbindung setzten. Das positive Handeln des Angeklagten in letzterer Weise ist gegen diesen von dem App.-Richter aber dadurch festgestellt, „daß Angeklagter das qu. Haus an den Schiffer Th. zu dem Zwecke der Hurerei und Bordellwirthschaft vermiethet" und sich dafür von diesem eine Miethe ausbedungen, die „nur mit Rucksicht auf die im Hause zu betreibende Hurerei ihre Erklärung findet."

Antr d. GStA.: gleichl [11.—3.]

---

Zollhinterziehung. — Gewerbtreibender. — Haftbarkeit.

Gewerbtreibende haften für die Zollstrafe, welche ihre Gewerbsgehülfen bei Ausführung der diesen übertragenen Gewerbshandlungen verwirken, selbst dann, wenn die übertretenen Zollvorschriften mit

**den übertragenen Verrichtungen in keiner Beziehung stehen.**

Z.-StrGes. v. 23. Jan. 1838 § 19; [V.-Zollges. v. 1. Juli 1869 § 153]. Vgl. RdOTr. 3. S. 266.

**Erk. (Z. II.) v. 13. Okt. 1870 c. Stinnes** (340 II Cr.).

Die auf dem Dampfboote des St. als Maschinist und Heizer beschäftigten D., B. und S. hatten auf jenem Boote zollpflichtige Waaren eingeschwärzt und waren wegen dieser Hinterziehung bestraft, St. aber für die ihnen zur Last gelegte Geldstrafe ꝛc. haftbar erklärt worden. Die NB. des letzteren fand hierin eine Verletzung des § 19 des Z.-StrGes. v. 23. Jan. 1838, welcher eine Haftbarkeit des Gewerbtreibenden nur in Betreff solcher Strafen ausspreche, welche durch Verletzung derjenigen Vorschriften verwirkt würden, die bei der Ausführung übertragener Verrichtungen zu beobachten seien, während hier die Mitführung und Nichtdeklarirung der zollpflichtigen Waaren Seitens der Hauptangeklagten mit den ihnen übertragenen Verrichtungen in gar keiner Beziehung stehe. Zurückweisung. Gründe:

Die behauptete Verletzung des § 19 des Z.-StrGes.s v. 23. Jan. 1838 liegt nicht vor. Derselbe spricht die Haftbarkeit der Handel- und Gewerbtreibenden für die Geldbußen, Zollgefälle und Prozeßkosten aus, in welche die zu vertretenden Personen wegen Verletzung der bei Ausübung der ihnen von dem subsidiarisch Verhafteten übertragenen Handels-, Gewerbs- und andern Verrichtungen zu beobachtenden zollgesetzlichen oder Zollverwaltungs-Vorschriften verurtheilt werden. Vorliegend haben aber die Hauptangeklagten nicht nur ihr Verhältniß als Maschinist bezw. Heizer zur Verübung der in Rede stehenden Zolldefraudation benutzt, sondern dieselbe auch auf dem Schiffe des Imploranten begangen, also während sie in dem ihnen von demselben übertragenen Schiffsdienste gewerblich beschäftigt waren. Dies genügt zur Anwendung des § 19 l. c., wie bereits im Erkenntnisse v. 6. Febr. 1863 ausgeführt worden ist.

Antr. d. GStA.: gleichl. [22.—3.]

---

**Verjährung. — Feststellung. — Zeit.**

**Ein verurtheilendes Erkenntniß ist nichtig, wenn die Feststellung nicht gleichzeitig eine Zeitangabe in**

Betreff der Begehung der That enthält, welche ersehen läßt, ob die Strafverfolgung nicht verjährt war.

StGB. §§ 46. 45 [n. 4]. Vgl. B.-StGB. §§ 66 [n. 6].

Erk. (B. I.) v. 14. Okt. 1870 c. Jarzyna (704. I. Cr.).

J. war auf Grund der Feststellung, daß er „vor einigen Jahren den K vorsätzlich gemißhandelt habe" aus § 187 des StGB.s verurtheilt worden. Vernichtung:

weil die ganz allgemeine Feststellung: daß die vorsätzliche Mißhandlung des ꝛc. K. „vor einigen Jahren" verübt sei, zu unbestimmt ist, als daß dadurch die That der Zeit nach genügend individualisirt erachtet werden könnte (vgl. Allg. Vdn. v. 29. März 1853: JMbl. S. 134). Jedenfalls mußte das Jahr oder doch die Zahl der seit der That bis zur Eröffnung der Untersuchung verflossenen Jahre soweit angegeben werden, daß sich ersehen ließ, ob die That nicht nach Vorschrift des § 96 des StGB.s verjährt sei.

Antr. d GStA.: entg. [28.—6.]

---

Fragstellung. — Zusatzfrage. — Wie lange?

Nach Verkündung eines regelrechten die Anklage erschöpfenden Geschwornenspruchs kann den Geschwornen eine Zusatzfrage in Betreff desselben Thatbestandes nicht mehr vorgelegt werden.

Ges. v 3 Mai 1852 Artt. 84 [n. 17] 79 [n. 38].

Erk. (B. I) v. 14. Okt. 1870 c. Sch.

Den Geschwornen war eine den Thatbestand des § 255 des StGB.s wiedergebende Haupt- und außerdem eine Eventualfrage vorgelegt worden, welche dahin lautete:

„Ist Sch. schuldig, — — vorsätzlich, jedoch nicht mit der Absicht sich Gewinn zu verschaffen, es bewirkt zu haben, daß in einer von dem JR. W. — notariell aufgenommenen Verhandlung eine Thatsache, welche nicht geschehen war, als geschehen beurkundet wurde"

Nachdem von den Geschwornen die Hauptfrage verneint, die Eventualfrage aber regelrecht bejaht worden war, legte der GH. auf den

Antrag des Vertheidigers, trotz des Widerspruchs des StA.s den Geschwornen noch die Zusatzfrage*) vor:

„Ist festgestellt, daß der Angeklagte bei Begehung der That nicht das Bewußtsein gehabt hat, daß durch seine Handlung eine falsche Beurkundung herbeigeführt wurde?"

und sprach, nachdem diese Frage bejaht worden war, den Angeklagten frei. — Auf die NB. des StA.s hat das OTr. dieses Erkenntniß vernichtet und unter Aufrechthaltung des ersten Wahrspruchs die Sache zur anderweiten Verhandlung und Entscheidung zum Zwecke der Strafabmessung an den Schw.-GH. zurückverwiesen. Gründe:

Es ist ein feststehender, schon im ZPl. 20. April 1857 [Entsch. 36. S. 465] rc. wiederholter Grundsatz des Verfahrens, daß, sobald der Vorsteher der Geschwornen einen, der vorgelegten Fragen entsprechenden, regelrechten Spruch verkündet hat, die Stellung nachträglicher, die Strafe ausschließende oder mildernde Umstände betreffender Fragen unzulässig ist, weil die Berathung der Geschwornen eine ungetheilte, den ganzen Thatbestand umfassende sein muß, mithin wenn sie durch die Verkündigung ihres, einer Bemangelung nach Art. 97 des Ges.s v. 3. Mai 1852 nicht unterworfenen Ausspruchs, thatsächlich als beendet bezeichnet ist, nicht noch einmal veranlaßt werden kann. In dem vorliegenden Falle hatte nun die Vertheidigung bei Stellung der Fragen, die der in Rede stehenden Zusatzfragen ungeachtet der diesfälligen Hinweisung des Schw.-GH., nicht beantragt, und der letztere keine Veranlassung gefunden, solche von Amtswegen an die Geschwornen zu richten. Es frägt sich deshalb lediglich, ob die Verdikte zu den Fragen in Betreff des Vergehens aus § 255 des StGB.s regelrechte sind. Dies muß indeß bejaht werden. So wie die Sache lag, war der Schw.-GH. in Anbetracht der regelrecht und deutlich abgegebenen Verdikte genöthigt, nach Maaßgabe derselben zu erkennen, und

---

*) Das Verfahren des GH.s war auch insofern unrichtig, als die gestellte Zusatzfrage in unzulässiger Weise ein in der Hauptfrage enthaltenes Merkmal abermals zum Gegenstand einer getrennten Entscheidung machte; in solchen Fällen muß das modifizirende Moment in die Hauptfrage mit aufgenommen werden; vgl. Oppenhoff, Strafverfahren Art 81 n 8, RdOTr 5 S 128; 8 S 781.

da er dies nicht gethan, vielmehr in unzulässiger Weise die mehrgedachten Zusatzfragen zu Nr. 3 und 4 nachträglich beantworten ließ, so verletzte er dadurch eine wesentliche Vorschrift des Verfahrens.

Antr. d. GStA.: gleichl. [20.—6.]

---

**Amtsanmaßung. — Prozeßbevollmächtigter.**

**Derjenige, welcher auf Grund einer Vollmacht, in welcher er fälschlich als ein naher Verwandter bezeichnet wird, als Verteter einer Partei vor Gericht aufgetreten ist, nimmt dadurch unbefugt eine Handlung vor, welche nur kraft des öffentlichen Amts eines Rechtsanwalts vorgenommen werden darf.**

StGB. § 104 [n. 6. 7]. Vgl B.-StGB. § 132 [n. 8]; AGO. I, 3 §§ 22. 25; ALR. I, 13 § 119

**Erk. (Z. I.) v 19. Okt. 1870 c. Bechtold** (923. I. Cr.).

B. war in einer Prozeßsache in dem zur Klagebeantwortung und mündlichen Verhandlung angesetzten gerichtlichen Termine als Vertreter des Verklagten erschienen auf Grund einer Vollmacht, in welcher er fälschlich als Schwager des letzteren (ALR. I, 13 § 119) bezeichnet war. Hierin hatten die Instanzgerichte die unbefugte Vornahme einer Handlung gefunden, welche nur vermöge des Amts eines Rechtsanwalts vorgenommen werden dürfe. Die dieses als rechtsirrthümlich angreifende NB. ward zurückgewiesen, weil

nicht ersichtlich sei, daß bei der Feststellung ein Rechtsirrthum untergelaufen sei.

Antr. d. GStA.: entg. [34 —8.]

---

**Beleidigung. — Mehrzahl. — Privatklage. — Widerklage.**

1. Der Thatbestand der Beleidigung ist nicht dadurch bedingt, dass der Thater den Verletzten persönlich gekannt habe.

StGB Thl II Tit. 13 [n. 9] Vgl B.-StGB. § 185fgg. [S. 323 n 10].

2. Zur Substantiirung einer Widerklage wegen wechselseitiger Beleidigung genügt die Verlesung des Zeitungs-Artikels, in welchem die Beleidigung gefunden wird.

StPO. §§ 508 495. 96.

**Erk. (Z. V.) v. 19. Okt. 1870 Rompel & Gen. c. v. Linde** (OAG. II. 179).

R. und Gen. hatten gegen v. L. wegen einer allen durch einen Zeitungsartikel des v. L. zugefügten Ehrverletzung Privatklage, v. L. aber wegen eines seinen Artikel beantwortenden Artikels Widerklage erhoben. Der erste Richter bestrafte beide; der zweite verwarf die Berufung des Verklagten, wies aber auf die Berufung des Klägers die Widerklage „wie angebracht" zurück, weil in derselben den §§ 495 und 76 der StPO. zuwider die thatsächlichen Merkmale des angeschuldigten Vergehens, insbesondere die Worte, in welchen die Beleidigung liegen solle, nicht angegeben seien. — Die NB. des v. L. rügte in Beziehung auf die Klage Verletzung des § 152 des StGB: es habe ihm der animus iniuriandi gefehlt, weil nicht nachgewiesen sei, daß er bei Abfassung des Artikels die Verklagten als Theilnehmer an der Fastnachtsgesellschaft, gegen welche sich sein Angriff richtete, gekannt habe; als Gesellschaft könne dagegen eine Mehrheit nicht beleidigt werden, wenn sie keine statutenmäßige Organisation habe; sodann ward zur Widerklage auszuführen gesucht, dieselbe sei genügend substantiirt gewesen; eine solche Substantiirung, wie das AG. verlange, werde in den citt. §§ 495 und 96 nicht gefordert; davon abgesehen existire im Strafverfahren „eine Abweisung angebrachter Maaßen überhaupt nicht." —

Das OAG. hat die die Klage betreffende NB. zurückgewiesen, in Betreff der Widerklage aber das Urtheil des AG.s vernichtet und die Sache in die 2 Instanz zurückverwiesen. Gründe:

[1.] Der persönliche Schutz gegen Beschimpfung und Verleumdung ist einem jeden Staatsbürger gewährleistet, und es kann daher dadurch, daß eine Mehrzahl von Personen gleichzeitig beleidigt wird, das selbstständige Recht jedes Einzelnen auf Genugthuung zu klagen nicht beeinträchtigt werden. Dies unterliegt gerade dann keinem Zweifel, wenn, wie in der Rechtfertigungsschrift hervorgehoben worden, die Vielheit der betheiligten Individuen nicht zu einer statutenmäßig organisirten Einheit verbunden war. Auch hat das AG. mit Recht angenommen, daß es nicht darauf ankomme, ob Implorant die beleidigten Personen alle einzeln gekannt habe oder nicht. Denn indem er, wie festgestellt ist, den Inbegriff derjenigen Personen, welche sich an dem fraglichen Fastnachtsaufzuge betheiligt hatten, als Gesindel bezeichnete, hat er auch die ihm etwa unbekannten Theilnehmer beleidigen wollen, und haben solche nicht weniger als die ihm bekannten Theilnehmer Ursache gehabt, die Beleidigung sich zuzuziehen.

[2.] Mit Grund dagegen hat Implorant sich darüber beschwert, daß die von ihm erhobene Widerklage, wie angebracht, abgewiesen worden. Wenngleich nämlich vorliegend die Abweisung der Widerklage in angebrachter Maaße in Bezug auf den Imploranten als Widerkläger eine Nichtigkeit an sich nicht begründen würde, so sind doch durch diese Entscheidung wesentliche Prozeßvorschriften, insbesondere die §§ 76 und 374 der StPO., verletzt worden, so daß unter Vernichtung der bezüglichen Entscheidung des Kgl. Apell.-Gerichts die Sache zur Verhandlung und Entscheidung an dasselbe zurückverwiesen werden mußte. Bei der Kürze des der Widerklage zum Grunde gelegten Artikels genügte die Exhibition und Vorlesung desselben in dem erstinstanzlichen Termine v. rc., um den Richter in den Stand zu setzen, die Schrift einer Prüfung hinsichtlich der Behauptung des Widerklägers, dadurch beleidigt zu sein, zu unterziehen, wie denn auch der erste Richter darunter eine Schwierigkeit nicht gefunden hat. Jedenfalls aber lag für den App.-Richter umsoweniger Veranlassung vor, die Widerklage als unsubstantiirt zurückzuweisen, da darauf ein Antrag nicht gerichtet war, und es sich, weil im Uebrigen die Widerklage für zulässig erachtet wurde, rücksichtlich des Thatbestandes nur noch darum fragen konnte, ob die vom Gerichte 1. Instanz hervorgehobenen Punkte beleidigend für den Widerkläger seien oder nicht, übrigens auch der App.-Richter, wenn ihm irgend ein Zweifel übrig geblieben wäre, durch an den Widerkläger zu richtende Fragen, die Intention desselben leicht hätte aufklären können.

Antr. d GStA.: in dems. Sinne. [62.—6.]

---

## Geschworne. — Berathungszimmer. — Urkunden.

**Es ist statthaft, den Geschwornen urkundliche Beweismittel, über welche der Angeklagte in der**

**Sitzung vernommen worden ist, in das Berathungszimmer mitzugeben.**

Ges. v. 3 Mai 1852 Art. 88 [n. 6] Vgl. RbOTr. 1. S 451; 4. S 201; 6. S. 142; 7. S. 122; 8. S. 491.

Erk. (Z. I) v. 19. Okt 1870 c. Pehla (866. I. Cr.).

Der vom Schw.-GH wegen „Meineid" verurtheilte P. rügte im Wege der NB., daß den Geschornen vom Vorsitzenden nach dem Sitzungsprotokolle ohne Beschluß des Gerichtshofs, mehrere in den Hypothekenakten befindliche Unterschriften des Angeklagten und ein Schuldschein zur Ansicht vorgelegt, und sodann in das Berathungszimmer mitgegeben seien; dadurch seien die Geschwornen in unzulässiger Weise veranlaßt worden, im Berathungszimmer noch eine Beweisaufnahme (durch Einsicht jener Stücke) vorzunehmen. Zurückweisung. Gründe:

Die faktischen Anführungen in der NB. sind zwar richtig; allein es tritt hinzu, daß der Angeklagte sowohl über den fraglichen Schuldschein, dessen Unterschrift er nicht rekognoscirt hat, als über seine in den Grundakten befindlichen roth unterstrichenen und von ihm anerkannten Unterschriften vernommen worden ist, endlich daß auf dem den Geschwornen in das Berathungszimmer mitgegebenen Bogen dieselben Folien der Grundakten verzeichnet stehen. Unter diesen Umständen war die Mitgabe der gedachten Schriftstücke und Grundakten in das Berathungszimmer der Geschwornen eine zulässige Maßregel. Ein besonderer Beschluß des GH.s hierüber, sowie eine Vernehmung des Angeklagten war nicht erforderlich, da ein diesfälliger Antrag nicht gestellt worden ist.

Antr d. GStA.: Zurückweisung [20.—8.]

---

**1. Appellations-Richter. — Beweiserneuerung. — Gegenwart des Angeklagten.**

**2. Gesetz, fremdes. — Beweis. — Verlesung.**

**3. Betrug. — Gericht. — Simulirter Akt.**

1. Es unterliegt dem Ermessen des eine Beweiserneuerung beschließenden App.-Richters, ob er dazu den vorgeladenen aber nicht erschienenen [nicht

verhafteten] Angeklagten nochmals vorladen lassen will.

Ges. v. 3. Mai 1852 Art. 101 [n. 74]. Vgl. RbOTr 8. S. 666.

2. Der Instanzrichter kann, Behufs Feststellung der Strafbarkeit einer That am ausländischen Begehungsorte das ausländische Gesetz verlesen lassen, ohne daß es einer Rechtfertigung dieser Maßregel durch motivirten Beschluß bedürfte.

Ges. v. 3 Mai 1852 Art. 25 [n 6[.

3. Ein Betrug kann in der vor Gericht erfolgten Benutzung einer Urkunde über ein simulirtes Rechtsgeschäft gefunden werden.

StGB. § 241 [n. 61[. Vgl. oben S. 153. 213, B.-StGB § 263.

Erk. (Z. I.) v. 19. Okt. 1870 c. Salz (1016. I. Cr.).

Der (nicht verhaftete) Angeklagte erschien bei der Verhandlung 2. Instanz nicht persönlich, ward vielmehr durch einen Vertheidiger vertreten; dieser beantragte, als das AG eine Wiederholung der Beweisaufnahme durch Verlesung verschiedener Schriftstücke verordnete, die Vertagung der Verhandlung, damit er seinem Klienten von jener Anordnung Kenntniß geben könne, indem er gleichzeitig darauf hindeutete, daß die Vorladung des Angeklagten von einer zu bewirkenden Beweiserneuerung Nichts enthalte. Das AG. lehnte indessen diesen Antrag ab, weil „der Angeklagte gehörig geladen sei." — Hierin fand der Angeklagte eine Nichtigkeit des Verfahrens, sowie nicht minder darin, daß das AG. (zur Beurtheilung der Strafbarkeit der im Auslande begangenen That) das betr. ausländische Gesetz ohne vorgängigen motivirten Beschluß habe verlesen lassen. — Außerdem rügte er es als eine Gesetzesverletzung, daß das AG. in der versuchten Täuschung des Richteramts durch Benutzung einer über ein simulirtes Rechtsgeschäft aufgenommenen Urkunde einen „Betrugsversuch" gefunden habe. Zurückweisung. Gründe.

[1.] Die Gesetze enthalten nirgends die Vorschrift, daß dem Angeklagten in der Vorladung zur mündlichen Hauptverhandlung sei es in 2. oder in 1. Instanz bekannt gemacht werden solle, daß darin eine Beweisaufnahme und welcher Art erfolgen werde. Die Beweisaufnahme, wo sie erforderlich ist, bildet einen wesentlichen Theil der Hauptverhandlung, und die Vorladung zu dieser enthält daher von selbst die Aufforderung an den Angeklagten, der ersteren beizuwohnen und sein Interesse dabei wahrzunehmen. Nur Eins ist nach Vorschrift der Gesetze (Vdn. v. 3. Jan. 1849 § 52, Ges. v. 3. Mai 1852 Art. 26) vor der Hauptverhandlung 1. Instanz dem Angeklagten mitzutheilen, nämlich die Namen der zu vernehmenden Zeugen und mag diese Vorschrift auch auf die 2. Instanz anzuwenden sein. Dagegen hat der von der Nichtigkeitsbeschwerde als verletzt bezeichnete Grundsatz, daß dem Angeklagten zur Wahrung seiner Rechte von den im Verfahren vorzunehmenden Operationen zeitig Kenntniß zu geben, in dieser Allgemeinheit in den gesetzlichen Bestimmungen keine Begründung. Hiernach reichte zur Motivirung der Zurückweisung des von dem Vertheidiger bei der mündlichen Verhandlung gestellten Vertagungsantrags der erste vom App.-Richter angeführte Grund, „daß die Angeklagten gehörig geladen seien," aus.

[2.] Wenn sodann Verletzung des Art. 25 des Ges.s v. 3. Mai 1852 behauptet wird, weil die Verlesung der einschlägigen Bestimmungen des Schweizerischen (Züricher) StGB. ohne vorgängigen Gerichtsbeschluß stattgefunden habe, so findet der cit. Artikel hier keine Anwendung, da der Inhalt der gedachten gesetzlichen Bestimmungen nur durch deren Verlesung zur Kenntniß der Betheiligten und des Gerichts gebracht werden konnte.

[3.] Allerdings ist noch nicht jedes Vorbringen einer falschen oder Unterdrücken oder Entstellen einer wahren Thatsache im Civilprozeß ein Betrug oder Betrugsversuch, da die bloßen Parteibehauptungen als solche, sofern sie von der Gegenpartei bestritten werden, für den Richter keinen Werth haben und daher zu dessen Täuschung nicht geeignet sind. Dies hat aber auch der App.-Richter anerkannt und den Betrugsversuch nicht in den vom Angeklagten in dem Vindikationsprozeß gegen die Gesellschaft G. vorgebrachten unwahren Behauptungen, sondern darin erblickt, daß er die Klage auf betrügliche Grundlage angestellt habe. Diese betrügliche Grundlage findet er aber namentlich in den mit der Klage produzirten gefälschten Beweisdokumenten, nämlich in den Briefen rc., deren Inhalt aber, nach seiner thatsächlichen Feststellung insofern gefälscht ist, soweit darin der Empfang der vindizirten Werthpapiere bescheinigt und von dem Zweck ihrer Uebersendung, sowie von ihrer Verwahrung gesprochen wird, erdichtete Thatsachen enthalten und als sie nachträglich, d. h. später als ihr Datum besagt, zum Zwecke des Gebrauchs im Prozesse angefertigt sind. Derartige auf Simulation beruhende Beweisdokumente haben aber allerdings im Civilprozeß eine andere Bedeutung, als bloße unwahre Parteibehauptungen, sie sind geeignet, den Richter in Irrthum zu versetzen und der App.-Richter hat im vorliegen den Falle festgestellt, daß das Gericht 1. Instanz durch die oben gedachten Briefe wirklich getäuscht, in den Irrthum, daß die darin enthaltenen Thatsachen wahr seien, versetzt und unter Anderm hierdurch zu der der Germania nachtheiligen Entscheidung verleitet werden sei.

Endlich hat der App.-Richter auch die gewinnsüchtige Absicht beider Angeklagten und die im vorliegenden Falle deren vollständiges Correlat bildende Absicht, das Vermögen der Germania zu beschädigen, festgestellt, und da ein Rechtsirrthum in der Art, wie er zu dieser Feststellung gelangt, nicht zu erkennen ist, so zerfällt auch der hierauf bezügliche Angriff der NB. Insbesondere kann es nicht für rechtsirrthümlich erachtet werden, wenn der App.-Richter in dem Versuch der Angeklagten, die Aufhebung des Arrestes, vor Entscheidung über die Forderung der Germania gegen den Arrestaten M. S. zu erwirken und hierdurch sofort die freie Disposition über die mit Arrest bestrickten Werthpapiere zu erlangen, während doch der Germania ein Recht auf Aufrechthaltung des Arrestes bis zur Entscheidung über die gedachte Forderung, zu deren Sicherheit er angelegt war, zustand, die rechtswidrige Absicht, sich einen Vermögensvortheil, einen Gewinn zu verschaffen und das Vermögen der Germania zu beschädigen, erblickt.

Antr. d. OStA.: gleichl. [33.—8.]

---

**Berufungsgericht. — Beweiserneuerung. — Ermessen.**

1. Der Berufungsrichter ist bei der Prüfung, ob die erstrichterliche Feststellung Bedenken unterliege, an keine Schranke, namentlich nicht an den Inhalt des angefochtenen Urtheils gebunden; er hat sonach dabei auch den anderweitigen Inhalt der Akten zu berücksichtigen.

2. Derjenige, welcher die Wiederaufnahme des Beweisverfahrens verlangt, muss seinerseits diesen Antrag begründen; ein Antrag, welcher lediglich auf Verlesung protokollirter Zeugenaussagen gerichtet ist zu dem ausgesprochenen Zwecke, um daraus später Bedenken gegen die erstrichterliche Feststellung herzuleiten, ist rechtlich nicht begrundet und deshalb nicht zu berücksichtigen.

3. Die Verlesung einer Aktenstelle durch den Vorsitzenden des Berufungsgerichts, begründet keine Nichtigkeit des Verfahrens, wenn auf dieselbe nicht eine abweichende Fesstellung gestützt worden ist.

StPO. §§ 377. 245 fgg

Frk. (Z.) v. 19. Okt. 1870 c. Scharnhorst (OAG II 185).

[1.] Die erste Beschwerde richtet sich gegen die Verwerfung des Antrags auf Vorlesung der Aussagen namhaft gemachter Zeugen, woraus Angeklagter Bedenken gegen die Feststellung des ersten Richters herleiten wollte, zur Ermöglichung dieses Zweckes. Der für die Verwerfung dieses Antrags von dem Vorderrichter angeführte Grund, daß Bedenken nur aus dem Inhalte des Urtheils selbst begründet werden dürften, wonach also jedem Angriff auf die Elemente der Beweiskonstruktion, welcher sich nicht aus den Anführungen des Urtheils selbst, sondern erst durch Hinzunahme des sonstigen Akteninhalts begründen läßt, von vorn herein der Eingang versagt wird, erscheint zwar nicht richtig.

Für die dem App.-Richter eingeräumte Befugniß, auch ohne neues Vorbringen durch unmittelbare Anschauung des Beweismateriales die Richtigkeit der Feststellungen des ersten Richters zu prüfen, ist nämlich keine weitere Schranke gezogen, als die, daß die entstandenen wesentlichen Bedenken sich nicht durch die schriftlichen Verhandlungen beseitigen lassen. Die nicht zum Zweck alsbaldiger Entscheidung in der Sache selbst, sondern nur für die etwaige Eröffnung eines nochmaligen Beweisverfahrens nachgelassene Prüfung des Beweisresultates würde keinen rechten Sinn haben, wenn die thatsächlichen Elemente, wie sie der erste Richter fixirt hat, unangreifbar wären und nur die Kombination derselben ꝛc. einer Nachprüfung unterläge. Aber auch eine Zulassung der Prüfung dieser Elemente selbst in der beschränkten Richtung, daß nur die aus der Anführung des ersten Richters selbst sich ergebenden Unklarheiten, Widersprüche, Unvollständigkeiten ꝛc. in Betracht kämen, würde der Intention des Gesetzgebers, den Gefahren, welche die Anwendung des Prinzips der Mündlichkeit mit sich führt, zu begegnen, gerade in den mißlichsten Fällen nicht entsprechen. Denn es kann die Anführung ꝛc. der Beweisergebnisse in dem Urtheile des ersten Richters an sich völlig korrekt erscheinen, während der Inhalt der Akten auf Unrichtigkeit in der Auffassung der Thatsachen mit Nothwendigkeit hinführt. Es ist vielmehr anzunehmen, daß der Gesetzgeber bei der, in der Statuirung der Beweisprüfung in der 2. Instanz liegenden Abweichung von der strengen Konsequenz des Prinzips der Mündlichkeit nicht auf halbem Wege stehen bleiben wollte und deshalb auch im § 377 der StPO. nichts darüber gesagt hat, aus welchen Momenten die Bedenken gegen die Feststellung des ersten Richters herzuleiten seien.

[2.] Die angefochtene Entscheidung rechtfertigt sich aber aus einem andern Grunde. Um aus dem Inhalte der Akten Bedenken gegen die thatsächlichen Annahmen des ersten Richters zu begründen, war eine vorherige Verlesung der betreffenden Aktenstellen nicht erforderlich. Es war Sache des Angeklagten, das Material, worauf er die Annahme der Bedenklichkeit gründen wollte, dem Berufungsgerichte in seinem Vortrage soweit vorzuführen, daß der Richter durch diese Darstellung in den Stand gesetzt würde, über die Bedeutung des fraglichen Materials zu urtheilen, und danach in die Lage kam, wenn er das Vorbringen des Angeklagten für erheblich erkannte, den Inhalt der betreffenden Zeugenaussagen einer entsprechenden Prüfung zu unterwerfen. Ein Anspruch des Angeklagten auf Verlesung der betreffenden Aktenstellen vor der Begründung seiner Bedenken kann jedenfalls nicht anerkannt werden.

[3.] Zur zweiten Beschwerde lag in der Verlesung einer Aktenstelle durch den Präsidenten, welche auch durch den Referenten hätte erfolgen können, nur eine Erweiterung des von dem letzteren zu haltenden Vortrags, der sich auch über solches Material erstrecken durfte, welches im ersten Urtheile nicht berücksichtigt worden war, nicht aber eine Beweisaufnahme, und wenn der Angeklagte aus der einschlägigen Aussage des betreffenden Zeugen Momente zur Entkräftung der Bedeutung der vorgelesenen Stelle herleiten zu können glaubte, so war es auch in dieser Hinsicht seine Sache, diese Momente dem Gerichte vorzuführen.

Antr. d. GStA.: gleichl. [64.—6.]

---

**Appellation. — Verspäteter Beweisantrag. — Ermessen.**

**Die Berücksichtigung eines verspäteten Beweisantrags unterliegt auch dann lediglich dem Ermessen des App.-Richters, wenn es sich von einer Thatsache handelt, welche sich erst nach dem Ablaufe der Appellationsfrist zugetragen haben soll.**

Ges. v. 3. Mai 1852 Art. 104 [n. 8]

**Erk. (Z. I.) v. 19. Okt. 1870 c. Surma** (812 I Cr.).

(„Der cit Art. 104 unterscheide nicht.“)

Antr. d. GStA.: gleichl. [15.—8.]

---

### Gewerbepolizeivergehen. — Zuständigkeit.

**Gewerbepolizeivergehen gehören auch im Geltungsgebiete der Vdn. v. 3. Jan. 1849 jetzt zur Zuständigkeit der Gerichtsabtheilungen; die früher ausnahmsweise begründete Zuständigkeit der Einzelrichter ist mit der Einführung der Bundes-Gew.-Ordnung weggefallen.**

Einf.-Ges. z. StrGB. Art. XX. [n. 6]; AKO. v. 24. Jan. 1848 (GS. S. 73); B.-Gew.-Ordn. v. 21. Juni 1869 § 147.

**Beschl.** (II) v. 20. Okt. 1870 c **Pfender** (72 B. II. Cr.).

Die nach Art. XX. des Einf.-Ges.s z. Pr. StGB. für den Polizeirichter ausnahmsweise beibehaltene erweiterte Kompetenz ist auf solche Materien beschränkt, in welchen und insoweit durch besondere, damals bestehende Gesetze eine erweiterte Kompetenz angeordnet war. Diese gesetzliche Anordnung lag für speziell bezeichnete §§ der Gew.-Ordn. v. 17. Jan. 1845 in der AKO. v. 24. Jan. 1848 vor. Sie hat aber zu bestehen aufgehört, seitdem die Gew.-Ordn. v. 17. Jan. 1845 aufgehoben und die Bund.-Gew.-Ordn. v. 21. Juni 1869 das neue Gesetz geworden ist, ohne daß dabei auf dem Wege der Gesetzgebung zugleich festgestellt worden wäre, daß die hier fragliche Kompetenz dem Polizeirichter auch in den betreffenden Fällen der B.-Gew.-Ordn. beibehalten bleiben solle. Der Mangel dieser gesetzlichen Feststellung kann dadurch, daß die materiellen Bestimmungen der aufgehobenen und der jetzt geltenden Gewerbeordnung mehr oder minder übereinstimmen, für den Richter nicht ersetzt werden.

Antr. d. GStA.: gleichl. [11.—3.]

---

### Amts-Unterschlagung. — Amtlicher Empfang.

**Ein Beamter hat Zahlungen „in amtlicher Eigenschaft" empfangen, sobald er von dem Zahlenden zur Empfangnahme für berechtigt erachtet wurde und**

andererseits sich bei der Empfangnahme jener Meinung des Zahlenden bewußt war.

StGB. § 324 [n. 10]. Vgl. oben S. 86. 438

Erk (Zll.) v. 20. Okt. 1870 c. Sommer (255. I. Cr.) [37.—3.]

———

## Fahrlässigkeitsvergehen. — Maaß der Fahrlässigkeit.

**Hat Jemand durch Fahrlässigkeit den Tod eines Andern verursacht, so ist die Strafbarkeit nicht durch das größere oder geringere Maaß der Fahrlässigkeit bedingt.**

StGB. § 184; Thl. I Tit 3 [§ 112 n. 23] Vgl. B.-StGB § 222 [n 3].

Erk. (Z. II) v. 20. Okt. 1870 c. Zeller (355 II Cr).

In Folge des Genusses trichinenhaltigen Schweinefleisches waren mehrere Personen an der Trichinose erkrankt, von welchen eine starb. Der Verkäufer jenes Fleisches, der Fleischermeister Z. ward dieserhalb wegen fahrlässiger Verursachung des Todes eines Menschen aus § 184 verurtheilt; das AG erwog: zwar sei die mikroskopische Untersuchung alles verkäuflichen Schweinefleisches nicht obligatorisch vorgeschrieben, auch müsse anerkannt werden, daß die Wissenschaft über den Werth solcher Untersuchungen noch nicht im Klaren sei; gleichwohl stehe fest, daß dieselbe ein geeignetes Mittel zur Entdeckung von Trichinen darstelle, und daß sie im vorliegenden Falle den schadlichen Folgen vorgebeugt haben würde; Z habe durch Verabsäumung dieser Vorsichtsmaßregel die ihm obliegende Vorsicht nicht angewendet, und sich dadurch verantwortlich gemacht, zumal ihm in Angelegenheiten seines Gewerbes eine besondere Fachkenntniß zur Seite stehe 2c. — Die NB. des Z. rügte Gesetzesverletzung die Instanzrichter hätten zwar festgestellt, daß ihm die Nützlichkeit der mikroskopischen Untersuchung bekannt gewesen, nicht aber auch, daß ihm der Erfolg ihrer Verabsäumung klar gewesen sei oder habe klar sein müssen, der Kausalzusammenhang zwischen seiner Unterlassung und dem Tode des Kunden sei nur objektiv festgestellt. — Zurückweisung. Gründe:

Diese Ausführung kann nicht zur Vernichtung des angegriffenen Erkenntnisses führen, weil nach Ausweis der Materialien der Gesetzgebung das Gesetz es absichtlich vermieden hat, die Aufstellung eines scharf begrenzten Begriffes der Fahrlässigkeit und die Bezeichnung von bestimmten Graden derselben für das Strafrecht eintreten zu lassen, um der Gefahr zu begegnen, die richterliche Beurtheilung über Gebühr zu beschränken. Im vorliegenden Falle wird nun durch die richterliche Feststellung unzweifelhaft ein gewisser Grad von Fahrlässigkeit des Angeklagten festgestellt, und die weitere Frage, ob dies Maaß der Fahrlässigkeit zur Strafanwendung als ausreichend zu betrachten sei, unterlag dem thatsächlichen Ermessen des Instanzrichters und kann daher einer Nachprüfung in der Nichtigkeits-Instanz nicht unterzogen werden.

Antr d GStA: gleichl. [22.—3.]

---

## Hazardspiel. — Wirth.

**Als „Inhaber eines öffentlichen Versammlungsorts" ist auch derjenige wegen Duldung eines Glücksspiels strafbar, welcher nicht die erforderliche Konzession erwirkt hat. Dagegen wird vorausgesetzt, daß derselbe die selbstständige Verfügungsgewalt über den Gewerbebetrieb habe; hierzu genügt es nicht, wenn Jemand als Stellvertreter des nur augenblicklich abwesenden Inhabers thätig ist.**

StGB § 267 [n 1] Vgl. B-StGB § 285

Erk. (B 1) v. 21. Okt. 1870 c. Ehefrau Hunger (947. I. Cr.).

Es ist zwar richtig, daß es bei Anwendung des § 267 darauf nicht ankommt, ob der Inhaber eines öffentlichen Versammlungs-Ortes die zum Betriebe seines Gewerbes etwa erforderliche Konzession besitzt oder nicht, daß der § 267 sich vielmehr auf Jeden bezieht, welcher thatsächlicher Inhaber des öffentlichen Versammlungsortes ist, wie das O.-Trib. bereits in dem Z. I. v. 14. Febr. 1868 c. Neumann (RdOTr. 9. S. 138) anerkannt und ausgeführt hat. Dagegen kann aber nicht ohne Weiteres derjenige als faktischer Inhaber des öffentlichen Versammlungortes angesehen werden, welcher während einer vielleicht nur kurzen Abwesenheit des Herrn des Geschäfts ihn vertritt, sondern es gehören dazu noch andere thatsächliche Umstände, aus welchen zu schließen ist, daß der Vertreter des Geschäftsherrn faktisch die selbstständige Verfügungsgewalt über den Gewerbebetrieb in dem betreffenden öffentlichen Lokal und über die Benutzung desselben gehabt hat, wie solches in dem Falle, welcher dem B. I. v. 17. Juli 1867 wider Scheele (RdOTr. 8. S. 478) zum Grunde liegt, angenommen werden konnte, wo die Ehefrau eines Gastwirths, welcher sich als Marketender bei der Armee befand, also auf längere Zeit abwesend war, die Gastwirthschaft in Wirklichkeit allein betrieben und über die Benutzung des Lokals allein faktisch zu disponiren hatte. Im vorliegenden Falle soll aber der Ehemann der Angeklagten nur im Theater, also nur auf einige Stunden abwesend gewesen sein, was an und für sich und allein noch nicht genügt, um die Angeklagte im Sinne des § 267 l. c. für die faktische Inhaberin des Lokals anzusehen.

Antr. d. GStA.: entg. [18.—8.]

---

**Chausseegeld. — Zahlungsweigerung. — Dolus.**

**Die Weigerung, das verschuldete Chausseegeld zu zahlen, wird durch den irrigen Glauben, dazu gesetzlich nicht verpflichtet zu sein, nicht straflos.**

Chausseegeld-Tarif v. 29 Febr 1840 Nr 5. 10. Vgl. RdOTr. 2. S 559; 7. S. 296; 9 S 590

Erk. (B. I.) v. 26. Okt. 1870 c. Lampka (851. I Cr.).

Das OTr. hat bereits mehrfach, namentlich in den Erkenntnissen v. 11. Sept. 1862, v. 12. Mai 1866 und v. 28. Okt. 1868 (RdOTr. l. l. c. c.) ausgesprochen und eingehend ausgeführt, daß derjenige, welcher sich weigert, das Chausseegeld, zu dessen Entrichtung er gesetzlich verpflichtet war, zu zahlen, es unternimmt, sich der Zahlung desselben zu entziehen, und daß schon dieses materielle Zuwiderhandeln gegen Nr. 5 l. c. straffällig macht, selbst wenn sich der Angeklagte dabei in gutem Glauben befunden und gar nicht die Absicht gehabt hat, sich der Entrichtung einer schuldigen Abgabe zu entziehen.

Antr d. GStA: gleichl. [18 —8.]

---

**Betrug. — Getäuschter. — Beschädigter. — Unterdrückung. — Vermögensgefährdung.**

**1. Der Thatbestand des Betrugs ist nicht dadurch bedingt, daß der Getäuschte und der Beschädigte identisch seien.**

**2. Die festgestellte „Unterdrückung einer wahren Thatsache" schließt die Kenntniß des Thäters von jener Thatsache mit Nothwendigkeit in sich; diese bedarf sonach nicht noch einer besonderen Feststellung.**

**3. Die Gefährdung eines Rechts kann als Vermögensbeschädigung angesehen werden.**

StGB. § 241 [n. 60. 50. 25]

Erk. (Z. I.) v. 26. Okt 1870 c. Meyer (842. I. Cr.) [15.—8.]

---

**Zeuge. — Mitschuldiger. — Hehler.**

**Der rechtskräftig verurtheilte Dieb kann in der demnächst gegen den Hehler der gestohlenen Sache geführten Untersuchung nicht eidlich als Zeuge vernommen werden.**

Crim.-Ordn. § 356 Nr. 8. Vgl. Strafverf. § 22 [n. 25]. RbOTr. 1. S. 371; 10. S. 634.

Erk (Z I.) v. 26. Okt. 1870 c. Passarge (Geffke & Gen. 892. I. Cr ).

Das Kgl. OTr. hat schon vielfach namentlich in dem Z. I. v. 3. Mai 1861 und in dem V. I. v. 13. Okt. 1869 (RbOTr. 1. S. 371; 10. S. 634) auf Grund des § 356 Nr. 8 der Cr.-Ordn. ausgeführt, daß ein in erster Instanz rechtskräftig verurtheilter Mitangeklagter, in der, den anderen Angeklagten betreffenden 2. Instanz eidlich als Zeuge nicht vernommen werden kann. Dies gilt auch für den vorliegenden Fall. Denn wenn es gleich richtig ist, daß die Hehlerei an sich ein selbstständiges Verbrechen resp. Vergehen darstellt, so bezieht sich dies doch nur darauf, daß sie nicht als eine bloße Theilnahme oder Begünstigung der vorhergegangenen Strafthat des Andern anzusehen ist, im Uebrigen aber steht sie mit derselben in einer zusammenhängenden Wechselverbindung, und kann von derselben als absolut unabhängig nicht gedacht werden. Es hat daher der App.-Richter mit Recht die Vereidigung des früheren Angeklagten S. unterlassen, und auch darin nicht gefehlt, daß er ihn und den Imploranten als Angeklagten bezeichnet hat.

Antr. d. GStA.: gleichl. [20.–8.]

---

**Nichtigkeitsbeschwerde. — Obergericht.**

Da, wo zwei Abtheilungen desselben Obergerichts als Straf- und als Berufungskammer fungiren, ist eine bei der letzteren angemeldete Nichtigkeitsbeschwerde verspätet, wenn sie nicht von dieser noch innerhalb der Frist an die erstere gelangt ist.

StPO. § 370 Vgl. RdOTr. 9 S. 246. 248; 11 S. 159.

**Beschl v. 26 Okt. 1870 c. Richter** (OAG. II 190)

wies die NB des Angeklagten ohne Hauptverhandlung zurück.

[63.–6.]

---

1. **Mißhandlung. — Mißbehagen.**
2. **Strafverfolgung. — Andere Qualifizirung. — Mangel des Antrags.**

1. Der Begriff der Mißhandlung ist dadurch bedingt, daß durch dieselbe im Betroffenen ein Gefühl des körperlichen Mißbehagens hervorgerufen werde.

StGB. § 187 [n 3]. Vgl. B.-StGB. § 223 [n. 2]

2. Ist die Untersuchung wegen eines ohne Strafantrag des Verletzten zu verfolgenden Straffalls eingeleitet worden, so kann der Richter wegen eines leichteren Straffalles (z. B. wegen einfacher Beleidigung) strafen, selbst wenn es an dem zur Verfolgung dieses erforderlichen Strafantrage fehlt.

Vdn. v. 3 Jan. 1849 §§ 1 [n. 32]. 9. Vgl. RdOTr. 1. S. 496.

Erk. (3. B. I.) v. 26. Okt. 1870 c. Völkner (885. I. Cr.) stützt die Entscheidung ad 2 lediglich auf die im ZBl. 25. Juni 1860 c. Ramelow (Entsch. 44. 2. S. 66) ausgeführten Gründe.

[20. — 8]

---

**Verfahren. Sistirung. — Militärpflicht.**

So lange der Angeklagte zum Kriege rc. einberufen ist, muß die gegen ihn bei einem Civilgerichte eingeleitete Untersuchung suspendirt bleiben. Das gilt auch, wenn die Sache in der Nichtigkeitsinstanz schwebt.

Mil.-Str.-Ger.-Ordn. v 3 Apr. 1845 §§ 7 13; — Strafverf. Art. 147 [n 3].

Erk. II. v. 27. Okt. 1870 c Jänike (298. II Cr.). [27. — 3.]

---

1. **Rechtsmittel. — Rechtsanwalt. — Vollmacht.**
2. **Zeugeneid. — Verweisung. — Disc.-Verfahren.**
3. **Geschwornenspruch. — Amtsunterschlagung. — Stimmenverhältniß.**

1. Die Rechtsmittelfrist wird durch Einreichung einer von einem Rechtsanwalt unterzeichneten Frist gewahrt, sollte derselbe auch nicht mit Vollmacht versehen sein, und die Genehmigung des Angeklagten erst nach dem Ablaufe der Frist erfolgen.

Vdn. v. 3. Jan. 1849 Abschn. IV. [S. 453 n. 20]. Vgl. RdOTr. 5. S. 277. 399.

2. Die Vereidung eines im Hauptverfahren vernommenen Zeugen kann nicht durch eine Versicherung auf den Zeugeneid ersetzt werden, welchen er in einem in Betreff derselben Thatsachen geführten Disciplinarverfahren geleistet hatte.

Cr.-Ordn. § 332ff.; Vdn v. 3. Jan 1849 § 55 [n. 39a] Vgl. RdOTr. 1. S. 377. 541; 10. S. 8. 353.

3. Bei der Beantwortung einer eine Amtsunterschlagung betreffenden Frage müssen die Geschwornen über die Beamtenqualität des Angeklagten und den durch ihn bewirkten amtlichen Empfang be-

**sonders abstimmen und das Stimmenverhältniß in ihrem Wahrspruche angeben.**

Ges. v. 3. Mai 1852 Art. 91 Abs. 4; StGB. § 324 [n. 4]. Vgl. B.-StGB §§ 350. 351.

Erk. (B. II) v. 27. Okt. 1870 c. K. (315. II. Cr.).

Gegen das den ehemaligen Magazinverwalter K. wegen Amtsunterschlagung ꝛc und den Arbeiter J. wegen Theilnahme an diesem Verbrechen verurtheilende schwurgerichtliche Erkenntniß ergriff der RA. D., welcher zwar den K, nicht aber auch den J. vor dem GH. vertheidigt hatte, für beide Angeklagten die NB. und rügte u A., daß mehrere Zeugen nicht förmlich vereidet worden seien, sondern die Richtigkeit ihrer Aussagen auf den Zeugeneid versichert hatten, den sie in einer gegen K. früher wegen derselben Unterschlagung geführten Disciplinaruntersuchung geleistet hatten. Der StA. erachtete die von dem RA D. eingereichte Schrift für nicht geeignet, um für J das Rechtsmittel zu wahren, da er keine Vollmacht beigebracht, und J. selbst seine Zustimmung erst nach dem Ablaufe der betr. Frist erklärt habe. — Das OTr. hat aber das schwurgerichtliche Erkenntniß vernichtet. Es erwog.

[1.] daß die Anmeldung und Rechtfertigung der von dem Rechtsanwalt D. für beide Imploranten rechtzeitig angebrachten NB. nur von dem gedachten Konzipienten derselben, welcher den Angeklagten J. in der Hauptverhandlung nicht vertheidigt hat und von ihm zur Zeit der Anbringung der NB. nicht zu den Akten bevollmächtigt gewesen ist, für beide Imploranten unterschrieben worden ist, und daß aus diesem Grunde der OStA. zu Halberstadt die Zurückweisung der NB. in Beziehung auf den Angeklagten J. beantragt hat,

daß die zur Anbringung eines Rechtsmittels von dem Gesetze geordnete Frist jedenfalls dann für gewahrt anzusehen ist, wenn dasselbe rechtzeitig durch einen obwohl mit Vollmacht noch nicht versehenen, zur Praxis bei preußischen Gerichtshöfen berechtigten Rechtsanwalt für den Angeklagten angebracht und sodann von letzterem, wenngleich erst nach Ablauf der Frist genehmigt wird, weil nach der amtlichen Stellung des Konzipienten in solchem Falle ein ihm ertheilter Auftrag präsumirt werden darf; und daß der Angeklagte J. die von dem Rechtsanwalt D. für ihn angebrachte NB. ad protocollum v. 2c. ausdrücklich genehmigt hat;

[2.] J. E., daß nach der Vorschrift des auch gegenwärtig noch maßgebenden § 332 der Crim.-Ordn. jede Zeugenaussage, wenn sie als Beweismittel dienen soll, eidlich bestärkt werden muß; und daß die Verletzung der gedachten, als einer wesentlichen zu erachtenden Prozeßvorschrift Nichtigkeit zur Folge hat;

daß nach näherer Vorschrift des § 45 der Vdn. v. 3. Jan. 1849 die in der Voruntersuchung vernommenen Zeugen durch den Untersuchungsrichter, wenn keine gesetzlichen Gründe entgegenstehen, zu vereidigen sind, nach § 55 ibid. aber die schon in der Voruntersuchung eidlich vernommenen Zeugen bei ihrer nochmaligen Abhörung nicht aufs Neue vereidet, sondern auf den geleisteten Eid verwiesen werden sollen; und daß schon aus dem Wortinhalte und der Zusammengehörigkeit dieser Bestimmungen, deren eine für die Voruntersuchung die Vereidigung der vernommenen Zeugen durch den Untersuchungsrichter und deren zweite für das Hauptverfahren die Verweisung der in der Voruntersuchung eidlich vernommenen Zeugen auf den geleisteten Eid an Stelle wiederholter Eidesleistung vorschreibt, zu entnehmen ist, daß die in § 55 l. c. vorgeschriebene Verweisung auf den geleisteten Eid nur dann genügen kann, wenn die Vereidigung in der Voruntersuchung durch den Untersuchungsrichter unter den für denselben verbindlichen Formen des Gesetzes, also vor besetztem Krim.-Gerichte erfolgt ist; daß überdies diejenige Gewähr, welche im Strafprozesse durch den Zeugeneid für die Ermittelung der Wahrheit überhaupt, sowie insbesondere für die Richtigkeit der abgegebenen Zeugenaussagen erzielt werden soll, in der erfolgten Eidesleistung nur dann erblickt werden kann, wenn dieselbe unter Beobachtung der für das gerichtliche Untersuchungsverfahren geordneten Form vor einem mit der durch Gesetz und Verfassung vorgeschriebenen Qualifikation versehenen Richter stattgefunden hat;

daß die dem älteren Verfahren fremde und erst durch die Eigenthümlichkeit des mündlichen Verfahrens mit Hauptverhandlung und Voruntersuchung hervorgerufene Bestimmung des § 55 der Vrdn. v. 3. Jan. 1849 sich als eine Ausnahme von der regelmäßig gebotenen förmlichen Vereidigung der Zeugen darstellt, welche ohne Gefährdung der wesentlichen Grundlagen des Strafprozesses nicht über ihren Wortinhalt und nächsten Zweck hinaus ausgedehnt werden darf;

daß die in § 55 a. a. O. zugelassene Verweisung der bereits eidlich vernommenen Zeugen auf den von ihnen geleisteten Eid, wenn auch nicht gerade eine nach den Bestimmungen der §§ 42 u. fgg. der cit. Verordnung geführte gerichtliche Voruntersuchung, wohl aber ein denselben Gegenstand betreffendes Vorverfahren, in welchem die Vereidigung der Zeugen erfolgt sein muß, voraussetzt; und daß auch diese Voraussetzung bei einer nach dem Gesetze vom 21. Juli 1852 geführten Disciplinar-Untersuchung nicht zutrifft, weil es sich, auch abgesehen von den im vorliegenden Falle keineswegs identischen Vorgängen, welche Gegenstand des Disciplinarverfahrens und sodann der gerichtlichen Untersuchung geworden sind, im Strafverfahren um Feststellung und Sühne begangener Verbrechen, im Disciplinarverfahren aber um Aufrechterhaltung der dienstlichen Ordnung, also um Gesichtspunkte und Zwecke handelt, welche im Strafverfahren nicht verfolgt werden;

daß mithin die Vereidigung oben bezeichneter Zeugen in der Disciplinar-Untersuchung wider den Angeklagten K. als ausreichend für die Zwecke des Strafverfahrens nicht erachtet werden kann und die in der Untersuchung wider die Angeklagten erfolgte Verweisung derselben Zeugen, auf den in der Disciplinar-Untersuchung geleisteten Eid die förmliche Eidesleistung zu ersetzen nicht geeignet gewesen ist;

[3.] J. E. daß bei dem Vergehen der Unterschlagung in amtlicher Eigenschaft empfangener Sachen oder Gelder diejenigen Momente, welche das Vergehen der einfachen

Unterschlagung qualifiziren, insbesondere also die Beamtenqualität und die Erlangung der Gewahrsam in amtlicher Eigenschaft als begleitende Umstände sich darstellen, in Betreff deren es nach Vorschrift der Art. 91 fgg. des Ges.s v. 3. Mai 1852 einer besonderen Abstimmung durch die Geschwornen bedarf, deren Ergebniß in dem Ausspruche der letzteren besonders ersichtlich gemacht werden muß, wie dies auch bereits in mehreren früheren Entscheidungen des Kgl. OTr. ausgesprochen ist; daß aber in dem Verdikte der Geschwornen die ihnen in Betreff der von dem Angeklagten K. begangenen Amtsunterschlagung vorgelegte Frage nur ganz allgemein mit mehr als sieben Stimmen bejaht ist, ohne daß eine besondere Abstimmung der Geschwornen über die erschwerenden Umstände der Beamtenqualität und der Erlangung der Gewahrsam in amtlicher Eigenschaft in dem Verdikte erkennbar gemacht ist.

Antr. d. GStA.: gleichl. [37.—3.]

---

## Schlägerei. — Selbstverletzter.

**Auch der bei einer Schlägerei selbst Verletzte wird, wenn außer ihm noch ein Anderer eine schwere 2c. Verletzung davon getragen hat, betroffen von der Strafe des**

StGB. § 195 [n. 13]. Vgl. B.-StGB. § 227 [n. 12].

**Erk. (Z. II.) v. 27. Okt. 1870 c. Wieland** (324. II. Cr.).

Die thatsächliche Feststellung des Instanzrichters erstreckt sich nicht allein auf die dem Imploranten W. zugefügte erhebliche Körperverletzung, wegen deren der Angeklagte S. mit der Strafe des § 192a des StGB. belegt ist, sondern zugleich auf die dem S. zugefügte erhebliche Körperverletzung, welche derselbe bei dem nach der Feststellung der Instanzrichter von dem Imploranten auf ihn verübten Angriffe davon getragen hat. Nur, wenn der Angeklagte W. bei dem in Rede stehenden Vorgange allein eine erhebliche Körperverletzung davon getragen hätte, würde ihn die im cit. § 195 Abs. 1 vorgesehene Strafe nicht haben treffen können.

Antr. d. GStA.: gleichl. [37.—3.]

---

**Bankerutt. — Kaufmann. — Gewerbesteuer.**

**Bei einer Anklage wegen Bankerutts ist die Höhe der gezahlten Gewerbesteuer für die Qualität des Angeklagten als „Kaufmann" nicht entscheidend.**

StGB. § 259 [n. 5] Vgl. P-StGB. § 281.

**Erk.** (Z. I.) v. 28. Okt. 1870 c. **Albert** (877. I Cr.). [15.—6.]

---

**Non bis in idem. — Disciplinarbestrafung.**

**Eine im Wege der Gefängnißdisciplin auferlegte Strafe schließt eine Bestrafung derselben That im Wege des gerichtlichen Verfahrens nicht aus.**

Vdn. v 3. Jan. 1849 § 1 [n. 68] Vgl. RdOTr 7. S. 566.

**Erk.** (Z. I.) v. 28. Okt. 1870 c. **Blüschke** (969. I. Cr.). [20.—6.]

---

**Nichtigkeit. — Erste Instanz. — Rüge.**

**Eine in zweiter Instanz nicht gerügte Nichtigkeit des Verfahrens erster Instanz kann nicht mehr im Wege der Nichtigkeitsbeschwerde geltend gemacht werden.**

Ges v 3. Mai 1852 Artt 102 [n. 2] 108 [n. 9] Vgl. RdOTr. 2 S. 122. 148; 7. S. 70

**Erk.** (Z. I) v. 28. Okt. 1870 c. **Hesse** (760. I. Cr)

Der Angeklagte rügte in seiner NB., daß ein in 1. Instanz vernommener Zeuge nicht über seine Vorbestrafungen befragt worden sei; das OTr. hat diesen Angriff aus dem Grunde beseitigt, weil jener Mangel in 2. Instanz ungerügt geblieben sei, indem es auf ZI v. 13. Jan. 1858 c. Pinkloffs verwies, vgl Oppenhoff, Strafverfahren § 22 n. 51. [33.—6.]

---

**Vorbehalt. — Zeitpunkt. — Rechtskraft.**

**Im schwurgerichtlichen Verfahren kann der Vorbehalt einer anderweiten Verfolgung nur so lange (durch einen verkündeten Gerichtsbeschluß) gemacht**

werden, als nicht ein regelrechter und die Anklage erschöpfender Geschwornenspruch verlesen ist; er kann sonach nicht zuerst im Erkenntnisse gemacht werde. Nichts destoweniger wird ein solcher im Erkenntnisse unstatthafter Weise gemachter Vorbehalt wirksam, wenn jenes rechtskräftig geworden ist.

Ges. v 3. Mai 1852 Art 86 [n. 38 40]. Vgl RtOTr. 3. S. 117; 4. S. 1457; 8 S. 257, 11. S. 279

Erk. (Z. I.) v. 28 Okt. 1870 c. Tschätsch (909. I Cr.) [18.—6]

---

### Stempel. — Punktation. — Einreichung bei Gericht.

Der Pflicht, den Stempel zu einer Punktation beikassiren zu lassen, ist genügt, wenn diese rechtzeitig bei Gericht einem Organe desselben mit dem mündlichen Antrage eingereicht worden ist, die Urkunde gerichtlich zu vollziehen, sollte auch die über diesen Vorgang aufgenommene Verhandlung den gestellten Antrag irriger Weise dahin wiedergeben, die Punktation vorläufig aufzubewahren.

AKO. v. 24. Nov. 1835

Erk. (Z. I.) v. 28. Okt. 1870 c. Wahrenberg (869 I. Cr).

Die vorigen Richter stellen thatsächlich fest, daß der Angeklagte die in Rede stehende stempelpflichtige Punktation innerhalb 14 Tagen nach ihrer Errichtung bei Gericht mit dem Antrage auf gerichtliche Vollziehung überreicht hat Damit hat der Angeklagte der Vorschrift der AKO. vom 24. Novbr. 1835 vollständig genügt. Es erhellt auch nicht, daß die gedachte thatsächliche Feststellung auf einem Rechtsirrthum beruht, weil die erwähnte AKO. nicht vorschreibt, daß der Antrag auf gerichtliche Vollziehung schriftlich gemacht werden muß, die den Angeklagten als Supplikanten vernehmenden Beamten aber allerdings Organe des Gerichts waren. Es genügte daher, daß der Angeklagte bei ihnen unter Ueberreichung der Punktation mündlich auf Anberaumung eines Termins Behufs der gerichtlichen Verlautbarung derselben antrug, und wenn der Antrag des Angeklagten in der Verhandlung v. ꝛc. dem zuwider nur auf vorläufige Aufbewahrung der Punktation lautet, so kann diese Unrichtigkeit, welche festgestelltermaßen nur auf einem Versehen und Mißverständnisse der Gerichtsbeamten beruht, dem Angeklagten nicht nachtheilig sein.

Antr. d. GStA: gleichl [18.—6]

---

**Rechtsmittel. — Anmeldung. — Rechtsmittel**

**Die Mutter des Angeklagten kann für diesen nicht wirksam ein Rechtsmittel anmelden.**

Ges v. 3. Mai 1852 Art 20 [n. 23]. Vgl. RdOTr. 7. S. 21. 341; 478; 10. S. 522; 11 S. 424

Erk. (Z. I) v. 2. Nov. 1870 c. Buchthal (916. I. Cr.) [20.—8.]

---

**Appellation. — Schrift. — Verlust.**

**Ist die Schrift, durch welche die Appellation angemeldet worden, aus den Gerichtsakten verloren gegangen, so kann der App.-Richter ihre Existenz und ihren rechtzeitigen Eingang auch auf Grund einer anderweiten Beweisaufnahme feststellen.**

Vdn. v. 3. Jan. 1849 Absch. IV (S. 459 n. 51a).

Erk. (Z. I) v. 2. Nov. 1870 c. Dilewski (767. I. Cr) [18—8]

---

**Anschuldigung, falsche. — Gendarm.**

**Eine bei einem Gendarm gemachte falsche Anschuldigung ist strafbar aus**

StGB. § 133 [n 1]. Vgl. B.-StGB. § 164 [n. 1].

Erk. (Z.) v. 2. Nov. 1870 c. Frehde (OAG. II. 177).

Es kann dahin gestellt bleiben, ob auch ein Gendarm im Sinne des StGB.s § 133 als eine öffentliche Behörde angesehen oder eine solche Annahme mit dem Angeklagten für unzulässig erachtet werden muß. Jedenfalls ist der Gendarm nach der Vdn. v. 23. Mai 1867 § 16 und der StPO. § 59 amtlich verpflichtet, ihm angezeigte oder sonst bekannt gewordene strafbare Handlungen mittelbar oder unmittelbar der für die Verfolgung derselben berufenen Behörde zur Kenntniß zu bringen. Er gilt also in dieser Beziehung als deren Organ, so daß eine ihm von einem Verbrechen, Vergehen oder einer andern strafbaren Handlung gemachte Anzeige so betrachtet werden muß, als ob dieselbe der betreffenden Behörde selbst und unmittelbar erstattet worden wäre. Es kann daher nach der in den Vorinstanzen getroffenen thatsächlichen Feststellung gegen die Anwendung des StGB.s § 133 auf den Angeklagten umsoweniger etwas erinnert werden, als die gedachte Strafbestimmung eine unmittelbare Anzeige an die betreffende öffentliche Behörde nicht erfordert.

Antr. d. GStA.: gleichl. [65.—6]

---

**Jagd. — Anstand. — Absicht.**

**Es ist als „unbefugte Ausübung der Jagd" anzusehen, wenn Jemand an einer Stelle, wo er jagdberechtigt ist, auf dem Anstande steht und von dort aus in ein fremdes Jagdrevier hinüber zu schießen beabsichtigt.**

StGB. § 274 [n. 4] Vgl. B.-StGB. § 292.

**Erk.** (Z. I.) v. 2. **Nov.** 1870 c. **Lampa** (873. I Cr.).

L. war von dem Jagdaufseher des rc. v. R auf dem Anstande stehend betroffen worden und hatte sich dem letzteren gewaltsam widersetzt; deshalb aus § 274 des StGB.s und aus dem Ges v. 31. März 1837 bestraft, machte er in 2. Instanz geltend, daß die Stelle, an welcher er betroffen worden, gar nicht zum Jagdreviere des v. R. gehöre. Das AG. erachtete indessen diesen Einwand für unerheblich, weil, selbst wenn jene Thatsache richtig sein sollte, doch anzunehmen sei, „daß L von seinem damaligen Standpunkte nach demjenigen Wilde zu schießen beabsichtigt habe, welches sich auf dem angrenzenden Jagdgebiete des v. R. befand und daß er deshalb auf diesem Gebiete zu tödten bezweckt habe." — NB. — Zurückweisung,

weil die Annahme des AG.s eine berechtigte sei.

Antr. d. GStA.: gleichl. [15.—8]

---

**Branntwein-Steuer. — Defraudation. — Kontravention.**

**1. Die Benutzung eines undeklarirten Maischraums zieht die Steuerstrafe nach sich, sobald die Absicht auf diese Benutzung gerichtet war.**

**2. Haben sich Mehrere gemeinschaftlich einer Branntwein-Steuer-Kontravention durch Benutzung eines undeklarirten Maischraums schuldig gemacht, so sind sie nur einmal zu der Strafe von 100 Thalern zu gleichen Theilen und mit solidarischer Haftung Aller zu verurtheilen.**

AKO v 10. Jan 1824 Nr 5. Vgl. RbOTr. 3. S 35, 5. S. 520; 3 S. 211

**3. Der Prov.-Steuer-Direktor kann im Interesse des Angeklagten ein Rechtsmittel ergreifen.**

Ges. v. 3. Mai 152 Art. 141 [n. 3]

**Erk. (V. II.) v 2 Nov. 1870 c. Lucht & Gen.** (654 I. Cr).

L und Gen. hatten nach der instanzrichterlichen Feststellung wiederholt „Zubereitungen von Maische in andern Gefäßen als den angesagten in der Art vorgenommen, daß sie aus einem Bottich in steigender Gährung Maische (um das Ueberjähren zu verhindern) in einen Bottich in abnehmender Gährung überschöpften." Hierin fand das AG. den Thatbestand der Steuer-Kontravention und verhängte über jeden der Angeklagten aus der AKO. v. 10 Jan. 1824 eine Geldstrafe von 100 Thalern, sprach aber von der gleichzeitig erhobenen Anklage wegen Steuerdefraudation frei, weil „die Absicht der Angeklagten nicht dahin gegangen sei, den Staat um die Steuer zu verkürzen; dieselben hätten sogar nicht einmal das Bewußtsein gehabt, daß ihr Verfahren zu einer solchen Verkürzung führen könne; sie hätten keine heimlichen Einmaischungen vorgenommen, von welchen, wenn sie korrekt verfahren wären, Steuer entrichtet worden wäre, sondern sie hätten nur Ueberschöpfungen bewirkt, welche das Gesetz verbiete und in Betreff der Strafe als neue Einmaischungen fingire und die sie bei ordnungsmäßigem Verfahren nicht zur Versteuerung angemeldet, sondern gänzlich unterlassen haben würden, indem sie die übergährende Maische fortlaufen ließen; ihr Verfahren habe eine Steuerverkürzung nicht direkt, sondern nur indirekt dadurch herbeigeführt, daß die angemeldeten Einmaischungen eine größere Quantität Spiritus ergaben. — es lasse sich nicht annehmen, daß diese Folge den Angeklagten klar geworden, da die Gewinnung dieser Einsicht ein sachverständiges Eindringen in den Sinn der betr Gesetzgebung voraussetze, welche jenen nicht zuzutrauen sei; dem Brenner sei es offenbar nur darauf angekommen, möglichst viel Spiritus aus den versteuerten Einmaischungen zu beziehen, um seine Geschicklichkeit zu dokumentiren. —

Auf die NB. der Prov.-Steuer-Direktion hat das OTr. dieses

Erkenntniß **vernichtet** und die Sache an ein anderes AG. zurückverwiesen. Gründe:

Darauf, ob die vorgenommenen Ueberschöpfungen heimlich stattgefunden haben oder nicht, kommt es ebensowenig für die vorliegende Frage an, als darauf, ob die Absicht auf Gewinnung einer größeren Quantität Spiritus gerichtet war. Bei der in der AKO. v. 10. Jan. 1824 Nr. 5 vorausgesetzten Absicht einer Verkürzung der Steuer kommt es vielmehr lediglich darauf an, ob beabsichtigt wurde, durch Benutzung eines undeklarirten Maischraums die Zahlung der Steuer zu umgehen, welche bei vorschriftsmäßiger Deklaration zu entrichten gewesen wäre. Dieser Grundsatz ist vom höchsten Gerichtshof bereits in mehrfachen Erkenntnissen ausgesprochen und namentlich in dem B I. v. 1. Oktbr. 1862 c. Koch (RdOTr. 3. S. 35) wiederholt anerkannt: daß es bei der Frage, ob die Steuerverkürzung in einem gegebenen Falle anzunehmen ist, weder auf die größere oder geringere Quantität des durch die vorgenommene Operation — hier durch das Ueberschöpfen — gewonnenen Spiritus, noch den größeren oder geringeren dadurch erzeugten Alkohol, sondern nur darauf ankommt, ob Maische in einem überhaupt nicht versteuerten Gefäß bereitet ist, oder bereitet werden sollte, oder doch zu einem versteuerten Gefäß ein nicht versteuerter Rauminhalt zur Einmaischnng oder Zubereitung von Maische- durch das stattgehabte Verfahren gewonnen ist oder doch zu gewinnen beabsichtigt wurde. Auch ist es ferner unrichtig, wenn der App.-Richter davon ausgeht, daß eine Einmaischung zu versteuern ist. Denn nach Nr. 1 der AKO. v. 16. Juni 1838, welche an die Stelle der aufgehobenen Nr. 1 der cit. AKO. v. 10. Jan. 1824 getreten ist, sollen weder die Einmaischungen noch die Maische selbst versteuert werden, sondern nur der Rauminhalt der zur Einmaischung oder Zubereitung von Maische benutzten Gefäße einer Steuer unterliegen.

[2.] Endlich rügt auch die NB. mit Recht, daß der App.-Richter jeden Angeklagten besonders in die Kontraventionsstrafe verurtheilt hat, da die Kontraventionsstrafe von 100 Thalern nach Nr. 5 der AKO. v. 10. Jan. 1824 nur einmal erkannt werden kann, also wenn die Kontravention von Mehreren begangen ist, dieselben nicht, wie sonst bei Ahndung strafbarer Handlungen der Fall ist, jeder in die volle Strafe, sondern nur gemeinschaftlich in die Strafe von 100 Thalern zu gleichen Antheilen und mit solidarischer Verhaftung verfallen; vgl. Erk. v. 19. Oktbr. 1854 c. Hientzsch (GA. III, 126), Erk. Pl. v. 12. Novbr. 1855 (Entsch. 31. S. 326), V I. v. 15. Jan. 1863 (RvOTr. 3. S. 311).

[3.] Uebrigens haben sich zwar die Angeklagten bei dem ergangenen App.-Erkenntniß beruhigt, der Provinzial-Steuer-Direktor war aber nichts destoweniger befugt, zu ihren Gunsten darüber Beschwerde zu erheben, daß jeder der Angeklagten besonders in die Kontraventionsstrafe von 100 Thalern verurtheilt ist: Erkenntniß v. 7. Mai 1857 (JMbl. S. 216).

Antr. d. GStA. gleichl. [18.—8]

---

### Bankerutt. — Bilanz. — Frühere Zeit.

**Die Verabsäumung der Bilanz-Ziehung in früheren Jahren bleibt strafbar, auch wenn der Kaufmann in den letzten seiner Zahlungseinstellung vorhergehenden Jahren vorschriftsmäßig die Bilanz gezogen hat.**

StGB. § 261 Nr. 3 [n. 3]. Vgl B.-StGB. § 283 Nr 3.

Erk. (Z. I.) v. 2. Nov. 1870 c. Schröder (996 I. Cr).

Schr., welcher seit dem Jahre 1861 ein kaufmännisches Geschäft betrieben und dann im Jahre 1869 seine Zahlungen eingestellt hatte, war, weil er „in den Jahren 1862—1865 es unterlassen habe, die Bilanz seines Vermögens zu ziehen" aus § 261 Nr. 3 des StGB.s bestraft worden. Seine NB rügte es, daß das AG. es abgelehnt habe, über den Zustand seiner Bücher das beantragte Gutachten eines andern Sachverständigen einzuholen, „zumal er für die letzten Jahre 1866—1868, auf welche es bezüglich seines Vermögensverfalls doch nur allein ankomme, jährliche Bilanzen gezogen habe." Zurückweisung. Gründe:

Wenn der Implorant hervorhebt, daß er für die letzteren Jahre 1866—1868 Bilanzen aufgestellt habe, so entschuldigt dieses nicht die unterlassene Zeichnung derselben in den vorangegangenen Jahren 1862—1865, welche allein ihm vom App.-Richter zur Last gelegt worden.

Antr. d. GStA.: gleichl. [28.—8.]

---

## Verleumdung. — Oeffentliche Meinung.

**Ob durch die Behauptung einer Thatsache Jemand in der öffentlichen Meinung dem Hasse ꝛc. ausgesetzt werde, ist nach der Auffassung der unbefangenen und urtheilsfähigen Bürger des Staats ohne Rücksicht auf konfessionelle ꝛc. Verschiedenheiten und lokale Begrenzung zu prüfen.**

StGB. § 156. Vgl. B.-StGB. § 187 [n 20].

**Erk. (B. II.) v. 3. Nov. 1870 c. Hardt (368. I. Cr).**

Die der Verleumdung des Amtmanns A. angeklagte H. hatte eingewendet, daß die Vorhaltungen, von welchen sie (die H wahrheitswidrig) behauptet hatte, daß sie der (katholische) Amtmann A. der (evangelischen) H (amtlich) gemacht habe, Glaubenssätze der katholischen Kirche enthielten, welche A. als Katholik glauben müsse; derselbe könne daher durch eine solche ihm nachgesagte, ihm aber als Katholiken geziemende Vorhaltung sich nicht in der öffentlichen Meinung dem Hasse ꝛc ausgesetzt haben. Diesen Einwand beseitigte das AG. durch die Erwägung: „es könne dahin gestellt bleiben, ob der katholische Theil des von A. verwalteten Amtes den Inhalt der angeblich von demselben der H. gemachten Vorhaltungen für wahr halte; jedenfalls werde A bei dem nicht katholischen Theile seines Amtes dem Hasse und der Verachtung ausgesetzt." — Vernichtung und Zurückverweisung der Sache in die 2 Instanz. Gründe.

Nach diesen Erwägungsgründen hat der App.-Richter, um die Annahme zu begründen, daß der Amtmann A. in der öffentlichen Meinung dem Hasse oder der Verachtung ausgesetzt worden sei, auf die Verschiedenheit der Konfessionen und auf einen bestimmten örtlich begrenzten Bezirk, nämlich denjenigen des von dem ꝛc. A. verwalteten Amtes, Rücksicht genommen. Bei richtiger Auffassung des gesetzlichen Begriffs der öffentlichen Meinung war weder das

Eine noch das Andere zulässig. Denn da dem StGB. eine Unterscheidung zwischen den verschiedenen Konfessionen fremd ist, und da dasselbe für alle Theile des Landes gleichmäßig gilt, so können weder konfessionelle Anschauungen, noch die von den Ueberzeugungen der besonnenen, unbefangenen und urtheilsfähigen Bürger des Staats etwa abweichende Ansichten der Bewohner einzelner größerer oder kleinerer Bezirke in Betracht kommen.

Antr d. GStA.: entg. [14—3]

---

**Bundes-Gewerbe-Ordnung. — Polizei-Verordnung.**

**Durch die Bundes-Gew.-Ordn. sind frühere nicht die Zulassung zum Gewerbebetrieb betreffende sondern die Ausübung desselben regelnde Polizei-Verordnungen nicht außer Kraft gesetzt.**

B.-Gew.-Ordn. v. 21. Juni 1869 § 1. Vgl. oben S 342

**Erk. (V. I.) v. 4 Nov. 1870 c. Göring** (1001. I. Cr).

Eine Pol.-Vrdn. der Königl. Regierung zu K untersagte den Inhabern von Gasthäusern rc.: Schülern den Aufenthalt in ihren Lokalen zu gestatten und ihnen Speisen und Getränke zu verabfolgen. Von der Anklage, diesem Verbote zuwider gehandelt zu haben, ist G freigesprochen worden, weil § 1 der B.-Gew.-Ordn alle „Beschränkungen im Gewerbebetriebe, insoweit sie nicht auf den Zoll-, Steuer- und Postgesetzen beruhen, aufhebe, die gedachte Pol.-Verordnung also nicht mehr zu Recht bestehe" Vernichtung. Gründe:

Der § 1 der B.-Gew.-Ordn. v. 21. Juni 1869 bestimmt allerdings, „daß der Betrieb eines Gewerbes Jedermann gestattet ist, insoweit nicht durch dieses Gesetz Ausnahmen oder Beschränkungen vorgeschrieben sind." Dabei hat jedoch bereits das Z. I. v. 1. Juni 1870 (oben S. 342) ausgeführt, daß aus der Fassung dieses § 1 l. c. unbedenklich zu entnehmen sei, daß derselbe sich lediglich auf die Zulassung zum Betriebe von Gewerben im Allgemeinen erstrecke, keineswegs aber auf diejenigen polizeilichen, im öffentlichen Interesse gegebenen Vorschriften, unter denen die Ausübung eines bestimmten Gewerbes überhaupt gestattet sei, und denen sich Jedermann unterwerfen müsse, der es betreiben wolle.

Eine solche Vorschrift ist aber die Polizei-Verordnung der Kgl. Regierung zu Königsberg v. 4. Jan. 1855 (Amtsblatt S. 12). Diese Bestimmung hat den unzweifelhaften Zweck, die Sittlichkeit der Jugend zu wahren, welche durch den Besuch von Gast- und Schenkhäusern leicht gefährdet werden kann. Eine derartige Vorschrift läuft auch nicht gegen den Geist der B.-Gew.-Ordn. v. 21. Juni 1869. Denn diese gestattet im § 33 sub Nr. 1 den Behörden, die Erlaubniß zum Gastwirthschaft- und Schenkgewerbe dann zu versagen, wenn gegen den Nachsuchenden Thatsachen vorliegen, welche die Annahme rechtfertigen, daß er das Gewerbe zur Förderung der Völlerei, des verbotenen Spieles, der Hehlerei oder der Unsittlichkeit mißbrauchen werde. Es ist hierdurch das Prinzip, in welchen Grenzen sich der Gewerbebetrieb eines Gastwirths oder Schenkwirths zu halten hat, bezeichnet, und die Polizei-Behörden sind befugt, dem entsprechende nähere Bestimmungen zu erlassen. Demgemäß ist anzunehmen, daß die in Rede stehende Reg.-Vdn. v. 4. Jan. 1855 noch in Kraft besteht, und der Rekurs-Richter bei seiner Entscheidung in einem Rechtsirrthum sich befunden hat.

Antr. d. GStA s gleichl. [20.—8.]

---

**Eisenbahn. — Fahrlässigkeit. — Pflichtversäumniß.**

**Ein Eisenbahnbediensteter, welcher durch Vernachlässigung seiner Pflichten einen Transport in Gefahr setzt, verwirkt auch dann, wenn dabei nicht eine der im § 294 des StGB.s erwähnten Handlungen in Frage stand, die Strafe**

des StGB. § 295 [n. 6]. Vgl. B.-StGB. § 316 und unten Zl. v. 23 Nov. 1870 c. Kraus.

**Erk. (Z. I.) v. 4. Nov. 1870 c. Großmann** (944. I. Cr.). [18.—8.]

---

**1. Rückfall. — Nichtigkeitsrichter.**
**2. Beleidigung. — Unbekannter.**
**3. Beleidigung. — Dolus.**

1. Die instanzrichterliche Feststellung in Betreff der thatsächlichen Voraussetzungen des Rückfalls kann nicht durch Nichtigkeits-Beschwerde angefochten werden.

StGB § 58 [n 22]. Vgl. B.-StGB. § 244 [n 16].

2. Man kann auch einen persönlich Unbekannten durch Beurtheilung seiner Handlungen beleidigen.

3. Als Dolus genügt bei der Beleidigung das Bewußtsein derselben.

StGB. Thl. II. Tit. 13 [S. 283 n. 9. 26]. Vgl. B.-StGB. Thl. II. Abschn. 14 [S. 323 n. 9. 10. 26]; oben S. 515.

Erk. (Z. I.) v. 4. Nov. 1870 c. Steinitz (922. I. Cr.)

[1.] Es ist von dem Instanzrichter festgestellt, daß „der Angeklagte vor dem jetzt in Rede stehenden Falle vom ꝛc. rechtskräftig wegen Preßvergehens verurtheilt sei," somit liegt allerdings Rückfall vor. Diese thatsächliche Feststellung ist einem Angriffe in dieser Instanz nicht unterworfen.

[2.] Fordert auch der Thatbestand jeder Beleidigung eine persona certa als Objekt derselben, so ist es doch keineswegs erforderlich, daß die Person immer auch namentlich genannt werde. Hier ist sie nach der Darstellung des Sachverhältnisses in den Instanzurtheilen für hinlänglich bezeichnet erachtet worden. Ob der K. gewußt habe, daß der StA. S. derjenige sei, welcher die demselben vorgeworfenen Amtsverletzungen verübt habe, war gleichfalls kein Erforderniß der Verurtheilung, da die ehrenrührige Beurtheilung von Handlungen die Person des Handelnden trifft, auch wenn derselbe dem Urtheilenden unbekannt war.

[3.] Mit Recht hat endlich der App.-Richter das Bewußtsein der That, also der Amtsehrverletzung, zur Anwendung des § 102 des StGB.s für genügend erachtet, und dieses Bewußtsein hat er festgestellt.

Antr. d. OStA.: gleichl. [15.—8.]

### Raum, umschlossener. — Ziegelhaufen.

**Der Abschluß durch eine Quantität Ziegelsteine, welche lose aber regelrecht auf einander gelegt sind, genügt nicht, um einen Raum zu einem umschlossenen zu machen.**

StGB. § 221 [n 8] Vgl B.-StGB § 243 Nr 2 [n. 28].

**Beschl. (I.) v 4. Nov. 1870 c. Stötzel (275 I. Cr.)**

St. sollte einen Diebstahl auf einem Holzhofe verübt haben, welcher von drei Seiten durch Bretterzäune und von der vierten durch regelrecht aufgeschichtete Ziegelsteinhaufen abgeschlossen war, das hielt das OTr. nicht für genügend, um jenem Hofe den Charakter eines umschlossenen Raumes beizulegen, „weil darin eine Bewehrung nicht zu finden sei."

Antr. d. GStA: gleichl. [28.—3.]

---

### 1. Verlesung. — Obduktionsprotokoll.
### 2. Geschwornenspruch. — Umstände. — Stimmenverhältniß.

**1. Die Verlesung eines gerichtlichen Obduktionsprotokolls ist auch ohne einen diese Maßregel rechtfertigenden Gerichtsbeschluß statthaft.**

Vdn. v 3. Jan. 1849 § 19 [n. 5].

**2. Es begründet keine Nichtigkeit, wenn die Geschwornen dem bejahenden Spruche auf die einen einfachen Thatbestand ohne erschwerende Umstände enthaltende Frage hinzusetzen: „mit allen die That begleitenden Umständen."**

Ges. v. 3. Mai 1852 Art. 91 [n. 23. 26].

**Erk. (Z. I.) v. 4. Nov. 1870 c. Wobschall (1068. I. Cr.).** [28.—8.]

---

### Nichtigkeits-Beschwerde. — Beschränkung der Vertheidigung. — Substantiirung.

**Die Rechtfertigung einer Nichtigkeits-Beschwerde, welche Beschränkung der Vertheidigung durch Nichterhebung der beantragten Beweise rügt, ist nicht genügend substantiirt, wenn nicht die betreffenden Be-**

**weisanträge (nach Inhalt und Richtung) und die Beweismittel hervorgehoben sind.**

Ges. v. 3. Mai 1852 Art. 111 [n. 20. 21].

Erk. (Z II) v. 10. Nov. 1870 c. Franke (373. I. Cr.).

Die Angabe der Beschwerdepunkte, welche nach Art. 110 des Ges s v. 3. Mai 1852 die Wirksamkeit des Rechtsmittels bedingt, muß eine selbstständige in sich vollständige sein, so daß aus der Beschwerdeschrift oder der aufgenommenen Verhandlung ohne Zurückgehen auf ältere bei den Akten befindliche Schriftstücke genau entnommen werden könne, auf welche Punkte sich die Beschwerde richtet und in welcher Weise sie begründet werden soll. Insbesondere ist es, wenn über Nichtberücksichtigung von Beweisanträgen Beschwerde geführt wird, unerläßlich, daß die in den Instanzen gestellten Anträge, wegen deren Nichtberücksichtigung das angefochtene Urtel vernichtet werden soll, ihrem Inhalte und ihrer Richtung nach unter Anführung der betreffenden Beweismittel in der NB. hervorgehoben und das OTr. in die Lage gesetzt worden, auf der Grundlage dieses Schriftstücks allein die gegen das angefochtene Urtheil erhobenen Beschwerdepunkte vollständig zu übersehen. Dieser in dem Wesen der NB. begründeten Anforderung entspricht es keinesweges, wenn Angeklagter sich darüber beschwert, daß seine Zeugen I. u. II. Instanz nicht vernommen worden.

Antr. d. GStA.: gleichl. [32.—3.]

**Beschlagnahme. — Besitz eines Dritten. — Rückgabe.**

**Der § 272 des StGB.s findet auch dann Anwendung, wenn Sachen in der Hand eines Drittbesitzers mit Beschlag belegt worden sind. Das gilt auch dann, wenn die Beschlagnahme gleichzeitig auch gegen den Eigenthümer gerichtet war und der Inhaber sie diesem zurückgegeben hat.**

StGB. § 272 [n. 1]. Vgl. B.-StGB. § 137 [n 14].

Erk. (Z. I.) v. 11. Nov. 1870 c. Schroder (979. I. Cr.).

Auf den Antrag eines Gläubigers waren verschiedene dem P. gehörige, aber in der Gewahrsam des Schr. befindliche Sachen durch eine sowohl an P. als an Schr. gerichtete Verfügung mit Arrest belegt worden. Schr. hat nichtsdestoweniger diese Sachen dem P. bei seinem Umzuge nach einem andern Orte hinübergefahren und ausgehändigt. Deshalb aus § 272 bestraft, rügte er im Wege der NB. Gesetzesverletzung, weil (arg. AGO. I, 29 § 2 und § 18 des Ges.s v. 20. März 1854) der unbetheiligte Dritte in der Disposition über die vom Arrest betroffenen Sachen nicht beschränkt werde und durch Nichtbefolgung der Arrestverfügung sich nur civilrechtlich regreßpflichtig mache. Zurückweisung. Gründe:

Der § 272 des StGB.s will die Aufrechthaltung obrigkeitlicher Arrestlegungen und Beschlagnahmen durch Strafandrohung sichern; er bezieht sich also seinen allgemeinen Wortlaut nach auf alle solche Beschlagnahmen, welche das Gesetz in öffentlichen Angelegenheiten oder im Interesse von Privatpartheien zuläßt resp. anordnet, mögen sie nun gegen den Eigenthümer der arrestirten Sachen oder gegen den dritten Inhaber resp. Verwahrer derselben erfolgt sein. Der Wortlaut des § 18 des Ges.s v. 20. März 1854 deutet, was den zuletzt gedachten Fall betrifft, in keiner Weise eine Ausnahme, also einen Fall der Nichtanwendung des § 272 cit. an. Daß aber die im § 18 cit. angedeutete civilrechtliche Verantwortlichkeit des Dritten, welcher die bei ihm arrestirten Sachen dem Eigenthümer herausgiebt, die strafrechtliche Verantwortlichkeit nicht ausschließt, folgt von selbst. Die Ausführung des Angeklagten, daß eine Entziehung aus der Beschlagnahme deshalb nicht stattgefunden habe, weil die Beschlagnahme ja auch gegen den Eigenthümer selbst, den Mitangeklagten P., erfolgt war, die demselben zurückgegebenen Sachen daher thatsächlich in der Beschlagnahme geblieben seien, ist deshalb unzutreffend, weil es sich nicht um die mehrere oder mindere Gefährdung der Sicherheit, sondern um eine strafbare Zuwiderhandlung gegen obrigkeitliche Befehle handelt.

Antr. d. GStA. gleichl. [15.—6.]

---

**Rathskammer. — Anklagekammer. — Verweisung. — Setzen ausser Verfolgung.**

**Findet die Rathskammer, dass der Angeschuldigte einer die schwurgerichtliche Zuständigkeit begründenden Strafthat hinreichend verdächtig sei, so muss sie sich darauf beschränken, die Abgabe der Verhandlungen an die Anklagekammer zu verordnen; sie darf nicht gleichzeitig in Betreff eines besonderen in der Anklage hervorgehobenen Gesichtspunkts der Strafbarkeit den Angeschuldigten ausser Verfolgung setzen. — Ein solcher Zusatz hindert die Anklagekammer nicht, auch ihrerseits die That von diesem letzteren Gesichtspunkte aus zu prüfen.**

StPO. §§ 81. 260. Vgl. RdOTr. 6. S. 48; 9 S. 278. 452 500, 10. S 375 437.

**Beschl. v. 11. Nov 1870 c W.** (OAG. II. 197).

Gegen W. war die Anschuldigung der Wegnahme einer Sammelbüchse aus umschlossenem Raume mittelst Einsteigens erhoben, und dabei diese That gleichzeitig als vollendeter Diebstahl der Büchse und als Versuch des Diebstahls des darin befindlichen Geldes qualificirt worden Die RK erachtete nur den letzteren Gesichtspunkt für zutreffend und ordnete dieserhalb die Abgabe der Verhandlungen an die Anklagekammer an, sprach aber gleichzeitig auch aus, daß W. in Betreff der Anschuldigung: die Büchse gestohlen zu haben, außer Verfolgung gesetzt werde. In dem Antrage des Kron-Ober-Anwalts ward dieser letztere Gesichtspunkt wieder aufgegriffen und demgemäß die Eröffnung des schwurgerichtlichen Hauptverfahrens beantragt. Die Anklage-Kammer setzte indessen den Angeschuldigten in Betreff des ihm zur Last gelegten Versuchs das Geld zu stehlen außer Verfolgung und lehnte es ab, über die Anschuldigung des vollendeten Diebstahls der Büchse nochmals Beschluß zu fassen, weil in dieser Beziehung der Angeschuldigte durch den nicht angefochtenen RK-Beschluß endgültig außer Verfolgung gesetzt worden sei.

Auf die NB. des Kron-Ober-Anwalts ist dieser Beschluß vernichtet und die Sache zur anderweiten Beschlußfassung an die Anklage-Kammer zurückverwiesen worden. Das OAG. erwog:

daß die Anklagekammer nach der StPO. §§ 80. 81. 82ff. 3. 4. 260. 323. 352 die von der Kronanwaltschaft dem Angeklagten zur Last gelegte und dem Vorbeschluß der Rathskammer unterstellte Handlung nach deren gesammten thatsächlichen und rechtlichen Bestande frei und unabhängig von den in der Anklage oder in dem Vorbeschlusse vertretenen Rechtsansichten und einer in dieser Richtung erhobenen Berufung der Kronanwaltschaft zu prüfen und demgemäß den Verweisungsbeschluß zu fassen hatte, im vorliegenden Falle aber die Handlung des Angeklagten umsomehr auch nach dem von der Rathskammer verlassenen Gesichtspunkte eines vollendeten Diebstahls beurtheilen mußte, als darauf der Antrag der Kronoberanwaltschaft hinwies, folglich durch Ablehnung einer solchen Prüfung sich nach der StPO. § 389 einer Verletzung der angegebenen wesentlichen Vorschriften des Verfahrens schuldig machte.

Antr. d. GStA.: gleichl. [65.—6.]

---

## Nichtigkeitsbeschwerde. — Rechtsansicht.

**Ein den gesetzlichen Vorschriften entsprechender Verweisungsbeschluss der Anklagekammer kann nicht deshalb durch Nichtigkeitsbeschwerde angefochten werden, weil darin eine angeblich rechtsirrthümliche Ansicht ausgesprochen sei, — sobald der angebliche Irrthum die Zuständigkeitsfrage unberührt lässt.**

StPO § 403

**Beschl. v. 16. Nov. 1870 c. C.** (OAG. II. 205).

Die Anklagekammer des AG.s hatte den C. wegen „vorsätzlicher Brandstiftung" vor den Schw.-GH. verwiesen, gleichzeitig aber die Ansicht ausgesprochen, daß der von der Kron-Anwaltschaft für maßgebend erachtete § 8 des Ges.'s v. 4. Juni 1851 nicht zutreffe, weil die Bundes-Präsidial-Vdn. v. 21. Juli 1870 über die Erklärung des Kriegszustandes in der Provinz Hannover ꝛc. nicht in Gemäßheit des § 3 des cit. Ges.'s verkündet sei. Die den Beschluß wegen dieser Ansicht anfechtende NB. des Kron-Ober-Anwalts ward zurückgewiesen. Das OAG. erwog:

daß die den Gegenstand der Anklage bildende Handlung des Angeschuldigten mit den für die Anwendbarkeit des

StGB. §§ 287. 285 maßgebenden Thatumständen, wie es den Anforderungen des § 86 der StPO. genügt, im angefochtenen Verweisungsbeschlusse bezeichnet worden ist, und

die von der Anklagekammer daneben ausgesprochene Ansicht, daß es zur Anwendbarkeit der strafrechtlichen Bestimmung des Ges.s vom 4. Juni 1851 § 8 an der daselbst § 3 vorgeschriebenen Verkündung des durch Bundes-Präsidial-Vdn. v. 21. Juli d. J. erklärten Kriegszustandes in dem betreffenden Distrikte fehle, weder für die Frage nach der Zuständigkeit des Schwurgerichtshofes, an welchen die Sache verwiesen worden, von Einfluß ist, noch der rechtlichen Ueberzeugung des gedachten Gerichtshofes bei Instruirung und Aburtheilung der Sache irgend präjudizirt, vergleiche StPO. §§ 4. 260. 323,

demnach der königl. Kronanwaltschaft überlassen bleiben muß, den von dem Verweisungsbeschlusse abweichenden strafrechtlichen Gesichtspunkt vorerst bei dem mit der Sache befaßten Gerichte zu vertreten.

Antr. d. GStA.: gleichl. [62.—6.]

---

## Zahlungseinstellung. — Zahlungsunfähigkeit.

**Die „Zahlungseinstellung" ist nicht gleichbedeutend mit einer Zahlungsunfähigkeit; es müssen positive Akte vorliegen, aus welchen jene folgt.**

Konk.-Ordn. v. 8. Mai 1855 § 309, StGB. § 259 [n. 17].

Erk. (B. I.) v. 16. Nov. 1870 c. Franke (758. II Cr.).

F. war auf Grund der Feststellung, daß er „als Gläubiger des Kaufmanns Th. nach erlangter Kenntniß von der Zahlungseinstellung desselben, zu seiner Begünstigung und zur Benachtheiligung der übrigen Gläubiger einen besonderen Vertrag mit dem Th. eingegangen sei," aus § 309 der Konk.-Ordn. bestraft worden. Er appellirte und stellte verschiedene Thatsachen unter Beweis, aus welchen er folgerte, daß er zur Zeit, wo er jenen Vertrag abschloß, von der Zahlungseinstellung keine Kenntniß gehabt habe. Das AG. lehnte aber die Beweiserhebung ab und bestätigte die Verurtheilung, erwagend, daß „Th. zur fraglichen Zeit nicht mehr in der Lage gewesen sei, seine Gläubiger zu befriedigen, was F. habe wissen müssen, nachdem er schon wiederholt die von ihm in Umlauf gesetzten Wechsel des Th. habe einlösen müssen; sonach komme es auf den Tag der förmlichen Zahlungseinstellung nicht an, da die faktische Zahlungsunfähigkeit dem F bekannt gewesen." — Vernichtung. Gründe:

Der App.-Richter erklärte: „auf den Tag der förmlichen Zahlungseinstellung komme es nicht an, da die faktische Zahlungsunfähigkeit des Th. dem Angeklagten bekannt war." Dieser Satz giebt zu einem Zweifel über die richterliche Auffassung Veranlassung, zumal derselbe im Widerspruch mit anderen Stellen der Entscheidungsgründe steht. Allerdings scheint der Wortlaut des § 113 der Konkurs-Ordn. den Zustand der Zahlungsunfähigkeit mit der Thatsache der Zahlungseinstellung zu identifiziren. Indeß ergiebt sich aus der Entstehungsgeschichte jener Vorschrift, daß die Fälle der Zahlungseinstellung, welche der zweite Satz des § 113 enthält — Anzeige und Schließung des Geschäfts — nur Beispiele sein sollten, daß also auch der folgende Satz: „oder wenn andere Umstände vorliegen u. s. w." nicht die bloße Existenz der Zahlungsunfähigkeit allein, den passiven Zustand derselben, voraussetzt, sondern gleichfalls positive Akte fordert, aus denen die Zahlungseinstellung sodann zu folgern ist.

Antr d. GStA. entg. [15.—8.]

---

## Diebstahl. — Feldfrüchte. — Feldpol.-Ordnung.

**Nichtigkeit tritt ein, wenn der Instanzrichter wegen Entwendung von Feldfrüchten vom Felde die Diebstahlsstrafe verhängt, ohne ausdrücklich festzustellen, daß weder die Quantität eine geringe noch der Werth ein unbedeutender war.**

StGB § 215 [n 71. 76]; FPO. v. 1. Nov 1847 § 42 Nr. 2; B.-StGB. § 242 [n. 71. 74]

Erk. (B. I.) v. 16. Nov. 1870 c. Levin (1034. I. Cr.).

L war „wegen Entwendung von Heu in nicht geringer Quantität" aus §§ 215. 217 des StGB bestraft worden Auf seine NB. erfolgte Vernichtung des Urtheils II Instanz. Gründe:

Durch das JPl. v. 13. Nov. 1865 c. Schröder [RdOTr. 6. S. 456] ist der Grundsatz festgestellt, „daß es zur Anwendung des § 42 Nr. 2 der FPO. genügt, daß die entwendeten Bodenerzeugnisse rc. entweder von unbedeutendem Werth oder von geringer Quantität gewesen sind. Das Zusammentreffen beider Umstände ist nicht erforderlich. Hierin ist also ausgesprochen, daß die FPO. bei den im § 42 Nr. 2 gedachten Objekten nur dann ausgeschlossen ist, wenn beide Voraussetzungen nicht vorhanden sind, während im vorliegenden Falle nur die Verneinung der einen die Ausschließung der FPO. und die Anwendung der Diebstahls-Vorschriften zur Folge gehabt hat.

[15. – 8.]

---

1. Vertheidiger. — Sitzung.
2. Verlesung. — Urkundliches Beweismittel.
3. Vernehmung. — Verlesung.

1. Es begründet keine Nichtigkeit, wenn dem Angeklagten in der Sitzung ein (unvorbereiteter) neuer Vertheidiger zugeordnet wird, sobald er seinerseits dagegen keine Einwendungen gemacht hat.

Ges. v. 3. Mai 1852 Art 21 [n. 13 bb]

2. Ursprüngliche Beweismittel (z. B. die dem Angeklagten während der Voruntersuchung zugesandten oder geschriebenen Briefe) können ohne einen vorgängigen Gerichtsbeschluß verlesen werden.

Vdn. v. 3 Jan. 1849 § 14 [n 45], § 22 [n 3]; Vgl. RdOTr. 5 S. 200; 7. S 23. 639. 737, 10. S. 419, 11 S. 50.

3. Der Vorsitzende kann den in der Sitzung vernommenen Personen ihre früheren Aussagen aus den Akten vorlesen, ohne daß es eines diese Maßnahme rechtfertigenden Gerichtsbeschlusses bedürfte.

Vdn. v 3 Jan. 1849 § 22 [n. 58].

Erk. (Z. I.) v. 16. Nov. 1870 c. Raabe (1113 I Cr). [20 — 8]

---

**Zeugniss. — Verlesung. — Vereidung. — Nachholung. — Ausführbarkeit.**

Ob die Nachholung der Beeidigung einer zu verlesenden Zeugenaussage „ausführbar“ sei, unterliegt dem Ermessen des Instanzrichters; er

**kann eine Unausführbarkeit auch da annehmen, wo eine gänzliche Unmöglichkeit nicht vorliegt.**

StPO § 246.

Erk. (Z.) v. 16. Nov. 1870 c. Schweppenhäuser (OAG. II 189)

Allerdings muß davon ausgegangen werden, daß nach der StPO. § 160 die eidliche Bestärkung der Zeugenaussagen niemals ohne gesetzlichen Grund unterbleiben soll, und daß nach § 246 die Verlesung des Protokolls über die Aussage eines Zeugen, welcher in der Hauptverhandlung nicht sistirt werden kann, erst alsdann erfolgen soll, wenn die bis dahin unterbliebene Beeidigung desselben nachgeholt worden, es sei denn diese Nachholung wäre nicht mehr ausführbar, als in welchem Falle die Verlesung unter ausdrücklicher Ankündigung jenes Mangels soll geschehen dürfen. Die Ankündigung des Mangels der Beeidigung oder diensteidlicher Versicherung ist nun bei der wiederholten Vorlesung der K.'schen Aussagen, wie das Sitzungsprotokoll ausweist, wahrgenommen worden, es frägt sich daher nur, ob der Fall einer vom Gesetze verstatteten Ausnahme von dem Erfordernisse der nachzuholenden Beeidigung vorhanden war. Daß durch die Worte: „falls diese nicht mehr ausführbar," im angeführten § 246 der StPO. gerade nur der Fall stattfindender Unmöglichkeit habe bezeichnet werden sollen, ist nicht anzunehmen, da der Gesetzgeber, wenn dies seine Meinung gewesen wäre, unstreitig statt des gewählten unbestimmteren Ausdruckes sich des bestimmten Wortes „unmöglich" bedient haben würde. Es muß daher in jenen Gesetzesworten dieses gefunden werden, daß es dem pflichtmäßigen Ermessen des Instanzrichters verstattet sein solle, übergroße Schwierigkeiten, welche der Erhebung des in Betracht kommenden Zeugnisses zum vollgültigen Beweismittel im einzelnen Falle entgegenstehen möchten, einer wirklichen Unmöglichkeit gleichzuachten und auf solchen Befund hin die Unausführbarkeit der Nachholung der Beeidigung auszusprechen. Demnach hat der Schwurgerichtshof in seinem Beschlusse, daß die Nachholung der Beeidigung des Zeugen

K. unter den vorliegenden Umständen seines Dienstes im kämpfenden Heere auf Grund des § 246 a. E. d. StPO. als unausführbar unterbleiben solle, eine dem Schwurgerichtshofe zuständige konkrete Feststellung getroffen, deren Nachprüfung nach § 389 ibid. der Nichtigkeitsinstanz entzogen ist.

Antr. d GStA : entg. [62.—6]

---

**Berufungsrichter. — Anführung des Gesetzes.**

**Der Berufungsrichter, welcher nicht eine selbstständige Verurtheilung ausspricht, sondern die erstrichterliche für gerechtfertigt erachtet, braucht nicht abermals das zur Anwendung gebrachte Strafgesetz anzuführen.**

StPO §§ 262 388

**Erk. (Z ) v. 16. Nov. 1870 c. Sinn** (OAG II 194 .

Der dem angegriffenen Urtheil vorgeworfene prozessualische Verstoß ist ungegründet, weil der § 388 der StPO. eine ausdrückliche Anführung des Gesetzes nach Vorschrift des § 262 nur da nöthig macht, wo eine selbstständige Verurtheilung in der Berufungsinstanz eintritt, nicht aber da, wo das Urtheil des Berufungsgerichts den gesammten Inhalt des angefochtenen Urtheils 1. Instanz, also auch die in demselben enthaltene Ausführung der in Anwendung gebrachten gesetzlichen Bestimmungen sich aneignet und billigt, eine ausdruckliche Wiederholung der letzteren nöthig ist.

Antr. d GStA.: gleichl. [66.—6.]

---

**Widerstand. — Richter. — Vollstreckung?**

**Der Widerstand, welcher einem Richter während der Vornahme einer zur Substantiirung einer Klage veranlaßten Vermessung geleistet wird, ist strafbar aus § 90 und nicht aus**

StGB § 89. Vgl. B.-StGB. § 113 [n. 10]; RbOTr. 6. S. 562

Erk. (Z. I.) v. 16. Nov. 1870 c. Szatkowski (1020 I. Cr.).

Es ist zwar richtig, daß unter Umständen auch der einem Richter geleistete Widerstand durch Drohung oder Gewalt den Thatbestand des § 89 des StGB.s bilden kann, wenn es sich nämlich um eine ihm übertragene Vollstreckung eines Urtheils oder einer Verordnung der Gerichte handelt, aber abgesehen von einem solchen Falle sind richterliche Beamte zu denjenigen Beamten, von welchen der § 89 spricht, nicht zu zählen, so daß in Betreff ihrer die allgemeine Vorschrift des § 90 Anwendung findet. Im vorliegenden Falle handelte es sich nicht um eine dem Kreisrichter B. übertragene Vollstreckung eines Urtheils, oder einer Verordnung des Gerichtes, wie z. B. in dem Falle der Zl. v. 20. Dezbr. 1865 c. Weid (RbOTr. 6. S. 562) um die Realisirung eines Beweisresolutes, sondern um eine selbstständige Amtshandlung des Kreisrichters B., nämlich um eine von ihm als Kommissarius für Bagatellsachen zur Substantiirung einer Besitzstörungsklage beabsichtigte Vermessung des streitigen Terrains, also um keine Vollstreckungshandlung. In einem solchen Falle findet aber der § 90 und nicht der § 89 l. c. Anwendung, wie solches bereits in einem ähnlichen Falle durch das Zl. v. 7. Novbr. 1856 c. Rauschert (GA. V. S. 263) ausgesprochen ist.

Antr. d. GStA.: gleichl. [18 —8]

---

## Beweisantrag. — Verspätung. — Prüfung.

Nichtigkeit tritt ein, wenn der Appellationsrichter einen gestellten Beweisantrag ungeprüft läßt, sollte derselbe auch verspätet gewesen sein.

Ges v. 3. Mai 1852 Art 104 [n 5] Vgl. RbOTr. 4. S 324; 6. S. 312; 7. S 103; 10. S. 346.

Erk. (B. I) v. 18. Nov. 1870 c. Bressem (1053 I Cr). [28.--8.]

---

## Gewerbesteuer. — Hausiren.

Die Bundesgewerbeordnung hat an der Steuerpflichtigkeit des Gewerbebetriebes im Umherziehen

**Nichts geändert, selbst wenn sie die früheren gewerbe-polizeilichen Beschränkungen aufgehoben hat.**

Hausir.-Regul. v. 28. April 1824; B.-Verfass. v. 26. Juli 1867 Art. 4; B.-Gew.-Ordn v. 21. Juni 1869 §§ 5 7b 42 55 58. 143. 147 148

Erk. (S. I.) v. 18. Nov. 1870 c Cohn (896 I. Cr.).

C. hatte in den Jahren 1868 und 1869 außerhalb seines Wohnorts im Umherziehen Getreide zum Behufe des Wiederverkaufs aufgekauft, war aber von der Anklage der Hausir-Gewerbe-Steuer-Hinterziehung in beiden Instanzen freigesprochen worden, weil er in derselben Zeit als Kaufmann in Klasse A II für den Handel die Steuer entrichtet habe: „für einen solchen Fall bedurfe es jetzt nach der B.-Gew.-Ordn. einer besonderen Legitimation zum Hausirhandel mit Getreide nicht mehr; die Handlung des C würde daher, wenn nach dem 1. Jan. 1870 begangen, straflos gewesen sein, und könne daher jetzt überhaupt nicht mehr mit Strafe belegt werden" Das AG. fügte noch hinzu: „der zum Zwecke des Wiederverkaufs erfolgte Ankauf von Getreide im Umherziehen außerhalb des Wohnortes des Ankaufenden sei, wenn der Letztere den Handel als stehendes Gewerbe betreibe und versteuere, nach der B.-Gew.-Ordn. (§§ 42 55) kein Hausirhandel, es bedürfe daher für denselben auch keines Gewerbescheins — Auf die NB. der Regierung ist dieses Erkenntniß vernichtet und die Sache an das AG. zurückverwiesen worden. Gründe:

Die B.-Gew.-Ordn. konnte in Betreff der in den einzelnen Landestheilen des Bundes bestehenden Gesetze über die Entrichtung der Gewerbesteuer überhaupt keine Abänderungen treffen, weil die Gewerbesteuer gar nicht zum Ressort des Bundes gehört. Dies ergiebt sich unzweifelhaft aus den Artt. 4. 70 und 35 der Verfassungs-Urkunde für den Norddeutschen Bund. Der Art. 4 l. c. schreibt vor, daß nur die für Bundeszwecke zu verwendenden Steuern der Beaufsichtigung Seitens des Bundes und der Gesetzgebung desselben unterliegen. Der Art. 70 verordnet sodann:

„Zur Bestreitung aller gemeinschaftlichen Ausgaben dienen zunächst die etwaigen Ueberschüsse der Vorjahre, sowie die aus den Zöllen und Verbrauchssteuern, und aus dem Post- und Telegraphenwesen fließenden gemeinschaftlichen Einnahmen. Insoweit dieselben durch diese Einnahmen nicht gedeckt werden, sind sie, so lange Bundessteuern nicht eingeführt sind, durch

Beiträge der einzelnen Bundesstaaten nach Maßgabe ihrer Bevölkerung aufzubringen."

Der Art. 35 l. c. endlich aber lautet:

„Der Bund ausschließlich hat die Gesetzgebung über das gesammte Zollwesen, über die Besteuerung des Verbrauches von einheimischem Zucker, Branntwein, Salz, Bier und Taback, sowie über die Maßregeln, welche in den Zollausschüssen zur Sicherung der gemeinschaftlichen Zollgrenze erforderlich sind."

Die Gewerbesteuern unterliegen hiernach weder der Beaufsichtigung des Norddeutschen Bundes, noch der Gesetzgebung desselben; sie sind vielmehr lediglich Gegenstand der einzelnen Landesgesetzgebungen. Dies gilt mithin auch von der Hausir-Gewerbesteuer, so daß die bisherigen Preußischen Hausirgesetze, soweit sie die Versteuerung des Hausirgewerbes betreffen, auch nach Publikation der neuen B.-Gew.-Ordn. in Kraft geblieben sind, dergestalt, daß, wenn es auch in einem gegebenen Falle nach den Vorschriften der neuen Gew.-Ordn in polizeilicher Beziehung eines Gewerbescheins zum Gewerbebetrieb im Umherziehen nicht bedürfen sollte, doch nach wie vor ein solcher Hausirgewerbeschein nach Maßgabe des Hausir-Regulativs vom 28. April 1824 und den Zusatzgesetzen zu demselben zu lösen, und die Hausirgewerbesteuer nach diesen bisherigen Gesetzen zu entrichten ist. Dies ergiebt sich denn aber auch aus der B.-Gew.-Ordn. selbst. Denn sie schreibt im § 5 unter den allgemeinen Bestimmungen des Tit. I. vor:

„In den Beschränkungen des Betriebes einzelner Gewerbe, welche auf den Zoll-, Steuer- und Postgesetzen beruhen, wird durch das gegenwärtige Gesetz nichts geändert."

Im § 7 Nr. 6 daselbst ist aber auch noch ausdrücklich ausgesprochen, daß alle an den Staat und an die Gemeinden zu entrichtenden Gewerbesteuern vorbehalten bleiben, also nicht mit aufgehoben, sondern in Kraft geblieben sind, und im Schlußsatz des § 58 l. c. ist noch speziell anerkannt, daß in den Fällen, in welchen die Gesetze die Ausstellung eines Gewerbescheins nothwendig machen, ein solcher auch zugleich den Legitimationsschein vertreten kann, woraus sich ergiebt, daß in solchen Fällen ein Gewerbeschein nach wie vor erforderlich ist. Auch die Vorschriften im Tit. X. der B.-Gew.-Ordn., welcher die Strafbestimmungen enthält, stehen hiermit im Einklang. Denn der § 143 l. c. verordnet:

„Die Berechtigung zum Gewerbebetriebe kann, abgesehen von Konzessions-Entziehungen und den in diesem Gesetz gestatteten Untersagungen des Gewerbebetriebes (§ 15 Abs. 2 und § 35) weder durch richterliche noch administrative Entscheidung entzogen werden. Ausnahmen von diesem Grundsatz, welche durch die Steuergesetze begründet sind, bleiben so lange aufrecht erhalten, als diese Steuergesetze in Kraft bleiben."

Der § 147 l. c. bestimmt aber, daß wenn die in demselben mit Strafe bedrohten Vergehen zugleich eine Zuwiderhandlung gegen die Steuergesetze enthalten, nicht außerdem noch eine Steuerstrafe erkannt, aber darauf bei Zumessung der Strafe Rücksicht genommen werden soll, was mit der gleichlautenden Vorschrift des § 177 der älteren Gew.-Ordn. v. 17. Jan. 1845 übereinstimmt, und nach § 148 der B.-Gew.-Ordn. soll umgekehrt, wenn eine darin mit Strafe bedrohte Uebertretung zugleich eine Zuwiderhandlung gegen die Steuergesetze enthält, nur allein auf die Steuerstrafe erkannt werden, was wieder mit § 176 der älteren Gew.-Ordnung in seiner Fassung nach dem Gesetze vom 22. Juni 1861 übereinstimmt.

Es ergiebt sich hieraus, daß bei Zuwiderhandlungen gegen die Steuergesetze auch die bisherigen gesetzlichen Strafbestimmungen maßgebend geblieben, und durch die B.-Gew.-Ordn. nicht abgeändert sind.

Uebrigens regelten auch schon die ältere Gew.-Ordn. v. 17. Jan. 1845 und die späteren Zusatzgesetze zu derselben den Gewerbebetrieb nur in polizeilicher Beziehung, während sie die über die Steuerpflichtigkeit der Gewerbe bestehenden Gesetze in gleicher Art, wie die neue Gewerbe-Ordnung, unberührt ließen.

Im Einklang mit den gedachten gesetzlichen Vorschriften der B.-Gew.-Ordn. ist denn auch im Eingange der Ministerial-Anweisung zur Ausführung des dritten Titels derselben mit Recht ausgesprochen, daß durch die mit dem 1. Jan. 1870 in Kraft getretenen Vorschriften in Betreff des Gewerbebetriebes im Umherziehen zwar alle in den Preußischen Gesetzen enthaltenen polizeilichen Beschränkungen des Gewerbebetriebes im Umherziehen, insbesondere die Bestimmungen des Hausir-Regulativs v. 28. April 1824 insoweit aufgehoben sind, als sie nicht in die Bundesgesetzgebung Aufnahme gefunden haben, daß dagegen die bestehenden Vorschriften über die Besteuerung des Hausirgewerbes nach wie vor in Geltung geblieben sind, und daß es daher dabei sein Bewenden behält, daß jeder steuerpflichtige Gewerbebetrieb im Umherziehen von der vorgängigen Lösung eines Gewerbescheines abhängig ist, auch die zur Zeit anwendbaren Steuersätze in Kraft bleiben.

Antr d. GStA.: gleichl. [18.—8.]

---

**Bankerutt. — Handelsregister. — Buchführung.**

**1. Aus dem Umstande, daß ein Kaufmann seine Firma in das Handelsregister hat eintragen lassen, folgt nicht, daß sein Gewerbebetrieb kein geringer, er also zur Buchführung verpflichtet sei.**

**2. Setzt ein Kaufmann nach erfolgter Zahlungseinstellung und nach Erlangung eines Akkords sein Geschäft fort, so ist nach dem nunmehrigen Umfange desselben die Pflicht der Buchführung zu beurtheilen; diese folgt noch nicht mit Nothwendigkeit aus dem Umstande, daß die aus dem vorhergegangenen Konkurse herrührende Akkordschuld, sowie die Aktiva des früheren (die Buchführung bedingenden) Geschäfts in das neue mit übernommen worden sind.**

StGB. § 261 Nr 2; D. HGB. Art 10 [StGB. S. 512 n. 6].

Erk. (Z. 1.) v. 23. Nov. 1870 c. Janowski (1047. I. Cr.). [20—8.]

---

**Hausiren. — Gewerbeschein. — Grenze.**

**Durch die Ueberschreitung der Grenzen des im Gewerbeschein vorgeschriebenen Hausirbezirks wird**

**nur eine Ordnungsstrafe verwirkt und nicht die Strafe des**

Regul. v. 28. April 1824 §§ 26. 28. Vgl. Hartm. Strafgess. S 133 Note 2.

Erk. (S. I) v. 23. Nov. 1870 c. **Löwenthal** (841. I. Cr.) spricht diesen Grundsatz aus unter Hinverweisung auf Z (I, 1148) v. 5 Dezbr. 1855 c. Koloschky (GA. 4 S 235) und auf Z I, 182) v. 15. Mai 1857 c Karow. [13 – 8]

---

**Eisenbahntransport. — Gefährdung (fahrlässige). — Beamter.**

**Ein Eisenbahnbeamter, welcher durch eine Pflichtversäumniß einen Eisenbahntransport in Gefahr setzt, verwirkt selbst dann, wenn seine Handlungsweise nicht den Voraussetzungen des § 294 entspricht, und wenn zu dem eingetretenen Unfalle auch noch die Pflichtversäumniß eines anderen Beamten mitgewirkt hat, die Strafe des**

StGB. § 295 Abs. 2 [n. 6]. Vgl. oben S. 545; B.-StGB. § 316.

Erk. (S. I.) v. 23. Nov. 1870 c. **Kraus** (975. I. Cr.).

Die Feststellung, „daß der Implorant (Bahnmeister K.) durch Vernachlässigung der ihm obliegenden Pflichten einen Transport auf der Eisenbahn in Gefahr gesetzt hat," — enthält die wesentlichen Merkmale des § 295 des StGB.s und bedarf es außerdem nicht der vom Imploranten vermißten Feststellung, daß er fahrlässiger Weise Handlungen der im § 294 a. a. O. bezeichneten Art begangen habe. Der App.-Richter hat übrigens rechtlich zutreffend angenommen, daß dieser Thatbestand nicht modifizirt werden würde, wenn auch nachgewiesen wäre, daß noch andere Personen durch Vernachlässigung ihrer Amtspflichten bei dem in Rede stehenden Unfalle mitgewirkt haben. Der App.-Richter nimmt überdies thatsächlich an, daß die dem Imploranten zur Last fallende Fahrlässigkeit resp. Vernachlässigung der ihm obliegenden Pflichten als die Hauptursache des Unglücksfalles angesehen werden müsse, und dies genügt zur

Feststellung des oben gedachten Thatbestandes; auch ist das Strafmaaß innerhalb der gesetzlichen Grenzen bemessen.

Antr. d. GStA.: gleichl. [30.—8.]

---

## Widerstand. — Beamter. — Abzeichen.

**Der gewaltsame Widerstand gegen einen Polizeibeamten ist nicht deshalb straflos, weil der letztere nicht die vorgeschriebenen Abzeichen geführt hat.**

StGB. § 89 Vgl. B.-StGB § 113 [n 18].

Erk. (Z. I.) v. 23. Nov. 1870 c. Lascheit (848 I Cr.).

Der wegen gewaltsamen Widerstandes gegen den Fischerschulzen K. aus § 89 des StGB.s verurtheilte L. rügte im Wege der NB. Verletzung dieses § und des § 62 der Fischerei-Ordnung für das kurische Haff v. 7. März 1845 (GS. S. 139), weil K auf seinem Kahne (Schlitten) nicht die durch den cit. § 62 vorgeschriebenen Abzeichen geführt habe. Zurückweisung, weil

> die angeordnete Maßregel, wie der Eingang des cit. § ergebe, nur administrativer Natur sei und die Anwendung der Widerstandsstrafe nicht bedinge, sobald dem Angeklagten anderweitig die Eigenschaft des Beamten und daß er in dieser Eigenschaft auftrete, bekannt sei

Antr. d. GStA: gleichl. [30—8.]

---

## Gerichtsstand. — Offizier. — Pension.

**Ein früherer Offizier der ehemaligen Schleswig-Holsteinischen Armee hat durch die ihn in Gemäßheit des Bundes-Ges.s v. 14. Juni 1868 bewilligte Pension nicht die Eigenschaft eines pensionirten Offiziers des Norddeutschen Bundes, und somit nicht den Militärgerichtsstand erlangt.**

Mil.-StGO. (II.) § 45.

Erk. (Z. I.) v. 23. Nov. 1870 c. v. P. (884 I. Cr.).

Die Schleswig-Holsteinische Armee existirt nicht mehr, sondern ist, wovon das Bundesges. v. 14. Juni 1868 im § 1 ausgeht, im Jahre 1851 aufgelöst. Der Angeklagte ist daher auch weder ein Offizier der gar nicht mehr vorhandenen Schleswig-Holsteinischen Armee, noch ein Offizier des Norddeutschen Bundes. Daß ihm als ehemaligen Offizier der früheren im Jahre 1851 aufgelösten Schleswig-Holsteinischen Armee eine Pension vom Norddeutschen Bunde bewilligt ist, kann ihm auch nicht den Charakter eines Offiziers des Norddeutschen Bundes verleihen, welcher voraussetzt, daß der Offizier der Armee eines Bundes-Staats angehört, was beim Angeklagten nicht der Fall ist.

Antr. d. GStA.: gleichl. [18.–8]

---

**1. Beweisantrag. — Beweisfrage. — Gutachten.**
**2. Beleidigung. — Schrift. — Durchstreichung.**

**1. Es ist unstatthaft, über die vom Richter zu lösende Beweisfrage ein Gutachten zu hören.**

StPO. § 260. Vgl. Vdn. v. 3. Jan. 1849 § 22 [n 65a]

**2. Eine Beleidigung kann auch in einem durchstrichenen aber noch leserlichen Theile einer Schrift gefunden werden.**

StGB. Thl II. Tit 13; Vgl. B.-StGB. Thl II. Abschn 14 [S. 324 n. 15].

**Frk. (Z.) v. 23. Nov. 1870 c. Schumann** (OAG. I 188).

Sch. wegen einer dem Kreisrichter G. zugefügten Amtsehrverletzung verurtheilt rügte in seiner NB.

1) Beschränkung der Vertheidigung, weil das AG. es abgelehnt hatte, den RA. B als „Sachverständigen und Zeugen" darüber zu hören, daß die fraglichen Aeußerungen eine Beleidigung des ꝛc G. nicht enthielten;

2) Verletzung des Strafgesetzes, weil diejenigen Stellen seiner Schrift, in welchen Instanzrichter eine Beleidigung gefunden, durchstrichen und daher bedeutungslos seien.

Zurückweisung Gründe

[1.] Obwohl die Absicht zu beleidigen oder das Gegentheil davon allerdings nur aus Thatumständen geschlossen werden kann, hat doch theils der Angeklagte keine Thatsachen, wodurch die Beleidigung als nicht bestehend angenommen werden müßte, angeführt und zum Beweise bringen wollen; theils aber ist es Recht wie Pflicht des Gerichts, nach dem vorliegenden Beweisstoffe das Urtheil zu finden;

eine, in Form eines Gutachtens oder Dafürhaltens geschehende Aeußerung eines Dritten als Sachverständigen ist daher nicht nur werthlos, sondern auch unstatthaft. Das Gericht hat daher mit Recht die Abhör des RA.s B. in der letzten Richtung verworfen, weil dies Sache der richterlichen Beurtheilung sei.

[2.] Soweit der beleidigende Theil einer Schrift noch erkennbar dasteht*, verliert sie ihren Charakter nicht; vom Gericht ist aber thatsächlich festgestellt, daß die Durchstreichung in einer Weise bewirkt wurde, daß die Aeußerungen lesbar blieben.

Antr. d. OStA.: gleichl. [63.—6.]

---

## Beschlagnahme. — Entziehung. — Dolus.

**Zum Thatbestande des Arrestbruchs rc. genügt als Dolus die Kenntniß von der Amtshandlung, welche im Sinne des § 272 des StGB.s eine „Beschlagnahme" darstellt; ob der Angeklagte dieselbe für eine solche Beschlagnahme gehalten habe, ist dann gleichgültig.**

StGB. § 272; B.-StGB. § 137 [n. 39].

**Erk. (Z. II) v. 24. Nov. 1870 c. Hentrich** (371 II. Cr.).

Die NB. des aus § 272 des StGB.s verurtheilten H. rügte Gesetzesverletzung: der App.-Richter finde den zum Thatbestande des „Arrestbruchs rc." erforderlichen Dolus in der festgestellten Kenntniß von der erfolgten Beschlagnahme desjenigen Immobiles, dessen Pertinenzstücke er bei Seite geschafft habe; diese Kenntniß genüge aber nicht, da er der Meinung gewesen sei, daß eine Immobilarbeschlagnahme nicht eine „Beschlagnahme" im Sinne des § 272 cit. sei. Zurückweisung. Gründe:

Der App.-Richter hat, wie die NB. nicht verkennt, das Vorhandensein einer Beschlagnahme mit Recht angenommen. Es kann für diese rechtliche Annahme überall nicht darauf ankommen, ob H. bei Vornahme der imputirten Handlungen der Meinung gewesen sei, daß durch die, die Beschlagnahme konstituirenden Umstände, — thatsächlichen Elemente — eine Beschlagnahme im rechtlichen Sinne, hergestellt worden sei oder nicht. Die einfache Rechtswirkung ist vielmehr gegen sie entscheidend in Bezug auf das objektive Vorhandensein der gesetzlichen Voraussetzung. In subjektiver Richtung bedingt nun freilich die zu dem vorliegenden Vergehen erforderliche Vorsätzlichkeit der Handlungen, welche den Eingriff in die Beschlagnahme darstellen, eine Kenntniß der stattgefundenen Beschlagnahme. Allein diese Kenntniß folgt dann mit rechtlicher Nothwendigkeit aus der Kenntniß der die Beschlagnahme rechtlich bewirkenden Thatsachen, weil die daraus hervorgehende Rechtswirkung von dem Willen der Handelnden unabhängig ist. Wenn daher auch, wie der Nichtigkeitsbeschwerde zuzugeben ist, der Dolus des Angeklagten vom App.-Richter lediglich und mittelst rechtlicher Schlußfolgerung, aus der Kenntniß jener Thatsachen, und dem daraus hervorgehenden Bewußtsein, daß durch ihre Handlungen, die Beschlagnahme gehindert oder vereiltelt worden sei, abgeleitet worden ist, — so erscheint doch auch diese Schlußfolgerung nicht als eine unrichtige, sondern als eine rechtlich wohl begründete. Dem steht auch nicht entgegen, daß im Allgemeinen die Frage nach dem Dasein des zu einer strafbaren Handlung erforderlichen Dolus wesentlich thatsächlicher Natur ist, und daher auch nach der Richtung hin, selbst ein Rechtsirrthum über ein zum Thatbestand der inkrimirten Handlung gehöriges Moment — nicht über die Strafbarkeit derselben überhaupt — jenen Dolus ausschließen kann, eben weil der Rechtsirrthum über die objektive Voraussetzung eines Delikts, die Voraussetzung in ihrem Dasein nicht aufheben kann, und der Dolus mithin, beim Dasein der dieselbe begründen Elemente, und der Kenntniß derselben, blos auf die Handlungen konzentrirt bleibt, aus welchen die Entziehung der Objekte aus der Beschlagnahme hervorgeht.

Antr. d. OStA.: gleich! [27.—9.]

**Gastwirth. — Polizei-Verordnung. — Fremdenverkehr. Eine Pol.-Verordnung, welche den Gastwirthen zur Pflicht macht, ein Fremdenbuch zu führen, ist durch das B.-Paß-Ges. v. 12. Okt. 1867 nicht unwirksam geworden.**

Vgl. S. 569.

Erk. (B. II.) v. 24. Nov. 1870 c. Hellenthal (382. II. Cr.)

Der Gastwirth H. hatte eine Polizei-Verordnung, welche allen Gastwirthen zur Pflicht machte, „ein Fremdenbuch zu führen und dafür zu sorgen, daß jeder Reisende gleich nach seiner Ankunft die nöthigen Eintragungen bewirke ꝛc." unbefolgt gelassen, war aber von der dieserhalb erhobenen Beschuldigung durch das (Rh.) PG. freigesprochen worden, weil nach dem B.-Paß-Gesetz v. 12. Okt. 1867 Reisende innerhalb des Bundesgebiets keines Reisepapiers bedürften, und daß auch von Ausländern solche nicht gefordert werden sollten; — somit sei kein Gastwirth berechtigt, von den bei ihm einkehrenden Fremden einen Legitimationsschein zu fordern, indem die letzteren sich nur auf amtliches Erfordern über ihre Person auszuweisen hätten; mit dem Rechte des Wirths, seinerseits von den Fremden eine Auskunft zu fordern, falle auch die ihnen durch die oben berührte Pol.-Vrdn. auferlegte Pflicht fort ꝛc. — Vernichtung; das OTr. erwog:

daß die in der Pol.-Vdn. v. ꝛc. den Gastwirthen vorgeschriebene Haltung von Fremdenbüchern und Anmeldung von Reisenden bei der Ortspolizeibehörde durchaus nicht die Verpflichtung der letzteren, Reisepapiere bei sich zu führen zur nothwendigen Voraussetzung hat, daher auch mit der Aufhebung dieser Verpflichtung durch das Gesetz über das Paßwesen v. 12. Oktbr. 1867 nicht als stillschweigend aufgehoben angesehen werden kann, sondern insoweit fortbesteht, als sie ohne die Anforderung an Reisende Pässe oder andere Legitimationspapiere vorzulegen, noch ausführbar erscheint;

daß die genannte Verordnung insoweit vielmehr zu den Bestimmungen über die Kontrolle der neu anziehenden Personen und der Fremden in ihrem Aufenthaltsorte gehört, welche der § 10 des cit. Ges. ausdrücklich aufrecht hält, und kein § des Ges. über das Paßwesen die Gastwirthe hindert, die Fremden um ihre Einzeichnung in das Fremdenbuch zu ersuchen und event. deren Ankunft der

Polizeibehörde nach Maaßgabe der darauf erfolgten Einzeichnung oder mit dem Bemerken zu melden, daß diese von den angekommenen Unbekannten verweigert worden sei, damit die Behörde nach § 3 des Ges.s den Ausweis über deren Persönlichkeit amtlich erfordern könne;

daß der Polizeirichter daher das Ges. v. 12. Okt. 1867 unrichtig angewendet und die Anwendung der Regierungs-Polizei-Verordnung v. 23. Juni 1857 aus einem gesetzwidrigen Grunde abgelehnt hat.

Antr. d. OStA : gleichl. [23.—9.]

---

**Urtheilsverkündung. — Angeklagter. — Anwesenheit. — Beweis.**

**Ist im Sitzungsprotokoll die Anwesenheit des Angeklagten bei der Hauptverhandlung beurkundet, so ist, in Ermangelung eines das Gegentheil besagenden Vermerks, anzunehmen, daß derselbe auch bei der Urtheilsverkündung zugegen gewesen sei. Ein Gegenbeweis hiergegen ist nicht zulässig.**

Ges. v. 3. Mai 1852 Artt. 110 78 [n 12]; ähnlich: Beschl. '(I. 295 B) c. Büke.

**Beschl. (II) v. 24. Nov. 1870 c Israel** (327 B. II. Cr.).

J. war durch Verfügung der OTr.s mit seiner NB. zurückgewiesen worden, weil er dieselbe erst am 11 Tage nach der in seiner Anwesenheit bewirkten Urtheilsverkündung angemeldet habe. In einer neuen Eingabe stellte er auf und unter Beweis, daß er zwar beim Beginne der Hauptverhandlung 2 Instanz und bei der Beweisaufnahme zugegen gewesen sei, sich aber vor der Urtheilsverkündung entfernt habe, was im Sitzungsprotokolle zu beurkunden übersehen worden sei. Zurückweisung:

„weil die im Audienzprotokoll gemäß Art. 78 des Ges.s v. 3. Mai 1852 konstatirte Anwesenheit sich in Ermangelung einer weiteren Beurkundung auf die Gesammt-Verhandlung einschließlich der Urtheils-Publikation bezieht und ein Gegenbeweis gegen diese Beurkundung gesetzlich nicht zulässig ist."

Antr. d. OStA : Zurückweisung. [22.—3.]

---

**Gastwirth. — Polizei-Verordnung. — Gewerbe-Ordnung.**

**Durch die B.-Gew.-Ordn. sind ältere für Gewerbtreibende ergangene Polizeiverordnungen, z. B. solche, welche den Gastwirthen gewisse auf die polizeiliche Kontrollirung des Fremdenverkehrs abzielende Verpflichtungen auferlegen, nicht aufgehoben.**

B.-Gew.-Ordn v. 21. Juni 1869 §§ 155 75. Vgl S. 567.

**Erk. (B. II.) v. 24. Nov. 1870 c. Kleff (332. II. Cr).**

Der Gastwirth Kl. hatte die allen Gastwirthen durch eine Regierungs-Verordnung zur Pflicht gemachte tägliche Einreichung eines Verzeichnisses der bei ihnen eingekehrten Fremden an die Polizeibehörde unterlassen, war aber vom (Rh) Pol.-Gerichte freigesprochen worden weil § 55 der B.-Gew-Ordn v. 21. Juni 1869 auf das Fortbestehen der gesetzmäßig erlassenen Pol.-Verordnungen nicht Bezug nehme, und deshalb jene Reg.-Vdn. als durch die Gew-Ordn aufgehoben betrachtet werden müsse, zumal § 75 der letzteren den Pol.-Behörden nur das Recht beilege, die Gastwirthe zur Aushängung von Preis-Taxen anzuhalten. Vernichtung; das OTr. erwog.

daß der § 155 Abs. 1 der B.-Gew.-Ordn. lediglich bestimmt, daß unter den „Landesgesetzen," worauf in jener Ordnung verwiesen ist, auch die verfassungs- oder gesetzmäßig erlassenen Verordnungen verstanden seien, aber nicht im Entferntesten so gedeutet werden kann, als hätten durch diese Gewerbeordnung alle Verordnungen, welche darin nicht erwähnt sind, ihre Kraft verloren;

daß der § 75 das., wie der ganze „Taxen" überschriebene Titel, wozu dieser § gehört, und die Gew.-Ordn. überhaupt die Fremdenpolizei als solche gar nicht zum Gegenstande haben und aus der in jenem § ausgesprochenen Zulässigkeit ortspolizeilicher Gebote an die Gastwirthe, Preisverzeichnisse einzureichen und anzuschlagen, keineswegs der Schluß gezogen werden kann, daß den Polizeibehörden in den Norddeutschen Staaten damit die ihnen nach den Landesverfassungen gebührende und in Preußen durch die §§ 5 2c. des Ges.s über die Polizeiverwaltung v. 11. März 1850 sanktionirte Befugniß entzogen werden sollte, von den in ihren Amtsbezirken ankommenden Fremden Kenntniß zu nehmen und die dazu erforderlichen Verordnungen zu erlassen;

daß insofern, als den Gastwirthen insbesondere eine berufsmäßige Mitwirkung bei Handhabung der Fremdenpolizei durch solche Verordnungen zur Pflicht gemacht und mit Strafandrohung gesichert ist, der § 144 der neuen Gewerbe-Ordn. diese sogar in der nämlichen Weise aufrecht hält, wie es im § 175 der Gew.-Ordn. v. 17. Jan. 1845 geschehen war, aus deren § 91, welchem der § 75 der Nordd. B.-Gew.-Ordn. entspricht, auch niemals ein Einfluß auf die fraglichen Bestimmungen über die Fremden-Register gefolgert worden ist;

daß der Polizeirichter demnach die Bedeutung der Gew.-Ordn. von 1869 auf ein der Aufgabe und dem Inhalte derselben ganz fremdes Gebiet übertragen hat und sein Urtheil der Vernichtung wegen Verletzung der §§ 75 und 155 das. durch unrichtige Auslegung und Anwendung unterliegt.

Antr. d GStA.: gleichl. [23.—9]

---

**Fragstellung. — Zusatz-Frage. — Begriffsmerkmal.**

**Es darf keine Zusatzfrage gestellt werden, welche ein bereits in der Hauptfrage enthaltenes Begriffsmerkmal zur abermaligen (und event. widersprechenden) Beantwortung bringt.**

Ges. v. 3. Mai 1852 Art. 81 [n. 30]

**Erk. (B. I) v. 25. Nov. 1870 c. Kurow** (1037. I Cr.).

Es ist zwar statthaft, solche Umstände, welche nach dem Sinne des Gesetzes bereits in dem Wortlaute desselben, nach dessen richtig verstandenem Sinne enthalten sind, dennoch außerdem zum Gegenstande besonderer Feststellung mittelst einer Zusatzfrage zu machen. Allein dies ist überall nur da zulässig, wo das Gesetz selbst durch seine Fassung nicht schon unzweifelhaft oder sogar ausdrücklich seine Regel ausgedrückt hat. Ein solcher Fall liegt hier vor. Der § 252 des StGB.s straft denjenigen, welcher bewirkt, daß

## Amtshandlung, unbefugte. — Partei. — Vertretung. — Simulirte Cession.

**Derjenige, welcher auf Grund einer simulirten Cession vor Gericht auftritt und einen fremden Anspruch als angeblich Selbstbetheiligter in eigenem Namen geltend macht, verwirkt die Strafe des**

Pr. StGB. § 104. Vgl. B.-StGB. § 132 [n 8]; RdOTr. 11. S. 515.

Erk. (3. Pl.) v. 28. Nov. 1870 c. Boßhenrich 205. II, 3 Pl. Cr..

B. hatte sich zum Scheine verschiedene fremde Forderungen cediren lassen, und auf Grund dieser Cessionen jene Forderungen eingeklagt und die Prozesse persönlich vor Gericht geführt. Hierin fanden die Instanzgerichte die unbefugte Ausübung eines den Rechtsanwalten ausschließlich übertragenen Geschäfts der Vertretung der Parteien vor Gericht). Seine NB. rügte u. A. Gesetzesverletzung, weil der Cessionar, auch im Falle einer Scheincession als Selbstpartei auftrete, seine Handlungen ganz so angesehen und wirksam würden, als habe die wirkliche Partei sie vorgenommen, und weil demselben vom Gegner auch nicht der Einwand: er sei nur Scheincessionar, mit Erfolg entgegengesetzt werden könne; 2c. 2c. Zurückweisung. Gründe:

Der § 104 des StGB.s enthält zwei Fälle, nämlich:

1) den Fall, wo sich Jemand unbefugt mit der Ausübung eines öffentlichen Amtes befaßt, und
2) den Fall, wo Jemand solche Handlungen unbefugt vornimmt, die nur Kraft eines öffentlichen Amtes vorgenommen werden können.

Daß nur in dem Falle sub 1, nicht aber in dem Falle sub 2, — der hier vorliegen soll — die Annahme der amtlichen Eigenschaft erforderlich ist, ist bereits in dem Z. II. v. 18. Sept. 1862 c. Grohmann (RdOTr. 3. S. 10) des Näheren dargethan, so daß statt jeder weiteren Ausführung darauf verwiesen werden kann.

Ebensowenig gerechtfertigt erscheint die weitere Behauptung der Nichtigkeitsbeschwerde: „daß der § 104 cit. auf den vorliegenden Fall um deßwillen keine Anwendung finden könne, weil derselbe in seiner zweiten hier allein in Frage stehenden Alternative jedenfalls solche Handlungen voraussetze, welche nur Kraft eines öffentlichen Amtes vorgenom-

Hinterziehung ist dadurch bedingt, daß bei der früheren Verurtheilung eine Verwarnung vor der Rückfallsstrafe stattgefunden habe und daß die damals verhängte Strafe vollstreckt gewesen sei, ehe die neue Hinterziehung verübt wurde.

M.- und Schl.-Steuerges. v. 30. Mai 1820 § 17 a b; Steuer-Ordn. v. 8. Febr. 1819 §§ 60 62. 63. 94. — Vgl RdOTr. 2. S 5; 5. S 105. 379; 6. S 478; 8. S 107 113; 9. S. 333; 10. S 572; 11. S. 330.

**Erk. (Z. B. I.) v 25. Nov. 1870 c. Michaelis u. Gen.** (776. I. Cr).

[1.] Die Angeklagten haben eine Gewerbshandlung, von welcher dem Staat eine Abgabe zu entrichten ist, vorgenommen, ohne solche vorher angezeigt zu haben. Nach § 60 der Steuer-Ordn. v. 8. Febr. 1819 in Verbindung mit § 17 b des Mahl- und Schlachtsteuerges. v. 30. Mai 1820 ist daher von den drei Angeklagten eine Schlachtsteuer-Defraudation, und zwar, wie die vorigen Richter thatsächlich feststellen, in Gemeinschaft begangen, bei welcher sie also sämmtlich Mitthäter, nicht blos Theilnehmer an einer strafbaren Handlung gewesen sind. Auf die Absicht der Steuerverkürzung kommt es aber bei Mahl- und Schlachtsteuer-Defraudationen nicht an, und der Grundsatz des § 137 a. E. des V.-Zollges.s v. 1. Juli 1869 findet auf sie keine Anwendung. Das beim Einbringen von Schlachtvieh, wenn die Versteuerung nicht sogleich erfolgt, beim Thor-Kontrolleur zu deponirende Pfand hat auch mit der an das Haupt-Steuer-Amt zu entrichtenden Steuer nichts zu thun. Dies Pfand dient vielmehr nur zur Kontrolle und zum eigenen Nachweis der Anmeldung bei der Thorkontrolle, worüber ein Thoranmeldeschein ertheit wird, und der Deponent erhält nach erfolgter Berichtigung der Steuer an das Haupt-Steueramt, oder wenn erweislich das Vieh nicht in der Stadt geblieben ist, jenes Pfand gegen Rückgabe des Thor-Anmeldescheins zurück. Die Deponirung dieses Pfandes kann also mit der Entrichtung der Schlachtsteuer nicht identifizirt werden; vgl. §§ 114 und 119 der

**Erk. (V. I.) v. 25. Nov. 1870 c. Vogel** (911. I. Cr).

Der Gerichts-Kanzleigehülfe V. hatte „— Kanzleizettel des Büreaus ꝛc., durch Erhöhung der darin angegebenen Bogenzahl, welche als von ihm gefertigt und der Höhe der Schreibgebühren nach für ihn liquidirt war, verfälscht und es dadurch bewirkt, daß die so erhöhte Fertigung der Kanzleiarbeiten von dem betreffenden Kontrollbeamten als geschehen beurkundet worden war, während in Wirklichkeit eine geringere Bogenzahl von ihm geliefert war, — und zwar in gewinnsüchtiger Absicht" Gleichwohl war er von der dieserhalb aus § 252 gegen ihn erhobenen Anklage durch den Schw.-GH. deshalb freigesprochen worden, weil jene Kanzleizettel nicht dritten Personen gegenüber von Erheblichkeit gewesen seien, deren Rechte oder Verbindlichkeiten also nicht berührt, sondern lediglich für den inneren geschäftlichen Verkehr der Behörde eine Bedeutung gehabt hätten. — Vernichtung. Gründe:

Allerdings muß, außer der Täuschung des instrumentirenden Beamten, die vom Gesetz geforderte Richtung der Absicht auf Gewinn ein Objekt in der Person eines Anderen haben, insoweit also, wie erwähnt, die Rechte oder Verbindlichkeiten Dritter berühren; allein ein solcher Fall liegt hier in der That vor. Denn es handelte sich um einen fälschlich aufgestellten Anspruch an die Salarienkasse des Gerichtes, also an den Fiskus, und dieser Anspruch war durch die Täuschung des kontrollirenden Beamten mittelst dessen Bescheinigung öffentlich beglaubigt. Der Fiskus war also durch diese durchaus den Charakter und die Erfordernisse des § 252 tragende Handlung beschädigt, oder sollte dadurch beschädigt werden; derjenige aber, welcher durch die Fälschung einen Anspruch, welcher ihm nicht zustand, erwerben wollte, war der Angeklagte. So war also im Sinne der Vorentscheidungen und des vorliegenden Urtels der bei der Handlung betheiligte Dritte in doppelter Hinsicht vorhanden. Hierdurch erledigt sich denn schließlich auch die Frage nach dem „inneren Verkehr" der Behörde, da sie mit der Bejahung oder Verneinung der obigen Frage in engster Verbindung steht.

Antr. d. OStA.: gleichl. [15.-6.]

## Amtshandlung, unbefugte. — Partei. — Vertretung. — Simulirte Cession.

**Derjenige, welcher auf Grund einer simulirten Cession vor Gericht auftritt und einen fremden Anspruch als angeblich Selbstbetheiligter in eigenem Namen geltend macht, verwirkt die Strafe des**

Pr. StGB. § 104. Vgl. B.-StGB. § 132 [n 8]; RdOTr. 11. S. 515.

Erk. (Z. Pl.) v. 28. Nov. 1870 c. Voßhenrich (205. II, 3 Pl. Cr.).

V. hatte sich zum Scheine verschiedene fremde Forderungen cediren lassen, und auf Grund dieser Cessionen jene Forderungen eingeklagt und die Prozesse persönlich vor Gericht geführt. Hierin fanden die Instanzgerichte die unbefugte Ausübung eines den Rechtsanwalten ausschließlich übertragenen Geschäfts der Vertretung der Parteien vor Gericht). Seine NB. rügte u. A. Gesetzesverletzung, weil der Cessionar, auch im Falle einer Scheincession als Selbstpartei auftrete, seine Handlungen ganz so angesehen und wirksam würden, als habe die wirkliche Partei sie vorgenommen, und weil demselben vom Gegner auch nicht der Einwand: er sei nur Scheincessionar, mit Erfolg entgegengesetzt werden könne; 2c. 2c. Zurückweisung. Gründe:

Der § 104 des StGB.s enthält zwei Fälle, nämlich:

1) den Fall, wo sich Jemand unbefugt mit der Ausübung eines öffentlichen Amtes befaßt, und
2) den Fall, wo Jemand solche Handlungen unbefugt vornimmt, die nur Kraft eines öffentlichen Amtes vorgenommen werden können.

Daß nur in dem Falle sub 1, nicht aber in dem Falle sub 2, — der hier vorliegen soll — die Annahme der amtlichen Eigenschaft erforderlich ist, ist bereits in dem Z. II. v. 18. Sept. 1862 c. Grohmann (RdOTr. 3. S. 10) des Näheren dargethan, so daß statt jeder weiteren Ausführung darauf verwiesen werden kann.

Ebensowenig gerechtfertigt erscheint die weitere Behauptung der Nichtigkeitsbeschwerde: „daß der § 104 cit. auf den vorliegenden Fall um deßwillen keine Anwendung finden könne, weil derselbe in seiner zweiten hier allein in Frage stehenden Alternative jedenfalls solche Handlungen voraussetze, welche nur Kraft eines öffentlichen Amtes vorgenommen werden könnten, diese Voraussetzung aber hier nicht zutreffe, da ja auch Nichtbeamte, wie Generalbevollmächtigte (ALR. I, 3. § 32), sodann Personen, welche gesetzlich vermuthete Vollmacht für sich hätten (ibid. I, 13. § 1119, AGO. I, 3. § 25), und selbst andere Personen nach Umständen (AGO. I, 3. § 26) als Bevollmächtigte der Parteien in Prozessen zugelassen werden müßten oder könnten." Denn nach §§ 44. 45 der Einleitung und der §§ 22 I, I, 3; 17. 39 III, 7. der AGO. steht den Rechtsanwalten grundsätzlich unzweifelhaft das ausschließliche und amtliche Recht zu, die Parteien in ihren Prozessen vor Gericht zu vertreten. An der gesetzlichen Regel wird aber durch die statuirten Ausnahmen, wozu übrigens die Generalbevollmächtigten nicht einmal gehören, überall nichts geändert, und Jeder, der sich der Prozeßvertretung der Parteien unterzieht, ohne sich in einem der gesetzlichen Ausnahmefälle thatsächlich zu befinden, nimmt daher nothwendig Handlungen vor, welche nur Kraft des Amtes eines Rechtsanwaltes vorgenommen werden dürfen.

Schließlich behauptet dann der Angeklagte: „die unrichtige Anwendung des § 104 des StGB.s um deswillen, weil von der Vornahme einer Handlung, welche nur Kraft des Amtes eines Rechtsanwaltes vorgenommen werden dürfe, nur dann die Rede sein könne, wenn Jemand in der Eigenschaft als Mandatar in den Prozessen für Andere aufgetreten sei, es an dieser Voraussetzung aber da fehle, wo, wie unterliegend, der Angeklagte nicht als Mandatar der Parteien, sondern in eigenem Namen und als dominus litis, sei es auch auf Grund einer simulirten, aber formell nicht beanstandeten Cession, die Prozeßführung unternommen habe." Aber auch diese Behauptung ist als begründet nicht anzuerkennen. Allerdings müssen die von Personen, welche nicht Rechtsanwalte sind, vorgenommenen Handlungen, sofern sie eine nach § 104 des StGB.s strafbare Zuwiderhandlung gegen das durch gesetzliche Vorschrift den Rechtsanwalten verliehene Recht, de regula die Parteien in ihren Pro-

# Die Rechtsprechung

des

# Königlichen Ober-Tribunals

und des Königlichen

# Ober-Appellations-Gerichts

in

# Straf-Sachen

herausgegeben

von

**Dr. F. C. Oppenhoff,**
Ober-Staats-Anwalt beim Königl. Ober-Tribunal

---

Elften Bandes Supplementheft.

Preis: 6 Sgr.

---

**Berlin, 1871.**
Druck und Verlag von Georg Reimer.

zessen vor Gericht ausschließlich zu vertreten, enthalten sollen, sich ebenfalls als eine prozessualische Vertretung der Parteien darstellen. Allein es fragt sich eben, ob hierbei lediglich die Form des prozessualischen Auftretens, oder aber die materielle Grundlage desselben als entscheidend zu betrachten ist. Insbesondere fragt es sich im Anschluß an den gestellten Angriff der Nichtigkeitsbeschwerde: „ob demjenigen, welcher sich eine Forderung durch eine simulirte Cession übertragen läßt, und von derselben zu dem Zwecke Gebrauch macht, um in dem zur Geltungmachung der Forderung anzuhebenden Prozesse persönlich auftreten zu können: die Prozeßvertretung eines Andern zur Last fällt, welche gegen die gesetzlich nur den Rechtsanwalten zugestandene Befugniß, die Parteien prozessualisch vor Gericht zu vertreten, anläuft, und demgemäß unter die Strafbestimmung des § 104 des StGB.s zu subsumiren sein würde." Die Beantwortung dieser Frage hängt davon ab, welche Bedeutung der gesetzlichen Vorschrift über das den Rechtsanwalten speziell verliehene Vertretungsrecht beizulegen ist. Ist in dieser Vorschrift blos das Verbot zu finden, daß Personen, welche nicht Rechtsanwalte sind, in den Prozeß nicht formell als Vertreter der Parteien figuriren sollen, so unterliegt es keinem Zweifel, daß dann von einer Prozeßvertretung, folgeweise von einer Anwendung des cit. § 104 in dem Falle keine Rede sein kann, wo der Cessionar nicht als Vertreter des Cedenten, sondern in eigenem Namen auftritt. Wenn dagegen jene Vorschrift so zu verstehen ist, daß die Prozesse derjenigen, welche ihre Rechte nicht in Person geltend machen, nur von Rechtskundigen geführt werden sollen, und zwar regelmäßig von solchen, welche zur Vertretung der Parteien angestellt sind, so wird eine Handlung, welche nur in Kraft eines öffentlichen Amtes — hier also des Amtes eines Rechtsanwaltes — auch von demjenigen vorgenommen, welcher unter dem Scheine, eigene Rechte zu verfolgen, in Wirklichkeit zur Geltendmachung fremder Rechte den Prozeß in Person führt. Nun würde aber der Sinn und

Zweck eines Gesetzes schwer abzusehen sein, welches sich darauf beschränkte, das formelle Auftreten der nicht zu den Rechtsanwalten gehörenden Personen als Vertreter von Parteien im Prozesse zu verbieten. Dagegen hat das Gesetz einen guten Sinn und eine entsprechende praktische Bedeutung, wenn ihm die Auslegung gegeben wird, daß es sowohl zum Schutze der Parteien, gegen die Nachtheile, welche ihnen drohen, wenn ihre Prozesse durch Personen geführt werden, für deren Rechtskunde und Zuverlässigkeit eine Gewähr nicht besteht, als in dem öffentlichen Interesse einer raschen und zweckmäßigen Erledigung der Prozesse, Personen, die nicht Rechtsanwalte sind, verbietet, Prozesse, welche ihre eigenen Rechte nicht betreffen, in Person zu führen. Dieser Standpunkt ist aber auch unzweifelhaft derjenige, von welchem die gesetzliche Vorschrift bei der den Rechtsanwalten ausschließlich beigelegten Befugniß zur Prozeßvertretung der Parteien ausgegangen ist. Es ergeben dies namentlich die Bestimmungen in den §§ 18. 19 I, 13 des ALR s, §§ 1. 4. 17. 19. 39 bis 44 III, 7 der AGO., wo eben für das Amt der Justiz-Kommissarien und diese ihre Befugniß das staatliche Interesse an der ordentlichen Rechtspflege und der Schutz der Rechtsuchenden ausdrücklich hervorgehoben wird. Von diesem Standpunkte aus kann es also auch nur darauf ankommen, ob wirklich ein eigenes Recht Gegenstand des Rechtsstreites ist, nicht aber darauf, ob das Recht nur äußerlich als ein eigenes erscheint, während es in Wirklichkeit nur ein fremdes ist. Bei dem so dargelegten Sinne der Gesetzesvorschrift, der zu Folge die Vertretung der Parteien nur den Rechtsanwalten zusteht, widerlegt sich auch der Einwand, welcher aus der civilrechtlichen Wirksamkeit einer simulirten Cession für die Legitimation des Cessionars hergeleitet wird, von selbst, und es bedarf kaum noch der Hinweisung, daß, auf dem öffentlichen Rechte beruhende Gesetzesvorschriften durch Scheingeschäfte überall nicht vereitelt werden können. Nach allem diesen können sich also weiter auch die Handlungen desjenigen, welcher sich eine Forderung durch eine simulirte Cession übertragen läßt, und von der letzteren zu dem Zwecke Gebrauch macht, um in dem zur Geltungmachung der Forderung anzuhebenden Prozesse persönlich aufzutreten, nicht anders als solche darstellen, welche, als prozessualische Parteivertretung, nur Kraft des Amtes eines Rechtsanwaltes vorgenommen werden dürfen. Sie unterliegen daher der unter den Vergehen gegen die öffentliche Ordnung befindlichen Strafbestimmung des § 104 des StGB.s.

Antr d. GStA.: entg. [27.—9.]

---

**Köperverletzung (fahrlässige). — Züchtigungsrecht.**

Eine fahrlässige Körperverletzung kann durch fahrlässige Ueberschreitung des Züchtigungsrechts verübt werden.

StGB. § 198 [n. 1] Vgl. B.-StGB. § 230 [n. 1; S. 379 n. 7].

Erk. (Z. I.) v. 30. Nov. 1870 c. Feddeck (880. I. Cr.). [20.—8.]

---

**Appellations-Richter. — Feststellung. — Theilnahme. — Begünstigung.**

Der App.-Richter kann (ohne neue Beweiserhebung) in der vom ersten Richter als „Theilnahme an einem Vergehen" qualifizirten Handlung den Thatbestand der „Begünstigung" finden.

Ges. v. 3. Mai 1852 Art. 101 [n. 106].

Erk. (Z. I.) v. 30. Nov. 1870 c. Friedländer (904. I. Cr.). [28.—8.]

---

**Bestechung. — Versprechen, was?**

Der Thatbestand der Bestechung ist nicht dadurch bedingt, daß dem Beamten für die ihm angesonnene Pflichtwidrigkeit ein seinem Gegenstande nach bestimmtes Versprechen gegeben sei.

StGB. § 311 [n. a1].

Erk. (Z. I.) v. 30. Nov. 1870 c. Nickel (962 I. Cr).

N. hatte dem Gendarm W. für die Unterlassung der Anzeige eines Jagdfrevels ꝛc. eine „reichliche Entschädigung" versprechen.

Das erachtete die NB. nicht für ausreichend zur Anwendung des § 311. Zurückweisung, weil

„das Gesetz in keiner Weise ein bestimmtes Versprechen erfordere."

Antr. d. GStA.: gleichl. [33.—6.]

---

## Beamter. — Landschafts-Direktion. — Mitglied.

### Die Mitglieder einer Landschafts-Direktion sind Beamte.

StGB. § 331 [n 33].

Erk (3 I.) v. 30. Nov. 1870 c. Nordmann (1054. I. Cr.).

Es ist keinem Zweifel unterworfen, daß die Westpreußische Landschaft eine öffentliche Behörde ist. Behörden dieser Art sind solche, welche entweder unmittelbar oder doch mittelbar den Staatszwecken dienen. Daß die Provinzial-Landschaften bei ihrer ursprünglichen Einsetzung als mittelbare Staatsinstitute angesehen worden sind, unterliegt nach ihren ursprünglichen Stiftungs-Urkunden keinem Zweifel. Sie haben diesen Charakter auch durch die neueren Aenderungen ihrer Verfassung nicht verloren. Allerdings sind die Kredit-Institute zur Förderung des landwirthschaftlichen Kredits aber wesentlich verschieden von anderen Geld-Instituten ähnlicher Art. Mit Recht hat daher auch der App.-Richter die staatliche Einwirkung bei der Einsetzung der Organe und bei der oberen Aufsicht, sowie im vorliegenden Fall das Reglement vom 25. Juni 1851 dieselben ordnet, in Betracht gezogen. Dahin gehört das ausgedehnte Bestätigungsrecht resp. das Recht der Kognition bei Einsetzung des Direktors und der Räthe (Thl. II. §§ 21. 42. 76); die Vereidigung durch den Königl. Kommissar (§ 82 l. c.); endlich der Umfang seines Aufsichts-Rechts (§§ 123 fgg. l. c.). Nicht mit Unrecht hat dabei der App.-Richter auf das Disc.-Ges. v. 21. Juli 1852 verwiesen. Dasselbe handelt von den im mittelbaren oder unmittelbaren Staatsdienst stehenden nicht richterlichen Beamten; indem hier § 24 den General-Landschafts-Direktionen die den Königl. Provinzial-Behörden zustehende Disciplinargewalt über ihre Beamten überträgt, erkennt er unzweideutig an, daß jene wie diese, als im mittelbaren Staatsdienst stehend betrachtet worden sind. Hiernach hat der App.-Richter in der Anwendung des § 102 des StGB.s rechtlich nicht geirrt. Die Behauptung des Angeklagten, daß ihm das so festgestellte Rechtsverhältniß in Bezug auf die Person des Beleidigten unbekannt gewesen sei, — fällt nicht unter § 44 des StGB.s. Dieser schützt nur den faktischen Irrthum, würde also hier den Angeklagten nur schützen, wenn er nicht gewußt hätte, daß der von ihm Beleidigte Landschafts-Rath gewesen sei. Die Unkenntniß der damit verbundenen staatsrechtlichen Stellung unterliegt der Beurtheilung lediglich nach den Regeln über den Rechtsirrthum.

Antr. d. GStA: gleichl. [15.—8.]

---

## Wundarzt. — „Arzt".

### Ein zur Vornahme innerer Kuren berechtigter „Wundarzt erster Klasse" darf sich als „Arzt" bezeichnen.

B.-Gew.-Ordn v. 21. Juni 1869 § 29. 147 Abs. 3.

**Erk. (S. I.) v 30. Nov. 1870 c. Raths (1055. I. Cr).**

Der angeblich als „Wundarzt erster Klasse" geprüfte und approbirte R. war, weil er „sich im November und Dezember 1869 ohne hierzu approbirt zu sein, als praktischer Arzt bezeichnet habe" aus § 147 der B.-Gew.-Ordn. verurtheilt worden Auf seine NB. erfolgte Vernichtung und Zurückverweisung der Sache in die 2. Instanz. Gründe:

Nach dem durch AKO. v. 28. Juni 1825 genehmigten Cirkular v. 24. August 1825 erhielten Wundärzte erster Klasse in Folge abgelegter Prüfung eine Approbation und wurden berechtigt, innere Kuren vorzunehmen, sofern sie sich an Orten niederließen, an welchen keine promovirten Aerzte ansässig waren. Das Rescript v. 30. Jan. 1837 ordnete demnächst an, daß sie sich bei Verlust ihrer Approbation erster Klasse, fortan gar nicht mehr an Orten habitiliren sollen, wo bereits promovirte Aerzte sich befinden.

Dem entsprechend hat früher das Kgl. OTr. öfter, und namentlich in den Erkenntnissen v. 27. Sept. 1852 c. Schmidt, v. 10. Febr. 1853 c. Kuhle und v. 20. Okt. 1853 c. Weizmann (G. Arch. 1. S. 244, 2. S. 121) entschieden, daß unter den angegebenen Voraussetzungen Wundärzte erster Klasse zur Vornahme innerer Kuren berechtigt sind, und sodann in dem Urtheile v. 21. Juni 1856 c. Fuchs ausgeführt, daß sie sich „praktische Aerzte" nennen dürfen. Allein dies Alles reicht gegenwärtig nicht aus. Die Bund.-Gew.-Ordn. v. 21. Juni 1869 hat in der gedachten Beziehung die bisherige Gesetzgebung geändert. Nach dem ersten Absatze des § 29 derselben darf zwar Jedermann ärztliche Praxis ausüben, als Arzt, Wundarzt ꝛc. sich bezeichnen aber nur dann, wenn er auf Grund eines Nachweises der Befähigung eine diesfällige Approbation erhalten hat. Darin ändert auch der letzte Absatz des § 29 l. c. nichts, welcher lautet:

„Personen, welche vor Verkündigung dieses Gesetzes in einem Bundesstaate die Berechtigung zum Gewerbebetriebe als Aerzte ꝛc bereits erlangt haben, gelten als für das ganze Bundesgebiet approbirt."

Denn der Ausdruck: „die Berechtigung zum Gewerbebetriebe" ist gleichbedeutend mit „Approbation", wie sich bereits aus den Schlußworten: „gelten als für das ganze Bundesgebiet approbirt" ergiebt, und aus den Motiven des im Wesentlichen unverändert gebliebenen Regierungs-Entwurfes erhellt, indem dort ausdrücklich bemerkt wird:

„Was endlich die vor Erlaß der Bundes-Gewerbe-Ordnung von den Landesbehörden ertheilten ärztlichen Approbationen angeht, so unterliegt es keinem Bedenken, dieselben, wie es im letzten Alinea geschehen, als für das gesammte Bundesgebiet erfolgt anzusehen."

In gleicher Weise hat das Königl. OTr. in der Untersuchung v. 12. Oktober 1870 (RdOTr. II. S. 506) erkannt, und es kommt deshalb gegenwärtig hauptsächlich darauf an, ob der Angeklagte, nachdem er die Prüfung als Wundarzt erster Klasse abgelegt, eine Approbation zur ärztlichen Praxis erhalten hat. Die bereits gedachten Motive zu § 29 l. c. besagen nämlich, daß vor der Nordd. Gew.-Ordn. in letzter Zeit in Preußen den Wundärzten erster Klasse keine Approbationen mehr ertheilt worden sind, daß aber noch aus der früheren Periode eine ansehnliche Zahl von Wundärzten erster Klasse vorhanden, die zur ärzlichen Praxis bedingt zugelassen seien; eine Folge der für das letzte Alinea des § 29 l. c. gewählten Fassung werde es sein, daß diesen Personen die Befugniß zur ärztlichen Praxis im ganzen Bundesgebiete freisteht. Ist dies, wie nach den Worten des Gesetzes nicht zu bezweifeln, anzunehmen, dann haben solche, mit einer Approbation versehenen Wundärzte erster Klasse auch das Recht, sich als praktische Aerzte zu bezeichnen, weil sie eben die Berechtigung von früher her besitzen, ärztliche Praxis in der ausgedehntesten Weise, sowohl in Bezug auf innere, als auch auf äußere Krankheiten auszuüben, und sie nach dem Willen des Gesetzes in ihrem Besitze nicht gestört oder verkurzt werden sollen. Es fragt sich daher, ob der Angeklagte eine Approbation gedachter Art erlangt hat.

Antr. d. GStA.: entg. [20.—8.]

---

## Hehlerei. — Hauptthat. — Feststellung. — Verheimlichung.

1. Zum Thatbestande der an Sachen verübten Hehlerei genügt die Kenntniß, daß jene von einer strafbaren Handlung der im Gesetz gedachten Art herrühren, es ist nicht erforderlich, daß dem Hehler eine weitergehende Kenntniß in Betreff der Natur und der Umstände jener Strafthat beiwohne.

2. Ein den Thatbestand der Hehlerei erfüllendes Verheimlichen kann in der Vernichtung der Wiedererkennungsmerkmale gefunden werden, ohne daß es dazu der Feststellung der Absicht, die Entdeckung zu verhindern, nothwendig bedürfte.

StGB. § 237. Vgl. B.-StGB. § 259 [n. 10. 14].

**Erk. (Z. II.) v. 1. Dez. 1870 c. Halbherr** (309 I. Cr)

Es bedarf für den Thatbestand der Hehlerei von Seiten des Hehlers nicht der Kenntniß des bestimmten, im konkreten Falle begangenen Verbrechens oder Vergehens, mittelst dessen die Sache erlangt ist, sondern es genügt die Kenntniß, daß die Sache überhaupt von einem Verbrechen oder Vergehen herrühre, vorausgesetzt nur, daß in objektiver Beziehung die strafbare Handlung, welche in Frage steht, ihrem Gattungsbegriffe nach festgestellt ist. Dies ist im vorliegenden Falle und zwar aus besonderen auch in Betreff der Strafbarkeit des von dem Angeklagten S. im Auslande verübten Diebstahls nach den am Orte der That geltenden Gesetzen geschehen. Denn die Instanzrichter haben festgestellt, daß die gedachte Handlung des Angeklagten S. alle Begriffsmerkmale des Diebstahls nach § 376 des Badischen StGB.s in sich vereinige. Diese Feststellung unterliegt, da es sich dabei nicht um Feststellung der Grundsätze des inländischen Rechts handelt, einem Angriffe in der Nichtigkeitsinstanz nicht. Ingleichem ist es einflußlos, daß nach § 391 des Badischen StGB.s Diebstähle gegen die Hausherrschaft nur auf Anzeige derselben untersucht und bestraft werden, weil dadurch nicht die im Gesetze vorausgesetzte Strafbarkeit der That nach ausländischem Rechte, sondern nur die Strafverfolgung berührt wird. Der Angriff der NB., soweit er die Strafbarkeit des Diebstahls an denjenigen Sachen, welche der Implorant verhehlt hat, nach den Vorschriften des Badischen Rechts betrifft, ist also gleichfalls verfehlt.

[2.] In der von dem App.-Richter festgestellten Handlungsweise des Imploranten, welcher die zur Bezeichnung des Eigenthums bestimmten Merkmale von den fraglichen Fässern entfernen ließ, konnte ohne Rechtsirrthum sehr wohl ein Verheimlichen derselben im Sinne des Gesetzes gefunden werden. Einer besonderen Feststellung der Absicht des Imploranten, damit die Entdeckung des Vergehens zu verhindern, welche das Gesetz für den Fall einer solchen Handlungsweise voraussetzt, bedurfte es nicht.

Antr. d. OStA.: gleichl. [37. – 6.]

---

Jagd. — Berechtigung. — Pacht. — Afterpacht.

1. Derjenige, welcher eine angepachtete Gemeindejagd in einer den gesetzlichen Vorschriften nicht entsprechenden Weise unterverpachtet hat, macht sich keiner unbefugten Ausübung der Jagd schuldig, wenn er demnächst selbst jagt.

2. Die „Gemeindebehörde," welche die Grundbesitzer eines Jagdbezirks zu vertreten hat, ist diejenige Behörde, welche die Gemeinde in allen Gemeindeangelegenheiten zu vertreten hat, d. h. also Gemeindevorsteher und Gemeindeversammlung, wenn diese zur Vertretung der Gemeinde berufen sind.

StGB § 274 [n 14]. Jagd-Pol.-Ges v. 7. März 1850 §§ 4. 9. 10.

Erk. (S I) v. 1. Dez. 1870 c. Scheifers (322 I. Cr.).

Sch. hatte die Gemeindejagd von C. angepachtet, dann aber seinerseits an v. F unterverpachtet Obgleich diese Afterverpachtung von dem Gemeindevorsteher genehmigt worden war, jagte Sch. in dem betr. Terrain, ward aber in 2 Instanz von der aus § 274 des StGB.s (sowie event. aus § 17 des Jagd-Pol.-Ges.s v. 7. März 1850) erhobenen Anklage freigesprochen, weil nach § 12 des cit Jagd-Polizei-Ges.s „Afterverpachtungen ohne Genehmigung des Verpächters nicht gestattet seien; die Verpächter aber durch die Gemeindebehörde, hier also nach der Westph Land.-Gem.-Ordn v 19 März 1856 § 23 durch die Gemeindeversammlung und durch den Gemeindevorsteher vertreten werde, weshalb die nur von dem letzteren ertheilte Genehmigung zur Gültigkeit der vorliegenden Afterverpachtung nicht genügt habe; sei aber die Afterverpachtung nicht zu Recht bestehend, so sei Sch der alleinige Jagdpächter, seine Handlung also eine berechtigte gewesen" Die NB. des OStA s, welche sich zur Anfechtung der rechtlichen Ausführungen des AG s auf ein Rescript der Minister des Inneren und der landwirthschaftl. Angelegenheiten v. 31. Jan. 1858 bezog, ward zurückgewiesen Das OTr. erwog

daß nach den Bestimmungen der §§ 4. 9. 10 des Jagd-Polizei-Ges.s die Vertretung der Besitzer der einen gemeinschaftlichen Jagdbezirk bildenden Grundstücke in allen Jagdangelegenheiten der Gemeindebehörde übertragen ist, welche mithin die in § 12 a. a. O. vorgeschriebene Genehmigung in die Jagdverpachtung zu ertheilen hatte und daß bei Beantwortung der Frage, welche Behörde unter der im Jagd-Polizei-Gesetz bezeichneten Gemeindebehörde verstanden sei, auf die Bestimmungen der für den vorliegenden Fall maßgebenden Landgemeinde-Ordn. für die Provinz Westphalen v. 19. März 1856 zurückgegangen werden muß;

daß schon aus dem in den §§ 9 und 10 des Jagd-Polizei-Ges.s gewählten Ausdrucke: „die Gemeindebehörde" hervorgeht, daß mit demselben nicht die eine oder die andere der gesetzlich bestehenden Gemeindebehörden, insbesondere also nicht ausschließlich der Gemeindevorsteher hat bezeichnet werden sollen, sondern daß vielmehr unter der Gemeindebehörde, welche in dem Gesetze die Vertretung der Interessenten eines Jagdbezirks in allen Jagdangelegenheiten übertragen ist, nur diejenige Behörde habe verstanden werden können, welcher es den bestehenden gesetzlichen Bestimmungen gemäß obliegt, die Gemeinde in allen Gemeindeangelegenheiten zu vertreten, und daß dies nach §§ 23. 32 der Landgemeinde-Ordn. für Westphalen durch die Gemeindeversammlung und den Gemeindevorsteher geschieht;

daß diese Auffassung in der Entstehungsgeschichte des Jagd-Polizei-Ges.s v. 7. März 1850 ihre Bestätigung findet;

daß nämlich nach dem Inhalte des der ersten Kammer zur verfassungsmäßigen Beschlußnahme vorgelegten Gesetzentwurfes eines Jagd-Polizei-Ges.s die Verwaltung der Jagdangelegenheiten der gemeinschaftlichen Jagdbezirke dem Gemeindevorstande als Organ der Interessenten des Bezirks übertragen worden ist und zwar, wie aus den dem Gesetzentwurf von der Staatsregierung beigegebenen Motiven hervorgeht, um deshalb, weil die Gemeindevorstände am besten geeignet sein würden, die Rechte der großen und kleinen Grundbesitzer mit gleicher Sorgfalt zu schützen und dabei zugleich das öffentliche Wohl zu wahren;

daß aber, wie aus dem stenographischen Berichte der Sitzung der ersten Kammer v. 13. Novbr. 1849 und dem Berichte der Kommission derselben Kammer zur Berathung des Jagd-Polizei-Ges.s v. 22. Novbr. 1849 hervorgeht, in der gedachten Sitzung zum § 4 des Entwurfes ein Verbesserungsantrag des Inhalts angenommen ist, daß das Wort „Gemeindevorstand“ durch „Gemeindebehörde“ zu ersetzen sei, eine Aenderung, welche sodann auch für die übrigen §§ des Ges.s, in welchen sich der gedachte Ausdruck vorfindet, beschlossen worden ist und daß diese Abänderung des Entwurfes auch in den weiteren Stadien der Gesetzgebung beibehalten und in das Gesetz selbst übergegangen ist;

daß schon nach der Bedeutung der gedachten Abänderung an sich und nach dem Gegensatze des in das Gesetz aufgenommenen Ausdruckes „Gemeindebehörde“ zu dem in dem Regierungsentwurfe gewählten Ausdrucke „Gemeindevorstand“ die Annahme ausgeschlossen erscheint, daß unter dem Ausdrucke „Gemeindebehörde“ wiederum diejenige Behörde habe verstanden werden sollen, welcher bei der Verwaltung der Gemeindeangelegenheiten lediglich die Ausführung der Gemeindebeschlüsse zufällt; also der Gemeindevorstand; daß aber auch wie aus dem Kommissionsberichte der zweiten Kammer zur Berathung des Jagd-Polizei-Ges.s v. 11. Febr. 1850 hervorgeht, die gedachte Abänderung des Regierungsentwurfes gerade nur deshalb beschlossen ist, weil, — wie in dem gedachten Berichte ausgeführt wird — die Vertretung der Gemeinde in Jagdangelegenheiten durch den Gemeindevorstand, welcher nach der damaligen Gesetzgebung in einzelnen Provinzen nur aus einer Person bestehe und auch nach der künftigen Gemeindeordnung zum Theil in gleicher Weise fortbestehen werde, nicht erfolgen könne und es daher angemessen sei, durch die allgemeine Bezeichnung „Gemeindebehörde“ der künftigen Gemeinde-Ordn. vorzubehalten, wenn in ähnlichen Fällen hinsichtlich der Verwaltung des Gemeindevermögens die Vertretung obliege, daß also der Gesetzgeber, ersichtlich von der Absicht geleitet ist, die nähere Bestimmung über die Mitwirkung der Gemeindebehörden in Jagdangelegenheiten von der bestehenden bezw. zu erwartenden Gemeindegesetzgebung abhängig zu machen;

i. E, daß mithin im vorliegenden Falle über die Genehmigung der in Rede stehenden Afterverpachtung, die Gemeindeversammlung zu C. zu beschließen, der Gemeindevorsteher aber diesen Beschluß auszuführen hatte;

daß nach der Feststellung des App.-Richter der Afterpachtvertrag v. 3. Febr. 1867 aber nur von dem Gemeindevorsteher zu C. genehmigt, mithin nicht rechtzeitig abgeschlossen ist und der Angeklagte, welchem nach der appellationsrichterlichen Feststellung zur Zeit noch das Jagdrecht auf dem von der Gemeinde C. angepachteten Jagdbezirke zustand, sich sonach einer Uebertretung durch Ausübung der Jagd ohne schriftliche Genehmigung des Jagdberechtigten auf fremdem Jagdbezirke nicht schuldig gemacht hat;

i. E., daß auch die Ausführung der NB., daß der Gemeindevorsteher berechtigt gewesen sei, den Jagdpachtvertrag der Gemeinde C. allein mit dem Angeklagten abzuschließen und folgeweise auch allein den Afterpachtvertrag des Angeklagten mit dem v. F. zu genehmigen, weil es sich dabei nicht um das eigentliche Interesse der Gemeinde, sondern um das der Besitzer der einzelnen Grundstücke und um die Jagdpolizei handle und weil dabei nicht eine reine Kommunalsache sondern eine Interessentenangelegenheit in Frage sei, hinsichtlich deren das Gesetz aus Rücksichten für die Jagdpolizei gewisse Konzessionen in die Hände der Gemeindebehörde gelegt habe, der Begründung entbehrt;

i. E nämlich, daß bei der Verpachtung gemeinschaftlicher Jagdbezirke allerdings nicht die Nutzung des Vermögens der Gemeinde, sondern das Vermögen der Interessenten des Jagdbezirks in Rede steht, und daß es sich mithin nicht um eine Gemeindeangelegenheit im Sinne des § 32 der Landgemeinde-Ordn. für Westphalen handelt;

daß dieser Umstand aber für die Entscheidung darüber, von welcher Behörde die Verpachtung eines gemeinschaftlichen Jagdbezirks zu bewirken bezw. eine Afterverpachtung zu genehmigen sei, einflußlos erscheint, weil das Jagd-Polizei-Ges., sowie die Verwaltung der Jagdangelegenheiten in Betreff der gemeinschaftlichen Jagdbezirke überhaupt, so insbesondere den Beschluß über die Verpachtung der Jagdbezirke in die Hand der Gemeindebehörde gelegt hat und weil nach § 32 der Landgemeinde-Ordn. für Westphalen die Gemeindeversammlung nicht allein über alle Gemeindeangelegenheiten, sondern auch über diejenigen Angelegenheiten zu berathen hat, welche durch besondere gesetzliche Vorschriften angewiesen sind, wie dies in Betreff der Jagdangelegenheiten der gemeinschaftlichen Jagdbezirke nach Maaßgabe der Bestimmungen des Jagd-Polizei-Ges.s der Fall ist.

Antr. d. GStA.: entg. [37.—6.]

---

**App.-Richter. — Relative Rechtskraft. — Qualifizirung.**

**Der App.-Richter ist dadurch, daß das „Diebstahl" annehmende Urtheil erster Instanz gegen den Thäter rechtskräftig geworden ist, nicht behindert, die That in Betreff des appellirenden Theilnehmers als „Unterschlagung" ꝛc. zu qualifiziren.**

Vdn. v 3 Jan. 1849 Abschn. IV (S. 461 u. 60 61).

**Erk. (Z. I.) v. 2. Dez 1870 c. Hamel** (964 I Cr.). [33. 8.]

---

**Marktordnung. — Kaufverbot.**

**Der Ankauf von Gegenständen des Marktverkehrs außerhalb der für den Markt bestimmten Plätze ist nicht strafbar.**

B.-Gew.-Ordn. v 21 Juni 1869 §§ 69 64; [Pr Gew.-Ordn. v. 17 Jan 1845 § 80].

**Erk. (Z. I) v 7. Dez. 1870 c Grau** (973 I Cr.).

G. war von der Anklage: „— den Vorschriften der städtischen Marktordnung entgegen an einem Wochenmarktstage in A. außerhalb der für den Markt bestimmten Plätze einen Scheffel Leinsaat gekauft zu haben," — in 2 Instanz deshalb freigesprochen worden, weil „die

B.-Gew.-Ordn. v. 21. Juni 1869 den § 80 der früheren Pr. Gew.-Ordn. nicht enthalte; § 69 der B.-Gew.-Ordn lasse den Behörden die Festsetzung der lokalen Marktordnungen nur innerhalb der §§ 65 bis 68 ibid frei, und thue hierbei zwar des Feilbietens gleichartiger Gegenstände außerhalb der für den Markt bestimmten Plätze Erwähnung, enthalte aber nicht mehr eine Beschränkung des Ankaufs nach Zeit oder Ort" — Die NB. suchte auszuführen, daß die den Behörden ertheilte Ermächtigung zur Festsetzung von „Marktordnungen" die Befugniß: das Kaufen von Marktartikeln außerhalb des dazu bestimmten Ortes — in sich schließe, ohne daß dadurch das Prinzip des freien Kaufs (§ 64 l. c.) berührt werde. — Zurückweisung. Gründe:

Der § 80 der früheren Pr. Gew.-Ordn. v. 17. Jan. 1845, welcher den Ankauf von Wochenmarktsartikeln an anderen, als für den Marktverkehr bestimmten Plätzen verbietet, ist in die B.-Gew.-Ordn. v. 21. Juni 1869 nicht übernommen worden. Der § 69 derselben überläßt es den Ortspolizeibehörden, in Uebereinstimmung mit der Gemeindebehörde, innerhalb der Grenzen der §§ 65—68 l. c. Marktordnungen nach den örtlichen Bedürfnissen festzusetzen; die in Bezug genommenen Bestimmungen der §§ 65—68 l. c. aber, enthalten darüber, daß der Ankauf von Wochenmarktsartikeln auf bestimmte Plätze eingeschränkt sein soll, keine Andeutung, und nur der § 69 l. c. fügt seiner früheren Anordnung noch hinzu,

> daß die Marktordnungen namentlich auch für das Feilbieten von gleichartigen Gegenständen den Platz . . . . . bezeichnen können.

Der hierbei gebrauchte Ausdruck „namentlich" hat mit dem unmittelbar vorhergehenden Satze offenbar die Bedeutung eines erweiterten Zusatzes und bezeichnet soviel wie „außerdem." Allein auch diese erweiternde Hervorhebung gedenkt lediglich des „Feilbietens", also des Verkaufs von Wochenmarktsgegenständen, welchen auf gewisse vorauszubestimmende Orte zu beschränken, verstattet ist, nicht aber zugleich auch des Ankaufs, so daß eine Ausdehnung des Gesetzes auf eine derartige Handlung unstatthaft ist. Dabei kann auch nicht verkannt werden, daß es zur Aufrechthallung der öffentlichen Ordnung bei dem Marktverkehr genügt, daß lediglich die Verkäufer für die Uebertretung der diesfälligen polizeilichen Vorschriften verantwortlich gemacht werden.

Antr. d. GStA.: entg. [20.—8]

---

## Bankerutt, einfacher. — Differenzhandel.

**Ein den Thatbestand des einfachen Bankerutts erfüllender Differenzhandel liegt auch da vor, wo bei einem auf Zeit geschlossenem Geschäfte die wirkliche Lieferung der Waaren beabsichtigt wurde.**

Pr. StGB. § 261 Nr 2 [n 11] Vgl B.-StGB. § 283 Nr. 1.

Erk. (Z. I) v. 7. Dez. 1870 c. Köpp (968. I Cr.).

Nach der konstanten Rechtsprechung des Kgl. OTr.s steht es fest, daß Differenzhandel im Sinne des § 261 Nr. 1 des StGB.s nicht nur dann vorliegt, wenn bei Käufen auf Zeit von Waaren oder Börsenpapieren die Absicht der Kontrahenten von vornherein nur auf die Bezahlung des Unterschiedes zwischen dem vereinbarten Preise und dem Courswerthe am Stichtage gerichtet war, sondern auch dann, wenn bei derartigen Geschäften auf Zeit die wirkliche Lieferung der Waaren beabsichtigt wurde. Denn es trifft der Grund der in Rede stehenden Strafbestimmung sowohl im letzteren, als im ersten Falle zu, da die Gefahr großer Vermögensverluste und die hieraus hervorgehende Bedrohung des Interesses der Gläubiger in beiden Fällen vorliege. Der App.-Richter hat im vorliegenden Falle aber überdies thatsächlich festgestellt, daß wenigstens auf Seiten des Angeklagten bei Abschluß der in Rede stehenden Zeitgeschäfte von vornherein die Absicht, ein effektives Kaufgeschaft abzuschließen, nicht bestanden, mithin nur eine Spekulation auf die Differenz stattgefunden hat.

Antr. d GStA: gleichl. [33.—8]

**Fischereifrevel. — Berechtigung. — Zuständigkeit.**

**Ueber die Berechtigungseinrede, welche von dem eines Fischereifrevels Angeklagten vorgeschützt wird, hat der Strafrichter zu erkennen.**

Pr. StGB. § 273 [n. 19]. Vgl. B.-StGB. §§ 296 370 Nr 4

Erk. (Z. I.) v. 7. Dez. 1870 c Konzack (1049 I. Cr.). [15—8]

---

**1. Fiskal-Vergehen. — Verfahren.**
**2. Steuern. — Revision. — Beleuchtung.**

**1. Bei allen Zuwiderhandlungen gegen Steuer- rc. Gesetze, insbesondere auch bei Zuwiderhandlungen gegen Kontrollvorschriften richtet sich das Verfahren nach dem**

Ges. v. 3 Mai 1852 Artt. 135—146 [Art. 135 n. 3].

**2. Gewerbtreibende, bei welchen eine steueramtliche Revision stattfindet, sind verpflichtet, das betr. Lokal auf Verlangen zu erleuchten. — Der § 55 der St.-Ordn. v. 8. Febr. 1819 findet auch auf diejenigen Gewerbtreibenden, auf welche sich das Mahl- und Schlachtsteuer-Ges. v. 30. Mai 1820 bezieht, Anwendung.**

Steuer-Ordn. v. 8 Febr 1819 §§ 55. 89; Mahl- u. Schl.-St.-Ges. v. 30. Mai 1820 § 17d; AKO. v. 22. Dez. 1843 Nr. 1.

Erk. (Z. I.) v 7. Dez 1870 c. Rabbow (832. I. Cr.).

[1.] Zunächst liegt eine Verletzung der Artt. 135fgg. des Ges.s v. 3. Mai 1852, namentlich des Art. 142 nicht vor. Denn nach Art. 135 cit. sollen nicht blos Defraudationen öffentlicher Abgaben und Gefälle, sondern auch alle anderen Zuwiderhandlungen gegen die Vorschriften über die Erhebung derselben, d. h. gegen die Steuergesetze überhaupt, also namentlich auch Zuwiderhandlungen gegen die Steuergesetze, welche zur Kontrolle und Sicherstellung der öffentlichen Abgaben und Gefälle dienen, dem in den Artt. 136 bis 146 l. l. c. c. vorgeschriebenen Verfahren unterliegen.

[2.] Aber auch eine unrichtige Anwendung des Gesetzes fällt dem App.-Richter nicht zur Last, da seine thatsächliche Feststellung, nach welcher „der Angeklagte am 13. Dez. 1869 eine Hülfsleistung, deren die Steuerbeamten bei der an diesem Tage um 7 Uhr Abends vorgenommenen Revision seines in der mahlsteuerpflichtigen Stadt Posen belegenen Mehllagers von ihm, als dem mit Mehlhandel Gewerbetreibenden bedurften, versagt hat," — die Anwendung der §§ 55 und 89 der Steuer-Ordn. rechtfertigt. Denn es ist zwar richtig, daß diese §§ den Gewerbetreibenden nicht die Lieferung von Materialien zum Zweck der Revision auferlegen, sondern sie nur verpflichten, den revidirenden Beamten diejenigen Hülfsdienste zu leisten, oder leisten zu lassen, welche erforderlich sind, um die Revision in den vorgeschriebenen Grenzen zu vollziehen. Allein es liegt in der Natur der Sache, daß das von den Beamten zu revidirende Lokal bei bereits eingetretener Dunkelheit wenigstens erleuchtet sein oder erleuchtet werden muß, weil sonst den Beamten die Revision nicht möglich sein würde. Es beruht daher auf keinem Rechtsirrthum, wenn der App.-Richter in der vom Angeklagten verweigerten Erleuchtung des von den Beamten zu revidirenden Lokals eine Versagung der den Gewerbetreibenden nach § 55 der Steuer-Ordn. zur Pflicht gemachten Leistung von Hülfsdiensten findet. Nach § 17 d. des Mahl- u. Schlacht-Steuer-Ges.s v. 3. Mai 1820 sollen aber diejenigen Vorschriften der Steuer-Ordn., welche die zur Kontrolle der Steuer getroffenen Maßregeln der Steuerbehörde zum Gegenstande haben, namentlich die §§ 49. 54 bis 57 und 72, sowohl von den Steuerbeamten, als von den Steuerpflichtigen beobachtet werden. Dies gilt also auch von dem § 55, welcher ganz allgemein demjenigen, bei welchem revidirt wird, die Pflicht der Hülfsleistung auferlegt. Der Angeklagte gehört aber als Mehlhändler zu denjenigen Steuerpflichtigen, von welchen § 17 d. des Mahl- und Schlacht-Steuer-Ges.s spricht, weil der § 17 nicht wie der § 16 nur von Müllern und Schlächtern redet, sondern sich auf alle diejenigen Gewerbetreibenden bezieht, welche die Mahl- und Schlachtsteuer zu entrichten haben, zu welchen nach § 1 des Ges.s v. 2. April 1852, welcher an die Stelle des § 14 des Mahl= und Schlacht=Steuer=Ges.s getreten ist, auch die Mehlhändler gehören, selbst wenn sie nicht im engeren Stadtbezirk, sondern im äußeren halbmeiligen Bezirke wohnen. Jeder Zweifel aber über die Anwendbarkeit der §§ 55 und 89 der Steuer=Ordn. erledigt sich endlich durch die AKO. v. 22. Dez. 1843, welche in Nr. 1 verordnet:

„Die Kontrollvorschriften der von dem Finanz=Minister erlassenen oder noch zu erlassenden örtlichen Mahl= und Schlacht=Steuer Regulative, sowie die auf Uebertretung dieser Kontrollvorschriften angedrohten Ordnungsstrafen bis zum Betrage von 10 Thalern finden auf alle Gewerbetreibenden Anwendung, deren Gewerbe sich auf die Verfertigung von Gegenständen der Mahl= und Schlacht=Steuer oder auf den Handel mit solchen Gegenständen bezieht."

In dem Orts=Regulativ für die Stadt Posen v. 24. Mai 1854 (Pos. Amtsblatt 1865 Nr. 4 Anhang) sind aber die im inneren oder äußeren Bezirk von Posen wohnenden Mehlhändler ausdrücklich in den §§ 94 fgg. der steueramtlichen Kontrolle, namentlich auch in Beziehung auf ihre Gewerbsräume und Aufbewahrungsorte ihrer Bestände unterworfen.

Antr. d. OStA.: gleichl. [18.—8.]

---

## Hehlerei. — Absatz. — Mitwirkung.

**Eine den Thatbestand der Hehlerei erfüllende Mitwirkung zum Absatze einer gestohlenen Sache liegt vor, wenn ein Dritter eine Sache veräußert, welche er vom Diebe als gestohlen zum Behufe, sie abzusetzen, erhalten hatte.**

StGB. § 237 [n. 30]. Vgl. B.-StGB. § 259 [n. 25].

**Erk. (Z II) v. 8. Dez. 1870 c. Kittler** (354. II Cr.).

Der Instanzrichter hatte festgestellt, daß die Angeklagte „die gestohlenen Cigarren zum Theil in Gemeinschaft mit ihrem Ehemanne und dem zweiten Mitangeklagten H., zum Theil aber allein, ohne deren Begleitung zum Verkauf ausgeboten und vertrieben habe." In dieser Handlungsweise konnte eine Mitwirkung der Angeklagten zum Absatze des gestohlenen Gutes bei Anderen ohne Rechtsirrthum gefunden werden und zwar insbesondere auch in Betreff derjenigen Cigarren, welche die Angeklagte allein abgesetzt hat. Denn die Angeklagte hat, wie nach den von den Instanzrichtern festgestellten Umständen angenommen werden muß, auch diese Cigarren nicht selbstständig vertrieben, sondern dieselben als gestohlen von den Mitangeklagten zu dem Behufe, sie abzusetzen, erhalten.

Antr. d. GStA.: gleichl. [37.—9.]

---

**Brief. — Unterdrückung. — Diebstahl. — Konkurrenz.**

**Die Unterdrückung eines Briefes Seitens eines Postbeamten kann mit dem Diebstahle des Briefes ideell konkurriren.**

Pr. StGB. §§ 215. 328. 55, — Vgl. B.-StGB. §§ 242. 354. 73.

Erk. (Z. II.) v. 8. Dez 1870 c. Schüßler (365. II. Cr.).

Der App.-Richter hat als feststehend angenommen, „daß der Angeklagte [Briefträger Sch. zwei] Briefe, welche er in der Absicht rechtswidriger Zueignung weggenommen, auch im Sinne des § 328 des [Pr.] StGB.s unterdrückt hat." Diese Annahme konnte ohne Rechtsirrthum erfolgen. Denn in objektiver Beziehung ist die Handlung, durch welche der Postbeamte das Gelangen der Briefe an ihre Bestimmung verhindert, die Unterdrückung der Briefe, mit der Wegnahme derselben aus der Gewahrsam der Postverwaltung sehr wohl vereinbar. In subjektiver Hinsicht aber wird das Vorhandensein des zu dem Vergehen der Unterdrückung erforlichen Dolus dadurch nicht ausgeschlossen, daß der von dem Thäter verfolgte Endzweck in der Absicht der rechtswidrigen Zueignung bestand, und die Unterdrückung derselben nur gewollt wurde, weil ohne dieselbe jener Zweck nicht zu erreichen war.

Antr. d. GStA.s gleichl. [27.—9.]

---

## Rheinisches Verfahren. — Revision. — Widersprechende Urtheile.

**Auf ein Revisionsgesuch kann die Vernichtung zweier, verschiedene Personen als Urheber derselben Strafthat verurtheilender Erkenntnisse nur dann erfolgen, wenn aus diesen selbst ihre Unvereinbarkeit hervorgeht.**

Rh StPO. Art 443

Erk. (Z. II.) v 8. Dez. 1870 c. Stockder & Schuhmacher (361 362 II. Cr)

Durch zuchtpolizeiliches Erkenntniß vom 11. Nov 1869 war St. für überführt erachtet worden. „am 29. Aug. 1869 zu D. den R. P. durch Fahrlässigkeit [mittels eines Schusses] verwundet zu haben;" seine gegen dieses Erkenntniß eingriffene Berufung ward am 30. Dez. ej. verworfen Demnächst ging bei dem betr. Ob.-Prokurator eine Anzeige ein, daß nicht St, sondern Sch. bei Gelegenheit einer unbefugten Jagdausübung den Schuß abgefeuert habe, durch welchen R. P verwundet worden war; Sch. selbst, hierüber vernommen, gab die Thatsache zu. Demgemäß ward auch gegen ihn die Untersuchung eingeleitet, nicht aber wegen der fahrlässigen Verwundung, vielmehr hoben die Beschuldigung und das darauf ergehende Erkenntniß nur hervor, daß Sch. „am 29. Aug. 1869 zu D ohne Berechtigung gejagt habe;" die Verurtheilung erfolgte demgemäß nur aus § 274 des StGB.s, indem auch die Erkenntniß-Gründe der Verwundung des R. P. in keiner Weise Erwähnung thaten Nachdem auch dieses Urtheil rechtskräftig geworden war, brachte der Gen.-StA beide Entscheidungen beim OTr. mit einem Revisionsgesuche zur Anzeige und beantragte die Vernichtung beider und die Verweisung beider Sachen vor eine andere Appellkammer. Er hob hervor, daß das Revisionsgesuch statthaft sein müsse, obgleich die Verurtheilungen keine Verbrechen, sondern nur Vergehen zum Gegenstande hätten; ebenso werde das Rechtsmittel dadurch nicht ausgeschlossen, daß die beiden Entscheidungen zum Grunde liegende That von den Instanzrichtern verschieden qualifizirt worden sein (vgl Gilb. C d'instr. art 443 n. 16. 17; Hélie Th. du C. d'instr. IX. p. 522. 521); daß es endlich sich hier um eine und dieselbe That handle, daß also beide Entscheidungen im Widerstreite ständen, und daß die eine den Beweis der Unschuld des anderen Verurtheilten enthalte, gehe zwar nicht aus den Erkenntnissen selbst, wohl aber aus den vorhergegangenen Verhandlungen überzeugend hervor. — Das OTr. hat den Antrag verworfen, indem es erwog:

daß die Voraussetzungen der Kassation zweier rechtskräftigen Urtheile im Wege der Revision nach Art. 443 der StPO. darin bestehen, daß das eine derselben die Verurtheilung einer Person wegen der nämlichen strafbaren That ausgesprochen hat, deren das andere eine andere Person schuldig erklärt, so daß beide mit einander in einem unlösbaren Widerspruche stehen, und der Beweis der Unschuld Eines der beiden Verurtheilten daraus mit Nothwendigkeit folgt;

daß das vorliegende Urtheil wider Sch. gar keine Andeutung davon enthält, daß bei der demselben zur Last gelegten unberechtigten Jagdausübung der R. P. oder überhaupt ein Mensch verwundet worden sei, und die Thathandlung des unbefugten Jagens, deren er schuldig erklärt ist, nicht einmal einen Schuß nothwendig in sich begreift, sondern auch ohne Losdrücken eines Gewehrs vollendet sein kann, daß mithin der ganze Inhalt des Urtheils wider Sch. wahr und dieser des strafbaren Jagens zu D. am 29. August 1869 wirklich schuldig sein kann, ohne daß darum der St. der fahrlässigen Verwundung des P. am nämlichen Tage nicht schuldig sein muß;

daß zwar nach den Gründen des Urtheils wider St. auch er unbefugt gejagt haben soll, als er den P. durch einen Schuß verwundete;

daß aber diese Gründe nicht einmal zur Verurtheilung des St. wegen unbefugten Jagens geführt haben, ein solches auch sehr wohl neben dem Jagen des Sch. vorgekommen sein könnte und somit die Identität der dem Letzteren zur Last gelegten Thathandlung mit der dem St. zugeschriebenen aus den angezeigten Urtheilen keineswegs erhellet;

daß das OTr. nicht in der Lage ist, aus anderen Verhandlungen als diesen Urtheilen selbst zu entnehmen, ob die Verwundung des P. durch einen Schuß grade in Ausübung desjenigen Jagens, weshalb Sch. bestraft worden, geschah, eine Prüfung der Verhandlungen außer den Urtheilen auch keinesfalls zur Anwendung des Art. 443 der StPO. führen könnte, der die Kassation nur wegen Unvereinbarkeit der Urtheile an und für sich in ihrem Verhältnisse zu einander gestattet, welche nach Vorstehendem sich nicht erkennen läßt.

[23.—9.]

## Zeuge. — Mitbeschuldigter. — Vereidung.

**Der frühere Mitbeschuldigte, gegen welchen das Verfahren wegen mangelnden Beweises eingestellt worden ist, kann demnächst im Verfahren gegen einen anderen Angeklagten, als Zeuge eidlich vernommen werden.**

Crim.-Ordn. § 356 Nr. 8; Vdn. v. 3. Jan. 1849 § 22 [n. 22].

**Erk.** (Z. I.) v. 9. Dez. 1870 c. **Thiele** (1085. I. Cr.). [28.—6.]

## Vertheidigung. — Vertagungsgesuch. — Nichtberücksichtigung.

**Der Richter beschränkt die Vertheidigung, wenn er ein rechtzeitig eingegangenes Vertagungsgesuch unberücksichtigt läßt.**

Vdn. v. 3. Jan. 1849 § 52 [n. 65].

**Erk.** (V. I.) v. 9. Dez. 1870 c. **Zachau** (1081. I. Cr.).

In der zur Verhandlung 2. Instanz bestimmten Sitzung war weder die Angeklagte noch ihr Vertheidiger erschienen; das AG. hatte demzufolge in contumaciam verhandelt. Bei den Akten fand sich aber als Anlage des Sitzungsprotokolls ein (mit keinem praesentatum versehenes) Vertagungsgesuch des Vertheidigers, welches vom AG. in keiner Weise berücksichtigt war. Das OTr. nahm deshalb an, dasselbe habe während des Termins dem AG. vorgelegen und vernichtete das ergangene Erkenntniß, weil

> „die Vertheidigung in unzulässiger Weise dadurch beschränkt worden sei, daß das AG. nicht ersichtlich gemacht habe, daß er jenes Gesuch geprüft und aus welchen Gründen er demselben nicht stattgegeben habe."

Antr. d. GStA. entg. [30.—6.]

## Bankerutt. — Verjährung. — Beginn.

**Der Lauf der Verjährung des einfachen Bankerutts beginnt, wenn die betr. Handlung (Unter-**

**lassung) der Zahlungseinstellung vorhergegangen ist, erst mit dem Eintritte der letzteren.**

StGB. §§ 47. 261 [n. 5]. Vgl. B.-StGB. §§ 283. 67 [n. 6].

**Erk. (Z. I.) v. 14. Dez 1870 c. Arnholz** (942. I Cr).

Es liegt in der Natur der Sache, daß „strafbare Handlungen, deren Thatbestand mehrere Bestandtheile oder Thätigkeiten umfaßt, nur von dem Zeitpunkte ab verjähren, wo die letzte dieser Handlungen oder Thätigkeiten verübt ist, denn von einer Vollendung der strafbaren Handlung oder ihres Versuches kann nur von diesem Zeitpunkt ab die Rede sein. Diesen Sinn hat denn augenscheinlich auch der § 46 des StGB.s in dem Ausdrucke „Tag des begangenen Verbrechens oder Vergehens." Die besondere Natur des hier vorligenden Vergehens des § 261 Nr. 2 und 3 des Pr. StGB.s ändert hierin Nichts. Denn sind auch die beiden Theile desselben, also hier

a) die Unterlassung der Buchführung und der Bilanzziehung und

b) die Zahlungseinstellung,

jeder für sich allein straflos, so ist dies doch für den Begriff eines aus mehreren Bestandtheilen zusammengesetzten Verbrechens oder Vergehens gleichgültig, weil sie eben in ihrem Zusammentreffen einander ergänzen, zusammen den Thatbestand bilden. Dazu kommt insbesondere auch, daß das Gesetz nicht den Nachweis einer Wechselwirkung dieser Bestandtheile, vielmehr nur das faktische Nebeneinanderstehen derselben fordert. Es will eben der leichtsinnigen Geschäftsführung, welche den Erfolg der Zahlungseinstellung haben kann, vorbeugen. Hiernach konnte von einer Verjährung der unordentlichen Buchführung und der unterlassenen Bilanzziehung für sich allein keine Rede sein, weil ihnen erst der Hinzutritt der Zahlungseinstellung überhaupt einen strafbaren Charakter gab.

Antr. d. OStA.: gleichl. [15.—8.]

---

**1. Gericht. — Berathung. — Gerichtsschreiber.**
**2. Vertheidignng. — Sitzung. — Benutznng einer Schrift.**
**3. Kuppelei. — Eigennutz.**

1. Es besteht keine gesetzliche Nothwendigkeit, daß der Gerichtsschreiber bei den Berathungen des Gerichts über die zu erlassende Entscheidung gegenwärtig sei.

Vdn v. 3. Jan 1849 § 57 [n. 3].

2. Der Angeklagte hat seine Vertheidigung in der Sitzung mündlich zu führen; es unterliegt dem Ermessen des Vorsitzenden, inwiefern er dabei den Gebrauch schriftlicher Aufsätze gestatten will.

Ebendas. § 14 [n 57]; § 34 [n. 6] Vgl. RdOTr. 6. S. 124.

3. Dem zum Thatbestande der Kuppelei erforderlichen Begriffsmerkmale des „Eigennutzes" ist genügt, wenn der Angeklagte die That beging, um dadurch lediglich den Verkehr der Männer in seiner Schenkwirthschaft zu vermehren, resp. dadurch ihren Ertrag für sich zu erhöhen.

Pr. StGB. § 147. Vgl. B.-StGB § 180 [n. 5].

**Erk. (Z. I.) v. 14. Dez 1870 c. Piernay** (918. I. Cr.). [20.—8]

---

**App.-Richter. — Unzuständigerklärung. — Abweichende Feststellung. — Verweisung.**

1. Der App.-Richter kann auch eine Unzuständigerklärung auf eine von der erstrichterlichen abweichende thatsächliche Feststellung nur in Folge einer neuen Beweisaufnahme stützen.

Ges. v. 3 Mai 1852 Art 101 [n 20a].

2. Der App.-Richter, welcher die schwurgerichtliche Zuständigkeit für begründet erachtet, muß sich auf die Unzuständigerklärung beschränken; er darf derselben nicht eine Verweisung vor den Schwurgerichtshof hinzufügen.

Ebendas. Art. 9 [n. 5].

Erk. (B. II) v. 15. Dez. 1870 c. Backhaus (366. II. Cr.).

Der App.-Richter hat seiner Entscheidung nicht die im ersten Urtel enthaltene Feststellung zu Grunde gelegt, sondern er ist zu der von ihm ausgesprochenen Inkompetenzerklärung dadurch gelangt, daß er abweichend von dem ersten Richter eine Zusammenrottung des Angeklagten mit seinen Mitgefangenen zum Zwecke eines gewaltsamen Ausbruches aus der Gefangenanstalt zu B., und zwar unter Verübung von Gewaltthätigkeiten gegen Personen angenommen hat. Dies konnte aber nach Vorschrift des Art. 101 des Ges.s v. 3. Mai 1852 nur auf Grund neuer Beweisaufnahme, oder der Wiederholung der in 1. Instanz stattgefundenen Beweisaufnahme geschehen. Der App.-Richter hat daher, wie die NB. richtig ausführt, die gedachte wesentliche Prozeßvorschrift, sowie zugleich den Art. 7 des 1852er Gesetzes verletzt. Hierin wird durch den Umstand, daß es sich nicht um ein Definitivurtel, sondern um eine Inkompetenzerklärung handelt, nichts geändert, da dieselbe nach Vorschrift des Art. 7 a. a. O. durch Erkenntniß erfolgt und für dieselbe daher, wie für alle Entscheidungen durch Erkenntniß, die auf dem Grundsatze der Mündlichkeit des Verfahrens beruhen, die Vorschrift des Art. 101 gleichmäßig gilt. Ueberdies bestimmt Art. 7 a. a. O. dem entsprechend ausdrücklich,

> daß in den Gründen der Erkenntnisse, durch welche eine Inkompetenzerklärung ausgesprochen wird, die Thatsachen, welche den Gegenstand der Verhandlung bilden, sowie das Ergebniß der in der betreffenden Sitzung vorgebrachten Beweismittel insoweit aufgenommen werden müssen, als sie auf die Kompetenz von Einfluß sind.

Für eine entgegengesetzte Auffassung kann auch nicht mit Recht geltend gemacht werden, daß selbst der Beschluß über die definitive Versetzung in den Anklagestand auf Grund der dem höheren Richter vorliegenden schriftlichen Verhandlungen erfolgt, während das eine Inkompetenz der Gerichtsabtheilung aussprechende Erkenntniß nach Art. 9 l. c. nur die Stelle der vorläufigen Versetzung in den Anklagestand vertritt. Denn für das der schwurgerichtlichen Hauptverhandlung vorangehende Verfahren sind die in Beziehung auf die mündliche Verhandlung maßgebenden Grundsätze überhaupt nicht bestimmend. Der App.-Richter hätte aber überdies sich auf die Inkompetenzerklärung beschränken und es dem Anklagesenate überlassen müssen, über die definitive Versetzung des Angeklagten in den Anklagestand zu befinden. Wenn er daher zugleich die Verweisung der Sache vor das Schwurgericht ausgesprochen hat, so hat er auch in dieser Richtung die Vorschrift des Art 7 a. a. O. verletzt.

Antr d GStA gleichl. [37.—6]

---

**Jagdschein. — Mit-sich-Führen. — Vorzeigung.**

**Der Inhaber eines Jagdscheins, welcher sich weigert, denselben einem zur Beaufsichtigung des betr. Jagdreviers nicht berufenen Forstaufseher vorzuzeigen, verwirkt dadurch nicht die Strafe des**

Jagd-Pol.-Ges. v. 7. März 1850 §§ 14. 16 Vgl. RdOTr 7. S. 361.

**Erk.** (Z. II) v. 15. Dez. 1870 c. **Göppelt** (391. II. Cr). [14—6.]

---

**Rechtskraft, relative. — Erschwerender Umstand.**

**In Beziehung auf den ein Vergehen begleitenden Umstand kommt dem Angeklagten die relative Rechtskraft zu Statten; ist dieser von den Geschwornen verneint worden, so kann er, wenn das Urtheil und das vorhergegangene Verfahren auf die einseitige Nichtigkeitsbeschwerde des Angeklagten vernichtet worden ist, im erneuerten Verfahren nicht neuerdings in Betracht kommen.**

Vdn. v 3 Jan. 1849 Abschn IV [S. 461 n. 59. 62]. Vgl. RdOTr. 8 S. 334. 699

**Erk.** (V II.) v. 15. Dez. 1870 c. **Hedler** (403 II. Cr).

H., wegen Amts-Unterschlagung verbunden mit unrichtiger Buchführung vor den Schw.-GH. gestellt, war von den Geschwornen nur der einfachen Unterschlagung schuldig befunden worden: insbesondere hatten sie die Frage: ob H. die betr Gelder in amtlicher Eigenschaft empfangen gehabt habe, verneint Auf die NB. des Angeklagten ward sodann das demgemäß ergangene verurtheilende Erkenntniß vernichtet und die Sache zur erneuerten Aburtheilung vor die Gerichtsabtheilung verwiesen worden. Beide Instanzen stellten nunmehr den Thatbestand der Amtsunterschlagung fest und verurtheilten aus § 324 des Pr. StGB s. Das OTr hat dieses Erkenntniß insoweit als die Verurtheilung nicht wegen einfacher, sondern wegen Amtsunterschlagung ausgesprochen worden, vernichtet, diese Qualifikation der That in Wegfall gebracht und im Uebrigen die NB. zurückgewiesen, indem es erwog:

daß die relative Rechtskraft dem Angeklagten namentlich unter allen Umständen zu Statten kommt, in Bezug auf die ein Vergehen begleitenden erschwerenden Umstände, wenn diese Umstände durch das vom Angeklagten allein und erfolgreich angefochtene Urtheil als nicht erwiesen beseitigt waren, und nur eine Verurtheilung wegen des Vergehens in seiner einfachen Gestalt erfolgt war, da dem Angeklagten die ihm günstigen Feststellungen jedenfalls erworben geblieben sind;

daß im vorliegenden Falle der des Vergehens aus § 324 des StGB.s bezüchtigte Angeklagte durch das Erkenntniß des Kgl. Schw.-GH. zu Halle a. S. v. 2. März 1870 nur auf Grund des § 225 ibid. wegen einfacher Unterschlagung verurtheilt wurde, nachdem die Geschwornen ihn nur derjenigen Thathandlungen, welche den Thatbestand des Vergehens der Unterschlagung im Sinne dieses letzteren § bilden, für schuldig, es dagegen nicht für bewiesen erklärt hatten, daß er die betreffenden Gelder in amtlicher Eigenschaft empfangen gehabt habe;

daß dieses Urtheil von der Staatsanwaltschaft nicht angefochten wurde, auch rücksichtlich des für nicht erwiesen erachteten erschwerenden Umstandes mit der NB. nach Art. 109 Abs. 2 des StGB.s grundsätzlich nicht von ihr angefochten werden konnte, dasselbe vielmehr auf die NB. des Angeklagten nebst dem voraufgegangenen Verfahren, wegen einer das letztere betreffenden Formverletzung vernichtet wurde;

daß, da diese Vernichtung indessen nur im Sinne und in Uebereinstimmung mit dem Zwecke des eingewandten

Rechtsmittels, welcher dahin ging, die dem Imploranten nachtheiligen Feststellungen und die daran geknüpften Rechtsfolgen zu beseitigen, erfolgt ist, und erfolgen konnte, dem Angeklagten der Vernichtung ungeachtet die zu seinen Gunsten getroffene Feststellung, "daß der Angeklagte die betreffenden Gelder zwar empfangen aber nicht in amtlicher Eigenschaft empfangen habe, vermöge des Grundsatzes der relativen Rechtskraft erhalten bleiben mußte, und bei der späteren instanzgerichtlichen Verhandlung und Aburtheilung der Sache nicht mehr in Frage gestellt werden konnte;

daß dies gleichwohl von den beiden Vorderrichtern geschehen ist, indem sie übereinstimmend den Angeklagten der Unterschlagung in amtlicher Eigenschaft empfangener Gelder für schuldig erklärt haben; daß somit das App.-Urtel insoweit der Vernichtung unterliegt, im Uebrigen aber die NB. zu verwerfen ist.

Antr. d. GStA: entg. [27.—6.]

---

## Meuterei. — Zusammenrotten.

**Zwei Gefangene, welche sich in derselben Zelle befinden, können sich „zusammenrotten" und eine „Meuterei" begehen im Sinne des**

Pr. StGB.s § 96. Vgl. B.-StGB. § 122 [n. 5.]

**Erk. (B. II.) v. 15. Dez. 1870 c. Spangenberg & Gen.** (384. II. Cr.).

Sp. und Gen. hatten sich schuldig bekannt: „— sich in der Gefangenanstalt zu C., in welcher sie sich als Gefangene befanden, zusammengerottet und einen Ausbruch versucht zu haben, indem sie Gewaltthätigkeiten an Sachen verübten." Gleichwohl sprach der Schw.-GH. sie frei, weil „weder der Sprachgebrauch noch die ratio legis es gestatte, den Begriff des Zusammenrottens auch in den Fällen zur Anwendung zu bringen, in welchen es sich nur um eine Verabredung bereits [in einer Zelle] vereinigter Personen zu einem gemeinschaftlichen Wirken handle." Auf die NB. des StA.s ist dieses Erkenntniß vernichtet und die Verurtheilung beider Angeklagten ausgesprochen worden. Gründe:

Der Begriff des im § 96 des [Pr.] StGB.s gebrauchten Ausdruckes Zusammenrottung erfordert eben nur die planmäßige Verbindung mehrerer Personen zur Verübung unerlaubter Handlungen mit vereinten Kräften. Damit ist zwar zugleich die Voraussetzung eines räumlichen Zusammenwirkens, nicht aber diejenige einer demselben vorausgehenden räumlichen Trennung der betreffenden Personen, aus welcher sie sich sodann zum gemeinsamen Handeln zusammenfinden, gegeben. Der innere Grund der Strafbarkeit des im § 96 des StGB.s vorgesehenen Handelns beruht lediglich in der Gefahr, welche die Vereinigung mehrerer Personen zur gewaltsamen Selbstbefreiung für die öffentliche Ordnung herbeiführt und deren Bedeutung von der vorangehenden räumlichen Trennung der Theilnehmer völlig unabhängig ist. Weder der Wortinhalt, noch der innere Grund des Gesetzes führen daher zu einer Ausscheidung derjenigen Fälle, in denen die zum gewaltsamen Ausbruche sich vereinigende Personen bereits in demselben Raume zusammen waren, wie denn auch § 96 a. a. O. nur das Zusammenrotten in einer Strafanstalt als Bedingung für den Thatbestand aufstellt.

Antr. d. GStA.: gleichl [37 — 6.]

---

## Dolus. — Rechtsunkenntniß.

**Dem Angeklagten kommt ein Rechtsirrthum zu Statten, wenn es sich nicht um die Kenntniß oder die Unkenntniß des Strafgesetzes, sondern um die kriminelle Wirksamkeit eines Irrthums in Thatsachen aus Rechtsunkenntniß oder aus falscher Auslegung des Civilgesetzes handelt.**

Pr. StGB. Thl I Tit. 4 [S 129 n 1]. Vgl. B.-StGB. Thl I. Abschn 4 [S 114 n 8]

Erk. (Z. l.) v. 16. Dez 1870 c. Otto (1104. I Cr.)

führt aus, daß der App.-Richter nicht — wie die NB. aufstelle — von der Annahme ausgegangen sei, daß der Angeklagte den ihm zur Last gelegten Arrestbruch im irrigen Glauben an eine vorhandene Berechtigung verübt habe; — sprach dabei aber beiläufig den obigen Grundsatz aus. [15 — 8]

---

**Mißhandlung. — Gemeinschaft. — Folgen.**

**Haben Mehrere eine Mißhandlung gemeinschaftlich verübt, so haften Alle für den durch das Zusammenwirken aller zugefügten Verletzungen herbeigeführten Gesammterfolg; es bleibt § 195 Abs. 2 des Pr. StGB.s ausgeschlossen.**

Pr. StGB. § 195 [n. 1]. Vgl B.-StGB § 227 [n. 1].

**Erk.** (Z. I.) v. 21. Dez. 1870 c. **Daberkow** (1088. I. Cr.). [15—8.]

---

**Betrug. — Eisenbahnfahrt ohne Billet. — Reglement.**

**Die Vorschriften des Staats-Eisenbahn-Reglements, über die Nachtheile, welche denjenigen treffen, welcher vorsätzlicher oder fahrlässiger Weise die Eisenbahn als Passagier benutzt, ohne im Besitze eines Fahrbillets zu sein, schließen die Verhängung der Strafe des Betruges (Betrugsversuchs) nicht aus, wenn die Voraussetzungen eines solchen vorliegen.**

Pr StGB. § 241; Vgl. B.-StG. § 263 [n. 75a].

**Erk.** (Z. I.) v. 21. Dez. 1870 c. **Held** (1120. II. Cr.).

H. aus §§ 241. 242 des Pr StGB.s bestraft, weil er „— das Vermögen der Kgl Ostbahn in gewinnsüchtiger Absicht dadurch beschädigt habe, daß er durch das Vorbringen falscher Thatsachen beim Schaffner D einen Irthum [in Beziehung auf die Lösung eines Fahrbillets] erregte" -- rügte im Wege der NB Gesetzesverletzung: a) das Staats-Eisenbahn-Reglement für die Ostbahn habe den hier vorliegenden Fall (Benutzung der Eisenbahn ohne Fahrbillet) vorgesehen und mit besonderen Strafen bedroht; dadurch sei der ganze Umfang der Straffälligkeit erschöpft, zumal das Reglement ausdrücklich zwischen dolosen und unabsichtlichen Kontraventionen unterscheide; der Fall liege hier gerade so, wie bei Steuerhinterziehungen, welche auch den Thatbestand des Betruges erfüllten, dennoch aber stets nur mit der Steuerstrafe belegt würden, weil die Gesetzgebung diesen Thatbestand ausgesondert und mit besonderen Strafen bedroht habe; es fehle aber b) hier auch an dem Begriffsmerkmale der Vermögensbeschädigung, weil es nach dem Reglement in der Hand der Bahnverwaltung gelegen habe, die nochmalige Erlegung des Fahrgeldes und eventuell selbst den doppelten Betrag desselben einzuziehen; da somit ein Betrug unmöglich habe gelingen können, so sei die Annahme eines solchen rechtlich ausgeschlossen. — Zurückweisung. Gründe:

Es ist zwar richtig, daß das Betriebs-Reglement für die Preußischen Staatsbahnen, und namentlich das für die Königl. Ostbahn v. 3. Sept. 1865 im § 14 bestimmt:

„Wer unterwegs ohne gültiges Fahrbillet betroffen wird, hat denjenigen Betrag zu zahlen, der von der betreffenden Eisenbahn-Verwaltung für den gegebenen Fall festgestellt und bekannt gemacht ist. Wer die sofortige Zahlung verweigert, kann ausgesetzt werden;"

demnächst aber in dem Zusatze hierzu es heißt:

„Der Reisende, welcher ohne gültiges Fahrbillet betroffen wird, hat für die ganze von ihm zurückgelegte Strecke, und wenn die Zugangsstation nicht sofort unzweifelhaft nachgewiesen wird, für die ganze vom Zuge zurückgelegte Strecke das Doppelte des gewöhnlichen Fahrpreises, mindestens aber den Betrag von 2 Thalern zu entrichten. Derjenige Reisende jedoch, welcher in einen Personenwagen einsteigt, und gleich beim Einsteigen unaufgefordert dem Zugführer meldet, daß er wegen Verspätung kein Billet mehr habe lösen können, hat, wenn er überhaupt noch zur Mitfahrt zugelassen wird, worauf er keinen Anspruch hat, einen um 10 Sgr. erhöhten Fahrpreis zu zahlen."

Allein diese Vorschriften stehen dem Angeklagten nicht zur Seite. Sie unterscheiden zwar zwischen einer beabsichtigten und nicht beabsichtigten Unterlassung der Einlösung eines Fahrbillets vor dem Beginne der Fahrt, erstrecken sich aber nicht darauf, wenn der Reisende, welcher absichtlich kein Fahrbillet entnommen hat, bei der Entdeckung dieses Umstandes, solche Handlungen vornimmt, welche, wie hier, den Thatbestand eines Betruges bilden, wo also nicht blos beabsichtigt worden, wo möglich unentdeckt mitzureisen, sondern sogar das Bestreben darauf gegangen ist, den das fehlende Fahrbillet ermittelnden Eisenbahnbeamten in den irrigen Glauben zu versetzen, daß in Wirklichkeit das Fahrgeld bezahlt, das bezügliche Billet aber durch einen Zufall abhanden gekommen ist. Fehlt es nun in dem betreffenden Eisenbahn-Reglement für Fälle der vorliegenden Art an diesfälligen Strafbestimmungen, so folgt daraus von selbst, daß die allgemeinen strafrechtlichen Vorschriften auf sie anwendbar sind. Eine Gleichstellung derselben mit den Grundsätzen bei Steuer-Defraudationen ist von vornherein nicht anzuerkennen. Bei den letzteren handelt es sich noch nicht um eine Entziehung eines bereits vom Staate erworbenen Vermögensrechts, wohl aber bei dem Benutzen einer Eisenbahn zum Behufe der Reise von einem Orte zum anderen. Hierfür muß reglementsmäßig gleich vor oder doch wenigstens bei dem Antritte der Reise das tarifmäßige Fahrgeld erlegt werden, und mit diesem Zeitpunkte hat die Eisenbahnbehörde bereits ein Vermögensrecht, — den Anspruch auf das Fahrgeld, — erworben, um das sie durch unwahre Vorspiegelungen gebracht werden soll. Dazu kommt, daß die gesetzlichen Bestimmungen über Steuer-Defraudationen exklusiver konkreter Natur dergestalt sind, daß eine analogische Anwendung derselben auf Fälle anderer Art unstatthaft ist, ganz abgesehen davon, daß es auch nicht einmal in der Doktrin unbestritten geblieben, ob nicht auch bei Steuer-Defraudationen die Strafen des Betruges eintreten müssen, wenn Handlungen stattgefunden haben, die die Merkmale einer solchen That enthalten. Ebensowenig von Einfluß ist die Behauptung des Imploranten zu b. Denn der Umstand, daß die Eisenbahnverwaltung berechtigt ist, das ihr gebührende Fahrgeld nachträglich und reglementsmäßig in einem höheren Betrage, von dem Reisenden einzuziehen, beseitigt noch nicht, die von dem letzteren vollständig verübte Strafthat, wie denn der Ersatz eines bereits zugefügten Schadens zu einem derartigen Behufe überhaupt nicht geeignet ist. Daß aber der Angeklagte sogleich bei der Ermittelung des Vorfalles den reglementsmäßigen Betrag des Fahrgeldes erlegt hätte, ist von ihm weder früher noch auch jetzt behauptet und auch von den Vorderrichtern nicht festgestellt worden.

Antr d. GStA: gleichl. [20.— 8.]

**1. Verleumdung. — Falsche Anschuldigung. — Konkurrenz.**
**2. Verleumdung. — Absicht zu kränken.**

**1. Die einer Behörde gemachte Anzeige von einer angeblich verübten strafbaren Handlung ist nicht nur als „falsche Anschuldigung sondern geeigneten Falles auch als Verleumdung strafbar.**

Pr. StGB. §§ 133. 156. Vgl. B.-StGB. §§ 164 [n. 18] 186. 187.

**2. Der Thatbestand der Verleumdung ist nicht durch die Absicht zu kränken bedingt.**

Pr. StGB § 156. Vgl B.-StGB. § 187 [n 25].

Erk. (Z.) v 21. Dez. 1870 Pries c. Herbst (OAG. II, 1 v. 1871)

[1.] Der Angeklagte setzt seine Beschwerde darin, daß gegen ihn der Thatbestand der Verleumdung angenommen und dem entsprechend der § 102 des Pr. StGB.s angewendet worden sei, während es sich nur darum fragen könne, ob das in § 133 ibid. vorgesehene Vergehen vorliege. Er irrt indessen, wenn er vermeint, straffrei zu sein, falls das letztere Vergehen nicht dargethan werde, namentlich falls nicht feststehe, daß er gegen den Privatankläger die unwahre Anzeige wider besseres Wissen gemacht habe: denn hiermit wird nicht ausgeschlossen, daß eine Strafe dann verwirkt ist, wenn die übrig bleibenden Merkmale der Handlung ein anderes strafbares Vergehen bilden. Dies trifft aber hier zu.

[2.] Zwar meint der Angeklagte, bei der Verleumdung werde als Dolus eine besondere Absicht zu kränken erfordert, und glaubt, eine solche fehle bei der, wenngleich irrigen, falschen Anschuldigung. Allein eine solche Absicht zu kränken läßt sich weder aus den Worten noch dem Sinne des § 156 des Pr. StGB.s herleiten.

Antr. d. GStA.: gleichl [63 —6.]

---

**Kriegszustand. — Verkündung. — Feststellung.**

**Ist die Frage, ob der Kriegszustand vorschriftsmäßig verkündet worden sei, durch die Geschwornen zu beantworten?**

Verf. des Nordd Bundes Art 68; Ges v 4 Juni 1851 §§ 3 8; Vdn. v. 21 Juli 1870. Vgl CG z B.-StGB. § 4 [n 3a].

**Erk. (Z. I.) v. 21. Dez 1870 c. Scheidmann** (23. I. Cr. v. 1871).

Sch. war unter der Anklage einer „während des proklamirten Kriegszustandes verübten vorsätzlichen Brandstiftung" vor den Schw.-GH. gestellt, von den Geschwornen der That „unter mildernden Umständen" schuldig befunden und auf Grund der oben citt. Gesetze zu 10jähriger Zuchthausstrafe verurtheilt worden, indem der GH. erwog: „daß die den Kriegszustand verhängende Vdn. v. 21. Juni 1870 für den betr. Bezirk bereits, wie gerichtskundig sei, vor Verübung der That in der Form des Ges. v. 4 Juni 1851 vorschriftsmäßig verkündet gewesen sei." — Die NB. des Sch. machte geltend, daß zu der gedachten Verkündung der bloße Erlaß der betr. Verordnung und ihr Abdruck in der Gesetzsammlung nicht genügt, daß es vielmehr an jedem Orte auch der Verkündung bei Trommelschlag ꝛc. bedurft habe; deshalb habe die Feststellung: daß eine solche Verkündung stattgefunden, nicht durch den GH., sondern durch die Geschwornen erfolgen müssen, welchen zu diesem Ende eine Frage vorzulegen gewesen wäre

Das OTr. hat die Lösung dieser Frage nicht für nöthig erachtet, weil die verhängte 10jährige Zuchthausstrafe als Mindestbetrag auf den von den Geschwornen festgestellten Thatbestand angedroht sei, der Angeklagte habe also kein Recht, die Feststellung des erschwerenden Umstandes (der Verübung während des Kriegszustandes) zu verlangen, da dieses seinem eigenen Interesse entgegen laufen würde. [20—8.]

---

## Eidesstattliche Versicherung. — Erbschaftsstempel. — Mündliche Erklärung.

**Eine, zum Zwecke der Berechnung des Erbschaftsstempels falsch abgegebene eidesstattliche Versicherung über den Bestand des Nachlasses ist strafbar, mag sie schriftlich unter dem vorschriftsmäßig eingereichten Inventar oder zu Protokoll eines zuständigen Beamten abgegeben sein.**

StGB. § 129. Vgl B.-StGB. § 156 [n 8].

**Erk. (Z. II) v. 22. Dez. 1870 c. Hartung** (385. II. Cr).

H. war aus § 129 des Pr. StGB s verurtheilt worden, weil er der Stempelbehörde über den Bestand einer ihm zugefallenen Erbschaft wiederholt eine falsche eidesstattliche Versicherung, zunächst schriftlich unter dem eingereichten Inventar und dann abermals mündlich bei einer zum Protokoll eines Steuerbeamten erfolgten nachträglichen Erklärung abgegeben habe NB. Zurückweisung Gründe:

Nach den Vorschriften des Regulativs in Betreff der

Behandlung des Erbschaftsstempelwesens v. 26. Sept. 1842 §§ 6. 7 (JMbl. 1842 Beil. S. 324; vgl. auch Stemp.-Ges. v. 7. März 1822 §§ 9. 25; Instr. z. Anwendung der Vorschr. d. Stemp.-Ges. v. 5. Sept. 1811 § 30: GS. S. 316 ff.) soll dem Erben nach Ablauf der gesetzlichen Ueberlegungsfrist aufgegeben werden ein Inventarium einzureichen, welches er zu unterzeichnen und die Richtigkeit desselben an Eidesstatt zu versichern hat. Danach ist für die einschlagenden Fälle, — wie dies bei dem Thatbestande des im § 129 des StGB.s vorgesehenen Vergehens vorausgesetzt wird — der eidesstattlichen Versicherung eine bestimmte rechtliche Wirkung beigelegt und dieselbe als gesetzlich zulässiges Bestärkungsmittel abgegebener Erklärungen anerkannt. Die über die Richtigkeit des von dem Angeklagten eingereichten Inventarii Seitens desselben abgegebene eidesstattliche Versicherung fällt also — vorausgesetzt, daß sie wissentlich falsch abgegeben ist — unzweifelhaft unter den Thatbestand des § 129 des StGB.s. Dasselbe gilt aber auch von der Seitens des Angeklagten zur Verhandlung v. x. abgegebenen eidesstattlichen Erklärung, weil es sich dabei nur um die nothwendige Ergänzung und Erläuterung des vom Angeklagten eingereichten Inventariums handelt. Angehend ferner die Form der letztgedachten Erklärung, so findet die Annahme der NB., daß diese Erklärung, weil sie die Stelle des Eides vertrete, auch nur von einem mit Richterqualität versehenen Beamten rechtsgültig habe aufgenommen werden können, in den Gesetzen keinen Anhalt. Die Versicherung an Eidesstatt unterscheidet sich von der gerichtlichen Eidesleistung gerade durch die minder feierliche Form, unter welcher sie erfolgt und welcher zugleich die minder strenge Ahndung im Falle ihrer Verletzung entspricht. Die Vorschrift des § 129 des StGB.s erfordert daher insbesondere nur, daß die Versicherung an Eidesstatt einer öffentlichen Behörde, sei es schriftlich oder mündlich, abgegeben werde, und diese Voraussetzung liegt im gegebenen Falle vor, da die Vernehmung des Angeklagten auf die

Requisition der gerichtlichen Erbschaftsstempelbehörde vor einem mit derselben beauftragten Beamten erfolgt ist.

Antr. d. GStA.: gleichl. [37.—6]

---

**Angeklagter, verhafteter. — Termin. — Mittheilung.**

**Es ist nicht unerläßlich dem verhafteten Angeklagten den zur Hauptverhandlung angesetzten Sitzungstermin bekannt zu machen; es genügt, wenn ihm die Anklageschrift 2c. vorgelesen, und er über seine Beweismittel vernommen worden ist.**

Vdn. v. 3. Jan. 1849 § 49 [n. 10]; vgl Ges. v. 3 Mai 1852 Art. 64 [n. 3].

**Erk. (Z. II) v. 22. Dez. 1870 c. Kattepoel** (387 II Cr).

Die Beschwerde des Angeklagten, daß er mit dem Audienztermin (erster Instanz), ehe er aus seiner Haft in diesen Termin abgeführt worden, gar nicht bekannt gemacht worden sei, ist unbegründet, da in dieser Beziehung, wie der App.-Richter mit Recht ausgeführt hat, durch Verlesung der Anklageschrift an den Angeklagten und die Befragung desselben nach den etwa anzuführenden Beweismitteln den Vorschriften des Gesetzes genügt ist, und da überdies der Angeklagte im Audienztermin erster Instanz, zu welchem er vorgeführt worden, gar nicht behauptet hat, daß er seine Vertheidigung nicht gehörig habe vorbereiten können.

Antr. d. GStA.: entg. [11.—6]

---

# Register.

## I. Sach-Register.

(Die mit lateinischen Schriftzeichen gesetzten Worte verweisen auf Rechtssätze, welche dem durch die Strafprozessordnung vom 25. Juni 1867 geregelten Verfahren angehören. — Die Nummern bezeichnen die Seite. — Die mit *Cursivschrift* gesetzten Nummern verweisen auf Entscheidungen des Kgl. Ober-App.-Gerichts, die übrigen auf solche des Kgl. Ober-Tribunals.)

---

# II. Quellen-Verzeichniß.

## A. Strafgesetzbuch vom 14. April 1851.

## B. Verordnung vom 3. Januar 1849.



## C Gesetz vom 3. Mai 1852.

## G. Allgemeine Gerichts-Ordnung.



## H. Allgemeines Landrecht.



## I. Rheinisches bürgerliches Gesetzbuch.



## K. Einzelne Gesetze, Verordnungen rc.

# Druckfehler und Zusätze.

S. 3 Z 11 v. u. l. Angabe st. Abgabe.
„ 6 „ 18 v o l Droschken st Droschen.
„ 34 „ 4 v. o. l. benutzt, st benutst;
„ 51 „ 16 v. u. l n 2 st. n. 1.
„ 62 „ 6 v. u. l wo st. ob.
„ 70 „ 17 v. o. l. Art. 82 st Art 62.
„ 102 „ 1 v. u. l. II, 18 st. I, 18.
„ 103 „ 17 v. o. ist vor 550 einzuschalten 235.
„ 103 „ 21 v o. l. II, 18 st II, 13.
„ 105 „ 2 v. o. l. demselben st. denselben.
„ 110 „ 6 v. u. l. Gerücht st. Gericht.
„ 168 „ 12. v o. l Strafhaft st Strafthat.
„ 175 „ 9 u. 10 v. u l. der vom Prozeßrichter requirirte Subhastationsrichter st. der Prozeßrichter.
„ 176 „ 15 v. o. ist „Note (S 20)" zu streichen.
„ 215 „ 17 v. o. l. 11. Juni st 11. Juli
„ 249 „ 10 v. u. ist das : zu streichen.
„ 330 „ 14 v. u. l. 1819 st. 1870.
„ 472 „ 9 v. o. l. 19. Juli 1861 §§ 15. 12 st. 29. Juli 1861 § 15. 12 B
„ 473 „ 11 v. o. l. 19 st. 29.
„ 475 „ 4 v. o. l. 22. Sept st. 23. Sept.
„ 475 „ 4 v. o. l. II. st. I
„ 477 „ 8 v. o. l. (ZI) v. 23. Sept. st. (ZII.) v. 22. Sept.
„ 531 „ 16 v. u. l. Schrift st. Frist.
„ 537 „ 17 v. u. ist nach 1835 zuzusetzen (v. Kamptz Jahrb. 46. S. 560).
„ 538 „ 7 v. o. a. E. l Mutter st. Rechtsmittel.

Kolibri 360 GmbH
Ferdinand-Jühlke-Straße 7
99095 Erfurt, Deutschland
produktsicherheit@kolibri360.de